数字法治概论

马长山　主　编
陈林林　郭春镇　副主编

A GENERAL STUDY OF DIGITAL NOMOCRACY

法律出版社
LAW PRESS · CHINA
北京

图书在版编目(CIP)数据

数字法治概论 / 马长山主编. -- 北京 : 法律出版社, 2022

ISBN 978-7-5197-6544-6

Ⅰ. ①数… Ⅱ. ①马… Ⅲ. ①互联网络-法律-中国-教材 Ⅳ. ①D922.174

中国版本图书馆 CIP 数据核字(2022)第 053055 号

数字法治概论
SHUZI FAZHI GAILUN

马长山 主 编
陈林林 郭春镇 副主编

策划编辑 解 锟
责任编辑 解 锟
装帧设计 李 瞻

出版发行 法律出版社
编辑统筹 重大项目办公室
责任校对 王 丰
责任印制 吕亚莉
经 销 新华书店

开本 710 毫米×1000 毫米 1/16
印张 31.5 **字数** 550 千
版本 2022 年 4 月第 1 版
印次 2022 年 4 月第 1 次印刷
印刷 三河市龙大印装有限公司

地址:北京市丰台区莲花池西里 7 号(100073)
网址:www.lawpress.com.cn
投稿邮箱:info@lawpress.com.cn
举报盗版邮箱:jbwq@lawpress.com.cn

销售电话:010-83938349
客服电话:010-83938350
咨询电话:010-63939796

书号:ISBN 978-7-5197-6544-6　**定价**:128.00 元

凡购买本社图书,如有印装错误,我社负责退换。电话:010-83938349

前　言

无论是赞成还是反对,也无论是拒斥还是欢迎,人类都难以阻挡地迈进了数字时代。从生产关系到生活方式、行为模式,以及人的身份和存在状态,都发生不可逆转的数字化。日前,国家《十四五规划和2035年远景目标纲要》对数字经济、数字政府、数字社会和数字生态建设提出了战略要求,智慧政务、智慧司法、数字人权、数字治理、数字法治等也先后被列入发展目标或者社科研究规划。基于这一客观要求,我们组织本领域具有研究特色和优势的青年学者队伍,编写国内首部《数字法治概论》,力图为数字法治建设和发展作出一定的努力和贡献。

其一,致力于回应法治转型。面对数字社会的加速发展与迭代变革,世界各国纷纷出台相应的数字化战略予以应对,我国则作出了"数字中国"的重大规划和部署,各地也不断地进行试验创新。如《关于全面推进上海城市数字化转型的意见》(2021年1月)就明确指出:"要坚持整体性转变,推动'经济、生活、治理'全面数字化转型;坚持全方位赋能,构建数据驱动的数字城市基本框架;坚持革命性重塑,引导全社会共建共治共享数字城市。"《浙江省数字化改革总体方案》(2021年3月)把"数字法治系统建设方案"列为六大"子方案"之一,《浙江省高级人民法院关于推进建设"浙江全域数字法院"重大改革的实施方案》(2021年3月)进一步明确要求,要推进业务流程再造、组织构架重塑、诉讼制度变革。这些数字化转型的战略安排和制度变革,必然会对法律体系和法治机制产生深刻而长远的影响,呈现从现代法治迈向数字法治的重大转型。本书编写就旨在回应这一时代趋势,提炼其中的实践问题和理论命题,在知识、理论和实践上做出一定的阐释、解析和回答。

其二,致力于推进新文科建设。2020年11月3日,教育部在山东大学(威海)召开了新文科建设工作会议,对新文科建设作出全面部署,并发布了《新文科建设宣言》。这里的"新文科",体现更新与创新精神,特别是新增设的第14个学科门类——交叉学科。这里的交叉不仅包括社会科学和人文科学之间的"同类"融合,也包括它们与自然科学的“异类”融合。这种新文科建设的根本动力，乃在于当今网络化、数字化、智能化的巨大颠覆性革命，形成了文理交叉、融合创新的时代诉求。数字法治领域正是这种诉求的一个典型代表，如制度上的法律规则/技术规则、主体上的自然人/智能体、理性上的知识逻辑/计算逻辑、价值上的分配正义/数字正义、底蕴上的传统人文/数字人文等，都直接关涉法学、社会学、伦理学、数据/信息科学、计算机科学、科技哲学等多学科知识和原理，并形成了新的研究范式和理论体系。本书编写力图从新文科视角，对数字法治进行全新的分析和探索，进而为推进新文科建设贡献一己之力。

其三，致力于新型法学人才培养。数字法治建设和发展需要新型知识的复合人才，特别是亟须数字法治理论、数据/信息权利保护、算法治理、平台合规、数字市场竞争、司法人工智能、司法区块链等方面的专业人才。高校担负满足这些人才培养需求的重要职责和使命，因此，我们拟规划编写《数字法治导论》（本科生）、《数字法治概论》（硕士生）、《数字法治专论》（博士生）等系列教科书，由浅入深、由点到面地系统阐释数字法治原理和相关专业知识，进而为新型法学人才培养提供专业基础和理论支撑。

本书是该规划中的第一部教科书，它无疑是集体智慧的结晶。撰写团队成员均为近年来法学界较为活跃，在数字法治领域的成果丰厚、颇有影响的青年学者，撰写体系和内容也反映了法学界的最新动态和专业水准。本书由主编拟定大纲，经集体讨论后，团队成员按分工撰写。两位副主编协助主编开展工作，最后由主编统稿、定稿。各章撰写的具体分工如下：

导论、第十六章，华东政法大学教授、哲学博士，马长山

第一章，华东政法大学讲师、法学博士，沈宏彬

第二章，上海大学法学院副教授、法学博士，陈吉栋

第三章，华东政法大学副教授、法学博士，韩旭至

第四章，对外经贸大学法学院副教授、法学博士，张欣

第五章，西北政法大学教授、法学博士，邱昭继

第六章，中国人民大学法学院副教授、法学博士，丁晓东

第七章，对外经贸大学法学院副教授、法学博士，许可

第八章，西南政法大学副教授、法学博士，郑志峰

第九章，厦门大学法学院教授、法学博士，郭春镇

第十章，浙江工商大学法学院教授、法学博士，陈林林

第十一章，华东政法大学教授、法学博士，陆宇峰

第十二章,华东理工大学法学院讲师、法学博士,肖梦黎

第十三章,西北工业大学马克思主义学院教授、法学博士,王延川

第十四章,华东政法大学助理研究员、法学博士,张文龙

第十五章,北京科技大学文法学院副教授、法学博士,张凌寒

在此,感谢撰写团队所有青年学者的辛勤努力,感谢法律出版社编审解锟老师对本书出版的指导帮助,也感谢学界同人长期以来的鼓励支持!

由于本书主要涉及全新的法学领域和实践问题,其中的很多理论和制度都在探索和创新之中,加之撰写团队的水平有限,因此,不足和错讹之处在所难免,还望学界同人和社会朋友不吝赐教和批评指正。

马长山

上海·华亭书斋

2021 年 12 月 25 日

目　录
Contents

第三编 数字社会的法治化治理

第四编 面向数字法治的时代转型

导　论

从古到今,人类发展经历了三次重大革命,人类的生活品质也获得了三次转型升级。第一次是农业革命,使人类从采集活动走向种植生活;第二次是工业革命,使人类从畜力耕作走向机械生产;当今信息革命是第三次,使人类从物理生态走向智能生态,迈入数字社会。它创造了便捷舒适、丰富多彩、高效智能的社会生活,由此开启了数字社会治理和数字法治建设的新时代。但同时,它也带来了一些前所未有的风险和挑战,并成为数字社会治理和数字法治建设所必须面对和解决的重大课题。

一、双重空间的生活逻辑

人类自诞生以来,就一直在大自然的世界中生产和生活,从来没有超出这个"上帝"给定的物理空间。但信息革命改变了这一切,特别是网络化、数字化、智能化的叠加效应,"破天荒"地在有限的物理空间之外创造出了无限的电子空间,在经验传承的现实生活之外开辟出了丰富惊奇的虚拟生活,人们可以在网上开店购物、手机炒股、自动订票、滴滴打车、美团外卖、微信群聊、发朋友圈……所有这些都随时穿梭于虚实两个世界之间,其中既有工商业时代的人、财、物等物理空间逻辑,也有数字时代的建模、算法、代码等虚拟空间逻辑,而且二者彼此交织、相互塑造、虚实同构。于是,社会关系、行为模式和价值观念都发生了重大转型,衣食住行变得越来越自动便捷,日常生活和社会治理也日益智慧化;但与此同时,各种难题和风险也随之而来,如算法决策的"失灵"及其控制、个人隐私的保护、信息伦理的挑战、各种智能化犯罪等。这些都对数字时代的社会治理构成了明显的威胁,必须认真对待。

二、人机交互的工作场景

近年来,刷脸验票、自助银行、机器人快递、无人餐厅、无人超市等日渐增多。随着人工智能的飞速发展,智能机器人将会在生产生活中获得越来越多的应用,它们自身也会通过自主的深度学习和升级而变得越来越聪明,甚至像“阿尔法狗”那样能够与人类相匹敌。尤其是自动驾驶、投顾机器人、医疗机器人、服务机器人、陪伴(或伴侣)机器人等将大量涌现,很多工作或者服务可能都是由人类和智能机器人之间的协作或者共同来完成的,这样,人机共处、人机交互就成为越来越常见的工作场景。这大大提高了社会效率,也使生活更便捷、服务更精准、任务处理更客观。然而值得注意的是,在这种人机交互的工作场景下,智能机器人一旦“活了”,我们还能再把它看作原来意义上的机器吗?如果不能,那么智能机器人与人是什么关系、它是否应该具有“电子人”的身份地位?人与智能机器人共同完成工作的责任或风险该如何分担?人与陪护(伴侣)机器人是否有伦理关系?当大量工作都被智能机器人取代时,人类又该怎样面对和适应?人的主体地位是否需要重建?诸如此类的问题就随之凸显出来,这无疑使数字时代的社会治理变得更为复杂、任务更加艰巨,面临前所未有的难题和挑战。

三、数字人类的全新面向

当今信息革命的一个直接后果,就是人们的社会行为和日常交往都在不断的数字化,我们已不再是单一的“生物人类”,而是赋予了“数字人类”的新属性;人们每天、每时、每刻都会留下一串串的身份数据、关系数据、行为数据和言语数据,形成了新型的“生物/数字”二维面向。技术公司、平台和政府可以凭借大数据挖掘和分析技术,给人们进行“数据画像”,描绘出一个人的基本面貌、身份背景和活动规律,进而提供丰富的信息检索、目标推送、个性订制和精准服务,以促进智能交易和智慧治理。同时,也可以大大强化打击犯罪和安全防控的能力,社会秩序更加可视化、可控化和稳定化。然而,人类的这种数字化面向也会带来一定的社会问题,它很容易侵蚀个人隐私,形成信息不对称和数据鸿沟,甚至还会出现利用“数据画像”的“监控社会”。这些问题浸润到智慧治理之中,带来的就不是民权民生保障,而很可能是公权力的技术化延伸,从而造成数字社会治理的异化,这也是未来法治建设所面临的全新挑战。

四、建模算法的价值偏好

有史以来,人类掌握的信息手段和范围都十分有限,数据分析技术也十分匮乏,因此,只能依靠一辈辈的经验积累和聪明智慧进行人脑决策。但信息时代的到来,人们不仅可以掌握海量的信息数据,而且还可以进行全样本的分析,通过建模和算法设计推动生产生活的自动化、智能化和治理智慧化。这样,一些人类决策将让位于人工智能的算法决策,而且占比会越来越高。可以预见,将来高度自动化、智能化的社会,必然是一个算法主导的社会。然而,人工智能的建模和算法毕竟是人设计出来的,相同的数据、相同的目标任务,也可能因不同的程序员而设计出不同的建模和算法,从而导致不同的算法输出结果。就是说,建模和算法都自觉或不自觉地嵌入了设计者的偏好,内含一定的人为价值判断,它并不能完全展现“技术中立”理想下的客观性和可靠性,甚至还会出现算法“黑箱”、算法歧视、算法错误、算法自主等诸多问题。如 COMPAS 算法对犯罪人的再犯风险进行评估的过程中,黑人的高犯罪风险概率就被错误地评估为白人的两倍。此外,基于“数据画像”的广告推送、各种暗藏玄机的检索排名、花样翻新的“大数据杀熟”等,都是其直接后果。这些问题一旦出现在数字社会治理的算法决策之中,就会产生社会不公、激化社会矛盾,形成一定的社会风险。

五、代码规制的制度化应用

事实表明,人类的每一次飞跃都引发了重大的制度变革,农业革命实现了从宗教、伦理和习惯向世俗法律的制度转型,工业革命实现了从传统等级身份向现代契约关系的制度转型,当下信息革命将会实现从物理空间规制向双重空间规制的制度转型。具体来说,物理规制方式是近代以来工商业发展的产物,它以人、财、物为规制对象,采取的是关系—行为—后果的规制策略;而信息时代的双重空间规制,就增加了虚拟空间规制的新方式、新途径,其典型特征就是不再过多注重因果关系和行为后果,而是采取过程控制的代码规制,即通过算法和程序设计(如自动监控过滤、识别认证、目标屏蔽、弹屏送达等)实现规制目的。可以看到,随着智慧商务、智慧政务、智慧司法和智慧城市建设进程的不断加快,这种规制方式在平台交易、政务服务、基层治理等多个领域将会获得更广泛的应用,并逐步嵌入制度规范之中,日益呈现规范化、制度化形态。这种基于数据分析和算法的代码规制,固然大大提高了效率,也更加客观,但也潜藏着问题和风险。例如,代码规制是自动执行的、普遍一致的机器指令,它一旦出现错误或不公,其影响就会远超人类的个别决策和个别性问题,而且会产生严重的体系性、机制性、普遍性后果,其修复的代价就巨大;再如,代码编写一旦渗入设计者的价值偏好,无论是商业的、伦理的还是政治的,都可能会影响其规制的正当性与合理性,等等。由此看来,代码规制在数字社会治理中的制度化应用,无疑是一把"双刃剑",如何兴利除弊,则是一个重要的时代考验。

面对数字社会治理的这些挑战和全新问题,我们不能过于忧虑或者只是被动调整和适应,而是要通过积极回应和探索,加快从现代法治向数字法治的转型升级加以解决。

首先,加快规制理念的更新转型。目前,在数字社会建设进程中,推进基层网格化治理已成为全国各地的一个重要策略,旨在落实党的十九大关于基层治理的战略部署,并且取得了明显效果。然而,一些地方在具体操作时也出现了一定的偏差,把网格化治理看作简单的治理技术化、智能化手段,并力图运用技术手段,把信息革命和数字社会的新型要素、新型关系和新型行为重新"拉回""锁定"在物理空间的网格中,以达到技术"维稳"的目的。这不仅效果不佳,还会掩盖,甚至加剧社会矛盾,数字社会治理的目标自然难以实现。因此,必须与时俱进,确立新型的数字正义理念和数字法治精神,从而面向数字社会治理的各种挑战,重新思考应该保护什么、限制什么、原则是什么、采取什么方式等,以指引数字社会治理在正确的轨道上行进。

其次,推进规制体系的重建。面对各种挑战和问题,我们应有战略眼光,立足于双重空间的生活逻辑和人机交互的新型关系,对现有的规制体系进行改造和升级。即以数字法律体系为核心,建立起支撑数字法治运行的法律规制、行业规制、伦理规制和代码规制等多元体系,从而面向数字社会进行规制体系的重建,为应对数字社会治理的各种挑战提供底层支撑。

最后,加强规制方式的探索。数字社会治理所遇到的挑战,大多是工商业时代所没有的,因此,需要我们应在各种挑战中学习、探索和创新,尝试各种具体的、精细化的全新规制方式,如算法公开、算法审计、代码规制的多元模式等,把一些必要的代码技术规则上升为法律规则,实现"技术法律化";同时,根据需要把一些法律规则转换成代码,并以法律代码规制行业代码,实现"法律技术化"。从而,为应对挑战和风险、有效推进数字法治建设提供基本保证。

Part

第一编

数字法治基础理论

第一章 数字时代的法治之变

【法律故事】

2020年9月《人物》杂志在其微信公众号中推送了一篇题为《外卖骑手困在系统里》的深度报道，详细报道了普通外卖骑手在外卖平台异常苛刻的算法中艰难生存的现实。这篇文章引起了社会广泛的关注和讨论。人们注意到，在数字时代企业通过大数据和算法对劳动者的压榨不再采取赤裸裸的暴力形式，而是以非常精细化的数字管理的方式，将劳动者的全部时间加以"充分"利用，从而将劳动效率以畸形的方式提高到新的高度。文章刊出之后，某外卖平台迅速做出公关反应，在其外卖APP上设置"多等五分钟"的按钮，但很快遭到舆论的批评，认为这无非将平台的责任无端转嫁给消费者。另一外卖平台则承认，算法背后依然是人，因此宣布调整系统算法，为骑手松绑。

在这次舆论讨论中，人们逐渐意识到在数字时代人与人之间的关系已经出现了新的样态，即以大数据和算法为中介形成某种人际关系，并且这种人际关系已经深刻地影响着我们的日常生活。而法治作为现代国家最主要的和正当的治理模式，就必须对这种新的人际关系形式及时作出回应和调整。这种回应和调整，一方面涉及既有法律规范、关系、行为、方法等的变革，另一方面涉及在新环境、新条件下做出的挑战和回应。

第一节 现代法治的核心要素

美国学者布莱恩·塔玛纳哈在《论法治》一书中提到，法治已经成为当代全球最流行的政治观念之一。尽管不同国家之间的主流观念存在很大差异，但几乎不存在公开反对法治的国家。[1] 与此同时,人们对法治究竟意味着什么的分歧也变得前所未有的大,甚至一些学者主张法治实际上是一种“本质可争议概念”,即它表达了人类所取得的某种价值成就,但对这种价值成就的理解则依赖于不同的文化背景和脉络。然而,即使承认法治是一种本质可争议概念,这也至少预设了法治是一种价值成就,且这种成就在不同的脉络和背景中都会被视为一种客观重要的成就,因此法治所表达的成就是什么,这依旧需要正面说明。在本节中,我们认为尽管围绕法治存在诸多争议,但以下三个议题可被视为法治的核心要素或最大公约数。

一、规则与形式合法性

从最抽象的概念共识出发,法治是一种独特的政治理想,表达了一种独特的价值成就。基于这一概念共识,首先可以排除两种极端的法治观念。其中一种非常稀薄的观念主张,法治等同于“通过法律治理”(rule by law),凡是诉诸法律进行社会治理的政治统治模式就是法治。[2] 这种过于稀薄的观念无法说明法治的理想性,这是因为很多邪恶的政治统治都是通过法律实现的。在这一点上,国内法学界很早就进行了反思。在改革开放初期,国内法学界就对“法治”和“法制”这两个既相互联系但又存在区别的概念进行了系统的讨论,并形成了比较完整的学术共识,即“法制”意味着存在一套法律制度,但这并不等于必然实现了“法治”,法治作为一种理想的治理模式,还要包涵更多具有理想性的条件。因此,这种非常稀薄的观念并不可取。

与这种非常稀薄的观念相对,存在一种非常厚实的观念,这种观念主张,法治意味着一整套良善的社会治理模式,当法治充分实现时就实现了完美社会的全部理想。这种观点最典型的代表是1959年国际法学家协会确定的“法治”定义:

> 在《德里宣言》的表述中法治变成了一种“能动概念”,它保证并促进个人在自由社会中的公民与政治权利;但是,它也关心国家所确立的个人正当愿望与尊严可能得以实现的社会、经济、教育和文化条件。表达自由对目不识丁者毫无意义;投票权可能被异化为蛊惑民心的政客对无知选

---

〔1〕 参见[美]布雷恩·Z.塔玛纳哈:《论法治——历史、政治和理论》,李桂林译,武汉大学出版社2010年版,第1~2页。

〔2〕 参见[美]布雷恩·Z.塔玛纳哈:《论法治——历史、政治和理论》,李桂林译,武汉大学出版社2010年版,第118~119页。

民行使暴政的工具;免于政府干涉的自由不得意味着导致贫困和匮乏的自由。[1]

如果接受这种厚实的法治观念,那么法治就会成为何谓理想社会这一宏大争论的战场,而完全掏空法治"这种"理想的独特性。很显然,一个理想社会不可能仅存在一种理想,除了法治之外,公平、正义、民主、基本权利等都是重要的政治理想,它们之间并不能相互转化。在这个意义上,这种厚实的法治观与其说强化了法治的理想性,不如说完全取消了法治的理想。

值得一提的是,尽管这种非常厚实的法治观念是一种较为极端的观念,现在几乎很少有人会严肃主张法治代表了理想社会的一切,但依然有很多流行观念,将各种不同的理想"塞"进法治之中,如法治意味着保障权利、法治意味着实现正义等。相较于上述非常厚实的法治观,这类观念相对温和,但从性质上说依旧无法对法治给出充分解释,因为在这类观念下,法治的理想性实际上是由所放入的诸如权利、正义等其他政治理想带来的,法治无非是实现这些理想的工具。退一步说,法治中究竟被安置何种其他种类的理想,这往往是由理论家个人的偏好和判断决定的,并无客观标准可言,这将导致法治的理想性蜕变为某种价值专断。因此,这类观念都是失败的。

从既有的讨论来看,对法治比较合理的界定是将其与法律固有的功能关联在一起。法律作为一种规则体系,其固有的功能就是通过规则指引人们的行动,法治则意味着法律实现这种功能的卓越或完满状态。这种功能性的界定以朗·富勒教授的界定最为典型,他将法治明确界定为"使得人类行为服从规则治理的事业"。[2] 进而,法治理想的规范性原则围绕实现法律规则的指引功能而构建起来,这就包括诸如法律规则需要稳定、清晰、一般、不溯及既往、公布等形式性条件。之所以这些条件都是形式性的,主要是因为这些条件旨在确保法律规则能够指引人的行动,而一旦诉诸公平、正义等实质道德原则,那么真正指引人行动的就将是这些实质原则,而不是法律规则,法治的独特性就会丧失。在这个意义上,法治必然是一种形式性的理想,或者说法治首先意味着形式合法性。

这种界定能够避免上述两种极端观念的缺陷,这主要是因为这种界定提供了一种在不诉诸实质道德理想的前提下,对法治理想性的合理理解,即法治所表达的"好"是一种功能性的"好",因此在这种观念下法治的确不意味着仅存在一个有实

---

〔1〕 转引自[美]布雷恩·Z. 塔玛纳哈:《论法治——历史、政治和理论》,李桂林译,武汉大学出版社2010年版,第145页。

〔2〕 参见[美]朗·L. 富勒:《法律的道德性》,郑戈译,商务印书馆2005年版,第113页。

效的法律体系,因为存在法律体系不等于它就必然能实现其功能,一个国家完全可以在拥有一套法律体系的前提下,存在更高的、不受该体系制约的政治权力,以至于当该权力认为有必要时,就能绕开法律直接给出指示。自秦之后的中国古代君主专制就符合上述特征,而我们不会认为中国古代实现了法治。与此同时,上文也提到,法律实现其指引功能并不必然预设任何实质道德理想,这就确保了法治理想的独立性。

不过,将法治视为一种形式性、功能性的观念,似乎与人们对法治的通常理解依旧存在一定的距离。概言之,在这种界定下,法治似乎成了一种道德中立的技术性操作规范,而这将在很大程度上削弱法治的实践重要性。我们可以类比这种对法治的功能性界定,给出一种关于毒药的功能性界定,即如果制毒者想实现毒药的功能以毒杀别人,那么这种毒药也需要符合一些功能性条件,如毒药需要无色无味不易察觉、易于携带、毒性大等。[1] 但从人们对日常的法治理解看,法治显然不是这种"毒药的理想",因为我们会认为追求和实现法治是一件道德上好的、值得追求的事情而投毒不是,因此,对法治的理解必须进一步深入这种形式性、功能性的观念会具有何种深层的道德关切。

二、限制政府的专断权力

将法治等同于法律规则实现其功能的卓越和完满状态,首先意味着法律社群成员的行为都受到法律规则的指引,其中就包括官员的行为,这就带出了法治最主要的道德关切,即限制政府的专断权力。这里所谓的"专断"是指官员按照自己的偏好,单方面地作出决定,完全不考虑受众是否有可能理性地遵循和回应这些决定。例如,在抗击疫情的过程中,一些地方政府随意加码防控措施,导致民众措手不及,根本无法进行正常生活。这些行为就是典型的专断决定,因为在作出这些决定时,官员并不考虑民众是否有可能遵循这些决定,而只考虑避免可能危及自己政治前途的不利后果。法治意味着官员的决定必须遵循既定的规则,而这些规则如果满足公开、稳定、一般等形式性条件,就确保了民众能够理性地判断官员可能作出的决定,并作出合理的回应,而不会陷入完全任人摆布的糟糕境地。

塔玛纳哈指出,将法治和限制政府的专断权力关联起来,这本身是一条延续了2000多年的思想线索。首先,早在古希腊时代柏拉图和亚里士多德最初开始阐明

[1] 参见[英]H. L. A. 哈特:《法理学与哲学论文集》,支振锋译,法律出版社2005年版,第364页。

法治时,就是将法治和人治对立起来,而后者的核心就是一种纯粹的专断权力。柏拉图认为,“凡法律从属于某种其他权威、自己一文不值的地方,以我之见,国家的溃败就不远了;但是,如果法律是政府的主人、政府是法律的奴仆,那么形势就充满了希望,人们沐浴着神赐予国家的一切福分”。[1]

其次,在中世纪时代,法治对专断权力的限制,主要体现在基督教所采取的律法式的自然法观念下,即包括君主在内的一切世俗权力都是由上帝授予的,必须遵守上帝颁布的、律令式的自然法,这部分自然法是一切法律必然的组成部分。在这个意义上,政治权力始终受到法治的约束。除了基督教的律令式的自然法观念外,在这个时代还有两种观念对理解法治与限制专断权力的内在关联有重要意义,其中之一是所谓日耳曼习惯法,另一个是《英国大宪章》。在前者的观念中,“君主必须处于法律之下”是核心信念之一,同时日耳曼习惯法权威的来源并不是任何外在于当地人生活的某种神圣权威,而是一种“习惯法”,因此具有很强的生命力,受到了广泛的承认和服从;而在《英国大宪章》中,则以封建契约的形式明确确定了几项基本的法治观念:(1)国王受到法律的约束;(2)法律保障任何人获得公平审判,这是正当程序观念的雏形;(3)确定了议会主权观念的基本框架。这些都有助于限制王权在立法、司法、行政领域的专断。[2]

再次,近代思想家对法治限制政府专断的论述也非常普遍。例如,洛克在《政府论》中提到,正当的政府必然是一种有限的,受到法律约束的政府,为此他明确提出了权力分立的观念,将国家权力划分为不同的功能,交由不同的机关行使,以确保这些机关相互制约,共同遵守法律,避免可能的专断;孟德斯鸠则在《论法的精神》中更系统地提出了权力分立的观念,主张将权力划分为立法、司法、行政三部分,以确保国家权力不至于陷入专断;《联邦党人文集》中,汉密尔顿、麦迪逊和杰伊则将之前包括洛克、孟德斯鸠等人较为学理化的观念,转化为具有操作性的具体政府的结构和制度体系。[3]

最后,在现代法治理论中,限制政府专断的观念有了更进一步的发展,特别是充分发展了个人权利的观念。从逻辑上说,通过法治限制政府专断存在一个困难,即用来限制政府专断的法律同样是人为制定的,因此总会有一个根本的立法者超

---

〔1〕 转引自[美]布雷恩·Z. 塔玛纳哈:《论法治——历史、政治和理论》,李桂林译,武汉大学出版社2010年版,第10页。

〔2〕 参见[美]布雷恩·Z. 塔玛纳哈:《论法治——历史、政治和理论》,李桂林译,武汉大学出版社2010年版,第32~35页。

〔3〕 参见[美]布雷恩·Z. 塔玛纳哈:《论法治——历史、政治和理论》,李桂林译,武汉大学出版社2010年版,第59~71页。

越所有法律之上，他在行使权力时可能使专断法律似乎无能为力。在前现代社会，这个问题事实上并不存在，因为对当时的人们而言，法律的存在和内容并非由立法者的意志完全决定，还包括了自然法的部分，特别是在基督教时代，自然法是一种非常清晰可见的法律，其确定性并不比实在法弱。这些超越于一切世俗立法者之上的自然法就能对所有世俗权力可能的专断行为构成限制。在现代社会中，自然法的观念受到了极大的削弱，但出现了在功能上具有某种替代性的概念，这就是“个人权利”。例如，美国学者罗纳德·德沃金就很明确地指出，在现代公共生活中，权利具有“王牌”的地位，即任何忽视和侵犯权利的公共决定都是不正当的，即便这些决定能极大地提升公共福利。[1] 由于个人权利的存在和内容同样不是由任何一级立法者的意志所决定的，因此权利成为限制政治权力专断的根本基石。这也就说明了在很多法治论述中，“保护个人权利”被置于一个相当显著而重要的位置。

读者可能会指出，即便引入个人权利的观念，在现代世俗社会中通过法治限制政治权力的专断依旧可能存在缺陷。这个缺陷来自以下基本事实，即人们对个人权利的存在和内容往往存在广泛的争议，而面对法律实践中出现的权利争议，合理的解决方案是将争议诉至法院由法官来解决，但这就导致权利的存在和内容最终由法官说了算，而法官所享有的显然同样是一种政治权力，因此法治很可能蜕变为一种“法官专制”。为了说明这个问题，就需要涉及法治理念的第三个层次，即“法律之治而非法官之治”。

三、法律之治而非法官之治

将法治理解为法律之治而非法官之治，同样有一个悠久的传统。在广为人知的詹姆士一世与柯克法官的对话中，后者就提到一种特殊的“技艺理性”，这种理性有别于普通人所拥有的自然理性，这需要长时间的研习和历练。柯克法官的这个主张实际上预设了“法官”这种官员的独特性：法官并非仅仅是掌握特定司法权力的普通人，而是拥有这种特殊技艺理性的人。这就确立了一项客观的标准，区分“法律的要求”和“法官个人的要求”，尽管前者同样借助法官的嘴说出，但它背后有技艺理性做支撑，而后者并没有这种支撑。柯克所主张的这种特殊的技艺理性，成为普通法传统中理解法治的强有力脉络。后来对普通法的合理性

---

〔1〕 参见［美］罗纳德·德沃金：《权利作为王牌》，刘小平、郭建果译，载朱振、刘小平、瞿郑龙等编译：《权利理论》，上海三联书店2020年版，第299页。

予以辩护的观念,如哈耶克的"自生自发秩序",都可被视为柯克技艺理性的某种变种。

如果存在这样一项客观的原则约束法官的裁判,那么法律之治当然不同于法官之治,但柯克所主张的技艺理性的观念很快就受到了猛烈的批评。作为法律实证主义传统的开创者,边沁毫不客气地将普通法称为一种"狗法":在他看来,普通法法官的所作所为,无非一种溯及既往的立法,即在没有明确条文的前提下,从古老的文件中擅自捏造一些所谓的法律原则对当下的案件进行裁判,这类似于人们训练狗的做法,"无论何时你想训练你的狗做某事,你就等它去做,然后为此揍它一顿。这就是你为自己的狗立法的方式;这也是法官为你我立法的方式"。〔1〕 边沁之所以提出这种批评,是因为在他看来在实践领域的基本理性原则就是功利主义原则,而普通法以及技艺理性,完全不符合功利主义的观念,它们太过含混不清,因此应当予以放弃。事实上,尽管边沁是站在功利主义的角度提出批评,但这个批评被视为具有普遍的合理性。从逻辑上来说,如果法官裁判所依据的是一种和普通人所拥有的理性完全不同性质的理性,那么很难解释为什么基于这种理性所得出的裁判结果可以约束普通人。因此,现在主流的法治理论已经很少诉诸类似"技艺理性"的概念。

不过,从另一个角度来说,柯克所说的技艺理性的确捕捉到法治独特的一个侧面,这个侧面就是法治要求法官为其裁判结果提供充分的理性辩护,这是任何形式的个人专断所不具有的。玛蒂尔德·柯恩在一篇题为《作为理由之治的法治》中举了一个非常直观的例子:在法庭上当一方当事人的律师要求法官对自己的裁判给出解释时,法官仅主张"我就是这么说的"。柯恩提到,这个毫无理由支持的决定,显然就是赤裸裸的专断。相对而言,"我们通常都期待做出影响我们生活的决定的公职人员证成他们的选择。我们假设,法官总是被要求为其决定给出理由。更为普遍的是,我们认为所有的公职人员,无论他们是政府官员,还是选举出来的代表或行政人员,都应该给出一些形式的理由以证成他们的行为"。〔2〕 总之,法治内在地承诺了决定需要给出公共理由加以辩护,以此将法治的决定和法官的专断决定相互区分。

这也就能解释法治和程序之间的关系。这种关系主要体现在两个方面,首先从制度的层面来看,能够实现法治要求的法律体系总是包含了大量的程序,这主要是因为在法律中进行说理和论辩需要特定的规则和步骤,确保在法律决定作出的

〔1〕 [英]哈特:《哈特论边沁:法理学与政治理论研究》,谌洪果译,法律出版社2015年版,第15页。
〔2〕 [美]玛蒂尔德·柯恩:《作为理由之治的法治》,杨贝译,载《中外法学》2010年第3期。

各个环节中各方都能充分表达自己的理由,并获得其他各方的回应。一些学者甚至主张程序是法治构成性的部分,从而提出了一种程序法治的观点。尽管这种观点还存在诸多争议,但至少对程序的重视是多数法治理论家所赞成的。除了制度层面外,程序还出现在原则层面,这就是所谓“正当程序原则”。美国学者德沃金主张,这项独立的原则指“判断公民是否违反通过政治程序制定之法律的适当程序。如果我们接受其为一项美德,我们要求法院和其他类似机构运用的证据程序、发现程序和复核程序,保证获得恰当水准的准确性,此外又使被指控违法者获得处于其地位者应得的对待”。[1] 显然,正当程序原则扩展了程序所预设的“给出辩护理由”的基本内核,使之涉及更广泛的领域。

应当承认的是,要求法官为自己的裁判给出理由,并不能完全消除法官个人专断的可能性,毕竟这并没有消除法官对相关理由进行权衡的空间,在这个空间中法官的裁决就会体现自己的价值偏好。这也就说明了为什么在任何拥有成熟法律体系的国家中,法官的选任总是一件事关重大的公共议题,这主要就是因为谁被选为法官,就意味着他的个人意志很可能会被当作公共意志,以决定重大的公共议题,法治仅仅是对官员个人专断的“限制”而不是“消灭”。但这并不等于法治完全没有意义,正如“一堵有些窟窿的墙依旧是一堵墙”,对法官裁判予以合理性的限制,同样是真实且有价值的限制,至少这会让法官不至于做出明显不合理的决定,以及在事实上做出明显不合理决定时,揭穿法官各种虚伪的说辞。这本身不仅对获得合理裁判具有工具性的意义,同时对促进公共生活中相互说理解决争议的理性文化的培育也有重要的意义。

总体来说,在本节中我们分析了现代法治的核心要素,其中包括对法律规则的形式性约束,以及在这些形式约束背后对官员专断的限制,最后涉及要求法官在作出裁决时对自己的决定给出理由。当然,从这三项基本要素中能够引申出更多的具体要求,如对个人权利的尊重、对法律程序性要求的重视、对理性公民文化的培育等。不过,在数字时代,上述这些基本的法治要素会遭遇一些紧迫的变革和挑战,我们将在下两节内容中予以简要的介绍。

---

〔1〕[美]罗纳德·德沃金:《法律帝国》,许杨勇译,上海三联书店2016年版,第131页。

第二节　数字时代的法律变革

一、法律规范的变革

虽然说，合理的法治观念主要是一种形式性、功能性的观念，这种观念的核心是法律有能力成功指引人们的行动，它的价值主要体现在对政府专断性的权力作出限制，确保公共决定总是民众在理性上可以理解和遵循的，而不至于感到自己的生活完全受到无法理解的政治权力的左右。但在数字时代，一些支持卢曼系统论的法社会学家，从系统论的角度注意到这种观念开始受到根本性的挑战，对此人们的观念也开始作出一些系统性的变革。

在一系列根本性的挑战和变革中，法律规范的变革显然是最根本的。前面提到，法治对专断权力的限制主要借助符合形式性条件的法律规则，为什么这类规则能够限制可能的专断呢？一些学者主张，这主要是因为借助这种类型的规则，法律能够有效地将各种复杂的情形，转化为两种可能的结果，即合法/非法，并作出相应的规定。一旦具体情境中的复杂性降低，评价的标准变成非此即彼的合法/非法两种，那么留给官员专断的空间就很有限了。但国内的系统论学者余成峰进一步指出，法律这种将社会复杂性转化为合法/非法二值判断的背后，预设了"深度不学习"这种性质，这种性质被视为理解法律规范性的核心：

> 法律最本质的特征，即"深度不学习"。这一核心特征的形成来自法律所面临的先天悖论：法律必须对一系列不可决定的事务作出决断。正是矛盾无法解决，才需要法律给出终局裁决。由于当事人无法通过武力、经济和伦理的方式解决纠纷，法律才必须对不可决定的事情作出决断。在这个必须作出决断的时刻，法律最大的功能特征即体现为"不学习"：法律不再参照外界的各种地位、关系、信息、参数和数据进行反馈式调整，不会考虑当事人的情感或道德诉求，也不会参照双方的经济状况及其财政效果，更不会采取科学实验推理的方法模拟法律结果，而必须是"照章办事"，严格按照法律条文来断案。[1]

然而，在数字时代人们应对社会复杂性的方法发生了变化，这种变化最主要体

〔1〕 余成峰：《法律的"死亡"：人工智能时代的法律功能危机》，载《华东政法大学学报》2018 年第 2 期。

现在人工智能所带来的机器学习上。总体来说，机器学习“是一种从随机数据中提取模式的方式”。在这种模式下，机器通过将现在习得的信息与之前获得的数据进行比较，建立起动态的模型，并用这一模型做出决定。在这个过程中，机器学习显示出很强的自我适应和自我改进能力，并且这套自我适应和自我改进的机制成本变得非常低，使它能够成为应对社会复杂性的有效工具。这就极大地冲击了法律作为应对社会复杂性的有效方案的独特地位。

这种冲击最主要的来自两方面的力量。首先，现代社会的复杂性在以前所未有的方式增强。自新冠肺炎在全球“流行”以来，身处世界各地的人们都以非常直观的方式感受到，现代社会的复杂程度远超任何历史时期的人类社会，又要求人们以更精准快速的方式应对复杂社会中出现的各种风险。以深度不学习方式应对社会复杂性的传统法律规则，在这方面就逐渐显得力不从心。在疫情防控的过程中，一些地方政府盲目采取“一刀切”的方式，这本身就是一种深度不学习的方式，尝试用事前制定的规则规制疫情可能导致的复杂情况，即无论具体的情况如何变化，都以严格“按规矩办事”的方式加以应对。但事实证明，以这种方式应对疫情并不妥当。相反，通过借助机器学习等数字时代的有效工具，人们则可以对疫情的发展做出精确的研判，并能够精准施策，迅速控制疫情的扩散。

其次，数字时代机器学习不仅成本下降，而且其应对能力显著上升。即便从现有的技术成果看，机器学习也显示出其强大的应对能力，例如，在围棋等多个过去被认为机器学习无法工作的领域中，击败该领域中最高水平的选手；在广告和销售领域精准推送用户所需要的数据；在PC上帮助用户自动识别图片中的人物，进行语音听写和控制等。其中特别是大数据技术的运用，使过去只能通过抽样进行的统计学计算，现在可以进行全数据的计算，这就显著降低了因为抽样等环节所导致的误差，使机器所建立的模型显著契合真实数据的分布情况，也使其所做的预测和决定更具精确性。总之，在这两方面因素的共同作用下，作为人们应对社会复杂性的主要手段，法律就必须作出一定的调整和变革，而其中最主要的就是在规范层面的变革，以深度不学习为基本性质的规则必须作出调整。

这种变革和调整主要体现在所谓“法律代码化”的现象中。事实上，很多系统论学者都提出，即便是传统以规则为基本规范形式的法律，在某种意义上也是一种代码，这种代码只有合法/非法两个值。[1] 在数字时代，为了应对上述提到的变化，法律的代码化会进一步加强，出现了新的代码形式，使得法律向情境化、“私人

---

〔1〕 参见泮伟江：《法律的二值代码性与复杂性化约》，载《环球法律评论》2017年第4期。

化”的方向发展，例如，在疫情防控中针对特殊群体甚至个体一人一策的防控措施，针对特定企业制定的契约和规制等。总之，过去大量被强行塞入合法/非法二值代码中的大量情形将被释放出来。这在某种意义上也是通过技术实现社会在伦理道德上的进步，毕竟在这样的规制中，个人的独特关切将被更充分地考虑和关照。

当然，在这个过程中，法律的具体形态很可能发生比较根本的变化，过去公理化、结构化的法律规则，可能会更多地将被嵌入去中心化网络结构中的代码取代。一个较为形象的类比是，我们可以考虑电商平台对特定消费者个人的信息推送，并不是通过建立普遍稳定的规则，然后“按规矩办事”实现的，而是通过机器深度学习特定消费者的消费方式和习惯，不断调整最终形成的，因此当我们追问为何某些信息被推送出来，背后的规则是什么时，很可能什么答案都没有，所能获得的就是一组用户数据，以及由此转化而来的一系列代码。这很有可能就是未来在公共生活中同样用以规制我们的“法律规范”。

二、法律关系的变革

由于数字时代的法律规范出现了“代码化”的现象和趋势，相应的法律关系也必然会发生变化，毕竟从基本概念上说，所谓法律关系就是指根据法律规范所产生的，以法律上的权利义务关系为内容的特殊社会关系，既然法律规范的形态发生了变革，那么法律关系同样会发生相应的变革。这里存在两方面值得注意的现象，一方面是传统理解的法律关系会再产生机制，另一方面是法律关系的主体会发生某种变革。以下我们将对这两个方面分别简要予以说明。

首先，法律的代码化使权利义务的产生机制发生变革。这里可以借助余成峰所提到的比特币的例子阐明这一点。概言之，现在市面上广为流行的纸币是一种货币符号，其主要依赖特定政府对其给予信用支持，并通过强制的方式规定其作为“合法”流通的货币符号，使得人们有法律义务使用这种符号，相应地在特定的银行享有承兑的权利。但比特币则完全不同于这种模式。对有效比特币的识别和确定，并不依赖任何特定的政府，而是依赖一套去中心化的区块链技术。这套技术作为一种有效的确权协议，实际上就成了生成特定权利义务的新方式。在这种方式下，一方面其所生成的权利义务关系的有效性、安全性同样能获得保证，另一方面却不必动用国家的强制力量，极大地降低了成本。随着比特币所依赖的区块链技术的发展，这种去中心化的、代码化的权利义务生成机制在更广泛的领域影响着法律关系的变革。[1]

其次,法律关系的主体会发生变革。从某种意义上说,这可能是数字时代在法律关系方面最重要、最深刻的变革。其中最核心的变革——也是最核心的争议——在于人工智能是否会具有法律关系的主体地位,独立承担义务享受权利。从逻辑上说,随着法律代码化的趋势逐渐显现,人工智能作为法律关系主体的资格越来越凸显,毕竟人工智能对代码的解读和运算相较于人类而言更胜一筹,这也导致了所谓"计算法学"的兴起和发展,反而是普通人类在面对日益复杂化的代码时越来越难以应对,数据和算法越来越成为少数专业人士垄断的技能,普通人作为法律关系主体的地位和资格反而似乎成了问题。

这里需要补充的是,人工智能的主体地位问题,并非一个完全虚构的问题,而是已经发生的问题。联合国和"电气和电子工程师协会"事实上都已经着手制定相关的认证和规制措施。例如,2016 年 8 月,联合国下属的"科学知识和科技伦理世界委员会"所发布的《机器人伦理初步报告草案》中就提到,机器人不仅需要尊重人类社会的伦理规范,而且需要将特定伦理准则编写进机器人之中。这预设了一个基本出发点,即人工智能即便不是现在,也会在不远的将来,不再被简单地归为某种机械装置,而是能够独立承担权利义务的主体。

在这个议题上的争议主要涉及更深层次的自由意志和责任概念的讨论。拒绝人工智能拥有主体地位的观点强调,拥有主体地位的必要条件是该主体在行动上具有自由意志,自身能够作为独立的原因引起相关的行动,并因此对这些由自己所引起的行动负责。这在日常的道德和法律评价中比比皆是,例如,精神病患之所以对其在发病时的所作所为不负责任或仅负有部分责任,主要就是因为在那个状态下,他自身并不是相应行动的原因,而是某些病理性的因素因果性地决定了他的行动,因此他也不必为自己的行动负责。对人工智能而言,尽管存在诸如机器深度学习等技术,但在根本上它的行动依旧是由基础程序和源代码决定的,而这些源代码并不是人工智能自己生成的,而是由程序员放入的。在这个意义上说,人工智能做出的行动在根本上都不是以他自身为原因做出的,也不可能独立对其所作所为负责,自然也就不可能成为法律关系的主体。与人工智能相关的关系主体,在根本上依旧是相关的平台、厂商等传统法律关系的主体。

肯定人工智能拥有主体地位的观点,则拒绝承认拥有主体地位的必要条件在于反对者所主张的那种自由意志以及相应的责任概念。肯定论者主张,即使对普

---

〔1〕 参见余成峰:《法律的"死亡":人工智能时代的法律功能危机》,载《华东政法大学学报》2018 年第 2 期。

通人而言,我们的主体地位也并非因为我们自身能够完全独立地构成自身行动的原因,我们个人生活的环境,甚至某些家族遗传的基因,都在根本上影响我们的决策和行动。在这个意义上,任何一个行动的原因都是复杂的,必然存在一些我们无法左右的条件,也存在一些我们自身的意志和决定。一个完全不受外在影响的人就是一个活在真空中的人,他根本无法做出任何合理决定,因为合理行动的标准本身就依赖于特定的生活方式和脉络,这些都是行动者无法左右的。[1]

在这种观点下,成为主体的关键则在于,它能否形成关于行动的合理性信念,并控制自己去响应这些信念。这里可以结合上文提到的系统论的观点来理解。尽管人们的行动总是会受到外在条件的影响,但人作为行动者而非动物,其拥有一种能动性,能够将外部的影响"转码"为一组合理性信念,并主动选择和响应在这组代码下被确定为"合理"的信念所要求的行动。例如,一个饥饿的人路过一个饭馆,其基因所导致的主观欲望会希望其进去吃饭,但此时他作为一个人,会将这个欲望转码为一种合理性信念,并与其他信念进行权衡,如吃饭固然重要,但可能自己身上没有那么多钱,而吃饭不付钱则是不合理的等。通过一系列关于好坏对错的编码和运算之后,他能够独立做出一个合理决定,并当人们追问其行动的理由时,他能够阐明这套编码和运算。只要一个对象具有上述编码、权衡与响应的能力,那么它就有资格作为法律关系的主体,毕竟权利义务本身也是一套关于行动合理性的编码。在这个意义上,人工智能就有可能拥有主体地位,毕竟这套以规范性概念为基础的编码并没有任何神秘之处。在 AlphaGo 击败李世石的事件中,我们已经清晰地看到人工智能可以独立形成关于行动合理性的信念,并且这些信念比人所形成的信念更合理。

然而,在这种观点内部也存在一定的争论。这主要涉及人们关于行动合理性信念的形成,部分涉及人的情感。人们会认为在某些场合,某种自然情感的流露是合理的,例如,在婚礼上感到格外的喜悦,在亲人的葬礼上感到悲伤,这些都是合理的情感,相反如果一个人缺乏这些基本情感,反而会被认为有某种缺陷。人类自身对各种情感的区分和理解尚且处在比较表面的阶段,更遑论将这些区分和理解转化成源代码注入人工智能。因此,在这个意义上,人工智能只能部分形成我们人所理解的合理性信念,但依旧不是一个完全等同于人的关系主体。从各国的制度设计中也可以看出,人们逐渐倾向于让人工智能在其能够主动形成信念、做出回应的领域单独负责,并辅助以保险的方式,确保受损害方能够获得足够的赔偿,而在人

---

〔1〕 一个比较系统的讨论,参见王耀彬:《刑法上的自由意志与自由意志中的 AI——基于现代泛心论的分析视角》,载《浙江社会科学》2019 年第 12 期。

工智能不足以单独做出决定的领域,则依旧要求厂商对其行动予以负责。[1] 当然,随着超级人工智能的逐渐显现,或许我们可以期待,某种完全具有人类决策和行动能力特别是感受和形成人类情感能力的人工智能终将会出现。在那种情况下,似乎不再有任何合理理由拒绝人工智能成为法律关系的主体了。

三、法律方法的变革

如果说法律规范的代码化,以及人工智能成为法律关系的主体,这些变革都是"正在进行时",那么数字时代对法律方法产生的变革在很多方面已经是"完成时"了。其中的一些技术不仅在案件裁判中已经被广泛运用,而且已经得到了司法部门的支持,逐渐纳入案件裁判的标准作业流程中。在这里我们将以法律文本解析技术为代表,阐明数字化时代在法律方法上带来的各种变革。

事实上,在数字时代到来之前,法律行业已经开始应用电脑技术帮助进行案件分析和法律推理,其中比较典型的是美国出现的所谓"法律专家系统"。这套系统的先驱萨斯坎德指出:

> "专家系统"是包含知识表示和专业技能的计算机应用程序……它们可以像人类一样解决问题,提供建议并承担各种其他任务。在法律上,我们的想法是利用计算机技术使稀缺的专业技能和知识更广泛地获得并且易于获取。[2]

美国出现的这种"法律专家系统"其实并不神秘,现在各大电商平台所使用的"智能客服"系统,就类似于这种专家系统。电商平台使用的智能客服系统能够通过设定好的启发式的提问方式,将客户的问题进行类型化,并给出已经事先设定好的答案。但即便从日常生活出发,我们也会发现这种系统存在比较大的局限,其中最重要的是客户提出的问题很可能无法被类型化为事先设定好的类型,导致这种系统无法给出合理的回答,而要解决这种问题,就需要手动升级数据库,人为地将新的类型放入数据库中,这又是耗时耗力的工作。

这个问题在数字时代已经有了可行的解决方案,这就是"法律文本解析技术",又被称为"法律文本挖掘技术",它是指"使用语言的、统计的和机器学习的技

---

[1] 参见[美]约翰·弗兰克·韦弗:《机器人是人吗?》,刘海安、徐铁英、向秦译,上海人民出版社2018年版,第34~35页。

[2] 转引自[美]凯文·D.阿什利:《人工智能与法律解析》,邱昭继译,商务印书馆2020年版,第10页。

术,自动发现法律文本、数据档案中的知识”。这项技术包含了两个部分,即“概念性法律信息检索”和“认知计算”:前者是指“用包含解决用户法律问题所需的概念和角色,自动地检索相关法律文本中的法律信息”;而后者是指程序从文本语料库中提取候选解决方案或解决方案元素,并根据它们与问题的相关性对解决方案进行自动排序。

这两个部分组成的法律文本解析技术,实际上解决了之前专家系统运作的前置问题,即专家系统的运作需要人工理解既有的法律条文,并以条文为基础对可能出现的问题进行类型化,电脑系统只是应用这套类型化数据库处理遇到的具体问题。而法律文本解析技术则能够让电脑自行解读既有的法律条文,同时对解读中所获得的信息进行自动的运算和排序,从而为客户提供直接的法律解决方案。在这个过程中,不需要人为参与解读法律文本与进行法律推理。“法律应用程序不仅会以适合人类用户特定问题的方式选择、预定、凸显和汇总信息,还会探索信息并以前所未有的新方式与数据互动”。近年来,世界范围内已经出现了多款类似法律应用程序,诸如 Lex Machina、Ross、Ravel 等。这些新产品都能以一种创造性的方式处理一些法律人之前无法完成的任务。

法律文本解析技术将会在很大程度上重塑我们对法律方法的看法。正如邱昭继教授在其翻译的《人工智能与法律解析:数字时代法律实践的新工具》的译者序言中提到的,在过去数百年来,法律人运用传统的法律方法分析案件的事实构成、总结案件的争点,并将具体案件涵摄在特定的法律规则之下,最后给出法律意见;而在法律文本解析技术出现之后,上述整体性的工作就能够进行拆分,诸如文件审阅、法律研究、项目管理、诉讼支持、电子披露、策略、战术、谈判和法庭论辩等任务。在上述任务中,只有策略、战术和法庭论辩在现阶段技术条件下只能由法律人来完成,其余工作都可以由法律应用程序完成。[1]

法律人运用法律文本解析等应用程序进行法律界定和案件分析,又会导致这些程序对法律和案件的分析影响法律人对法律和案件的理解,这就会进一步导致法律人所采用的法律方法的系统性变化。其中最重要的是,法律文本解析技术所采取的理解法律的方法,将会不断进入法律人所采用的法律方法中,否则法律人将无从运用这些高效的法律工具。这就意味着除了传统的文本分析和形式逻辑推理外,在未来的法律方法中,很可能需要包括若干计算机技术,诸如代码转换、大数据分析等。这中间会导致法律方法更大的变化。

---

〔1〕 参见[美]凯文·D. 阿什利:《人工智能与法律解析》,邱昭继译,商务印书馆 2020 年版,第Ⅴ页。

这就涉及前文提到过的一个概念,即“计算法学”。在数字时代无论是法律的代码化,还是法律文本解析技术的出现,都意味着法律能够借助算法实现主动的自我调适和自我适应。这种自我调适和自我适应来自不断深度学习既定的法律规范和人们行为模式的互动关系,并不断建立动态的算法和模型。这个过程中计算机实际上采取的是一种霍姆斯的“坏人视角”,即将法律视为官方制裁行动的预测。传统的法律方法采取的是一种规范主义立场,主张法律推理和人们的实际行为之间存在“应然”和“实然”的区别,因此两者并不直接相关。但在预测论的立场下,这种区分将变得不重要,因为此时所谓的法律就是能准确预测人们行动的动态算法和模型,而这些算法和模型需要通过不断学习人们事实上的行动模式加以调整。因此,在未来社会科学的大量方法将会入侵传统由规范主义立场支配的法律方法领域,逐渐将这个领域改造成一种交叉和混合状态。这可能是数字时代对法律方法带来的最大变革。

第三节　现代法治面临的挑战与回应

数字时代的技术发展带来了诸多的法律变革,随着这些技术的发展,同样需要对法治理念和法律实践提出的各种棘手的难题予以解决。概言之,尽管技术本身是价值中立的,但当它应用到现实生活中,特别是法律这种具有高度实践重要性的公共事务时,它本身的这种中立性就会遮蔽某些重要的价值议题和判断,很多重要的公共决定会通过技术手段以看似中立的方式得到,但实际上这背后依旧存在应用技术者的价值判断。正如本节开篇提到的《外卖骑手困在系统里》一文中所呈现的,看似是外卖平台的技术对骑手高效率的时间管理所导致的压榨,但事实上是设计这套算法的“人”主导着这一切,对此公众舆论非常清楚,因此当某平台在其APP上设计“多等五分钟”,妄将劳资矛盾转嫁到消费者身上时,公众舆论对这种卑劣手段予以谴责。这仅是一个具有典型性的个例,让我们看到数据和算法由其表面的中立性所遮蔽的问题。在本节中,我们将提到三方面法治实践中可能被遮蔽的问题和挑战,供读者做进一步的思考。

一、权力制约的困境

美国法学家罗纳德·德沃金在其经典著作《法律帝国》的开篇就指出:

> 法律上的行为不可避免地包含着道德性维度，从而始终存在产生特殊形式公共不正义的风险。法官不但必须判定谁应当得到什么，而且必须判定谁的行为得当，谁尽到了公民责任，谁因蓄意、贪婪或者浑噩而忽略了自己对他人的责任，或者夸大了他人对自己的责任。倘若法官判决不公，社群就对其中的一个成员造成了道德上的伤害，因为不公的判决在某种程度或某个维度上给他打上了违法者的烙印。无辜者被判定有罪，这个伤害达到了极致。但是，原告诉请有理却被法院拒之门外，或者被告带着不应得的污名走出法院，这个伤害亦相当严重。[1]

正因为法律实践不可避免地具有德沃金提到的这种道德上的重要性，法律这种公共事务才会受到公众格外的关注，其内部也会设置各种正当程序尽其所能地确保程序公平且最终的结果尽可能地和正义的要求保持一致。

然而，在数字时代这些努力正在受到明显的挑战。我们可以从前文提到的一个变革切入。之前提到，由于技术的进步，法律文本解析技术开始大规模运用在案件裁判中，使得法律人可以将之前整体的案件处理工作拆分为多个组成部分，并将其中诸多部分交由电脑程序完成。一旦法律人将某些重要的公共权力交由算法行使，事实上就是将这部分公共权力交由算法的设计者行使，这使这些在法律上并未得到授权人获得了公共权力。这些算法的开发者多数都是私人公司，它们以盈利为正当目的，无论从道德上还是法律上都没有对公众负责的义务。这本身就增加了权力制约的困难。

进而，由于法律实践本身的道德性，交由算法行使的法律权力必然也包含了特定的价值判断。在很长一段时间，人们对中立化的技术能够促进每个公民好生活的浪漫观念深深着迷，毕竟如果有一种方法可以在不涉及任何人的价值偏好的前提下，促进社会中每一种获得人们真诚接受的好生活的方式，那么这毫无疑问是极具吸引力的。正如德沃金所指出的，法律本身必然包含道德判断，电脑程序的设计者必然需要"教会"电脑作出价值判断，而这势必就会将他个人的价值判断标准放入算法之中。结合上一点就会看到，这实际上就是一个未经授权的人，将自己私人的价值判断运用于公共权力上。这就和法治限制政府的专断权力的基本理念相冲突。

有读者可能会指出，在面对价值判断时，算法完全可以通过深度学习既往法律人在相关价值判断上的做法，在此基础上进行建模并做出判断。此时，似乎就可以

---

〔1〕 [美]罗纳德·德沃金：《法律帝国》，许杨勇译，上海三联书店 2016 年版，第 1 页。

主张,算法本身或程序开发者并没有将自己的价值判断运用于公共权力。但这种观点失之表面,当我们面对价值议题时,主动选择接受绝大多数人对这个议题的看法和判断,这本身就是我们作出的一个实质价值判断。如果美国最高法院在裁判“布朗诉教育委员会案”时采取上述策略,那么毫无疑问将会宣布教育领域的种族隔离是合宪的,毕竟之前由普莱西案所确立的“平等且隔离”的原则已经被美国法律界广泛接受,但很显然在价值议题上,并不是多数人持有的观点就必然是正确的观点,而正是因为美国高院在布朗案中合理地废止了平等且隔离的原则,美国种族间的平权才迈出了法律上坚实的一步。

除了算法必然包含价值判断,导致程序设计者个人的价值判断标准非法地成为公共标准之外,还存在另一个问题,即“我们可以通过查看程序的内容来判断其是否存在偏见因素”,果真如此吗?答案很可能是否定的。这里就要引入一个概念,即“算法黑箱”,“算法的输入为原因,算法的输出便是结果,在原因与结果之间的运算过程复杂且不透明,这一运算过程就是算法黑箱的存在空间”,用户们无法看清其中的规则,无法提出不同意见,也不能参与决策过程,只能接受最终的结果。如果是商业上的“算法黑箱”问题导致的不正义,尚且能够通过外部的特别是法律的方式加以救济,可如果这种“黑箱”本身就存在于法律之中,那么就会导致严重的道德危机。有些学者已经明确指出,程序员和设计者可能会试图以公开或隐蔽的方式嵌入一种逻辑,以使算法偏向期望的目标,如为特权阶层布设后门。另一些学者则直接指出,由算法行使公共权力,这本身可能就和法治理想存在紧张关系,特别是算法不予公开、不接受质询、不提供解释、不进行救济,这些都和法治限制政府专断的观念南辕北辙。

当然,上述权力制约的困境并非完全无解。首先,这些问题已经获得了学术界和实务界广泛的注意和讨论,而不再完全被遮蔽在“技术中立”之下。其次,在尚且没有解决方法的领域,法治要求限制甚至禁止数据和算法的介入,防止出现不正义的现象。在疫情防控的过程中,政府已经明确不得以老年人没有健康码为由限制其出行。这就是防止地方政府打着技术的幌子,专断地限制老年人的出行,为其懒政寻找借口。最后,在数据和算法有必要和可能介入的领域,法治要求给予公众充分的透明,对相应决策给予公共的监督,防止对个人信息的窃取和滥用,同时防止算法“黑箱”的形成。其中对个人信息的保护,一方面我国已经在《刑法》《消费者权益保护法》《电子商务法》《网络安全法》《征信业条例》《网络交易管理办法》等法律中有相应的规定,另一方面在2021年8月20日第十三届全国人民代表大会常务委员会第三十次会议通过的《个人信息保护法》,以单行法的形式为个人信息提供了专门而较为系统的法律保护。我们依旧有信心相信,现代法治能够在数字环境下解决权力制约的困境。

二、权利保障的难题

在正面讨论数字化时代法治在权利保障上所遇到的挑战之前,我们需要首先简要说明权利理论在数字化时代的新的发展。随着网络技术、信息技术和人工智能技术的加速融合发展,人类已经从工商业时代跨入数字经济时代,开启了智慧社会,这必然会促进人权的发展与变革。现实已经逐渐证明,既有的"三代"人权发展格局正在逐渐被打破,"第四代人权"已经逐渐应运而生,因此,法治如何保障这种特定类型的权利,就成了法治理论需要面对的问题。[1]

第四代数字人权的形成有一些基本的时代背景。首先是上文提到的"算法黑箱"的问题及因此形成的各种歧视。其次是"无方向地监控扩张",无论是商业组织还是政府都在以各种名义搜集和监控个人数据。欧洲经济和社会委员会在一份报告中指出,"监视贯穿整个社会,且没有方向性,在社会的各个阶层,包括层级内部,监视无处不在"。[2] 最后是在数据所有上形成严重的不对等,数据寡头逐渐掌握各方面的个人信息,并以此获得利润和好处,并进一步研发新的隐蔽获取信息的技术手段,作为普通公众却越来越难以察觉到自己的信息被窃取和滥用。这三方面的事实结合在一起,就对社会成员个人的隐私等造成了极为严重的冲击,并进而影响到社会的公平正义。

面对上述数字时代的冲击,人权领域的理论和实践都进行了深刻的变革。2011 年联合国就宣布互联网接入权是一项基础性的人权,2016 年又宣布互联网相关的权利是人权的重要组成部分。2018 年联合国社会发展研究机构(UNRISD)在一份报告中比较完整地讨论了新技术对传统人权观念的冲击,以及可能带来的观念更新。第一,"人的信息存在方式赋予了人权的数字属性"。从基本概念上说,人权意味着一个人之为人所应该拥有的权利,而随着网络化、数字化、智能化时代的到来,人们的生活方式发生了重大的变革,这些必然会影响到对人权的界定。第二,"权利发展的数据信息生态推动了人权的数字化演变"。在数字时代,权利内

---

〔1〕 参见马长山:《智慧社会背景下的"第四代人权"及其保障》,载《中国法学》2019 年第 5 期。

〔2〕 欧洲经济和社会委员会:《大数据伦理——在欧盟政策背景下,实现大数据的经济利益与道德伦理之间的综合平衡》,载中国大数据产业观察网,http://www.cbdio.com/BigData/2017-09/27/content_5607209.htm,最后访问时间:2021 年 3 月 12 日。

涵中必然会融入数据信息的法益，而这些给予数据信息的独特法益又会促进权利的变革，例如，对隐私权外延的逐渐扩展等。第三，“数据信息演化为新兴权利”。一些重要的数据信息所带来的法益，不能被既有的权利很好地涵盖，此时就会演化成之前不存在的新兴权利。其中一个典型就是所谓“数据权”的出现，在这个权利中包含了一系列更具体化的权利，如知情同意权，数据的采集权、修改权、携带权、被遗忘权、管理权、支配权、收益权等。[1]

在这种情况下，传统法治社会所预设的权利保障机制就会受到严重挑战。从法社会学的角度来看，近代以来的法治观念在制度设计上，主要通过国家权力内部的分立，以及通过个人权利划定有限政府来确立权力制约和权利保障机制。但在数字时代，这种基本结构已经受到严重的冲击。如学者们所指出的，现代数字社会呈现三元结构和双重权力生态。概言之，传统工商社会中呈现的是政府/市场的二元结构，但在数字社会中以信息为核心所构建的互联网平台呈现超强渗透、覆盖的能力，“它们不再局限于经济上的经济管理，而是通过制定平台规则、处理平台纠纷、行使平台监管权等具有了‘准立法权’、‘准行政权’、‘准司法权’”，从而导致社会结构逐渐转变为公权力/社会权力/私权利的三元结构。在这个结构下，公权力和社会权力并存构成了双重权力生态，且这两种权力很可能出现“共谋”，即两者通过分享用户数据，“政府可以实现对特定个人的监控，而商业组织可以针对特定消费者投放量身定做的广告，引导消费”，在这个结构中，个人权利就变得非常脆弱了。[2]

在这种局面下，我们需要考虑针对数字人权的特定的保护机制。首先，“推进数据信息自主权的制度化”。这主要是限制信息收集者对公众个人信息在未经后者同意的情况下对其信息的搜集，并将允许收集的信息加以监管，使其只能被运用于公众同意运用的目标之上。其次，“探索场景化的权益平衡机制”。从某种意义上说，个人信息数据固然有其个人属性的一面，与此同时，这些信息又是数字经济时代社会生活正常运转所必需的公共资源，因此又有其公共属性的一面，“这就需要在数据和信息的公共性和私人性之间，政府部门、商业平台、技术公司和消费者之间，以及公法保护和私法保护之间，形成一种多元平衡、互动共享的数字人权保护机制”。最后，“探索过程—结果的规制策略”。传统的权利保护机制主要是权利在受到侵犯之后，进行事后的救济和惩罚，但对数字权利的侵犯，其风险具有高

---

〔1〕 参见马长山：《智慧社会背景下的“第四代人权”及其保障》，载《中国法学》2019年第5期。

〔2〕 参见郑戈：《在鼓励创新与保护人权之间——法律如何回应大数据技术革新的挑战》，载《探索与争鸣》2016年第7期。

度的复杂性和不确定性,有很强的风险外溢的可能性,如果还是采取事后救济的策略,很可能会导致无法弥补的损失。这就需要探索将某些保护性的代码嵌入算法之中,使算法在事中运转时,就必须遵守这些保护性的要求。

事实上,上述构想已经在2021年8月20日通过的《个人信息保护法》中有所体现。例如,在这部法律中,明确规定了“敏感个人信息的处理规则”,其中已经明确规定“只有在具有特定的目的和充分的必要性,并采取严格保护措施的情形下,个人信息处理者方可处理敏感个人信息”,“处理敏感个人信息应当取得个人的单独同意;法律、行政法规规定处理敏感个人信息应当取得书面同意的,从其规定”。同时,在规定个人信息处理者的义务中也明确提到,“采取相应的加密、去标识化等安全技术措施”,并且“制定并组织实施个人信息安全事件应急预案”。其中,值得注意的是,《个人信息保护法》还专门提到了“个人信息保护影响评估”所应包括的具体内容,其中就包括“对个人权益的影响及安全风险”和“所采取的保护措施是否合法、有效并与风险程度相适应”。这已经显示出立法者注意到了个人信息的独特性,明确要求个人信息处理者必须在事前做好充分的保护。结合其他的法律规定,我国的个人信息保护已经初步显示出一种过程与结果并重的双重保护机制。

三、智慧司法的风险

与制约权力的困境相对,现代法治同时必须面对在数字时代对个人权利保障的难题。从概念上说,个人权利和正义总是关联在一起,甚至有一些学者主张,个人权利和正义的要求实际上就是一块硬币的两面,其中所谓个人权利无非正义原则所承诺的个人应得的利益,因此我们在讨论数字时代对权利保障提出的难题,也就是同时在讨论数字时代的环境中实现正义所面对的难题。

首先,最直接的难题就在于,正义的要求几乎无法用数据和算法确定。其中包括几个重要的因素。第一,正义是人类实践领域中的一个概念,正如实践哲学的鼻祖亚里士多德所指出的,相较于理论领域中的推理和判断,实践领域中这些思考的独特之处就在于其不精确性,我们很难说某种社会制度或生活方式比另一种正义2.36倍,这就使程序设计者很难将正义算法化,并用电脑“计算”何种社会制度是最正义的。第二,退一步说即使能确定某些抽象的正义原则,对这些抽象原则具体意味着什么,依旧无法用算法来确定。正义的关键词是“应得”,这也是正义和个人权利的连结点,但一个人应得什么涉及对生活中各种价值重要性的排序,这种排序是多样的,且每一种排序都构成了一种独特的生活方式,这些生活方式之间都存在严重的不可通约。所谓不可通约是指,这些生活方式无法被统一到同一个尺度下量化它们的价值,它们之间的差异是性质的而非数量的,因此算法在确定一个人具体应得什么上,依旧无法发挥太大作用。

其次,难以穷尽"正义"的样本。即使上面提到的问题都可以解决,例如,我们可以想象电脑的深度学习技术已经足以能让它像普通人习得道德知识那样,通过系统学习人们作出的正义判断,反思形成自己的正义观念,但依旧需要解决的问题是,究竟哪些样本是电脑需要面对和学习的?这本身就是一个实质的正义判断。同时,即便存在原则性的标准,在应用到具体的法律问题上,依旧存在多种可能,并产生出了海量的数据。如果没有专业人员进行分类整理,电脑几乎无法完成。这个系统所依赖的样本是很有限的,这还仅是特定案由的智能系统,如果设计一种正义系统,那所要面对的样本几乎就是天文数字。

再次,对正义的判断很难被转化为电脑使用的"0"和"1"的二值代码。科尔曼指出"算法就是把输入转换成输出的计算步骤的一个序列",因此即使程序设计者能够获得并确定某个范围的正义样本,下一步的工作就是将这些样本所呈现的规则、判断、运行机制等要素,转化为数字系统进而使其能够基于数理逻辑进行运算。但正义问题很难被转化为一个"是"与"否"的零和博弈,因此"算法决策'是'或'否'的对立判断,不免存在风险"。[1] 如果将这里涉及的正义问题转化为个人权利问题,就会发现这个风险会变得非常严重,因为在这种二值判断下,对权利的救济就成了一个"全有/全无"的问题,但很显然这和权利的性质是冲突的,权利—义务构成了一组特定的人际关系,权利的具体内容总是在特定的关系中才能得到确定,甚至某些基本权利的存在与行使都依赖于环境和关系:在某些紧急情况下,公民的基本权利是可以受到限制的。这些对具体情境的考虑根本无法化约到一个简单的二值判断中,因此也就不可能完全由算法实现对权利的救济。[2]

最后,正义的判断中必然包含了某些情感性的要素,而这些情感性的因素很难被数据化。英国著名学者斯特劳森在《自由与怨恨》一文中提到,人们所持有的某些反应性情感和日常的道德实践紧密相关,从某种意义上,如果一个人不持有或者无法理解这种反应性情感,我们会合理地认为这个人不理解正义究竟为何物。这种反应性情感的核心是一种特定的愤恨,即当自身的正当权利遭到侵害的时候,受到侵害的人必然会对侵害者这个特定的个体投射一种愤恨的态度。但很显然,这

---

〔1〕 马长山:《司法人工智能的重塑效应及其限度》,载《法学研究》2020 年第 4 期。
〔2〕 参见泮伟江:《法律的二值代码性与复杂性化约》,载《环球法律评论》2017 年第 4 期。

种态度的出现及其强度,并非可数据化的事实,而这仅仅是实践中可能伴随的一种人类情感,还有其他诸多情感共同构成了一个人的"道德情操"。这些同样都是无法数据化的事实。事实上,即便不涉及这些复杂的理论,从日常的生活出发,人们也会承认,真正获得民众认可的法官,并不是那种完全遵循理性和规则裁判的法官,而是在此基础上有一定的人文关怀的法官。这些法官认真对待每个当事人,考虑他们特殊的背景和情况,以一种创造性的方式维护正义。这被认为是一种非常高超的司法技艺,也是法律人最值得追求的目标,但很显然这些都是无法被数据化的。

总之,我们可以看到,当数字化时代到来并逐渐影响法律实践时,这很可能导致法律越来越"冰冷"和"僵硬",逐渐脱离正义和权利的要求,成为某种纯粹的"计算",毕竟从上文提到的几个方面看,正义和权利的要求很难完全被数据和算法接受和实现。当然,在这个意义上,我们也必须认真对待这些风险和挑战,在尚未找到很好的解决方案之前,以更审慎的态度对待法律的算法化和数字化。

【典型案例】

两辆无人驾驶汽车在高速公路上行驶,第一辆车在左车道上,行驶在右车道上第二辆车的前面。这两辆车正以合理的速度行驶。车内人员没有密切监控车辆,但都系好了安全带。突然一只鹿跳到左车道的中间,一瞬间,第一辆车采取了最安全的可行方案,转向右车道以防止与鹿相撞。又一刹那,第二辆车为了避免和第一辆车相撞,也作出了最安全的可行决策,而转向右边,但是却撞到了一棵树。第一辆车中没有人员伤亡,第二辆车的一个乘客却撞断了手臂。如果第二辆无人驾驶汽车试图停在自己的车道上(因为它会撞上第一辆车,撞伤里面的人)或者向左急转弯(它会撞上鹿,导致自己车辆中的乘客受伤),会使更多的人受伤,这是毋庸置疑的。这两辆车的人工智能从技术上说都运行正确。这两辆车在购买前或事故发生前都制造良好且没有受到任何损害。请问谁应当对受伤的乘客承担赔偿责任?

【问题与思考】

1. 为什么法治会成为现代社会中重要的政治理想?
2. 数字时代导致法治的运行发生了哪些重要的变革?
3. 法治在数字时代又面临哪些重要的挑战?

第二章　新兴智能体的法律属性

【法律故事】

奴隶在罗马法上不是法律主体，仅是财产。在《论农业》这部古典农业文献中，瓦罗（公元前116年～公元前27年）将农具分为"能讲话的农具""只能发声的农具"和"无声的农具"三类，奴隶属第一类，牛属第二类，车子属第三类。"奴隶是会说话的工具"即滥觞于此。

实际上，公元前287年左右制定的《阿奎流斯法》就将对奴隶的侵害置于毁损财产的框架下。但到了《十二表法》时，折断奴隶一骨的，处150阿斯的罚金（第八表第三条），可见奴隶与自由人受同样的法律保护。（自然）人可非（法律）人，反映了法律主体制度的技术特征。前后不到两百年的立法转变，则体现了法律主体制度建立在社会经济文化认同的整体背景下。

在数字时代，信息技术的发展加快了社会关系的数字化转化进程，催生了物理世界—数字世界、现实生活—虚拟生活、物理空间—电子空间的双层架构。在这一架构下，作为权利义务载体的法律主体也开始了数字化的进程。尤其是人工智能体（intelligent agent）可以"完成信息识别、深度学习、模拟思考等类人化行为，甚至表现出了比人脑更为强大的'创造力'"，[1]引发了其能否享有著作权，致害责任如何配置等焦点问题的广泛讨论，[2]这些问题倒逼法学理论重新审视传统的法律制度尤其是法律主体制度，从社会现实与法律理论的双重视角探求有无必要以及如

---

〔1〕 杨延超：《人工智能对知识产权法的挑战》，载《治理研究》2018年第5期。

〔2〕 此类社会事件屡见报端，如微软机器人小冰出版诗集，美国Uber自动驾驶汽车撞死行人等。我国学者对此问题的讨论，参见吴汉东：《人工智能时代的制度安排与法律》，载《法律科学》2017年第5期；王迁：《论人工智能生成的内容在著作权法中的定性》，载《法律科学》2017年第5期。

何赋予人工智能体法律主体地位(法律人格)。[1] 人工智能体有无法律人格构成了数字法治的起点与归属。我国《新一代人工智能发展规划》(国发〔2017〕35号,以下简称《规划》)亦将“明确人工智能法律主体以及相关权利、义务和责任”作为发展人工智能的一项重要议题。回顾历史,无论是大陆法系还是英美法系的学者均表达过如下观点,即人或者说主体是权利义务的载体。[2] 在此意义上,一个实体(entity)是否应被视为法律主体的问题可归结为该实体是否能够而且应当成为一套法律权利和义务的主体。[3] 本章尝试从法释义学的角度探寻法律主体制度(尤其是民事主体制度)如何应对人工智能体的挑战。

第一节 人工智能体的法律属性

一、人工智能体的内涵与特征

一般来说,我们称某人或物为“智能体”意在说明其能够与环境发生互动。现实中,智能体多需要传感器用以接收环境中的信息,对这些信息进行加工后,再通过执行器对环境发生作用。所谓的“人工智能体”,则指以数字计算机为核心的智能体,其“智能”属性建立在数字计算能力(算法)的基础之上。在此意义上,又可以称为计算智能体(computational agent)和认知智能体(cognitive agent)。[4]

与机器不同,人工智能体能够通过接收和处理信息而与环境发生互动。[5] 人工智能体具有下列基本特性:(1)具有对外界的刺激作出反应的能力;(2)这种反应是根据外界环境的变化自动调整的。这意味着,智能体具有与其他智能体或人

---

〔1〕 对人工智能主体地位的法律讨论,建立在技术上对于弱人工智能、强人工智能与超人工智能的区分的基础上。参见[美]皮埃罗·斯加鲁菲:《智能的本质》,任莉、张建宇译,人民邮电出版社2017年版,第174~189页。由于在技术界定上,强人工智能是属于人类级别的人工智能,超人工智能的计算和思维能力已经远超人脑。参见黄铁军:《类脑计算机的现在与未来》,载《光明日报》2015年12月6日,第8版。

〔2〕 See John Chipman Gray, *The Natureand Sources of the Law* (Roland Gray ed., MacMillan 1921) (1909). 转引自 Lawrence B. Solum, *Legal Personhood for Artificial Intelligences*, 70 N. C. L. Rev. 1231 (1992)。

〔3〕 See Lawrence B. Solum, *Legal Personhood for Artificial Intelligences*, 70 N. C. L. Rev. 1231 (1992).

〔4〕 本节内容参见彭诚信、陈吉栋:《论人工智能体法律人格的考量要素》,载《当代法学》2019年第2期;陈吉栋:《论机器人的法律人格——基于法释义学的讨论》,载《上海大学学报(社会科学版)》2018年第3期。引用时做了部分更新。

〔5〕 参见南星:《人工智能体有自由意志吗?》,载《学术月刊》2021年第1期。

进行合作、交互,并修改自己的行为以适应新环境的能力。

二、讨论人工智能体法律人格的意义

(一)为人工智能的研发确立前提性基础

确立人工智能体的法律地位以及其与研发人员、生产者、销售者、所有者、使用者以及其他相关主体之间的法律关系,是研发人工智能的前提问题之一。高风险的人工智能研发及其无人机、无人艇、自动驾驶汽车等智能运载系统投入使用均需要法律予以准许。

(二)为人工智能体享有权利、承担义务与责任建构主体性条件

法律人格是权利产生的前提性要件,否则权利义务便无所依附。赋予人工智能体法律人格意味着人工智能体能够享有权利,承担义务,甚至会承担特定的法律责任。

(三)有助于平衡不同主体之间的利益关系

人工智能的发展与应用聚集了多方主体的利益。例如,机器人参与创作就融合了机器人的投资人、机器人的发明人、机器人用于训练写作的既有作品的版权人等众多主体,如果版权诉讼中,允许上述人员均主张权利的话,势必导致法律关系复杂无序,进而影响对争议的解决。[1] 同样地,当"人工智能犯了错误"时,"让所有权人、用户、开发商或制造商对人工智能相关的全部潜在损失承担责任"也不可取。[2]

(四)决定某些人工智能体的存在

性机器人尤其是女性机器人已经投入使用。如果性机器人有人格,其发挥的就不应该是工具功能而是人的生理功能,这将引发一系列法律、伦理、哲学乃至人权等基本问题。比如,处于婚姻关系中的人能否使用性机器人,性机器人与使用者之外的另一方法律关系是什么?是否涉及对女性的伦理歧视?所有这些问题最终

---

〔1〕 参见杨延超:《人工智能对知识产权法的挑战》,载《治理研究》2018 年第 5 期。

〔2〕 参见[美]约翰·弗兰克·韦弗:《机器人是人吗?》,刘海安等译,上海人民出版社 2018 年版,第 35 页。

仍取决于在法律如何看待机器人。[1]

三、传统民事主体制度及其扩张的趋势

人工智能体能否成为民事主体,需要检视民法主体制度的一般原理,回溯民法主体制度确立的原因、特质及其发展趋势。

(一)罗马法“差序结构”下的主体制度

现代社会人人均平等地享有法律主体资格(人格),但(自然)人可非(法律上的)人则是历史上长期存在的事实。法律人格理论起源于罗马法,在罗马法上,法律人格呈现差序结构:罗马法的人格制度将人本身与人格分离。[2] 人格并非为人人所具,人可非人。具体来说,一个人要具备完全的法律人格,必须要同时享有自由权、市民权、家族权三种身份权;[3]三者缺一,则为“残人”。[4] 人格受限;三者皆无,则为“非人”(奴隶),沦为客体。罗马法判断一个自然人是否具有上述权利(也是终极意义上法律人格)的依据是“身份”。身份构成了生物人与法律人(格)之间的“分拣器”。它们将一定的生物人排除于法律人(格)的行列之外。因此,“法律人格成为区分自然人不同的社会地位,一些人压迫另一些人的法律技术工具”。[5] 归根结底,“(法律)人格是部分社会成员的特权”。[6] 罗马法的实践表明,法律人格制度出现伊始即具有突出的“技术性”特点。

(二)自然人的全面保护

自14世纪文艺复兴开始后,尤其是经过了启蒙运动的洗礼,《法国民法典》受到自然法精神的影响,扬弃了罗马法人格理论的身份基础,将人格与自然理性所生

---

[1] 具体说就是,人工智能体是主体还是一种工具性客体?由学者编订的《伦理机器人许可草案(ERL)》“限制”6即规定:“不允许使用机器人以作性行为或从机器人中得到性满足。”原因在于,性机器人与女性的关键不同在于“同意是无关紧要的”。由于将女性作为被动的性对象,并且为了满足男性的性欲可以忽视女性的自主性,破坏了女性的平等。若采用此种观点,性机器人的存在本身便缺乏正当性。参见[美]瑞恩·卡洛、迈克尔·弗鲁姆金、[加]伊恩·克尔:《人工智能与法律的对话》,彭诚信主编,陈吉栋、董惠敏等译,上海人民出版社2018年版,第182页、第201页。

[2] 参见江平:《江平文集》,中国法制出版社2000年版,第222页。

[3] 参见龙斯荣:《罗马法要论》,吉林大学出版社1991年版,第28页。

[4] 参见李锡鹤:《论作为主体资格的人格》,载《思想战线》2005年第3期。

[5] 尹田:《论法人人格权》,载《法学研究》2004年第4期。

[6] 徐国栋:《罗马私法要论——文本与分析》,科学出版社2007年版,第21~44页。

的人的伦理价值联系起来,最终实现了法律人格平等的制度设计。“该法典第8条规定:‘一切法国人均享有民事权利’的规定,标志着人类近代社会以伦理作为法律人格基础的法律传统的形成,拉开了法律上人格平等的序幕。”〔1〕正是该条规定,使人成为独立于“神”与“自然”之外之唯一的法律人格承载主体。而“作为身份区分工具的‘法律人格’在人人平等的社会中,应当毫无使用价值”。〔2〕此时的法律主体概念已经不同于罗马法差序格局下的人格,在更大程度上成为具有“伦理性”的抽象意义上的拟制人。〔3〕

1900年开始实施的《德国民法典》创造了权利能力制度。权利能力意指:“一个人作为法律关系主体的能力,也即是作为权利享有者和法律义务承担者的能力。”〔4〕该法典第1条明确规定:“权利能力自出生完成之时开始。”这意味着任何自然人一经出生,其享有权利的能力即是平等的。权利能力已经超越自然人格,成为法律意义上的人——包括“自然人”和“法人”——的共同本质。〔5〕而现代意义上的人格则成为与权利能力相等的概念。我国《民法典》第13条亦采用德国模式规定了权利能力制度。

进一步说,德国民法乃至近代民法确立民法主体的伦理学依据是康德主义的道德哲学。依据康德哲学,“具备实践理性者才能够承担义务并称为主体”,而理性和意志是决定法律赋予主体地位的原因。〔6〕按此标准,只有自然人可以享有主体地位,而动物和其他物质仅是权利客体。在这一界定下,自然人是一个伦理的存在。〔7〕但是,由于人格概念的抽象性和技术性,康德同时也指出前述其他主体也可以成为法律主体。即尽管只有自然人才可以获得权利并承担义务,但是法律仍有权将主体资格赋予任何东西,如商业公司、政府和海商法意义上的船只等。

(三)主体制度的扩张趋势

民法所确定的抽象法律人格制度有不断扩张的趋势,主要体现在如下几个方

〔1〕马俊驹:《人与人格分离技术的形成、发展与变迁——兼论德国民法中的权利能力》,载《现代法学》2006年第4期。

〔2〕尹田:《论法人人格权》,载《法学研究》2004年第4期。

〔3〕拟制人概念可以追溯到13世纪以来教会法学者所创造的“personafictaetrapraesentata”。

〔4〕[德]卡尔·拉伦茨:《德国民法通论:上册》,王晓晔等译,法律出版社2004年版,第119~129页。

〔5〕参见[德]卡尔·拉伦茨:《德国民法通论:上册》,王晓晔等译,法律出版社2004年版,第119~129页。

〔6〕参见[日]星野英一:《私法中的人——以民法财产法为中心》,载《民商法论丛:第8卷》,中国法制出版社2004年版,第150~197页。

〔7〕参见崔拴林:《动物地位问题的法学与伦理学分析》,法律出版社2012年版,第46页。

面。首先,由于民法不断将人的概念抽象化,同时由于商业发展的需要,在自然人之外,出现了法人制度。其次,随着生命科学的发展,自然人内部也出现新的变化,出现了渐冻人、植物人等所谓的非自由人和半自由人。《民法典》第28条和第33条对成年人监护的规定,即是因应此种变化而作出的相应调整。此外,由于基因科技的突破,人的器官已经在私下交易,人与动物的对立性也呈现相对化倾向。因此,产生了将主体当作客体的颠覆性影响。[1] 最后,随着国外兴起的环境伦理学,域外法域出现了动物主体地位问题的讨论。可见,随着时代的进步,法律关于法人、胚胎和动物权利的讨论,扩大了法律人格适用范围,因此出现了"没有脸庞"的权利主体。[2]

四、人工智能体的属性争议

对人工智能体法律人格的讨论,具有重要的理论意义和实践价值,学界对此也提出了多种学说,主要包括反对说(客体说)和支持说(主体说)两大对立观点。

(一)客体说

客体说主要针对当下弱人工智能体提出。该说认为,现阶段人工智能尚不具备法律人格,仅可作为权利的客体。由于没有实定法明确赋予机器人法律人格,所以当今多数国家的现行法、司法实践大多接受客体说。根据所持具体理由的不同,客体说内部又存在不同的细分观点。客体说的局限在于:其一,并未关注在人工智能具有深度学习与类人化神经元思考能力之后具备"智能"的现实,无法回应诸如"索菲亚""帕罗"之类的机器人[3]已经获得国籍或户籍而被认为具有部分人格的社会现状;其二,忽视了弱人工智能向强人工智能迅速发展的社会现实和必然趋势;其三,类推适用人类或动物的理论均有其片面性,忽视人工智能主体资格问题有其特有的法理考虑与价值选择,而非依据某一单纯的要素考量;其四,分配损失的归责路径是产生担负严格责任,非常容易挫伤生产者的积极性。

---

[1] 参见苏永钦:《走入新世纪的私法自治》,中国政法大学出版社2002年版,第64~66页。

[2] 参见颜厥安:《没有脸庞的权利主体——由法理学检讨生物科技与人工生殖技术》,载《月旦法学杂志》1995年第2期。

[3] See Jennifer Robertson, *Human Rights vs Robot Rights: Forecasts from Japan*, 46 Critical Asian Studies 571-598(2014).《沙特授予"女性"机器人公民身份》,载 http://news.163.com/photoview/00AO0001/2280069.html#p=D1P4RSCH00AO0001NOS。

（二）主体说

主体说认为，鉴于人工智能体在现实社会中的智识表现与多元功能，可以赋予其法律人格，使其享有法律主体的地位。主体说亦有多种不同的论证路径。其典型表现是《欧盟机器人民事法律规则》第 59f 条的规定：[1] 长远来看，大多数精密自动化机器人可以被确立如电子人（electronic persons）一样的法律地位。我国也有学者持此观点。[2] 但是，如何解释机器人的法律人格，还存在不同的路径。例如，有限人格说认为，人工智能并不具有承担完全责任的能力与地位。[3] 此外，还有学者提出可通过拟制（“视为”）途径赋予人工智能体法律人格。[4] 该说已经在实践中有所应用，美国国家公路交通安全管理局在 2016 年 2 月 4 日给谷歌公司的回函中表示该公司自动驾驶系统可视为“驾驶员”等。

（三）现行法上的认定路径

前述论证已经表明，赋予人工智能体法律主体地位目前存在较大争论。人工智能体虽然不是主体，但应探讨通过法律解释将其解释为主体理论路径。如前所述，有学者主张通过拟制技术解决机器人主体资格问题。“拟制”是将实为权利客体的人工智能认定为民事主体的法律技术。在本质上，“拟制”是一种立法技术，缺乏实定法根据。

《民法典》第一编第二章至第四章是关于民事主体的规定（第二章是关于自然人的规定，第三章是关于法人的规定，第四章是关于非法人组织的规定）。依据这三章的规定，人工智能并非民事主体。但除前三章外，对于民事主体的规定尚有《民法典》第 128 条，该条规定：“法律对未成年人、老年人、残疾人、妇女、消费者等的民事权利保护有特别规定的，依照其规定。”第 128 条在性质上属于引致条款，其立法目的在于当《民法典》对具体民事权利的列举不满足实用情况时，通过该条引致其他法律对于民事主体权利的特别规定，以实现保护弱势群体的民事权益。我们可通过对本条“等”进行解释，将人工智能解释为此类弱势群体施以保护。然而，此条仅是引致条款，并未具体规定人工智能的权利，因此在运用时仍应以单行

[1] European Parliament resolution of 16 February 2017 with recommendations to the Commission on Civil Law Rules on Robotics [2015/2103 (INL)].

[2] 参见郭少飞：《“电子人”法律主体论》，载《东方法学》2018 年第 3 期。

[3] 参见袁曾：《人工智能有限法律人格审视》，载《东方法学》2017 年第 5 期。

[4] 参见陈吉栋：《论机器人的法律人格——基于法释义学的讨论》，载《上海大学学报（社会科学版）》2018 年第 3 期。

之法律对人工智能的权利进行规定,始可进行法律方法论的操作。这一路径看似法律解释,实为漏洞填补。

五、人工智能体法律“主体”地位的要件

法律并非当然地把某种自然存在(entity,如公司等)认定为法律主体,而是通过一定的条件设置或认可原则来判断是否以及如何赋予该存在形态特定的主体资格。对于自然人来讲,现代法律承认其主体资格的唯一条件,便是“人”的存在,在法律上表现为“出生”这个自然事实。对于非自然人的社会存在而言,法律亦可依据一定实质性要求与形式性要求赋予其法律上的人格,承认其“权利能力”,这些实质性要求及形式性要求便是赋予非自然人的社会存在法律人格所需具备的特定条件。[1]

(一)实质性要件

1. 意志能力

所谓意志能力,就是为一定行为的能力,即能够把内在思想通过外在行为表达出来的能力。人工智能体意志能力判断的本质在于:决定人工智能体发挥具体功能或完成特定任务的算法能否与设计者、生产者等发生分离。若人工智能体完全受制于既有算法,难谓它有意志能力,也就不能被赋予独立的法律人格;若人工智能体可以摆脱既有算法,能够自主地发挥特定功能,即具有某种程度的意志能力,法律便可以赋予其主体资格,或至少具有这种可能。

现阶段,人工智能意志能力尚不明显。第一,在弱人工智能阶段,人工智能确实已发展出能做出一定的超出自然人能力范围的行为,但即便是高级弱人工智能的“智能”领域仍比较固定且单一,且仍然被认为是由预先设计好的算法所决定。因此弱人工智能体不具备法律人格的实质性要件。第二,但不可否认的是,弱人工智能体可以深度学习并不断适应新的环境,可以完成高难度的任务,这一点与一般工具不同。[2] 对于“能够通过像人一样的交流互动从而再现人类智能某些方面”的高级弱人工智能来说,更是如此。实际上,“我们对待高级弱人工智能会不由自

---

[1] 有关民事主体资格一般要件的研究,参见彭诚信:《论民事主体》,载《法制与社会发展》1997年第3期。

[2] See David C. Vladeck, *Machines Without Principals: Liability Rules and Artificial Intelligence*, 89 Wash. L. Rev. 117 (2014).

主地像对待生活中的其他人一样，也就是说我们信任高级弱人工智能以及将高级弱人工智能纳入我们生活的方式将会区别于我们现在对待机器的方式”。[1] 在这个意义上，在法律上像对待一般物理性工具一样对待这种高级弱人工智能或许也并非完全合适。第三，更为重要的是，人工智能给法律带来了可预见性挑战。即弱人工智能可以与其所处环境自由交互而具备“智能”。“即使是最细心的设计者、编程者以及制造者都没有办法控制或者预测人工智能系统在脱离他们之后将会经历些什么。”[2] 所以，人类无法预测人工智能系统如何行为。基于此，有观点认为，法律为应对其带来的不确定性，在具体情形下承认其具备一定意思能力，或许会更利于协调各方主体之间的利益关系，也更符合社会现实的需求。

2. 物质性要件

法律主体的物质性要件，是指拥有从事活动所需的财产或其他必要条件。一个实体要成为法律上的主体需具备与其活动主旨相一致的物质性条件，该物质性条件有可能是技能，也有可能是身份，更多的可能是财产。对于人工智能体来说，其物质性条件可谓纷繁多样，因为这完全取决于人工智能体所要发挥的个体功能及社会功能，比如工厂做工机器人、家庭服务机器人、性机器人、乐器表演机器人、下棋机器人、自动驾驶机动车、无人机与无人艇等。但在最终意义上，还是在追问人工智能体能否独立承担法律责任尤其是财产性质的法律责任问题。在这个意义上，财产便是判断人工智能体能否成为法律主体的一个重要条件。

在当下的弱人工智能时代，还难以看到人工智能体拥有自己的财产。其中最重要的原因是，无论是人工智能体的研发者还是生产者等，仍还是强调人工智能体的工具性功能，尚未充分意识到人工智能体逐渐引发的诸多法律上的争议，而且法律迄今也还没有出现责令人工智能体独立承担或与他人共同承担侵权赔偿等法律责任。但人工智能体拥有一定程度的独立财产的条件便不可缺少，因为这不仅是其从事某种行为的法律基础，而更是其承担责任的法律保障。而且，如果改变态度，或许可以通过人工智能费、税或者基金等方式为人工智能体提供“第一桶金”。

---

[1] 彭诚信主编，[美]约翰·弗兰克·韦弗著：《机器人是人吗？》，刘海安等译，上海人民出版社 2018 年版，第 7 页。

[2] 参见 Matthew U. Scherer：《监管人工智能系统：风险、挑战、能力和策略》，曹建峰、李金磊译，载《信息安全与通信保密》2017 年第 3 期。

(二)形式性要件

有了主、客观要件,人工智能体还应符合法律的形式要件要求。法律通过一套认可原则把客观实在纳入法律主体之中。承认非自然人主体资格的法律路径主要有自由设立、[1]准则设立、行政许可、特许设立、强制设立这5种认可原则。[2]就人工智能法律人格的国家认可而言,准则主义(含登记)是较为妥适的选择。即法律对人工智能法律人格规定一定的条件,只要符合此条件即可获得法律人格。原因在于,强制设立、特许设立原则要么失之过严,要么有违私法自治,在民法上都不具普遍意义。采取准则主义模式的合理性在于:首先,在此模式下,国家对弱人工智能尤其是高级弱人工智能进入社会可以较为有效的控制;其次,采取准则主义在实践操作上具有可行性。在准则主义模式下,可以类推适用《公司法》第6条要求人工智能体获取法律人格须"依法向登记机关申请设立登记"。自登记时起弱人工智能可以获取可能的法律人格,其法律人格在注销登记时消灭。应该说,采用准则设立或许还会有某种可操作性,但实际上这其中需要考虑的问题仍然很多,特别是制度上和现实上的难度依然很大,目前尚处于理论上的讨论而已。

第二节　算法化组织的法律属性

在数字时代,信息技术对于法律主体制度的冲击,还体现在组织体上,最典型的是存在于区块链空间中的去中心化自治组织(Decentralized Autonomous Organization,DAO)。对于这一智能实体法律性质的讨论,不仅关涉监管和规范这一组织最佳路径的选择,也有利于改进现有的法律实体。[3]因此,法律上究竟如何认识这种自治组织的性质成为亟待探讨的问题。[4]

---

〔1〕《瑞士民法典》第60条规定:"以政治、宗教、学术、艺术、慈善、社交为目的,或者其他非以经济为目的的社团,自设立该团体的意思明确表示于章程时,取得法律人格。"《瑞士民法典》,戴永盛译,中国政法大学出版社2016年版。

〔2〕参见施启扬:《民法总则》,中国法制出版社2010年版,第128~129页。

〔3〕参见[法]普里马韦拉·德·菲利皮、[美]亚伦·赖特:《监管区块链:代码之治》,卫东亮译,中信出版社2019年版,第155页。

〔4〕本节内容主要引自如下两篇文章:陈吉栋:《算法化"主体":组织抑或契约》,载《东方法学》2021年第5期;陈吉栋:《区块链去中心化自治组织的法律性质——由Token持有者切入》,载《上海大学学报(社会科学版)》2020年第2期。引用时做了部分更新。

一、区块链自治组织的内涵

(一)DAO 的内涵

区块链网络的参与者可以利用区块链技术创建去中心化自治组织。[1] 去中心化自治组织是建立在分布式账本技术[2](Distributed Ledger Technology,DLT)基础上的新型组织形式,通过发行初始加密资产产品(Initial Crypto-asset Offerings,ICO)进行融资交易。[3] 算法化组织依附计算机代码存在,算法构成了组织治理的核心。[4] 作为通证经济(Token Economy)最为活跃的组成部分,在分布式的技术生态之上,算法化组织建构了复杂的商业生态,被誉为组织上的变革。目前,算法化组织通过加密货币筹集的资金逾百亿美元。随着区块链与智能合约技术的发展与应用场景的增加,以及共识算法的进步,算法化组织将会有越来越多的应用。[5]

然而,法律介入算法化组织的调整却面临困境,以至于缺少法律监管成为其自身"优势"。究其原因,第一,在以算法为核心的区块链网络融合技术生态中,涉及网络分层、智能合约、分布式记账技术与共识机制等技术现象,对任意问题的解析则涉及算法化组织代码的使用方式、使用位置以及用户等诸多技术因素。[6] 这些因素增加了法律人认知算法化组织及其运作规律的技术难度。第二,在此种技术生态上,算法化组织不同节点在互不信任、没有正式的组织或雇佣合同的情况下,形成了一个分布式的扁平的组织构造与迥异于传统组织的治理结构。第三,刨去技术色彩,若将观察视角扩展至数字法治全域,信息技术正在迫使法学研究的基本

---

〔1〕 区块链根据自治程度的不同,采用不同的构架,实现各不相同的功能。简单的 DAO 仅专注于特定任务,而更复杂的 DAO,则在区块链上部署了智能合约。限于国内实践应用尚处于起步阶段,本章不再区分具体类型,而是主要以后者为论述对象。

〔2〕 See Patrick Murck, *Who Controls the Blockchain*? https://hbr.org/2017/04/who-controls-the-blockchain.

〔3〕 参见杨东:《"共票":区块链治理新维度》,载《东方法学》2019 年第 3 期;Shermin Voshmgir, *Token Economy: How Blockchains and Smart Contracts Revolutionize the Economy*, BlockchainHub Berlin, 2019, p. 141。

〔4〕 Christoph Jentzsch, *Decentralized Autonomous Organization to Automate Governance*, https://lawofthelevel.lexblogplatformthree.com/wp-content/uploads/sites/187/2017/07/WhitePaper-1.pdf.

〔5〕 https://coopahtroopa.mirror.xyz/_EDyn4cs9tDoOxNGZLfKL7JjLo5rGkkEfRa_a-6VEWw.

〔6〕 Securities and Exchange Commission, *Report of Investigation Pursuant to Section 21 (A) of the Securities Exchange Act of* 1934: *The Dao*, Release No. 81207, 25 July 2017, p. 3.

范式由“探究在某一项法律制度的生效环境中,其对于民事主体行为的具体影响”向“法治所寻求的有效环境如何影响法治生发与运行”转换。[1] 面对这样的根本性变革,传统法释义学并未做好研究范式转化的准备,在根本上影响了提前介入这一新型组织法律性质讨论的可能。

The DAO 事件[2]引发了人们对于区块链自治组织的关注。参见本节“典型案例”。

(二)DAO 主体性界定的意义

在实践中,“The DAO”之后形式多样的 DAO 不断涌现。但由于其底层技术相对复杂,交易模式变化多端,增加了法律调整的难度。对其进行法律界定,是法律对其进行监管干预的先决条件,也影响着 DAO 参与者的权利与责任承担及其运营,意义重大势在必行。第一,DAO 的性质界定直接决定了 Token 持有者的权利义务。作为去中心化的自治组织,DAO 不仅需要有效的事后协商机制,亦需要对于项目管理、运行和社区事项的事前决策机制,以合理规制成员之间的权利义务,界定区块链内部关系的性质必要且重要。[3] 第二,DAO 的性质界定直接决定了 Token 持有者的责任承担。若 Token 持有者承担有限责任,有利于控制投资风险、增强投资信心,而让其承担无限责任则会阻碍潜在的投资者参与投资、创建去中心化组织的积极性。因此界定以 DAO 为典型代表的去中心化组织的法律地位至关重要。第三,DAO 的性质界定直接决定了 DAO 组织的运营。准确界定 DAO 的法律地位,是厘清交易的主体及其权利义务与责任承担的基础,而这一切是维持 DAO 有效稳定运营的基础。

二、DAO 的结构及其特点

现阶段,算法化组织的技术形式表现为区块链上的去中心化应用(DAPP),[4] 共识机制与智能合约决定算法化组织的基本特征,同时也构成了算法化组织治理

---

[1] Andrew Murray, *Information Technology Law*, Oxford University Press 2019. 相关内容见此书 1 章。

[2] The DAO, U. S. Securities & Exchange Commission, (July 2017), https://www. sec. gov/litigation/investreport/34 – 81207. pdf.

[3] 参见汪青松:《区块链系统内部关系的性质界定与归责路径》,载《法学》2019 年第 5 期。

[4] 创建一个算法化组织一般包含以下步骤:第一,使用 solidity 程序创建一个智能合约,在 Ropsten 测试网络部署智能合约;第二,创建 DAPP 的前端;第三,将部署的合约与相应应用相链接;第四,将最终的 DAPP 部署在去中心化的 IPFS 上,使用自定义的域名。

的两个核心部分。

（一）智能合约构成了区块链平台的应用机制

开发团队要开发用于代币发布和分配的智能合约，组织决策的整个业务逻辑都被编码到智能合约或一系列相互连接的智能合约中，经由各方签署之后，以程序代码的形式附着在一个打上时间戳的区块上，而后成为区块链主链上的一部分，区块链会对该智能合约的状态进行实时监控。[1] 触发机制和验证条件一旦满足，合约就会自动执行。[2] 而与业务活动相关的最新状态和结果均将记录并存储在区块中。因此，智能合约不仅能够有效地对信息进行处理，而且能够保证合约双方在不必引入第三方权威机构的条件下，强制履行合约，避免了违约行为的出现。条件式触发机制虽略显僵硬，[3] 但仍是低维护、低成本的解决方案。

（二）共识算法构成了算法化组织的治理机制

目前，几乎所有的算法化组织均发行通证，吸引众多网络节点以平台原生通证（native token）加入网络交易通证，而其吸引众多节点加入的关键即在于共识机制。算法化组织由共识所驱动的管理方式进行管理，同时保持与外界承包商、客户、其他程序的成员的互动。具体来说，共识机制是在分布式账本网络参与者之间建立信任的数学算法，保证区块链成员对交易的真伪达成一致，并能够达成正确的决策。[4] 发起者按照所采用的共识机制预先宣布行为准则对组织的管理进行监督。这些管理规则完全透明，在根本上由机器共识强制执行。

现阶段，比特币区块链及某些版本的以太坊区块链遵守的是工作量证明（Proof of Work，PoW）机制，但 PoW 是算力密集型算法，在达成某项确定性共识时会消耗大量的资源。因此以太坊平台转而以“权益证明”（Proof of Stake，PoS）为基础的共识机制，相较于 PoW，PoS 是资本集中型算法，涉及的能耗较小。[5] PoW 一般应用于比特币区块链等开放型 DLT 中，网络中的节点自愿进行数据验证。最

---

〔1〕 参见陈吉栋：《智能合约的法律构造》，载《东方法学》2019 年第 3 期。

〔2〕 See Wardyński & Partners, *Blockchain*, *Smart Contracts and Dao From a Legal Perspective*, https://www.law.ox.ac.uk/business-law-blog/blog/2017/01/blockchain-smart-contracts-and-daos-legal-perspective.

〔3〕 See Jeremy M. Sklaroff, *Comment*, *Smart Contracts and the Cost of Inflexibility*, 166 *U. PA. L. REV.* 263, 279(2017).

〔4〕 参见［美］凯文·沃巴赫：《信任，但需要验证：论区块链为何需要法律》，林少伟译，载《东方法学》2018 年第 4 期。

〔5〕 ［印］史尼瓦·马卡利：《极简区块链》，中国工信出版集团、电子工业出版社 2018 年版，第 24 页。

快找到哈希值,完成验证的节点,可以获得一定形式的奖励。PoS 大多应用于封闭型 DLT,要求节点捆绑一定量的数字资产,以验证和添加新的区块。捆绑的数字资产越多,节点以最快速度验证区块的可能性越高,进而获得奖励。无论是 PoW 算法还是 PoS 算法,其核心思想都是通过经济激励来鼓励节点参与组织活动对系统的付出,最终实现算法化组织的高效运转。

三、算法化组织的组织性

(一)组织性的判断因素

"组织性"既是从行为到组织的桥梁,同时又是结果,构成了讨论组织形式的前提。某种实体具备了组织性即具备了发展为组织体的可能性。目前法学界尚无组织性的一般讨论,但存在针对特定问题的具体讨论。[1] "具有一定独立财产"与"多数人参与治理"应该为组织性的核心要素。其一,独立财产要求组织具有一定的财产归属资格,与内部自然人的财产具有一定程度的分离性,并在外部关系上成为组织独立的责任财产。其二,多数人是组织的基本条件,组织内部的多数人参与治理是组织性的基本体现,多数人依组织法原则参与治理,为了组织的稳定性和持续性,更有效率,即需要治理结构的具体设计与安排。需要特别指出的是,源于这一治理结构的"组织意思"不是组织性判断的要素而是组织的构成要件;与之类似,产生这一治理结构的代理关系,亦非组织判断组织性的要素,而是实现治理目的的具体手段。

(二)DAO 具备组织性

The DAO 事件证明了算法化组织有组织性的现实需求。算法化组织满足组织性的要件。第一,在内部关系上,算法化组织是集合多数人的财产而成立或存在。由于算法化组织的资金存在于区块链账户中,与组织成员的财产已经适度分割,这就使算法化组织可能成为商业活动的主体。[2] 但是这种分割是否为最终的分割,即组织的债权对于成员投资财产是否享有优先于成员债权的地位,仍然存疑。第二,算法化组织独立于其创建者。在组织的治理上,智能合约在没有认为干

〔1〕 参见王利明:《论民法典对合伙协议与合伙组织体的规范》,载《甘肃社会科学》2019 年第 3 期;李宇:《论作为法人的商业信托》,载《法学》2016 年第 8 期。

〔2〕 参见王文宇:《中小型商业组织的法制设计与契约规划》,载《月旦法学杂志》2019 年第 4 期。

预的情况下调整组织运行,规范所有网络参与者行为。参与者之间并无双边协定。共识算法本身确立组织决策的基本机制,保证了成员参与组织管理的平等机会,是算法化组织组织性的依据之一,这保证了算法化组织可以形成独立于其节点的团体意思。

四、DAO 的法律性质

究竟如何定性 DAO 这一新的组织形式,目前仍未形成统一认识,目前学界存在公司说和合伙说等不同学说。[1]

(一)公司说及其批判

目前较为流行的观点是,将区块链网络定性为公司。按此观点,所有的 Token 持有者都是 DAO 公司的股东。而且,既然公司可以向公众销售股票,为公司运营融资,那么区块链网络也可以销售加密货币代币。[2] 公司说的一个深入分析是,去中心化组织可以以系列有限责任公司(Series Limited Liability Corporation,SLLC)的模式运作,通过资产分离架构,将有限责任公司的资产债务、义务以及责任,分割到相互独立的系列中。然而,DAO 依靠智能合约在无人干预和管理的情况下自主运行,也不具备公司的意思形成机构和业务执行机构,更无法将管理权交给董事会或者高级管理人员。而且,现代公司治理结构的典型特征是所有权与经营权分离,而在 DAO 这种组织中,Token 持有者既是资产的所有者又是交易的经营者,将二者合二为一,其组织形式显然不属于公司。

(二)合伙企业说及其批判

将 DAO 认定为合伙企业,不乏支持者。《民法典》第 102 条把合伙企业纳入非法人组织,使其具备民事主体资格。合伙企业是指两个以上的合伙人在订立协议的基础上所设立的具有共同经营的营业关系、共享收益、共担风险,共负盈亏的组织体。第一,DAO 无须中心化的领导集体,每个成员都有权对业务进行控制,享有符合认定合伙企业的控制权要素,享有合伙事务的执行权,满足合伙企业中“共

---

〔1〕 目前也有人主张 DAO 内部关系类似信托,但这种观点支持者不多,不再详述。参见 Carla L. Reyes, *How Should the Law Classify Decentralized Businesses*?, http://clsbluesky.law.columbia.edu/2018/01/03/what-type-of-legal-entity-are-decentralized-businesses/, January 3, 2018。

〔2〕 参见[美]凯文・沃巴赫:《链之以法:区块链值得信任吗?》,林少伟译,上海人民出版社 2019 年版,第 52 页。

同经营”的要件。第二,拥有 Token,即拥有了对 DAO 的所有权和表决权,DAO 则通过对其他项目进行投资为其成员提供积极的回报。购买 Token 意味着加入了风险投资实体,成为 DAO 的成员,目的是共享收益。但每个合伙人同时还承担投资失败的风险。[1] 因此,成员之间存在共担风险、共享收益的“利益共同体”的关系,符合合伙企业的本质特征。然而,将 DAO 认定为合伙企业,无法解释 Token 持有者的责任承担问题,即让组织成员为组织债务负连带责任与这类组织的商业目的与实践不符。

长期以来,人们积极创设团体法人的益处是,确保组织所有者的个人资产免受债权人的追索。根据《合伙企业法》第 2 条的规定,合伙企业分为普通合伙企业和有限合伙企业。[2] 无论将 DAO 定性为普通合伙企业还是有限合伙企业,其成员中由谁来承担无限责任,在 DAO 的主体形式认定上均是未解的难题。合伙型联营制度为解决 DAO 成员责任承担问题提供了可能。合伙型联营就是联营各方作为合伙人,共同出资和共同经营的合伙组织形式。[3] 此类联营责任的承担并非连带,而是成员之间各自独立。而且,联营性质企业等非公司性质企业及要求出现清算事由的企业自行清算,而未赋予债权人申请强制清算的权力。[4] 但是,将 DAO 界定为联营仍将遭遇如下难题,即原《民法通则》第 51 ~ 53 条所规定的联营为根据成员仅限于“企业事业单位”。[5] 而 Token 持有者可能是个人。由于《民法典》并未认可联营企业这一主体形式,其仅能在习惯法意义上存续,这就使得上述讨论缺乏实定法的支持。

(三)扩展性的讨论

目前可以将算法组织认定为一种新的非法人组织,适用《民法典》第 104 条解决其责任承担问题。具体来说,可让发起人在算法化主体财产不足的情况下,负连带责任,这样可以取得组织内部与交易相对人之间的利益平衡:第一,算法化主体具有自身独立财产,且可以与其成员财产适度区分;第二,发起人在算法化主体中的地位特殊,其在算法化主体中的设立、管理中的地位较一般通证持有者有所不

〔1〕 See Laila Metjahic, *Deconstructing the DAO: The Need for Legal Recognition and the Application of Securities Laws to Decentralized Organizations*, 2018(39), p.1554.

〔2〕 我国发行的普通合伙企业相当于德国的无限公司,有限合伙企业为两合公司。参见朱庆育:《民法总论》(第 2 版),北京大学出版社 2016 年版,第 490 页。

〔3〕 参见孔祥俊:《肢解和重塑:联营制度的必然走向》,载《法学研究》1993 年第 4 期。

〔4〕 参见宁波市鄞州区人民法院民事裁定书,(2009)甬鄞商清字第 4 号。

〔5〕 参见方流芳:《关于联营的两个法律问题》,载《法学杂志》1987 年第 5 期。

同,美国证券监督管理委员会在 The DAO 事件中的处理中令发起人负责,也印证了这一点。因而,在组织财产不足以清偿债务时,将发起人认定为责任的承担者,对美国证券监督管理委员会算法化主体的债务承担连带责任,具有一定社会实践基础。如此解释的益处还在于,可以妥善协调组织内部不同成员及其与外部交易相对人的利益平衡。而且,由于《民法典》第 104 条允许存在法律另有规定的可能,也为未来特别商事组织法对算法化主体特别规定的出台预留了空间。

显然,面对算法化主体法律性质这一问题,我们尚不能得出一个完整的结论。问题并未终结,尤其是,如果我们真正地遵循“严肃对待区块链”[1]的劝诫,将传统公司制度的算法化改造也纳入研究视角。[2] 那么算法化主体法律定性(及其调整)问题将显示出更为迷人的魅力和长远且根本的影响。

事实上,主体制度本身是一种价值判断。从“人可非人”到“非人可人”反映了对人权的保护和人类文明的进步程度,因为多元主体资格的承认在终极意义上都是对自然人尊严平等与人格自由的尊重。人工智能体作为新生的社会存在物,对其法律主体资格的讨论,仍需奉行与强化这一普适的人之价值,避免太多浪漫主义的科幻色彩。DAO 创造了新的商业可能,也带来了新的风险和监管困境。尊重民法主体认可的价值规律的基础上,检视人工智能体发展所导致的及未来可能导致的社会问题,判断其主体论是否具有正当性与可行性。[3] 还要指出,人工智能时代的主体挑战存在更为广泛的法治背景,即分布式法秩序的形成,这一点尤其体现在 DAO 的治理中,算法化组织的组织优势使其随着技术进步和应用生态的丰富会越来越彰显。研究算法化组织的技术构造,进而引入组织学以治理为核心对于组织与契约关系的讨论,使得对于算法化组织性质的讨论逐步超脱其存在的虚拟空间,变得可能且趋于现实操作层面的实现面向,但这种讨论显然不是一蹴而就的。

【典型案例】

2016 年 5 月底,德国公司 Slock. it 在以太坊发起众筹项目“The DAO”,致力于成为各类投资者投资区块链创新项目的枢纽。该项目发行 DAO Token 融资,通过

---

〔1〕 Herian, Robert, *Taking Blockchain Seriously*, Law and Critique, Vol. 29, No. 2(2018), p. 163 - 171.

〔2〕 See David Yermack, *Corporate Governance and Blockchains*, Review of Finance, Vol. 21, Issue 1, 2017.

〔3〕 参见陈吉栋:《论机器人的法律人格——基于法释义学的讨论》,载《上海大学学报(社会科学版)》2018 年第 3 期;彭诚信、陈吉栋:《论人工智能体法律人格的考量要素》,载《当代法学》2019 年第 2 期。

首次发行代币(Initial Coin Offering)融到了1150万个以太币,约合1.5亿美元。6月12日发行者发现DAO软件存在漏洞,但当修复漏洞时,黑客开始发起攻击,至6月18日,攻击者就利用项目漏洞共盗走300多万个以太币。该事件发生后,美国证券交易委员会(SEC)经过调查认为,"The DAO"发行的DAO Token属于美国证券法上的证券,但究竟由Token持有人还是由发起人或第三方的承担违法责任,SEC颇费周折。在数量上,区块上最为广泛的是Token持有者。[1] 但SEC认为Token持有者在整个事件中是被动的,扮演者类似于上市公司股东的角色,最终选择让发起人担责,但显然这一认定引发了广泛的争论。[2]

【问题与思考】

1. 法律主体的构成要件?
2. 如何理解人工智能体的主体条件?
3. 去中心化自治组织的法律性质?

---

〔1〕 Token存在不同译法,由于不影响表达,本书直接使用英文原词。相关讨论可参见杨东:《"共票":区块链治理新维度》,载《东方法学》2019年第3期。

〔2〕 See Jonathan Rohr and Aaron Wright, *Blockchain-Based Token Sales, Initial Coin Offerings, and the Democratization of Public Capital Markets*, 37 (2017), https://papers.ssrn.com/sol3/papers.cfm?abstract_id=3048104; Robinson Randolph, *The New Digital Wild West: Regulating the Explosion of Initial Coin Offerings*, (2017), https://papers.ssrn.com/sol3/papers.cfm?abstract_id=3087541.

第三章　数据权利与数字人权

【法律故事】

2018年《纽约时报》和《卫报》报道披露，英国数据分析公司“剑桥分析”（Cambridge Analytica）从2014年起就开始收集“脸书”（Facebook）用户的数据，合计8700万用户的数据被不当泄露。2016年美国总统大选中，当选总统特朗普的团队竟然也使用了相关数据分析产品。此外，该公司还涉嫌暗中参与影响多国的选举。该事件一经披露即舆论哗然，被称为“剑桥分析丑闻”。2019年网飞（NETFLIX）播出以该事件为题材的纪录片《隐私大盗》（the greathack），进一步引起广泛关注。

丑闻爆发后，“脸书”与“剑桥分析”的相关负责人即分别应美国国会与英国议会的要求参加了相关听证。随之而来的大量法律纠纷迫使“剑桥分析”于2018年5月宣告破产。美国联邦贸易委员会（FTC）随即亦开展了相关调查。调查结论认定，一方面“剑桥分析”通过欺骗性的方式获取大量个人信息，另一方面“脸书”亦未能实现用户数据安全的保护。2019年7月，美国联邦贸易委员会与“脸书”达成和解协议。在和解协议中，“脸书”承诺建立更多的数据保护措施，并向美国联邦贸易委员会支付和解金50亿美元。2020年4月，美国联邦法院最终批准了这一和解协议。

震惊全球的“剑桥分析丑闻”表明，数据这种价值巨大的“新石油”在现代生活中具有无比重要的地位；数据权利不仅与人格尊严、经济利益息息相关，更与民主政治、人权保障紧密相连。

第一节 数据权利的基本范畴

一、数据与信息的关系

根据国际标准化组织(ISO)的定义,信息是“在特定语境中具有特定意义的关于客体的知识,如事实、事件、事物、过程或思想包括理念”;数据是“信息的形式化表现,可展现其背后的意义,用于沟通、含义展示或处理”。[1] 简言之,信息展现的是内容含义,而数据是这种内容的表现形式及载体。然而,看似清晰的概念,在法学研究中却被广泛地模糊使用。

(一)数据、信息的混用

在法律语言中,信息与数据似一对孪生兄弟,让人难以辨别。信息与数据并用、信息包含数据、数据包含信息,是三种最为常见的模糊性使用类型。

1. 信息与数据并用型

有学者认为,信息与数据的区分无意义。[2] 或“仅仅在于不同的表述角度”,[3]“约定俗成即可”。[4]《国家信息化发展战略纲要》即并列使用“信息化”“大数据”的概念。更多时候,制度文本更是使用了“数据信息”或“信息数据”的概念。《电子商务法》第25条、《人类遗传资源管理条例》第24条、《废弃电器电子产品回收处理管理条例》第17条、《消耗臭氧层物质管理条例》第28条均使用了“数据信息”的概念,《志愿服务条例》第19条则使用了“信息数据”的概念。

2. 信息包含数据型

有学者认为“信息的外延大于数据”。[5] 其认为,数据只是信息的电子化表现形式,信息还可通过传统媒介传递。也就是说,信息既可以指数据本身,也包括加工后的数据和不以电子形式呈现的资料。[6]《环境保护税法》第15条第2款、《国

---

[1] ISO/IEC 2382:2015.

[2] 参见刘德良:《论个人信息的财产权保护》,人民法院出版社2008年版,第20页。

[3] 谢远扬:《个人信息的私法保护》,中国法制出版社2016年版,第6页。

[4] 郭明龙:《个人信息权利的侵权法保护》,中国法制出版社2012年版,第19页。

[5] 唐思慧:《大数据时代信息公平的保障研究:基于权利的视角》,中国政法大学出版社2017年版,第7页。

[6] 参见郎庆斌、孙毅、杨莉:《个人信息保护概论》,人民出版社2008年版,第12页。

际刑事司法协助法》第26条第5款、《监察法》第25条、《食品安全法》第17条、《人类遗传资源管理条例》第2条第3款采用了“数据等信息”或类似表述。

3. 数据包含信息型

有学者认为大数据赋予了数据新的内涵,数据也包括了内容层面的信息内涵,甚至“也是信息的代名词”。[1] 舍恩伯格即明确指出,“数据化意味着我们要从一切太阳底下的事物中汲取信息,甚至包括很多我们以前认为和‘信息’根本搭不上边的事情”。[2] 现行法中,亦不乏以信息解释数据的范例。《数据安全法》第38条采取了“个人隐私、个人信息、商业秘密、保密商务信息等数据”的表述。《电子签名法》第2条第2款、《快递暂行条例》第34条,即以特定信息分别界定“数据电文”与“电子数据”的内涵。

（二）数据与信息的区分

笔者认为,采取国际标准化组织的定义,明确信息侧重内容而数据侧重形式,在法律概念与法律特征上予以区分。从立法上看,《数据安全法》首次对数据进行了法律界定。该法第3条第1款规定,“本法所称数据,是指任何以电子或者其他方式对信息的记录”。上述定义在一定程度上亦从形式/内容的意义上区分了数据与信息。

1. 数据、信息混用的危害

一方面,数据与信息的混用引发权利设定偏差。在个人信息权利的讨论中,个人信息是否限于自动化处理的数据形式,生物样本是否是个人信息,被遗忘权与数据删除、信息遗忘的关系等问题,均涉及数据与信息的关系。在数据权利的讨论中,数据权利客体指向内容层抑或代码层的争议,亦离不开数据与信息的区分。另一方面,数据与信息的混用导致司法裁判难题。面对层出不穷的数据权利诉求,模糊性使用将直接影响法律论证的质量,使裁判说理出现问题。若不区分数据、信息,法院将难以说明企业对哪些数据具有财产性权益,难以说明个人信息、原始数据、衍生数据、大数据产品、数据产品展现的信息内容之间的逻辑关系。

2. 数据、信息区分的理论基础

在信息科学看来,信息 = 数据 + 意义。信息论创始人香农(Claude Elwood

---

〔1〕 涂子沛:《数据之巅》,中信出版社2014年版,第256~257页。

〔2〕 [英]迈尔·舍恩伯格、库克耶:《大数据时代》,盛杨燕、周涛译,浙江人民出版社2013年版,第20页。

Shannon)将信息界定为不确定性的消除。[1] 布里渊(Marcel Brillouin)借助物理学上"熵"的概念,将信息解释为"负熵"。控制论创始人维纳(Norbert Wiener)认为,信息是人类与外部世界进行交流的内容,是与物质和能量并列的要素。[2] 可见,信息与数据最大的区别即在于其对内容/意义的强调。此外,立足于信息的生产和传递,DIKW层级模型(又称"知识金字塔")指出,数据、信息、知识、智慧呈金字塔式层次关系。具体而言,从数据到智慧,依次呈现意义与价值从低到高,可编程性由高到低,属性由客观到主观的关系。在信息链中,无疑数据是最为基础的要素,只有通过数据处理,数据才能具有明确的意义,方可成为更具价值的信息。[3] 也就是说,数据是信息的基础,信息可提炼出知识,知识又可产生智慧。(见图3-1)

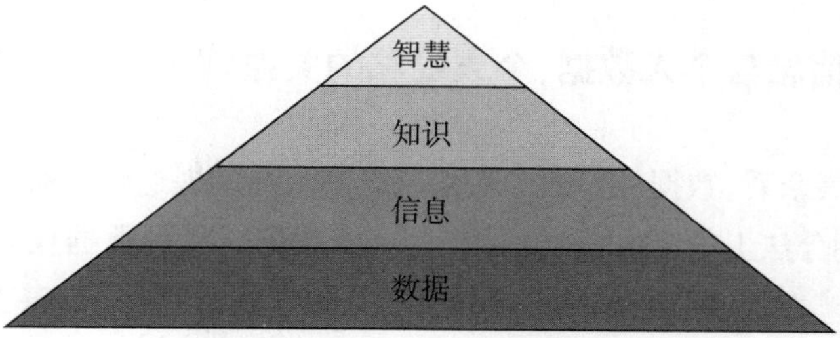

图3-1 "知识金字塔"模型

3.数据、信息的法律属性

采取国际标准化组织的定义,明确数据与信息之间形式/内容的区别后,可分别在物理层、代码层、内容层中探讨信息与数据的法律地位。其中,物理层属于信息传播的底层设备,可对应法律中的信息基础设施。代码层是设备上运行的代码,以0和1组合而成的比特形式存在,是信息的形式与载体,可对应法律中的数据。内容层则体现为代码符号所表达的具体内容,具有一定的意义,可对应法律中的信息。唯有在数据与信息区分的意义上,方可理解立法上《数据安全法》《个人信息保护法》的术语选择。即数据安全以技术架构为规制对象,指向代码层的安全;个人信息以可识别为必备要素,指向内容层的信息。

信息与数据指向不同的权利客体。根据《民法典》第111条、第127条的体系

---

〔1〕 See Shannon C. E., *The Mathematical Theory of Communication*, The Bell System Technical Journal 27, 1948, p.379.

〔2〕 参见[美]N.维纳:《控制论》,郝季仁译,科学出版社1963年版,第5页。

〔3〕 参见化柏林、郑彦宁:《情报转化理论(上)——从数据到信息的转化》,载《情报理论与实践》2012年第3期。

结构可知,个人信息与数据分别指向人格权与财产权。也就是说,以个人信息为代表的内容层信息指向人格权,其中权利客体是个人信息中蕴含的人格利益。这种具有人格利益的信息亦不排斥商品化利用,亦具有一定的财产属性。其他非个人信息更可直接成为财产权的客体。如为知识产权所保护的著作、专利、商业秘密信息等。此外,代码层的数据亦是财产权客体,可通过数据新型权利予以保护。值得注意的是,信息与数据有动态转化的可能。一方面,信息能逆向转化为数据。如个人信息在匿名化处理后,已不再体现可识别特定个人的信息内容,可成为数据权利的客体。另一方面,在更多的时候,数据将转化为信息。尤其是当前大数据语境下,海量数据汇集已与全样本的数据分析相结合,大数据实质上已部分转化为信息。

二、个人信息与个人数据、个人隐私的关系

从历史发展来看,数据、隐私、个人信息有其内在发展逻辑。有学者即指出,从阴私到隐私,到公法上的个人信息保护,再到大数据时代的数据权利,呈现观念上的代际发展。[1] 立足理论基点的差异,往往是造成所指不明,甚至混淆的根本原因。

(一)个人信息与隐私的区分

美国法上的隐私包含个人信息,但中国法中个人信息与隐私既不是包含与被包含的关系,也不是简单的交叉关系,二者在总体上是两个不同的法律概念。

1. 源自美国法的信息隐私权

1890 年,沃伦(Samuel D. Warren)和布兰代斯(Louis D. Brandeis)发表了《论隐私权》的经典论文,指出隐私权是不受打扰的自我决定权。从 20 世纪 60 年代起,为应对新兴的隐私侵害问题,美国学者在"独处权说"之外发展出"信息隐私权说",主张隐私权是个人对其个人信息披露的控制权。[2] 1977 年,美国联邦最高法院通过"惠伦案"确立了信息隐私权。该案中,纽约州法律要求将特定药物处方储存在政府计算机系统中,病人与医生认为该立法侵害了病人的隐私权。虽然美国

---

〔1〕 参见周汉华:《个人信息保护观念演变的四个阶段》,载 https://www.sohu.com/a/281451267_455313,最后访问时间:2018 年 12 月 12 日。

〔2〕 参见张民安主编:《场所隐私权研究》,载张民安主编:《场所隐私权研究:场所隐私权理论的产生、发展、确立和具体适用》,中山大学出版社 2016 年版,第 6 页。

联邦最高法院判决认为该立法并未侵害隐私权,但史蒂文斯(John Paul Stevens)大法官在多数意见中指出,计算机电子数据对个人隐私存在威胁,以公共利益为目的收集个人信息亦负有避免信息被不当披露的义务。[1] 经过长期的发展,美国的信息隐私权在世界范围内产生了深远的影响。然而,信息隐私权理论亦有权内在缺陷,其并非普通法上的通行理论。至今美国仍有部分州没有承认侵权法上的隐私权。最为重要的是,美国法中的信息隐私权大致相当于大陆法系上的一般人格权,而中国法上作为一种具体人格权的隐私权有其特定法律基础与法律内涵,难以扩展为信息隐私权。

2. 中国法上隐私与个人信息的差异

《民法典》将隐私权和个人信息保护一并规定在第四编第六章之中,且设置了"私密信息"的概念,通过第 1034 条第 3 款规定,"个人信息中的私密信息,适用有关隐私权的规定"。该规定下,个人信息与隐私的关系看似交叉。实际上,《民法典》中的私密信息并不指向信息敏感度,不等于个人信息保护中的敏感信息。第 1034 条第 3 款指的仅仅是个人信息保护在涉及隐私时应适用隐私权的相关规范,恰恰说明了二者在总体上是两个不同的法律概念。中国法中的隐私与个人信息至少存在以下差异:第一,个人信息重在识别,而个人隐私重在隐匿;个人信息保护建立在信息流通之上,而隐私权则是建立在信息封锁之上。第二,隐私无法包含公开的个人信息,个人信息无法包含生活安宁的隐私与没有形成记录的隐私。第三,个人信息保护不仅有其特有的原则,信息主体更具有隐私权所没有的知情权、更正权、删除权、封锁权等积极权能。第四,二者在保护方式、侵权判断、责任承担等方面均有所区别。

(二)个人数据与个人信息的趋同

基于数据与信息的区分,有学者认为,个人信息属于人格权范畴,而个人数据属于财产权范畴;[2]但也有学者得出相反结论,认为个人信息指向的是信息财产权,个人数据指向的是数据主体的人格权。[3] 同时,更有学者认为,个人信息与个人数据两个概念是各国法律传统和使用习惯所致,其实并无本质区别。[4] 本书赞同该种观点。虽然数据与信息存在严格区别,但个人数据(或译为"个人资料",

---

〔1〕 See Whalen v. Roe, 429 U. S. 589(1977).
〔2〕 参见申卫星:《论数据用益权》,载《中国社会科学》2020 年第 11 期。
〔3〕 参见周斯佳:《个人数据权与个人信息权关系的厘清》,载《华东政法大学学报》2020 年第 2 期。
〔4〕 参见谢远扬:《个人信息的私法保护》,中国法制出版社 2016 年版,第 6 页。

personal data)与个人信息(personal information)/个人可识别信息(PII)的概念,经过长期发展已逐渐趋同。

1. 源于欧美的称谓差异

自1968年联合国国际人权会议首次提出数据保护的概念以后,欧洲国家和地区便先后通过了一系列数据保护法律,以保护个人数据。如《通用数据保护条例》(GDPR)即以数据保护的名义保护具有可识别性的"任何信息"。而美国则没有采取数据保护的概念,而是从隐私权理论中发展出信息隐私权理论,将个人信息控制权纳入隐私权的范畴。由此,欧盟地区及受欧洲国家影响较大的地区均采数据保护的称谓,而受美国影响较大的地区则采取了信息保护或隐私保护的称谓。

2. 概念发展使之逐步融合

个人信息与个人数据互相融合并不否定信息与数据的区别。其融合的条件即,一方面以数据的自动化形式约束个人信息的外在表现,另一方面又以信息的内容要素拓宽个人数据的固有内涵。前者如在欧盟地区,数据保护仅适用于被"全部或部分自动化方式进行处理"或"构成或旨在构成档案系统的处理"的数据;在美国法中,亦将通过"信息处理系统"与"记录"的概念对信息予以限制。后者如欧盟以信息界定个人数据的内涵,并指出个人信息包括主客观两方面的信息,与个人有关的意见、评估等带有主观色彩的信息也不能被排除在看似客观的数据含义之外。[1] 当今,世界各国的法律文本中,"个人信息"与"个人数据"常被混用。如联合国《数据保护指导原则》、英国《数据保护法》、美国—欧盟《隐私安全港原则与常涉问题(FAQ)》均未对二者进行区分。诚如考夫曼(Arthur Kaufmann)所言,法律语言是"法律人彼此约定一种特定的语言使用方式"。[2] 从我国现行法律体系来看,个人信息的法律语言显然已被确立。在行政法规以及其他规范性文件中的个人数据(资料)事实上也等同于个人信息。因此,本书虽明确区分数据与信息,但涉及个人信息保护时,并不区分个人信息与个人数据。

3. 个人信息的概念内涵

世界上主要有"隐私型""关联型""识别型"三种个人信息定义模式。我国采取了"识别型"的主流定义模式。在沿袭《网络安全法》第76条第5款的基础上,《民法典》第1034条第2款规定:"个人信息是以电子或者其他方式记录的能够单独或者与其他信息结合识别特定自然人的各种信息,包括自然人的姓名、

---

〔1〕 See WP29, *Opinion 4/2007 on the Concept of Personal Data*, 01248/07/EN WP136.

〔2〕 转引自林立:《法学方法论与德沃金》,中国政法大学出版社2002年版,第151页。

出生日期、身份证件号码、生物识别信息、住址、电话号码、电子邮箱、健康信息、行踪信息等。"《个人信息保护法》第4条第1款指出:"个人信息是以电子或者其他方式记录的与已识别或者可识别的自然人有关的各种信息,不包括匿名化处理后的信息。"虽然,《个人信息保护法》的表述方式有所不同,但仍以识别为核心。加入"有关"的概念,并不意味着个人信息的概念向关联型转向。相关性仍以识别性为前提。总体来说,个人信息应具有"识别"与"记录"两个要素。

一方面,"识别"指的是个人信息的实质要素,即通过信息将特定个人认出来。参照欧盟法的相关标准,识别的判断基准是任何人采取所有合理方法所进行的识别;识别性为相关性的充分非必要条件,信息的相关性可分别从内容、目的、结果三个方面予以判断;识别强调的是通过一个或多个身体、生理、精神、经济、社会身份特征认出特定个人;识别的成本、数据处理技术的发展都是衡量识别是否存在合理可能性的标准。[1] 另一方面,"记录"指的是个人信息的形式要素,要求个人信息必须是有载体的、固定化的,即是"以电子或者其他方式记录"。"记录"指的是现时状态,而非存储时间。同时,可获取性是个人信息形式要素关注的核心。通过可获取性的解释路径,"记录"应解释为"在当下查阅与处理是合理且切实可行的"记录。[2]

(三)个人信息与数据的区分

虽然,个人信息与个人数据的概念已经趋同,但个人信息与数据有必要进行区分。有学者已经注意到"在制定法上,我国从未采用'个人数据'的概念,而是对'个人信息'和'数据'进行了区分"。[3] 从《民法典》的规定来看,二者存在明显的区别。《民法典》人格权编明确界定了个人信息,而数据则仅在第127条中指出"法律对数据、网络虚拟财产的保护有规定的,依照其规定"。由此可见,个人信息是人格权的客体,而数据是财产权的客体。同时,由于个人信息原则上不可直接交易,属于财产权客体的数据应是匿名化的不具可识别特征的非个人数据。(见图3-2)

---

〔1〕 See WP29, *Opinion 4/2007 on the Concept of Personal Data*, 01248/07/EN WP136.

〔2〕 参见韩旭至:《论个人信息的形式要素》,载《河北法学》2018年第5期。

〔3〕 王成:《个人信息民法保护的模式选择》,载《中国社会科学》2019年第6期。

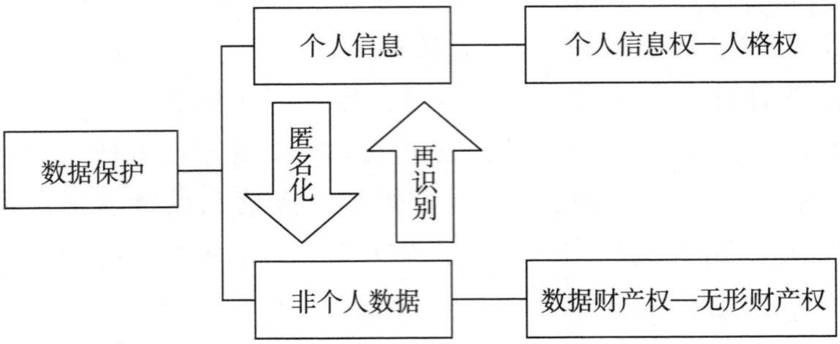

图 3－2　个人信息与数据的转化

从《个人信息保护法》与《数据安全法》的关系来看,立法上不仅承认了个人信息与数据的属性差异,而且进一步表明个人信息与数据的规范起点、保护原则、保护机制均不相同。例如,在规范的指导思想上,存在数据自由流动,个人信息合理利用的差异。《数据安全法》第 7 条明确提出,"保障数据依法有序自由流动"。《个人信息保护法》(一次审议稿)第 1 条原亦有"保障个人信息依法有序自由流动"的表述,后在二次审议稿中删除。正式通过的该法第 1 条仅保留了"保护个人信息权益,规范个人信息处理活动,促进个人信息合理利用"的规定。这一变动与非个人数据自由流动的思想相吻合。又如,在规范原则上,数据收集原则与个人信息保护原则具有显著差异。根据《网络安全法》第 41 条第 11 款、《民法典》第 1035 条,个人信息处理应坚持"合法、正当、必要原则"。《个人信息保护法》第 5 条,在三原则基础上增加了诚信原则,该法的其他条款更是进一步规定了目的限制原则、最小必要原则、公开透明原则、信息质量原则等个人信息保护原则。然而,《数据安全法》第 32 条则仅规定了数据收集的"合法、正当"。在总体国家安全观的指导下,许多时候数据收集更是采取了"应收尽收"的方式。

1. 数据财产权与个人信息权的区别

数据权一般被认为是数据控制者对数据的占有、处理、处分的财产权。[1] 数据权与个人信息权在主体、客体、性质、内容上均有所区别。数据权的主体为数据控制者,并不限于自然人;数据权的客体必须排除个人信息,只能是不可识别特定个人的电子数据;数据权性质上是财产权而非人格权;内容上体现为财产权的占有、使用、收益、处分的权能,并不具有个人信息权的知情权、更正权、删除权、封锁权等权能。

---

〔1〕 参见许可:《数据保护的三重进路——评新浪微博诉脉脉不正当竞争案》,载《上海大学学报(社会科学版)》2017 年第 6 期。

2. 个人信息权具有优先性

个人信息权的优先性体现在三个方面：第一，信息控制者只有在对个人信息匿名化处理后，才能享有数据权。第二，对于合法掌握的可识别信息，控制者虽有财产利益但不享有财产权，控制者只能行使商业秘密以及《反不正当竞争法》上的请求权。归根结底，这些可识别信息都无法成为控制者的财产，而是保有信息主体的人格权性质，适用个人信息保护规则。第三，当数据权中的匿名信息通过再识别手段被恢复识别可能性时，这些数据即成为个人信息，控制者无法再行主张财产权。

三、数据基本权利与数据民事权利

数据被称为“新石油”，蕴含巨大价值。2020年《中共中央、国务院关于构建更加完善的要素市场化配置体制机制的意见》将数据与土地、劳动力、资本、技术并列为生产要素。然而，数据权利至今仍存在众多争论。有学者认为，个人信息保护不能纳入传统的民事权利话语体系，“个人信息控制权是需要通过个人信息保护法确立的一项新型公法权利”。[1] 有学者认为，数据之上兼具公法与私法权利，“数据主权、数据管理权和数据公民权具有宪法、行政法意义，数据社会权之权力和权利的双重意蕴具有社会法意义，数据人格权、数据财产权和删除权主要具有私法意义”。[2] 事实上，数据权利表现出公私法交融的显著特征。

（一）数据基本权利概述

数据基本权利是个人信息保护的基石，从数据基本权利出发，又可进一步构建数字人权。

1. 数据基本权利的法律依据

在美国法上，前文所述“惠伦案”是宪法隐私权的经典判例，1974年《隐私法》是针对公务机关的典型公法。在欧盟法上，这一表现更为明显。1981年《个人数据自动化处理中的个人保护公约》(108号条约)的理论和法律基础即《欧洲人权公约》第8条(尊重私人和家庭生活的权利)。1995年《数据保护指令》序言第2条明确规定立法目的为“保护自然人的基本权利和自由”。2000年《欧洲基本权利宪章》分别在第7条和第8条中规定隐私保护与个人信息保护。2018年GDPR第1

〔1〕 周汉华：《个人信息保护的法律定位》，载《法商研究》2020年第3期。
〔2〕 龚子秋：《公民“数据权”：一项新兴的基本人权》，载《江海学刊》2018年第6期。

条第2款亦明确指出,“本条例旨在保护自然人的基本权利和自由,尤其是个人数据保护的权利”。著名的1983年“人口普查案”中,德国联邦宪法法院即在基本权利框架内提出“信息自决权”的概念(详见本章“典型案例”部分)。[1] 同时,欧洲法院已在多起案件中表明个人信息受保护权是一项受保护的基本权利。值得注意的是,数据基本权利受比例原则的限制,“必须受到其他基本权利的限制,必须在其他基本权利获得充分保障的框架中才能得以行使”。[2]

在中国法上,我国《宪法》并未明确列举数据基本权利,但可通过对《宪法》第38条的人格尊严条款进行解释,将数据基本权利作为一项未列举的基本权利。对此,亦有学者提出“信息隐私权的中国宪法时刻”,主张“基于新的社会、技术和制度条件”而构建基本权利。[3]

2. 数据基本权利与数字人权

从数据基本权利出发,有学者进一步提出了数字人权,并指出其“一方面表现为对公民(用户)数字化生活中隐私权、数据权、表达权、人格尊严权等权利和自由的尊重与保护;另一方面也表现为对互联网基础设施及其他数字化设备的提供,尤其是对弱势群体所面临‘数字鸿沟’的填补,以公共资源和集体行动确保社会成员平等、充分地享有接入互联网世界、过上数字化生活的条件和机会,进而真正实现其上网权或数字化生活权”。[4] 与之相对,有学者主张数字人权不构成基本权利。其理由主要在于,“‘数字人权’缺乏宪法规范基础”“不符合‘人的尊严’标准”“我国民法典已经囊括了‘数字人权’所列举的大多数具体权利”。[5] 本书赞同数字人权的理论。

第一,数字人权警惕地注意到“数字科技是一把‘双刃剑’,数字化带来的不仅是权利的福音,还伴随着权利的危机”。[6] 以个人信息保护为例,一方面,公权力主体的监控技术不断强化、范围不断扩大,发生了美国“棱镜门”“剑桥分析丑闻”(详见本章“法律故事”部分)等多起事件;另一方面,技术公司、商业平台、服务运营商等私主体亦无时无刻不在收集、分析、利用个人信息。对此,有域外学者从政治经济学的角度,深刻地对数字时代的“监视资本主义”或“信息资本主义”进行了

---

〔1〕 Volkszhlungsentscheidung, BVerfG 65, 1.

〔2〕 高富平:《个人信息保护:从个人控制到社会控制》,载《法学研究》2018年第3期。

〔3〕 参见余成峰:《信息隐私权的宪法时刻:规范基础与体系重构》,载《中外法学》2021年第1期。

〔4〕 张文显:《“无数字不人权”》,载《北京日报》2019年9月2日,第15版。

〔5〕 参见刘志强:《论“数字人权”不构成第四代人权》,载《法学研究》2021年第1期。

〔6〕 张文显:《“无数字不人权”》,载《北京日报》2019年9月2日,第15版。

检讨。[1] 他们指出,市场参与者通常在公众不知情的情况下收集个人信息并从中牟利。[2] 此外,算法“黑箱”、算法歧视、非法监管等风险亦大量存在。数据基本权利的侵权更显示出机制化、“客观”化、耐受化、覆盖化的特征。

第二,智能互联网的迅猛发展产生了很多革命性后果,形成了双层空间—虚实同构、人机共处—智慧互动、算法主导—数字生态的时代特征。“人的尊严”既存在于物理空间亦存在于数字空间。也就是说,“人权观念已经不能再仅建立在传统自然人的基础上,它在很大程度上也要建立在数字化的‘信息人’基础上;人权属性已经不再仅仅依赖于人的生物属性和物理空间,它在很大程度上也要依赖于人的信息属性和虚拟空间”。[3]

第三,数字基本权利的发展推动了数字人权的诞生,数字人权展现出新型的保护逻辑。一方面,权利的信息化赋能、深度延展和数字化生态,大大丰富了生存权、发展权的时代内涵,从而推动了人权的信息化演变,有效拓展了人权的进步空间;另一方面,平台型私权力的兴起,导致“公权力—社会权力—私权利”的三元结构。源自工商业时代的权力制约、权利保障机制面临困境。隐私权和个人信息保护、公众知情权与信息公开、数据掌控不对称等问题日益显著。为应对这些新型的复杂问题,必须在数据基本权利之上进一步提炼数字人权的基本理论。

(二)数据民事权利概述

数据基本权利、数字人权的公法保护框架并不排斥数据民事权利。一方面,数据权利的保护具有显著的公私法交融的特征。尤其是个人信息保护法,更是典型的领域法;另一方面,基本权利是对抗公权力的公民权利,但根据“基本权利的第三人效力”理论,可通过私法条款的解释或转介,与私法权利互动。

1. 从数据基本权利到数据民事权利

数据法体系包括数据安全、数据跨境流动、重要数据保护、个人信息保护等许多内容。其中,重中之重的个人信息保护即典型的领域法。个人信息保护指向持续性的信息不平等关系。欧美的个人信息保护制度即“不能针对信息能力平等的主体,也不能针对国家执法过程中产生的非持续性信息收集与处理行为”。在这个意义上,个人信息保护与传统的公私法框架均不相同。其被认为采取了“二元治

---

〔1〕 See Shoshana Zuboff, *The Age of Surveillance Capitalism*, New York: PublicAffairs, 2019, p. 1.

〔2〕 See Ari Ezra Waldman, *Inside the Information Industry*, Cambridge, UK: Cambridge University Press, 2021, p. 7.

〔3〕 马长山:《智慧社会背景下的“第四代人权”及其保障》,载《中国法学》2019 年第 5 期。

理”(binarygovernance)的结构,“一方面,它将个人针对国家的正当程序权利主张转嫁到针对信息收集者与信息处理者身上;另一方面,它借鉴了合作治理中的意思自治与国家监管”。[1] 实际上,我国《民法典》已经意识到,单纯的私法保护路径较难在个人信息保护方面取得实效。对此,《民法典》第1034~1039条亦不是以任意性规范为主的纯粹私法规范。《个人信息保护法》更是从新的技术时代出发,制定于新的制度环境之下,融合并兼顾了私法和公法的保护路径,从体系性的角度为重要的权利提供多维度的保护。

2. 数据民事权利的范畴

首先,数据民事权利必须从数据中蕴含的多元利益展开。“既不能仅仅为了保护自然人的权益,无限度地扩张自然人对个人数据的权利边界,从而妨害数据的流动、分享与利用;也不能无视数据企业对其付出成本而合法地收集、存储和利用个人数据的权利”。[2] 这就分别对应了个人信息权与数据财产权。其次,根据《民法典》的相关规定,数据民事权利亦可类型化划分为属于人格权的个人信息权(第111条、第1034~1039条),以及属于财产权的数据财产权(第127条)。其中,自然人对其个人信息又有查阅、复制、更正、删除等请求权。虽然,此处以权利话语对二者进行研究,但《民法典》并未明确将二者列为权利,因此众多学者认为个人信息与数据属于民事权益的范畴(详见本章第二节)。最后,隐私权并不属于本章所研究的数据权利。如前所述,隐私权与个人信息保护在内涵、外延、理论背景、价值基础、保护原则、权能范围、侵权判断等各个方面均存在区别,本质上属于一种传统人格权。综上,数据新型民事权利指的是个人信息权与数据财产权。

第二节　数据新型民事权利

一、个人信息权

中国法律并未明确个人信息的权利属性。虽然《民法典》专章规定了隐私权和个人信息保护,但并未明确将个人信息界定为权利。当前,关于个人信息是权益还是权利、属于何种权利的问题,存在多种学术观点。司法实践中对个人信息的属

[1] 丁晓东:《个人信息权利的反思与重塑:论个人信息保护的适用前提与法益基础》,载《中外法学》2020年第2期。

[2] 程啸:《论大数据时代的个人数据权利》,载《中国社会科学》2018年第3期。

性认定亦模糊不清。

(一)个人信息权益属性的多种学说

在民法学界,关于个人信息的法律属性存在一般人格权说、法益说、隐私权说、财产权说、数据信托说、独立人格权说等多种学说。

1. 一般人格权说与法益说

德国法上的信息自决权并非一种具体人格权,而是一般人格权的一部分,而美国法上的隐私又相当于大陆法系的一般人格权,因此有学者认为个人信息应属于一般人格权保护的对象。[1] 与一般人格权说类似,不少学者主张法益说,认为个人信息本身并不是一类人格要素,对个人信息的保护只能是法益的保护。[2] 有学者注意到,个人信息的保护客体、义务主体、权利性质均具有特殊性,难以与传统民事权利体系相容。[3] 由于个人信息具有一定的公共性与社会性,个人信息保护难以形成绝对的支配权。[4]

一般人格权说的弊端在于,一般人格权的范围十分广泛,将造成法律适用上的困难。法益说的弊端更在于,混淆了权利与权利限制的关系,混淆了数据基本权利与数据民事权利的关系。此外,一般人格权或法益保护无法体现个人信息权的积极权能,适用过错责任的一般人格权也不利于保护个人信息。

2. 隐私权说

如前所述,信息隐私权理论影响深远。我国台湾地区学者认为个人信息属于隐私权的保护客体之一。王泽鉴教授指出,“隐私权包括保护私生活不受干扰及信息自主两个生活领域”。[5] 该说的弊端在于,混淆了隐私与个人信息。前文已述,中国法上作为一种具体人格权的隐私权有其特定法律基础与法律内涵,难以扩展为信息隐私权。(详见本章第一节内容)

3. 财产权说

美国法上重视对个人信息财产价值的保护。波斯纳(Richard A. Posner)甚至

[1] 参见马俊驹:《个人资料保护与一般人格权(代序)》,载齐爱民主编:《个人资料保护法原理及其跨国流通法律问题研究》,武汉大学出版社 2004 年版,第 1 页。

[2] 参见任龙龙:《个人信息民法保护的理论基础》,载《河北法学》2017 年第 4 期。

[3] 参见周汉华:《个人信息保护的法律定位》,载《法商研究》2020 年第 3 期。

[4] 参见高富平:《个人信息保护:从个人控制到社会控制》,载《法学研究》2018 年第 3 期;丁晓东:《个人信息私法保护的困境与出路》,载《法学研究》2018 年第 6 期。

[5] 王泽鉴:《人格权的具体化及其保护范围·隐私权篇(中)》,载《比较法研究》2009 年第 2 期。

指出，隐私权“确实是财产权法的一个分支”。[1] 萨缪尔森(Paul A. Samuelson)、米勒(Athur R. Miller)、威斯丁(Alan F. Westin)等学者均主张通过财产权保护个人信息。另外，由于个人信息兼具人格和财产双重属性，且常被用于商业利用，还有不少学者主张财产权与人格权双重客体说。[2]

该说的弊端在于，个人信息的财产价值不足以证成财产权，且财产权亦不利于个人信息保护。当前，数据交易市场不完善，信息交易双方地位存在较大差距。若将个人信息规定为财产权客体，个人最终将失去对个人信息的控制。此外，人格权并不排斥财产利益的保护。通过人格权商品化的理论实践即可实现个人信息财产利益的保护。

4. 信息信托说

巴尔金(Jack Balkiri)指出，个人与平台的关系与传统信托关系具有相似性。如用户与网络平台之间的不平等关系、用户对于网络平台的依赖性、网络平台对自身的专业化属性及信托角色的认同等。[3] 据此，部分学者提出了以信义义务约束个人信息控制者。在这一框架下，信息主体既是委托人又是受益人，个人信息控制者为受托人。[4]

该说的弊端在于，我国并不认可普通法上的信托财产“双重所有权”，更缺乏对公共资源领域的信托制度设计。同时，企业对股东负责，以营利为目的，信义义务难以有效约束大型互联网企业。[5]

5. 独立人格权说

以王利明教授为代表的民法学家认为，个人信息权是一种独立人格权。[6] 本书赞同该种学说。人格权是一个不断发展的权利范畴。诚如庞德(Roscoe Pound)所指出的，“人格权这一类别正在形成之中，它至今也没有超越这一阶段”。[7] 随着数字时代的发展，个人信息权的人格利益与财产利益均日益凸显。在社会生活

---

〔1〕 [美]理查德·A. 波斯纳:《法律的经济分析》，蒋兆康译，中国大百科全书出版社 1997 年版，第 46 页。

〔2〕 参见张素华:《个人信息商业运用的法律保护》，载《苏州大学学报(哲学社会科学版)》2005 年第 2 期。

〔3〕 See Jack M. Balkin, *Information Fiduciaries and the First Amendment*, U. C. Davis L. Rev. 49, 2016, p. 1222.

〔4〕 参见冯果、薛亦飒:《从“权利规范模式”走向“行为控制模式”的数据信托——数据主体权利保护机制构建的另一种思路》，载《法学评论》2020 年第 3 期。

〔5〕 参见丁晓东:《个人信息保护:原理与实践》，法律出版社 2021 年版，第 105 页。

〔6〕 参见王利明:《论个人信息权的法律保护——以个人信息权与隐私权的界分为中心》，载《现代法学》2013 年第 4 期。

〔7〕 [美]罗斯科·庞德:《通过法律的社会控制:法律的任务》，沈宗灵、董世忠译，商务印书馆 1984 年版，第 171 页。

中,对个人信息的保护的挑战与要求亦越来越高。将个人信息权视为一种独立的人格权就是要正面回答大数据时代下个人信息保护的问题。

(二)个人信息权的法律构造

作为一种独立人格权的个人信息权,是指本人依法对其个人信息所享有的支配、控制并排除他人侵害的权利。其既保护个人信息的人格利益也保护财产利益。一方面,个人信息权具有传统人格权的消极防御的一面,当个人信息被不当利用时可主张排除妨害、消除危险、赔偿损失;另一方面,基于个人信息的财产价值,该权利也有积极的面向,可进行人格权的商业利用,即可直接支配、控制个人信息,在一定条件的限制下也可将个人信息用于交易。

1.《民法典》的解释

需要明确《民法典》中没有采取个人信息权的表述,并不必然否定个人信息的权利属性。诚如王成教授所指出的,"在法律语言中,不是所有以'权'或'权利'进行表述的保护对象都是'民事权利',某些没有'权'或'权利'表述的内容也可能属于'民事权利'的范围"。[1]《民法典》虽然采取了"个人信息保护"的表述,但在人格权编中与隐私权并列专章进行了规定,实际上采取了绝对权保护模式。采取体系解释的方法,完全可以将第 111 条、第 1034 ~ 1039 条的规定解释为作为一项具体人格的个人信息权。同时,《民法典》的相关规定还展现了个人信息权的部分权能。如第 1037 条的查阅、复制、更正、删除的请求权,这些权能又为《个人信息保护法》进一步拓展。

2.《个人信息保护法》的权利体系

《个人信息保护法》中,"权利"一词出现 11 次,"权益"一词出现 15 次,"个人信息权益"出现 6 次,第四章又以"个人在个人信息处理活动中的权利"为题。由此衍生了两个问题,一是个人信息权益能否形成权利,二是该法中的权利是否是民事权利。对于第一个问题,法益的相对重要性获得法律的认可,就可由权益转化为权利。个人信息保护权已兼具理论与制度的基础。对于第二个问题,需要回到《个人信息保护法》与《民法典》的关系中进行辨析。由于《个人信息保护法》兼具公法与私法的双重属性,显然不能直接将相关规范视为民事规范。《个人信息保护法》第四章"个人在个人信息处理活动中的权利"不仅规定了大量请求权而且直接规定了个人的诉权,应属对《民法典》相关规定的细化与拓展,进一步完善了个人信

---

〔1〕 王成:《个人信息民法保护的模式选择》,载《中国社会科学》2019 年第 6 期。

息权的体系。其所列举的知情权、决定权、拒绝权、查阅权、复制权、可携带权、更正权、删除权、解释权等请求权亦属于个人信息权的权能范畴。

3. 个人信息权的限制

值得注意的是，人格权作为绝对权意味着其面向的是不特定的第三方，但并不意味着权利不受限制。个人信息权作为一项民事权利，必然受到公共利益、第三方利益的限制。权利受限制并不能否定权利的属性。生命权、身体权、姓名权、隐私权等传统人格权亦受到法律限制。这种限制也体现为人格权主体无法对其人格进行完全支配。同样，个人信息权并不当然建立一种以告知同意为原则的机制。主流的个人信息保护制度中，从未将告知同意规定为基本原则，甚至不能被理解为一种授权机制，其仅是个人信息处理的合法性基础之一。我国个人信息保护立法必须处理好告知同意与其他数据合法处理规则的关系。一方面，对告知同意规则进行进一步细化，并以格式合同规范约束“隐私政策”；另一方面，确立数据流通规则体系，引入个人信息保护设计（privacy by design）。

二、数据财产权

当前，党和国家已多次提出数据财产权保护的要求。第十三届全国人大会议期间，全国人大财经委提出完善“数据权属、权利、交易等规则”。十九大期间，习近平总书记更是明确提出“制定数据资源确权、开放、流通、交易相关制度，完善数据产权保护制度”的要求。事实上，随着贵阳、上海、武汉、盐城、北京等地一批数据交易平台的逐步设立，数据产品作为交易客体也已得到普遍的承认。《数据安全法》第 19 条即明确规定：“国家建立健全数据交易管理制度，规范数据交易行为，培育数据交易市场。”

（一）数据利益保护的多种学说

当前，数据财产性权益的保护主要存在物权说、合同债权说、知识产权说、竞争法说、个人信息保护说、综合适用说、新型权利说 7 种学说。

1. 物权说

一方面，若将之判断为公有品，则数据公有。有学者立足于数据的公共性，认为数据是“网络社会中的公物”；[1]另一方面，若将数据判断为可私有的客体，则可

〔1〕 参见段泽孝：《人工智能时代互联网诱导行为的算法规制》，载《江西社会科学》2019 年第 2 期。

能存在一种数据所有权。也有学者主张“通过意思自治或者法定调整的方式分割数据所有权的权能,并将这些权能部分保留给数据原发者,部分分配给数据处理者,从而创建数据所有权+数据用益权的二元结构”。[1]

该说的缺陷在于,数据本身不具有物权属性,其无法与电子载体相分离,不具有物的独立性;同时其可被无限复制、任意删除,在支配上无法实现完全的排他性,不具有物的特定性;相同数据上可能存在数个数据权利,不符合一物一权原则。

2. 合同债权说

实践中随着数据交易而出现的数据服务合同属于无名合同,当然可以适用合同法。对此,有学者主张,债法足以解决关于数据的争议。其从根本上否定数据的权利客体地位,同时否定数据的财产性,主张数据是中立的工具,且数据价值受制于内容。[2]

该说的缺陷在于,完全忽视了数据交易的客体,却无法对数据资产进行有效解释。否定数据的权利客体地位,将导致数据的占有保护受除斥期间限制、纯粹经济损失的保护困难、无法提起执行异议、无法行使破产取回权、不利于进行担保融资等问题。

3. 知识产权说

数据可根据《著作权法》受保护。在早期的数据争议中,企业多以著作权侵权为由起诉。对此,有学者认为数据是著作权客体,也有学者认为属于邻接权客体。[3] 此外,数据还可能属于商业秘密,特定的数据库亦受法律保护。

该说的缺陷在于,适用效果不佳,存在巨大的局限性。著作权限于汇编数据,商业秘密限于秘密数据,数据权限于结构化数据。数据不具有独创性、期限性、法定性的知识产权必要特征,也不必然是智力劳动成果,更不需经过知识产权取得的相关法定程序,难以实现知识产权上的垄断和独占。

4. 竞争法说

当前,适用竞争法保护企业数据是司法实务中经常采取的路径。众多案例均采取激活不正当竞争一般条款的思路进行裁判。[4] 有学者认为,一般条款是“一份给予司法机关的授权书”,为实务中通过“诚实信用”和“商业道德”判断数据不

---

〔1〕 申卫星:《论数据用益权》,载《中国社会科学》2020年第11期。

〔2〕 参见梅夏英:《数据的法律属性及其民法定位》,载《中国社会科学》2016年第9期。

〔3〕 参见林华:《大数据的法律保护》,载《电子知识产权》2014年第8期。

〔4〕 参见(2016)京73民终588号民事判决书。

正当竞争提供了依据。[1]

该说的缺陷在于,激活本属于释义规定的《反不正当竞争法》第 2 条具有极大的不确定性,无法实现维护数据支配权的诉求。从域外法来看,建立在数据之上的竞争法法益亦未得到普遍认可。不得已而为之适用一般条款进行裁判,恰说明了法律制度供给存在严重危机,现有体系无法回应数据权利问题。

5. 个人信息保护说

事实上,数据权利与个人信息保护确实密切相关。各地的数据交易准则常将个人信息保护纳入其中。企业数据权益的争议亦常转化为个人信息保护问题。有学者指出,个人信息收集利用的过程也是数据财产流转的过程。[2] 因此,通过个人数据财产权理论可以实现数据保护。[3]

该说的缺陷在于,将数据权利与个人信息保护相混淆,完全无视企业的权利诉求,未能回应非个人数据权属问题。既未能有效全面保护个人信息,亦无法回应非个人数据的权属问题。

6. 综合适用说

该说主张综合适用既有规范以保护数据权益。有学者注意到,数据上存在多元的权益,兼具财产权、人格权、国家主权三重属性。[4] 对此,有学者借助制度经济学上"权利束"的概念对数据上的利益进行分割,试图通过数据这一"束点"分割出人格权、财产权以及数据上的公权力。[5]

该说的缺陷在于,同一个侵权行为无法综合适用类型不同的法律规范,此时形成的是请求权竞合关系。同时,"权利束"理论一般用于解释财产权,从中分离人格权甚至公权力的尝试不仅缺乏理论依据,而且容易沦为一个逃避数据属性难题的选择。

7. 新型财产权利说

新型财产权利说从我国既有制度框架外探寻数据权利的可能空间,主张设立新型的数据财产权。有学者认为,这一权利属于数据制造者对数据集合占有、处

---

〔1〕 参见许可:《数据保护的三重进路——评新浪微博诉脉脉不正当竞争案》,载《上海大学学报(社会科学版)》2017 年第 6 期。

〔2〕 参见王利明:《数据共享与个人信息保护》,载《现代法学》2019 年第 1 期。

〔3〕 See Paul M. Schwartz, *Property, Privacy, and Personal Data*, Harvard Law Review 7, 2004, p. 2056.

〔4〕 参见李爱君:《数据权利属性与法律特征》,载《东方法学》2018 年第 3 期。

〔5〕 参见闫立东:《以"权利束"视角探究数据权利》,载《东方法学》2019 年第 2 期。

理、处分的财产权。[1] 或企业基于"数据池"形成的"一个抽象的集合性财产权利";[2]也有学者认为具体应包含数据经营权与数据资产权,其中数据资产权受期限、市场经济秩序、社会公共利益、信息数据安全等限制。[3]

目前,关于数据新型权利的内涵与构造尚存多种理论争议,未能形成通说。虽然这些新型权利理论正确地注意到数据作为新权利客体的革命性挑战,但却未能脱离既有分析框架,其建立在劳动赋权的理论之上,并未深入研究数据权利的生产机制。以致数据权利主体、客体均难以判定,且难以回应实践中的数据治理问题。

(二)数据财产权的反向实现

诚如哈贝马斯所指出的,"权利毕竟既不是一支枪,也不是一台独角戏。它是一种关系、一种社会惯例"。[4] 数据财产权必须回到新型权利的社会关系中进行考察。通过对数据价值生成与数据财产权生产的分析可知,智能算法是其中最为核心的因素,同时也是网络时代重要的规制对象。本书主张,应依算法规制模式反向实现数据确权。简单来说,就是数据处理者对合法处理的数据具有数据财产权。我国地方数据立法实际上亦采取了这一观点。《深圳经济特区数据条例》在立法过程中,曾试图对"数据权"进行规定从而引起较大争议。为避免相关争议,最终该条例第4条规定为:"自然人、法人和非法人组织对其合法处理数据形成的数据产品和服务享有法律、行政法规及本条例规定的财产权益。"也就是说,数据财产权益以合法处理为前提。

1. 数据价值与数据财产权的生产机制

在数据价值的形成中,算法始终处于中心地位。虽然生活中的各类数据长期存在,但仅在智能算法出现之后,数据被抓取、处理、提炼才产生的基于数据价值的数据经济。也正因数据价值的产生,才有了数据确权的需求。事实上,无论是原始数据的抓取、海量数据的处理,还是衍生数据的生成,均有赖于背后的智能算法。正是算法使从低价值的原始数据到高价值的衍生数据的转变成了可能(见图3-3)。具体而言,算法起到架构设计的作用,决定了数据的价值。只要经过算法处理的非个人数据,不管处于何种处理阶段,均具有一定的价值,是数据财产权的

---

[1] 参见许可:《数据保护的三重进路——评新浪微博诉脉脉不正当竞争案》,载《上海大学学报(社会科学版)》2017年第6期。

[2] 胡凌:《论赛博空间的架构及其法律意蕴》,载《东方法学》2018年第3期。

[3] 参见龙卫球:《再论企业数据保护的财产权化路径》,载《东方法学》2018年第3期。

[4] [德]哈贝马斯:《在事实与规范之间:关于法律和民主法治国的商谈理论》,童世骏译,生活·读书·新知三联书店2003年版,第111页。

客体。[1]

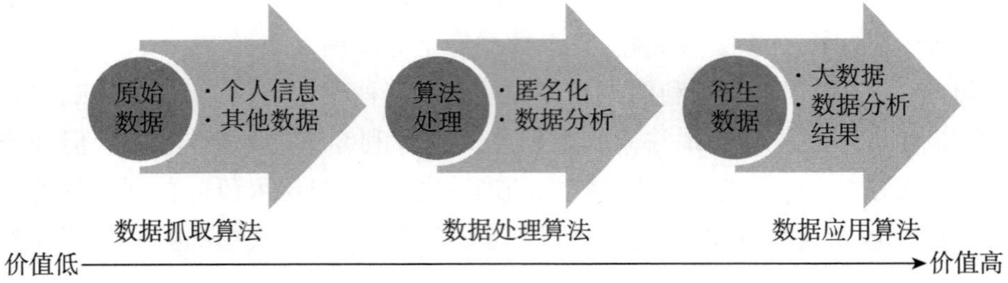

图 3-3 数据价值生成机制

由数据价值生成机制出发,可进一步判断数据财产权的生产机制表现为“价值生成—权利诉求—权利维护”三个阶段。算法均在其中起关键作用。以企业为代表的数据制造者通过算法进行数据挖掘和分析,投入了大量成本产出了巨大价值,由此产生了数据保护诉求。不难判断数据财产权的主体应是数据制造者。为了维护自身利益,这些数据制造者已经运用算法防止数据未经授权被他人利用。同时,域外相关算法规制的内容亦为数据抓取和利用划定了边界。我国后发的算法规制立法,正是数据权利危机的深层次原因。

2. 数据财产权的算法规制

算法规制可通过合法性原则实现数据赋权,即确认数据制造者对合法数据具有财产性权利,而数据的合法性又体现在算法主导的数据行为合法性之上。从数据自由流动的角度,赋予合法数据权利既是数据自由流动的前提,也是数据自由流动的要求。从算法上考察数据行为是否符合相关标准,体现了对交易行为予以限制的管制规则。与合法数据相对,必须明确建立违法数据的禁易规则,禁止个人信息、国防机密等不合法流通的数据交易。如上海市数据交易中心即将危害国家安全和社会稳定的数据、侮辱诽谤及损害名誉的数据、未经授权的个人信息、未经授权的企业数据等违法数据列入《数据流通禁止清单》。同时,以合法性原则确立数据权利亦可能对数据自由流动构成限制。由于产权的确立,分散独立的数据可能形成“数据孤岛”。因此,在涉及公共利益的特定情形下,为了进一步打破“数据壁垒”,责任规则也将予以适用。即为数据的强制流动设定一定的对价。如美国高速

[1] 值得注意的是,大数据常常表现为原始数据与衍生数据的组合,机械地将二者进行区分保护亦不易于操作。因此,为了更好地保护大数据的价值,进行数据财产权的构建,宜将衍生数据这种特殊的信息纳入其中进行规范。虽然,大数据中同时纳入了信息与数据范畴,绝不意味着否定二者的区别。区分衍生数据与原始数据,对其中涉及的个人信息人格权保护、衍生数据可能符合的知识产权保护、数据合法性要件判断等均有重要价值。

公路安全管理局即规定,企业开展自动驾驶道路测试的条件之一即应将有关测试数据提供给当局。[1]

具体到管制规则层面,必须以用户为中心设置具体的算法规制规则,塑造数据权利的边界。从回应型法的角度"考虑在其所处环境中各种新的力量"。[2] 至少引入风险最小化的算法设计、构建算法可解释权、制定数据迁移标准、建立算法审计制度。由此,算法规制虽未以设立权利的方式正向确立数据权利,却通过规制手段反向实现了数据确权。

第三节 数字人权的基本理论

一、数字人权的基本内涵

人权是指作为一个人所应该享有的,得以维护其生存、从事社会生活所不可缺少的最基本权利,包括生命安全、人身自由、人格尊严、最低社会保障等。2017 年 6 月 27 日联合国人权理事会通过了《互联网上人权的促进、保护与享有》的决议。数字社会的人权议题已受到一定关注。2020 年全国科学技术名词审定委员会审定发布的新词即包含"数据权利""数字人权"。2012 年全国哲学社会科学工作办公室发布的《国家社会科学基金项目课题指南》中即包含"数字人权基本问题研究"。

在本质上,数字人权对科技提出了以人为本的要求,以人权尺度作为评判科技的根本标准。如张文显教授所指出的,数字人权要求"在价值上申言数字科技必须以人为本,必须把人的权利及尊严作为其最高目的,并以人权作为其根本的划界尺度和评价标准";"在制度上强调科技企业尊重和保障人权的责任,以及政府尊重、保障和实现'数字人权'的义务。"[3]在这一理念下,数字人权可包括"通过数字科技实现人权""数字生活或数字空间中的人权""数字科技的人权标准""数字人权的法理依据"等。[4] 此外,也有学者从积极和消极两个面向对数字人权的内涵进行了阐释,前者指国家应提供数字人权保障的公共服务,后者指个人有不被打扰、

---

〔1〕 See NHTSA, *Federal Automated Vehicles Policy: Accelerating the Next Revolution In Roadway Safety*, 12507 - 091216 - v9, September 2016.

〔2〕 参见[美]P. 诺内特、P. 塞尔兹尼克:《转变中的法律与社会:迈向回应型法》,张志铭译,中国政法大学出版社 2004 年版,第 85 页。

〔3〕 张文显:《"无数字不人权"》,载《北京日报》2019 年 9 月 2 日,第 15 版。

〔4〕 参见张文显:《"无数字不人权"》,载《北京日报》2019 年 9 月 2 日,第 15 版。

不被侵犯的权利。[1] 本书采取马长山教授的理论，分别通过从数字化加持、数字人格、人权价值观三个方面揭示数字人权的基本内涵。

（一）立足数字化加持

一个客观的事实是，数字化时代已经到来。信息化、数字化的进程不断加速，"线上—线下"紧密结合的"双层空间"已经形成，社交媒体、网约车、在线教学、智慧司法等，已成为生活中不可或缺的部分。"'虚拟世界'和'现实世界'之间的分野正在失去以往的意义"，"每个人的数字生活将更加细节化"。[2] "包括生命财产、政治参与、劳动就业、社会保障、文化教育等在内的各项人权，要么受到了信息化、数字化的解构和重构，要么遇到了全新的挑战。"[3]

如疫情防控中健康码的使用，就曾遇到"数据孤岛""数据鸿沟"的问题。由于数据缺乏互联互通，行程、健康信息相对孤立，曾导致各地信息难以互认。又由于部分"数字弱势群体"无法使用智能手机，曾导致出行困难、无法乘坐公共交通的问题。更为严重的是，智能算法甚至可能成为"数字杀伤性武器"。[4] 现实生活中，信用评分、工作评估、金融分析、犯罪预测等基于数据的算法已对人们的生活产生了极大影响。现实生活中已经出现了大量的数据错误致害案例。如将普通人错误标注为犯罪嫌疑人、将旅客错误标注为恐怖分子、将"无家可归者"错误标记为"乞讨者"等。[5] 此外，数据利用还存在"算法歧视"问题。典型如黑人被识别成大猩猩，在犯罪风险评估中被预测为高犯罪风险，在检索结果中与被逮捕相关联等。同时，数字化加持也导致了"数字霸权"的产生。企业在掌握了海量数据的控制权同时，也掌握了前所未有的权力。赫拉利即担忧，数据的大量汇集将导致"监控社会"与"数字独裁"的形成。[6] 由此可见，数字人权必须立足数字化加持，将数据和信息作为人权的新型载体和价值表达。

（二）认同数字化人格

直观来看，数字化人格表现为个人在网络空间上零星的各种细琐信息通过技

---

〔1〕 参见郭春镇：《数字人权时代人脸识别技术应用的治理》，载《现代法学》2020 年第 4 期。

〔2〕 [美]伊森·凯什、[以色列]奥娜·拉比诺维奇·艾尼：《数字正义：当纠纷解决遇见互联网科技》，赵蕾、赵精武、曹建峰译，法律出版社 2019 年版，第 17 页、第 20 页。

〔3〕 马长山：《确认和保护"数字人权"》，载《北京日报》2020 年 1 月 10 日，第 14 版。

〔4〕 参见[美]凯西·奥尼尔：《算法霸权：数字杀伤性武器的威胁》，马青玲译，中信出版社 2018 年版，第 21 页。

〔5〕 参见[美]多梅尔：《算法时代》，胡小锐、钟毅译，中信出版社 2016 年版，第 136 ~ 140 页。

〔6〕 See Yuval Noah Harari, *Why Technology Favors Tyranny*, The Atlantic 10, 2018, p. 64.

术手段，能轻易被整合拼凑出完整的足以反映其人格的关键信息，如购物消费记录、送货地址、通信信息，微博、微信图片、文字、位置、留言评论，网络通信所储存的邮件、账单、记录，通信设备 GPS 系统所留下的位置地址信息、日常运动轨迹等。这些信息的整合将产生“聚合效应”，积累到一定程度后便能形成一个人的数字人格。[1] 即便是匿名数据也不能保证 100% 的安全。平台企业通过对用户的匿名数据进行分析，也能完整拼凑出用户的“数字人格”。研究表明，只要掌握超过 300 个社交网络中的“点赞”，算法对一个人的了解程度就可能超过其配偶。[2]

然而，有学者坚持认为数字化人格并不存在，因为“人只能在生命伦理学上‘一次为人’，不可能‘再次成人’”。[3] 对此，可通过数字化人格的理论内涵进行回应。“人们身份数据、行为数据、关系数据和言语数据的具象展示和情景再现”，“塑造着人们的数字属性、数字面向和数字生态，构成了人的资格所需要的一种核心资源”。[4] 第一，数字素养是人格所需的必备要素。数字素养的缺位了形成“数字弱势群体”，即“基于主体的经济状况、学习能力等差异，以及数字化、智能化社会引发的社会结构和社会关系变革等原因，在获取、理解和运用相应信息并享有数字红利时处于劣势的社会群体”。[5] 第二，物理空间不断向虚拟空间拓展和延伸，形成了“虚实同构”的行为方式和社会关系。热成像、无人机、GPS 定位等新型监控方式，已被认为是对私人领域和空间的侵入。2012 年“琼斯案”中，美国联邦最高法院指出，公民对 GPS 的长期监控形成的信息集合体有隐私的合理期待。[6] 第三，自动化决策算法伴随着算法“黑箱”、算法霸权、算法歧视等问题。实际上，“用户画像”就是典型的描绘数字化人格的技术手段。GDPR 第 4 条第 4 款、第 22 条对此进行了规定。数字化人格是数字人权理论的核心，认同数字人格是保护数字人权的必然选择。

（三）重塑人权价值观

数字人权的价值观有别于启蒙价值。马克思指出，“手推磨产生的是封建主为

---

〔1〕 参见［美］阿丽塔 · L. 艾伦、理查德 · C. 托克音顿：《美国隐私法：学说、判例与立法》，冯建妹等编译，中国民主法制出版社 2004 年版，第 207 页。

〔2〕 参见涂子沛：《数文明：大数据如何重塑人类文明、商业形态和个人世界》，中信出版社 2018 年版，第 8 页。

〔3〕 刘志强：《论“数字人权”不构成第四代人权》，载《法学研究》2020 年第 1 期。

〔4〕 马长山：《确认和保护“数字人权”》，载《北京日报》2020 年 1 月 10 日，第 14 版。

〔5〕 宋保振：《“数字弱势群体”权利及其法治化保障》，载《法律科学》2020 年第 6 期。

〔6〕 See United States v. Jones, 132 S. Ct. 945, 956(2012).

首的社会,蒸汽磨产生的是工业资本家为首的社会”。[1] 技术推动生产方式发生变革,生产方式的变革决定了法律价值取向的改变。启蒙时期的价值理想是现代性的产物,反映着工商业社会的生产生活规律;而如今人类迈进了智慧社会,人格尊严、自由平等、公平正义、劳动就业、生存发展等项人权难以再恪守启蒙价值。从1981 年 108 号条约到 1995 年《数据保护指令》再到 2018 年 GDPR,欧盟的数据立法均秉承启蒙价值,赋予个人以较大的信息自决权。然而,这些许多权利实际上难以行使,对数字经济的发展形成一定阻力。

数字社会中,“针对哪些信息流是可以被允许的或被阻止的,哪些是需要鼓励或打压的,都需要在制度、激励、法律、技术或者规范方面进行清晰的设计和规划”。[2] 当前,我国《个人信息保护法》立法中,已经注意到数据权利保障的目的不仅在于维护个人权益,还在于促进数据依法有序自由流动以及合理利用。这正是以数字社会的生产生活规律重塑人权价值观的例证。

二、数字人权的道德基础

“权利拥有者之所以能够享有权利,不仅因为主观上有相应的利益诉求,而且还基于该诉求在社会结构中表现出来的德性。”[3] 利益诉求的真实性、重要性、紧迫性以及价值层面的正义性、一般性、可行性,是权利生成的道德基础。有学者指出,数字人权的道德基础,体现为数字科技已经成了人民美好生活的重要组成部分,必须“以人权的力量和权威强化对数字科技开发及其运用的伦理约束和法律规制”。[4] 也有学者认为,数字人权的道德基础在于“人—人”关系模式逐渐被“人—技术—人”关系模式取代,是对善和人的尊严的追求,以及对公共利益的维护的现实需要。[5]

笔者认为,必须从工商业文明到信息文明重大转型的角度,审视数字人权的道德基础。“发源于 18 世纪的自由民主制拥有出色的道德支柱,而 20 世纪兴起的技术垄断文明,其思维体系缺乏卓越的叙述手法,因此既无法提供道德支柱,也缺乏

---

〔1〕 [德]卡尔·马克思、弗里德里希·恩格斯:《马克思恩格斯选集》(第 1 卷),人民出版社 1972 年版,第 108 页。

〔2〕 [美]埃里克·布莱恩约弗森、安德鲁·麦卡菲:《第二次机器革命》,蒋永军译,中信出版集团 2014 年版,第 342 页。

〔3〕 宋保振:《“数字弱势群体”权利及其法治化保障》,载《法律科学》2020 年第 6 期。

〔4〕 张文显:《新时代的人权法理》,载《人权》2019 年第 3 期。

〔5〕 宋保振:《“数字弱势群体”权利及其法治化保障》,载《法律科学》2020 年第 6 期。

强有力的社会机制,以管制技术产生的‘信息洪水’。”[1]在数字社会中,应通过以法治文化为内核的、尊重人权价值的“道德基础设施”的重建,从而推动“数字人权”的法治保障。具体而言,数字伦理一般有两种技术建设路径:一是自上而下的路径,即通过在算法中设定伦理准则,构建数字伦理;二是自下而上的路径,即通过机器学习的人工智能方式,培育人工智能“辨别是非”的能力。

(一)自上而下:算法的伦理原则

数字时代中,“代码即法律”。[2] 只有“当算法在质量监控之下,以公平方式影响各方当事人时,正义方能实现”。[3] 如“通过设计保护个人信息”即属在算法层面实现权利保护。在该理念下,个人信息保护将作为算法伦理的要求,提前至算法设计中进行考虑。实际上,算法的伦理原则并不是单纯的伦理要求,而是在“在算法决策中嵌入必要的人权价值和法治伦理,设定算法的自律准则”;“在国家立法、行业自律、社会评价中确立算法遵从‘善法’的伦理原则,从而尊重人权价值、维护‘数字人权’和促进社会公平正义”。[4]

当今世界范围内已经提出一系列的算法伦理准则。如2016年联合国大会即提出了9项机器人伦理准则,[5]2017年美国阿西洛马会议形成了著名的“阿西洛马人工智能23条”,[6]2019年经济合作与发展组织(OECD)提出了《人工智能原则》,[7]2019年欧盟提出了《可信人工智能伦理指引》,[8]2019年电气和电子工程

---

〔1〕 [美]Neil Postman:《技术垄断——文明向技术投降》,蔡金栋等译,机械工业出版社2013年版,第74页。

〔2〕 参见[美]劳伦斯·莱斯格:《代码2.0:网络空间中的法律》(修订版),李旭、沈伟伟译,清华大学出版社2018年版,第263页。

〔3〕 [美]伊森·凯什、[以色列]奥娜·拉比诺维奇·艾尼:《数字正义:当纠纷解决遇见互联网科技》,赵蕾、赵精武、曹建峰译,法律出版社2019年版,第17页、第20页。

〔4〕 马长山:《智慧社会背景下的“第四代人权”及其保障》,载《中国法学》2019年第5期。

〔5〕 2016年联合国大会通过的《机器人伦理的初步报告》提出:(1)人类尊严;(2)自主权;(3)责任;(4)正义、公正和团结;(5)民主;(6)法治与可归责性;(7)可靠、安全、身体和精神的完整性;(8)数据保护和隐私;(9)可持续性。

〔6〕 2017年《阿西洛马人工智能原则》中包括“伦理与价值”:(1)安全性;(2)故障透明性;(3)司法透明性;(4)责任;(5)价值归属;(6)人类价值观;(7)个人隐私;(8)自由和隐私;(9)分享利益;(10)共同繁荣;(11)人类控制;(12)非颠覆;(13)避免人工智能军备竞赛。

〔7〕 2019年经济合作与发展组织提出的《人工智能原则》中包括:(1)包容性增长;(2)可持续发展和福祉;(3)以人为本的价值和公平;(4)透明和可解释性;(5)鲁棒性、安全和可靠;(6)可问责。

〔8〕 2019年欧盟发布的《可信人工智能伦理指引》提出:(1)监管技术鲁棒性和安全性;(2)隐私和数据治理;(3)透明性;(4)多样性、非歧视公平;(5)社会和环境福祉;(6)问责制的要求。

师学会通过了人工智能系统四原则。[1] 全球范围内，算法的伦理原则至少涵盖了人类利益、责任、透明性、教育几个重要方面。

（二）自下而上：人工智能体的道德习得

虽然，人工智能目前仍处于"弱人工智能"阶段，人工智能体的法律地位亦存在理论争议；但是不可否认，通过机器学习的智能算法，可塑造道德机器"让机器人明辨是非"。在机器学习中训练数据非常重要，这将直接决定人工智能的自主行为。若不加以正确引导，将产生恶劣后果。如2016年微软开发的人工智能Tay，通过社交媒体上的互动，在一天之内就学会了发表粗俗和歧视性言论。因此，必须以"信任、隐私、透明、言论自由、开放、知识产权、忠诚、尊重、可靠、名誉、法治等"价值助推人工智能的道德行为，构建"道德基础设施"。[2]

这种自下而上的应用学习、自发性、进化性的进路，"不同于直接定义了什么是道德、什么是不道德的自上而下的理论，在自下而上的进路中任何伦理原则都必须是被发现出来或被建构出来的"。[3] 并且，在人机交互的反复博弈中，进一步升级和完善。最终，"使算法'智能体'形成道德推理与自主德性学习的自律约束机制，从而通过习得法治伦理来自主地抑制算法风险，维护数字时代的人的地位和尊严，更好地保障'数字人权'和促进法治秩序"。[4]

三、数字人权的保护框架

立足于数字社会的发展现实，数字人权的保护诉求无法通过既有制度的简单修补予以解决。数字人权应对的是信息革命下的颠覆性挑战。从工商社会迈向智慧社会、数字社会的换代升级，社会关系、行为模式和日常生活都日益深刻地受到网络化、数字化、智能化发展的加持和重塑，人们也日益成为数字人、置身于数字化生活之中。

---

〔1〕 2019年电气和电子工程师学会发布的《合伦理设计》提出：(1)人类利益原则，尊重人权、自由，人类尊严及文化多样性；(2)责任原则，人工智能必须在程序层面具有可责性，证明其为什么以特定方式运作；(3)透明性原则，确保系统运作的透明性，人们能够发现自动系统如何以及为何作出特定决定；(4)教育原则，推进伦理教育和安全意识教育。

〔2〕 [意]卢西亚诺·弗洛里迪：《第四次革命——人工智能如何重塑人类现实》，王文革译，浙江人民出版社2016年版，第220页。

〔3〕 [美]温德尔·瓦拉赫、科林·艾伦：《道德机器——如何让机器人明辨是非》，王小红等译，北京大学出版社2017年版，第69页。

〔4〕 马长山：《智慧社会背景下的"第四代人权"及其保障》，载《中国法学》2019年第5期。

(一)在公共政策中注入数字人权价值

借用弗洛里迪关于“信息圈”的概念,信息能动者的互动将构成信息化环境。[1] 数字人权价值是“整个信息圈的电子环境保护伦理”。[2] 在公共政策中倡导“无数字、不人权”的理念和数字人权价值指的是,一方面“在制度上强调科技企业尊重和保障人权的责任,以及政府尊重、保障和实现‘数字人权’的义务”;另一方面“以人权的规范性强化对数字科技开发及其运用的伦理约束和法律规制”。[3] 具体到数字时代的公共服务,也有学者提出必须在“加强设备建设和技术指引”的同时“优化数据评价规则”。[4] 总之,在公共政策中注入数字人权价值,是加强隐私保护、克服算法歧视、增进公众知情权、抑制数据掌控不对称各种人权问题的一道重要屏障。

(二)强化数字人权的权益平衡

第一,数字人权是信息革命和数字经济的客观反映,它不仅要遵从数据信息的双重属性和信息自主权的边界,也要体现无处不分享的“共建共享”时代趋势。第二,工商业社会向信息社会的转型,必然会带来自由和权利的克减,在消减原有物理时空的不平等的同时,产生虚拟空间的新的不平等(如信息鸿沟),需要进行新时代的总体平衡。第三,“数字技术创造了多种共生的关系,它使我们能够为了自己的利益而获得和分享信息,与此同时,我们所产生的数据对于那些为数字交往提供便利并加以控制的公共和私人机构有着巨大价值”。[5] 基于上述考量,需要在比例原则、合理原则下,探索人权价值的平衡共享机制,进而促进数字时代的人权保障法治化。

(三)确立公法/私法的双重保护机制

前文已述,数据权利表现出公私法交融的显著特征(详见本章第一节)。基于数据信息的双重属性,需要对个人权利和数据企业进行私法上的权益界定和平衡

〔1〕 参见[英]弗洛里迪:《信息伦理》,薛平译,上海译文出版社 2018 年版,第 8 页。

〔2〕 [意]卢西亚诺·弗洛里迪:《第四次革命——人工智能如何重塑人类现实》,王文革译,浙江人民出版社 2016 年版,第 251 页。

〔3〕 张文显:《构建智能社会的法律秩序》,载《东方法学》2020 年第 5 期。

〔4〕 高一飞:《智慧社会中的“数字弱势群体”权利保障》,载《江海学刊》2019 年第 5 期。

〔5〕 The New Zealand Human Rights Commission, *Privacy, Data, and Technology: Human Rights Challenges in the Digital Age*, http://www.hrc.co.nz, May 2018, p.5.

保护。然而,算法“黑箱”、无方向监控等问题则不是一般私法所能解决的,即便是我们把重心从收集行为转向使用行为,也不足以化解公共安全与个人隐私、商业便利与隐私交换的深刻矛盾,无法扼制它对人权的威胁。因此,亟须纳入人权领域,通过公法保护机制加强人权保障。只有推进公法/私法的双重规制,构建以数字化微粒存在的“生人社会”法治化治理的公众参与机制,并在法治框架下进行数字权益的平衡保护,才能更好地塑造智慧社会的法治秩序。

(四)推动人权保护从“场域化”迈向“场景化”

长久以来,受到物理时空的制约,生产生活中的行为、关系和事件基本都是以“场域”为基点展开的,带有特定性、片段性、分离性、层级性的明显特征。如今的信息技术革命,则改写了这种生存逻辑。虚拟/现实的双重空间、生物/数字的二维面向,突破了物理时空的限制和阻隔;生产生活中的行为、关系和事件转向以“场景”为基点展开,其远程临场、即时互动、扁平流动、个性多元、全景呈现的属性,使得以前的不可想象变成了今天的生活常态。在这种情况下,人权的存在样态、侵犯人权的行为、人权的保护方式等,自然也都富有了场景化的底色,反映着个案化、精细化、互动化的保护趋势。实质上,场景化的理念又与“过程—结果”的规制策略转向密切相关。通过在制度规则中嵌入代码规制,既防止了预防制那种“提前阻却”所带来的自由限制,也防止了追惩制那种“事后修复”所带来的伤害难题,从而实现了场景化、过程化、智慧化的即时互动规制。[1]

(五)促进空间上的国际合作

当前,虚拟空间彻底打破了物理属性的时空观念,国际社会融汇成了一个没有边界、不可分割的虚拟共同体。与此同时,无论是人权形态、人权威胁,还是人权保护,都在以信息化、数字化的方式不断演进。因此,面对数字人权,既要强化国家的保护义务、拓展社会(私权力)主体的保护义务,又要加强国际社会的广泛合作,尤其是在信息立法和数字人权的保护上,不仅保持既有物理空间中的联合保护机制,还需基于数字思维协调虚拟空间的人权保护立场,促进不同国家在虚拟空间中的互利合作,从而探索数字时代的新型国际人权保护机制,共同分享数字经济带来的人权善果。同时,促进数据与信息领域的国际合作也是我国法律的明确要求。《数据安全法》第 11 条指出,“国家积极开展数据安全治理、数据开发利用等领域的国

---

〔1〕 参见马长山:《智慧社会背景下的“第四代人权”及其保障》,载《中国法学》2019 年第 5 期。

际交流与合作,参与数据安全相关国际规则和标准的制定,促进数据跨境安全、自由流动。"《个人信息保护法》第 12 条规定:"国家积极参与个人信息保护国际规则的制定,促进个人信息保护方面的国际交流与合作,推动与其他国家、地区、国际组织之间的个人信息保护规则、标准等互认。"

四、数字人权的代际革新

通说认为,人权形态发生过三次历史性转型。"第一代人权"诞生于 17 ~ 18 世纪,是启蒙思想的产物,主要表现为"人人生而平等,自由"等权利。"第二代人权"指的是在 19 ~ 20 世纪社会主义运动影响下,突破了传统人权观,从主张"公民自由和个人政治权利"的以个人目的为主的狭隘人权观,发展到既要讲究个人经济、政治、社会和文化权利的第二代人权观。在"二战"后,一系列国家取得民族独立并组成第三世界,强调集体人权,"第三代人权"主要指国家、人民、民族在国际社会中应当享有的各项权利,如国家主权、民族自决权、发展权等。

在新时代的发展中,习近平总书记指出:"中国发展成就归结到一点,就是亿万中国人民生活日益改善","人民幸福生活是最大的人权"。据此,有学者提出了以"美好生活权"或"幸福生活权"为统领的新一代人权。数字人权是第四代人权体系的主要标志之一,[1]"引领着新一代人权。"[2]此外,有学者直接以数字人权为第四代人权进行论证并指出,"前三代人权内容主要是物理世界中的公共参与、生活水准和公平发展,涉及的是物理意义上的人、财、物及行为,几乎没有数据和信息的概念。数据和信息不仅成为人们数字化生活所不可或缺的珍贵资源,也成为新时代人权日益重要的新型载体和价值表达。无论是人权属性、人权要素、人权内容,还是人权形态,都正在从前三代人权的物理加持方式,转向当下人权的数字加持方式,进而构成了'第四代人权'的发展动力和基础"。[3]

值得注意的是,有相反观点认为,数字人权不构成第四代人权。其理由在于:"从人权代际革新的原理来看,'数字人权'的人权主体、人权义务主体以及二者间的基础关系与第二代人权范式构造完全相同,不可能突破已经更迭至第三代的人权范式构造。通过对第三代人权范式构造进行合理的扩展,就能够容纳数字人权

---

〔1〕 参见张文显:《新时代的人权法理》,载《人权》2019 年第 3 期。
〔2〕 张文显:《"无数字不人权"》,载《北京日报》2019 年 9 月 2 日,第 15 版。
〔3〕 马长山:《确认和保护"数字人权"》,载《北京日报》2020 年 1 月 10 日,第 14 版。

的全部内容。"[1]该理论甚至主张,数字人权不构成人权且不构成基本权利。

事实上,数字人权可以构成第四代人权。第一,所谓"代际革新原理"并非不证自明的真理,纯粹从人权主体、人权义务主体以及二者间的基础关系出发,前三代人权之间亦难以清晰界分。数字人权与既有人权范式的相容之处,恰说明数字人权属于人权框架。第二,前文已述,数字人权有数据基本权利的基础,具有独特的基本内涵、价值基础与保护框架。第三,归根结底,数字人权的发展动因源于信息革命。当今信息革命带来的并不是现有生产方式、生活样态的简单拓展和延伸,而是新兴智慧社会对传统工商业社会的总体性替代。第四,在内涵逻辑上,数字人权发生了根本转向。从现实和虚拟、生物和信息的双重属性出发,嵌入数据信息要素。从传统的"公权力—私权利"的二元结构向"公权力—社会权力—私权利"的三元结构转型,引入对技术公司、商业平台等主体的规制。最终,大幅拓展了人的自主性,实现了人权的品质升级。[2]

【典型案例】

1957年德国通过的《居民及职业生活抽样统计实施法》,对居民信息进行抽样调查,由此引发宪法诉讼。这一案件被称为"小普查案"。1969年德国联邦宪法法院判决指出,强制性的抽样调查有可能对个人的自决权构成威胁,但并非所有信息收集行为都侵犯了个人尊严,只在涉及个人"秘密领域"之时才被法律禁止,该案中调查结果的匿名化已满足保护要求。由此,法院认可了该法的合宪性。[3]

1982年德国通过《人口普查法》授权政府对包括人口、职业、住宅及工作场所在内的公民基本个人信息进行全国性的调查,许多人因对该法不满而提起宪法诉讼。这就形成了著名的"人口普查案"。1983年德国联邦宪法法院在该案中形成了关于个人信息自决权的经典判断。判决指出,现代信息技术的发展使人格权面临新的危险,"在现代信息技术下,已不存在'不重要'的信息";因此"应保障每个人的个人信息不被毫无限制地收集、储存、使用和传输";这种个人信息自决权属于一般人格权的保护范围,个人原则上有权决定在何时通过何种方式在何种范围内公开个人信息。最终,法院在维持了该法的大多数条款的基础上,认定使政府能识别特定个人的少数条款违宪,并要求议会对该法涉及个人信息保护预防措施的部分予以修正。[4]

---

〔1〕 刘志强:《论"数字人权"不构成第四代人权》,载《法学研究》2020年第1期。

〔2〕 参见马长山:《智慧社会背景下的"第四代人权"及其保障》,载《中国法学》2019年第5期。

〔3〕 Mikrozensusurte1il, BVerfG 27,1.

〔4〕 Volkszhlungsentscheidung, BVerfG 65,1.

“小普查案”与“人口普查案”是研习个人信息保护所必读的经典判决。尤其是“人口普查案”标志着德国法院对领域理论的扬弃以及个人信息自决权理论的确立，对数据权利、数字人权理论具有重大意义。

【问题与思考】

1. 如何理解隐私、信息、数据三者的法律关系？
2. 为什么说数据保护兼具公法与私法色彩？
3. 如何平衡数据所蕴含的多重利益？
4. 为什么说数字人权是第四代人权？

第四章　算法应用与算法治理*

【法律故事】

2016年3月,一场人机围棋大战持续引发全球热议。场上主角一边是世界围棋高手韩国棋手李世石,另一边却是谷歌开发的人工智能程序"Alpha Go"。双方在棋面上你来我往,互不相让。最终李世石以总比分1∶3败下阵来。Alpha Go发挥出色的背后,是算法展现出的强大思考力与大局观。这不禁让人思考,AI算法真的会挑战人类吗?这些突破会不会超出我们对AI算法的想象?算法会不会给我们带来负面影响?若是存在类似挑战和影响,我们已经做好准备了吗?

第一节　算法应用及其风险控制

一、算法与算法应用概述

(一)算法

1.算法的概念

算法(algorithm)指用于达成特定目标的一系列清晰、准确、有限的指令。其可以看成是用于求解特定计算问题的工具,将输入值(inputs)转化为输出值(outputs),旨在减少计算机运行速度与存储空间的限制,提高计算机完成任务的

---

* 感谢腾讯数据合规专员袁俊在本章写作过程中所做的贡献。

效率。[1]

2. 算法的特征

算法作为计算机语言的实际应用,具有通用性、有效性、有穷性和确定性特征。[2] 所谓通用性,是指对同一类型的问题可重复使用。只要输入符合数据类型的任意数据均可依据算法求出解。所谓有效性,是指算法的有限指令中每一条均可被人或机器执行。有穷性,是指算法的步骤或指令条数是有限的。确定性,是指算法的每一步骤完成后,下一步的进行应有明确的指示。

但从决策的视角出发,可以发现算法决策与人类决策有着本质不同。就技术可靠性而言,算法决策具有稳定性、准确性、高效性、客观性的特点。人类决策在稳定性、准确性等层面并不必然优于纯粹的机器决策。以信息过载或者认知偏见为代表的人类认知局限可能将个人或者群体的主观判断嵌入自动化决策过程中,因此可能导致不准确或者不公正的决策结果。但与算法决策相比,在机器决策和人类决策的绩效表现之外,人类决策的“黑箱”性却已经由探寻出的一系列信息补强制度,协助创建了可以提供稳定预期和公众信任的治理环境。因此,算法决策的“黑箱”性虽被广泛关注,但其却无法全面解释算法危机产生的核心根源。实际上,从算法的运行机理可知,在“算法黑箱”之外,由于算法可以高效解析个人数据并生成相关决策,因此具有将虚拟世界和现实世界的个体相互联结,将个体的过去、现在和未来建立联结的技术能力。这种技术上的“联结”极易引发治理层面的“失控”,使公众对算法的技术信任难以建立,在面对复杂、开放、多元的算法并与其产生互动之时心生恐惧。[3]

(二)机器学习

1. 机器学习的概念

机器学习(machine learning)是指用数据或根据以往的经验,以此优化计算机程序或算法性能标准的研究。[4] 机器学习是一门多领域交叉学科,涉及概率论、统计学、逼近论、凸分析、算法复杂度理论等多门学科。作为人工智能的核心,其研究计算机怎样模拟或实现人类的学习行为,以获取新的知识或技能,重新组织已有

---

〔1〕 参见[美]Thomas H. Cormen:《算法导论》(原书第3版),殷建平等译,机械工业出版社2013年版,第3页。

〔2〕 参见张铭等:《数据结构与算法》,高等教育出版社2008年版,第11~12页。

〔3〕 参见张欣:《从算法危机到算法信任:算法治理的多元方案和本土化路径》,载《华东政法大学学报》2019年第9期。

〔4〕 参见陈海虹等:《机器学习原理及应用》,电子科技大学出版社2017年版,第2~19页。

的知识结构使之不断改善自身的性能。

2. 机器学习的算法与应用

经典机器学习算法包括如下几种:决策树、神经网络、支持向量机、贝叶斯分类器、集成学习、聚类、降维与度量学习等。[1] 目前应用在多个领域的,如数据分析与挖掘、机器识别、自然语言处理等。

(三)深度学习

1. 深度学习的概念

深度学习(deep learning)的概念最早由多伦多大学的 Hinton 教授于 2006 年提出,指基于样本数据通过一定的训练方法得到包含多个层级的深度网络结构的机器学习过程。[2] 由于其缓解了传统训练算法的局部最小性,成为机器学习领域中最新的研究方向,[3] 大力推动了人工智能算法进入新一轮快速发展期。

2. 深度学习的应用

深度学习目前广泛应用在多个场景中。[4] 在语音识别方面,虚拟助手 Siri、语音搜索“小度小度”等都是我们熟知的产品;在图像识别方面,远程视频会议、遥感图像识别和 AI 医疗影像等都是和我们生活密不可分的;在自然语言处理方面,谷歌翻译、虚拟客服、智能投顾等应用深度学习的智能服务日益增多。

二、多元场景下的算法应用原理与特征

(一)商业场景

1. 个性化定价

数字时代,建立在海量数据和高效算法之上的数据挖掘技术极大地为平台企业赋能,使其能够精准识别消费者的偏好、需求、支付意愿和支付能力,提供更为精准、个性的商品和服务。但与此同时,数据和算法可能会使平台企业利用“信息权力”针对终端消费者实施剥削性和歧视性定价。近年来,人们网络购物日益频繁,消费者日益倾向于购买生活家具、衣物鞋帽、蔬菜生鲜等日常用品。与此同时,关

[1] 参见周志华:《机器学习》,清华大学出版社 2016 年版,第 30 ~ 50 页。

[2] See Geoffrey Hinton et al., *A Fast Learning Algorithm for Deep Belief Nets*, 7 Neural Computation 1527 – 1554(2006).

[3] 参见孙志军等:《深度学习研究综述》,载《计算机应用研究》2012 年第 8 期。

[4] 详细应用场景,可参见尹宝才等:《深度学习研究综述》,载《北京工业大学学报》2015 年第 1 期。

于“同物不同价”“大数据杀熟”的网络报道日益增多，消费者普遍感受到差异化定价带来的获得感不同。这种差异化定价手段实际上是指平台企业通过收集、追踪用户数据，利用数据挖掘技术对用户进行分类和预测的基础上，对具有一定黏性的用户进行歧视性定价，从而获得差额利润的行为。具体而言，表现为平台上同一商品或者服务会员的定价可能高于普通用户，而普通用户的定价可能高于新用户和潜在用户。

与很多人观念中认为的大数据“杀熟”是“千人千面千价格”的逻辑有所不同，大数据“杀熟”是特定算法程序批量分析和执行的结果。只要符合设定特征的用户群体就会被程序筛选出来并受到类似对待，因此虽一定程度上体现了“个性化定价”的特质，但实际上具有批量化、数据化、平台化的特征。

其实，由于大数据“杀熟”具有极强的数据依赖特性，因此在平台自行收集和追踪用户数据之外，数据进行标签化归类后还可能进行再次交易。所以在数据标签化时代，不仅单个平台上的大数据“杀熟”现象值得警惕，跨场景、跨类型的平台间利用数据挖掘技术对特定标签的用户群体进行歧视化定价甚至达成“算法共谋”的情形更加令人担忧。因为后一种情形中，用户所受到的差异化待遇是跨越平台和场景的，具有更强的隐秘性。

面对大数据“杀熟”的经济特性，曾有为其辩解的意见认为，大数据“杀熟”行为无可厚非，只是经济活动中差别定价的数据化表现形式而已。后者在日常经济活动中并不鲜见。例如，乘客在飞机选座时为了获取更大空间而额外支付的座位升级费用，抑或商家对于消费者购买指定数额、数量的产品而实施的额外优惠。又如，商家在教师节对教师群体基于身份、职业等展开的低价优惠活动等。但深究本质可以发现，大数据杀熟场景下的差别定价虽然也体现为不同特征用户的定价或者服务差异，但二者仍存实质不同。

首先，商品或者服务的定价策略对于消费者而言是否知情、透明。在传统差别定价活动中，无论是额外支付的座位升级费，还是因符合特定条件而享受的价格优惠，对于消费者而言均是知情透明的。这意味着消费者可以全盘考虑所有影响成交的因素并按照内心真实意愿做出支付购买的行为。而在大数据“杀熟”场景下，平台服务器通过追踪和记录设备识别码等关键信息对消费者进行智能化绑定，依据特定算法实施隐秘化、差异化、歧视性定价，不仅并无知情可言，此时的定价策略甚至与消费者的内心预期和普遍认知相背离。

其次，在促进成交的过程中是否存在数字化诱导和操控行为。在传统差别定价场景下，商家清晰地公布定价规则，并无明显的诱导和操控行为。而在大数据“杀熟”场景下，平台企业可以基于用户的购买习惯、消费能力等数据进行诱导和

“操控”,以是否愿意支付预付款购买会员等方式识别出“忠诚度较高”的黏性用户,实施差异化定价。在一些场景下,差异化定价的表现形式还呈现间接隐蔽的特性。例如,新用户可以通过申领方式获得更多的优惠券或者支付减免。因此,大数据“杀熟”行为实质上侵犯了消费者的知情权和公平交易权,不仅会降低用户对平台的信任度,还会对市场秩序的健康有序造成实质性不利影响。[1]

2. 个性化排序

互联网的出现,使得信息的采集、传播的速度和规模达到空前的水平,实现了全球的信息共享与交互,已经成为信息社会必不可少的基础设施。伴随着信息规模的不断扩大,单凭人工来甄别、筛选、分类、整理海量信息,已经无法满足广大用户的多元需求,由此个性化算法排序应运而生。所谓个性化排序,是指对一系列数据按某些特征因子进行排名,特征的选择以及特征权重的赋予,将影响内容排序的先后,一套排序规则的确定通常需要产品专家与算法专家共同设计。对于特征的选择,可以按内容的属性特征与文本相关特征分为两类。

内容的属性由业务性质决定,比如电商业务,内容属性特征就可以包括价格、销量、加购、收藏、库存、类目、品牌、上架时间、评论、商家信誉等;视频类业务就可以考虑播放时长、观看量、完播率、点赞、收藏、评论数、转发数、主题类型等。文本相关特征,则主要是对应内容的文本属性,如建立内容文档的不同范围(如标题、简介、广告词、URL 链接、描述等)的语言模型得分等,这一块主要以算法专家主导。[2] 今日头条算法框架师曹欢欢博士曾公开分享,推荐原理主要考虑了 4 个方面的因素:内容上会通过文本分析提取不同内容类型的特征;用户特征则包括基本信息、各种兴趣标签,以及用户行为(比如你没有点击推荐给你的文章)等;环境特征是基于用户在不同场景中的信息偏好不同。结合这三个维度,推荐模型会给出一个预估,即预测在某一场景下推荐某内容给用户是否合适。[3]

个性化排序可以应用在多个场景。例如,当用户想在搜索引擎中获得想要的信息资讯时,智能算法已经根据我们过往的搜索记录、点击轨迹、浏览内容等行为偏好,按照一定的排序,定向推送适合我们或者可能感兴趣的相关内容。当消费者准备网络购物下单“剁手”时,产品首页会根据消费者既往的关注内容、购物习惯和消费能力,按照价格、发货地、运费等特定顺序定制化地推送商品门类。当用户

---

〔1〕 参见张欣:《大数据杀熟的技术隐忧和法律规制之道》,“财经 E 法专栏”2021 年 1 月 3 日发布。

〔2〕 参见《机器学习在搜索中的应用:个性化排序》,载 http://www. woshipm. com/pd/4190421. html,最后访问时间:2021 年 3 月 17 日。

〔3〕 参见 Stoner:《我是怎么把今日头条的“算法”驯服的》,载 https://www. thepaper. cn/newsDetail_forward_3694515,最后访问时间:2021 年 3 月 17 日。

懒得出门想就近点外卖时,美食类APP早已分析好用户的饮食习惯、菜品门类、价格敏感度等用户偏好,根据用户地点、配送距离以及消费能力等,推测出用户在乎的优先顺序,及时个性化地配送相应的餐点。

在新闻聚合类平台场景下,个性化排序算法实质上是一个拟合用户对内容满意度的函数。这个函数需要输入上述三个维度的变量,而这三个变量都基于对用户信息的反馈,目的是让用户感到愉悦。此外,还有第四个因素“协同特征”,它通过用户行为分析出不同用户间的相似性,依靠“兴趣探索”和“泛化”实现多元化推荐,但其根本点还是基于“相似”,内在逻辑是迎合用户需求。这种算法对用户偏好的迎合,让用户只能听见让自己感到愉悦的声音,把相异的观点排除在外。埃利·帕雷瑟在《过滤泡沫》中表达了担忧:“这些个性化算法,让只有和人们的意识形态一致的信息才会被呈现,人们的视野越来越窄,可以接触到多元化信息的机会也越来越少。”麻省理工学院的学者伊桑·扎克曼更担心由此带来“回音室”效应,这些个性化排序算法为每个人建立一间专有的“回音室”,所有人不断强化自己的固有认知并误以为就是真理。他认为这会增加社会的两极分化,有孕育极端主义的风险。[1]

3. 个性化展示

随着互联网逐渐成为人们信息传递最便捷、最迅速和最有效的媒介,其具备的强交互性、个性化和生动性,已成为广告展示投放主最为依赖的投放方式。为了满足人们日益多元化的信息需求,个性化展示应运而生。个性化展示是当今互联网领域最重要的信息技术之一,它通过对用户的跟踪识别进行精准画像,实现向用户定向推送符合其喜好的产品和/或服务的目的。以电子商务领域中的亚马逊、淘宝等世界知名电子商务平台为例,个性化广告展示以及推送所带来的订单转化率已经逐渐超过传统的营销方式,足以彰显该技术在当下运用之广泛。[2]

个性化展示基于用户的行为记录、点击、评分等信息,依托算法和大数据分析,精准地预测出每位用户对各种商品的可能需求与偏好,再结合用户的位置、时间、上下文等相关信息,利用个性化推荐技术为用户推介最为可能浏览的广告,以实现广告投放效果的最大化。[3]

随着技术的普及与应用,“千人千面”的个性化展示愈加渗透到公众生活的方

---

〔1〕 参见Stoner:《我是怎么把今日头条的“算法”驯服的》,载https://www.thepaper.cn/newsDetail_forward_3694515,最后访问时间:2021年3月17日。

〔2〕 参见环球律师事务所等:《个性化展示安全与合规报告(2020)》,2020年9月,第5页。

〔3〕 参见张玉洁等:《个性化广告推荐系统及其应用研究》,载《计算机学报》2021年第3期。

方面面，也在改变公众获取信息的方式。用户在应用上的各种操作都可能被APP打上标签，最终形成一幅用户"画像"。大数据算法通过对个人网络痕迹的收集与分析，帮助用户在海量信息中筛选出可能是自己最想看到的内容，这大大降低了信息精准匹配的时间与资源；但当个性化展示被滥用或者违法违规使用时，如用于网络诈骗、无止境地推送商业广告，也会给公众带来负面影响。例如，在电商场景下，由于商家对用户画像的处理越来越精细，电商向用户推荐的商品和/或服务也更为精准，节省了用户在海量商品中选购理想商品的时间，同时也提升了店铺的转化率和盈利水平。但是，这不可避免地会造成用户个人信息收集、使用程度超出必要性、商家的供应商或关联方违法向其他第三方提供用户个人信息进行获利的问题。在短视频场景下，用户同样面临个人信息收集程度加剧，个人信息安全保护、个人信息合法合规使用风险增加的问题。尤其是，在短视频场景下往往还涉及人脸、声音等敏感生物识别信息的收集使用，因此风险程度可能更高。就个性化展示来说，目前我国呈现出分散式立法的特点，尚无专门针对个人信息保护的统一立法，也没有关于个性化展示这一主题的专门立法。总体上，目前立法对电子商务和新闻资讯两种场景进行了特殊规定。目前，监管部门已经将重点关注到APP在进行个性化展示时，是否向用户告知或以显著方式标示，以及是否为用户提供了关闭该功能的选项。特别是针对有些APP使用个性化展示的功能，有些企业虽然也在其隐私政策中进行了披露，但未在产品界面上设计提示退出或者关闭个性化展示模式的选项或按钮（如拒绝接受定向推送信息，或停止、退出、关闭相应功能的机制），需要高度重视并积极探讨改进方案。[1]

（二）行政场景

在人类治理的历史长河中，赋予治理客体以"可计算性"（calculability）已经成为现代性的标志特征之一。从治理效能来看，以数字和评估作为基石的量化治理方式具有可预测性、可协调性以及非人际化优势，有助于增加问责度、透明度和效率性。因此，自17世纪人类在教育领域首创量化和书面评估的方式开始，量化治理实践开始向公共领域渗透和拓展，在审计、管理、审判以及立法领域被广泛运用。伴随着数字革命的到来，社会治理方式突破了简单地、线性地使用数字进行预测、衡量和协调的低阶模式，开始以大数据分析为基础，以政府开发的多元应用为平台，全方位推动治理方式在时间、空间和对象多个层面的深度转变。

---

〔1〕 参见环球律师事务所等：《个性化展示安全与合规报告（2020）》，2020年9月，第10～16页。

首先,数据解析技术在公共行政领域的广泛应用使执法者可以突破时间的限制,将相对人的过去、现在和未来紧密联结,并将其作为精准决策的依据。例如,美国和英国刑事司法系统中已经依据被告的过往历史、当下犯罪指控等信息对其再犯风险进行评估,从而作为保释和量刑决策的参考依据。其次,远程通信技术和数据共享技术可以突破空间的限制,在行政机构甚至市场主体之间实时共享限制措施,形成联动制约网络。例如,利用大数据技术广泛归集失信信息,各政府部门和市场主体已经广泛共享失信黑名单,形成"一处失信、处处受限"的联动惩戒局面。最后,人脸识别等人工智能技术突破了个体信息收集的物理限制,治理基础不断细粒化,实现以个体为单位的精准跨域治理。例如,在新冠肺炎疫情防控期间,疫情防控部门利用步态识别技术通过人脸、步态、行为、穿着等特征对疫区返程人员开展多重精准识别,即使个体在佩戴口罩的情况下,仍然可以通过多特征精准识别和研判,实现多端联动和警示信息的实时推送。由此可见,与数字治理相比,数据驱动型治理是一种综合工具、架构和生态层面的深层次治理变革。[1]

1. 信用评分

面对我国社会日益严峻的信任危机和原有信任治理资源的频繁失效,以数据驱动的新型信用治理应运而生。《社会信用体系建设规划纲要(2014—2020 年)》中指出,信用治理要"以健全覆盖社会成员的信用记录和信用基础设施网络为基础,以信用信息合规应用和信用服务体系为支撑"。《促进大数据发展行动纲要》中也指出,要建立"用数据说话、用数据决策、用数据管理、用数据创新"的管理机制,在信用体系建设环节,推动数据汇聚整合和关联分析,提高信用治理的精准性和有效性。因循这一治理思路,2019 年发布的《关于加快推进社会信用体系建设构建以信用为基础的新型监管机制的指导意见》中进一步指出,以加强信用监管为着力点,创新监管理念、监管制度和监管方式,建立健全贯穿市场主体全生命周期,衔接事前、事中、事后全监管环节的新型监管机制。由此可见,从顶层架构出发,我国的信用监管和信用治理领域正在以数据驱动型治理为思路,以算法自动化决策为机制,积极创建创新型、智能型、精准型的算法行政机制。[2]

目前国家正在大力建设社会信用体系,推进政务诚信、商务诚信、社会诚信和

---

〔1〕 参见张欣:《算法行政的架构原理、本质特征与法治化路径:兼论〈个人信息保护法(草案)〉》,载《经贸法律评论》2021 年第 1 期。

〔2〕 参见张欣:《算法行政的架构原理、本质特征与法治化路径:兼论〈个人信息保护法(草案)〉》,载《经贸法律评论》2021 年第 1 期。

司法公信建设,[1]已经组建了全国首个市场化组织机构百行征信,会员单位包括芝麻信用、腾讯征信、深圳前海征信等8家机构,持续解决征信行业的数据孤岛问题。目前市面上的信用评分机制,广泛结合了传统信用评分和算法分析下的信用画像这两种方式。传统信用评分机制,是指建立在个人基本信息、学历信息、财务信息、房产信息等基础上的一套综合信用评价体系。而算法信用评分,则是在前述基础上,依托于大数据技术与智能算法,对资产情况、人脉关系、守约记录、行为习惯和履约能力等海量数据做出综合智能评估。目前被广泛采用的评分手段是信用画像(credit profiling),也称信用建模,指的是通过收集、汇聚、分析等方法对个人和企业信用状况利用相关数据进行自动化处理,对其信用相关特征做出量化分析和预测,形成信用特征模型的过程。[2]

实践中,已经有不少地方政府利用大数据模型展开信用画像作为具体监管决策的依据。比如有着"人间天堂"美誉的苏州,就在公众最常参与的领域旅游行业,率先制定了以信用为核心的新型旅游市场监管体系。[3] 该"旅行社诚信体系"的整体规划是由诚信数据中心、业务支撑平台、旅行社管理系统、旅行社申报系统、旅行社诚信门户网共同组成。再如苏州地税局,依托江苏地税数据库,开发了自然人纳税信用管理平台,对自然人基本情况、涉税行为及相关财产信息等定向采集,并与银行、工商、司法、海关、房产管理、国土资源等部门进行信息交换,获取自然人失信违约、行政处罚及资产等信息。[4] 再借助网络爬虫技术和大数据技术,对已经收集好的各类网站发布的征信内容进行分析,并进行纳税人信用画像,由此综合判定自然人纳税信用评定状况。[5]

目前的信用评分实践集中体现出了"自动收集数据、自动化分析、自动化决策、自动化执行"的自主性和全周期性特点。这一实施模式无疑具有高效、精准的绩效优势,极大地节省了税务机关的人力和财力。但在算法日益具有自主性决策地位的行政实践中,这可能引致以下两种风险。首先,为提升精准性和可预测性,信用

---

〔1〕 2014年,国务院印发《社会信用体系建设规划纲要(2014—2020年)》,旨在加快社会信用体系建设。参见《国务院公报》2014年第19期。

〔2〕 参见张欣:《算法行政的架构原理、本质特征与法治化路径:兼论〈个人信息保护法(草案)〉》,载《经贸法律评论》2021年第1期。

〔3〕 参见《苏州:依托大数据建立健全以信用为核心的新型旅游市场监管机制》,载 http://wlt.jiangsu.gov.cn/art/2015/9/10/art_73168_8144781.html。

〔4〕 参见《苏州地税:让诚信纳税成为行动自觉》,载 http://www.xinhuanet.com/fortune/2018-01/23/c_129797345.htm。

〔5〕 参见《社会信用体系建设示范城市典型经验介绍之五:苏州》,载 http://credit.xinhua08.com/a/20180208/1748481.shtml。

画像采用的数据既包括结构化信用数据,又包括非结构化数据。在未获得当事人知情和同意的前提下,对当事人社交媒体平台发布的非结构化数据进行抓取和分析,形成具有直观利益影响的信用画像,可能对个人信息的自主可控带来不利影响。其次,信用画像模型和大数据监测技术的自主性逐步增强。一些信用监管实践中采用的自动对接、自动比对、自动拦截、自动监督、自动惩戒模式可能会消解相对人的知情权、参与权、异议权甚至救济权。[1]

2. 预测警务

所谓预测警务(predictive policing),是"应用专门的定量分析技术以确定警察干预的目标,预防犯罪,或通过统计学的预报解释过去的犯罪问题"。[2] 预测警务以对大数据的犯罪预测分析为出发点,发挥数据在决策中的支持作用,以提升警务资源配置的合理性和勤务工作的效能,强调在犯罪问题出现以前第一时间、第一现场预防和干预犯罪,在解决问题前更为准确地发现问题,实现从反应到预防的转型。

关于预测警务的实际运行模式,其以数据分析、共享为基础,改善了"警察—社区"伙伴关系,促成反应式警务、问题导向警务和社区警务等不同策略面向的融合,合理优化了资源配置。基于大数据的犯罪分析为警察勤务规划提供了指引,提高了反应式警务的效能。同时将犯罪分析中发现的相关性问题,如犯罪地点、作案手法、周围环境、人员流动等因素,及时反馈给其他部门,以便更快地采取干预措施。

但预测警务不仅局限于数据收集分析与预测犯罪,还包括警方干预行动及犯罪人反应行为等阶段。警方干预行动包括调动部署资源,调整勤务模式的一般性干预,以及针对某种类型犯罪和高风险区域的特定犯罪。在警务变化后,犯罪人员也会进行相应的改变,或停止不动,或改变作案策略,使得最初的数据资料失效,亟须新一轮数据收集、分析和警方干预。

预测性警务是算法公共安全治理转型中最值得关注的趋势。基于大数据的预测性警务的兴起,意味着刑事执法正在经历从因果关系向相关性,从合理怀疑向概率怀疑,从针对性监控向大规模监控,从事后回应向主动威慑的转变。预测性警务技术对数据保护法律框架带来了诸多挑战。预测警务为公共安全目的收集数据,

---

〔1〕 参见张欣:《算法行政的架构原理、本质特征与法治化路径:兼论〈个人信息保护法(草案)〉》,载《经贸法律评论》2021 年第 1 期。

〔2〕 李国军:《论大数据驱动下的预测警务创新》,载《中国人民公安大学学报(社会科学版)》2015 年第 6 期。

尤其是个人数据的预测性警务技术与当下的数据和人权保护标准之间存在紧张关系。随着5G技术的普及和人工智能技术的进步,相关风险在未来会更大。例如,预测性警务技术发展的一个特点就是所用数据库不断扩大,已经逐渐通过立法或是协议将私营公司的商业数据库包括在内。私营公司在刑事执法中的地位和权力呈现上升和扩大的趋势。这种变化意味着数据传输与处理和执法数据保护中的关系十分复杂。又如,预测性警务可能涉及大规模监控或是元数据监控的问题。以公共安全为目的的针对性监控应当符合比例原则。此外,预测性警务中应用的不透明的技术和算法可能引发的不公和歧视都可能引发相应风险,还需要与之相称的执法权力问责机制和完善的数据保护法律框架。为此,应当强调目的限制原则,加强技术的透明度,通过认证和追踪提高数据的准确性,以弥补数据保护法律框架的不足。[1]

3. 刑事司法风险评估

刑事司法领域的风险评估工具的运用由来已久,早在20世纪80年代初,惩教所就已经开始使用精算算法进行决策。司法机构使用风险评估工具估算被告未来的行为风险,并针对不同犯罪类型在刑事司法程序的不同步骤中作出各种各样的决策。例如,在审前释放、假释和缓刑、判刑阶段,司法机关都会使用风险评估工具。此外,针对特定种类的犯罪,如性犯罪、未成年人犯罪,家庭暴力等,也有相应的风险评估工具。在众多的风险评估工具中,典型的工具当属COMPAS(Correctional Offender Management Profiling for Alternative Sanctions)软件。所谓COMPAS,也称替代制裁的罪犯矫正管理分析,是一种智能司法风险评估技术工具。该系统利用智能算法生成风险评估结果,用来鉴定评估犯人今后犯罪的概率及危害程度,目前被美国多个州级的刑事司法系统采用。该工具的使用还引发了最为著名的卢米斯(Eric L. Loomis)案。[2]

在卢米斯案中,被告通过正式程序获知其将接受COMPAS软件提供的累犯风险评估,但浮于形式、流于表面的"知情权"不仅限制了被告的抗辩权,算法决策的复杂性、技术性也限制了法院的理解和判断。该案刑事诉讼被告卢米斯主张基于群体行为数据的累犯风险评估存在准确性和科学性风险,侵犯了被告人享有的单独并在准确信息基础上接受审判的权利。卢米斯进一步指出,他虽处于反驳COMPAS风险评估的最佳位置,但却无法仅基于开发者在预测报告中提供的有限

[1] 参见魏怡然:《预测性警务与欧盟数据保护法律框架:挑战、规制和局限》,载《欧洲研究》2019年第5期。

[2] Loomis v. Wisconsin, 881 N. W. 2d 749(2016).

信息进行质疑,除非他能够知晓影响分数的因素被赋予的权重以及风险评分的运行逻辑。[1] 面对这一诉求,开发者 Northpointe 称卢米斯所需获知的信息具有专有性,无法向卢米斯以及一审法院公开其评分决策所涉因素的具体权重,但 COMPAS 生成的评估分数具有科学性和准确性。虽然这一观点得到了纽约州刑事司法部门研究报告的支持,[2] 但质疑的意见此起彼伏。[3] 面对众说纷纭的判断,雪莉·阿布拉罕森法官在协同意见中指出了问题所在,即法院"缺乏对 COMPAS 的理解是一个重大问题",而"法院因此需要得到帮助"。[4] 她进一步指出,法院考虑 COMPAS 是否符合正当程序的前提是审判记录中已经提供了有意义的推理过程来阐述该工具的相关性、优势以及弱点。[5] 量刑法院为国家、被告以及公众提供具有透明性和可理解的解释不仅为上诉法院审查提供了基础,还会增加一审法院对新型决策辅助工具的认知。[6] 因此,虽然威斯康星州高等法院在判决中指出,在限制和谨慎使用的建议被充分考虑的情况下,一审法院在量刑中使用算法风险评估软件并未违反被告的正当程序权利,但仍然应当在未来审理过程中对风险评估算法的使用提供充足的程序性保障措施,包括在预测报告中明确指出评估的优势、相关性以及不足。[7]

由此可见,要解决这一难题,从贴合技术架构规律的视角出发,使相关主体在算法决策全过程获得知情权、参与权和异议权需要打开闭环决策回路,切实赋予主体知晓并理解算法运行逻辑的权利,[8] 进而为公众践行正当程序权利提供行动基础。理解算法运作的机理是对潜在过度性算法权力予以抵销和施以监督的重要前提,是用户行使技术性正当权利的先决基础,是避免算法决策武断和恣意、保证

---

〔1〕 Loomis v. Wisconsin, 881 N. W. 2d 749(2016).

〔2〕 Sharon Lansing, *New York State COMPAS-Probation Risk and Need Assessment Study: Examining the Recidivism Scale's Effectiveness and Predictive Accuracy*, Division of Criminal Justice Services Office of Justice Research and Performance, 2012, available at http://www. northpointeinc. com/downloads/research/DCJS_OPCA_COMPAS_Probation_Validity. pdf, last visited March 17, 2021.

〔3〕 Jeff Larson et al., *How We Analyzed the COMPAS Recidivism Algorithm*, 2016, available at https://www. propublica. org/article/how-we-analyzed-the-compas-recidivism-algorithm, last visited March 17, 2021.

〔4〕 Loomis v. Wisconsin, 881 N. W. 2d 749(2016).

〔5〕 Jeff Larson et al., *How We Analyzed the COMPAS Recidivism Algorithm*, 2016, available at https://www. propublica. org/article/how-we-analyzed-the-compas-recidivism-algorithm, last visited March 17, 2021.

〔6〕 Loomis v. Wisconsin, 881 N. W. 2d 749(2016).

〔7〕 Loomis v. Wisconsin, 881 N. W. 2d 749(2016).

〔8〕 Danielle Keats Citron, *Reservoirs of Danger: The Evolution of Public and Private Law at the Dawn of the Information Age*, 80 California Law Review 241, 295(2007).

算法决策可信、正当和理性的重要约束机制。[1]

三、算法应用的法律风险

(一)算法歧视

算法歧视(algorithmic discrimination)是指算法设计者在编程时,可能有意或无意地将自身偏见、社会风气、制度体制以及文化差异嵌入算法之中,产生相应不公平、不合理、可重复性出现的歧视性结果,进而不同程度地损害相关主体利益。

按照算法歧视来源的不同,算法偏见可分为先行存在的算法偏见、技术性算法偏见和突发性算法偏见。[2] 先行存在的算法偏见可能源自算法设计者的偏见,也可能来自先天训练数据的偏见。从设定的解决问题、数据的收集到模型的完善,算法设计者的主观评断决定着输入变量、结果变量、数据的收集范围、数据特征的选择;加上选择的训练数据的多与寡及质量的高与低,都决定了个人主观色彩随之融入模型,塑造了个人偏见的模型。技术性算法偏见主要是由程序本身、计算能力造成的,通常现有技术无法解决或者成本过高。突发性算法偏见的产生是由于新知识、新业态的出现,致使用户与算法不相匹配,兴趣与内容不相关联,未能预料到的在使用算法过程中出现的结果。

按照损害的主体范围和利益范畴的不同,算法歧视可分为损害公众基本权利的算法歧视、损害竞争性利益的算法歧视和损害特定个体权益的算法偏见。一是损害公众基本权利的算法偏见,主要是侵犯了不特定主体的基本权利。该类利益的享有人不确定,利益侵害的力度未知,危害后果难以遏制,且受损害的个体难以获得救济,常见形式为性别歧视和种族歧视。二是损害竞争性利益的算法歧视针对的是经营者将算法用于商业经营的情况。具有技术和市场地位优势的经营者通过算法设置贸易壁垒,限制其他经营者的正常经营行为,进行不正当竞争。[3] 三是损害个体民事权益的算法偏见,典型例证为大数据"杀熟"。如此前闹得沸沸扬扬的携程酒店"杀熟"事件,不同的人从网上预订同一个酒店的同一类型房间,却价格不一;同一个人用白金等级的账号查询和用普通账号查询,最后的价钱也不

---

〔1〕 参见张欣:《算法解释权与算法治理路径研究》,载《中外法学》2019 年第 6 期。

〔2〕 Helen Nissenbaum 对计算机系统偏见的分类看,其按照来源的不同,将算法偏见分为先行存在偏见(pre-existing bias)、技术性偏见(technical bias)和突发性偏差(emergent bias)。See Friedman Batya, Helen Nissenbaum, 14 *Bias in Computer Systems*, ACM Transactions on Information Systems 334, 335(1996).

〔3〕 参见刘友华:《算法偏见及其规制路径研究》,载《法学杂志》2019 年第 6 期。

相同。

(二)算法“黑箱”

所谓算法“黑箱”(algorithmic black box)指的是对算法拥有者或设计者之外的人而言,算法是一个工作机制非常神秘的系统,人们只能观测到它的输入与输出,而无法知道它如何将输入的内容变成输出的结果。[1] 算法“黑箱”这一概念主要是事实性的中立描述,只是陈述了一个算法拥有者或编写者之外的其他人,在面对算法时的事实状况,并不意味着一定会引发算法操纵或者算法不公之类的损害。[2] 例如,人的大脑也是一个“黑箱”,我们所做的很多决定也并不能够解释清楚。但客观上我们并未受到不利结果。因此,算法“黑箱”并不是在一开始就需要负面评价。

虽然算法“黑箱”并不当然承载负面价值,但算法决策过程的不透明引发了公众的算法焦虑,挑战了法律的可预测性和确定性。从技术逻辑上讲,考虑到算法架构的复杂性不断增加,深度学习算法虽然常作出绩效良好的决策,但外界却无从了解其内部运作的逻辑和达成决策的依据,无从获悉算法设计者或实际控制者如何设置合理的机制,以确保算法的可靠性和准确性。这都意味着决策相对人控制力和影响力的流失,引发了公众焦虑和算法恐慌,降低了算法信任感。[3]

从治理逻辑上看,以往构建的旨在避免决策武断和恣意、保证决策可信和正当的制度架构,在算法决策面前日渐失灵。例如,以维护声誉机制为目标的职业资格认定机制,就面临决策过程不透明、决策依据无法解释等挑战。又如,通知、公告、评论、参与、回避、异议和救济这一整套决策约束程序,也面临算法适用的“水土不服”。[4]

总结起来,算法“黑箱”会带来如下问题:一是阻碍消费者知情权的行使;二是加剧了消费者与算法设计者、人类与机器间的信息不对称;三是无助于缓解人为不当干预的紧迫性,加剧利益冲突;四是强化个人偏见,造就信息茧房;五是滋生算法歧视的温床,偏离算法中立的轨道;六是不利于建立算法可问责机制,提升可解释

---

〔1〕 参见[美]弗兰克·帕斯奎尔:《黑箱社会:掌控信息和金钱的数据法则》,赵亚男译,中信出版社2015年版,第259~287页。

〔2〕 参见陈景辉:《算法的法律性质:言论、商业秘密还是正当程序?》,载《比较法研究》2020年第2期。

〔3〕 参见张欣:《从算法危机到算法信任:算法治理的多元方案和本土化路径》,载《华东政法大学学报》2019年第6期。

〔4〕 参见张欣:《连接与失控:面对算法社会的来临,如何构建算法信任?》,载《法治周末》2019年5月30日,第12版。

性及透明度。[1]

(三)算法霸权

在传统算法应用领域,如信用评价算法和保险精算算法等,它们由人设计应用并可以提供具体决策解释,工具属性十足,具备明显的可控制性、可解释性。但智能算法则不然。智能算法通过海量数据的喂养与训练,自主学习并生成决策,具有高度不透明性和自主决定性,逐渐脱离了工具化的范畴,在算法与人类之间的技术支配关系中反客为主成为“算法权力”,于无形中指导着人类行为和决定信息的真实性,[2]成为调配社会资源的新兴力量。[3]

从构建社会力量来看,算法通过对数据的占有、处理与结果输出,演化为资源、商品、财产、中介,在社会制度层面形成了算法霸权。因为数据具有自然属性和社会属性,既是算法计算和运行的对象,又是社会利益的载体。对其解决需要首先控制住处理数据的渠道与方法。从塑造行为规范看,算法直接变为行为规范,影响并控制个体行为。正如美国网络法奠基者莱斯格在《代码即法律》一书中所指出的,代码是网络空间治理体系的基石,有能力通过技术手段规范个人行为。[4] 从算法决策的效力看,算法逐渐开始代替公权力并产生具有法律效力的决策。在人脸识别、智慧交通等行政领域,算法在事实认定方面至关重要,甚至直接作为决策者做出具体行政行为的依据。

例如,在《算法霸权》一书中作者指出,美国一中学教师莎拉本来因态度热情、温暖贴心、课堂互动性高而广受家长学校的称赞。但由于引入一套“IMPACT”教师评价算法,通过多项复杂指标和回归方程组成的“增值模型”,自动为每位教师打分,发现莎拉所任教班级的阅读和数学成绩没有实现预期增长,判定其工作相当失败并予以解雇,又如,警察局为了在警力减少的情况下仍维持同等犯罪率,引入了 PredPol 公司开发的犯罪预测软件。该软件根据当地的历史犯罪数据,按小时计算最可能发生犯罪的地点,一年后确实大幅降低了严重犯罪与轻微犯罪的发生率。不幸的是,算法更多推荐的是轻微罪数据,而犯罪群体又以黑人或拉美族裔为主。

---

〔1〕 参见徐凤:《人工智能算法黑箱的法律规制——以智能投顾为例展开》,载《东方法学》2019 年第 6 期。

〔2〕 See Lustig and B. Nardi, *Algorithmic Authority: The Case of Bitcoin*, available at https://ieeexplore.ieee.org/document/7069744, last visited March 17, 2021.

〔3〕 参见张凌寒:《算法权力的兴起、异化及法律规制》,载《法商研究》2019 年第 4 期。

〔4〕 参见[美]劳伦斯·莱斯格:《代码:塑造网络空间的法律》,李旭等译,中信出版社 2004 年版,第 14 页。

即使算法模型不关心种族因素,其结果仍然体现了种族偏差。毕竟在种族隔离的城市中,地理位置是种族歧视的一个非常有效的替代变量。[1]

由此观之,智能算法调配资源的力量使其形成了一种事实上的技术霸权。算法技术作为一种征服自然和改造自然的力量,本身没有价值取向,也不具有权力的属性。[2] 但是,如果技术对人的利益能够直接形成影响和控制,技术便失去纯粹性而具有权力属性。算法权力对数据、人的行为和公权力资源的调动能力,使其属性和实现形式具有区别于其他权力的独特之处。更重要的是,算法霸权源于其在技术上摆脱了工具地位,决定了人们的选择空间与可能获得的结果,一种广泛而普遍的控制能力,是一种"准国家权力"性质的公共力量(quasi-public power)。

(四)算法操控

伴随着海量数据和高效算法,自动化决策系统被日益广泛地应用在金融、医疗、就业、警务、社会福利等公共和商业领域,成为技术社会的数字基础设施之一。算法不断分析和透视人类生活,像"隐形牢笼"一般操控着人类。各类社交媒体过滤信息流,搜索引擎过滤搜索结果,人们生活在如同"过滤器"一样的回音室和算法滤泡之中。[3] 无论是沉浸在短视频当中无法自拔的年轻人,还是被困在智能配送系统里无力招架的外卖骑手,[4] 一系列算法操控现象反映出个体不断被系统化和数据化,伴随着算法深度嵌入社会的潮流逐步丧失主体性的数字化生存困境。[5] 在智能时代中,算法可能比用户更懂自己。它通过用户的点赞、评论、表情、照片甚至屏幕互动衍生出的数据或数据集,不停地旋转和降维用户的数据,直到它能读懂用户、透视用户、评价用户的精神状态,预测用户的性格喜好。可以说,算法的高维理解完胜用户对自身的了解,隐形地操控着我们的日常生活。当用户不断点击着屏幕或鼠标,输入一系列信息和内容到各种产品中,向社交娱乐网站展示着自己的点滴细节时,智能算法系统地收集、处理和分析用户的情绪状态,从数十个维度上精细化地控制着用户的人格,甚至压缩着用户精神上的"生存空间"。

---

〔1〕 参见[美]凯西·奥尼尔:《算法霸权》,马青玲译,中信出版社2018年版,第91页。

〔2〕 参见刘永谋:《机器与统治——马克思科学技术论的权力之维》,载《科学技术哲学研究》2021年第1期。

〔3〕 参见[瑞]大卫·萨普特:《被算法操控的生活》,易文波译,湖南科学技术出版社2020年版,第2~3页。

〔4〕 See Ping Sun, *Your Order*, *Their Labor*: *An Exploration of Algorithms and Laboring on Food Delivery Platforms in China*, 12 Chinese Journal of Communication 308, 323(2019).

〔5〕 参见[瑞]大卫·萨普特:《被算法操控的生活》,易文波译,湖南科学技术出版社2020年版,第2~3页。

以外卖困于算法系统为例。由于用户餐饮习惯的改变,足不出户点外卖已成为家常便饭。但就在用户享受着便利的同时,外卖小哥却在城市间飞奔穿梭、穿过万象。他们为了更美好的生活,将生命置于安全与收入之间。倘若骑手个人势单力薄无法对抗系统分配的少许时间,甚至遇到莫名消失了的一两分钟也无可奈何,那冒着生命之危去超速挽回超时的订单就成为必然之选。既然算法推荐的最佳线路是必须逆行"闯红灯",那么不幸遭遇交通事故就是无奈之举。这都表明,骑手们长期在算法系统的控制与规训之下做出的不得已的劳动实践,体现出典型的算法操控表征,算法操控现象其实就在你我身边。[1]

面对算法的扩展性渗透和嵌入,以 GDPR 为代表的立法赋予了数据主体一系列新型算法权利,希冀由此赋予个体以选择权和控制权,弱化人在算法社会被不断异化的趋势。早在 1978 年,法国通过的《第 78—17 号计算机、文件和自由法》第 10 条明确规定,如果一项司法决定完全基于自动化数据处理作出,且该决定以目标主体的画像或者个性评估为依据,则应当对其加以禁止。[2] 该条规定采用全面禁止路径,对完全自动化决策在司法领域的适用加以限制,希冀以保障数据主体获得人类决策的权利方式对抗算法时代个体尊严被不断蚕食的现状。类似的隐私尊严保护理念可以在同一时期颁布的多部数据保护法中观察到。[3] 1980 年,经济合作与发展组织发布了"个人数据的隐私保护和跨境数据流动指导原则",[4]该原则确立了数据个体的知情权、访问权和删除权等重要权利。但由于该指引具有非约束性和指导性特质,欧盟成员国在此框架下的隐私规则未能完成趋同和一致,导致规则冲突不断。[5] 1995 年,欧盟委员会颁布了《保护个人享有的与个人数据处理有关的权利以及个人数据自由流动的指令》。该指令虽然对个体缺乏独立的法律效力,但欧盟成员国有义务通过立法方式执行该指令。该指令第 15 条第 1 款规定:"如果一项决定是完全基于数据的自动化处理做出且目的是评估与其相关的某些个人方面,例如工作表现、信用、可靠性、行为等,成员国应当赋予数据主体免受

---

〔1〕 参见《外卖骑手,困在系统里》,载 https://baijiahao.baidu.com/s? id = 1677231323622016633&wfr = spider&for = pc,最后访问时间:2021 年 3 月 10 日。

〔2〕 See Loi no. 78 – 17 du 6 janvier 1978 relative à l'informatique, aux fichiers et aux lib.

〔3〕 See Meg Leta Jone, *The Right to a Human in the Loop: Political Constructions of Computer Automation and Personhood*, 47 Social Studies of Science 221,222(2017).

〔4〕 Guidelines Governing the Protection of Privacy and Transborder Data Flows of Personal Data.

〔5〕 1981 年欧洲理事会还发布了《关于个人数据自动处理方面个人保护公约》。实际上,该项权利还被 1981 年欧洲委员会制定的《个人数据自动化处理中的个人保护公约》和 1997 年国际劳工组织起草的《关于保护工人数据实践准则》所借鉴。

对其产生法律效力或者重大影响的完全自动化决策的权利。”[1]

除此以外,GDPR 第 22 条免受自动化决策约束权还在机制设计层面引发立法者和算法系统部署者对算法运行合理边界的必要思考,不断探索算法决策和人类决策的平衡机制。已经有诸多实例表明,人类在面对机器决策时可能会在无意间全盘接受自动化决策,可能导致机器依赖以及与之伴随的人类问责意识的淡化。因此,应当认真审视免受自动化决策约束权的权利构造机理,探索完善权利设置和权利运行的机制设计,具有重要的理论和实践意义。

(五)算法合谋

经济学家熊彼特曾预言:“新商品、新技术、新供应源以及新型组织的竞争将比完全竞争更为重要,它冲击的不是现有企业的利润额,而是他们的根基、他们的生命。”数字经济的繁荣印证了熊彼特的预言,它不仅颠覆了传统的经济发展模式,而且还创造出无数新的交易机会,极大地激发了全球经济增长的活力。为了维护数字经济的有效运行,经营者们开始通过利用以现代计算机为载体的算法实现交易机会的快速搜索和有效匹配,以及建立广泛的信任机制。随着算力的大幅提升和运算数据的海量供给,经营者一方面可以利用算法分析历史数据,以便对产品需求、价格变化、客户行为和偏好、市场风险和可能影响市场环境的内外因素迅速快捷地作出反应,另一方面还可以优化业务流程,通过降低经营者的生产和交易成本,设置有效响应市场环境的最优价格获得竞争优势。根据欧盟委员会 2017 年针对电子商务行业的调查报告,58% 的受访经营者表示会跟踪竞争对手的在线价格,其中约 2/3 已开始使用自行创建的算法程序或借助第三方提供的算法软件进行搜索、跟踪、抓取竞争对手的产品价格或其他商业信息。在亚马逊公司的电商平台上,已有超过 85% 的供应商使用 Buy Box 算法自动定价。[2]

经营者使用计算机算法虽可改进定价模型、定制特色服务和预测市场趋势,进而提高竞争效率,但算法的广泛使用也可能产生反竞争效应。因为使用算法让经营者更容易在无任何正式协议或人际互动的情况下实现或维持共谋。算法不仅可作为一项监督竞争信息的辅助共谋工具,而且还能与机器学习和深度学习技术相结合,在无须人为干预的情况下实现共谋目的。法律意义上的合谋或称共谋,是指竞争对手之间实施的损害消费者利益的共同利润最大化策略行为,在算法的辅助

---

[1] Directive 95/46/EC of the European Parliament and of the Council of 24 October 1995 on the protection of individuals with regard to the processing of personal data and on the free movement of such data.

[2] 参见周围:《算法共谋的反垄断法规制》,载《法学》2020 年第 1 期。

下，经营者间的协商、交流和实施更加难以被察觉，进一步放大了共谋的产生场域和社会危害。这种情况被称为辅助工具性质的算法合谋。[1]

与之相对的，是自主学习性质的算法共谋。它基于大数据与深度学习，在无须经营者人为干预算法运算过程的情况下，通过持续学习以及与市场主体行为的反复调适，就可自主实现共谋之结果。[2] 此种算法主导模式，突破了传统合谋规制框架内的"人类中心主义"，优化了共谋结构，消除了人类的非理性偏见，降低了共谋策略被错误行为削弱的可能性，使发现价格的变化水平更精准，确定共谋者之间的最大利润更为容易。这种合谋由算法程序完全自主实施，是一种最为彻底的算法合谋行为。[3]

自主学习算法所形成的共谋无须达成公开或正式的协议，仅凭预先设定的变量控制规则以及函数运算结果，即可与其他经营者的算法结成相互依赖的关系或实施一致行为，实现排除、限制竞争的目的，进而破坏市场公平竞争秩序，损害消费者利益，触犯反垄断法的相关制度规范。

在规制算法共谋时，应当明确算法共谋的责任规则，解决参与共谋经营者的责任问题。如果经过解释发现行为已经超出合理怀疑的范围，即算法确实已经达到共谋均衡，则会产生相应的违法责任问题。除了积极的行为责任外，经营者即使未从事违法行为，也不能采取被动的态度。经营者应与算法获取或可接触的商业敏感信息保持距离，否则经营者将因参与协同行为而承担相应责任。此外还应当制定算法应用的负面清单，对消费者和公众进行教育以及行为引导。[4]

第二节 算法治理的核心范式

在算法社会中，面对算法歧视、算法"黑箱"和算法霸权等多重治理挑战，如何从国家治理层面有效应对算法危机，消解算法焦虑，重构算法信任，成为国际社会的关注焦点。面对全球治理挑战，各国纷纷采取措施，出台了一系列专门应对算法信任的制度规范，总体而言形成了个体赋权、外部问责两种核心范式。

---

〔1〕 参见周围：《算法共谋的反垄断法规制》，载《法学》2020年第1期。
〔2〕 参见周围：《算法共谋的反垄断法规制》，载《法学》2020年第1期。
〔3〕 参见柳欣玥：《垄断协议规制中算法合谋分类研究》，载《竞争政策研究》2019年第5期。
〔4〕 参见周围：《算法共谋的反垄断法规制》，载《法学》2020年第1期。

一、个体赋权化范式

2018 年 5 月 25 日，号称“史上最严的数据保护法”GDPR 正式生效。该法以知情、同意为基础，构建了用户访问权、查询权、更正权、撤回权、限制权、删除权和拒绝权等个人信息自决权体系，并引入了全新的被遗忘权、数据可携权概念，从制度上确保数据处理的全生命周期符合最小化、目的限定及透明度原则。

GDPR 作为欧盟在数据治理领域颁布的核心制度，该部法律对识别分析和自动化决策作出了专门规定。在立法目的层面，立法者认为通过识别分析进行用户行为画像或者通过自动化决策影响个体利益的算法应用可能会产生法律或者类似重大影响，因此应当赋予数据主体一定的新型权利以便对自动化决策进行影响和控制。[1] 因此，在第 22 条中，GDPR 直接赋予数据主体有权不受仅基于自动化处理得出决定制约的权利，[2] 此处的自动化处理还包括识别分析。在背景引言(recital)第 71 条中，规定了数据主体具有对自动化决策获得解释和对相关决定提出质疑的权利，从而补充细化了第 22 条建立的权利机制。[3] 再结合赋予数据主体的知情权、访问权、更正权、删除权、限制处理权以及数据可携权等新型数据权利，希冀个体通过获得对数据的控制权进而获得对识别分析和自动化决策施加干预的行动空间。[4]

从设计机理来看，GDPR 的算法治理机制是镶嵌于数据治理框架之下的。其制度运行逻辑是通过赋予数据主体事前的知情同意以获得选择空间，事中和事后围绕数据和算法构建多种新型主体权利从而帮助其产生影响和控制力。例如，当运行识别分析时，如果个体数据在分类、标签等方面存在错误，导致算法对其偏好或者行为产生了预测或者评估错误，则数据主体可以通过更正权予以质疑以保障

---

〔1〕 See Guidelines on Automated Individual Decision-making and Profiling for the Purpose of Regulation 2016/679, https://ec. europa. eu/newsroom/article29/item-detail. cfm? item_id = 612053, accessed on June 16, 2019.

〔2〕 GDPR 第 22 条规定了包括用户画像在内的自动化个人决策：数据主体有权反对此类决策：完全依靠自动化处理——包括用户画像——对数据主体做出具有法律影响或类似严重影响的决策。

〔3〕 See Andrew Selbst, Julia Powles, *Meaningful Information and the Right to Explanation*, 7 International Data Privacy Law 233, 242(2017).

〔4〕 See Guidelines on Automated Individual Decision-making and Profiling for the Purpose of Regulation 2016/679, available at https://ec. europa. eu/newsroom/article29/item-detail. cfm? item_id = 612053, last visited March 16, 2021.

其数据权利。[1] 从制度形成依赖的文化背景看,GDPR 创设的个体权利范式符合欧洲大陆对隐私的一贯认知和治理传统。欧洲大陆围绕隐私保护建立的各项权利体现了一条共性规律,即建立在对个人尊严保护的基础上,赋予主体控制个人形象在社会中予以呈现的权利。[2] 基于这一认知和隐私直觉,媒体以及收集、分析和传播个人信息的机构被认为是威胁和侵犯个人隐私和个人尊严的主要来源。[3] 缘于这一认知,则不难理解算法对个体进行预测和评估时,实际上消解了该个体在社会中自主呈现形象的权利和控制能力。因此,当个体在某些情况下受到不准确、不公正和不正当的算法预测和评估时,通过立法赋予数据主体拒绝的权利则成为题中之义。[4]

从治理效能讲,若是采取赋予数据主体控制权和选择权的算法治理路径,则可能在治理效率、行业发展、集体行动和公共利益保护等层面存在局限,无法有效解决算法社会中一直存在的算法危机。其中原因首先在于数据主体能力无法匹配制度规范。在复杂多元的算法应用场景下,数据主体的行动能力无法与个体赋权的制度规范相对应。尤其在商业场景中,平台企业已经十分善于以"交叉补贴"的方式通过提供免费服务而获取个体同意来收集信息或者应用算法决策。与此同时,即使数据主体获得了充分的有关算法自动化决策的相关信息,但由于时间成本和专业知识的限制,使数据主体可能几乎没有能力提出异议并获得实质性改善。[5] 一些电商平台为了获取用户同意其收集相关信息,会推送大量的"百亿补贴""满减""9 元 9 特卖"等打折促销活动,普通用户在眼花缭乱的商业营销选择面前不知所措,被个性化精准推荐的内容俘获,更别提提出改进算法推荐的建设性主张了。由此可见,此种去中心化的个体赋权路径在算法治理领域效能不佳。

其次,个体赋权路径恐会牺牲市场效率。美国耶鲁大学教授詹姆士·惠特曼

---

〔1〕 See Guidelines on Automated Individual Decision-making and Profiling for the Purpose of Regulation 2016/679, available at https://ec. europa. eu/newsroom/article29/item-detail. cfm? item_id = 612053, last visited March 16, 2021.

〔2〕 See James Whitman, *The Two Western Cultures of Privacy: Dignity Versus Liberty*, 113 Yale Law Journal 1151, 1221(2004).

〔3〕 See James Whitman, *The Two Western Cultures of Privacy: Dignity Versus Liberty*, 113 Yale Law Journal 1151, 1221(2004).

〔4〕 参见张欣:《从算法危机到算法信任:算法治理的多元方案和本土化路径》,载《华东政法大学学报》2019 年第 6 期。

〔5〕 See Lilian Edwards & Michael Veale, *Slave to the Algorithm? Why a "Right to an Explanation" is Probably not the Remedy You are Looking for*, 16 Duke Law and Technology Review 18, 84(2017).

(James Whitman)曾经指出,欧盟的隐私法框架实质是围绕个体尊严设立的,个体的尊严与自由是至高无上的,市场效率等其他位阶的价值都要为此让位。在此以欧洲征信业为例。由于征信行业的强监管态势以及高透明的要求,向公众披露财务状况成为行业惯例。但在欧洲,人们对隐私保护格外重视,视对外公开披露财务状况为对个人隐私的侵犯,涉嫌窥探消费者的购买习惯和行为偏好,所以征信制度在欧洲发展较为缓慢。此外,消费者的信贷信息也一直受到严格管制。法国直到2003年还并未设立正式的信用局和征信机构,也并未允许创建和共享包含消费者可识别性的账户信息。如果要获取和处理类似资料,必须获得国家专门委员会的批准。在德国,虽然禁止程度不如法国严苛,但监管风格仍然十分相似。因此,综合欧洲信贷系统的发展历程,我们会发现,在赋予个体新算法和数据权利的时候,可能在客观上会给算法技术的开发、优化和创新带来巨大成本,导致行业发展受阻。[1]

最后,个体权益化治理不利于达成集体行动。由于每个人自身特点不一、行为偏好不同,对于权利行使态度不一,因此个体赋权治理范式内生的碎片化趋势,可能会消解集体行动达成的制度基础,进而在多元复杂的算法应用场景中,不利于以公共利益为目的的集体行动的形成。例如,在识别分析的应用场景中,为了预测分析某一群体性特征而采用间接用户画像的方式时,会致使个人用户无法及时感知算法歧视、算法不公的若干现状,加剧了算法可问责性的落地难度。[2]

二、外部问责范式

2017年12月18日,纽约市市长比尔·白思豪签署通过了美国立法史上第一个对公用事业领域算法进行问责的法案,即算法问责法(Algorithmic Accountability Bill)。[3] 该法的制定和通过受到了ProPublica在2016年发布的美国司法风险评

---

〔1〕 See James Whitman, *The Two Western Cultures of Privacy: Dignity Versus Liberty*, 113 *Yale Law Journal* 1151, 1221(2004).

〔2〕 参见张欣:《从算法危机到算法信任:算法治理的多元方案和本土化路径》,载《华东政法大学学报》2019年第6期。

〔3〕 The New York City Council, Algorithmic Accountability Bill, available at https://legistar.council.nyc.gov/LegislationDetail.aspx? ID = 3137815& GUID = 437A6A6D - 62E1 - 47E2 - 9C42 - 461253F9C6D0, last visited March 16, 2021.

估项目算法歧视问题报告的影响。[1] 经过多方推动，最终得以通过表决，顺利出台。[2] 作为美国首部系统规制算法决策的法律，其篇幅虽然不长，但却建立了算法问责的核心治理架构。首先，该法明确规定了规制对象不仅包括基于自动化决策的情形还包括算法辅助或者支持决策的情形。其次，明确规定了算法问责制的适用主体是使用自动化决策系统的行政机构以及慈善组织。再次，该部法律规定了自动化决策工作组为算法问责制的实施主体。[3] 工作组由具有专业知识的技术人士组成，同时还需要有受到行政机构或者慈善组织自动化决策影响的代表性人士加入。最后，自动化决策工作组的专属职责包括成立后的 18 个月内向市长提交算法评估标准、救济程序、确保公众算法知情权、参与权的相关程序和技术要求。[4]

在纽约市之外，华盛顿州于 2019 年 2 月也举办了有关算法问责法案的听证会，拟在全州对算法展开监管。该部法案虽然并不要求算法代码的全部公开，但要求公共事业部门在采用自动化决策系统之前创建系统和数据报告，提交给州首席

[1] See Julia Angwin, Jeff Larson, Surya Mattu, and Lauren Kirchner, *ProPublica*, *Machine Bias: There's Software Used Across the Country to Predict Future Criminals. And It's Biased Against Blacks*, available at https://www.propublica.org/article/machine-bias-risk-assessments-in-criminal-sentencing, last visited March 16, 2021.

[2] 在该部法案的制定过程中，对于算法透明度的程度曾经引发了广泛争议。在法案一度制定的版本中，曾经规定纽约市的行政机构对于特定服务或者对个人施加惩罚的算法必须被公众监督，包括公布所有算法的源代码的形式。但在随后开展的听证会中，来自市场办公室的代表对于这项措施表达了顾虑和关切，担心此举可能威胁纽约市市民的隐私和政府的网络安全，所以在最终版本中并未包括此项要求。See Lauren Kirchner, *New York City Moves to Create Accountability for Algorithms*, *Machine Bias*, available at https://www.propublica.org/article/new-york-city-moves-to-create-accountability-for-algorithms, last visited March 16, 2021.

[3] 2018 年 5 月 16 日，该工作组已经宣布形成，由市长办公室代理主任 Emily Newman 和人权委员会战略倡议的执行专员 Brittny Saunders 共同主持。由市政机构委员及其指定的来自各个领域的代表组成（包括学术界和法律界的专家、数据和技术方面的专家以及非营利组织和智库的领导者）。除此以外，社会服务部、警察局、交通部、市长刑事司法办公室、儿童服务管理局和教育部的代表也参与其中。工作组将制定审查自动化决策系统的流程。See Mayor de Blasio Announces First-In-Nation Task Force to Examine Automated Decision Systems Used by the City, The Official Website of the City of New York, available at https://www1.nyc.gov/office-of-the-mayor/news/251-18/mayor-de-blasio-first-in-nation-task-force-examine-automauto-decision-systems-used-by, last visited March 16, 2021.

[4] See The New York City Council, *Algorithmic Accountability Bill*, available at https://legistar.council.nyc.gov/LegislationDetail.aspx? ID = 3137815& GUID = 437A6A6D - 62E1 - 47E2 - 9C42 - 461253F9C6D0, last visited March 16, 2021.

隐私官并向公众在不少于30天的时间内广泛征求意见。[1] 2019年4月,美国国会议员也提出了一项算法问责法案,拟对每年收入超过5000万美元、持有100万人或者设备信息的公司或者主要作为买卖消费者数据的数据经纪人公司实行审查。该法案希望通过联邦贸易委员会制定评估"高度敏感性"自动化决策的规则,以评估该系统是否存在偏见或者歧视,以及是否对消费者隐私或者安全存在风险。[2] 上述三个算法问责法案虽然在微观制度设计上有所不同,但均强调建立算法问责制,通过诉诸专业性的行政机构或者组建外部监督主体,[3]对算法决策可能潜藏的歧视、偏见和恣意进行审查。

从制度设计机理来看,与算法治理的个体赋权路径有所不同,美国在算法治理领域采用的是依靠外部专家、行政机构和公众进行算法稽核和算法评估的问责机制。算法问责机制的核心在于算法使用者或者控制者有义务报告并证明算法系统设计和决策应用的合理性,并有义务减轻算法可能带来的任何负面影响或者潜在危害。[4] 换言之,算法问责制更加关注算法运行结果的公正性而非深究每一个内部运行环节,由此为算法使用者提供了探索降低算法风险和负面影响措施的制度激励。在算法问责制的建立过程中,立法者采取公共利益的视角,强调专家和专业组织等外部专业力量对确保算法决策理性的重要作用。同时从正当程序的视角出发,确保公众在事前、事中和事后享有充分的机会参与其中。从美国的隐私法发展脉络来理解,算法问责制符合美国长久以来的隐私文化和治理传统。如詹姆士·惠特曼所指出的,与欧洲对隐私的观念认知和文化传统有所不同,美国的隐私权传统中相对缺乏以荣誉和尊严感为导向的制度关照,更多是建立在对个人自由价值观被破坏的焦虑感之上。其倾向于将家庭想象为个人自由行动的防御和堡垒,将国家视为可能对个人隐私造成侵犯的主要来源。[5] 受这一隐私直觉的影响,立法者试图通过限制国家权力、确保市场效率的方式构建隐私治理体系。因此,不仅在

---

〔1〕 See DJ Pangburn, *Washington Could be the First State to Rein in Automated Decision-making*, available at https://www.fastcompany.com/90302465/washington-introduces-landmark-algorithmic-accountability-laws, last visited March 16, 2021.

〔2〕 See Adi Robertson, *A New Bill Would Force Companies to Check Their Algorithms for Bias*, available at https://www.theverge.com/2019/4/10/18304960/congress-algorithmic-accountability-act-wyden-clarke-booker-bill-introduced-house-senate, last visited March 16, 2021.

〔3〕 See Andrew Tutt, *An FDA for Algorithms*, 69 Administrative Law Review 83, 123(2013).

〔4〕 See Nicholas Diakopoulos and Sorelle Friedler, *How to Hold Algorithms Accountable*, MIT Technology Review, available at https://www.technologyreview.com/s/602933/how-to-hold-algorithms-accountable/, last visited March 16, 2021.

〔5〕 See James Whitman, *The Two Western Cultures of Privacy: Dignity Versus Liberty*, 113 Yale Law Journal 1151, 1221(2004).

算法治理领域,而且在其他隐私领域中,行业自律和外部监督都不约而同地成为了重要的治理工具。[1] 因此,率先在公共事业场景建立外部算法问责机制是符合美国的隐私文化和规制传统的。

从治理效能来看,依靠外部问责机制建立的算法治理路径虽然一定程度上弥补了个体赋权路径内生的种种不足,但却在技术可行性、与知识产权和商业秘密等制度的衔接以及实际治理效果等层面面临挑战。首先,依靠外部专家、行政机构和公众建立的算法问责制仍然面临着技术鸿沟的挑战。专业的外部专家可能具备算法稽核的知识和能力,但就一同构成问责主体的传统行政机构和普通公众而言,技术鸿沟的挑战仍然未能得到根本解决。例如,华盛顿州正在进行的算法问责立法设计了事前公布决策规则的算法透明度措施,以期为公众理解并参与算法问责提供知识基础。但如前文所述,面对复杂的算法架构,于特定时点公布算法规则的透明度措施无法为其后所作出的动态决策提供充分依据。[2] 因此,外部问责到底在何种程度上能够起到应然治理效果仍然值得观察。其次,算法问责制面临与知识产权和商业秘密有机衔接的挑战。即使在公共事业场景下,政府采购或资助开发的算法仍然可能因为承包商主张商业秘密或者其他类似保密特权而难以保证透明度。加之公开不当可能引发的"算法算计"风险,政府对于算法信息披露的激励也常凸显不足。[3] 因此,目前美国的三部算法问责法案中,还尚未对这一制度挑战予以充分回应。[4] 最后,为公共事业场景设计的算法问责制有其适用的边界。在公共场景下,各方主体参与审查的激励尚难相容。因此其能够在多大程度上应用于商业场景仍不确定。当下美国的实践已经表明,由于算法问责主体的执法权尚不明晰,该制度目前已有失效风险,外部力量的监督效果大打折扣。例如,纽约市的自动化决策工作组就在制定拟纳入审查的自动化决策系统清单时遭遇了阻碍。由于不具有明确的执法权,有批评称其实际角色已经变为提供广泛政策建议而非

---

[1] See James Whitman, *The Two Western Cultures of Privacy: Dignity Versus Liberty*, 113 Yale Law Journal 1151, 1221(2004).

[2] 已经有大量的科技公司公开反对公布专业软件的代码,同时认为纽约算法问责制中创造的特别工作组制度没有实质执法权,这使该机构更像一个橡皮图章。同时该机构也没有足够的资源、知识和动力完成算法问责所需的各项工作。从纽约算法问责法案几个版本的变迁中就可以窥见商业秘密和专利制度对于政府建立算法问责制度的有力抵抗。See Elizabeth Zima, *Could New York City's AI Transparency Bill Be a Model for the Country?*, *Policy*, available at https://www.govtech.com/policy/Could-New-York-Citys-AI-Transparency-Bill-Be-a-Model-for-the-Country.html, last visited March 16, 2021.

[3] See Robert Brauneis & Ellen Goodman, *Algorithmic Transparency for the Smart City*, 103 Yale Journal of Law and Technology 103, 176(2018).

[4] See Robert Brauneis & Ellen Goodman, *Algorithmic Transparency for the Smart City*, 103 Yale Journal of Law and Technology 103,176(2018).

有效审查的机构。同时当工作组向市民呼吁提供其受到自动化决策影响的例证时,所得到的公众反馈并不积极。[1] 因此,算法问责制虽致力于确保公共事业机构负责任地使用算法,但其是否是算法治理中的最佳方案尚需观察。

第三节 我国的算法治理路径

一、我国算法治理路径概览

我国算法治理模式不同于欧洲,采用的是平台算法义务为主、个体权利为辅的复合型治理路径。这一模式的生成原理与我国长久以来的技术治理文化、管制传统以及网络时代"国家—社会"的新型互动关系密切相关。

一是技术治理文化承载着国家治理功能。我国现代民族国家的建设,不仅仅依靠传统的治理手段与工具,更是日益强调信息技术在国家治理能力现代化中的地位与作用。牵引好信息技术这一"牛鼻子",不单单有益于国家治理水平和政府监管能力的提升,也为社会精英利用信息技术拓展商业领地提供了无限"源头活水"。[2] 因此,我国的技术治理并非仅局限于专业领域,而是在与国家和社会治理相互嵌套的过程中呈现多元面向。

二是政府管制传统源远流长。从古至今,我国市场主体一直受到政府的严格管控,形成了"弱市场与强政府格局"。这种监管格局使市场经济建设始终处于政府管制的局面中,也潜移默化地塑造了网络治理体制的四梁八柱,打上了严格管制的烙印。[3]

三是平台与政府的新型互动关系日趋形成。[4] 互联网技术的飞速进步和信息技术产业的蓬勃发展,平台企业在数字经济领域的主导作用日益凸显,[5]都为以平台企业为中心的新型社会关系架构的形成提供了产业基础,更为分散和超越

[1] See Colin Lecher, New York City's Algorithm Task Force is Fracturing, available at https://www.theverge.com/2019/4/15/18309437/new-york-city-accountability-task-force-law-algorithm-transparentr-automation, last visited March 16, 2021.

[2] 参见郑永年:《技术赋权:中国的互联网、国家与社会》,邱道隆译,东方出版社2014年版,第5页。

[3] 参见宋亚辉:《网络市场规制的三种模式及其适用原理》,载《法学》2018年第10期。

[4] 参见郑永年:《技术赋权:中国的互联网、国家与社会》,东方出版社2014年版,第5页。

[5] 参见丁道勤:《〈电子商务法〉平台责任"管道化"问题及其反思》,载《北京航空航天大学学报(社会科学版)》2018年第6期。

政府权力的限度提供了变革基础。[1] 因此，平台作为关键主体不仅创造了政府和社会的新型回归关系，而且平台凭借私权地位及其作为生态治理者的角色，也使其在算法治理中成为关键枢纽。

回顾我国既有网络立法体系，相关规范多散落于各种层级的网络立法体系之中。一些回应型立法的制度条款集中体现了立法者对群众关心的热点议题和"算法焦点事件"的回应特性。例如，正是因为魏则西事件与百度医疗竞价排名事件的出现，《电子商务法》增加了平台算法义务条款第 18 条和第 40 条，[2] 分别要求电子商务经营者应履行向消费者提供不针对其个人特征的推荐选项义务，以及要求电子商务经营者履行搜索类算法和竞价排名商品或者服务的明示义务。《互联网广告管理暂行办法》加快了出台进度，专门要求算法提供的搜索结果应明显区分付费搜索广告与自然搜索结果，从而达到规范互联网广告市场秩序的效果。

但随着 2021 年 8 月 27 日国家互联网信息办公室对外发布的《互联网信息服务算法推荐管理规定(征求意见稿)》(以下简称《征求意见稿》)，打破了既有相关算法规范较为分散的局面，标志着我国正式向制定首部专门针对算法推荐的系统性、综合性立法迈出实质性步伐。

相比于此前法律法规层面对于算法监管的概括性要求，《征求意见稿》作为我国首部针对算法推荐活动的专门性规范，其以互联网信息服务为基础，从算法的公平公正及信息内容角度对算法推荐服务提出了各项具体细化要求，全面回应了算法诱导沉迷、流量造假、大数据杀熟、数字劳动算法调度等诸多社会热点话题。

一是算法推荐类型全覆盖。《征求意见稿》明确算法推荐技术包括应用生成合成类、个性化推送类、排序精选类、检索过滤类、调度决策类等类型，囊括了主流算法推荐技术。

二是算法责任清晰明确。《征求意见稿》明确要求算法推荐服务提供者应当落实算法安全主体责任，建立健全用户注册、信息发布审核、算法机制机理审核、安全评估监测、安全事件应急处置、数据安全保护和个人信息保护等管理制度，覆盖算法设计、部署和运行的各个环节。

三是充分保障用户权利。《征求意见稿》以《个人信息保护法》为上位法，针对算法推荐活动场景，系统赋予用户以自主选择权、知情权、拒绝权、获得说明和救济

---

〔1〕 参见周辉：《平台在网络治理中的义务和责任》，载《中国社会科学报》2017 年 9 月 15 日，第 6 版。

〔2〕《电子商务法》第 18 条规定：电子商务经营者根据消费者的兴趣爱好、消费习惯等特征向其提供商品或者服务的搜索结果的，应当同时向该消费者提供不针对其个人特征的选项，尊重和平等保护消费者合法权益。第 40 条规定：电子商务平台经营者应当根据商品或者服务的价格、销量、信用等以多种方式向消费者显示商品或者服务的搜索结果；对于竞价排名的商品或者服务，应当显著标明"广告"。

的权利。

四是秉持多元治理理念。一方面,通过个体权利路径赋予用户对抗推荐算法的权利;另一方面,又从算法推荐技术、信息内容管理、推荐页面展示、特定用户对象等方面,对算法推荐服务提供者提出立体化监管的要求,体现了将个人赋权和系统治理相结合的国际算法治理趋势。同时,根据算法推荐服务的舆论属性或者社会动员能力、内容类别、用户规模、算法推荐技术处理的数据敏感程度以及对用户行为的干预程度,对算法推荐服务提供者实行分类分级管理,这体现了精准治理的立法理念。

在制度构造上,通过界定平台企业对于平台生态内算法使用和运行的管理义务,同时赋予用户相应权利构筑多元主体的权利义务机制。在代表性的算法条款中,立法者要求平台企业在特定场景下履行算法应用的明示告知义务,以确保用户的知情权;同时还要求平台企业在算法推荐场景下通过改变和调整技术架构为用户提供选择权和退出权。因此,我国的算法治理实际上镶嵌于平台治理框架之下,通过以平台为抓手、赋权用户在具体场景下享有知情权、选择权和退出权以实现治理目的。在这一治理模式下,通过限定场景、确定平台义务和责任等方式在一定程度上保障用户对算法应用的影响和控制基础,而避免涉及并介入算法决策的具体过程。

就治理效果而言,将算法治理与平台治理相结合,会使监管机构的执法具有效率便捷的优势。客观上,出于企业发展和竞争的需要,平台企业在法律实施过程中体现了守法激励,一定程度上规避了个体赋权模式中个体行动能力有限和激励不足的问题。例如,此前网约车平台"优步"在遇到打车峰值期涨价的议论潮时,优步算法设计师迅速回应了社会关切并且对算法进行了优化。[1] 但不容忽视的是,一味以平台义务和平台责任为杠杆的治理机制,可能会致使总体社会成本增加。"监管机构—平台—用户"的线性监管路径具有平台责任边界不清的风险,[2]可能会为平台施加过多的义务和责任,从而影响产业的发展。与此同时,平台合规成本的提高在客观上也不利于行业中小平台的生存、发展和竞争。因此,我国的算法治理尚不成体系,不仅应用场景受限,也未能充分关照算法应用生态中各方主体的责任和权利边界。我国未来的算法治理方案应当在超越既定格局的基础上进行系统

---

〔1〕 See Le Chen, Alan Mislove, Christo Wilson, *Peeking Beneath the Hood of Uber*, available at https://www.ftc.gov/system/files/documents/public_comments/2015/09/00011-97592.pdf, last visited March 16, 2021.

〔2〕 参见丁道勤:《〈电子商务法〉平台责任"管道化"问题及其反思》,载《北京航空航天大学学报(社会科学版)》2018年第6期。

化的制度重建。[1]

二、《个人信息保护法》中算法治理规则剖析

我国有关算法治理的制度规范主要是依托民事权益保护与个人信息保护相关规范展开的，通过对数据处理的规范，对算法决策进行规制。但近几年，也陆续出台了其他有关算法、深度学习及个性化定制等内容的专门规范。例如，《电子商务法》第18条对根据用户画像提供个性化推送商品做出限制，[2]明确在提供个性化商品的同时还要提供不针对个人特征的选项。第40条要求电子商务经营者履行搜索类算法和竞价排名商品或者服务的明示义务。[3] 国家互联网新闻办公室起草的《数据安全管理办法（征求意见稿）》第23条规定了"定推"标识义务、删除义务及用户退出权。[4]《网络信息内容生态治理规定》第12条明确了采用个性化算法推荐技术推送信息的，应当符合相关推荐模型。[5] 该规定第23条也提出了针对深度学习的禁止性规范。[6]

尽管有关算法的法律法规等相关规范日趋完善，但规范分散、层级不高、保护力度不够等突出问题日益明显。为此，立法者、学术界和产业界都从不同角度提出保护个人信息的多重方案。争议焦点在于个人信息的权利属性是什么，通过何种

---

〔1〕 参见李洪雷：《论互联网的规制体制——在政府规制与自我规制之间》，载《环球法律评论》2014年第1期。

〔2〕 《电子商务法》第18条规定：电子商务经营者根据消费者的兴趣爱好、消费习惯等特征向其提供商品或者服务的搜索结果的，应当同时向该消费者提供不针对其个人特征的选项，尊重和平等保护消费者合法权益。

〔3〕 《电子商务法》第40条规定：电子商务平台经营者应当根据商品或者服务的价格、销量、信用等以多种方式向消费者显示商品或者服务的搜索结果；对于竞价排名的商品或者服务，应当显著标明"广告"。

〔4〕 《数据安全管理办法（征求意见稿）》第23条规定：网络运营者利用用户数据和算法推送新闻信息、商业广告等（以下简称定向推送），应当以明显方式标明"定推"字样，为用户提供停止接收定向推送信息的功能；用户选择停止接收定向推送信息时，应当停止推送，并删除已经收集的设备识别码等用户数据和个人信息。网络运营者开展定向推送活动应遵守法律、行政法规，尊重社会公德、商业道德、公序良俗，诚实守信，严禁歧视、欺诈等行为。

〔5〕 《网络信息内容生态治理规定》第12条规定："网络信息内容服务平台采用个性化算法推荐技术推送信息的，应当设置符合本规定第十条、第十一条规定要求的推荐模型，建立健全人工干预和用户自主选择机制。"

〔6〕 《网络信息内容生态治理规定》第23条规定：网络信息内容服务使用者和网络信息内容生产者、网络信息内容服务平台不得利用深度学习、虚拟现实等新技术新应用从事法律、行政法规禁止的活动。

法律路径进行保护。[1] 但无论争论为何,整体上的共识是个人信息保护范式已经形成了综合治理路径,分别体现在《个人信息保护法》和《民法典》的相关规定中。

2021 年 8 月 20 日,全国人大常委会正式通过了《个人信息保护法》。《个人信息保护法》的正式出台标志着我国建立了第一部个人信息保护领域的普适性、综合性、专门性立法。《个人信息保护法》在基本框架、立法目的、适用范围、核心概念、基本原则、具体制度等方面,充分借鉴国际经验,构造了以"告知—同意"为核心的个人信息处理规则,首次在我国确立了一整套系统的个人信息保护法律制度,弥补了以前立法的缺陷。

首先,明确了个人信息保护法的基本原则。个人信息保护法的基本原则,是指贯穿于整个个人信息保护法律制度始终的根本原则,指导个人信息保护立法、司法和守法活动,具有普遍指导意义。因此这些原则虽并未专门针对自动化决策活动提出,但自动化决策活动作为个人信息自动化处理的重要方面,显然必须遵循。具体内容如下。

1. 合法正当必要诚信原则

第 5 条:处理个人信息应当遵循合法、正当、必要和诚信原则,不得通过误导、欺诈、胁迫等方式处理个人信息。

2. 目的最小直接相关原则

第 6 条:处理个人信息应当具有明确、合理的目的,并应当与处理目的直接相关,采取对个人权益影响最小的方式。

收集个人信息,应当限于实现处理目的的最小范围,不得过度收集个人信息。

3. 公开透明原则

第 7 条:处理个人信息应当遵循公开、透明原则,公开个人信息处理规则,明示处理的目的、方式和范围。

4. 准确性原则

第 8 条:处理个人信息应当保证个人信息的质量,避免因个人信息不准确、不完整对个人权益造成不利影响。

5. 可归责性原则

第 9 条:个人信息处理者应当对其个人信息处理活动负责,并采取必要措施保障所处理的个人信息的安全。

---

〔1〕 关于个人信息的法律属性,有"人格权说""财产权说""个人信息权说"等。关于保护路径,有私法保护说、公法保护说和综合保护说。参见梅夏英:《在分享和控制之间数据保护的私法局限和公共秩序构建》,载《中外法学》2019 年第 4 期。

6. 协同共治原则

第 11 条:国家建立健全个人信息保护制度,预防和惩治侵害个人信息权益的行为,加强个人信息保护宣传教育,推动形成政府、企业、相关社会组织、公众共同参与个人信息保护的良好环境。

其次,建立了个人信息处理的全流程规范。《个人信息保护法》通过规定自动化决策活动透明度以及公平合理的要求,个人信息处理影响评估,以及设立个人信息保护负责人制度等系统性路径,确保自动化决策活动中个人信息处理者的可问责性,以及全周期视角的有效治理。

(一)自动化决策活动透明度以及公平公正要求

《个人信息保护法》第 24 条规定:"个人信息处理者利用个人信息进行自动化决策,应当保证决策的透明度和结果公平、公正,不得对个人在交易价格等交易条件上实行不合理的差别待遇。通过自动化决策方式向个人进行信息推送、商业营销,应当同时提供不针对其个人特征的选项,或者向个人提供便捷的拒绝方式。通过自动化决策方式作出对个人权益有重大影响的决定,个人有权要求个人信息处理者予以说明,并有权拒绝个人信息处理者仅通过自动化决策的方式作出决定。"

第一,该条规定了自动化决策应当具有透明度,但并未明确透明度应当达到的具体程度,未来宜出台细则。从本法第 17 条个人信息处理者负有的真实、准确、完整的告知义务以及相关条款,并结合我国商业实践可知,此处的透明度应是指具有一定限定、平衡知识产权和商业秘密等多种权益之后的"合理透明度"。

第二,该条提出了自动化处理个人信息的结果应当公平公正,不得对个人在交易价格等交易条件上实行不合理的差别待遇。实践中,"大数据杀熟""算法歧视"等价格歧视现象屡见不鲜,公众在隐秘性强、影响力广的算法霸权面前,显得势单力薄。但是算法歧视的规制,绝非一条宣示性的义务性规则就可以奏效的,应当赋予个人知情、参与、异议和救济的权利,并且配以数据保护影响评估或者算法影响评估制度,构建一整套规范制度。[1]

第三,赋予个人针对自动化决策获得说明和提供便捷拒绝方式的权利。本条着眼于解决"算法黑箱"问题,并就产生的负面影响提供便捷的拒绝途径。但最大

---

〔1〕 遗憾的是,《个人信息保护法》虽在第 54 条规定了个人信息处理者应定期对个人信息处理活动、采取的保护措施等是否符合法律、行政法规的规定进行审计;第 55 条明确提出了利用个人信息进行自动化决策事前应开展个人信息保护影响评估,但却颇为原则和笼统,未能采用全周期的视角要求自动化决策在事前、事中、事后的系统分类和精准化评估。

的问题在于将拒绝权仅限于"完全自动化决策",未能对个人信息主体形成周延保护。[1] 自动化决策的运行实践表明,即使一项自动化决策系统已经被明确限定为辅助决策功能,人类行为模式中或出于对机器逻辑的信任,或由于人类决策者缺乏时间、精力等原因,该系统实际上仍然倾向于完全自动化运行。此外,"人机回圈"的自动化决策实践已经非常普遍,将非完全自动化决策排除在该权利的适用类型中实属不妥。即使在系统运行时存在实质性人为控制问题,但若人类决策者存在明显偏见,也可能使系统内嵌间接的、无意的甚至不易察觉的歧视。因应自动化决策的客观实践,此处拒绝权应当扩展适用到所有决策类型,以周延地考虑到所有情形。

(二)个人信息处理审计制度

《个人信息保护法》第 54 条规定:"个人信息处理者应当定期对其处理个人信息遵守法律、行政法规的情况进行合规审计。"

该条首次规定了自动化决策的审计制度,颇具意义,但仍然存在几点不足。一方面,对于在何种情形下由个人信息处理者进行内部审计,何种情形下启动外部审计,未置可否。粗线条的制度设计不仅不利于企业合规,更可能使审计制度流于形式。另一方面,将审计的依据限制为符合"法律、法规",而未采取国际通行的"法律法规 + 道德伦理"的审计模式,恐引发内容局限性。众所周知,智能社会中法律法规常常滞后于技术的快速迭代,致使审计内容滞后于产业实践。

在以欧盟、美国和加拿大为代表的算法问责立法中,均要求对自动化决策处理实施审计,以消解个人受到时间、精力、知识的限制所带来的不良影响,例如,最早颁布算法问责制相关立法的纽约自动化决策工作组,就通过发布指南、会议召集等方式在公共事业领域中积极推动算法审计实践。而在商业场景中,目前多由独立的第三方算法审计师担任算法审计稽核的任务,对算法应用的基础数据是否存有偏差进行定期检查,以确保模型部署后的公平性。除此以外,还会对模型设计的代表性、算法道德性以及算法可解释性等议题提出看法。[2]

(三)自动化决策事前影响评估制度

《个人信息保护法》第 56 条规定了自动化决策事前进行个人信息保护影响评

---

〔1〕 该条还存在其他问题,如未明确说明具体内容和时机,并未厘清"重大影响"的界定标准。

〔2〕 但需要注意的是,算法审计也可能带来误导或者不准确的结论。近期发表于 Nature Machine Intelligence 的研究表明,目前对具有"黑箱"特性的算法模型进行解释和审计时仍然受限,依据部分特征展开的解释和审计无法保证可信性、还原性。

估的必要内容,包括个人信息的处理目的、方式是否合法、正当、必要;对个人权益的影响及安全风险;所采取的安保措施是否合法、有效并与风险程度相适应。该条不仅明确提出个人信息处理者应当进行事前个人信息保护影响评估,同时还对影响评估的核心内容进行了规定,值得称赞。

实际上,此条中规定的自动化决策个人信息保护影响评估与国际上通行做法十分类似。面对日益攀升的算法治理压力,算法影响评估制度(Algorithmic Impact Assessments, AIA)已经成为全球算法治理实践最为瞩目的焦点。2018 年纽约市颁布的《算法问责法》首创了自动化决策系统的影响评估制度。2019 年加拿大政府颁布的《自动化决策指令》,系统化创建了算法影响评估指标。2020 年欧盟《人工智能白皮书》中也不约而同地提出应针对人工智能应用建立清晰、易懂且兼顾各方利益的影响评估标准。

(四)规定了公共事业领域自动化决策的治理规则

《个人信息保护法》第二章第三节专门对国家机关处理个人信息进行了特别规定,例如,要求国家机关为履行法定职责处理个人信息,应当依照法律、行政法规的权限、程序进行,不得超出履行法定职责所必须的范围和限度。这些规定弥补了很长一段时间以来我国立法中多聚焦商业场景下自动化决策而忽略公共事业场景的问题。[1] 对于未来搭建公共事业场景中自动化决策的治理框架具有重要意义。

众所周知,随着算法应用的边界在公共领域的不断扩展,公众无从知晓对其产生影响的决策是由算法做出的,更无法有效参与,持有异议并挑战算法决策的行动空间十分有限。由此可见,在公共事业场景中,实际上面对高效运转架构复杂的自动化决策,长久以来为确保人类决策的理性、避免人类决策的武断、恣意和不当,以正当程序为内核而设置的制衡机制已经频繁失效,亟须补足公共事业场景中自动化决策的短板。

三、《民法典》的个体赋权路径

2020 年 5 月 28 日全国人民代表大会正式通过《民法典》,其中个人信息保护被作为重要内容予以规定。首先,《民法典》第一编"总则"第五章"民事权利"对个人信息保护作出了概括性规定。第 111 条规定:"自然人的个人信息受法律保护。

---

〔1〕 目前我国立法中,《电子商务法》《网络交易管理办法》《数据安全管理办法(征求意见稿)》均对商业场景下自动化决策进行了规定。

任何组织或者个人需要获取他人个人信息的,应当依法取得并确保信息安全,不得非法收集、使用、加工、传输他人个人信息,不得非法买卖、提供或者公开他人个人信息。”其次,《民法典》第四编“人格权”第六章“隐私权和个人信息保护”中,对自然人对其个人信息享有的查询权、更正权和删除权等具体权利作出规定。

在《民法典》编撰过程中,围绕个人信息处理中相关主体的权利义务配置,学界从不同角度进行了探讨,争点聚焦在什么是个人信息保护的权利基础,私法上的个人信息权利(益)是否成立,以及通过何种法律路径进行保护,是通过私法保护还是公法保护抑或综合保护。目前来看,不少论述将“个人信息权益”作为个人信息保护立法的概念起点,强调“个体赋权”。该观点将个人信息视作私权客体,试图在《民法典》编纂中构建一种对抗不特定主体的个人信息权。其指出,欧盟立法与司法实践都将个人信息保护建立在个人享有的民事权利基础上,即“个人信息权”或“个人信息自决权”这一排他性的、带有人格属性的私权,那么我国也应以民法权利的框架展开个人信息保护的规则设计。[1] 在此基础上,学界又针对《民法典》第 111 条和第 1034 条规定的究竟是民事主体针对个人信息享有的权利还是利益,此种法律属性是人格权、财产权、综合性权利还是新型民事权利展开争论,并将信息处理者的义务理解为不得侵犯私法主体享有的个人信息民事权益的体现。[2] 由此,学界形成了“个人信息民事权—个人信息处理者义务”这一民事权利义务结构的分析框架。

从字面解释来看,《民法典》关于个人信息保护的全部法律条文中没有使用“个人信息权”或“个人信息权利”的表述,但无论是总则编还是人格权编对个人信息保护的规定都是始终围绕着自然人对其个人信息享有的权益而展开的。因此可以认为,《民法典》在保护个人信息时更倾向于采取“个体赋权路径”。详言之,一是自然人对个人信息享有的是民事权益,而非公法上的权利;二是自然人对个人信息享有的是人格权益,而非财产权益;三是自然人对个人信息享有独立的人格权益,该人格权益不同于隐私权、姓名权、肖像权等具体人格权。

从体系解释来讲,《民法典》也体现了“个体赋权路径”范式。总则编第五章“民事权利”对民事权益作出了全面详尽的列举,其中对个人信息保护的规定是第 111 条,被放在第 110 条“隐私权”等具体人格权的规定之后,第 112 条“自然人因婚姻家庭关系等产生的人身权利”之前。这种制度体系的位置安排,充分说明自然

---

〔1〕 参见王利明:《论个人信息权的法律保护——以个人信息权与隐私权的界分为中心》,载《现代法学》2013 年第 4 期。

〔2〕 参见程啸:《论我国民法典中个人信息权益的性质》,载《政治与法律》2020 年第 8 期。

人对个人信息享有的权益属于民事权益。进一步说,自然人的个人信息权益之所以是民事权益,是由个人信息的特性与保护个人信息的根本目的决定的。

第四节 算法治理的未来展望

伴随着数字经济与智能经济的迅猛发展,我们正在进入一个算法社会。算法技术在商业场景和公共事业领域中的多元化应用,不仅蕴含着巨大的发展前景,也对我国工业社会以来形成的治理模式造成冲击。算法作为底层架构,以商业资本与政治权力为驱动力,在扩展式嵌入社会经济等多元场景决策时逐渐展示出系统性和积累性决策效果,对传统决策体系形成巨大挑战。展望未来,算法治理应秉持激励相容的治理理念,在以下 4 个方面系统化稳步推进。

(一)技术信任和治理信任的同步推进

纵观技术发展的历史可知,每一次技术的发展都伴随着各种风险和不确定性。而恰是因为技术发展过程中所伴随的风险,才促进了技术自身的不断完善以及相关配套制度的产生。因此,算法技术发展中伴随而来的各种风险首先可以通过增强技术可靠性以及开拓技术周边措施的方式增加公众信任。目前就已有一系列技术努力致力于促进算法决策的公平、问责和透明。例如,日渐兴起的"歧视感知数据挖掘"(Discrimination-aware Data Mining, DADM)技术就可高效识别特定算法应用中对公平或者伦理约束带来的潜在伤害。[1] 从算法技术本身发展的趋势来看,在可预见的未来,"制造算法的算法"以及"监督算法运行的算法"[2]来监测算法技术的可靠性已指日可待。

伴随着对网络治理规律的认知增长,我国立法者也意识到技术信任和治理信任同步推进的重要性。在刚刚审议通过的《关于加快建立网络综合治理体系的意见》中就明确提出要坚持"网络法治、技术治网等各方面的网络综合治理体系,全方位提升网络综合治理能力"。[3] 聚焦于算法治理领域,一方面应当逐步

---

〔1〕 See Reuben Binns, *Algorithmic Accountability and Public Reason*, 31 Philosophy & Technology 543, 556(2018).

〔2〕 See Reuben Binns, *Algorithmic Accountability and Public Reason*, 31 Philosophy & Technology 543, 556(2018).

〔3〕 新华社:《习近平主持召开中央全面深化改革委员会第九次会议》,载 http://www.gov.cn/xinwen/2019-07/24/content_5414669.htm。

制定算法可靠性行业标准,为开发者、使用者提升算法性能奠定规则激励;另一方面,在促进产业发展、保护用户利益以及提升治理效能的目标指引下,还可以通过立法促进平台企业在算法应用架构设计领域赋予用户更多的选择和退出功能,同时鼓励开发适合我国算法应用场景的算法规制技术,并予以综合统筹推进。

(二)场景化和精细化的算法监管机制设计

鉴于算法决策被广泛应用于商业领域和公共事业领域,不同算法类型的技术差异性和场景多元性决定了不应简单采取单一的规制标准。在探讨网络规制时,劳伦斯·莱斯格就曾明确地提出“网络需要各种选择”的主张。〔1〕他认为有些选择应当由个人决定,例如作者是否要主张他的版权或者公众通过何种方式保护自己的隐私,但当所规制的事项关涉价值理念的选择时就应当由集体决定。〔2〕在算法治理中,由于应用的广泛性以及嵌入场景的复杂性,所涉公共利益和可能引发的风险也呈现多元面向。如前文所述,诉诸个体赋权路径和外部问责路径的治理思路都各自暴露了局限和不足。因此我国在建立算法治理体系时,应当以场景化和精细化治理为核心思路,借鉴、吸纳和融合个体赋权路径和外部问责路径的场景治理优势,探索精细化的治理机制。

在机制设计原则上,对于算法应用场景关涉重大公共利益,个人的行动空间和选择能力有限,可能引发的社会风险成本巨大以至于试错成本极高的情形,应当采取审慎适用和严格监管的问责模式。而对于个体行动空间和选择能力较大,不易引发重大社会风险从而危害公共利益的情形,则宜选择较为柔性的个体赋权方式,赋予算法开发者、使用者以及用户更多的自主沟通和协商空间。在机制设计上,精细化、场景化监管框架的达成还需要成立专业的算法监管机构,以确保监管者的专业能力而避免将管控责任过多地转嫁给平台,同时还可由其结合复杂的算法应用场景制定精细化的分类监管标准。例如,有学者在系统研究后提出,首先可以通过对算法的可预测性、可解释性和通用性进行分类,识别出透明度低、架构复杂和具

〔1〕 参见[美]劳伦斯·莱斯格:《代码2.0:网络空间中的法律》,李旭、沈伟伟译,清华大学出版社2009年版,第9页。

〔2〕 [美]劳伦斯·莱斯格:《代码2.0:网络空间中的法律》,李旭、沈伟伟译,清华大学出版社2009年版,第9页。

有公共利益危险性的算法类型并制定较为严格的监管标准。[1] 其次可以基于算法的预期用途、关键类型和可接受的错误类型等指标提出设计、测试以及指导算法开发应当符合安全边际的绩效标准。[2]

我国算法行业在此前的标准制定时已经初步尝试了以场景和架构为基准的思路。2018 年 7 月,中国科学院软件研究所作为技术牵头单位,联合中国电子技术标准化研究院出台了首个国内人工智能深度学习算法评估标准,即《人工智能深度学习算法评估规范》。[3] 这一规范基于深度学习算法可靠性的内部和外部影响,结合实际应用场景,确定了由 7 个一级指标和 20 个二级指标组成的算法可靠性评估指标体系,做了场景化和精细化算法治理实践的有益尝试。在算法监管机制的未来探索中,建议以架构边界和具体场景为依托,充分考虑算法决策的主体类型和作用类别,结合算法决策的设计和运行目的、应用场景的风险相关性和公共利益相关性以及用户在具体场景中的行为选择和控制能力等多种指标,建立相应的分类标准、绩效标准和设计标准指引,探索场景化和精细化的算法治理机制。

(三)算法治理与数据治理和平台治理的有效联结

除了在纵向视角以架构和场景为基石探索建立动态、精细的算法监管机制外,在横向视角中,算法的稳定性和可靠性还离不开内容层与应用层的影响。个体赋权的治理思路表明,数据和算法的联结治理不仅符合算法的设计规律,还可在运行过程中弹性化地赋予用户选择和行动基础。同时结合我国的现有治理经验,建议在完善算法治理方案时采取算法治理、数据治理和平台治理相互联结的思路。根据算法运行原理可知,数据对于算法决策的达成发挥着至关重要的作用。在机器学习中,除建模中包含系统设计人员的偏见之外,用于训练的数据本身如果存在基于性别、种族或者其他方面的结构性歧视,则经过训练的机器就会“学习”使用以该种属性或者代理变量自动区分相关主体,从而可能导致系统性的歧视决策。[4]

---

〔1〕 例如,该作者提出了算法复杂程度的可能性量化范围。通过算法的可预测性、可解释性将算法分为白盒子、灰盒子、黑盒子、有感知能力(Sentient)以及奇点(Singularity)5 种类型。其中黑盒子意味着算法显示了较为新兴的特质,对其预测变得困难或者无法预测或解释其特征;有感知能力意味着算法可以通过图灵测试(具备达到或者超过人类智力的能力);奇点意味着算法能够递归性地进行自我改进(算法达到了发展过程中的奇点)。See Andrew Tutt, *An FDA for Algorithms*, 69 Administrative Law Review 83, 123(2013).

〔2〕 See Andrew Tutt, *An FDA for Algorithms*, 69 Administrative Law Review 83, 123(2013).

〔3〕 参见中国电子技术标准化研究院:《人工智能深度学习算法评估规范》,载 http://www.cesi.ac.cn/201807/4058.html。

〔4〕 See Reuben Binns, *Algorithmic Accountability and Public Reason*, 31 Philosophy & Technology 543, 556(2018).

在实践中,由于大多数情形下训练算法所用的数据都是基于其他目的收集后获得的,[1]因此在这一过程中,就可能基于多种原因在数据环节产生质量风险从而影响算法决策。[2] 而在商业场景中,除考虑数据和算法的联结治理外,还需要继续推进完善我国算法治理和平台治理的深度融合。如本文前述,平台企业在商业场景下对算法开发和应用起主导作用,在算法优化层面具有较强的动机和激励,从而既可以在一定程度上避免个体赋权路径凸显的碎片化弱点,又可以避免外部问责路径中算法使用者缺乏算法优化激励以及与知识产权和商业秘密制度衔接不畅的阻碍。数据是算法运行的宝贵资产和持续优化的源泉;算法是海量数据挖掘和分析的有力工具;平台是提供数据和开发算法的关键基地。因此在建立算法治理的框架时,不应孤立、静态、割裂的就算法而论算法,而应秉持数据、算法和平台相互联结的聚合性视角统筹推进。

(四)算法治理短期、中期和长期方案的稳步理性推进

未来科学家雷·库兹韦尔曾提出加速回报定律,即信息科技的发展会按照指数规模而非线性规模呈爆炸增长的态势。[3] 按照这一技术发展规律,算法技术的发展也会以指数级的速度不断迭代更新。在技术飞速发展并不断借助平台应用嵌入商业和公共事业领域时,希冀通过立法的方式对其进行追赶常常是徒劳无功的。技术立法领域中的"步伐困境"和法律规制挑战已被充分警示。[4] 例如,当下算法治理领域多以算法解释权作为核心突破点,但当算法架构变得极度复杂和自主时,对算法进行预测和解释都将变得十分困难。因此应当从根本上明确算法治理将是一项长期且复杂的社会工程,需要从短期、中期、长期结合技术发展实际设定匹配的阶段性治理手段组合稳步推进。[5] 劳伦斯·莱斯格就原则上如何科学设定不同时期的治理策略曾提出两点重要的看法。首先,他认为立法者应理性应对技术

---

〔1〕 See Robert Brauneis & Ellen Goodman, *Algorithmic Transparency for the Smart City*, 103 Yale Journal of Law and Technology 103, 176(2018).

〔2〕 See Robert Brauneis & Ellen Goodman, *Algorithmic Transparency for the Smart City*, 103 Yale Journal of Law and Technology 103, 176(2018).

〔3〕 See Ray Kurzweil, *The Age of Intelligent Machines*, The MIT Press, 1992.

〔4〕 参见马长山:《智能互联网时代的法律变革》,载《法学研究》2018 年第 4 期。

〔5〕 See Urs Gasser and Almeida Virgilio, *A Layered Model for AI governance*, 21IEEE Internet Computing 58, 62(2017).

带来的挑战,尽量避免"头脑发热地冲动决策";[1]其次,应当培育出理解和应对立法者所做政策选择的制度基础。[2] 在莱斯格的语境下,制度基础的达成需要立法机关、法院、行政机关的通力协作,需要硬核的制度设计和软性适宜的文化进行有机融合。换句话说,它需要一个国家培养出一种适合技术变革和创新的社会生态系统。[3] 因此,面对算法适用中媒体不断放大的算法危机和由此伴生的算法信任焦虑,立法者应当审慎理性决策,科学设定算法治理在短期、中期和长期应当达成的核心目标;[4]还应当意识到法律在算法治理过程中的有效性边界,在增加正式制度供给以应对复杂、多变的算法危机时,还应当充分关注"社会规范"的力量,尤其是由平台、网络社群、行业协会等主体形成的有利于新型网络秩序形成和维系的各种网络规范。[5]

选择阶段性的治理策略时,短期内可以通过法律赋予用户适用算法决策的自主选择权和退出权以增强个体的选择空间和控制能力。同时通过行业协会和专门团体对算法开发、设计和应用建立伦理准则和行业指引。为了更为审慎理性地对算法应用进行引导,在事前和事中阶段尚无法确定法律应当在何种程度上介入算法决策过程时,可借鉴产品责任的相关规则,借助司法裁判以个案视角逐步探索确立算法责任的合理边界。例如,可以从算法应用引致损害结果的案件中要求算法主体承担赔偿责任,从而避免法律对算法架构的过度干预导致算法开发和创新受到不当影响;同时有利于激励算法开发和应用主体完善其产品设计,避免将风险转嫁到社会公众,导致企业的风险外溢。[6] 但从中长期来看,个体赋权路径可能过于分散且效能不佳。同时从结果视角以产品责任为裁判规则力求改善算法设计激励机制的方法无法解决实践中算法事故发生后由于内部架构复杂、开发设计者众

---

[1] 例如,魏则西事件和竞价排名广告问题就促使该事件仅爆发两个月后《互联网广告管理暂行办法》和《互联网信息搜索服务管理规定》被颁布出台。参见宋亚辉:《网络市场规制的三种模式及其适用原理》,载《法学》2018 年第 10 期。

[2] 参见[美]劳伦斯·莱斯格:《代码 2.0:网络空间中的法律》,李旭、沈伟伟译,清华大学出版社 2009 年版,第 9 页。

[3] 参见[美]劳伦斯·莱斯格:《代码 2.0:网络空间中的法律》,李旭、沈伟伟译,清华大学出版社 2009 年版,第 9 页。

[4] See Urs Gasser and Almeida Virgilio, *A Layered Model for AI governance*, 21IEEE Internet Computing 58, 62(2017).

[5] 参见戴昕:《重新发现社会规范:中国网络法的经济社会学视角》,载《学术月刊》2019 年第 2 期。

[6] 本部分观点受到明理计算法学沙龙第 1 期与谈嘉宾北京市海淀区人民法院知识产权庭杨德嘉庭长的启发。

多而无法清晰界定责任承担主体的问题。[1] 因此,当制度基础成熟时,探索建立专门的规制机构负责对算法的开发和部署进行精细化监管可能成为优化算法治理的重要备选方案之一。除此以外,建立真正有效的平等沟通机制促进立法者、算法设计和使用者、用户、专业协会等多元主体之间真正地开展对话,创造更为合理和可信的算法运行生态,以期培育成熟的算法治理基础也应成为长期治理的重要方案之一。

聚焦当下,从教育评估到福利管理,从公共安全到社会服务,由大量数据驱动的算法已经成为新型权力中介,或对人们的行为和表现进行预测,或对各种资源和福利分配进行排序。这些决策与各种平台应用有机结合,不断颠覆并快速带领人们迈向算法媒介性社会。[2] 面对新的社会样态,我们应当以客观、包容的心态给予算法技术足够的创新空间,但与此同时还应审慎和理性地分析算法危机的根源和特征,并有针对性地总结算法的治理经验,探索最佳治理方案。从缓解算法焦虑到迈向算法信任,依靠的不仅是算法技术本身的优化和完善,更需要在凝聚共识的基础上建立有效应对的治理机制。创新先行、治理助力,如此才可从容应对、稳步前进。

【典型案例】

2013 年年初,美国威斯康星州指控艾瑞克·卢米斯(Eric Loomis)在一起枪击案中触犯 5 项罪名。卢米斯承认当晚晚些时候他曾驾驶过同一辆车,不过仅涉及两个并不严重的指控——企图逃离交通管理员的管控,以及在没有得到主人同意的情况下驾驶其摩托车。威斯康星州惩教署在实施量刑准备时运用算法模型依据累犯和犯罪职业特征相关行为和心理结构形成数据画像,对卢米斯实施风险预测评估。该款软件将评估者的年龄、性别、犯罪历史等 137 个因素作为输入变量,采用复杂度极高的“黑箱”模型展开评估决策。检察官向法院指出,COMPAS 显示卢米斯“暴力风险高,再犯风险高,预审风险高”。卢米斯之后向初审法院提交了定

---

〔1〕 在 2018 年 5 月美国佛罗里达州的特斯拉 Model S 发生系统故障导致车辆与迎面驶来的卡车全速相撞的事故调查中,由于机器学习系统的运行逻辑和决策依据存在技术层面的解释挑战,特斯拉公司无法明确提供机器视觉系统在事故发生时未能准确检测道路障碍的原因。特斯拉公司与传感器 Mobileye 公司也对事故责任各执一词。美国国家运输安全委员会在责任判定时就面临较大挑战。See Jordan Golson, *Tesla and Mobileye Disagree on Lack of Emergency Braking in Deadly Autopilot Crash*, The Verge, https://www.theverge.com/2016/7/1/12085218/tesla-autopilot-crash-investigation-radar-automatic-emergency-brakbra, last visited March 16, 2021.

〔2〕 See Mark Graham and William Dutton, *Society and the Internet: How Networks of Information and Communication are Changing Our Lives*, Oxford University Press, 2019, p. 2.

罪后的缓解动议,认为按照《美国宪法第六修正案》,被告人有权知道被控告的理由,法院依据 COMPAS 的评估对其加以判决侵犯了其正当程序权利。初审法院驳回了卢米斯的动议,并维持威斯康星州上诉法院和州最高法院的判决。在卢米斯案中,由于影响因素权重以及风险评分运行逻辑难以获知,卢米斯的抗辩权受到极大限制,法官在受案审理中的理解和判断能力也实质受限。

在卢米斯案件后,COMPAS 软件再次陷入评估风波。涉案被告人罗林·罗德里格兹虽然已经具有良好的刑事恢复记录却仍被拒绝假释。原因在于 COMPAS 系统判定其具有较高的再犯风险。当被告人主张获取软件输入的信息时,该公司基于专有性和商业秘密拒绝透露输入信息的权重。一年后,被告人获得了 COMPAS 的同样评分。其提出 COMPAS 输入中存在一项错误,但由于该项错误所占权重不得而知,无法解释这一错误对于整个评分的影响,因此既无法纠正这一决定,也无法拒绝该项评分对自身的约束和不利影响。[1]

【问题与思考】

1. 算法解释权与技术正当程序之间的关系如何?
2. 算法解释权为何被视为基础性算法权利?
3. 该案中哪些因素影响了算法解释权的有效行权?
4. 算法透明度与算法问责制有何关联?

---

〔1〕 Rebecca Wexler, *When a Computer Program Keeps You in Jail*, New York Times, June 13, 2017, https://www.nytimes.com/2017/06/13/opinion/how-computers-are-harming-criminal-justice.html.

第五章　智慧政务与法治政府

【法律故事】

2016 年 7 月，法国数据保护监管机构（CNIL）向微软发出警告函，指责微软利用 Windows 10 系统搜集了过多的用户数据，并且在未获得用户同意的情况下跟踪了用户的浏览行为。同时，微软并没有采取令人满意的措施保证用户数据的安全性和保密性，没有遵守欧盟“安全港”法规，因为它在未经用户允许的情况下就将用户数据保存到了用户所在国家之外的服务器上，并且在未经用户允许的情况下默认开启了很多数据追踪功能。CNIL 限定微软必须在 3 个月内解决这些问题，否则将面临委员会的制裁。

企业在收集数据的过程中必须加强法律遵从和合规管理，尤其要注重用户隐私保护，获取用户个人数据需满足“知情同意”“数据安全性”等原则，以保证组织业务的发展不会面临数据安全合规的风险。

第一节　智慧政务的基本内涵

人工智能技术的快速发展及其在政府管理领域的广泛应用正深刻地改变着政府的运作方式和创新模式。以智能政务为核心的智能城市建设受到广泛的关注和重视。国际商业机器公司（IBM）于 2008 年提出“智能地球”（smarter planet）理念。智能地球不仅是一种新的战略，而且是一种新的世界观，一万亿个互联的智能事物形成了物联网并产生大量的原始数据。智能地球向人们展示了一个智能的、可感知的、互联的世界。2009 年，IBM 发起了“智能城市”（smarter cities）运动，以帮助城市更高效地运行,节省资金和资源,并改善市民的生活质量。[1] 在智能城市建设的背景下,许多发达国家和地区纷纷提出智能政务实施计划。2011 年 11 月,美国加利福尼亚州为提高政府服务的绩效及服务能力,提出智能政务建设框架。2012 年 6 月,韩国政府公共行政与安全部构建了智能政务实施计划。2013 年 6 月,迪拜专门成立智能政务部门,负责指导和监督电子政务的转型与实施。2014 年 3 月,新加坡资讯通信发展管理局推出“咨询媒体总体规划”,该规划的重要目标是让新加坡政府实现智能政务。[2]

党的十八大以来,党和国家高度重视电子政务和人工智能的发展,先后密集发布了《中国制造 2025》《“十三五”国家科技创新规划》《国民经济和社会发展第十三个五年规划纲要》《关于积极推进“互联网 +”行动的指导意见》《“互联网 +”人工智能三年行动实施方案》以及《规划》等一系列政策文本。2017 年 7 月国务院发布的《规划》首次将人工智能发展提升到国家战略高度,提出了面向 2030 年我国新一代人工智能发展的指导思想、战略目标、重点任务和保障措施。《规划》明确提出,要在行政管理领域应用人工智能技术打造“智能政务”。党的十九届五中全会提出要“加强数字社会、数字政府建设”“推动政务服务标准化、规范化、便利化”。智能政务属于电子政务发展的一个新时期、新阶段,数据挖掘、深度问答、信息提取、机器学习等人工智能技术将电子政务推向了智能政务时代。

当下,我国政府借助网站、微信、微博等新媒体工具提高政务信息服务,开展网上咨询和网上监督,加强与公众的交流互动。截至 2020 年 12 月,我国互联网政务服务用户规模达 8.43 亿,较 2020 年 3 月增长 21.6%,占网民整体的 85.3%;全国一体化政务服务平台实名用户总量达 8.09 亿,其中国家平台注册的个人用户达 1.88 亿。[3] 各种移动政务应用程序纷纷问世,进一步优化了政府服务流程,深化了“数据多跑路,人民少跑路”这一目标。政府应用人工智能等新技术创新政务服务方式,提供个性化智能化政府服务,线上线下高度融合的一体化政务服务平台不断涌现。[4]

---

〔1〕 关于智能地球的介绍参见 https://www.ibm.com/smarterplanet/us/en/,最后访问时间:2021 年 2 月 10 日。

〔2〕 参见张建光:《智慧政务——数字政府发展的新生态》,电子工业出版社 2019 年版,第 3 ~4 页。

〔3〕 参见中国互联网络信息中心:《第 47 次中国互联网络发展状况》,载 http://www.cac.gov.cn/2021-02/03/c_1613923423079314.htm。

〔4〕 参见胡广伟、王新建、尚进:《智能政务》,科学技术文献出版社 2020 年版,第 15 页。

一、智能政务的含义

与智能政务相关的英文词汇有“smart government”“electronic government”“intelligent e-government”和“ubiquitous government”。国内学界有人将“smart government”翻译成“智慧政务”,有人将其翻译成“智能政务”。笔者赞成后一种译法。在汉语中,我们通常在两种意义上使用“智慧”一词。在第一种意义上,当我们说智慧的时候,一般指的是一个人超凡的聪明或者一种凡人无法达到的境界。在第二种意义上,智慧含有根据经验和理性做出判断的意思。而智能在很大程度上表达的只是一种解决问题的计算能力而已,其间并不需要做出判断,判断还是由人来做的。至少在目前还没有产生出能自主决策的人工智能来。当我们说到智慧政务的时候,不是说这个城市的政务比别的城市的政务更加智慧,而是说这个城市政务的自动化程度在不断地加强。[1] 智慧对应的英文是“wisdom”,“smart”的意思是“聪明”“机敏”。IBM 最早提出“智能地球”(smarter planet)和“智能城市”(smarter cities)概念的时候,就是在智能的意义上使用“smart”这个词的。

根据信息科学词典(InfoSci-dictionary)的界定,智能政务(“smart government”)是一种运用信息和通信技术来促进和支持更好的计划、决策和公共服务的新型政务方式,它是以公民为中心的用数据驱动的政务方式。而电子政务(“electronic government”)则是指用互联网技术打造一个用于公民、企业和政府部门交换信息、提供服务和交易的平台。立法机关、司法机关或行政机关可以采用电子政务,以提高内部效率、公共服务的提供或民主治理的过程。根据尹恩珍(Eunjin Koo)的界定,智能电子政务(“intelligent e-government”)是指使用最新的物联网、云技术、人工智能和大数据等智能信息技术的新一代电子政务。它是一种将智能信息技术与人类创造力相结合以创新的政务管理方式,并提供令人们满意的政务服务方式。它也可以被定义为给公民个人提供定制服务并开放和共享所有政府运营信息的政务方式。由于智能电子政务采用了先进的新技术,因此它在数量和质量上都比现有电子政务要先进。[2] 由此看来,智能电子政务就是指智能政务,智能政务只不过是电子政务发展的新时期、新阶段。

2017 年国务院发布的《规划》归纳和提炼了新一代人工智能 8 个方面的关键

---

〔1〕 参见於兴中:《智慧地使用人工智能》,载《法治周末报》2020 年 12 月 12 日。

〔2〕 See Eunjin Koo, *Digital Transformation of Government: From E-Government to Intelligent E-Government*, System Design and Management Program of Massachusetts Institute of Technology, 2019, p. 24.

共性技术,分别是知识计算引擎与知识服务技术、跨媒体分析推理技术、群体智能关键技术、混合增强智能新架构与新技术、自主无人系统的智能技术、虚拟现实智能建模技术、智能计算芯片与系统和自然语言处理技术。《规划》提出建设安全便捷的智能社会的重点任务。建设智能社会的目标是提高人民生活水平和质量,手段是深度应用人工智能。而打造智能政务是建设智能社会的一个子任务。智能政务是社会治理的一个重要环节,目标是通过智能政务大幅提升社会治理的水平,促进社会治理的现代化。

结合《规划》对智能政务的定位以及国内学者的论述,笔者认为,智能政务是指政府在行政管理和政务服务过程中,应用物联网、云计算、人工智能和文本解析等新技术开发适用于政府服务与决策的一种政务信息化管理新模式。智能政务的目的是加强政务信息资源整合和公共需求精准预测,畅通政府与公众的交互渠道,推进社会治理的智能化。智能政务在电子证照、电子合同、电子签章、电子发票、电子档案领域有着广泛的应用前景。

二、智能政务的特征

(一)信息化

智能政务是电子政务发展的新阶段。如果把政府上网工程称为中国的第一代电子政务,把多渠道并举的社会化政务称为第二代电子政务,把线上与线下整合的"互联网+政务服务"称为第三代电子政务,那么具有感知、分析、规划、决策和执行能力的智能政务将称为第四代电子政务。[1] "电子政务是指国家机关在政务活动中,全面应用现代信息技术、网络技术以及办公自动化技术等进行办公、管理和为社会提供公共服务的一种全新的管理方式。电子政务实际上就是平常我们所说的政务工作信息化。"[2]电子政务是信息技术发展的必然产物。1992年,时任美国总统克林顿宣布要把联邦政府打造成一个"少纸的"电子政府,利用信息技术改造政府内部的业务流程,从而提高政府人员的工作效率。自此电子政务迅速列入了所有发达国家的议事日程,并波及众多发展中国家。智能政务阶段,信息技术越发成熟,智能政务的信息化特征更加明显。智能政务按照形象、办事、咨询、体验等主题,运用最新的信息技术、通信技术、网络技术以及人工智能技术等信息手

---

〔1〕 参见胡广伟、王新建、尚进:《智能政务》,科学技术文献出版社2020年版,第15页。

〔2〕 汪玉凯:《中国政府信息化与电子政务》,载《信息化建设》2001年第12期。

段，建成支撑各类政务服务应用程序的精准高效、动态实时、集中统一的行为数据资源库。

（二）智能化

顾名思义，智能政务的一大特征是智能化。物联网、自然语言处理、机器学习、大数据分析、文本解析、人工神经网络、云计算、机器人技术、5G 等最新的智能技术被广泛地应用于智能政务中。智能政务平台在智能技术的支持下具备某种程度的类似于人类大脑的认知智能，通过对大数据的处理和反馈，对公众的政务需求做出决策并付诸行动。《国民经济和社会发展第十四个五年规划和 2035 年远景目标纲要》提出，全面推进政府运行方式、业务流程和服务模式数字化智能化。深化"互联网＋政务服务"，提升全流程一体化在线服务平台功能。加快构建数字技术辅助政府决策机制，提高基于高频大数据精准动态监测预测预警水平。2016 年杭州市政府主导的"城市大脑"数字化平台就实现了高度的智能化政务服务。在用户视角，形成智能导报、自动填表、一次办结、查看状态、统一评价的一体化流程，整个行政服务流程可以通过移动端、电脑端、窗口端和自动终端统一受理界面完成；在系统视角，实行统一办件调度，同时为数据共享和业务对接提供基础，实现业务流程的标准化、智能化和自动化。[1]

（三）虚拟化

智能政务具有鲜明的虚拟化特征。以往企事业单位和公众要通过政府部门办理各类事务，必须要先了解各个政府部门的职能、负责人、地址和联系方式，然后按照流程分别到不同的部门找不同的人办理。现如今，老百姓足不出户就可以办理机动车事务、线上就能办理出入境旅游证件、掌上也可提交提案。电子政府与传统政府的最大区别，就在于它所具有的虚拟性，也就是说，与传统的实体政府相比，电子政府在传统的实体政府之外，又存在一个不受时间和空间限制的、对企事业单位和公众不断提供各种线上服务的虚拟政府。[2] 智能政务把曾经只能由人在真实的政务大厅里行使的政府职能，通过数字化的方式延伸出去，将原来需要大量的公务员处理的行政事务，可以在微信公众号、政务微博服务矩阵以及政府部门自己开发的政务应用程序（APP）中轻松完成。在智能政务阶段，公众不用到政务大厅，不用和公务员接触，只需在微信公众号、应用程序等虚拟空间中操作。

---

〔1〕 参见王益民：《数字政府》，中共中央党校出版社 2020 年版，第 194 页。

〔2〕 汪玉凯：《中国政府信息化与电子政务》，载《信息化建设》2001 年第 12 期。

（四）标准化

智能政务平台为公众提供标准化政务服务，智能政务具有标准化的特征。传统的政务提供的是“量身定制”的政务服务。“量身定制”的政务服务如同裁缝给客户制作衣服一样，裁缝根据客户的身高、体重、体型、体态量体剪裁衣服。衣服是为具体的某个人特制的。传统政务是由特定的政府工作人员向特定的个体提供政务服务的，每个个体的情况可能都是独特的，都值得工作人员费心解决。智能政务实现了政务服务的标准化和系统化。公众期望政府提供要点清单、流程手册和办事模版。智能政务采用了标准化的办事流程。标准往前再迈一步就是系统化。要点清单和流程手册可以被计算机化，发展为所谓的“工作流程系统”。[1] 比如，青岛崂山区行政审批服务局为了全面推进政务服务“标准化”建设，搭建智能政务“一窗通”系统，以智能化“问诊式”梳理为基础，深入挖掘、汇总、入库资深审批人员的经验，实现同一政务服务事项在同等条件下同标准受理、无差别办理，为企业群众提供线上线下统一、服务标准统一、服务品质统一、品牌形象统一的政务服务。[2]

（五）便利化

智能政务必然带来政务服务的便利化。各地政府推出的政务 APP、微信公众号以及一体化的“掌上政务”平台实现了更多服务“掌上办”“指尖办”。各地“掌上政务”平台大多包括政务服务、办事指南、办件公示、便民服务、下载中心等多类与群众密切相关的具体政务事项，通过整合各部门信息和服务功能，打破政务信息壁垒，着力打造成为集政务信息发布、部门政务服务、社会管理服务、居民民主参与于一体的综合性“掌上政务”平台。[3] 智能政务给群众办事带来了极大的便利，坐在家中，动动手指就可以把事情全办妥。各地各级政府“掌上办”“指尖办”逐步成为政务服务的标配，政府业务办理能力持续提升，营商环境不断优化。广东省 2019 年继“粤省事”小程序后推出“粤商通”涉企移动政务服务平台，浙江省基于“浙政钉”“浙里办”等应用程序实现了“一次不用跑”服务。智能政务服务不断

---

〔1〕［英］理查德·萨斯坎德：《法律人的明天会怎样——法律职业的未来》，北京大学出版社 2015 年版，第 36 页。

〔2〕《智能化 + 精细化，引领智慧政务标准化》，载崂山政务网 2020 年 5 月 20 日，http://www.laoshan.gov.cn/n206250/n18207792/n18208394/n18208395/n18208398/200520140302461147.html。

〔3〕参见《互联网 + 政务服务：掌上政务，让群众办事更便捷》，载 http://www.gov.cn/xinwen/2019-02/18/content_5366834.htm。

向移动端延伸,在提高服务能力和工作效率的同时,也让人民群众感受到办事的便利。

(六)规范化

智能政务由各类应用程序完成政务服务工作,应用程序的设计标准规范统一,同一事项在某地区无差别受理、同标准办理,因而智能政务具有规范化的特点。应用程序数据库中的行政许可事项清单化,清单之外不得违法实施行政许可。对已经取消的行政许可,应用程序将会自动拒绝受理。其他各类行政管理事务同样会纳入应用程序的数据库,应用程序收到企业和群众的政务请求后,会根据数据库中的信息按照流程自动处理。应用程序的政务处理不会受到人为的干扰,也能排除政务处理的不规范和不统一。

三、智能政务的发展趋势

(一)政府监测与预测能力进一步加强

随着人工智能技术的进一步发展和应用,政府对于人、事、物的监测与预测将会变得更加容易。未来社会,人人都将生活在网上,在网上办事,在网上表达观点。截至2020年12月,我国网民规模达9.89亿人,较2020年3月增长8540万人,互联网普及率达70.4%,其中手机网民规模达9.86亿人,网民使用手机上网的比例达99.7%。未来网民人数只会越来越多。[1] 通过对网上大量舆情信息的整合,以及大规模的层次分类算法与人工智能,可以实现对某类信息的爆发性预测。公安部门可以利用人工智能技术预测违法行为或犯罪行为。数字设备可以迅速收集案件的实时信息,包括嫌疑人或路过车辆的车牌等,这些数据将帮助警察确定需要调查的人员,并因此提高他们的工作效率。[2] 人工智能在行业监管方面将会走得更远。例如,人工智能将实现食品生产的全环节监控,政府部门可以围绕采购、生产、物流、销售等环节经常出现的问题,利用人工智能的智能检索、智能代理、专家系统、智能决策、模式识别、机器学习等技术,将人工智能技术应用在食品供应链的各

---

[1] 参见中国互联网络信息中心:《第47次中国互联网络发展状况》,载http://www.cac.gov.cn/2021-02/03/c_1613923423079314.htm。

[2] 参见[美]史蒂芬·戈德史密斯、苏珊·克劳福德:《数据驱动的智能城市》,浙江人民出版社2019年版,第147页。

个环节,提高政府部门的监管效率,减少相关事故的发生。[1]

(二)协同政务将出现新突破

跨部门协同政务的能力是衡量智能政务发展水平高低的一个重要标志。传统政务阶段,政府各部门各自为政,部门与部门之间缺少有效的信息共享,部门协同难度大。智能政务阶段,这些都将有新的突破。政府数据的整合将打破部门壁垒,实现跨部门协同,进而建立数据中枢平台,利用数据中枢平台实现更优质的政务服务。一般来说,业务流程优化得越好,平台构建就越科学合理,跨部门政务协同能力就越强,相应的体制机制障碍也就越小。过去数年,国家围绕“放管服”改革,在破解协同政务的体制机制障碍方面已经取得了实质性进展,这也是一些地方能够比较快速地推进“最多跑一次”“一网通办”改革的根本所在。因此,如何谋划更多的跨部门协同事项,解决民生服务、社会治理、生态环境、市场监管等领域的协同难题,无疑是未来智能政务发展必须关注的重点。[2]

(三)辅助政府决策的能力进一步加强

在未来社会,人工智能在智能政务中将得到充分应用,智能政务平台辅助政府决策的能力也将大幅提升。未来,在信息资源高度整合的基础上,智能政务在政府决策方面的作用将朝着两个方向发展。其一,对多个已提出的决策方案进行结果预测及可视化展示,帮助政府工作人员进行决策。未来的可视化展示不再是简单地对数据图表化的二维可视化展示,而是将预测结果场景化,对预测结果进行 3D 建模,再利用 VR 技术进行三维可视化展示,让决策人员更加直观地看到决策的预测结果。[3] 其二,运用文本解析及相关人工智能技术自动提出决策建议。智能政务应用程序基于大量的政务信息资料,根据系统设定的决策算法可以自动地给出决策建议。当然,应用程序给出的决策建议会根据每个建议的得分高低进行排名,排名靠前的建议是最相关最可靠的建议。政府工作人员再根据自己的政务经验从中选择一个决策建议。应用程序提出的决策建议是否可靠,最终是否会被选取,是否还需要修改,仍是由人类决定的。

---

〔1〕 参见胡广伟、王新建、尚进:《智能政务》,科学技术文献出版社 2020 年版,第 161 ~ 163 页。

〔2〕 参见汪玉凯:《数字政府的到来与智慧政务发展新趋势——5G 时代政务信息化前瞻》,载《人民论坛》2019 年第 11 期。

〔3〕 参见胡广伟、王新建、尚进:《智能政务》,科学技术文献出版社 2020 年版,第 164 ~ 165 页。

第二节 智慧政务的法治原则

法治是一个复杂且易于引起争论的理念,它至少可以上溯到亚里士多德。根据这一理念,公民将“由法律而非由人来统治”。亚里士多德对法治的特点作了如下的表述:“法治应包含两重意义:已成立的法律获得普遍的服从,而大家所服从的法律又应该本身是制订得良好的法律。”[1]“法治”包含了一些基本原则,正是这些基本原则使之成为区别于“人治”的另一种秩序类型。[2] 实质性的法治理念强调个体权利的保障、实体上的公正、民主等基本价值。[3] 而自由主义法律理论家大多坚持程序性的法治理念。虽然不同的法学家对法治的具体内容存在某些分歧,但大多认可如下要求:行为的标准应该能约束所有人;法律必须公开、一致、可预期和稳定;规则应该语言明确;规则不能无法遵守。朗·富勒认为法治必须满足8条原则,分别是:(1)法律应该是普遍的;(2)法律应该广为人知;(3)溯及既往的立法或法律溯及既往的适用应该被尽量减少;(4)法律应该容易理解;(5)法律不应自相矛盾;(6)法律不应要求不可能做到的行为;(7)在时间流逝中,法律应该保持相对的稳定;(8)法律的规定和法律的实际适用应该保持一致。[4]

智能政务应符合法治原则。党的十八届四中全会《关于全面推进依法治国若干重大问题的决定》(以下简称《决定》)指出,全面依法治国坚持依法治国、依法执政、依法行政共同推进,坚持法治国家、法治政府、法治社会一体建设。行政机构、职能、权限、程序、责任由法律明确规定,行政机关要坚持法定职责必须为、法无授权不可为。行政机关不得法外设定权力,没有法律法规依据不得作出减损公民、法人和其他组织合法权益或者增加其义务的决定。智能政务必须在法治的框架下发展。2019年4月26日,国务院公布《国务院关于在线政务服务的若干规定》,从行政法规层面分别明确了一体化在线平台建设的目标要求和总体架构、建设管理的

---

〔1〕[古希腊]亚里士多德:《政治学》,吴寿鹏译,商务印书馆1983年版,第199页。

〔2〕参见梁治平:《法治:社会转型时期的制度建构》,载梁治平编:《法治在中国:制度、话语与实践》,中国政法大学出版社2002年版,第92页。

〔3〕1959年,在印度新德里召开的国际法学大会上,法学家就实质法治理念达成了官方的共识:“在法律统治的自由社会中,立法机关的功能是创制和维护个人有尊严地生存的条件。这种尊严不仅要求承认他的社会和政治权利,而且要求确立个人充分发展其个性所必需的社会、经济、教育和文化条件。”转引自[英]约瑟夫·拉兹:《法律的权威:法律与道德论文集》,朱峰译,法律出版社2005年版,第184页。

〔4〕See Lon L. Fuller, *The Morality of Law* (revised ed., Yale University Press, London, 1969), p.33–91.

推进机制、政务服务原则上应在线办理,明确了电子签名、电子印章、电子证照、电子档案的法律效力,全面提升政务服务规范化、便利化水平;明确了政务服务事项办理的基本要求,规定了国家政务服务平台、各地区和有关部门政务服务平台在统一身份认证方面的要求,政务服务机构应当按照标准化、规范化要求编制办事指南。《国务院关于在线政务服务的若干规定》为智能政务的发展提供了法律指引。

一、政务合法性原则

合法性有三重含义。第一,合法性是指所有法律机构、行动、事件、官员和文本都共享的一种属性;第二,合法性是指法律机构的一种独特价值,遵守法律被认为是促进和实现某些特别的价值;第三,合法性表达"是符合法律的"这一属性。[1]党的十八届四中全会《决定》明确要求,健全依法决策机制,规定:"建立行政机关内部重大决策合法性审查机制,未经合法性审查或经审查不合法的,不得提交讨论。"《中共中央关于全面深化改革若干重大问题的决定》提出,要完善规范性文件合法性审核机制。中共中央、国务院印发的《法治政府建设实施纲要(2021—2025年)》对政务合法性提出了多重要求。其一,要求全面落实行政规范性文件合法性审核机制,明确审核范围,统一审核标准;其二,要求行政机关主要负责人作出重大决策前,听取合法性审查机构的意见,注重听取法律顾问、公职律师或者有关专家的意见;其三,要求所有重大行政决策都要严格履行合法性审查和集体讨论决定程序。

2018年12月,国务院办公厅发布的《关于全面推行行政规范性文件合法性审核机制的指导意见》明确指出,全面推行规范性文件合法性审核机制,是推进依法行政、建设法治政府的必然要求,有利于维护国家法制统一、政令统一,有利于从源头上防止违法文件出台、促进行政机关严格规范公正文明执法,有利于保障公民、法人和其他组织的合法权益。凡涉及公民、法人和其他组织权利义务的规范性文件,均要纳入合法性审核范围。以县级以上人民政府或者其办公机构名义印发的规范性文件,或者由县级以上人民政府部门起草、报请本级人民政府批准后以部门名义印发的规范性文件,由同级人民政府审核机构进行审核;起草部门已明确专门审核机构的,应当先由起草部门审核机构进行审核。国务院部门制定的规范性文件,由本部门审核机构进行审核。省、自治区、直辖市和设区的市人民政府部门制

[1] 参见[美]斯科特·夏皮罗:《合法性》,郑玉双、刘叶深译,中国法制出版社2016年版,第1页。

定的规范性文件,由本部门审核机构进行审核,也可以根据实际需要由本级人民政府确定的审核机构进行审核。县(市、区)人民政府部门、乡镇人民政府及街道办事处制定的规范性文件,已明确专门审核机构或者专门审核人员的,由本单位审核机构或者审核人员进行审核;未明确专门审核机构或者专门审核人员的,统一由县(市、区)人民政府确定的审核机构进行审核。

智能政务必须符合合法性要求。合法性审查是智能决策的重要保障。第一,智能决策的事项应当于法有据,经审查认为不属于决策机关法定职权范围的,建议不决策或者按照规定提请有权机关进行审批、依法授权;第二,智能决策程序应符合法定程序的要求,不符合法定程序的智能决策应当补正或者重新履行相关程序;第三,智能决策内容应当符合法律、法规、规章及国家政策的规定。[1] 智能政务应用程序可以将法律、法规和规章的规定吸收进决策算法,从而实现自动的政务合法性审查。

二、公开公平公正原则

公开、公平、公正是法治的内在价值。法律智能政务须遵守公开公平公正原则。公开透明是法治政府的基本特征。全面推进政务公开,让权力在阳光下运行,对于发展社会主义民主政治,提升国家治理能力,增强政府公信力执行力,保障人民群众知情权、参与权、表达权、监督权具有重要意义。政务公开是将权力关进制度的笼子的重要手段。政务只有公之于众,才能被置于公众的评论之下。如果政务不向民众公布,人们便无法对负责政务的官员进行有效的监督。党的十八大以来,党中央、国务院高度重视政务公开工作,对政务公开作出了一系列决策部署。《中共中央关于全面深化改革开放若干重大问题的决定》指出,“完善党委、政务和各领域办事公开制度,推进决策公开、管理公开、服务公开、结果公开”。党的十八届四中全会《决定》就政务公开作出了具体部署,指出:“全面推进政务公开。坚持以公开为常态、不公开为例外原则,推进决策公开、执行公开、管理公开、服务公开、结果公开。各级政府及其工作部门依据权力清单,向社会全面公开政府职能、法律依据、实施主体、职责权限、管理流程、监督方式等事项。重点推进财政预算、公共资源配置、重大建设项目批准和实施、社会公益事业建设等领域的政府信息公开。涉及公民、法人或其他组织权利和义务的规范性文件,按照政府信息公开要求和程

---

[1] 参见宋大涵主编:《建设法治政府总蓝图》,中国法制出版社 2016 年版,第 103 页。

序予以公布。推行行政执法公示制度。推进政务公开信息化,加强互联网政务信息数据服务平台和便民服务平台建设。"[1]

近年来,我国政务公开制度逐步完善,工作方式和内容不断拓展,平台建设逐步加强,成效显著。2016 年 2 月,中共中央办公厅、国务院办公厅印发实施《关于全面推进政务公开工作的意见》。2019 年修订的《政府信息公开条例》规定,各级人民政府应当加强政府信息资源的规范化、标准化、信息化管理,加强互联网政府信息公开平台建设,推进政府信息公开平台与政务服务平台融合,提高政府信息公开在线办理水平。这一规定为智能政务的公开性原则提出了明确的要求和具体的指引。

公正是社会主义核心价值观的具体内容。随着我国经济社会的持续发展,人民群众对公平、正义的要求日益增长。党的十八大以来,中央高度重视维护和促进社会公平正义,提出"公正是法治的生命线",明确"不论处在什么发展水平上,制度都是社会公平正义的重要保证",强调"司法是维护社会公平正义的最后一道防线"。

人工智能时代,平等、自由、民主、公正、法治等核心价值都将重新定义。智能政务的一大挑战就在于如何确保政务的公正性。政务的公正性要求政府官员不受意识形态、领导意志、个人偏见等非法律因素的干扰,不偏不倚、客观中立地做出决策。虽然智能政务系统仅仅辅助官员决策,但官员最终的决策受其提供的结论的影响。因此,智能政务系统自身的公正就显得尤为重要。智能政务系统是由各种各样的算法组成的。因此,智能政务的实质是算法的政务,如何避免算法的暴政和"黑箱"操作是智能政务面临的一个新问题。算法设计的不公会导致智能政务的不公。电子政务专家和技术专家设计算法时必须将平等、自由、人权、秩序、正义等价值考虑进去,避免算法带来的歧视和不公。智能政务也有可能被怀疑为"黑箱"操作。保持算法的公开和透明是消除当事人和公众疑虑的必然条件。

三、尊重和保障人权原则

人权是一个同权利相关的概念。简单地说,人权就是人作为人所享有或应当享有的权利。它包括生存权以及国家赋予的政治、经济、文化等各方面的权利和自由。人权的概念最早由西方启蒙思想家提出。现在,人们往往在以下 3 种意义上

---

[1] 《中国共产党第十八届中央委员会第四次全体会议文件汇编》,人民出版社 2014 年版,第 40～41 页。

使用人权概念:其一,人权就是法律规定的公民权利,它是一种实在的权利,是由法律设定并予以保障的权利;其二,人权是一种道德权利,是一种正当合理的要求或主张,是一种"应然"权利;其三,表达主张或要求的正当理由,亦即人权存在的理由和意义。[1] 没有法律对人权的确认、宣布和保护,人权就只能停留在道德权利的状态,而经常面临人权被践踏的危险,因此人权需要法律的保护。第一,人权的宪法保护。2004 年我国《宪法修正案》明确规定,"国家尊重和保障人权",至此,"人权"写入宪法。另外,我国宪法专门有一章规定公民的基本权利。第二,人权的立法保护。我国的法律、法规具体确认和保障人权,例如,以民法具体确认和保障名誉权、健康权、姓名权等,以刑法具体确认和保障生命权、健康权、人格权等。第三,人权的司法救济。司法救济是人权的法律保护体系中的重要环节,是人权的法律保护的最后一道防线。第四,参加国际人权条约,维护和保障人权。中国政府于 1979 年以来先后签署了《消除一切形式歧视妇女国际公约》《消除一切形式种族歧视国家公约》《公民权利和政治权利国际公约》《经济、社会及文化权利国际公约》《儿童权利国际公约》等一系列国际公约。

传统上,学界将人权概括为 6 个方面的内容:(1)生命健康权;(2)自由权;(3)财产权;(4)关于公民个人地位的各种权利,如国籍权和各项民主权利;(5)涉及政府行为的权利;(6)经济、社会、文化权利。随着数字经济和智慧社会的深入发展,人权形态正在经历着深刻的数字化重塑,从而打破了既有的"三代"人权发展格局,开启了以"数字人权"为代表的"第四代人权"。数字人权以双重空间的生产生活关系为社会基础,以人的数字信息面向和相关权益为表达形式,以智慧社会中人的全面发展为核心诉求。[2] 数据权也应时代而生。欧盟于 2016 年通过的《通用数据保护条例》提出了数据主体权(data subject rights)。数据主体权包括知情权、访问权、纠正权、删除权、限制处理权、可携带权、拒绝权及自主决定权等。[3] 数据主体权集中体现了自主、平等、透明等主要价值观。可以看出,该条例把数据权主要作为人权对待。该条例还规定了政府有义务公布公共数据,而公民具有使用适当数据的权利,必要的时候还可以寻找专业帮助。2020 年 2 月,欧盟委员会公布了新的欧洲数据治理策略,采取了截然不同的态度。欧盟的新策略认为个人数据是欧洲的重要资产,而共享数据是公民的义务。从保护个人权利到促进数据共享作为公民义务,这项新战略代表了欧盟关注点的根本转变。从欧盟的界定来看,

---

〔1〕 参见杨宗科主编:《法学引论》,陕西人民出版社 2001 年版,第 111 页。

〔2〕 参见马长山:《迈向数字社会的法律》,法律出版社 2021 年版,第 139 页。

〔3〕 参见《欧盟〈一般数据保护条例〉》,瑞栢律师事务所译,法律出版社 2018 年版,第 49 ~ 57 页。

数据权包含人权和财产权两个维度。《深圳经济特区条例》规定,自然人对个人数据享有法律、行政法规及本条例规定的人格权益。自然人、法人和非法人组织对其合法处理数据形成的数据产品和服务享有法律、行政法规及本条例规定的财产权益。显然,《深圳经济特区条例》区分了两种不同的个人数据权,一种是作为人格权益的数据权,另一种是作为财产权益的数据权。

智能政务的发展应当尊重和保障人权。(1)尊重和保障公民的知情权。智能政务系统的算法应当向公众公开,让公众知悉算法的内容,避免算法歧视和算法"黑箱"。(2)尊重和保障公民的隐私权。智能政务系统收集存储了大量的个人信息,包括姓名、性别、种族、年龄、身高、身份证号、住址、邮件地址、教育经历、职业身份、婚姻状况、电话等,这些信息作为个人隐私必须加以保护。(3)尊重和保障公民的数据权。个人数据的非法收集、滥用、泄露、非法买卖侵犯的是公民的数据权。智能政务系统在处理个人数据时,应当依照法律法规的权限和程序进行,不得超出必需的范围和限度,应当向个人告知并取得其同意。智能政务系统利用个人信息进行自动化决策,应当保证决策结果的公平合理。(4)尊重和保障公民的平等权。政府既要让公民享受到智能政务系统给人带来的便利和高效,也要保障那些不会使用智能政务系统的公民的平等权利。智能政务也应充分保障老年人的基本服务需要。例如,2020年疫情发生以来,全国一体化政务服务平台推出"防疫健康码",支撑全国绝大部分地区实现"一码通行",大数据在支撑疫情防控和复工复产中的作用凸显;同时,为化解老年人"数字鸿沟"的困扰,及时上线"老幼健康码助查询"功能,方便老年人的出行。

四、共建共治共享原则

党的十九大报告指出,打造共建共治共享的社会治理格局,加强社会治理制度建设,完善党委领导、政府负责、社会协同、公众参与、法治保障的社会治理体制,提高社会治理社会化、法治化、智能化、专业化水平。共建,即共同参与社会建设;共治,即共同参与社会治理;共享,即共同享有治理成果。改革开放以来中国的建设发展进程,呈现着从国家构建走向共建共享的变革轨迹,当下的法治中国建设就应采取共建共享的建设路径。这既是化解转型风险的迫切需要、社会主义国家性质的客观要求、传统文化与本土国情的最优选择,也是共享经济时代的必然反映和世界变革趋势的重要体现。打造共建共治共享的社会治理格局是一项系统工程,需要加强新技术运用,提高社会治理智能化水平。适应信息时代要求,打造统一规范、运行高效的云中国、云城市、云社区等大数据平台,开发与制定统一开放、共享应用的数据标准体系。完善数据开放共享的政策、法律法规和配套措施,明确数据的开放边界、开放程序、管理方式、考核标准等,建立健全数据资源收集、开发、应用、服务的现代管理体制。[1]

共建共治共享是智能政务必须遵守的一条基本原则。智能政务的快速发展是党委、政府、社会团体、公众、企业各方共同建设的结果,也是各方共同治理的结果。对智能政务而言,党委领导、政府负责、社会协同、公众参与、科技支撑等环节一个也不能少。智能政务所使用的数据广泛分布于政府、企业、社会组织和个人之间,政府部门不是智能治理的唯一主体,智能治理机构将逐渐变得开放,市场组织、社会组织和个人都将参与智能治理,政务由政府包办的治理结构向多元共治转变。

共享是智能政务的核心理念。打通政务平台、实现信息共享是智能政务全面铺开、实现"让信息多跑路"的关键环节。《政务信息资源共享管理暂行办法》规定,政务信息资源共享以共享为原则,不共享为例外。各政务部门形成的政务信息资源原则上应予共享。为解决长期以来困扰我国政务信息化建设的"各自为政、条块分割、烟囱林立、信息孤岛"问题,更好地推动政务信息系统的整合和共享,国务院办公厅印发了《政务信息系统整合共享实施方案》。该方案提出,围绕落实国家政务信息化工程的相关规划,建设"大平台、大数据、大系统",形成覆盖全国、统筹利用、统一接入的数据共享大平台,建立物理分散、逻辑集中、资源共享、政企互联的政务信息资源大数据,构建深度应用、上下联动、纵横协管的协同治理大系统。

第三节　智慧治理的法治化

一、智慧治理与数据治理

智慧治理的核心是数据,数据治理是智慧治理的基础和根本,但学术界对数据治理的定义有着不同的理解。国际数据管理协会认为,数据治理是指对数据资产管理行使权力和控制的活动的集合。国际数据治理协会认为,数据治理是一个通过一系列信息相关的过程实现决策权和职责分工的系统,这些过程按照达成共识的模型执行,该模型描述了谁能根据什么信息,在什么时间和情况下,用什么方法,

---

〔1〕 参见徐汉明、邵登辉:《打造共建共治共享的社会治理格局》,载《人民日报》2018 年 6 月 21 日,第 7 版。

采取什么行动。[1] 曾任IBM信息治理总监的桑尼尔·索雷斯认为,大数据治理是广义信息治理计划的一部分,即制定与大数据有关的数据优化、隐私保护与数据变现的政策。他的定义可以分解为6个部分:大数据是广义信息治理计划的一部分;大数据治理关乎政策制定;大数据必须优化;大数据隐私至关重要;大数据必须变现;大数据展现了跨功能的自然冲突。[2] 索雷斯从大数据类型、信息治理准则、产业与功能3个维度界定了大数据治理框架,各企业可以根据这个框架推进大数据治理工作。张绍华研究员等人认为,大数据治理"是对组织的大数据管理和利用进行评估、指导和监督的体系框架。它通过制定战略方针、建立组织框架、明确职责分工等,实现大数据的风险可控、安全合规、绩效提升和价值创造,并提供不断创新的大数据服务"。[3] 张绍华等人提出的大数据治理框架由原则子框架、范围子框架、实施与评估子框架三个部分组成,这个框架从全局视角展示了大数据治理的基本要素及关系。这两个定义仅从企业组织的角度考虑大数据治理的相关问题。但将大数据治理的范围限定在企业组织内部是不够的,多源数据聚集和跨组织、跨领域的数据深度融合挖掘是展现大数据价值的前提,在价值驱动下,各界普遍存在数据突破组织边界流动的需求。[4] 政府和个人更是数据治理的主体。

2014年6月,ISO/IECJTC1/SC40(IT治理和IT服务管理分技术委员会)在悉尼召开第一次全会,中国代表团首度提出"数据治理"的概念,引发国际同行的兴趣和研讨。2014年11月,在荷兰召开的SC40/WG1(IT治理工作组)第二次工作组会议上,中国代表提出了《数据治理白皮书》的框架设想,分析了世界上包括国际数据管理协会、国际数据治理协会、国际商业机器公司、高德纳咨询公司(Gartner)等组织在内的主流的数据治理方法论、模型,获得国际IT治理工作组专家的一致认可。2015年3月,中国信息技术服务标准(ITSS)数据治理研究小组通过调研中国的企业实践,形成了金融、移动通信、央企能源、互联网企业在数据治理方面的典型案例,进一步明确数据治理的定义和范围。以此为基础,中国代表团于2015年5月,在巴西圣保罗召开的SC40/WG1第三次工作组会议上,正式提交了《数据治理白皮书》国际标准研究报告。[5]

---

[1] 参见祝守宇、蔡春久等:《数据治理——工业企业数字化转型之道》,电子工业出版社2020年版,第16页。

[2] 参见[美]桑尼尔·索雷斯:《大数据治理》,匡斌译,清华大学出版社2014年版,第4~5页。

[3] 张绍华、潘蓉、宗宇伟主编:《大数据治理与服务》,上海科学技术出版社2016年版,第17页。

[4] 参见梅宏主编:《数据治理之论》,中国人民大学出版社2020年版,第63页。

[5] 参见张明英、潘蓉:《〈数据治理白皮书〉国际标准研究报告要点解读》,载《信息技术与标准化》2015年第6期。

中国数据治理的特色可以分为3个层面:体制层面、管理对象层面和技术平台层面。在机制层面,数据治理对依系统、依业务条线的集团总部—分子公司的纵向数据管控推动力、执行力强,效果较好。在管理对象层面,强调数据标准建设和指标管理。在技术平台层面,中国数据治理实践将主数据、数据标准、数据质量、元数据等几部分功能统一形成数据资源管理平台并作定制化开发,一站式数据管理用户体验更好。[1] 基于中国数据治理的实践,数据治理是指政府、企业、社会组织和个人为保护数据产权、促进数据流通、确保数据安全、释放数据价值而采取的一系列活动的集合。

数据的大规模应用,促进了技术发展、经济发展和社会进步,但数据盗窃、数据泄露、数据滥用、数据歧视、数据垄断和数据壁垒等负面事件也层出不穷,数据治理的法治化也被放到了前所未有的高度上。

二、数据监管的法治化

数据监管是为了实现数据和信息资产价值的获取、控制、保护、交付及提升,对政策、实践和项目所做的计划、执行和监督。[2] 欧盟议会于2016年4月14日通过并于2018年5月25日在欧盟成员国内正式生效的《通用数据保护条例》是数据监管法治化的重要成果。在数据保护问题上,除了需要包括数据控制者、处理者以及数据主体的参与外,作为数据保护的有力屏障,数据监管机构也必不可少。为了确保各个主体切实履行欧盟GDPR的规定,欧盟GDPR中明确了对各个主体的数据处理活动进行监管的部门——数据监管机构。根据欧盟GDPR第六章的规定,各成员国应当规定一个或多个独立政府机关(监管机构)负责监督条例的适用,各监管机构应当促进条例在整个欧盟境内的一致适用。各监管机构履行职责和行使权力时应当保持完全的独立性。欧盟GDPR对监管机构成员的一般条件、监管机构的设计规则、管辖权限、职责和权力都作了详细的规定。为了更好地促进欧盟范围内数据处理工作的进行,数据转移过程中的效率提高,欧盟GDPR还设置了欧盟数据保护委员会。欧盟数据保护委员会由各成员国的监管机构和欧洲数据保护监督机构的负责人或其各自派遣的代表组成,其负责统一欧盟GPDR在各成员国之间的实施标准,同时也负责对各成员国之间的分歧进行协调统一,给出建设性意见或

---

[1] 参见张明英、潘蓉:《〈数据治理白皮书〉国际标准研究报告要点解读》,载《信息技术与标准化》2015年第6期。

[2] 参见梅宏主编:《数据治理之论》,中国人民大学出版社2020年版,第71页。

者作出最终决定。[1] 根据德国《联邦数据保护法》的规定,自动处理个人数据的机构应以书面形式任命数据保护官。只有拥有专业知识和证明其具有履行有关职责所必需的可靠性的人,才可以被指定为数据保护官员。数据保护官员应当直接隶属于公共或私人机构的负责人。[2] 英国的《数据保护法案》同样对数据保护专员作了专门的规定。[3]

《新加坡个人数据保护法》设立了个人数据保护委员会。根据该法第6条的规定,委员会的主要职能是:增强新加坡的数据保护意识;提供有关数据保护的咨询、建议、技术、管理或其他专业服务;对任何关于数据保护的事宜向政府提供意见;代表政府处理有关数据保护的国际事务;开展研究、调查,促进有关数据保护的教育活动,并支持开展该类活动的其他机构;自行或代表政府同其他机构开展关于数据保护领域的技术合作和交流;执行其他任何成文法律授予委员会的职能,以及从事或履行部长通过《政府公报》可能批准或委派委员会行使的其他活动或职权。自《个人数据保护法》生效以来,委员会已对未尽到保护个人数据义务或侵犯个人数据的多家机构作出了处罚。其中,处罚最重同时也是影响最大的个人数据遭泄露的案例,是2018年的新加坡健康服务私人有限公司的病例数据泄露案。[4]

近年来,我国特别重视数据治理的法治化建设,将数据监管逐步纳入法治化的轨道。2021年6月10日通过的《数据安全法》第5条、第6条规定,中央国家安全领导机构负责数据安全工作的决策和议事协调,研究制定、指导实施国家数据安全战略和有关重大方针政策,统筹协调国家数据安全的重大事项和重要工作,建立国家数据安全工作协调机制。各地区、各部门对本地区、本部门工作中收集和产生的数据及数据安全负责。工业、电信、交通、金融、自然资源、卫生健康、教育、科技等主管部门承担本行业、本领域数据安全监管职责。公安机关、国家安全机关等依照本法和有关法律、行政法规的规定,在各自职责范围内承担数据安全监管职责。国家网信部门依照本法和有关法律、行政法规的规定,负责统筹协调网络数据安全和相关监管工作。各个地方也推出了一系列地方性法规和规章推动数据监管,省级层面的地方性法规和规章主要有《贵州省大数据发展应用促进条例》(2016)、《浙江省公共数据和电子政务管理办法》(2017)、《天津市促进大数据发展应用条例》

---

〔1〕 参见《欧盟〈一般数据保护条例〉》,瑞栢律师事务所译,法律出版社2018年版,第78~91页。

〔2〕 参见李爱君、苏桂梅主编:《国际数据保护规则要览》,法律出版社2018年版,第8~9页。

〔3〕 参见李爱君、苏桂梅主编:《国际数据保护规则要览》,法律出版社2018年版,第178~179页;*Data Protection Act 2018*,https://www.legislation.gov.uk/ukpga/2018/12/contents/enacted。

〔4〕 参见李爱君、苏桂梅主编:《国际数据保护规则要览》,法律出版社2018年版,第405~407页;屈文生:《新加坡个人数据保护的立法与实践》,载《人民法院报》2020年7月10日,第8版。

(2018)、《贵州省大数据安全保障条例》(2019)、《安徽省大数据发展条例》(2021)、《辽宁省政务数据资源共享管理办法》(2019)、《山东省电子政务和政务数据管理办法》(2019)、《安徽省政务数据资源管理办法》(2020)、《吉林省促进大数据发展应用条例》(2020)、《山西省大数据发展应用促进条例》(2020)等。此外,一些设区的市人大常委会和政府也制定了大数据管理的法规和规章,比如《深圳经济特区数据条例》(2021)、《贵阳市大数据安全管理条例》(2018)、《沈阳市政务数据资源共享开放条例》(2020)。

各省(自治区、直辖市)根据本地区实际设置的数据监管机构的类型各不相同,主要包括以下几种:(1)政府组成部门,如北京市大数据管理局、内蒙古自治区大数据发展管理局、陕西省政务数据服务局和大数据管理与服务中心等;(2)政府直属机构,如广东省政务服务数据管理局、山东省大数据局、贵州省大数据发展管理局等;(3)政府部门内设机构,如山西省大数据产业办公室为省工信厅内设机构;(4)政府部门管理机构,如浙江省大数据发展管理局、福建省数字福建建设领导小组办公室(省大数据管理局)、河南省大数据管理局;(5)政府部门管理的事业单位,如天津市大数据管理中心、黑龙江省政务大数据中心、上海市大数据中心等;(6)企业法人,如海南省大数据管理局;(7)省直事业单位分支机构,如辽宁省大数据中心。由于数据监管机构的行政级别不尽相同,因此,数据监管的力度差异较大。一般来说,政府组成部门、政府部门内设机构等的统筹力度相对较大。[1]

三、公共数据开放的法治化

随着数据产业的迅猛发展,我国政府对公共数据共享开放和开发利用的重要性有了清晰的认识,为此推出了一系列法律法规助力公共数据的共享与开放。2015年9月5日,国务院发布的《促进大数据发展的行动纲要》明确指出,我国在大数据发展和应用方面存在政府数据开放共享不足、法律法规建设滞后等亟待解决的问题,明确提出"加快政府数据开放共享,推动资源整合,提升治理能力"的要求,并将"形成公共数据资源合理适度开放共享的法规制度和政策体系"作为一个建设目标。2016年9月5日,国务院出台《政务信息资源共享管理暂行办法》,规范政务部门间政务信息资源共享工作,提出了"以共享为原则,不共享为例外"的原则,并将政务信息资源按共享类型分为无条件共享、有条件共享、不予共享3种

[1] 参见梅宏主编:《数据治理之论》,中国人民大学出版社2020年版,第84~85页。

类型。《数据安全法》对数据开放作出了规定,该法第 41 条规定,国家机关应当遵循公正、公平、便民的原则,按照规定及时、准确地公开政务数据。第 42 条规定,国家制定政务数据开放目录,构建统一规范、互联互通、安全可控的政务数据开放平台,推动政务数据开放利用。这两条规定确立了数据开放的原则、主体、种类、方式和要求。但是这些规定过于原则,数据开放的具体问题有待法规和规章作出更细化的规定。

2017 年 5 月 1 日开始施行的《贵阳市政府数据共享开放条例》是我国首部关于政府数据开放的地方性法规。该条例对数据采集汇聚、数据共享、政府数据开放的概念、原则、主体、范围、标准、内容、格式、程序等问题均作了较为详细的规定,在规则体系的完备性以及具体制度安排的合理性和可操作性方面均体现了较高的立法技术和水平。2018 年 1 月 12 日,贵阳市人民政府发布《贵阳市政府数据共享开放实施办法》。这部规章补充、细化了《贵阳市政府数据共享开放条例》的相关规定。2019 年 8 月,上海市政府通过《上海市公共数据开放暂行办法》。2019 年 9 月,海南省人大常委会通过《海南省大数据开放应用条例》。2020 年 6 月,浙江省政府通过《浙江省公共数据开放与安全管理暂行办法》。

公共数据开放是指公共管理和服务机构面向社会提供原始性、可机器读取、可再开发利用和促进数据技术创新、发展的公共数据活动。公共数据是指公共管理和服务机构在依法履行职责过程中获得的各类数据资源。公共数据按照开放类型分为无条件开放、有条件开放和不予开放 3 类。有条件开放公共数据是指可以部分提供或者需要按照特定条件提供给自然人、法人和非法人组织的公共数据。不予开放公共数据是指涉及国家安全、商业秘密和个人隐私,或根据法律、法规等规定不得开放的公共数据。无条件开放公共数据是指除有条件开放和不予开放以外的公共数据。

有条件开放公共数据是指具备如下条件的数据:(1)涉及商业秘密、个人信息的公共数据,其指向的特定公民、法人和其他组织同意开放,且法律、法规未禁止的;(2)开放将严重挤占公共数据基础设施资源,影响公共数据处理运行效率的;(3)开放后预计带来特别显著的经济社会效益,但现阶段安全风险难以评估的。不予开放公共数据是指具有下列情形的数据:(1)依法确定为国家秘密的;(2)开放后可能危及国家安全、公共安全、经济安全和社会稳定的;(3)涉及商业秘密、个人隐私的;(4)因数据获取协议或者知识产权保护等禁止开放的;(5)法律、法规规定不得开放或者应当通过其他途径获取的。不予开放公共数据,依法已经脱敏、脱密等技术处理,符合开放条件的,可以列为无条件开放类或者受限开放类公共数据。公共数据开放主体应当优先向社会开放与社会公众生活密切相关、有助于提升民生服务的公共数据，如与公共安全、公共卫生、城市治理、社会治理、民生保障等密切相关的数据，自然资源、生态环境、交通出行、气象等数据，与数字经济发展密切相关的行政许可、企业公共信用信息等数据。

鉴于公共数据开放的最终目的是使数据的价值得到充分的发掘，因此当公共管理和服务机构选择向社会开放相关数据时，应尽量以机器可读的形式对数据进行呈现。机器可读要求主要包括两个方面：一是数据应以结构化方式进行存储，从而使数据利用者可以直接通过软件程序对数据本身进行利用；二是数据应尽量以通用格式而非专有格式呈现，以降低在数据使用上的技术门槛。[1] 公共管理和服务机构应当按照相关技术标准和要求，对列入开放清单的公共数据进行整理、清洗、脱敏、格式转换等处理，并根据开放清单明确的更新频率，及时更新数据。

四、公共数据利用的法治化

公共数据利用的法治化将为最大限度发挥公共数据价值提供坚实的制度保障。2015 年 8 月，国务院印发的《促进大数据发展行动纲要》提出，“完善法规制度和标准体系，科学规范利用大数据，切实保障数据安全”。2016 年 7 月，中共中央办公厅、国务院办公厅印发的《国家信息化发展战略纲要》明确指出，当前，我国信息资源开发利用不足与无序滥用的现象并存，要加强顶层设计和系统规划，完善制度体系，全面提升信息采集、处理、传输、利用、安全能力，构筑国家信息优势。因此，要开发信息资源，释放数字红利，引导和规范公共信息资源增值开发利用，支持市场主体利用全球信息资源开展业务创新。《数据安全法》将“促进数据开发利用”置于立法目的的重要地位，并在多个条文中对如何促进数据开发利用作出明确规定。我国采取了数据利用与数据安全统筹推进的模式，坚持以数据开发利用和产业发展促进数据安全，以数据安全保障数据开发利用和产业发展。《国民经济和社会发展第十四个五年规划和 2035 年远景目标纲要》提出，建立健全国家公共数据资源体系，确保公共数据安全，推进数据跨部门、跨层级、跨地区汇聚融合和深度利用。健全数据资源目录和责任清单制度，提升国家数据共享交换平台功能，深化国家人口、法人、空间地理等基础信息资源的共享利用。扩大基础公共信息数据安全有序开放，探索将公共数据服务纳入公共服务体系，构建统一的国家公共数据开

---

〔1〕 参见张建锋：《数字政府 2.0：数据智能助力治理现代化》，中信出版社 2019 年版，第 256 页。

放平台和开发利用端口，优先推动企业登记监管、卫生、交通、气象等高价值数据集向社会开放。开展政府数据授权运营试点，鼓励第三方深化对公共数据的挖掘利用。

近5年来，各地纷纷出台规范公共数据开发利用的地方性法规。例如，2016年1月，贵州省人大常委会通过《贵州省大数据发展应用促进条例》；2019年9月，海南省人大常委会通过《海南省大数据开发应用条例》；等等。另外，《上海市公共数据开放暂行办法》《浙江省公共数据开放与安全管理暂行办法》等地方性规章也对数据开发利用作出详细的规定。

（1）明确公共数据是重要生产要素。数据作为基础性战略资源和基本生产要素，可以助力产业转型升级、提升社会治理体系与治理能力现代化，并可以催生新的经济形态和商业模式，激发组织变革和制度创新。法治保障是培育数据要素市场的重要依托，数据产权、数据流通、数据安全等关键问题的解决有赖于明确的法律依据。《浙江省公共数据开放与安全管理暂行办法》第23条规定，县级以上人民政府应当将公共数据作为促进经济社会发展的重要生产要素，发展和完善数据要素市场，以开放公共数据培育数字经济新产业、新业态和新模式，推动公共数据在经济调节、市场监管、公共服务、社会管理和环境保护等领域的开发利用，提升省域治理现代化水平。

（2）明确公共数据利用的一般原则。要求单位、个人利用公共数据应当合法、正当，不得损害国家、社会以及第三人的利益。收集公共数据应遵循合法、必要、适度原则。凡是能通过共享、开放方式获得的公共数据，不得通过其他方式重复收集。《贵州省大数据发展应用促进条例》规定，数据发展应用应当坚持统筹规划、创新引领，政府引导、市场主导，共享开放、保障安全的原则。

（3）鼓励社会广泛利用数据。通过公共数据开放，引导企业、行业协会、科研机构、社会组织等参与政府信息资源的开发利用，借助其技术专长，对部分有价值的公共数据资源进行深度增值开发，以实现资源的优化配置，为社会大众提供高质量、多样化的信息服务。[1]《浙江省公共数据开放与安全管理暂行办法》第26条规定，鼓励高等院校、科研机构和市场主体开展公共数据分析挖掘、数据可视化、数据安全与隐私保护等关键技术研究，提高数据开发利用和安全管理水平。鼓励和支持利用开放的公共数据开展科技研究、咨询服务、应用开发、创新创业等活动，引导公民、法人和其他组织将社会数据与公共数据深度融合利用。

---

〔1〕 参见单志广、房毓菲、王娜编著：《大数据治理：形势、对策与实践》，科学出版社2016年版，第140页。

(4)鼓励多元主体参与。鼓励单位、个人依法开放自有非公数据,促进政企数据融合,形成内容有别、各具特色、各有侧重的数据开放格局。《浙江省公共数据开放与安全管理暂行办法》规定,公共数据开放主体应当免费开放下列公共数据:①无条件开放的数据;②获取本人、本单位的受限开放类数据;③第三方经他人、其他单位授权获取其受限开放类数据;④国家和省规定应当免费开放的数据。公共数据开放主体应当对受限开放类公共数据的开放和利用情况进行后续跟踪、服务,及时了解公共数据利用行为是否符合公共数据安全管理规定和开放利用协议,及时处理各类意见建议和投诉举报。

五、数字政府与数字法治

(一)数字政府

2017 年 10 月,党的十九大将"网络强国、数字中国、智慧社会"并列为建设目标。这从战略层面为数字政府建设指明了方向。2019 年 11 月,党的十九届四中全会通过的《中共中央关于坚持和完善中国特色社会主义制度推进国家治理体系和治理能力现代化若干重大问题的决定》明确指出:"建立健全运用互联网、大数据、人工智能等技术手段进行行政管理的制度规则。推进数字政府建设,加强数据有序共享,依法保护个人信息。"建设数字政府成为"创新行政方式,提高行政效能,建设人民满意的服务型政府"的重要途径和关键抉择。2020 年 11 月,党的十九届五中全会通过的《中共中央关于制定国民经济和社会发展第十四个五年规划和二〇三五年远景目标的建议》明确提出,加强数字社会、数字政府建设,提升公共服务、社会治理等数字化智能化水平。建立数据资源产权、交易流通、跨境传输和安全保护等基础制度和标准规范,推动数据资源开发利用。加强数字政府建设成为"加快发展现代产业体系,推动经济体系优化升级"的重要举措。2021 年 3 月通过的《国民经济和社会发展第十四个五年规划和 2035 年远景目标纲要》提出,迎接数字时代,激活数据要素潜能,推进网络强国建设,加快建设数字经济、数字社会、数字政府,以数字化转型整体驱动生产方式、生活方式和治理方式变革。将数字技术广泛应用于政府管理服务,推动政府治理流程再造和模式优化,不断提高决策科学性和服务效率。

数字政府是政府借助大数据、云计算、移动物联网等技术,精准计算和高效配置各类数据资产,并应用于政务管理、公共服务、经济社会发展等领域而构建的政府形态。[1] 数字政府涉及组织形式、内外关系、行政工具、行政方式、行政程序等多个维度。[2] 根据《浙江省数字化改革总体方案》的界定,数字政府的目标是以数字化手段推进政府治理全方位、系统性、重塑性变革,构建整体高效的政府运行体系、优质便捷的普惠服务体系、公平公正的执法监管体系、全域智慧的协同治理体系。数字政府具有网络化、平台化、数据化、智能化、生态化5个方面的特征。数字政府网络化是指从政府单方在线转为政府与民众双在线;数字政府平台化是指从分散的小平台转到统一的大平台;数字政府的数据化是指从分散的信息化产物转到整合的数据资源;数字政府的智能化是指从基于业务的信息技术应用转到基于数据的智能化创新;数字政府的生态化是指从相对封闭的自循环转到开放的创新大生态。数据化是数字政府在数据技术时代的全新形式,其最大的特点是数据资源化以及围绕数据的多维度创新。政府在数据化建设的基础上,如果管好数据、用好数据,最大限度挖掘数据价值,需要数据化治理的新理念。[3]

(二)数字法治

数字政府与数字法治有着密切的联系。数字政府建设呼唤数字法治,数字法治为数字政府建设提供坚实的法治保障。数字法治充分运用大数据、云计算、人工智能等现代科技手段,推进法治政府建设的数据化、网络化、智能化。数字法治要求优化整合法治领域各类信息、数据、网络平台,致力于推进法治网络化、平台化、数据化、智能化工程建设。数字法治和数字政府共同构成了国家治理体系和治理能力现代化中不可缺少的部分。"数字政府的快速发展,带来了效率与公平、创新与稳定、便利与安全、整体与个体等多方面的价值冲突,而法治可以为这些价值冲突提供解决路径,更可以保障数字政府建设的稳步、妥善推进。"[4] 如何在法治允许的范围内最大限度地推动改革,将是数字政府改革建设不可回避的重要问题。数字政府的推进给原有的法律体系带来的最主要挑战有三个方面:一是数据作为新的生产要素所带来的权利关系和制度体系构建需求;二是数字政府的组织建设对原有行政组织体系的挑战;三是新技术发展会改变人们对原有行政程序合理性的认知。[5] 数字政府建设在极大改变政府治理方式的同时,也引发了效率与公

[1] 参见王啸宇、王宏禹:《DT时代的治理模式:发展中的数字政府与数据政务》,载《河北大学学报(哲学社会科学版)》2018年第4期。

[2] 参见马颜昕等:《数字政府:变革与法治》,中国人民大学出版社2021年版,第13页。

[3] 参见张建锋:《数字政府2.0:数据智能助力治理现代化》,中信出版社2019年版,第41~46页。

[4] 马颜昕等:《数字政府:变革与法治》,中国人民大学出版社2021年版,第1页。

[5] 参见马颜昕等:《数字政府:变革与法治》,中国人民大学出版社2021年版,第2页。

平、创新与稳定、先进与平等、便利与安全这几组价值的内在冲突,法治是解决这些价值冲突的重要途径。数字政府建设自身也需要法治保障,数据治理、服务平台、自动化审批、行政流程再造等方面的改革成果需要由法律予以固定和保障,新的制度需要由法律规范体系向公务员和行政相对人提供操作指引。同时,数字政府建设也可以实现主动、精准、整体式、智能化的政府管理和服务,有效提升法治政府的建设水平。[1]

2021 年 8 月,中共中央、国务院印发的《法治政府建设实施纲要(2021—2025 年)》明确提出"全面建设数字法治政府"的目标。坚持运用互联网、大数据、人工智能等技术手段促进依法行政,着力实现政府治理信息化与法治化的深度融合,优化革新政府治理流程和方式,大力提升法治政府建设数字化水平。从数字政府到数字法治政府的转变,是一种适应数字时代的要求,是对政府理念、机构、职能、流程再造的法治化进程,因此必须坚持技术维度与法治维度并重。[2]

浙江省的数字法治建设走在全国前列。2017 年 5 月,浙江省人民政府出台了《浙江省公共数据和电子政务管理办法》。2018 年 11 月 30 日,浙江省人大常委会通过《浙江省保障"最多跑一次"改革规定》,该规定从"一窗受理""集成服务""联合踏勘""联合验收""综合执法""联合执法""联合惩戒"等多方面着手,强化整体政府理念。同时,该规定对平台和数据共享作了专章规定:一是明确公共数据以共享为原则,不共享为例外,并规定电子申请材料与纸质申请材料、电子证照与纸质证照具有同等法律效力,电子签名等验证与本人到场签名具有同等效力,为实现线上办理提供依据。二是对数字化转型的平台作了规定,包括一窗受理平台、公共数据平台、国际贸易综合管理服务平台、咨询投诉举报统一服务平台、企业投资项目在线审批监管平台等,应当以浙江省政务服务网为依托,为实现政务服务"一网通办"提供保障。

2020 年 12 月 24 日,浙江省人大常委会通过《浙江省数字经济促进条例》。该条例是全国第一部以促进数字经济发展为主题的地方性法规,对促进浙江省数字经济发展,提升现代化经济体系核心竞争力,推进省域治理现代化具有重要意义。《浙江省数字经济促进条例》以法规的形式规定了地方政府在数字基础设施、数据资源、数字产业化、产业数字化、治理数字化等方面的职责。这对浙江省数字政府建设起到重要的促进作用。治理数字化,是指在政治、经济、文化、社会、生态文明等领域,运用现代信息技术,实现治理机制、方式和手段的数字化、网络化、智能化,

---

〔1〕 参见马颜昕等:《数字政府:变革与法治》,中国人民大学出版社 2021 年版,第 33～46 页。
〔2〕 参见张树军:《数字法治政府迈向未来》,载《中国纪检监察报》2021 年 8 月 17 日,第 5 版。

推进治理体系和治理能力现代化。治理数字化是数字法治的重要内容。该条例第六章对治理数字化作了以下详细规定:一是规定政府及有关部门应当按照整体智治要求推进政务服务、政府办公全流程网上办理、掌上办理,并规定行政执法掌上办理等政府数字化转型的具体手段。二是要求加强"城市大脑"和智慧城市建设,促进现代信息技术在乡村治理中的应用。三是规定加强数字教育、智慧医疗健康、智慧养老体系建设的基本路径和目标。四是要求加强综治工作平台等基层治理"四平台"的建设运营,并明确未来社区示范建设的基本要求。五是关注老年人数字鸿沟问题,要求按照优化传统服务与创新数字服务并行的原则保障老年人等群体的基本服务需求,改善服务体验。

2021年3月,浙江省高级人民法院印发《关于推进建设"浙江全域数字法院"重大改革的实施方案》的通知。浙江省数字法院改革是数字法治建设的重要组成部分。"全域数字法院"是按照系统观念、法治思维、强基导向要求,以高度数字化和智能化手段实现数字正义为目标,打破空间和时间制约,形成全业务平台通办、全时空泛在服务、全流程智能辅助、全省域资源整合、全方位制度变革的信息时代司法运行、组织和管理新模式,实现互联网法院新模式从"风景"到"全景"。"全域数字法院"具有全域化、一体化、智能化、制度变革的特征。全域化体现在三个维度:一是司法领域全业务覆盖、全要素优化、全周期管理;二是物理空间和虚拟空间全覆盖;三是法院服务社会治理,实现跨层级、跨地区、跨部门的全覆盖。"全域数字法院"让算法和数据作为信息时代新的生产力和生产要素发挥最大价值,将为全面实现智慧审判、智慧执行、智慧服务、智慧管理的法院工作格局打下坚实的基础。"全域数字法院"改革将数字化技术、数字化思维、数字化认知,积极融入法治领域,推进审判领域理论体系、诉讼制度、组织架构、业务流程的全面重塑,打造引领性、前沿性、开创性的新时代现代化法院,也将极大地助力数字法治建设。

【典型案例】

2013年至2016年9月27日,被告人陈某华从号百信息服务有限公司(以下简称号百公司)数据库获取区分不同行业、地区的手机号码信息提供给陈某武,被告人陈某武以0.01~0.2元/条不等的价格在网络上出售,获利金额累计达2000余万元,涉及公民个人信息2亿余条。被告人王某自2015年开始受被告人陈某华指使帮助陈某华从号百公司数据库获取公民个人信息并发送到指定邮箱。被告人陈某武将被告人陈某华提供的公民个人信息出售获得的赃款部分分给陈某华。被告人姜某乾于2014年1月3日至2016年9月27日,以0.08~0.12元/条不等的价格向被告人陈某武购买公民个人信息1235万余条,支付1,482,418元,以0.09~

0.1元/条不等的价格在网络上将其购买的公民个人信息出售给王某6、赵某2、张某3、高某、张某4等人，其中经查证属实的获利额计14,508.6元以上。被告人杨某于2014年2月14日至2016年9月25日，以0.1～0.2元/条不等的价格向被告人陈某武购买公民个人信息299万余条，支付448,630元。被告人杨某将其中以30余万元购得的80%左右的公民个人信息以购买原价出售给其所在公司的下属员工张某1、刘某1、徐某、盛某等人。

浙江省台州市中级人民法院认为，上诉人（原审被告人）陈某武、陈某华、姜某乾、杨某违反国家规定，非法获取、购买、出售公民个人信息，被告人王某明知陈某华非法获取公民个人信息而仍提供帮助，情节特别严重，其行为均已构成侵犯公民个人信息罪。

【问题与思考】

1. 智能政务有哪些特征？
2. 智能政务要遵守哪些法治原则？
3. 智能政务为何要尊重和保障人权？
4. 怎样看待数据治理法治化？
5. 谈谈你对数字政府与数字法治关系的理解？

Part

第二编

数字社会的法律规制

第六章 数据竞争与垄断

【法律故事】

2017 年 8 月 10 日，微博发布公告称："某第三方新闻平台在微博毫不知情、并未授权的情况下直接从微博抓取自媒体账号的内容"，微博这里所称的第三方平台即是今日头条的产品"微头条"。"微头条"通过获取用户的授权而绕开微博的授权，直接利用"爬虫"手段获取用户的微博内容。今日头条的行为是否合法，可以从多个不同角度进行思考，如今日头条是否违反不正当竞争法，是否侵犯微博的知识产权。但对于企业来说，用户是否具有数据携带权，将对企业间的数据竞争产生重要影响。

第一节 企业数据与不正当竞争

一、数据争议与数据权属

数据对于互联网企业的发展具有举足轻重的作用。一个互联网企业与平台拥有的用户数量越多，它可能吸引的用户就越多，在和其他互联网企业与平台的竞争中，它就越可能处于有利地位。这种"滚雪球式"的网络效应使互联网企业往往将数据视为竞争中的核心资产。[1]

或许正是由于数据的重要地位，近年来关于数据的争议问题层出不穷。各方

---

〔1〕 关于网络效应，参见 Michael L. Katz & Carl Shapiro, *Network Externalities*, *Competition and Compatibility*, 75 AM. ECON. Rev. 424 (1985); Mark A. Lemley & David McGowan, *Legal Implications of Network Economic Effects*, 86 CAL. L. Rev. 479 (1998)。

所争议的核心问题都是数据：当一个网络平台通过技术手段获取另一个平台的数据时，这种行为是否合法与合理？或者更为简单地说：平台的数据到底属于谁？[1]

对于由平台数据爬虫而引发的数据权属问题，可以归纳为4种观点：平台数据属于个人所有；平台数据属于平台所有；平台数据属于个人与平台共有；平台数据属于公共所有。但从法律条文的角度分析或从法律教义的角度分析，无论哪种观点都无法得到支持。从后果主义的角度分析，也可以发现无论把平台数据配置给哪一方都不合理。

数据权属无论配置给哪一方都存在问题，其深层次原因在于，数据的属性往往高度依赖于具体场景。数据与普通物品不同。一件具体的物品，在不同的场景下性质基本不变，都受到法律上的物权或财产权的保护，但数据在不同的场景中可能呈现完全不同的特征。同样的一组数据，在不同的场景中对于不同的对象而言可能分属不同类型的数据。以社交网络中的用户数据为例，此类用户数据对于朋友圈的对象来说无疑属于公开数据，因为这类数据的本意就在于朋友圈的传播。但对于平台与第三方企业来说，此类用户数据又属于数据隐私所保护的对象，因为其中包含了大量可识别的个人信息。此外，对于具有竞争关系的第三方平台而言，此类用户数据的集合又具有类似数据库的性质，或者需要法律的某种保护。因为此类数据具有极高的商业性价值，而且平台为此投入了大量的资金，付出了大量的劳动。

二、数据权属的场景化界定

（一）数据权益的场景化保护

数据权属问题高度依赖场景，这意味着，维护个人数据权益与企业数据权益必须采取场景化的保护方式。通过在具体场景中确定数据的性质与类型，并根据具体场景中各方的合理预期确定相关主体的数据权益，这是解决数据权属与数据争议的最好方式。

在数据隐私的学术研究中，个人数据的场景化保护进路已经为很多学者认可。例如，以隐私场景理论著称的海伦·尼森鲍姆（Helen Nissenbaum）教授曾经指出，

---

〔1〕 2019年6月，在阿里巴巴罗汉堂所发布的十大问题中，其中一个问题就是，“数据是谁的？谁是真正的受益者？”，参见《阿里巴巴罗汉堂发布最关乎世界未来的十大问题及学者解答》，载 http://mini.eastday.com/mobile/190626235344267.html，最后访问时间：2019年6月29日。

数据隐私保护的基本原则与关键在于实现数据的“场景性公正”(contextual integrity),[1]即要在具体场景中实现个人数据与信息的合理流通。[2] 尼森鲍姆的理论之所以影响巨大,其理论中的“尊重场景”(respect for context)成为奥巴马政府时期起草的《消费者隐私权利法案》的指导思想,最重要的原因就在于其理论契合了个人数据保护的基本特征。另一个例子是数据隐私法的权威学者丹尼尔·索洛夫(Daniel Solove)的隐私分类理论。索洛夫借用维特根斯坦的语境理论,指出隐私并不存在一个核心或本质特征,保护隐私实际上是保护具体场景中的某些个人权益不受侵害。[3] 此外,阿里·瓦尔德曼(Ari Ezra Waldman)教授也指出,不能以个人权利来理解隐私与个人信息或个人数据,[4]因为隐私问题的本质在于信任,其权利的边界需要根据具体场景中的合理期待来确定。[5]

在实践中,个人数据保护也采取了场景化的保护进路。在美国,联邦层面没有对个人数据保护进行太多立法,[6]但美国联邦贸易委员会通过执法在具体案例中逐渐确立了数据隐私保护的规则。[7] 这种保护方式无疑是高度场景化的,以至于有的学者将其总结为普通法的保护模式。在欧洲,尽管《一般数据保护条例》等法律设立了很多关于个人数据保护的规则体系,但这些规则体系实际上犬牙交错,相互抵牾冲突之处比比皆是;同时,这些规则还常常受到法律原则的约束。[8] 因此,即使欧洲采取了统一立法的模式,但这一立法并未确立个人数据保护的明确边界,未来欧盟个人数据保护的走向仍然取决于具体场景与具体个案中的规则演进。

以场景化的视角看待个人数据保护,一些数据权属难题就会迎刃而解。以上文提到的 Facebook 与剑桥分析公司丑闻案与人人网出售案为例。以非场景化的

---

〔1〕 See Helen Nissenbaum, *Privacy in Context: Technology, Policy, and the Integrity of Social Life*, Stanford University Press, 2009, p. 127.

〔2〕 See Helen Nissenbaum, *Privacy in Context: Technology, Policy, and the Integrity of Social Life*, Stanford University Press, 2009, p. 140.

〔3〕 See Daniel Solove, *Conceptualizing Privacy*, 90 California Law Review 1087(2002).

〔4〕 See Ari Ezra Waldman, *Privacy as Trust: Sharing Personal Information in a Networked World*, 69 U. MiamiL. Rev. 559, 560 – 590(2015).

〔5〕 See Ari Ezra Waldman, *Privacy as Trust: Sharing Personal Information in a Networked World*, 69 U. MiamiL. Rev. 590 – 630(2015).

〔6〕 美国的数据隐私联邦立法主要采取了部门立法的方式(sectorial approach),而且主要集中在某些数据风险较高的领域,如医疗、教育、未成年人等。

〔7〕 See Daniel J. Solove & Woodrow Hartzog, *The FTC and the New Common Law of Privacy*, 114 COLUM. L. Rev. 583, 585 – 86(2014).

〔8〕 参见丁晓东:《什么是数据权利?——从欧洲〈一般数据保护条例〉看数据隐私的保护》,载《华东政法大学学报》2018 年第 4 期。

个人数据保护观来看,很难解释为何剑桥分析公司对于某些个人数据的利用成了丑闻,而人人网整体的个人数据的控制者转移却没有引起过多争议。从场景化的个人数据保护视角出发,则可以非常容易理解二者的差别。在 Facebook 与剑桥分析公司的案例中,Facebook 与剑桥分析公司对某些个人数据的利用打破了个体的合理预期,而且并未获取个体的同意,这才造成了数据隐私保护的失败。而在人人网的出售案例中,人人网出售前虽然也并未征求个体的同意,但由于人人网的出售并没有改变个人数据所使用的场景和预期,因此即使人人网的出售行为改变了网站数据的控制者,此种行为也并未直接对个人数据隐私造成威胁。[1] 只要人人网的购买者承担起个人数据保护的责任,在个人的合理预期内使用平台数据,个人的数据隐私就能得到合理的保护。[2]

企业或平台数据权益也更宜采用场景化的保护进路。在关于数据爬虫争议的司法实践中,中国与美国所援引的法律依据有些差别。中国的法院更多采取了以竞争法的方式保护平台数据,而美国的法院则更多诉诸英美法与制定法上的非法侵入(trespass)。但二者在场景化保护这一点上其实具有相似之处。我国竞争法的保护方式非常强调个案判断与不同案件的类比推理,强调从个案中提取和制定规则,而不是从统一规则中寻求法律答案。而美国法上的非法侵入概念也同样非常依赖于具体场景,何为非法侵入,何为对数据的合理访问与利用,这取决于具体场景与具体个案中的多种不同因素。

从法理上来说,对平台数据权属采取场景化的保护,这实际上是以理性规则(rule of reason)——而非规则本身(rule per se)——对数据权利问题进行判断的。对于法律争议,传统的法律领域常常强调法律规则的重要性,主要通过规则与例外规则的设定划分各方的权利边界。但在竞争法、反垄断法等领域,国外的法律更多以理性规则与个案判断确定各方权利。[3] 之所以以这种方式设定各方的权利义务,其原因在于此类问题的争议往往更依赖具体场景(context-specific),更难依赖脱离场景的规则进行确定。就数据而言,由于数据问题的高度场景化特征,采取理

---

〔1〕 当然,人人网可能需要告知其用户,数据控制者已经发生了变化,以保证用户的知情权。欧盟的《一般数据保护条例》第 13 条规定,当收集和数据主体相关的个人数据时,控制者应当为数据主体提供“控制者的身份与详细联系方式,如果适用,控制者的代表”。

〔2〕 从法律责任的角度而言,这种责任更接近于“信托责任”而非“合同责任”,See Jack M. Balkin, *Information Fiduciaries and the First Amendment*, 49 U. C. DavisL. Rev. 1183(2016)。

〔3〕 See Bus. Elecs. Corp. v. Sharp Elecs. Corp., 485 U. S. 717, 726(1988).

性规则无疑将更有利于对个人数据和企业数据进行更为合理的保护。[1]

(二)数据权属界定的因素考量

在实体问题判断中,平台数据权属的场景化界定需要考虑一系列因素。第一,应当将数据隐私保护作为最重要的考虑因素之一。在数据隐私会给个人带来较大风险或打破个体合理预期的情形下,应坚持数据隐私合理保护相对企业数据权益的优先性。这是因为,一旦个人数据隐私得不到合理保护,不但个人的合法权益无法得到保障,企业也会丧失来自用户与消费者的信任。[2]

第二,在保障个人数据隐私的前提下,应注重促进数据的共享与互联互通。数据的共享与互通不但无损于数据本身的价值,而且更可能发挥数据的规模化优势,真正发挥大数据的功能,并为人工智能产业提供坚实基础。毕竟,所谓的大数据,其最主要的特征就是“高容量、快周转、多种类”,[3]离开了数据的共享与互通,大数据以及人工智能的发展就是无源之水。

此外,我们更要认识到数据共享与互通的国际战略意义。在可预见的将来,中国互联网企业必然会逐步进行海外拓展,在这种拓展过程中,数据的获取与使用必然是重要的战略环节。制定符合数据特征的数据共享与互通制度,将有利于中国互联网企业在“一带一路”国家的布局。

第三,应根据爬虫平台与被爬虫平台的性质、爬虫行为的特征等因素确立不正当竞争与合理使用的边界。就爬虫平台一方而言,当爬虫平台一方具有公益性或具有公共基础设施的性质时,应当更多地允许爬虫平台进行数据爬虫。例如,对于搜索引擎的数据爬虫,美国与欧盟等地区都确立了对于搜索引擎的数据开放立场,即使对于受版权保护的信息与数据,搜索引擎对其的数据爬虫行为也被认为属于合理使用的范围,[4]因为搜索引擎具有信息公共基础设施的性质,搜索引擎的数

---

〔1〕 需要指出的是,平台数据权属的场景化界定并不意味着数据权属问题本身的消亡。作为一种法律的拟制与想象,权属问题会在所有具有财产性利益的问题中如影随形。随着数据的价值日益凸显,可以想象对于数据权属的争议将会更加突出,数据收集与利用的相关各方会更多运用权属的概念体系阐述自身的主张。在这个意义上,本书的论述并不能也并不是为了消解数据权属问题本身,而是为了重构思考这一问题的视角与进路。

〔2〕 在平台对个人数据的利用不会带来风险或打破合理预期的前提下,则不宜对个人数据的合理收集与使用施加过多的限制,而是要不断拓展个人的各类数据权利。

〔3〕 Gartner IT glossary Big data, http://www. gartner. com/it-glossary/big-data, accessed December 3, 2018.

〔4〕 See The Authors Guild Inc. , et al. v. Google, Inc. , 755 F. 3d 87(2d Cir. 2014).

据爬虫无疑有利于数据的公共传播与利用。[1]

而就被爬虫平台的一方而言,应当考虑被爬虫平台一方的数据体量与数据性质。当被爬虫的一方数据体量巨大,而其中的数据又属于原始数据或基础数据时,此时应当更多允许第三方的数据爬虫与数据合理使用。这是因为,当超级网络平台收集海量数据后,此时数据的潜在垄断就会成为可能。如果赋予此类平台过强的数据保护,其结果就可能出现所谓的数据割据,无法实现数据共享与数据的普惠性。在数据库的例子中,这样的问题已经出现。在美国与欧洲,一些学术数据库巨头掌握了学术论文的垄断性,要想查看论文常常需要花费不少的金额;[2]在中国,由中国知网(中国期刊全文数据库)所引发的垄断问题也引发了越来越多的批判。[3] 如果数据资源不能实现总体性的开放共享与有序流通,那么中小型互联网企业就会面临数据壁垒,互联网领域就无法形成有效的竞争。

就爬虫性质而言,在其他因素相同的情况下,当某个平台爬虫后将数据用于和被爬虫平台类似的商业场景中,此时应当倾向于认定数据爬虫的不正当竞争;而当数据爬虫的目的是对数据进行进一步处理或在其他场景下对数据进行利用,此时应当倾向于认定数据爬虫的合理使用。这是因为,前一种行为并没有对数据进行创造性的利用,也没有为消费者提供差异化服务,其对数据的爬虫完全是一种"搭便车"行为,不利于构建良好的市场竞争环境。相对而言,第二种数据爬虫行为虽然也具有搭便车的因素,但鉴于数据较强的公共属性和此类服务的创新和差异化服务,此时应当更多倾向于认定数据的合理使用,或者应当更为慎重地认定为不正当竞争。

当然,确定数据爬虫属于不正当竞争还是合理使用,需要考虑的因素还远不止以上因素。例如,还需要结合具体场景中的商业习惯与行业惯例来判断企业的合理预期。这些多种因素的判断无疑给司法与法律判断增加了难度,但从另一个角度来看,多种因素的综合性分析将使得司法对此问题的分析更为全面与融贯,更能符合法律的整体性解释。[4]

---

[1] 当然,搜索引擎的公共基础设施的性质也意味着搜索引擎在很多方面应当承担更多的公共责任,例如,应当向公众提供更多的中立性信息,搜索引擎企业一旦走向封闭和丧失其公益性,其合理爬虫与使用的权利也就随之消失。

[2] See Daryl Lim, *Regulating Access to Databases Through Antitrust Law: A Missing Perspective in the Database Debate*, Stan. Tech. L. Rev. 7(2006).

[3] 参见《中国知网的生意,一年挣9.7亿,垄断全文学术信息》,载 https://xw.qq.com/amphtml/20190214A10XCZ00,最后访问时间:2018年12月21日。

[4] 对于法律的整体性解释理论与融贯性解释理论,参见 Ronald Dworkin, *Law's Empire*, Belknap Press of Harvard University Press, 1986, p. 176-275。

三、反不正当竞争的法理反思

互联网反不正当竞争之所以成为一个难点，是新老问题叠加的结果。就老问题而言，反不正当竞争法对于何为不正当竞争一直存在法理争议。《反不正当竞争法》除了在第2章中规定了具体的不正当竞争行为（如商品混淆、商业贿赂、虚假宣传、侵犯商业秘密、虚假有奖销售、贬低声誉）之外，[1] 在第2条一般条款中将“扰乱市场竞争秩序，损害其他经营者或者消费者的合法权益的行为”列为不正当竞争行为。但这一条款其实包含了三种并列的法益：市场竞争秩序、经营者合法权益、消费者合法权益。而《反不正当竞争法》本身并没有说明，到底应当如何界定这三种法益？这三种法益之间的关系又应当如何进行协调？因此，需要分析反不正当竞争的法理基础。

分析《反不正当竞争法》的法理基础，可以从这部法律的制定与修改的历程来看。1993年《反不正当竞争法》第2条将不正当竞争界定为“经营者违反本法规定，损害其他经营者的合法权益，扰乱社会经济秩序的行为”。但在2017年修订的版本中，第2条中的“扰乱社会经济秩序”被修改为“扰乱市场竞争秩序”，而且增加了侵害“消费者的合法权益的行为”。[2] 从这一修改来看，《反不正当竞争法》从社会与经济秩序并重的立场转向了市场秩序或经济秩序的立场。因为《反不正当竞争法》不仅删除了“社会秩序”的法益保护，而且其加入的“消费者”的概念其实也是一个市场化的术语。反映了立法者更多从纯粹市场或经济的角度看待《反不正当竞争法》。

《反不正当竞争法》立法与修法的另一特点是，这一法律越来越与国际趋同。例如，2017年修订的版本中就引入了“混淆行为”的概念，以此替代假冒商标的条款。[3] 这一修改使得《反不正当竞争法》更加接近国际上普遍采用的“混淆”（passing off）的教义。[4] 又如，2019年的再次修法，第9条将商业秘密定义形式由

---

〔1〕《反不正当竞争法》第6～11条。

〔2〕1993年《反不正当竞争法》在第1条中规定了保护消费者，但未在第2款中界定不正当竞争行为的具体条款中加以规定。

〔3〕《反不正当竞争法》第6条规定：“经营者不得实施下列混淆行为，引人误认为是他人商品或者与他人存在特定联系。……”

〔4〕尤其在普通法系国家，混淆常常被认为是不正当竞争的同义词，参见 Mary LaFrance, *Passing Off and Unfair Competition: Conflict and Convergence in Competition Law*, Michigan State Law Review 1413 (2011)。

"技术信息和经营信息"修改为"技术信息、经营信息等商业信息",并且在第 9 条增加一款,将经营者以外的其他自然人、法人和非法人组织纳入侵犯商业秘密责任主体的范围。这一修改使得《反不正当竞争法》与国际上对于商业秘密的准财产权保护更为接近。[1]

《反不正当竞争法》的修改反映了立法者的政治决断。党的十八大报告和党的十九大报告都提出"加快完善社会主义市场经济体制",使"市场在资源配置中起决定性作用"。近年来,随着世界经济格局的深刻变化,改善营商环境和吸引外资的任务又变得非常迫切。在这样的背景下,立法者以市场导向与国际标准的价值导向修改《反不正当竞争法》,就是非常自然合理的选择。因为中国的社会主义市场经济必然要求更为注重市场的竞争秩序,而中国与世界经济的深度交融也迫切需要中国采取更加接近国际竞争秩序的规则。[2]

从这种政治决断出发,可以对《反不正当竞争法》保护的法益进行重新思考。首先,就《反不正当竞争法》所保护的市场竞争秩序而言,这种竞争秩序应当是具有时代性与国际性的。所谓时代性,指的是法律所保护的市场竞争秩序并不是一成不变的,会因为时代的变化而变化。在 20 世纪 90 年代初社会主义市场经济建立之初,这可能意味着较为保守的竞争秩序,太过激烈的竞争手段可能会破坏市场秩序。但到了今天,一些过去认为过于激烈的竞争手段可能已经成为熊彼特(Joseph Schumpeter)所说的"创造性破坏"(creative destruction),[3]是摧毁原先落后竞争秩序所必需的手段。[4] 这一点我们也可以从《反不正当竞争法》对"商业道德"的修改看出。2017 年《反不正当竞争法》将 1993 年版本中规定的"公认商业道德"修改为"遵守法律和商业道德",这引起了不少批评的声音,认为删除"公认"会使商业道德更难进行判断。[5] 但就市场竞争秩序的时代性与国际性而言,这一变化其实有其合理之处,因为"公认的商业道德"有可能是落后的和反映既有利益代表的商业道德,删除"公认"的表述与增添"法律"的表述,这有利于《反不正当竞争

[1] 对于商业秘密的知识产权化,参见 Mark A. Lemley, *The Surprising Virtues of Treating Trade Secrets as IP Rights*, 61 Stanford Law Review 311(2008)。

[2] 在国际上,反不正当竞争法也呈现了趋同的趋势。参见 Boris Begović, *Competition Law Convergence: The Case of Transition of the CEE Countries*, https://www.cresse.info/uploadfiles/2017_pa14_pa3.pdf。

[3] Joseph A. Schumpeter Capitalism, *Socialism and Democracy Chapter Ⅶ: The Process of Creative Destruction*, Harper Torchbooks, 1962, p.83.

[4] 参见孔祥俊:《论反不正当竞争法的新定位》,载《中外法学》2017 年第 3 期。

[5] 参见刘旭:《〈反不正当竞争法〉修订草案二审稿之得失》,载 http://opinion.caixin.com/2017-09-19/101147141.html。

法》专注于市场秩序,也有利于《反不正当竞争法》朝着更具时代性与国际性的方向演进。[1]

其次,就《反不正当竞争法》所保护的企业合法权益而言,受到保护的企业合法权益为合同权益和财产权益,包括准合同性权益和准财产性权益,但并非所有类型的存量性权益或机会性权益。《反不正当竞争法》源于欧陆国家,其所保护的企业法益较广。但随着社会的发展,欧陆国家反不正当竞争法所保护的企业法益范围已经较为缩小,开始越来越集中于合同性权益特别是财产性权益。特别是随着欧盟的成立与竞争法的一体化,这一点更为明显。[2] 而就英美法系而言,英美法系就不存在大陆法系意义上的反不正当竞争法。英美法系也存在一些类似大陆法系反不正当竞争法的规则,但这些规则主要保护企业的合同性权益与财产性权益,尤其是保护知识产权类权益。[3]

最后,就《反不正当竞争法》所保护的消费者权益而言,受保护的应是消费者不受欺骗或不公正对待的权益,而非消费者的任何误解或混淆。《反不正当竞争法》的消费者保护功能已经得到越来越多学者的认同,[4]但需要注意的是,消费者权益并非一种静态的权利,也并非一种短期的利益。[5] 在市场竞争与市场创新中,某种新产品或新经济模式很可能会引起消费者误解,如在 20 世纪末汽车发明之初,很多人以为汽车和牛马一样靠吃草运行。某种新产品或新经济模式也可能带来短期损害,例如,智能手机的运用会给一部分习惯传统手机的用户带来不便,习惯于路边打车的消费者也可能因为网约车的兴起而感觉不适。在这些例子中,无疑需要对产品性能的告知进行更多有效说明,以及需要对市场机制中的平等问题进行更多关注。[6] 但在这些例子中,并非消费者的所有误解与伤害都应当得到反不正当竞争法的救济;很多消费者的误解行为其实是社会发展中的误解,即使商

---

〔1〕 基于市场的规范与基于社会秩序的规范本来就有不同的理论基础,参见 Lawrence Lessig, *The New Chicago School*, 27 J. of Legal Studies 661(1998)。

〔2〕 See Frauke Henning-Bodewig ed., *International Handbook on Unfair Competition*, C. H. Beck, Hart, Nomos, 2013, p. 41 – 75.

〔3〕 See Frauke Henning-Bodewig ed., *International Handbook on Unfair Competition*, C. H. Beck, Hart, Nomos, 2013, p. 600 – 652.

〔4〕 参见孟雁北:《论反不正当竞争法保护消费者权益目标的实现》,载《中国市场监管研究》2017 年第 12 期;吴峻:《反不正当竞争法一般条款的司法适用模式》,载《法学研究》2016 年第 2 期;孙晋、闵佳凤:《论互联网不正当竞争中消费者权益的保护——基于新修〈反不正当竞争法〉的思考》,载《湖南社会科学》2018 年第 1 期。

〔5〕 参见黄庆余:《反不正当竞争法在互联网领域的私法化》,载《商业研究》2019 年第 3 期。

〔6〕 如数字鸿沟问题,参见 Mark Bauerlein, *The Digital Divide: Arguments for and Against Facebook, Google, Texting, and the Age of Social Networking*, TarcherPerigee, 2011。

家对消费者进行了足够的告知,也不可能彻底消除消费者的误解。[1] 同时,消费者受到的不便或损失也可能是暂时性或阶段性的,从长期利益与总体利益来看,智能手机以及网约车的兴起无疑给消费者带来了更多的福利与便利。因此,当《反不正当竞争法》期望通过保护消费者权益来界定不正当竞争时,应当以保护消费者不受欺骗或不公正对待的权益作为标准。当商家履行了足够清晰的告知说明义务,相关的误解与混淆是由产品创新而非商家刻意混淆而引起的情形中,不宜认定相关行为为不正当竞争。[2]

总结而言,反不正当竞争的法理基础应当奠定在我国市场经济运行的一般原理之上,并借鉴国际上共识性较高的规则。从这一标准来看,应当经由企业的合同性权益、财产性权益与消费者权益保护的路径判断市场竞争行为,尽量避免将道德或行业惯例作为判断不正当竞争的标准。[3]

第二节　数据垄断的出现与争议

本节将对数据垄断问题进行较为全面的分析。本节首先从国外相关案例,特别是从美国与欧盟的相关执法与司法案例出发,分析了数据垄断问题的发展历程与焦点议题。具体来说,数据垄断提出了三个最为重要的议题。第一,大数据是否强化了某些企业的市场力量或支配力量,因此数据是否应当成为反垄断问题?第二,大数据是否可能成为数字经济企业创新的必要设施,是否应当强制某些大型企业开放其大数据接口?第三,隐私保护是否构成反垄断议题?某些大型企业是否可以凭借其市场力量或支配力量降低隐私保护水平,从而构成滥用市场支配地位?其中第一个问题是前提性的问题,第二个问题和第三个问题则构成了对数据垄断问题的进一步深化。

在关于数据垄断问题的研究与实践中,各方围绕相关问题展开了激烈的争论。几乎在所有问题上,都可以明显看到持有正反不同立场的观点。也因此,本节对于相关问题的分析首先叙述正反双方的观点,然后在此基础上进行综合分析和判断。

---

〔1〕 See Omri Ben-Shahar & Carl E. Schneider, *The Failure of Mandatory Disclosure*, 159 U. The University of Pennsylvania Law Review 647(2011).

〔2〕 美国的联邦贸易委员会也采用了这一标准,参见 FTC, Statement of Enforcement Principles Regarding "Unfair Methods of Competition" Under Section 5 of the FTC Act(Aug. 13, 2015), https://www.ftc.gov/system/files/documents/public_statements/735201/150813section5enforcement.pdf。

〔3〕 类似观点,参见蒋舸:《关于竞争行为正当性评判泛道德化之反思》,载《现代法学》2013 年第 6 期。

通过对于正反观点的辩驳,本节希望对于数据垄断的相关思考可以更加全面,对于相关问题的判断也更为谨慎和理性。

一、美国的数据垄断问题

在美国,反垄断机构对于数据垄断的调查大约可以追溯到 2007 年谷歌对于 Double Click 的调查。谷歌从事搜索引擎与广告中介业务,Double Click 是一家在线广告服务商,二者都拥有大量的用户搜索与浏览历史相关的数据,二者寻求合并。在对这一并购的调查中,[1]美国联邦贸易委员会对“合并可能导致对竞争的非价格因素,例如消费者隐私问题”进行了分析,但最终得出结论认为,“隐私权方面的考虑本身并不能为质疑这一交易提供依据”。[2] 据此,联邦贸易委员会批准了两家企业的合并。但值得注意的是,其中一名委员发表了不同意见,这名委员指出,“如果拟议的收购完成,合并后的谷歌/Double Click 将发挥变革作用。如果委员会此时结束调查,不对合并施加任何条件,那么竞争和消费者的隐私利益都将得不到充分解决”。[3]

其后,美国反垄断机构持续性地对数据问题进行调查。2011 年,谷歌收购在线电子定价和购物平台 ITA。美国司法部在此案中分析了这一合并是否构成纵向限制,调查谷歌是否可能利用数据访问权限限制潜在竞争对手,阻止在谷歌中搜索竞争对手。美国司法部特别对数据成本问题进行了调查,询问谷歌是否能够降低或提高其成本。[4] 最终,司法部通过了一项同意法令(consent decree),要求谷歌继续以公平、合理和非歧视性的条款授权用户访问 ITA 平台,并禁止谷歌为自身利益使用消费者数据。[5] 2014 年,Facebook 收购网络信息平台 WhatsApp,一些消费者团体认为,该交易将加强 Facebook 获取数据的能力,使 Facebook 能够对数据进

---

〔1〕 参见 Fed. Trade Comm'n, Statement Concerning Google/Double Click, FTC File No. 071 – 0170, at 12(Dec. 20, 2007), https://www.ftc.gov/system/files/documents/public_statements/418081/071220google dc-commstmt.pdf。

〔2〕 Fed. Trade Comm'n, Statement Concerning Google/Double Click, FTC File No. 071 – 0170, at 2 (Dec. 20, 2007), https://www.ftc.gov/system/files/documents/public_statements/418081/071220google dc-commstmt.pdf.

〔3〕 Dissenting Statement of Commissioner Pamela Jones Harbour in the matter of Google/Double Click F. T. C. File No. 071 – 0170.

〔4〕 See Complaint at 2, 1, United States v. Google Inc., Case No. 1:11 cv – 00688(D. D. C. Apr. 8, 2011), https://www.justice.gov/atr/case-document/complaint – 115.

〔5〕 See Competitive Impact Statement at 13 – 14, Google Inc., No. 1:11 – cv – 00688, http://www.justice.gov/atr/cases/f269600/269620.pdf.

行商业化使用，违背 WhatsApp 之前的承诺，可能损害消费者的隐私保护。[1] 在此案中，美国联邦贸易委员会对该项交易进行了反垄断调查，但其结论是该项交易并不违反反垄断法，该项交易中涉及的隐私保护问题属于消费者保护。

在私人提起的诉讼中，数据垄断的问题也开始被提出。在 2000 年的 eBay 诉 Bidder's Edge 案[2]和 Craigslist 诉 3Taps 案[3]中，针对 eBay 和 Craigslist 关闭数据接口，被告提出了对方存在数据垄断的意见。2012 年左右，一家叫 PeopleBrowsr 的企业向法院提起诉讼，认为 Twitter 公司在和其长期合作后，对其关闭数据接口违反了加利福尼亚州竞争法与美国联邦反托拉斯法，同时对 PeopleBrowsr 的业务造成严重损害。Twitter 公司则认为，企业对其数据具有合法的控制权，Twitter 公司的行为既没有违反加利福尼亚州的竞争法，也没有违反美国联邦反托拉斯法。[4] 此案引起了美国联邦贸易委员会的关注，其后 PeopleBrowsr 公司与 Twitter 公司达成了一项和解协议，为 PeopleBrowsr 提供 8 个月的数据访问权限。[5]

二、欧盟的数据垄断问题

在数据垄断问题上，欧盟经历了一个立场逐渐强化的过程。起初，欧盟对以竞争法看待数据问题持怀疑态度。2006 年，Asnef 和 Equifax 两家公司合并，对于两家公司的数据库合并可能产生的竞争法问题，欧盟法院拒绝以竞争法的框架进行分析，[6] 欧盟法院指出，"与个人数据的敏感性有关的任何可能问题本身不属于竞争法问题，可根据有关数据保护的规定加以解决"。[7] 同样，在 TomTom/TeleAtlas 合并案中，对于两家卫星导航公司的合并所产生的数据问题，欧盟委员会也并未加以考虑。[8] 2007 年，法院第一次在谷歌并购 Double Click 案中考虑了在线广告市

---

[1] See Letter from Jessica Rich, Dir., Bureau of Consumer Protection, FTC, to Erin Egan, Chief Privacy Officer, Facebook, Inc., and Anne Hoge, Gen. Counsel, WhatsApp Inc. (20 April 2014), http://www.ftc.gov/system/files/documents/public_statements/297701/140410facebookwhatappltr.pdf.

[2] See eBay Inc. v. Bidder's Edge Inc., 100 F. Supp. 2d 1058, 1072 – 73 (N. D. Cal. 2000).

[3] See Craigslist Inc. v. 3Taps Inc., 942 F. Supp. 2d 962, 982 (N. D. Cal. 2013).

[4] See PeopleBrowsr Inc. v. Twitter Inc., No. CGC – 12 – 526393 (Cal. Super. Ct. Nov. 27, 2012).

[5] See David McAfee, Twitter, PeopleBrowsr Settle Dispute Over Data Access, LAW360.

[6] See Case C – 238/05 Asnef-Equifax et al. v. Asociación de Usuarios de Servicios Bancarios, EU:C:2006:734.

[7] Case C – 238/05 Asnef-Equifax et al. v. Asociación de Usuarios de Servicios Bancarios, EU:C:2006:734, para. 63.

[8] See European Commission, Case No. COMP/M.4854 – TomTom/Tele Atlas.

场中的数据问题所引发的网络效应,[1]但欧盟委员会认为,此案中 Double Click 的合同禁止使用历史数据来"为新的广告顾客提供更好定位",[2]因此不存在数据垄断问题。

但随着欧盟数据保护力度的日益增强,欧盟开始更多地将竞争法与数据保护联系起来。欧盟和欧洲各国的监管机构首先发表了一系列涉及数据垄断的报告。2014 年,欧盟数据保护局(European Data Protection Supervisor, EDPS)发表了"大数据时代隐私与竞争"的报告。在该报告中,欧盟数据保护局指出,如果"可以根据对可商业化个人信息的控制来衡量数字经济中的市场力量,那么并购决策可以反过来考虑合并这些能力的市场效应"。[3] 该报告认为,必须为"在线服务,特别是作为免费服务推广的在线服务适用隐私、竞争和消费者保护规则的有效指导",[4]同时加强"监管机构之间在调查和执行方面的合作",审查"21 世纪数字市场的竞争立法"。[5] 2015 年,英国竞争和市场管理局(The Competition and Markets Authority,CMA)发布了一份"消费者数据商业使用"的综合报告。[6] 在该报告中,英国竞争和市场管理局指出,企业可能会通过竞争和消费者选择,为消费者提供更好保护,因此市场竞争在有的情形下可能有助于"隐私等基本权利"的保护。[7] 但鉴于消费者在知情权、认知能力和选择能力方面的有限,这种竞争可能未必有效,数据保护也需要竞争法的关注与介入。[8] 2016 年,德国联邦卡特尔局(Bundeskartellamt)和法国竞争管理局(Autorité de la concurrence)发表了"竞争法与数据"的联合报告,该报告对数据可能产生的反竞争行为进行了详细分析,并且

---

[1] See European Commission, Case No. COMP/M.4731 – Google/DoubleClick.

[2] European Commission, Case No. COMP/M.4731 – Google/DoubleClick, paras. 183 and 184.

[3] EDPS, Privacy and Competitiveness in the Age of Big Data (2014), https://edps.europa.eu/data-protection/our-work/publications/opinions/privacy-and-competitiveness-age-big-data_en, p. 8.

[4] EDPS, Privacy and Competitiveness in the Age of Big Data (2014), https://edps.europa.eu/data-protection/our-work/publications/opinions/privacy-and-competitiveness-age-big-data_en, p. 29.

[5] EDPS, Privacy and Competitiveness in the Age of Big Data (2014), https://edps.europa.eu/data-protection/our-work/publications/opinions/privacy-and-competitiveness-age-big-data_en, p. 37 – 38.

[6] Competition and Markets Authority, The commercial use of consumer data, June 2015 ("CMA Report"), https://assets.publishing.service.gov.uk/government/uploads/system/uploads/attachment_data/file/435817/The_commercial_use_of_consumer_data.pdf, accessed 9 August 2018.

[7] Competition and Markets Authority, The commercial use of consumer data, June 2015 ("CMA Report"), https://assets.publishing.service.gov.uk/government/uploads/system/uploads/attachment_data/file/435817/The_commercial_use_of_consumer_data.pdf, accessed 9 August 2018, p. 8.

[8] Competition and Markets Authority, The commercial use of consumer data, June 2015 (CMA Report), https://assets.publishing.service.gov.uk/government/uploads/system/uploads/attachment_data/file/435817/The_commercial_use_of_consumer_data.pdf, accessed 9 August 2018, p. 106.

在并购、排他性行为与价格歧视三个领域进行了深入的分析。〔1〕

在一系列案件中,欧盟委员会也开始调查数据可能产生的反竞争行为。在Facebook收购WhatsApp案中,〔2〕欧盟委员会虽然批准了该项并购,但对个人数据累积是否会影响定向广告进行了分析。欧盟委员会指出,如果Facebook使用Whatsapp所导致的数据集中度允许其加强在广告业的地位,则此类行为会导致竞争法的调查。〔3〕同样,在微软收购LinkedIn案中,〔4〕欧盟委员会虽然在此案中批准了微软对LinkedIn的收购,但进一步考虑了数据对于竞争法的影响,指出了两种情形下并购可能产生的数据垄断问题:其一,并购后两个企业数据的合并可能会增加数据的市场力量,或者强化实际或潜在竞争对手进入市场的障碍;其二,如果合并前的两家公司所控制的数据相互竞争,合并可能导致消除竞争或合谋。〔5〕

在此之后,德国首次在Facebook案中认定了数据垄断的存在。2016年起,德国联邦卡特尔局对Facebook发起调查,认为Facebook在社交网络市场上"可能"占据主导地位,其使用违反数据保护规则的条款和条件可能构成对客户的剥削性滥用。经过三年的调查,德国联邦卡特尔局于2019年作出判决,〔6〕认为Facebook从第三方软件收集用户和设备的相关数据,并将其与Facebook上收集的数据合并,这构成在社交网络市场上的主导地位,违反了《德国竞争法》(German Competition Act)第19(1)节第(g)款所规定的不得从事剥削性商业行为的规定。〔7〕在德国联邦卡特尔局介入调查之前,用户只有同意Facebook的隐私与数据政策才能使用Facebook,用户如果不同意Facebook对于第三方数据的使用,将无法正常使用Facebook。但在德国联邦卡特尔局作出判决之后,用户将有权拒绝

〔1〕 See Autorité de la concurrence & Bundeskartellamt, Competition Law and Data Report(2016), http://bundeskartellamt.de/SharedDocs/Publikation/DE/Berichte/Big%20Data%20Papier.pdf? __blob = publicationFile&v = 2.

〔2〕 See European Commission, Case No. COMP/M.7217 – Facebook/Whatsapp.

〔3〕 See European Commission, Case No. COMP/M.7217 – Facebook/Whatsapp, para. 187.

〔4〕 See European Commission, Case M.8124 – Microsoft/LinkedIn.

〔5〕 See European Commission, Case M.8124 – Microsoft/LinkedIn, para. 179.

〔6〕 在判决作出后,Facebook向法院提起了申诉,杜塞尔多夫高等法院推翻了德国联邦卡特尔局的结论,而德国联邦卡特尔局已经上诉至德国联邦法院。

〔7〕 See Case Summary, Facebook, Exploitative business terms pursuant to Section 19 (1) GWB for inadequate data processing, https//www.bundeskartellamt.de/SharedDocs/Entscheidung/EN/Fallberichte/Missbrauchsaufsicht/2019/B6 – 22 – 16.pdf? __blob = publicationFile&v = 4.pdf.

Facebook 对第三方数据的使用。[1]

三、数据垄断的争议议题

综合美国、欧洲以及中国的经验，我们可以提炼与归纳数据垄断的三个争议性议题。第一个争议是：数据是否会增强企业的市场力量或垄断力量？[2]从性质上说，这一问题是前提性的，对这一问题的回答将在很大程度上决定，在反垄断分析中是否应当引入对数据问题的分析。如果数据可能增强企业的市场力量，导致企业能够操纵价格或行使其他危害竞争的行为，那么数据问题就应当被纳入反垄断分析。相反，如果数据不会增强企业的市场力量，或者对企业的市场力量微乎其微，那么在反垄断分析中添加数据要素的必要性就会大大降低。在美国与欧盟的一系列案件中，都可以发现这一问题的重要性。尤其是在并购类型的数据垄断案件中，对这一问题的分析往往构成问题的关键。我国监管机构尚未在具体案件中对此问题展开反垄断审查，但随着中央提出数据市场的理念，这一问题已经成为回答数据垄断的关键问题。

第二个争议问题是：数据特别是大数据是否构成必要设施(essential facility)，企业数据需要在何种意义上开放共享？在互联网与大数据时代，数据已经构成了数字经济时代企业竞争力的重要工具。对于部分企业而言，离开了大数据的支持，企业的很多基础活动与创新活动就无法展开。因此，有很多声音认为，在企业具有数据市场力量或垄断力量的情形下，应当要求拥有大数据的企业对其他企业开放此类数据。在互联网爬虫与企业数据争议日益成为焦点的情形下，如何看待必要设施的概念，推动中央文件提出的推动“数据资源有效流动”，也需要我们重点分析。

第三个争议问题是：隐私保护是否需要反垄断法的视角？在欧美关于数据垄断的案例调查与执法中，很多案例都涉及利用反垄断法保护隐私的问题。有的执法机构和学者认为，在企业并购的反垄断审查中，应当审查合并后的企业是否会降低隐私保护的标准；在滥用市场支配地位的反垄断审查中，应当将企业降低隐私保

〔1〕 See Press release, Bundeskartellamt prohibits Facebook from combining user data from different sources, https//www. bundeskartellamt. de/SharedDocs/Publikation/EN/Pressemitteilungen/2019/07_02_2019_Facebook. pdf? __blob = publicationFile&v = 2. pdf.

〔2〕 一般认为，市场力量、支配力量与垄断力量是同一个事物的不同称谓，在英美法系，一般用市场力量较多，而在我国则用支配力量较多。同时，垄断力量常常用于形容较大的市场力量，参见 Richard G. Price, *Market Power and Monopoly Power in Antitrust Analysis*, 75 Cornell L. Rev. 189(1989)。

护的行为视为滥用市场支配地位的行为。在隐私保护成为全球热点的情形下,这一问题也需要我们重点关注。

第三节　大数据与市场力量

对于数据是否可能强化市场力量,反垄断业界与学界大致形成了两种观点:支持意见与反对意见。分析大数据与市场力量的关系,可以首先从正反双方的观点切入。

一、大数据增强市场力量的支持意见

支持意见首先指出,大数据存在进入壁垒。大数据区别于小数据或普通数据的收集,大数据具有"高容量(high-volume)、快周转(high-velocity)、多种类(high-variety)"的特征,[1]这些特征使得数据收集的进入壁垒变得非常高。无论是为了达到大数据所要求的规模,[2]还是大数据所需要的范围,[3]企业都需要进行非常"昂贵"和"耗时"的投入。

在支持者看来,网络效应进一步放大了大数据的进入壁垒。这种网络效应既包括单边网络效应,也包括双边网络效应。所谓单边网络效应,指的是企业所拥有的客户越多,其所能吸引的用户就越多,其所产生的数据也越多。[4] 例如,社交网络上的用户越多,就越可能吸引其他人加入该网络。所谓双边网络效应,指的是网络平台中的一边用户越多,就越可能吸引另一边的平台用户加入。[5] 例如,网约车平台的乘客越多,就会吸引越多的司机加入,而越多的司机加入又会吸引更多的

---

〔1〕 Gartner IT glossary Big data, http://www.gartner.com/it-glossary/big-data.

〔2〕 See Allen Grunes & Maurice E. Stucke, *Big Data and Competition Policy*, *Oxford University Press*, 2016, p. 170 – 185.

〔3〕 See Allen Grunes & Maurice E. Stucke, *Big Data and Competition Policy*, *Oxford University Press*, 2016, p. 186 – 199.

〔4〕 See Marina Lao, Networks, Access, and "Essential Facilities": From Terminal Railroad to Microsoft, 62(1) SMU Law Rev. (2009), p. 557, 560 – 561.

〔5〕 See Evans & Schmalensee, *Markets With Two-Sided Platforms*, 1 Issues in Competition L. &Pol'y 667 (2008); Evans &Noel, *Defining Antitrust Markets When Firms Operate Two-Sided Platforms*, 2005 Colum. Bus. L. Rev. 667, 668; Filistrucchi, Geradin, Van Damme, &Affeldt, *Market Definition in Two-Sided Markets: Theory and Practice*, 10 J. Competition L. & Econ. 293, 296(2014).

乘客使用该平台。无论是单边网络效应还是双边网络效应，一旦企业的某项产品在用户数量上达到“临界点”，就可能变成市场中最受欢迎的产品，最终主导市场。支持者指出，这就是为什么一些公司免费提供服务的原因，通过提供免费服务，企业可以产生大量的用户和数据。而一旦企业掌握了海量的用户和数据，网络规模较小的竞争对手就很难发展，甚至很难保护他们现有的客户群体不被迁移到规模最大、最具吸引力的网络。[1]

支持者指出，大数据不仅具有进入壁垒，而且还可能和产品形成“反馈循环”(feedback loop)。[2] 所谓反馈循环，指的是数据与用户数量和产品质量之间可能形成螺旋上升式的反馈关系。例如，“用户反馈理论”认为，在平台获取更多用户，收集更多数据后，平台就可以利用这些数据分析用户需求，吸引更多用户。[3] “资产反馈理论”认为，在平台获取更多的数据后，平台就可以进行更多的商业分析，提高其商品推荐与广告营销效率，从而促进平台资产的提升。[4]

支持者认为，在进入壁垒和反馈循环的影响下，有的企业可能形成市场力量或垄断力量。传统反垄断理论认为，市场力量指的是企业将产品价格提升至竞争价格之上的能力。[5] 但在互联网等数字经济领域，产品的价格常常为零，因此，有理论提出，可以以企业是否有能力将产品质量降低到市场竞争质量之下作为衡量企业市场力量的标准。在支持者看来，这正是很多大型互联网企业的现状，这些大型互联网企业由于掌握大量数据，因此可以在降低自身产品质量的同时防止小型企业的竞争。例如，在搜索引擎中，大型搜索引擎掌握更多数据，搜索精确性程度更高，这些企业就可能在产品上附加更多广告或进行更多的竞价排名，即使这类做法不利于消费者体验，小型搜索企业也难以和其竞争。[6]

---

〔1〕 See Eleonora Ocello, Cristina Sjödin and Anatoly Subocś, *What's Up with Merger Control in the Digital Sector? Lessons from the Facebook/WhatsApp EU Merger Case*, 1 Competition Merger Brief (February 2015), p. 4.

〔2〕 有时这种关系也被称为间接网络效应，即网络效应的扩张本身并不是由于用户的增加，而是用户增加带来的产品质量的提升，间接吸引更多用户加入。对直接网络效应与间接网络效应的相关分析，参见 Michael L. Katz & Carl Shapiro, *Network Externalities, Competition, and Compatibility*, 75 AM. ECON. Rev. 424, 424 -26 (1985)。

〔3〕 See Andres V. Lerner, The Role of "Big Data" in Online Platform Competition 4 -5 (2014), p. 19, http://ssrn.com/abstract=2482780.

〔4〕 See Andres V. Lerner, The Role of "Big Data" in Online Platform Competition 4 -5 (2014), p. 39, http://ssrn.com/abstract=2482780.

〔5〕 See United States v. E. I. du Pont de Nemours & Co., 351 U. S. 377, 391 (1954).

〔6〕 See Maurice E. Stucke & Ariel Ezrachi, *When Competition Fails to Optimize Quality: A Look at Search Engines*, 18 YALE J. L. & TECH. 70 (2016), p. 103.

二、大数据增强市场力量的反对意见

反对意见则提出了针锋相对的意见。反对意见指出,互联网与在线服务企业以“其低进入壁垒而闻名,通常不需要大数据进入”。[1] 当支持意见强调大数据的规模和范围时,反对意见指出,数据不仅可以自行收集或通过第三方收集,而且数据还具有非竞争性与非排他性的特征,这使数据很难成为一种垄断性资源,没有哪个企业可以垄断数据。[2] 同样,就规模而言,一些大型企业虽然收集了更多的数据,但这并不意味着新进入市场的企业必须拥有同样多的数据才能展开竞争,“缺乏资产等价性不应成为界定进入壁垒的充分基础”。[3]

对于大数据收集中的网络效应,反对意见认为数据的网络效应并不像想象得那么大。很多学者指出,网络效应是一把“双刃剑”,它虽然可以让互联网企业在较短时间内积聚大量数据,但也很可能在短时间内被其他企业超越。[4] 例如,在网络效应较为明显的社交平台中,社交平台的一大特点就是不确定性。[5] 美国社交网络的最初平台是 Friendster,但 Friendster 很快被 MySpace 取代,而后来 MySpace 又很快被 Facebook 替代和淘汰。

对于大数据与产品形成的反馈循环,反对意见指出,平台用户的增加并不一定能够吸引更多的用户或提升产品质量。就用户而言,用户在意或看重的网络往往是局部性或本地化的,如社交网络中的用户主要关注其朋友圈或工作圈的用户,因此一个社交平台整体规模的增加其实未必能够吸引更多用户。[6] 就产品服务而言,大数据也未必能增强消费者分析与大数据的个性化推荐,对于广告商来说,其

---

〔1〕 Darren S. Tucker and Hill B. Wellford, *Big Mistakes Regarding Big Data*, Antitrust Source (December 2014), p. 1.

〔2〕 See Daniel Sokol & Roisin Comerford, *Antitrust and Regulating Big Data* (September 4, 2016), 23 George Mason Law Review 119 (2016), p. 1137 – 1138; Maureen K. Ohlhausen & Alexander P. Okuliar, *Competition, Consumer Protection, and The Right [Approach] to Privacy*, 80 ANTITRUST L. J. 121 (2015).

〔3〕 See Daniel Sokol & Roisin Comerford, *Antitrust and Regulating Big Data* (September 4, 2016), 23 George Mason Law Review 119 (2016), p. 1137 – 1138; Maureen K. Ohlhausen & Alexander P. Okuliar, *Competition, Consumer Protection, and The Right [Approach] to Privacy*, 80 ANTITRUST L. J. 121 (2015), at 7.

〔4〕 See Catherine C. Tucker, *Network Effects and Market Power*, Antitrust 32 (2) (2018), p. 73 – 76.

〔5〕 See Alexander E. Marthews & Catherine E. Tucker, *Social Networks, Advertising, and Antitrust*, 19 GEO. MASON L. Rev. 1211 (2011).

〔6〕 See Catherine E. Tucker, *Identifying Formal and Informal Influence in Technology Adoption with Network Externalities*, 54 MGMT. SCI. 2024 (2008).

价值在于个性化推荐能够直接针对个人，而不是将广告推荐给所有用户。[1] 此外，反对意见还指出，用户的增加在很多情况下会对平台的生态系统造成负面影响。随着用户和数据的增加，平台可能出现拥堵，或者会让用户感觉隐私性受到威胁，内容吸引力下降。这些都意味着大数据与产品质量的反馈循环并不一定总是正向的。[2]

反对意见还指出，通过数据的收集与利用改善产品服务，为消费者提供免费服务，这本身就是市场竞争所希望达到的目标。如果在没有证据的情形下贸然对企业利用数据进行限制，那恰巧可能减少消费者福利和损害竞争秩序。在互联网等数据驱动型的企业竞争中，消费者的转换成本（switching cost）并不高。[3] 当消费者发现产品的质量存在问题或下降时，他们完全可以较为自由地选择其他产品。正如谷歌前首席执行官埃里克·施密特（Eric Schmidt）所言，互联网企业的竞争“只有一键之遥”（a click away）。[4]

三、大数据与市场力量关系的综合分析

对于大数据与市场力量的关系，支持者与反对者两方面的意见分别提供了洞见。支持者正确地指出，大数据具有网络效应与正向反馈效应，至少有可能增强企业的市场力量。就这一问题而言，仅仅依赖反对意见所指出的数据的非竞争性与非排他性，并不足以消解这一问题。毕竟，大数据不同于一般数据的简单累积，一般数据的简单累积并不足以产生大数据的规模和效果。反对意见认为互联网企业很容易产生更新迭代，这在互联网经济发展的早期较为明显，但随着互联网经济进入后半场，由数据带来的先发优势与竞争优势已经不可同日而语。另外，简单地认为，大数据会导致增强市场力量，导致数据垄断，既不符合大数据的特征，也不符合反垄断法与竞争法的基本原理。就大数据的特征而言，大数据所导致的市场力量

---

〔1〕 See Catherine E. Tucker, *Network Stability, Network Externalities, and Technology Adoption*, in 37 Advances in Strategic Management: Entrepreneurship, Innovation & Platforms 151 (Jeffrey Furman et al. eds., 2017).

〔2〕 See Christopher S. Yoo, *When Antitrust Met Facebook*, 19 George Mason L. Rev. 1147 (2012); Catherine E. Tucker & Juanjuan Zhang, *Growing Two-Sided Networks by Advertising the User Base: A Field Experiment*, 29 MKTG. SCI. 805 (2010).

〔3〕 See Aaron S. Edlin & Robert G. Harris, *The Role of Switching Costs in Antitrust Analysis: A Comparison of Microsoft and Google*, 15 YALE J. L. & TECH. 169, 177 (2013).

〔4〕 See Eric Schmidt, *Executive Chairman of Google*, "*Why Google Works*", Huffington Post, http://www.huffingtonpost.com/eric-schmidt/why-google-works_b_6502132.html.

可能受到多种因素的限制,在一些场景下,大数据的网络效应与反馈效应可能被过高估计。就反垄断法与竞争法的基本原理而言,反垄断法的研究一再表明,并不能因为企业的规模较大而认定企业具有市场力量或支配力量,[1]更不能因为企业的规模而对企业的市场行为进行反垄断法上的有罪推定。基于反垄断执法与诉讼中可能出现的认知错误成本或所谓的假阳性(false positive)问题,原告需要承担较高的举证责任,证明被告企业有很大的可能性存在反垄断违法。[2]

就数据问题而言,这一问题更加突出,因为企业收集与利用数据,很有可能为用户或消费者提供更好的服务,从而促进市场效率。在一些涉及并购类型的案件中,很多执法机构都认为合并将给企业带来效率提升。例如,在美国司法部于2010年发起的对微软和雅虎搜索并购的调查中,美国司法部就认可了并购有利于改进微软搜索引擎,从而提升产品质量的意见。[3] 欧盟对于并购的审查更为严格,但即使是欧盟,也在相关微软和雅虎并购案、[4] Tomtom/Teleatlas 并购案[5]中认为,由于数据的合并,企业的产品可以提升产品质量与市场的良性竞争。

因此,对于数据垄断的分析与调查需要采取较为谨慎的立场和提供更为充分的证据,同时结合不同类型的场景进行区别对待。从各国监管机构的报告与调查来看,这种进路反映了一定程度上的共识。例如,上文提到的美国、德国、法国、英国、欧盟、OECD 等国家与地区的报告与执法都将数据垄断问题纳入分析与调查范围,但在个案中也都采取了相对谨慎的立场。很多报告与执法分析都引入了新的分析框架,根据企业的所涉及的平台类型、网络效应特征、多宿主(multi-homing)等

---

〔1〕 对于反垄断法中"大就是坏"的分析,参见 Barak Orbach & D. Daniel Sokol, *Antitrust Energy*, 85 S. CAL. L. Rev. 429, 439(2012); Tim Wu, *The Curse of Bigness: Antitrust in the New Gilded Age*, NY: Columbia Global Reports, 2018。

〔2〕 See Frank H. Easterbrook, *The Limits of Antitrust*, 63 TEX. L. Rev. 1(1984).

〔3〕 See Press Release, U. S. Dep't of Justice, Statement of the Department of Justice Antitrust Division on its Decision to Close Its Investigation of the Internet Search and Paid Search Advertising Agreement Between Microsoft Corporation and Yahoo! Inc. (Feb. 18, 2010), http://www. justice. gov/opa/pr/statement-department-justice-antitrust-division-its-decision-close-its-investigation-internet.

〔4〕 See European Commission, Microsoft/Yahoo!, Comp/M. 5727, http://ec. europa. eu/competition/mergers/cases/decisions/M5727_20100218_20310_261202_EN. pdf, § 184. 30.

〔5〕 See European Commission, Tomtom/Teleatlas, Comp/M. 4854, http://ec. europa. eu/competition/mergers/cases/decisions/M5727_20100218_20310_261202_EN. pdf, § § 238 – 250.

情况分类分析数据垄断。[1]

对于平台可能涉及的双边市场与多边市场,很多报告与分析建议引入双边市场理论,将某些平台特别是交易型平台视为同一市场进行分析。[2] 这是因为,在双边市场或多边市场中,平台在双边市场一边的市场行为可能是为了补贴另一边市场,例如,通过给网约车司机的补贴,降低打车价格来吸引更多乘客打车;或者企业通过收取广告商的费用而给用户提供免费服务。在此种情形下,以单边市场的情况进行分析无法准确判断企业的市场力量。对于网络效应,有报告与分析建议指出,网络效应既可能妨碍竞争,提高市场准入门槛,但也可能让新进入市场的竞争者摆脱市场门槛,在短时间内战胜之前的市场主体。[3] 对于多宿主的情况,有的报告与分析则建议根据用户是否同时使用若干平台情况来判断用户的转换成本,多宿主的类型表明用户的转换成本较低,因为用户可以较为容易地从一个平台迁徙到另一个平台。因此,一般而言,多宿主可以起到降低数据市场力量的作用。[4]

第四节 大数据作为必要设施

在关于数据垄断的争论中,是否应当将大数据作为必要设施看待。如果大数据具有必要设施的特征,那么拥有大数据的企业就具有平等开放此类设施的义务,不得向竞争对手关闭此类设施。

---

〔1〕 中文文献对于双边市场界定的开拓性研究,参见黄勇、蒋潇君:《互联网产业中"相关市场"之界定》,载《法学》2014 年第 6 期;宁立志、王少南:《双边市场条件下相关市场界定的困境和出路》,载《政法论丛》2016 年第 6 期;孟雁北:《互联网行业相关市场界定的挑战 以奇虎诉腾讯反垄断案判决为例证》,载《电子知识产权》2013 年第 4 期;张晨颖:《平台相关市场界定方法再造》,载《首都师范大学学报(社会科学版)》2017 年第 235 期;张江莉:《论相关产品市场界定中的"产品界定"——多边平台反垄断案件的新难题》,载《法学评论》2019 年第 1 期。

〔2〕 See OECD, *Rethinking Antitrust Tools for Multi-Sided Platforms*, 2018, available at http://www.oecd.org/competition/rethinking-antitrust-enforcement-tools-in-multi-sided-markets.htm.

〔3〕 See Autorité de la concurrence & Bundeskartellamt, Competition Law and Data Report (2016), p. 27 – 28, http://bundeskartellamt.de/SharedDocs/Publikation/DE/Berichte/Big%20Data%20Papier.pdf?__blob=publicationFile&v=2.

〔4〕 See Autorité de la concurrence & Bundeskartellamt, Competition Law and Data Report (2016), p. 28 – 29, http://bundeskartellamt.de/SharedDocs/Publikation/DE/Berichte/Big%20Data%20Papier.pdf?__blob=publicationFile&v=2.

一、大数据成为必要设施的支持意见

在支持者看来,大数据已经成为很多企业生存与创新的“瓶颈”,但现实中部分企业垄断或支配了对于数据的控制,并且拒绝向其他企业开放。为此,有必要将必要设施的教义适用在大数据企业身上,要求大数据企业承担必要设施的责任。在美国诉终端铁路案(United States v. Terminal Railroad Association of St. Louis)、[1]美国诉美联社案(United States v. Associated Press)等案件中,美国最高法院在一定程度上建立了必要设施的法理基础,要求相关企业对竞争者开放其必要设施。[2]

就适用对象而言,必要设施传统上主要适用于桥梁、铁路、电力、电信等基础设施。此类企业由于网络效应等原因而具有天然垄断(natural monopoly)的特征,同时可能在相邻市场上阻碍对手进入,因此需要对其施加开放义务。在制定法上,美国也曾经在若干法律中要求相关行业承担类似义务。例如,美国国会曾经在《1887年州际贸易法》中要求铁路公司承担“公共承运商”(common carrier)的责任,要求铁路公司火车票的销售不能根据人们的种族、性别、外表和/或性别作出歧视性的规定;必须为所有想乘坐火车的人提供服务,而且不能以单个乘客为基础定制票价;不能根据装运货物的类型进行区分。[3] 1934年制定的《通信法案》将电信运营商界定为“公共承运商”(common carrier),具有向所有人提供公正、合理和非歧视性服务的责任。[4]

在支持者看来,部分企业对于大数据的掌握与部分企业对于桥梁、铁路、电力、电信的控制类似,已经成为其他企业创新依赖的必要设施。例如,上文中提到的eBay诉Bidder’s Edge案、Craigslist诉3Taps案、PeopleBrowsr诉Twitter案,这些案例都涉及进入壁垒的垄断企业拒绝交易问题。离开了eBay、Craigslist、Twitter等大型企业所拥有的数据,Bidder’s Edge、Craigslist、PeopleBrowsr这些企业就很难进行创新。[5]

当然,并非所有的企业都具有承担必要设施的义务。在美国法上,一般认为只

---

[1] United States v. Terminal Railroad Association of St. Louis, 224 U. S. 383(1912).

[2] 但美国最高法院从未正式承认必要设施的教义,参见 Verizon Commc’ns Inc. v. Law Offices of Curtis v. Trinko, 540 U. S. 398, 411(2004)。

[3] See The Interstate Commerce Act(ICA) of 1887(24 Stat. 379).

[4] See Communications Act of 1934, Ch. 652, 48 Stat. 1064.

[5] See Zachary Abrahamson, Essential Data, 124 Yale Law Journal 867(2014), p. 867 -872.

有当满足四要件或五要件时，才会被认为违反了反托拉斯法。第一，垄断企业具有关键设施的控制权；第二，原告实际上不能使用该设施，或者无法合理地另行建置该设施；第三，垄断企业拒绝原告使用该设施；第四，垄断企业具备提供该设施的可行性。[1] 除此之外，原告必须证明垄断企业具有市场力量或支配力量，因为一般认为，在不具有市场力量或垄断力量的情形下，市场可以通过竞争解决相关设施的壁垒问题。[2] 相对美国，欧盟对于必要设施界定的门槛更低，但欧盟也提出了类似的要求，对承担必要设施义务进行了限定。[3]

二、大数据成为必要设施的反对意见

其他很多学者与专家则对数据必要设施的理论提出了批评和质疑。在这些批评和质疑中，有的质疑理由中与一部分批判数据市场力量的观点类似。批评者指出，数据收集的门槛与进入壁垒并不高，很多企业可以进行数据收集，并向其他企业提供数据分析，没有哪一家企业可以垄断对数据的控制。同时，基于数据的非竞争性与非稀缺性特征，企业也没有动机与能力实现对数据的独占，就像某些传统企业实现对桥梁、电力、通信设施的独占。[4] 因此，无论“从动机还是现实的可能性”上，将数据视为一种必要设施都不符合数据的基本原理。[5]

此外，反对意见还指出了必要设施理论所面临的几项传统困境。首先，必要设施的批评者认为，强制要求企业对竞争者开放其资源，这不仅对于该企业不公平，而且会打击竞争者进行新的投入与发展的决心。反垄断法权威霍文坎普(Herbert Hovenkamp)指出，必要设施理论所主张的“强制分享会减少市场发展替代性供给资源的动机”。[6] 在否定必要设施理论的 Trinko 案(Verizon Commc'ns Inc. v. Law Offices of Curtis v. Trinko)中，美国最高法院也指出，必要设施理论“可能会

[1] See Abbott B. Lipsky, Jr. & J. Gregory Sidak, *Essential Facilities*, 51 Stan. L. Rev. 1187, 1190 - 1191(1999).

[2] See Marina Lao, *Networks, Access, and "Essential Facilities": From Terminal Railroad to Microsoft*, 62 SMU L. Rev. 557, 583(2009).

[3] See Inge Graef, *Data as Essential Facility: Competition and Innovation on Online Platforms*, Wolters Kluwer, 2016, p. 163 - 173.

[4] See Catherine Tucker, *Digital Data, Platforms and the Usual [Antitrust] Suspects: Network Effects, Switching Costs, Essential Facility*, Review of Industrial Organization 54(2019), p. 12 - 14.

[5] See Catherine Tucker, *Digital Data, Platforms and the Usual [Antitrust] Suspects: Network Effects, Switching Costs, Essential Facility*, Review of Industrial Organization 54(2019), p. 15.

[6] Herbert Hovenkamp, *Federal Antitrust Policy: The Law of Competition and Its Practice*, 340(4th ed. 2011).

降低垄断者、竞争对手或两者投资于这些具有经济效益的设施的动机”。[1]

其次,“单一垄断利润”(single monopoly profit)理论认为,必要设施理论错误地推定了垄断者的动机,与现实世界所发生的情况不符合。必要设施理论的逻辑假定是,垄断者会利用其垄断地位在邻近市场拒绝竞争对手进入,从而危害竞争与创新。但单一垄断理论认为,垄断者不可能有动力在邻近市场行使垄断,拒绝交易。因为垄断者在相邻市场对其他企业开放,通过开放获取更多的消费者盈余,这对于垄断企业是有利的。相反,如果垄断企业拒绝向其他企业开放,这只会导致企业无法获取更多的利润。[2]

三、大数据成为必要设施的综合分析

支持意见与反对意见为数据必要设施理论提供了洞见。就支持意见而言,其所提出的必要设施理论不但在学术上引起了很多的关注,而且引起了德国、法国、OECD 等国家与地区监管机构的注意。[3] 在大数据等数字经济基础设施越来越重要的今天,探讨必要设施的法律责任,的确有利于深化对数据垄断问题的理解,打破某些不合理的数据壁垒。[4] 另外,反对意见所指出的数据对于市场力量的影响需要仔细分析,数据的投资激励问题与排斥动机问题也需要认真对待。毕竟,必要设施并不是一个全新的问题,对其的学术探讨有着长久的历史与积淀。

当然,数据问题有其独特性。首先,数据的非竞争性与非排他性的特点有助于其他企业对于数据的收集,减少进入壁垒,但这意味着数据的拥有者开放其数据,并不会对数据本身造成损害。[5] 就这一点来说,数据与桥梁、铁路、电力、通信设

---

[1] Verizon Commc'ns Inc. v. Law Offices of Curtis V. Trinko, 540 U. S. 398, 407 - 08(2004).

[2] 详细的分析,参见 Robert H. Bork, *The Antitrust Paradox: A Policy at War with Itself*, The Free Press, 1978, p. 229; Richard A. Posner, *Antitrust Law*, The University of Chicago Press, 2001, p. 197 - 199; Ward S. Bowman, Jr., *Tying Arrangements and the Leverage Problem*, 67 Yale L. J. 19(1957), p. 20 - 23; Aaron Director & Edward H. Levi, *Antitrust Law and the Future: Trade Regulation*, 51 Nw. U. L. Rev. 281, 290 - 292(1956)。

[3] See Big data: Bringing Competition Policy to the Digital Era, p. 21 - 22, available at https://one.oecd.org/document/DAF/COMP(2016)14/en/pdf. Autorité de la concurrence & Bundeskartellamt, Competition Law and Data Report (2016), p. 18, available at http://bundeskartellamt.de/SharedDocs/Publikation/DE/Berichte/Big%20Data%20Papier.pdf? __blob = publicationFile&v = 2.

[4] 参见孙晋、钟原:《大数据时代下数据构成必要设施的反垄断法分析》,载《电子知识产权》2018 年第 5 期。

[5] 参见曾彩霞、朱雪忠:《必要设施原则在大数据垄断规制中的适用》,载《中国软科学》2019 年第 11 期。

施非常不同。桥梁、铁路、电力、通信设施更容易造成拥堵,但数据的开放在多数情况下则不存在这个问题。例如,在数据爬虫的情形中,只有相关企业的行为影响了被爬虫企业的流量传输,此类行为才可能造成网络拥堵。

其次,很多对必要设施理论的批评也可能并不成立。例如,有学者指出,就投资激励理论而言,很多企业对于数据的收集主要是为了实现其他目的,而非通过数据直接获取利润,[1]因此投资激励理论并不足以批判数据必要设施理论。[2] 就"单一垄断利润"而言,单一垄断利润理论的适用条件是垄断者对于其设施的价值比较明确,因此垄断者一般会开放或"出租"其设施。但在数据问题上,数据的价值高度不确定,垄断者可能无法在开始就确定数据的价值,因此垄断者可能开始会对其他企业开放其数据,但在发现其数据价值之后,企业就可能拒绝与其他企业进行数据合作与交易。在若干数据爬虫的案件中,情形都是如此。这说明,在数据问题上,企业完全有可能拥有拒绝交易的动机。[3]

此外,还需要注意企业数据往往因为场景的不同而具有不同的性质。[4] 例如,企业数据可能因为其秘密性和商业价值而成为商业秘密,受到商业秘密的保护。[5] 在此类情形中,需要对数据开放与商业秘密保护的关系做具体分析。企业数据也可能因为其编排的原创性而受到著作权法的保护,[6]或者受到欧盟特殊数据库类型的保护;[7]在此类情形中,也需要考虑到数据开放对企业相关权益的影响。此外,企业数据也可能因为其大量的个人信息而负有对个体的信息信托或数据信托责任。[8] 在此类情形中,需要考虑数据开放对于用户与消费者信息隐私的影响。综合而言,对于数据必要设施理论的引入仍然需要谨慎,企业必要设施的责任除了需要满足相关要件之外,还需要注意结合其他部门法的分析来判断。

---

[1] See Zachary Abrahamson, *Essential Data*, 124 Yale Law Journal 867(2014), p. 867 – 872.

[2] 另外,传统上也存在很多对投资激励理论的批判,参见 Einer Elhauge, *Defining Better Monopolization Standards*, 56 STAN. L. Rev. 253(2003)。

[3] See Zachary Abrahamson, *Essential Data*, 124 Yale Law Journal 867(2014), p. 873 – 874.

[4] 参见周珺、苏成子:《"必要数据"原则的构建——从必要设施原则与数字市场的兼容性谈起》,载《重庆邮电大学学报(社会科学版)》2020 年第 3 期。

[5] See Mark A. Lemley, *The Surprising Virtues of Treating Trade Secrets as IP Rights*, 61 Stan. L. Rev. 311(2008).

[6] See Robert C. Denicola, *Copyright in Collections of Facts: A Theory for the Protection of Nonfiction Literary Works*, 81 COLUM. L. Rev. 516, 523(1981).

[7] See Directive 96/9/EC, of the European Parliament and of the Council of March 11, 1996 on the Legal Protection of Databases, 1996 O. J. (L 77)20, chap 3.

[8] See Jack M. Balkin, *Information Fiduciaries and the First Amendment*, 49 U. C. Davis L. Rev. 1183 (2016).

第五节　大数据与隐私保护

在数据垄断问题上,还有一个争议问题是,是否应当在反垄断中引入隐私保护,或者在隐私保护方面应当注重应用反垄断法的工具。长期以来,隐私保护主要被视为消费者保护法的分支,隐私保护主要由美国联邦贸易委员会或欧盟数据保护机关进行保护。美国和欧盟虽然在保护方式和执法机构上都有所区别,但二者的区别主要是将隐私保护视为一般消费者保护问题还是特殊消费者保护问题。[1]如果利用反垄断法对隐私进行保护,则无论是法律框架还是执法机构,都将与现行进路非常不同。

一、反垄断法中引入隐私保护的支持意见

支持意见指出,隐私保护是企业竞争的一部分,在互联网等企业的产品竞争中,高水平隐私保护对于吸引用户具有重要影响。在当前全球通行的隐私保护框架中,企业主要利用告知—选择(notice-choice)框架进行保护,这种保护方式既赋予了企业收集与利用个人信息的机会,又赋予了用户或消费者知情选择的机会。[2] 也因此,从理论上说,当一款产品的隐私保护水平不足或低于其他产品时,至少一部分用户或消费者可能就会弃用这款产品,转向隐私保护水平更高的产品。

但在现实社会中,多种因素制约了通过市场竞争提高隐私保护的方案。就用户来说,用户或消费者对于企业隐私保护的认知往往非常有限。企业的隐私保护实践常常非常复杂且专业,对于收集何种类型的个人信息,如何使用个人信息,不同的企业在不同的场景下往往有非常细微的差别,而当企业将此类隐私保护实践通过隐私政策的方式告知用户时,用户很难有足够的兴趣、时间和专业水平进行阅读和理解。[3] 此外,即使用户对企业的隐私保护实践有足够的了解,用户也未必能够做出理性的选择。面对高度复杂且不确定的隐私风险,用户在短时间内可能只能作出非常匆忙的决断。用户也可能对互联网企业的隐私保护持有非常悲观或

---

〔1〕 See Omri Ben-Shahar, *Contracting Over Privacy: Introduction*, 45 Journal of Legal Studies S1 (2016).

〔2〕 See Joel R. Reidenberg, *Resolving Conflicting International Data Privacy Rules in Cyberspace*, 52 STAN. L. Rev. 1315(2000).

〔3〕 See M. Ryan Calo, *The Boundaries of Privacy Harm*, 86 Ind. L. J. 1131, 1149(2011).

不信任的情绪，从而做出随意的选择。[1]

从市场竞争的角度来看，消费者对网络隐私保护选择的匆忙与随意可能促成“功能失调平衡”(dysfunctional equilibrium)。[2] 在运转良好的市场竞争中，企业一般会为了尽量满足消费者的期望，通过提供符合消费者期望的产品来吸引顾客。但在功能失调的市场中，消费者对于企业高度不信任，不相信他们对于个人信息具有真正的控制权。而企业也会因此具有同样的预期，不相信更高程度的隐私保护能吸引更多的用户。特别是在大型企业具有市场力量或支配力量的情况下，小企业就更不会提高产品的隐私保护水准。要想改变功能失调平衡的困境，需要大型企业改变其做法，或者是多个重要企业采取协同行动。[3]

随着大数据的兴起，大数据与隐私保护之间更是形成了一种上文提到的反馈循环。随着企业收集数据的增加，企业就越能够提供个性化的服务，对于个人的支配能力也就越强；同时，企业又能进一步收集更多的数据，更进一步增加自身的市场力量与对用户的支配能力，用户对于个人隐私的控制能力就越弱。[4] 正如负责欧盟竞争事务的反垄断专员(Margrethe Vestager)所说：“你能收集的数据越多，你知道的越多，你能提供的产品就越好，你对别人的影响力也越大。”[5]

在并购类型的案件中，隐私保护问题已经成为关注重点。在上文提到的美国对于谷歌收购 Double Click，Facebook 收购 WhatsApp 的案例中，其中都对合并可能产生的隐私保护问题进行了重点关注。尤其是在谷歌收购 Double Click 案中，一名委员基于隐私保护的理由发表了针对此项并购的反对意见。同样，在欧盟对 Facebook 收购 WhatsApp 案、微软收购 LinkedIn 案的调查中，隐私问题也已经成为审查重点。正如德国联邦卡特尔局和法国竞争管理局的联合报告所言，在并购类型的案例中，某一特定企业可能从对其终端用户的强大市场力量中获益，数据隐私权问题可能变得特别重要。通过合并，获得强大地位的公司可能“能够通过收集更多的消费者数据和降低隐私保护获得进一步的市场力量”。如果“两个横向竞争

---

〔1〕 See Daniel J. Solove, *Introduction: Privacy Self-Management and the Consent Dilemma*, 126 HARV. L. Rev. 1880(2013).

〔2〕 See Joseph Farrell, *Can Privacy Be Just Another Good?*, 10 Jon Telecomm & High Tech L. (2012), p. 251, 256 – 259.

〔3〕 See Joseph Farrell, *Can Privacy Be Just Another Good?*, 10 Jon Telecomm & High Tech L. (2012), p. 258 – 259.

〔4〕 See Pamela Jones Harbour & Tara Isa Koslov, Section 2 in a Web 2.0 World: An Expanded Vision of Relevant Product Markets, 76 ANTITRUST L. J. 769, 782(2010).

〔5〕 MLex Interview: Margrethe Vestager, MLex Special Report, 22 January 2015, available at http://mlexmarketinsight.com/wp-content/uploads/2015/01/MLex-Interview-Vestager-22-01-151.pdf.

对手在隐私权作为产品质量的一个方面展开竞争，那么他们的合并可能会降低质量”。[1]

在滥用市场支配地位的案件中，隐私保护问题也已经成为关注焦点。上文提到的德国对 Facebook 数据垄断的调查中，德国联邦卡特尔局就认定，Facebook 规定只有同意其隐私政策、允许 Facebook 使用第三方数据，用户才能正常使用 Facebook，这构成了剥削性商业行为。[2] 此外，2019 年青年学者迪娜·斯里尼瓦桑（Dina Srinivasan）发表了极具影响力的《Facebook 反垄断案》长文，对 Facebook 滥用市场支配地位降低隐私保护水准进行了详细分析。[3] 在她看来，Facebook 进入社交网络市场并击败 MySpace 等产品，正是依靠其对隐私保护的承诺。相较于其他产品对隐私的忽略，隐私从一开始就是 Facebook 用户最关心的问题。在很长一段时间内，Facebook 试图增加对用户数据的收集，但由于竞争对手的存在，这种图谋都没有成功。例如，Facebook 曾经试图利用一款叫作“Beacon”的产品来跟踪用户，试图利用 Facebook 的插件跟踪客户，最终都由于消费者和竞争对手的批评而放弃了。[4] 到了 2014 年左右，Facebook 的竞争对手都退出社交网络市场，Facebook 具备了足够的市场权力，此时 Facebook 开始大规模收集用户数据，将隐私保护水平降低到了市场竞争水平之下。[5]

二、反垄断法中引入隐私保护的反对意见

反对意见提出了相反的若干论点。首先，企业数据收集的增加与隐私保护水准的降低与其他产品质量并不相同。支持者认为，企业降低隐私保护水准，这与企业提高价格的行为类似。但批评者指出，隐私保护水平的降低与其他产品质量的下降并不是一回事。对于其他一般产品来说，产品质量的下降主要是减少企业的

---

〔1〕 Autorité de la concurrence & Bundeskartellamt, Competition Law and Data Report (2016), p. 24, http://bundeskartellamt. de/SharedDocs/Publikation/DE/Berichte/Big% 20Data% 20Papier. pdf? __ blob = publicationFile&v = 2.

〔2〕 See Case Summary, Facebook, Exploitative business terms pursuant to Section 19 (1) GWB for inadequate data processing, https-//www. bundeskartellamt. de/SharedDocs/Entscheidung/EN/Fallberichte/Missbrauchsaufsicht/2019/B6 – 22 – 16. pdf? __blob = publicationFile&v = 4. pdf.

〔3〕 Dina Srinivasan Berkeley Business Law Journal, The Antitrust Case Against Facebook, Berkeley Business Law Journal, Vol. 16, Issue 1 (2019).

〔4〕 See Dina Srinivasan Berkeley Business Law Journal, The Antitrust Case Against Facebook, Berkeley Business Law Journal, Vol. 16, Issue 1 (2019), p. 55 – 68.

〔5〕 See Dina Srinivasan Berkeley Business Law Journal, The Antitrust Case Against Facebook, Berkeley Business Law Journal, Vol. 16, Issue 1 (2019), p. 69 – 80.

投资,如采取价格更低、质量更差的生产原料。这种质量下降本质上与企业提高产品价格没有区别,都是纯粹获取更多的消费者盈余。但在数据收集与隐私保护中,当企业试图收集更多数据、降低隐私保护水准时,企业并不能直接降低其生产成本,也不能直接从消费者那里获得更多的盈余。相反,企业需要为收集、储存与分析数据付出更多的成本,就此而言,企业的数据收集更类似于一种投资。〔1〕

其次,批评者指出,企业对于数据的收集与利用不一定会降低产品质量。对于企业的产品而言,更多数据的收集可以为产品提供更为精确的搜索与服务,帮助企业消除信息不对称,促进产品质量的提升。对于用户来说,情形也可能如此。在大数据的帮助下,个人可以在搜索引擎上更快地搜索到自己想找的信息,在电商网站上买到自己想买的产品,或者在社交网络上联系到自己想联系的人。离开了数据的有效利用与分析,用户的搜寻成本与匹配成本会大幅增加。当然,对于部分隐私敏感型用户,情形并非如此。隐私敏感型的用户虽然也可能会因为大数据而获得收益,但他们更可能因为隐私的减少而感到被冒犯,或者因为过多的定位广告而感到厌烦。但无论如何,隐私保护与产品质量之间的关系是因人而异的,不能简单假定企业对于数据的收集与利用一定会降低产品质量。如同有的学者所言,假定收集和分析额外的数据就会降低服务质量,这就"好比说餐馆决定在菜单上用绿豆代替玉米,会降低食品质量。这些说法可能对某些人是正确的,但对其他人是错误的。没有正确的答案"。〔2〕

最后,很多批评者指出,反垄断法并非解决隐私保护的正确方法。这些批评者指出,解决隐私保护问题最恰当的方法仍然是"执行更为严厉的数据保护法"。〔3〕数据隐私保护虽然已经成为全球性难题,但监管机构仍然有多种手段可以回应这一难题,或者可以通过改进监管方式进行应对。相较之下,将反垄断法引入隐私保护的范畴,相关反垄断机构由于缺乏隐私保护的经验,未必能够很好地承担相关任务。〔4〕同时,反垄断法的主要任务是维持市场竞争,保证竞争市场中资源的有效

---

〔1〕 See James C. Cooper, *Privacy and Antitrust*: *Underpants Gnomes*, the First Amendment, and Subjectivity, 20 GEO. MASON L. Rev. 1129(2013), p.9.

〔2〕 James C. Cooper, *Privacy and Antitrust*: *Underpants Gnomes*, the First Amendment, and Subjectivity, 20 GEO. MASON L. Rev. 1129(2013), p.10

〔3〕 Nils-Peter Schepp & Achim Wambach, *On Big Data and Its Relevance for Market Power Assessment*, 7 J. EUR. COMP. L. & PRAC. 120(2016), p.124.

〔4〕 See D. Daniel Sokol, *Antitrust*, *Institutions*, *and Merger Control*, 17 GEO. MASON L. Rev. 1055, 1140 - 1141(2010).

分配,反垄断法的制度也不适合承担隐私保护的任务。[1]

三、大数据与隐私保护的综合分析

综合分析正反意见,可以发现支持意见正确地指出了隐私保护与竞争问题的关联,隐私保护水准不但已经成为产品质量和产品竞争的一部分,而且还存在市场失灵的问题。[2] 用户常常无法有效地对自身隐私进行管理,企业也面临无序竞争甚至是探底竞争的困境。但这些问题的存在是否可以推论出,隐私保护应当引入反垄断法? 反对意见正确地指出,企业的数据收集与利用并不意味着产品质量的降低,企业的数据收集与利用行为并不是为了降低企业成本,给消费者提供质量更低的产品;相反,企业的这种行为是一种投资行为,其目的在于更有效地定位用户,为用户提供更为个性化和精准的营销和服务。在这个意义上,不能将企业收集更多的数据等同于企业降低产品质量,企业收集更多的数据可能会降低其隐私保护水平,但这一过程也可以提升产品质量,促进部分消费者的福利,这一过程对于消费者水平的影响需要进行更为全面的分析。[3]

反对意见还正确地指出,不能将所有的产品质量问题都纳入反垄断法的框架。产品质量有很多方面,例如,产品的安全性、耐用性和环保性,产品的每一种特征都可能影响产品对消费者的吸引力。但传统上这些问题都由相关的监管机构进行监管,反垄断法的执法机构一般不涉足此类问题。如果反垄断机构需要考虑此类形形色色的产品质量问题,那么这不仅会干涉其他监管机构对这些问题的监管,而且也会增加反垄断执法机构的压力。[4] 正如有的学者所言,一般情况下,只有"确定了正当的消费者保护议题,并且将其与竞争危害进行衡量,才能考虑竞争原则而非消费者保护问题"。[5]

只有在涉及存在市场力量的情形下,数据与隐私才可能成为一个竞争法问题。在互联网企业的竞争中,一个经典的难题是如何判断企业的市场力量或垄断地位,

---

〔1〕 See Maureen K. Ohlhausen & Alexander P. Okuliar, *Competition, Consumer Protection, and The Right [Approach] to Privacy*, 80 ANTITRUST L. J. 121(2015),p. 142.

〔2〕 参见韩伟、李正:《反垄断法框架下的数据隐私保护》,载《中国物价》2017 年第 7 期。

〔3〕 当然,在企业并购中,应充分保证用户对于处理数据的知情选择权,参见余佳楠:《个人信息作为企业资产——企业并购中的个人信息保护与经营者权益平衡》,载《环球法律评论》2020 年第 1 期。

〔4〕 See Julie Brill, *The Intersection of Consumer Protection and Competition in the New World of Privacy*, 7 COMPETITION POL'Y INT'L 7, 7, 10(2011).

〔5〕 Julie Brill, *Competition and Consumer Protection: Strange Bedfellows or Best Friends?*, ANTITRUST SOURCE, Dec. 2010, at 3.

因为互联网企业所提供的产品常常是免费产品，很难判断企业是否有能力提供高于市场竞争价格的产品。作为替代，有的研究者与研究机构指出，可以用反映产品质量变化的SSNDQ测试替代产品价格变化的SSNIP进行假定垄断测试。[1] 因为"反垄断实际上是关于消费者的选择，而价格只是一种选择……消费者也希望有一个最佳水平的品种、创新、质量和其他形式的非价格竞争，包括隐私保护"。[2] 从这一角度来看，把隐私保护纳入反垄断的框架，用隐私保护的指标帮助分析企业的市场力量或支配力量，这有利于对互联网等行业的反垄断分析。当然，需要再次指出，将数据与隐私纳入反垄断审查，必须同时考虑数据增加给消费者带来的效用，不能简单将隐私保护水准降低与产品质量降低等同。

【典型案例】

2010年，奇虎公司声称，其360安全中心接到大量用户的投诉，称电脑同时安装360安全卫士和金山网盾后，会出现拦不住木马、浏览器变卡等异常情况。经360安全工程师验证，发现金山网盾存在干扰360安全卫士网页防火墙运行等多项问题，导致用户电脑防护出现漏洞，面临木马盗号偷隐私的威胁。奇虎公司在与金山公司多次沟通后，问题仍迟迟得不到解决。因此，奇虎公司决定赋予用户选择权，用户可以自行选择卸载360安全卫士还是金山网盾。

对于奇虎公司的指控，金山公司的回应是，360安全卫士拦截金山网盾是兼容性问题而非网络安全问题。360安全卫士拦截金山网盾，首先，其主要原因是金山网盾对其安全市场构成了威胁；其次，由于金山网盾还与遨游等浏览器合作，这又构成了对360浏览器的威胁。据此，金山公司向法院提起诉讼，认为奇虎公司的行为构成不正当竞争。而奇虎公司也反诉金山公司的金山网盾妨碍360安全卫士实现拦截恶意网站和提示木马警告的功能，构成不正当竞争。对于金山公司与奇虎公司之间的互诉，法院支持了前者，驳回了后者。

【问题与思考】

1. 大数据是否强化了某些企业的市场力量或支配力量，因此，数据是否应当作

---

〔1〕 所谓SSNDQ测试，指的是"质量出现小但重大的非暂时性下降"（small but significant non-transitory decrease in quality），参见OECD，*The Role and Measurement of Quality in Competition Analysis*，2013，available at http://www.oecd.org/daf/competition/Quality-in-competition-analysis-2013.pdf。

〔2〕 Robert H. Lande，*The Microsoft-Yahoo Merger：Yes，Privacy is an Antitrust Concern*，FTC：Watch，No. 714，2008；University of Baltimore School of Law Legal Studies Research Paper No. 2008-06，available at https://ssrn.com/abstract=1121934.

为反垄断问题进行分析?

2. 大数据是否成为数字经济企业创新的必要设施,是否应当强制某些大型企业开放其大数据接口?

3. 隐私保护是否构成反垄断议题? 某些大型企业是否可以凭借其市场力量或支配力量降低隐私保护水平,从而构成滥用市场支配地位?

第七章　数据跨境流动的法律规制

【法律故事】

2013年,奥地利的法学院学生 Maximillian Schrems 向互联网社交网站 Facebook 发起了挑战。在欧盟区域内想要使用 Facebook 服务的个人,需要在注册时和 Facebook Inc. 在爱尔兰的子公司 Facebook Ireland 签订服务合同,而 Facebook 的欧盟个人用户的部分或全部个人数据将会被传输至 Facebook 在美国的服务器中,在那里得到进一步处理。Schrems 自 2008 年起开始注册和使用 Facebook 的网络社交服务,他在 2013 年 6 月向爱尔兰的个人数据保护专员投诉 Facebook,要求保护专员依法禁止 Facebook Ireland 将原告的个人数据传输至美国,因为他认为美国的法律和实际操作不能确保对储存在美国境内的个人数据提供充分的保护(adequate protection)而免于被美国公权力机构的情报活动窥探,例如,爱德华·斯诺登所披露的美国情报机构,特别是美国国家安全局(NSA)的一系列监视和窥探活动。Schrems 认为,Facebook 参与了美国国家安全局的“棱镜计划”,该计划使得美国情报机构对美国科技企业所收集的数据有宽泛的接入权限,因而导致欧盟公民的在线数据被不当使用。但爱尔兰个人数据保护专员拒绝了 Schrems 要求其调查的申请,爱尔兰高等法院起诉爱尔兰数据保护专员,要求撤销其不予调查的决定,爱尔兰高等法院在审核后指出,该案件实质上是对“美国企业将欧盟公民的个人数据传输至美国的安全港机制”的合法性提出了挑战,鉴于该机制是由欧盟委员会 2000 年 7 月通过 2000/520 决定所规定的,于是爱尔兰高等法院暂停了该案的实体审理,而请求欧洲法院做出判断。

欧洲法院经审理认为,允许公权力机构对数字通信的内容获得宽泛的接触权限的立法是对《欧盟基本权利宪章》第 7 条所保障的基本权利核心价值的损害。而未能为个人数据的主体提供寻求法律救济(如获得与之相关的数据、修改或删除该等数据)途径的立法,则是对《欧盟基本权利宪章》第 47 条所保障的有效司法保护权利的侵害。但是,欧盟委员会的 2000/520 决定未能确认美国通过国内立法或国际承诺能够"在事实上"确保"充分保护水准"。最终,美欧之间个人数据自由传输的安全港机制被宣布无效。

第一节 数据跨境流动: 概念与架构

在本书中,"数据跨境流动"即指"在一国内生成电子化的信息记录被他国境内的私主体或公权力机关读取、存储、使用或加工(合称'处理')"。[1] 就流动方向而言,可分为"跨境流出"和"跨境流入";就处理主体而言,其可分为"私主体跨境处理"和"公权力机关跨境处理"。

一、数据入境

在"数据入境"的场景中,国家管制体现为对一国之内个人、企业或其他私人组织对境外数据处理的限制上。一国对"数据入境"的管控,基本出于国家安全、文化安全以及民族认同、意识形态等原因。[2] 在文化多元的世界中,该管控不可避免地与他国发生冲突。2000 年雅虎纳粹物品拍卖案正显示了数字时代控制数据跨境流入的法律之争。在该案中,针对雅虎公司在网站上拍卖纳粹物品的行为,法院认为法国用户接入、访问包含有纳粹物品的网站违反了法国法律,因此判令雅虎关闭法国用户进入网页的途径。随后,雅虎将案件起诉到美国圣何塞(San Jose)的地区法院,主张该判决违反了《美国宪法第一修正案》"言论自由"原则。[3]

二、数据出境

在"数据出境"的场景中,国家管控体现为对一国境内的数据被他国个人、企

〔1〕 See UNCTC, Transnational Corporations and Transborder Data flows, 1982. 特别说明的是,这里的数据不包括"过境数据",即仅在一国境内传输、存储,但不在此生成的数据。

〔2〕 See Gong Wenxiang, *Information Sovereignty Reviewed*, 14 Intercultural Communication Studies, 2005, p. 119 – 135.

〔3〕 See Stephen J. Kobrin, *Territoriality and the Governance of Cyberspace*, Journal of International Business Studies, Vol. 32, No. 4, p. 671 – 672(2001).

业或其他私人组织处理的限制，人们往往将该等“出境数据管控”称为“数据本地化”(data localization)，但这种说法可能忽略了两者之间微妙但重大的差异。“数据本地化”的关键在于本地化存储或处理数据或其副本，而不在于禁止数据被他国处理。[1] 例如，俄罗斯2015年《数据本地化法》(Data Localization Law)明确要求“对俄罗斯联邦公民个人信息进行搜集、记录、整理、保存、核对(更新、变动)、提取的数据库存放于俄罗斯境内”，但相关数据仍可自由流向《关于个人数据自动处理方面保护个人公约》的缔约国和它所认可的白名单国家。[2] 类似地，实施“数据出境管控”也不意味着数据一定做本地化存储，例如，韩国《个人信息保护法》(Personal Information Protection Act)规定只有在数据主体知情同意后，才能向境外传输个人数据，但相关数据并不必须存储于韩国境内。鉴于此，本书将“出境数据管控”和“数据本地化”视为不同的制度设计。[3]

“数据出境”下的管控类型纷繁芜杂。其中，欧盟《一般数据保护条例》是针对个人数据出境最普遍、最严格的管控制度之一。为避免欧盟个人数据保护水平的减损，GDPR第44～50条禁止将境内个人数据传输至保护充分性不足，且无适当安全维护措施，亦不符合特定例外情况的第三国。欧盟的强硬立场体现在2020年7月的Schrems Ⅱ案件中。在该案中，欧洲法院指出，美国《外国情报监控法案》(Foreign Intelligence Surveillance Act)的存在，使之可能超过必要限度访问所传输的数据，且无法给欧盟居民提供必要救济，因此宣告美欧《隐私盾协议》无效。[4] 就非个人数据而言，美国根据《出口管理条例》(EAR)、《国际武器贸易条例》(ITAR)，限制出口管制物品、商品、技术、软件或其他类型的非密受控信息(CUI)的出境，未经政府批准，不得向外国公民或实体披露。尽管没有任何一个国家全面禁止数据出境，但各国或基于特定行业而施加限制，如健康数据、财务数据、税收数据、博彩数据、金融数据、地图数据、政务数据，或基于特定流程或服务而予以规制，如在线出版、在线赌博、在线金融交易处理等。[5]

---

〔1〕 参见世界银行：《2016年世界发展报告：数字红利》，清华大学出版社2017年版，第310页。

〔2〕 该法的全称为《关于“进一步明确互联网个人数据处理规范”对俄罗斯联邦系列法律的修正案》(第242号令)(On the Amendment of Certain Legislative Acts of Russian Federation Concerning “the Procession of Personal Data in Computer Networks”)，截至2017年，共有23个国家被俄罗斯列入白名单国家。

〔3〕 See Martina F. Ferracane, *Restrictions on Cross-Border Data Flows: A Taxonomy*, ECIPE Working Paper, No. 1/2017.

〔4〕 Data Protection Commissioner v. Facebook Ireland, Maximillian Scherms.

〔5〕 对不同国家的详细分析，See Nigel Cory, *Cross-Border Data Flows: Where Are the Barriers, and What Do They Cost?*, https://itif.org/publications/2017/05/01/cross-border-data-flows-where-are-barriers-and-what-do-they-cost。

三、数据调取

在"数据调取"的场景中,国家管控呈现一体两面的面貌,既表现为本国司法机关、执法机构强制调取存储于外国的非公开数据("数据入境"),也表现为外国司法机关、执法机构强制调取存储于本国的非公开数据("数据出境")。[1] 美国2018年《澄清境外合法使用数据法》(CLOUD 法案)是这一场景的典型立法。CLOUD 法案源于2016年美国政府诉微软(United States v. Microsoft Corp)。在该案中,美国联邦法院第二巡回法院认为,由于用户通信内容的数据储存地在爱尔兰,微软必须自爱尔兰数据中心取出数据并"进口"至美国境内,但美国《储存通信法》(Stored Communication Act)并未允许法院以搜查令的方式要求微软提交存于境外服务器上的数据。为了改变《存储通信法》对数据跨境调取的束缚,CLOUD 法案旗帜鲜明地采取了"数据控制者标准",将数据主权从物理层边界延伸到技术上的"控制边界",即授权美国法院向受管辖的科技公司发出法律命令,以取得该公司所拥有、保管或控制的数据,无论数据存储于何处。[2] 放宽视野看,CLOUD 法案是对刑事司法领域"双边互助条约和协定"(Mutual Legal Assistance Treaty/Arrangement)不足的回应和调整。随着世界的数字化转型,刑事调查中的电子证据数量激增,在欧盟,85%的刑事案件涉及电子证据,65%的案件需要跨境提取;[3] 在美国,2017年国际事务办公室处理的来自外国的司法协助请求数增加了85%,索取数据记录的请求数增加了10倍以上。[4] 显然,复杂冗长的司法协助机制已不敷适用,国家单方发起的数据调取由此成为可能的解决方案。

美国对境外数据的调取并不限于 CLOUD 法案,正如"棱镜计划"(PRISM)所揭示的,美国网络全球监控是长期和系统性的。[5] "9·11"事件之后,美国通过《爱国者法案》、《精确法案》和《外国情报监控法案》,共同织就了一张巨大的网络

---

〔1〕 如果是公开的数据,则无需诉诸强制力,并不构成这里的"数据调取",对此,参见《网络犯罪公约》(Cyber-crime Convention)第32条第1款。

〔2〕 参见许可:《数据主权视野中的 CLOUD 法案》,载《中国信息安全》2018年第4期。

〔3〕 Proposal for a Regulation of the European Parliament and of the Council on European, Production and reservation Orders for electronic evidence in criminal matters, And, Proposal for a Directive of the European Parliament and of the Council laying down, harmonized rules on the appointment of legal representatives for the purpose of, gathering evidence in criminal proceedings, Brussels, 17.4.2018, SWD(2018)118.

〔4〕 Performance Budget FY 2017 Presidents Budget, www.justice/gov/jmd/file/820926/download.

〔5〕 参见[美]格伦·格林沃尔德:《无处可藏:斯诺登、美国国安局与全球监控》,米拉等译,中信出版社2014年版,第86~100页。

情报监视网络。其中,《爱国者法案》第215条规定:为外国情报搜集和国际恐怖主义调查获取商业记录,可请求外国情报监视法庭传票,要求从运营商获取服务器日志,并对"善意披露"给予豁免。[1] 《外国情报监控法案》修订案第702条进一步指出,司法部部长和国家情报总监可以授权情报机构对非美国居民的通信或会话进行监控,时间最长可达1年。2013年,曾供职于美国中央情报局的技术分析员爱德华·斯诺登曝光了"棱镜计划"。在长达7年的绝密电子监视中,被监控的对象包括任何在美国以外地区使用相关公司服务的客户,或是任何与国外人士通信的美国公民,被监控的数据包括电子邮件、视频和语音交谈、影片、照片、VIP交谈内容、档案传输、登录通知以及社交网络细节等。

第二节 数据跨境流动的历史背景

一、数据跨境流动的空间结构

数据作为"内容层"的组成部分,深深嵌入在"无国界"(borderless)的网络空间的架构之中。在技术层面上,互联网"端对端"(end-end)架构最大限度地简化了人际复杂互动,"信息瞬时可达"大幅压缩了时空,虚拟空间、流动空间(space of flows)和无界空间相继产生。[2] 在这一空间中,划分区域的标准是IP地址和与之对应的域名,而非国家或地区之间的地域疆界,只要法律允许,用户就可以在全球各地登录任何国家的网站,进入全球性的信息交流和社会互动平台。不仅如此,随着云存储、云计算、物联网等信息技术的迭代,网络空间的"无国界性"进一步加剧。作为一种灵活的、独立于位置的计算机资源无缝分配方案,云计算打破了服务器、数据中心、数据和应用中的物理设备之间的划分,实现架构的动态化,达到动态使用和集中管理物理资源和虚拟资源、提高系统结构的弹性、降低成本和减少风险等目的。[3] 由于虚拟化技术的应用,数据看似是单个计算的逻辑抽象,事实上却是在不同的硬件中以物理分布方式存储,这意味着一个数据集将被逻辑切分为大量碎片,再根据存储设备的空间限制和性能在不同位置存储,因此云存储不但是远

---

[1] U. S. Public Law107 -56, Unitingand Strengthening America by Providing Appropriate Tools Required Interceptand Obstruct Terrorism(USAPATRIOT Act of 2001).

[2] 参见Martin Dodge、Rob Kitchin:《网际空间的图像》,江淑琳译,台北,韦伯文化事业出版社2015年版,第30页。

[3] 参见周奇:《云计算技术专利保护初探》,载《电子知识产权》2012年第12期。

程的,还是不确定的。[1] 在欧洲,这一新的技术已经对欧洲主权和 GDPR 的实施提出了挑战:如何判断谁是数据控制者?如何认定数据流出欧盟?欧洲的管辖权是否随着云存储全球化而覆盖全球?[2]这些问题还没有答案。

网络空间的“无国界性”亦被法律认可。在 American Library Ass’n v. Pataki 案中,法院认为:“互联网协议旨在忽略而不是记录地理位置。互联网对地理位置完全不敏感。互联网用户既不了解也不关心他们访问网络资源的物理位置。”[3]而在网络法奠基性论文《法律与国界:网络空间中法律的兴起》中,美国学者 David Johnson 和 David Post 指出,网络行为具有突破国界限制的天然属性,因此对跨越物理国界的电子数据流通进行控制时,如果仍以空间作为管制范围的标准之一,那么其努力很可能是徒劳的。[4]

二、数据跨境流动的事实基础

2017 年,《经济学人》杂志以激动人心的口吻说道:“数据之于本世纪,就像石油之于上世纪:它是发展和改变的动力。”正如 20 世纪围绕石油爆发了数次战争一样,《经济学人》预言,“未来,很多战争将围绕谁应该拥有数据和从数据中获利展开”。一语成谶,随着数据价值的飙升,通过贸易或非贸易壁垒,将这一资源尽可能保留在本国控制之下,成为各国的优先选择。数据国际规则的缺失强化了“数据国家主义”。正如美国法学家波斯纳所洞见的:在无法可依的社会中,“报复之威胁是维系公民社会公共秩序的基本机制”,[5]当一国或地区率先进行数据截留时,那么他国不得不竞相效尤,也就是“一报还一报”。然而,这种数据博弈完全误解了数据的性质:数据绝非真正的石油。

首先,数据并不稀缺。总量有限的石油牢牢把控在欧佩克和俄罗斯等少数产油大国的手中。与之相反,数据无处不在且源源不绝。随着互联网、物联网和智能终端的发展,新的数据每分每秒都在产生,并且,只要网络用户在线,纷繁芜杂的

---

〔1〕 参见[英]克里斯托弗·米勒德:《云计算法律》,陈媛媛译,法律出版社 2019 年版,第 11~13 页。

〔2〕 Škrinjar Vidović, Marina, *EU Data Protection Reform: Challenges for Cloud Computing*, Croatian Yearbook of European Law & Policy, Vol. 12, 2016, p. 171 – 206.

〔3〕 969 F. Supp. 160, 170 – 71(S. D. N. Y. 1997).

〔4〕 See David Johnson & David Post, *Law and Borders: The Rise of Law in Cyberspace*, 48 Stan. L. Rev. (1996).

〔5〕 [美]理查德·A. 波斯纳:《正义/司法的经济学》,苏力译,中国政法大学出版社 2002 年版,第 215 页。

"电子足迹"就会被记录和收集。正如国际数据公司(IDC)报告所显示的,在过去的数年,全球的数据量均以每年58%的速度增长,到2020年,全球数据总量将超过40ZB(相当于4万亿GB),达到2011年数据总量的22倍。[1] 不仅于此,由于数据可以零边际成本地生产和分配,企业从自己或第三方等不同来源那里获取数据并没有实质的障碍。其次,数据是"非竞争的"(non-rival)。石油只能被特定的企业占有和消费,而数据不同,它被一家企业收集、使用并不以排斥他人收集、使用为代价。"多重归属"的网络经济特性,将我们的数据分散到各个网络平台上,以至于没有企业可以独占所有数据。同时,作为"通用性目的型资产",数据的"重复利用"和"场景化开发"恰恰是数据的价值所在。再次,数据是高度差异化的。基于长尾理论的观察,不同的消费者在网络购物、在线约会、社交网络、在线旅游等场景下,往往导向更精确、更符合其需求的网络服务提供者。所以,成功的企业必须挖掘属于自己的利基市场,而不能盲目跟随领先者。同样,以一国国民生物数据训练出来的人脸识别算法,对于他国可能用处寥寥。最后,数据价值并不永久。与石油要储藏够久才有价值迥异,数据是典型的时效品,老数据不如新数据值钱,而且随着时间的推移,前者越来越没有价值。大数据与其说是"大"的数据,毋宁说是实时在线的"活"的数据。[2] 所以,因数据累积而形成的优势会迅速消逝,因为数据的寿命有限,一旦它们死去,便一文不值。

三、数据跨境流动的经济动力

数据跨境流动是经济全球化的不竭动力。如果20世纪的全球化是货物和资金的全球化,那么21世纪的全球化就是数据的全球化。数据跨境流动改变了传统贸易,以阿里巴巴、亚马逊为代表的电商平台通过互联网获取、集合、处理和传输数据,将大公司主宰的国际贸易,转变为无数消费者和中小企业聚集的无国界社区,实现了新时代商业模式的扩张。[3] 数据跨境改变了传统制造业。麦肯锡的调查

---

〔1〕 See John Gantz & David Reinsel, *The Digital Universe in* 2020: *Big Data*, *Bigger Digital Shadows*, *and Biggest Growth in the Far East*, 2012.

〔2〕 参见王坚:《在线——数据改变商业本质,技术重塑经济未来》,中信出版社2018年版,第62~72页。

〔3〕 Jonathan Woetzel, Gordon Orr, Alan Lau, Yougang Chen, Elsie Chang, Jeongmin Seong, Michael Chui & Autumn Qiu, *China's Digital Transformation*: *The Internet's Impact on Productivity and Growth*, McKinsey Global Institute, 2014.

表明,互联网为传统制造业带来了75%的价值增长。[1] 跨境数据流动在2005~2015年的十年间使全球国内生产总值增长了约10%,2014年达到7.8万亿美元,数据流动所产生的附加值估计为2.8万亿美元,已经超过了货物贸易的贡献。[2]

数据跨境流动是数字经济的创新引擎。数字经济是以数据为关键生产要素,以信息创新为核心驱动力,以现代信息网络为重要载体,通过信息技术与实体经济的深度融合,加速重构经济发展与政府治理模式的一系列经济活动。随着世界经济从工业时代向数字时代的转型,数据流动以及由此而来的"大数据池"正在为全新的价值创造和"数字智能"打开大门。数据驱动的决策,不但能提升商业效率,还有助于解决重大的全球问题,协助创造新的科学突破,促进人类健康,提供实时信息流监测自然系统,以及增进人们对社会动态的理解。[3]

国家的数据管控无疑对经济全球化和数字经济造成了不利影响。2015年,Goldfarb和Tucker就通过实证研究证明:限制性数据政策对创新活动产生了不利影响。[4] 国际治理创新中心(CIGI)和英国皇家国际事务研究所(Chatham House)2016年的国别研究显示,数据管控提高了巴西、中国、欧盟、印度、印度尼西亚、俄罗斯、韩国和越南的数据流通成本并降低了数字经济生产力。[5] 欧洲国际政治经济研究中心(ECIPE)发布的一系列研究报告指出,数据跨境管控导致欧盟0.48%的GDP损失,印度0.25%的GDP损失、中国0.55%的GDP损失。[6] 2019年,世界银行在其发布的《东亚数字经济创新:限制性数字政策重要吗?》报告中,梳理了东亚15国的数字经济法律政策,并使用定量研究的方法得出"数字限制指数",直观展现出数据跨境管控与企业创新之间的负相关关系。[7]

---

[1] James Manyika, Susan Lund, Jacques Bughin, Jonathan Woetzel, Kalin Stamenov & Dhruv Dhingra, *Digital Globalization: The New Era of Global Flows*, McKinsey Global Institute, 2016.

[2] Mckinsey and Company, *Digital Globalization: The New Era of Global Flows*, London, 2016.

[3] 联合国电子商务和数字经济问题政府间专家组:《数据在电子商务和数字经济中的价值和作用及其对包容性贸易和发展的影响》。

[4] See Goldfarb, Avi, Shane Greenstein & Catherine Tucker, *Economic Analysis of the Digital Economy*, University of Chicago Press, 2015.

[5] See Matthias Bauer, Martina F. Ferracane & Erik van der Marel, *Tracing the Economic Impact of Regulations on the Free Flow of Data and Data Localization*, Centre for International Governance Innovation and Chatham House, 2016.

[6] See Matthias Bauer, Hosuk Lee-Makiyama, Erik can der Marel & Bert Verschelde, *The Costs of Data Localisation: Friendly Fire on Economic Recovery*, European Centre for International Political Economy, 2014.

[7] See Ferracane & Martina Francesca, *Digital Innovation in East Asia: Restrictive Data Policies Matter?*, World Bank Group Policy Research Working Paper, No. 9124.

第三节 数据主权与数据跨境管控

一、网络主权的三层含义

要理解数据主权，必须从更广义的概念——网络主权开始。2015 年 7 月 1 日生效的《国家安全法》首次将“网络空间主权”以法律形式予以明确。2015 年 12 月 16 日，习近平主席在第二届世界互联网大会的主旨演讲中，进一步将“尊重网络主权”列为全球互联网治理体系四项原则的核心。2016 年 11 月 7 日，《网络安全法》公布，第 1 条便开宗明义地申明“维护网络空间主权”的立法主旨。2017 年 3 月 1 日，中国政府发布《网络空间国际合作战略》，全面分析了网络空间的机遇和挑战，明确将“和平、主权、共治、普惠”作为网络空间国际合作的基本原则。

作为中国处理对内对外网络事务的根本指针，网络主权首先可以依据对内和对外主权的传统分类，细化为“对内网络主权”和“对外网络主权”，前者意味着国家对网络空间的立法权、行政权和司法管辖权；后者意味着国家有权维护网络空间安全，并就涉及其重大利益的网络空间事项所享有的平等参与、善意合作以及公平利用的权利。不过，考虑到网络空间作为虚拟空间的性质，在传统的主权分类外，网络主权还应根据网络空间的技术特征，进一步切分为“网络物理层主权”、“网络逻辑层主权”和“网络数据层主权”。

“网络物理层主权”，即国家对计算机、服务器、移动设备、路由器、光纤、交换机、移动设备的主权，这一主权已经得到国际社会的一致认可。例如，时任美国国务卿顾问的高洪礼（Harold Hongju Koh）在 2012 年网络部队（US Cyber Command）会议上表示：支持互联网和网络活动的物理基础设施受制于领土国家的管辖权。“网络逻辑层主权”，即国家对计算机代码，特别是负责网络互联和传输的通信协议软件的主权。

区别于物理层和逻辑层，围绕网络空间的数据层的主权，即“数据主权”是各国论战的主要舞台。回顾历史，如果将数据转换为信息的话，数据主权的前身——“信息主权”已源远流长。从印刷品的海关检查到国际无线电通信的干扰措施，从卫星技术的禁令再到互联网的“防火墙”，从美国、加拿大到印度、韩国、乌克兰、马来西亚,[1]基于信息主权的信息控制屡见不鲜。[2] 1972 年,联合国教科文组织《为信息自由流通,扩大教育范围和发展文化交流而使用卫星无线电广播的指导原则宣言》第 6 条规定,确认国家对流入信息内容的自主决定权。国际电联(ITU) 2015 年《组织法》第 180 段、第 181 段亦重申:各成员国有权对危害国家安全、违反法律、妨碍公共秩序或有伤风化的电报、电信停止传递或予以截断处理。随着世界的数字化转型,信息主权也相应地演化为数据主权。这是因为,作为人类数字化生存的空间,现实事物均将被尽其所能地转化成网络空间中海量的二进制代码,世界的一切亦将被测量、记录、分析、分享和预测,数据必将成为和能量、物质同等重要的基础资源。

信息技术在便利数据跨境流动的同时,也加剧了数据冲突。由于不同国家、地区、民族的文化、特性、价值观和意识形态不同,因此产生的深层次矛盾难以轻易弥合。除了抽象的价值之争外,数据控制者、使用者、存储者在地理位置上的分离以及所引发的主体识别和权力行使是国家主权所面临的具体困难。一方面,鉴于网络空间依托于但不局限于领土的特质,国家难以判断在网络空间中传输的数据是否已跨越了国境;另一方面,网络数据的即时性和巨量性也让国家不可能完成监控有害数据进入和流出的任务。

二、数据主权的争议:流动自由与流动管控

世界各国对数据主权的巨大分歧,表现为对数据跨境流动的两种立场:数据自由流动与数据流动管控。所谓"数据自由流动",即数据控制者不受限制地将数据由一国流动到他国的状态、能力和权利。数据自由流动的要求因场景而变化。在"数据入境"和"数据出境"中,其体现为积极性的"主张"(claim),以排除国家可能的干涉,在"数据调取"中,其体现为消极性的"豁免"(immunity),国家无权强制数据流动。[3] 还需要说明的是,"有原则恒有例外"(Keine Regel ohne Ausnahme),以数据自由流动为原则,并不意味着不存在"例外"的限制,事实上,世界上不存在对数据跨境流动不做任何限制的国家。因此,问题不在于是否"限制",而是"限制"的范围与程度。

---

〔1〕 参见[美]门罗·E. 普莱斯:《媒介与主权:全球信息革命及其对国家权力的挑战》,中国传媒大学出版社 2008 年版,第 6 ~ 13 页。

〔2〕 参见刘连泰:《信息技术与主权概念》,载《中外法学》2015 年第 2 期。

〔3〕 关于"主张"和"豁免"的概念,参见王涌:《私权的分析与建构》,北京大学出版社 2020 年版,第 76 页。

在“数据入境”和“数据出境”的场景下,美国是数据自由流动原则的坚定倡导者,并一直通过双边和多边条约实践该原则。2004 年,美国在亚太经合组织(APEC)通过的《隐私框架》(APEC Privacy Framework)中就要求“成员国采取一切合理步骤避免任何不必要的数据流动障碍”。随着电子商务市场的进一步扩张与发展,美国在其主导的《跨太平洋伙伴关系协定》(TPP)中进一步提出“商业信息跨境自由传输条款”,即在保护个人信息等合法公共政策目标得到保障的前提下,确保全球信息和数据自由流动,以驱动互联网和数字经济的发展。2012 年《美国—韩国自由贸易协定》明确要求缔约方“致力于避免对电子数据跨境流动施加或维持不合理的障碍”。[1] 自由流动原则鲜明体现在美国《网络空间国际战略:互联世界的繁荣、安全与开放》的下述表述之中:“国家没有,也不必在信息的自由流通和其网络的安全性之间做出选择……网络空间必须保持奖励创新,企业家精神和勤奋精神的公平竞争环境,而不是国家任意破坏信息自由流动以创造不公平优势的场所。”不过,在“数据调取”的场景下,美国一改初衷,不但通过“长臂管辖”权,强化了国家对境外数据的管制力,还利用技术优势和网络霸权,实现了跨地域的全球监控。

如果我们将美国视为数据自由流动一极,那么在另一极就是印度。早在 1993 年,印度《公共记录法》(The Public Records Act)第 4 条即规定:未经中央政府事先批准,任何人不得将任何公共记录带离印度。随着数字经济全球竞争的白热化,印度以“数据民族主义”(digital nationalism)为抓手,强调数据本地化政策的必要性,宣称印度需要同科技公司与敌对国家滥用数据“做斗争”。[2] 2019 年《国家电子商务政策》(National e-Commerce Policy)草案充分阐明了这一立场:“印度及其公民对其数据享有主权,这种权利不应扩展到非印度人(类似地,非印度人对印度煤矿也不享有任何原初权利或诉求)。这种理解来自该等确认之上,即与印度人相关的数据是其自身的数据。即使在匿名化之后,个人的利益也不能与通过分析和推断某组数据可能获得的衍生品完全分开。因此,数据最好被比喻为一种社会公共品(commons)。各种形式的国家数据均是国家资源,所有印度人都应公平地获取。就如非印度人不能像印度人一样平等地获取国家资源一样,非印度人也没有获取印度数据的平等权利。”也正是基于这一认识,在 2019 年 G20 大阪峰会上,印度反

---

〔1〕《美国—韩国自由贸易协定》第 15 章第 15.8 条规定,“在认识到信息自由流动在促进贸易方面的重要性且承认保护个人信息的重要性的基础上,缔约方应当致力于避免对电子信息的跨境流动施加或维持不必要的障碍”。

〔2〕参见毛维准、刘一燊:《数据民族主义:驱动逻辑与政策影响》,载《国际展望》2020 年第 3 期。

对"基于信任的数据自由流动"方案,并和南非、印度尼西亚一起拒绝签署《大阪数字经济宣言》。印度《个人信息保护法》再次落实了数据管控的思路,政府对禁止出境的"关键个人数据"范围享有广泛的酌处权,并对国家安全和刑事执法利益予以广泛豁免。2020 年 6 月,印度的管控进一步升级,其电子和信息技术部以《信息技术法案》(the Information Technology Act)第 69A 条"禁止访问规则"(blocking rule)为依据,以秘密传输用户数据至印度以外服务器为由,封禁 59 款中国背景的手机应用程序。[1] 此外,印度在"数据调取"的场景中依然坚持《布达佩斯公约》的适用性,并不寻求境外的数据管辖权。[2]

无疑,从数据自由流动到数据限制流动是一个渐变的光谱,在美国和印度之间存在无穷的可能性。总体而言,在"数据入境"和"数据出境"的场景中,非洲集团、俄罗斯、土耳其、印度尼西亚、越南、尼日利亚等偏向于"国家数据管控",欧盟、加拿大、日本、韩国、新加坡、智利、哥伦比亚、科特迪瓦、墨西哥、巴拉圭等偏向于"数据自由流动",[3]在"数据调取"的场景中,澳大利亚、加拿大、新西兰、英国和欧盟等国(地区)偏向于"国家数据管控",相反,其他国家多偏向于"数据自由流动"。

三、基于数据主权的数据跨境流动管控

尽管数据主权存在巨大争议,但随着数据价值与数量的飙升,数据跨境流动的管与控亦急剧增多,自 1980 年经济合作与发展组织《隐私保护和个人数据跨境流动指南》(OECD Guidelines on the Protection of Privacy and Transborder Flows of Personal Data 1980,以下简称《指南》)将"数据跨境流动"纳入法律议题以来,已有 40 余年。鉴于数据价值的多元性,数据跨境流动管控的理由亦纷繁多样。

1. 保护个人权利

保护个人权利是数据管控中被普遍认可的事由。1980 年经济合作与发展组织《关于保护隐私和个人数据跨境流动指南》就已规定:各成员国应取消限制个人

---

〔1〕 *India Bans 59 China-linked Phone Apps, Orders Companies to Block Them: Complete List*, https://www. hindustantimes. com/india-news/india-bans-59-china-linked-phone-apps-orders-phone-companies-to-block-them/story-OZhoz8cpZKv1GAWy8X5PuM. html.

〔2〕 Elonnai Hickok & Vipul Kharbanda, *An Analysis of the CLOUD Act and Implications for India*, https://cis-india. org/internet-governance/blog/an-analysis-of-the-cloud-act-and-implications-for-india.

〔3〕 See Nivedita Sen, *Understanding the Role of the WTO in International Data Flows: Taking the Liberalization or the Regulatory Autonomy Path?*, Journal of International Economic Law, Vol. 21, Issue 2, 1 June 2018.

数据流动的规定,但所转移的国家并无隐私权保护规定的不在此限。随着时代的变迁,欧盟以《欧洲人权公约》为基础,逐渐将"个人数据受保护权"上升为基本人权,成为制约数据流动的核心理由。2013 年,亚太经合组织《跨境隐私规则体系》(Cross Border Privacy Rules System)同样将"个人信息的隐私与安全建立有意义的保护"作为数据跨境流通的前提。

2. 国家安全

国家安全是数据管控的主要事由。无论是《服务贸易总协定》(GATS)和《技术性贸易壁垒协定》(TBT),还是 2018 年 12 月 30 日生效的《全面与进步跨太平洋伙伴关系协定》(CPTPP),均秉承"国家安全例外"(national security exceptions)原则,各国不得接受或要求他国提供违反其国家重要安全利益之信息。[1] 在"数据出境"场景下,美国以金融安全、国防、核不扩散目标等国家安全为由限制数据出境;越南 2013 年《互联网服务和信息管理、提供和使用》亦禁止在线传递损害"国家安全、社会秩序和安全"的信息。[2] 在法国,"主权云"(le cloud souverain)用于储存和处理公共部门的数据,此外,未经法院同意,诉讼相关数据不得传输境外。[3] 在"数据调取"的场景下,美欧"安全港协议"(EU-US Safe Harbor Framework)中明确将国家安全(如反恐、网络战和网络间谍等)作为例外。相应地,棱镜门计划曝光后,限制数据出境防范外国监控,转而成为俄罗斯、印度和印度尼西亚的重要关切。

3. 公共秩序

公共秩序是数据管控的重要事由。《跨太平洋伙伴关系协定》第 14 章第 11 条"以电子方式跨境传输信息"(Cross-border Transfer of Information by Electronic Means)规定,各签署国应当允许个人数据的自由跨境流动,除非是出于"正当的公共政策目标"(a legitimate public policy objective)。欧盟《非个人数据在欧盟境内自由流动框架条例》亦确立了非个人数据在欧盟内部的自由流动原则,除非是出于"公共安全原因的限制或禁止"。但何为"公共政策"或"公共安全"?就"公共政策"而言,不妨借鉴 GATS 的一般例外条款,将其进一步区分为"公共道德"和"公

---

〔1〕 参见张丽娟、郭若楠:《国际贸易规则中的"国家安全例外"条款探析》,载《国际论坛》2020 年第 3 期。

〔2〕 Decree on the Management, Provision and Use of Internet Services and Online Information(Vietnam), Decree No. 72/2013/ND-CP.

〔3〕 French Blocking Statute(Law No. 80 - 538).

共秩序”,[1]前者系一国对其支持的正确或错误的行为标准,后者系对特定社会基本利益的维护。据此,“数据出境”的场景下,国家可以以仇恨言论、极端主义、色情淫秽、民族歧视、反人道等事由,限制数据流动。就“公共安全”而言,根据《欧盟运作条约》(Treaty on the Functioning of the European Union)第 52 条的规定,其包含了刑事犯罪的侦查、起诉活动,以及维护国家机关、公共服务、人口生存等基本社会利益和外交关系、国家间和平共处、军事利益等国家利益。据此,刑事司法的跨境数据调取得以正当化。

4. 经济发展

经济发展是数据管控的又一考量。“数据是 21 世纪石油”的口号激发了世界各国争夺数据的热情,数据日益被视为展现政治、军事和商业影响力的标杆,并成为左右数字经济发展的核心生产要素。在此背景下,一种通过数据流动管控推动本国数字产业繁荣的“数据重商主义”(digital mercantilism)开始出现。[2] 以印度为例,促进创新和经济增长是数据管控的首要目标。《保护隐私、赋能印度的自由公平数字经济》的官方报告明确指出:限制数据跨境流动有助于增加对数字基础设施的外国直接投资,利用数据中心本地市场的积极溢出效用,创造就业机会以及熟练的专业人员,进而建立印度的人工智能生态系统。[3] 同样,在全球电子商务谈判中,南非 WTO 代表认为,跨境数据流动自由化是妨碍本地企业发展的“反发展”(anti-development)规则,主张拥有较为灵活的数据本地化措施,在采取数据保护措施上具有“一定自主权”,以抵御发达国家对本国数字产业的侵蚀。[4]

第四节 我国数据跨境规制的基本原则

面对各国对数据跨境流动法律原则和管控事由的种种分歧,我国《数据安全法》第 11 条旗帜鲜明地申明了“数据跨境安全、自由流动”,确立“数据安全、自由

---

[1] 《罗马条约》混用“公共政策”(public policy)和“公共秩序”(publi corder),可见两者的一致性,而公共道德和公共秩序有内在重叠,参见翁乃方:《WTO 下公共道德及公共秩序例外——共通标准之建立》,台北,元照图书出版有限公司 2015 年版,第 8 ~ 9 页。

[2] Ashok K. Nag, *Data Localisation: Mercantilism in a Networked World*, https://www.theindiaforum.in/article/data-localisation-mercantilism-networked-world.

[3] Committee of Experts under the Chairmanship of Justice B. N. Srikrishna, *A Free and Fair Digital Economy Protecting Privacy, Empowering Indians*.

[4] 参见方元欣:《数据本地化政策的全球博弈分析》,载《中国信息化》2019 年第 12 期。

流动”原则,这既彰显出在逆全球化和民粹主义兴起的潮流下,我国坚持对外开放与国际合作的基本立场,又彰显出对国家安全的高度关切。

一、“数据自由流动”作为基础性原则

首先,数据自由流动符合数据的性质。将数据视为类似于土地的资产并严格管控的做法,背离了数据作为“流动性财产”(fugitive property)的性质。正如对大数据的界定所表明的,只有在人、物、组织之间高速(velocity)流动的数据,才能由“数据”升华为“数聚”,进而进化为指导当下、预测未来、引领发展的“数据智能”。经济学研究早已表明:“在变动不居的数字经济中,几乎没有任何证据表明,仅仅拥有数据就能充分排斥更优的产品或服务的供给。要想建立可持续的竞争优势,数字战略的重点应当放在如何使用数字技术,以前所未有的方式给用户带来的价值上。”[1]就此而言,“数据是新时代石油”还有一层隐含的意义,那就是占有数据远没有开发数据有价值,正如石油大国往往不是经济强国,而这未尝不是“资源诅咒”的另类运用。

其次,我国是经济全球化和自由贸易的参与者、受益者和倡导者,从自由贸易区到“一带一路”,中国始终坚定支持开放、包容、共赢的全球化,促进全球贸易和投资自由化和便利化。同时,我国还是数字经济的引领者。联合国《2017 世界投资报告——投资与数字经济》(World Investment Report 2017—Investment and the Digital Economy Report)梳理了网络平台、数字化解决方案、电子商务、数字内容、IT、电信设施等主要数字经济领域,发现全球的领导者或跟随者基本被中、美两国的企业占据。不过,中美两国相对优势地位未能掩盖中美的实质差距。显然,无论是出于深化开放,还是发挥数字经济动能的考虑,数据跨境自由流动都应成为我国基本立场和战略目标。[2]

最后,我国已对“数据自由流动原则”的基础性地位予以肯认。在第七届世界互联网大会上,中国官方智库发布的《网络主权:理论与实践(2.0 版)》强调:“倡导与实践网络主权……并不否定网络空间的互联互通性、必要秩序基础上的信息自由流动性和创新性。”在制度层面,我国于 2019 年签署《G20 大阪数字经济宣

---

〔1〕 Manne, Geoffrey, Sperry & Raymond, *The Problems and Perils of Bootstrapping Privacy and Data into an Antitrust Framework*, CPI Antitrust Chronicle, 2015.

〔2〕 我国对此已经有深刻认识,《网络安全法》施行前夕,国家互联网信息办公室网络安全协调局负责人答记者问时,回答说:“当今数据跨境流动已经成为经济全球化的前提,是推进‘一带一路’建设的必要条件。”载 http://www.cac.gov.cn/2017-05/31/c_1121062481.htm。

言》,积极回应了其中“基于信任的数据自由流动”(data free flow with trust)的倡议。2020年,我国促成并签署的《区域全面经济伙伴关系协定》第15条明确申明:“不得阻止基于商业行为而进行的数据跨境传输。”在近期的地方性立法中,上海、深圳、北京、海南等地纷纷出台便利数据跨境流动的试行办法,《深圳经济特区数据暂行条例(草案)》甚至提出“数据跨境流通自由港”的政策目标。

二、“数据安全流动”作为限制性原则

数据自由流动并不是无风险和无成本的。我国将“数据安全流动”作为限制性原则,以管理数据的流动风险。作为一个不确定概念,若“数据安全”的内涵和外延过于宽泛,可能会戕害数据自由,而过于狭窄,又可能引发不可控的风险。因此,“数据安全”的准确把握成了“数据安全自由流动”的重中之重。

(一)数据安全:技术与政治

技术安全是数据安全的基线。我国《网络安全法》第76条第2项将“网络安全”界定为“保障网络数据的完整性、保密性、可用性的能力”。这里的“保密性”(confidentiality)是指数据不为其他不应获得者获得;“完整性”(integrity)是指在传输、存储数据的过程中,确保数据不被未授权的篡改或在篡改后能够被迅速发现;可用性(availability)是指数据满足一致性、精确性、完整性、时效性和实体同一性的要求。这一技术安全概念被各国普遍认可。早在1994年美国联合安全委员(Joint Security Commission)《重新定义安全》(Redefining Security)的报告中,保密性、完整性和可用性就已经成为信息安全的基本要求。[1] 美国《医疗电子交换法》(HIPAA)重申了这一规则。欧盟2019年《网络安全法》(Cybersecurity Act)亦将数据存储、传输和处理的可用性、真实性、完整性和保密性作为主要目标。

政治安全是数据安全的顶线。作为《国家安全法》的特别法,《数据安全法》不但在第5条规定“中央国家安全领导机构”作为数据安全决策、统筹、协调的负责机构,而且其第4条明确了“总体国家安全观”对数据安全的统领作用。

(二)数据安全:法律之具体化

尽管技术安全和政治安全共同塑造了数据安全的法律概念,但在法治原则下,

---

〔1〕 See Joint Security Commission, *Redefining Security A Report to the Secretary of Defense and the Director of Central Intelligencem*, February 28, 1994.

无论是国家安全还是数据安全,均非法律“黑洞”(法律无法规定)或“灰洞”(法律只能作形式上有限的规定),[1]相反,“数据安全”必须在法律层面具体化,才能回应各方的合理期待。为此,我们立足于“数据跨境流动”场景,使用“去价值化”和“价值补充的类型化”的法律技术,[2]尽可能明确其意蕴。同时还应承认,作为一种价值性不确定概念,“数据安全”无法完全客观化,也不存在“唯一正解”,因此,其仍有必要保持开放性,以回应复杂多变的现实。(如表7-1所示)

表7-1 数据安全的具体化

面向	含义	理据	法律技术	法律依据
静的安全	数据的完整性、可用性、保密性	技术安全	去价值化	《数据安全法》第3条第2款
动的安全	重要数据的可控	综合安全、人类安全	类型化	《国家安全法》第25条
	非重要数据的可信	相对安全、合作安全	类型化	《数据安全法》第3条第2款

所谓“静的安全”,即对数据固有形态及其权益的保护,其体现在任何人不得非法访问、获取、使用他人数据,侵害数据的完整性、可用性、保密性,该类型的安全具有客观且清晰的判断标准。所谓“动的安全”,即对数据流动过程及其权益的保护。依数据类型,这一安全可以分为“重要数据”的自主可控以及“非重要数据”的合作可信:前者源于综合安全观和人类安全观,要求国家就攸关国家总体安全的重要数据享有实际支配力,避免被其他组织或国家非法操纵、监控、窃取和干扰,有损国家安全和人民福祉;后者源于相对安全观和合作安全观,将数据安全理解为各方彼此塑造的主观期待,在充分考量数据利用的基础上,促进各方切实履行承诺和约定,通过彼此合作,达成合理信赖。

(三)通过数据安全的跨境流动管控

与前述以“个人权利、国家安全、公共秩序、经济发展”为由管控数据流动的国际实践不同,《数据安全法》谨慎地将管控事由锚定在“安全”之上,从而避免宽泛

---

[1] See Shirin Sinnar, *Rule of Law Tropes in National Security*, Harvard Law Review, Vol. 129, p. 1566, 2016.

[2] 参见王贵松:《行政法上不确定法律概念的具体化》,载《政治与法律》2016年第1期。

限制阻碍滚滚向前的数据洪流。必须说明的是，由于我国的“安全”既源自国家安全，又有所差异，因而得以在一定程度上吸纳“个人权利”和“公共秩序”。此外，根据《网络安全法》第12条规定，“宣扬民族仇恨、民族歧视，传播暴力、淫秽色情信息，编造、传播虚假信息扰乱经济秩序和社会秩序”的信息等“危害公共秩序”的数据管控主要由《网络安全法》完成，并且，该等管控限于境内公民、法人和其他组织对境外数据的访问（数据入境），无关数据出境和数据调取。

第五节　我国数据跨境规制的制度构造

一、安全、自由的数据出境制度

（一）数据“静的安全”：“自由流动”之前提

数据完整性、可用性、保密性的保障是数据出境的前提。数据“静的安全”在数据跨境流动中的优先地位被世界经济论坛《世界经济跨境数据流的路线图：在新数据经济中为未来做好准备并开展合作》的报告申明。[1] 我国《数据出境安全评估指南（草案）》亦将数据发送方和数据接收方的安全保护能力、采取措施作为评估的重点。数据“静的安全”之落实有赖于企业和政府的协力。就企业而言，其不但需要具有保障数据安全的信息系统、利用技术工具对数据安全工作的自动化工具以及对数据安全风险的预防、检测及响应能力，其还应在组织、人员、制度三方面强化管理保障。质言之，在美国联邦贸易委员会指南中，合理和适当的数据安全保护水平至少应包含：(1)设立流程、程序和系统评估数据安全风险；(2)为员工提供数据安全培训；(3)限制和监控员工对数据的处理。[2] 就政府而言，各国将积极创建和支持稳固的数据安全基础设施，将数据“静的安全”作为开展数字贸易的基本条件，搭建数据安全信息共享和数据泄露通知机制。同时，恰如我国外交部《全球数据安全方案》所倡议的，各国应坚决禁止信息技术产品和服务供应企业设置后门非法控制或操纵用户系统和设备、获取用户数据，并应严厉追究任何组织和个人非法窃取数据的法律责任。

---

〔1〕 The World Economic Forum, *A Roadmap for Cross Border Data Flows: Future-Proofing Readiness and Cooperation in the New Data Economy*.

〔2〕 LabMD, Inc. v. Federal Trade Commission, (11th Cir. Sept. 29, 2016).

（二）数据“动的安全”：“自由流动”之权衡

与客观化的“静的安全”不同，数据“动的安全”和数据自由流动之间关涉主观价值，其取舍可基于德国法学家阿列克西的“权衡法则”（Law of Balancing）之上，该法则规定：“对一个原则的未满足程度或损害程度越大，满足另外一个原则的重要性就必须越大。”[1] 根据该法则，“安全流动原则”和“自由流动原则”的权衡可分为三个步骤：一是确定“自由流动原则”未满足程度；二是确定“安全流动原则”的重要性；三是确定“安全流动原则”的重要性能否证立“自由流动原则”的未满足程度。事实上，通过权衡确定“数据安全”和“数据自由”何者优先的思路已体现在大量的国际公约中。联合国《关于国家安全和信息权利的全球性原则》第 3 条针对“以国家安全为由限制信息访问”的情形，明确规定：“对限制必须遵守比例原则，必须是为防止危害可采用的限制最少的手段。”类似地，基于《关税及贸易总协定》（GATT）第 21 条“安全例外”条款，数据安全可视为一国“重要安全利益”，从而免于对外提供信息，但即使如此，这一条款亦受到“必要性”的限制。[2] 考虑到数据类型和价值纷繁芜杂，这里遵循数据分级分类原则，分别讨论“重要数据”和“非重要数据”的权衡结果。

（三）重要数据可控：“自由流动”之硬约束

作为高度敏感性的数据，重要数据一直是我国出境管控的重点。《网络安全法》第 37 条确立了关键信息基础设施运营者的重要数据境内存储和出境评估制度。2019 年《数据安全管理办法（征求意见稿）》第 28 条规定：“网络运营者向境外提供重要数据前，应当评估可能带来的安全风险，并报经行业主管监管部门同意；行业主管监管部门不明确的，应经省级网信部门批准。”2019 年《网络安全审查办法（征求意见稿）》第 6 条亦指出：重要数据泄露、丢失、毁损或出境应申报网络安全审查。

重要数据管控的确定性与重要数据外延的模糊性形成了鲜明对比。《数据出境安全评估指南（草案）》“附录 A 重要数据识别”将可能危害国家安全、国防利益、国际关系、国家经济秩序和金融安全、国家财产、个人合法权益、国家政治、国土、军事、经济、文化、社会、科技、信息、生态、资源、核设施安全的数据均囊括其中。显然，这一界定不明确。《数据安全管理办法（征求意见稿）》将其缩限到“直接影响

---

〔1〕 Robert Alexy, *On Balancing and Subsumption*, Ratio Juris, Vol. 16, No. 4(2003), p. 433 – 449.

〔2〕 参见孙南翔：《互联网规制的国家贸易法律问题研究》，法律出版社 2017 年版，第 225 ~ 226 页。

国家安全、经济安全、社会稳定、公共健康和安全的数据”，但“社会稳定、公共安全”等表述依然过于宽泛。为此，本书将其进一步限定在“一旦遭到篡改、破坏、泄露或者非法利用就严重危及国家政权、主权、统一和领土完整、人民福祉、经济社会可持续发展和国家其他重大利益的数据”。这首先因为，该等源自《国家安全法》第2条的法律概念，与通过重要数据维护国家安全的立法目的合若符契。可资佐证的是，《数据安全法》第25条与我国《出口管制法》相衔接，确定了对两用物项、军品、核及其他与履行防扩散等国际义务和维护国家安全相关货物、技术、服务的数据的出口管制。此外，在综合安全观之下，基于“国家安全”的重要数据一方面可以筛除普通的社会、经济和公共安全的诉求；另一方面也能将社会根本利益转为国家安全问题，避免失之过窄。[1]

以上述观之，《数据安全法》第21条“重要数据条款”有待完善。首先，该条将重要数据的考量要素分为“重要程度”和“危害程度”，看似全面，实则未能理解在安全/风险进路下，只有不利影响的严重性、持续性才是关键。其次，该条将重要数据认定权力分配给中央和地方，可能引发衔接困境和各地冲突，引发法律规避。为此，不妨汲取《保守国家秘密法》和《保守国家秘密法实施办法》的经验教训，限制设置严格认定程序、强化认定结果监督，在不同地区出现冲突的情况下，可上报国家数据安全工作协调机制决定。

重要数据的认定只是第一步，重要数据如何出境依然悬而未决。鉴于重要数据攸关国家安全，且相关损害有经验上的高度盖然性，重要数据的“安全流动原则”应优先于“自由流动原则”。换言之，只有在满足安全要求之后，重要数据才能出境。然则，何为“重要数据安全”？根据《国家安全法》第25条的规定，重要数据安全即“重要数据可控”。这意味着，在数据出境的场景下，数据提供者对于出境后“重要数据”也应享有法律上的支配权和事实上的支配力，境外的数据处理设备和系统应具有充分的安全性、开放性、透明性以及来源的多样性，难以被非法控制、遭受干扰或破坏。

(四)非重要数据可信：“自由流动”之软约束

较诸重要数据，企业数据、个人数据等非重要数据虽然更加芜杂，[2]但可能引

---

〔1〕 公共秩序和国家安全的勾连，参见 ICSID, LG & E Energy Corp. v. Argentine Republic, ICSID Case No. APB/02/1, Decision on Liability, Oct. 3, 2006 paras. 226 – 161。

〔2〕 《数据安全管理办法(征求意见稿)》第38条第5项规定：“重要数据一般不包括企业生产经营和内部管理信息、个人信息等。”还要说明的是，一旦个人数据大量汇聚，如超过100万人的个人数据，也可以认定为“重要数据”。这一理解可参见《关键信息基础设施确定指南(试行)》中“(三)认定关键信息基础设施”。

致的损害也相对较小。此外,其自由流动的规模极大、价值极高。故此,在"安全流动"和"自由流动"的权衡中,应采取促进数据自由流动的立场。但是,这绝不意味着放任数据风险,恰恰相反,这要求将"动的安全"嵌入其中,赋予数据流动协议以强制执行力,向各利益攸关方苛以全面、诚信履行承诺的义务,最终达成"可信的数据自由流动"(Data Free Flow with Trust,DFFT)。[1]

这里的"可信"首先是个体与企业之间的"信赖"。正如实证研究所发现的,由于普遍担心互联网安全、基本权利保障以及数据保护问题,欧洲企业和消费者对于数据自由流动始终缺乏足够的信心。[2] 为此,欧盟 GDPR 试图通过个人数据权的赋予,重塑信任。但遗憾的是,欧盟正确诊断了病灶,却开错了药方。因为信任始终是共同的事业。GDPR 试图通过"用户赋权—企业担责"的单向路径实现信任,忽略了在激烈市场竞争下用户和企业共赢的可能性。为此,不妨引入"信义规则"(fiduciary rule),同时承认用户和企业的利益,但企业必须将其利益的实现建立在用户利益实现的基础之上。[3] 作为受托人,企业对个人数据拥有开放性权力,由此从"动辄得咎"的境地中解脱出来,得以在不侵害用户利益的前提下,最大化个人数据的价值。当然,这绝不意味着企业可以恣意妄为,通过事后责任追究而非事前行为禁止的机制,监督其勤勉、忠实地对待用户。在数据出境的场合下,有必要申明,数据原始控制者的信义义务应持续有效,不论相关数据是否已经传输到境外,也不论境外的数据处理是其关联公司、代理人还是合作伙伴所为。[4]

其次,"可信"是企业与企业之间的"信赖"。数据提供者和数据接受者可以采取如下方式化解猜忌的成本:(1)经由可信第三方达成交易,特别是相关方已经取得行业协会或政府机构颁发的资格认证;(2)遵循共同的行为标准达成交易,特别是该标准系国际权威协会制定并经国家批准的;(3)使用国家发布的标准合同条款,特别是为保障数据的真实性、合规性,应约定数据提供者说明数据来源、承担数据瑕疵的担保责任,数据接收者则承担数据完整性和保密性的义务;(4)改进技术手段,特别是提升技术的互操作性,令双方在不同系统之间能够共享和使用数据,同时,尝试区块链技术特有的不可篡改特性,以提升数据安全保障、增强数据供应

---

〔1〕 DFFT 首次出现在 2019 年我国出席并签署的《二十国集团关于贸易和数字经济的部长声明》中。载 https://www.sohu.com/a/320226329_825950,最后访问时间:2021 年 10 月 1 日。

〔2〕 一份调查显示:2/3 的欧洲人表示他们担心无法控制他们在网上提供的信息,而另 1/3 则担心成为欺诈的受害者。See Special Eurobarometer 431, Data Protection Report, June 2015.

〔3〕 参见许可:《欧盟〈一般数据保护条例〉周年回顾与反思》,载《电子知识产权》2019 年第 6 期。

〔4〕 Nigel Cory, Robert D. Atkinson & Daniel Castro, *Principles and Policies for "Data Free Flow with Trust"*, https://itif.org/publications/2019/05/27/principles-and-policies-data-free-flow-trust.

链的透明度。

最后,“可信”还是国家与国家之间的“信赖”。[1] 在国内层面,各国在制定数据法规时,应当充分开放和透明,为外国投资者、行业协会、国际组织提供广泛的参与机会,相关规则应基于实证依据,并考虑技术和经济上的可行性,必要时,可以发布立法和执法评估,以确保监管措施的适当性和有效性。在国际层面,各国应遵循“数据保护随数据而行”的原则,避免他国的跨境数据遭到权利减损,亦不得歧视性对待他国数据。为此,各国数据监管机构可以建立定期合作机制以增强信任,推动“互不监控”(no spy)协议,最大限度限制政府对跨界传输数据的监控。可信自由的数据跨境流动是全球共同福祉,放眼未来,各国完全可以在 WTO 以及其他以联合国为基础的框架下共同磋商,形成兼顾本国诉求和他国主张的全球数据治理规则。

基于上述,我国《个人信息保护法》试图从个人、企业、国家三个方面建立个人信息相关数据的可信流动。其中,第 39 条“个人信息处理者向中华人民共和国境外提供个人信息的,应当向个人告知境外接收方的名称或者姓名、联系方式、处理目的、处理方式、个人信息的种类以及个人向境外接收方行使本法规定权利的方式等事项,并取得个人的单独同意”要求数据跨境应当取得个人的单独、明确、具体的同意。第 38 条“与境外接收方订立合同,约定双方的权利和义务,保障境外接收方处理个人信息的活动达到本法规定的个人信息保护标准”旨在强化企业之间的信任,而 38 条第 1 项“依照本法第四十条的规定通过国家网信部门组织的安全评估”、第 2 项“按照国家网信部门的规定经专业机构进行个人信息保护认证”以及第 2 款“中华人民共和国缔结或者参加的国际条约、协定对向中华人民共和国境外提供个人信息的条件等有规定的,可以按照其规定执行”则把重点落在了国家信任之上。

二、安全、自由的数据调取制度

如前所述,国家对境外数据的调取构成对数据自由流动的干涉,其正当性同样应由“数据安全原则”证成。一方面,数据“静的安全”依然是数据调取的前提,任何国家不得滥用信息技术对他国进行数据监控、非法采集他国公民个人数据,破坏数据的完整性、可用性、保密性;另一方面,只有调取行为以数据“动的安全”为鹄

---

〔1〕 World Economic Forum, *Data Free Flow with Trust(DFFT):Paths towards Free and Trusted Data Flows*, 2020.

的,且调取数据的收益足以弥补对自由流动价值的戕害之时,才有适用之余地。在"数据安全"的体系下,国家数据调取的实质是获得数据控制权,因此,基于"重要数据可控"的理由,国家可以调取关系国家安全的境外数据,同时,亦应允许他国在同等范围获取本国数据,以履行国际法上的对等义务。

1. 我国对境外数据的调取

在犯罪国际化、虚拟化的背景下,电子证据的跨境收集已成常态。2016 年,最高人民法院、最高人民检察院与公安部《关于办理刑事案件收集提取和审查判断电子数据若干问题的规定》明确了侦查机关对境外数据直接收集的权力,其中规定:"对于原始存储介质位于境外计算机信息系统上的数据,可以通过网络在线提取。"《数据安全法》第 2 条第 2 款规定:"在中华人民共和国境外开展数据活动,损害中华人民共和国国家安全、公共利益或者公民、组织合法权益的,依法追究法律责任。"延续并革新了《网络安全法》第 75 条的域外保护性管辖权,在拓展保护权益的同时降低了触发门槛。为实现该等管辖权,与欧盟 GDPR 第 58 条类似,我国执法机关应享有获取境外电子证据的权力。

另外,数据主权并不只有防御性权力。相反,作为一个更综合、更灵活的权力,数据主权包括了 4 种不同的面向:数据国内主权(data domestic sovereignty),即国家对境内数据的管控力;数据法律主权(data international legal sovereignty),即国家参与数据国际条约缔结、参加数据国际组织的独立国家地位;数据威斯特利亚主权(data westphalian sovereignty),排斥他国干涉本国数据事务的权力;数据互赖主权(data interdependence sovereignty),即国家对跨境数据的控制力。[1] 根据国家利益,数据主权可以做不同面向的组合。在数据调取的场合,当他国威胁我国的国家安全时,我国可以通过强化数据互赖主权,令主权越过有形疆域。当然,为避免管辖权的过分扩张,境外的数据调取应以"重要数据",也即攸关国家安全的数据为限。

2. 他国对境内数据的调取

基于防御性数据主权,我国一直限制或禁止"他国数据调取"。《数据安全法》第 36 条规定,"非经中华人民共和国主管机关批准,境内的组织、个人不得向外国司法或者执法机构提供存储于中华人民共和国境内的数据",该条款与《国际刑事

---

〔1〕 关于主权的不同维度,参见 Stephen D. Krasnera, *Biding Sovereignty*, International Political Science Review, Vol. 22, No. 3, 2001, p. 229 - 251。

司法协助法》第 4 条,构成了应对外国"长臂管辖"的"封阻法令"(the blocking statutes)。[1] 在未来,除了一事一议的审查制度外,还可以考虑根据互惠原则设立数据调取的白名单,同时,可以暂时尝试与美国、欧盟等具有同样需求的国家和地区达成协定,同时依托"一带一路"合作平台,与沿线国家签署关于跨境数据取证的协定。[2]

【典型案例】

2016 年,美国司法部为调查某毒品走私犯罪,向纽约南区联邦地方法院请求核发搜查令(warrant),要求微软公司提供某电子邮件账户使用者的通信信息,但因该通信信息的服务器存放地为爱尔兰都柏林,微软公司拒绝提供,主张美国法官无权对境外存储的数据核发搜查令。2014 年 5 月,联邦地方法院判定,因微软公司对境外数据拥有控制权,因此有能力遵守该搜查令。随后,微软公司上诉至美国联邦法院第二巡回法院。该法院于 2016 年 7 月 14 日作出判决,推翻了下级法院的判决。其理由是:核发搜查令的依据——美国《储存通信法》(Stored Communication Act,SCA)第 2703 条,并未允许法院以搜查令的方式,要求境内网络服务提供商提交存于境外服务器上的数据。法院在判决意见中阐明,根据 2010 年 Morrison et al. v. National Australia Bank Ltd. et al. 一案,如立法时认为某法规可能或必须有域外效力,应以明文定之,而就国会制定 SCA 时的立法意旨及 SCA 文义观察,SCA 条文中并无任何规定写明该法可适用于境外。同时,在本案中,因用户通信内容的数据储存地在爱尔兰,微软必须自爱尔兰数据中心取出数据并"进口"至美国境内,这一存取行为将带来侵害他国主权之危险。综合考虑,法院最后认定:尽管不予颁发搜查令将严重影响执法效率,但就 SCA 立法意旨及文义观察,SCA 第 2703 条所确定的搜查范围仅限于储存于美国境内的数据。

【问题与思考】

1. 数据跨境流动有哪些类型?
2. 为什么要对数据跨境流动进行管控?
3. 各国对数据跨境流动有哪些分歧和共识?
4. 我国《数据安全法》确立了何种数据跨境流动的基本原则?

---

〔1〕 参见洪延青:《对〈数据安全法〉的理解和认识|中国版的封阻法令》,载 https://mp. weixin. qq. com/s/yWyrdIrz-KGxmltFoqHFiQ。

〔2〕 参见唐彬彬:《跨境电子数据取证规则的反思与重构》,载《法学家》2020 年第 4 期。

第八章　自动驾驶与风险控制

【法律故事】

汽车是人类交通领域的一项伟大发明，但最初却被法律当作威胁道路交通安全的危险猛兽。1865 年，英国议会通过了一部《机动车法案》，后被人嘲笑为《红旗法案》。根据法案规定，每一辆在道路上行驶的汽车都必须由三个人驾驶，其中一个人必须在车前面 50 米以外做引导，还要用红旗不断摇动为机动车开道，并且速度不能超过每小时 4 英里。这部法案按照马车的思维规制汽车，直接扼杀了英国在当年成为汽车大国的机会，也给了美国汽车工业迅速崛起的可能。直到 1895 年，英国才正式废除《红旗法案》。

第一节　自动驾驶汽车概述

一、自动驾驶汽车的历史演进

早在 1478 年，意大利文艺复兴三杰之一的莱昂纳多·达·芬奇（Leonardo da Vinci）就曾经尝试设计一辆能够依靠内置大型螺旋发条来驱动前行的马车。[1] 1886 年，卡尔·本茨（Karl Benz）发明了世界上第一辆汽车后，让汽车自动运行的想法便一直没有停止过。但直到 20 世纪 20 年代，这种构想才真正得以付诸实践。1925 年，美国一家名叫霍迪尼（Houdina）的无线电控制公司在纽约大街上展示了一款名叫“美国奇迹”（American Wonder）的汽车，通过后座安装的一个无线电接

〔1〕 Tom Vanderbilt, *The Real Da Vinci Code*, Wired, November 11, 2004.

收设备发出无线电信号,操作车的方向盘、制动器、加速器等,进而控制汽车的运动,这被认为是人类在自动驾驶领域最早的一次尝试。[1] 1939 年,在纽约世界博览会上,著名的工业设计师诺曼·贝尔·格迪斯(Norman Bel Geddes)联手通用公司向参观者展示了未来 1960 年美国城市的交通设计:所有的汽车都装备了自动驾驶系统,能够在配有轨道的高速公路上自动行驶,并由城市中的电磁场提供驱动电能。自此,自动驾驶汽车的概念开始流行起来。[2]

进入 21 世纪,伴随人工智能技术的迅猛发展,自动驾驶技术有了质的飞跃,各国都在积极出台相关法律政策,以便抢占行业发展的先机。2004 ~ 2007 年,美国国防先进研究项目局连续举办了四届"极限大挑战"赛事(Grand Challenge),邀请全国各地的自动驾驶汽车研发团队参赛,并承诺给予第一名完成赛程的团队 100 万美元的奖励。在 2004 年举办的第一届赛事中,总共有 106 支队伍参赛,但遗憾的是,没有一支队伍能完成指定赛程,最成功的也只完成了 11.7 公里。随后,在 2005 年的第二届赛事中,大约有 200 支队伍参赛,尽管赛道难度升级,但令人鼓舞的是,最终有 23 支队伍达到了终点。其中,来自斯坦福人工智能研究室的团队赢得了冠军。该研究室的主任塞巴斯蒂安·特龙(Sebastian Thrun),同时也是谷歌公司的工程师,在帮助团队赢得比赛后,联手谷歌公司开发出著名的谷歌自动驾驶汽车。2012 年,美国内华达州成为第一个通过法律承认自动驾驶汽车合法化的州,并给谷歌公司颁发了首张自动驾驶汽车牌照。随后,美国、欧盟、日本、韩国、新加坡等纷纷允许自动驾驶汽车上路测试,并出台一系列相关法律政策。至此,经过多年的理论沉淀和技术积累,乘着人工智能和大数据时代的春风,自动驾驶汽车再次成为人们的焦点。

相较于国外,我国 20 世纪 80 年代才开始自动驾驶汽车的研发。近年来,中国企业越发重视自动驾驶技术的研发,自动驾驶也被称为中国汽车产业弯道超车的重要机遇。2016 年 4 月,长安公司改装的两辆自动驾驶汽车从重庆出发前往北京,完成了 2000 公里的长距离自动驾驶测试,让自动驾驶汽车再次成为热门话题。此外,百度、阿里巴巴、腾讯、美团等互联网企业也都纷纷布局自动驾驶产业。2018 年 4 月,工业和信息化部、公安部、交通运输部三部委出台《智能网联汽车道路测试管理规范(试行)》,从自动驾驶汽车的管理机构及其职责、测试主体、测试车辆、测

---

[1] Kalin Vassilev, *Driverless Cars Ready to Traverse Cities and Help Save Lives*, Sliver Chips Online, Aug. 6, 2014.

[2] 参见[美]约翰·弗兰克·韦弗:《机器人也是人:人工智能时代的法律》,郑志峰译,台北,元照出版有限公司 2018 年版,第 78 页。

试驾驶员、交通事故责任认定、测试门槛与考核、保险规则、测试数据、监管装置、脱离报告、法律责任等多方面对自动驾驶汽车道路测试提出要求,从国家层面规定允许各地根据自身实际开展自动驾驶道路测试等工作。截至2020年年底,我国累计开放测试道路超过2000公里,发放测试牌照400余张,道路测试总里程超过200万公里。在测试政策方面,已有超过26个省市出台了智能网联汽车道路测试管理细则。2021年7月,工业和信息化部、公安部、交通运输部发布了升级版的《智能网联汽车道路测试与示范应用管理规范(试行)》,这标志着我国自动驾驶从道路测试迈入示范应用的关键阶段,自动驾驶汽车大规模商用指日可待。与此同时,2021年3月,公安部发布《道路交通安全法(修订建议稿)》公开征求意见,其中第155条专门就自动驾驶汽车作了规定。2021年4月,工业和信息化部发布《智能网联汽车生产企业及产品准入管理指南(试行)》(征求意见稿)公开征求意见。2021年7月,工业和信息化部发布了《关于加强智能网联汽车生产企业及产品准入管理的意见》,就推动智能网联汽车产业高质量发展提出了一系列意见。2021年8月,国家互联网信息办公室、公安部等五部门联合发布《汽车数据安全管理若干规定(试行)》,就汽车数据管理作了全面规定。至此,我国自动驾驶汽车法律规制已经初见体系。

二、自动驾驶汽车的界定与分级

当前,各国对于自动驾驶汽车并没有统一的概念界定。根据2018年《智能网联汽车道路测试管理规范(试行)》以及2021年《智能网联汽车道路测试与示范应用管理规范(试行)》的规定,自动驾驶汽车,又可称为智能网联汽车或智能汽车,指搭载先进的车载传感器、控制器、执行器等装置,并融合现代通信与网络技术,实现车与X(人、车、路、云端等)智能信息交换、共享,具备复杂环境感知、智能决策、协同控制等功能,可实现安全、高效、舒适、节能行驶,并最终可实现替代人操作的新一代汽车。据此,我们可以从如下两个角度理解自动驾驶汽车。

其一,自动驾驶汽车的自主性。自动驾驶汽车实现了自动驾驶对人工驾驶的取代,算法对人类驾驶员的取代。自动驾驶汽车的技术运行逻辑,本质上与人工智能的一般逻辑是一样的,主要分为感知、决策和行动三种能力,自动驾驶汽车的行驶过程自然也可以分为这三个阶段。第一阶段是感知,即自动驾驶汽车通过各类传感器感知周围环境,绘制汽车行驶的周边环境图。第二阶段是决策,即算法系统对第一阶段收集的数据进行处理,生成可以到达目的地的最优路线,作出驾驶决策。第三阶段就是行动,在算法系统的指令下,通过执行器驱动汽车行驶,执行第二阶段的路线任务。

其二,自动驾驶汽车的网联性。从技术特征上看,自动驾驶汽车包括智能和网联两个特征。自动驾驶汽车强调自主识别驾驶环境、规划路线和执行决策的能力,突出汽车本身的智能特征。与此同时,自动驾驶汽车又强调车与外界的智能网联特征,主张实现车与X(人、车、路、云端等)的智能信息交互。换言之,自动驾驶汽车在行驶过程中需要与周围环境进行交互,包括道路上往来的自动驾驶汽车、红绿灯等道路基础设施等,如此可以让自动驾驶汽车行驶更为智能,整个交通网络更加智能。

根据汽车的自动化程度,需要将自动驾驶汽车进行智能分级。2013年,美国高速公路交通安全管理局(NHTSA)提出了自动驾驶汽车五阶段分级法即Level 0~Level 4,具体而言描述为:L0,即无自动化阶段,汽车不具备任何自动驾驶功能;L1,单一功能自动化阶段,汽车仅孤立地具备一个或多个自动化功能;L2,多功能自动化阶段,此时汽车具备两个以上的自动化功能并可共同协作以完成驾驶任务;L3,有条件的自动化驾驶阶段,汽车在特定条件下完成自动驾驶,承担驾驶任务;L4,全自动化驾驶阶段,此时汽车承担了全部驾驶任务。2014年,美国机动车工程师学会(SAE)发布了六阶段分级法,与美国高速公路交通安全管理局的五阶段分级法相比,主要区别是细化了其中的L3和L4阶段,将这两个阶段拓展为三阶段,具体而言为:L0,无自动化阶段;L1,驾驶辅助阶段;L2,部分自动化驾驶阶段;L3,有条件的自动化驾驶阶段;L4,高度自动化驾驶阶段;L5,全自动化驾驶阶段。

我国关于自动驾驶的分级标准首次出现在《中国制造2025》的重点领域技术路线图中。随后,我国《智能网联汽车道路测试管理规范(试行)》以及《智能网联汽车道路测试与示范应用管理规范(试行)》则明确规定了自动驾驶包括有条件自动驾驶、高度自动驾驶和完全自动驾驶三种。在充分考量中国交通情况的复杂性后,2020年3月,工业和信息化部公示了《汽车驾驶自动化分级》(报批稿)推荐性国家标准。2021年8月20日,国家市场监督管理总局、国家标准化管理委员会正式批准了《汽车驾驶自动化分级》推荐性国家标准,并于2022年3月1日起实施。根据《汽车驾驶自动化分级》的规定,汽车驾驶自动化可以分为6个等级,其中0~2级为驾驶辅助,系统辅助人类执行动态驾驶任务,驾驶主体仍为驾驶员;3~5级为自动驾驶,系统在设计运行条件下代替人类执行动态驾驶任务,当功能激活时,驾驶主体是系统。

我们应当厘清驾驶辅助、自动驾驶以及无人驾驶是三个不同的概念。一方面,自动驾驶可以分为半自动驾驶和全自动驾驶两个阶段，半自动驾驶具体又包括有条件的自动驾驶和高度自动驾驶，而无人驾驶并非法律规范文件中明确规定的概念，更多的是艺术作品、新闻报道中使用的生活用语，自动驾驶与无人驾驶并无直接可比性。[1] 另一方面，驾驶辅助并非自动驾驶，在驾驶辅助阶段，系统并不监测驾驶环境，持续地执行全部动态驾驶任务，仅为使用人提供一项或多项驾驶支援，而在自动驾驶阶段，系统会持续地执行全部动态驾驶任务。此外，我们也可以看出，自动驾驶汽车并非一个遥不可及、荒诞的概念，而是既有技术不断持续发展的自然结果。事实上，自动驾驶汽车与当前普遍使用的各种先进的汽车安全技术密切相关，包括适应性自动巡航控制系统、车道偏离警示系统、防撞制动系统（collision mitigation braking systems）等。与之不同的是，自动驾驶汽车将这些技术融为一体，创造了一个“超级巡航控制系统”（super cruise control system）。当前，各国的自动驾驶技术主要处于驾驶辅助与半自动驾驶阶段，但全自动驾驶汽车也并非遥不可及。

三、自动驾驶技术的社会价值

作为一项具有革命意义的新技术，自动驾驶汽车具有极大的社会价值。归纳来说，起码包括以下几个方面。

第一，提升交通安全。自动驾驶汽车可以大幅降低交通事故的发生，这也是自动驾驶汽车最为重要的功能。伴随汽车保有量的不断攀升，每年交通事故造成的伤亡人数十分惊人。自动驾驶汽车的到来，将从根本上解决这一问题，因为较于人类驾驶员，它们“从不疲惫、分心、愤怒、醉酒、超速”。

第二，有利于出行便利的普惠。汽车的自动化程度越高，使用者的环境监测需求和驾驶任务量就越低，这就使驾驶体验得到极大提升且驾驶门槛得以降低。高度甚至完全自动驾驶技术实现时，使用者可以在汽车行驶中从事完全无关驾驶的事情，奋笔疾书也好，惬意小憩也罢，舟车再无驾驶疲劳可言。与此同时，自动驾驶技术能够解决老年人、残障人士和未成年人因身体机能和年龄限制等不能独自使用私人交通工具的问题，降低汽车驾驶门槛，使更多人得以享受快捷交通的便利。例如，谷歌自动驾驶汽车的第一位使用者，便是一位名叫史蒂芬·马汉（Steve Mahan）的盲人。马汉先生住在加利福尼亚州，视力丧失95%，不可能驾驶传统汽

---

〔1〕 有观点指出，只有完全自动驾驶才能称为无人驾驶。参见郑志峰：《自动驾驶汽车的交通事故侵权责任》，载《法学》2018年第4期。

车,日常出行都需要有人陪伴。而利用谷歌自动驾驶汽车,马汉先生顺利进城购买食物、取回干洗衣物,实现了此前只能想象的事情。[1]

第三,缓解交通拥堵。当前,随着汽车保有量的增加,拥堵问题成为困扰各国的"城市病"。高德地图联合国家信息中心大数据发展部等权威机构共同发布的《2020 年度中国主要城市交通分析报告》显示,在监测的全国 361 个城市中,有 2.49% 的城市通勤高峰处于拥堵状态,37.67% 的城市处于缓行状态,重庆、西安、长春位列高峰拥堵延时指数前三,重庆为城市高峰期平均候车时长最久城市,拥堵时间、空间成本非常高。交通拥堵的原因与道路利用率有很大关系,人类驾驶者出于本能视野和反应能力的限制,在行车时需要与前后左右的车辆之间保持足够安全的间距,以便紧急情况时能采取应对措施,而这大大降低了道路的利用效率。在现有道路"容量"不变的前提下,自动驾驶汽车由于其更加安全、精准和可预测性,能够使车与车之间的必要间距大大缩短,进而大幅提升道路的利用效率,缓解交通拥堵。与此同时,25% 的交通拥堵都与交通事故有关,[2] 自动驾驶汽车在大幅降低交通事故发生的同时,自然能有效缓解交通拥堵。此外,由于自动驾驶汽车更智能,能够同一时间将多人及时送达目的地,出行所需要的汽车总体数量将会下降,这也有助于缓解交通拥堵。

除此之外,自动驾驶汽车还具有提升能源利用效率,降低环境污染等价值。当然,自动驾驶汽车也会带来不少新的挑战,如新技术成本的增加、技术设定值潜在的强制适应、过度依赖垄断供应商的风险、失业潮以及"电车悖论"的伦理难题等。其中,最大的问题还在于这种新型交通工具所含有的安全漏洞以及所带来的侵权责任挑战。

第二节 自动驾驶汽车侵权责任的共识与分歧

相较于传统机动车,自动驾驶汽车最为本质的特征在于自动驾驶系统取代了人类驾驶员,算法取代了人工,汽车的运行全程由自动驾驶系统操控,由此引发了侵权责任承担的三大难题:自动驾驶汽车究竟是法律主体还是法律客体,能否自负

---

〔1〕 Jonathan Bloom, *Blind Man Chosen as First Person to Test Google's Driverless Car*, ABC 7 News, February 10, 2016.

〔2〕 See Jeffrey K. Gurney, *Driving into the Unknown: An Examination of Crash-optimization Algorithms through the Two Lanes of Ethics and Law*, 79 Alb. L. Rev. 183, 2015, p. 194.

其责？使用人一方没有驾驶行为是否还需承担责任，现行机动车交通事故责任能否继续适用？自动驾驶系统的缺陷怎么认定，如何追究生产者一方的产品责任？经过学界的充分讨论，上述三个问题既有共识也有分歧。

一、自动驾驶汽车的法律地位

自动驾驶汽车的法律地位是探讨其侵权责任问题的前提，因为这直接影响责任规则的构建。如果法律赋予自动驾驶汽车法律人格，那么相关的责任规则将会完全不同：其一，既然自动驾驶汽车是独立的法律主体，可以自主决定其行为，那么生产者一方将无须承担产品责任；其二，自动驾驶汽车与使用人一方将成立雇佣关系，使用人一方需要就自动驾驶汽车的行为承担雇主替代责任；其三，考虑到自动驾驶汽车的自主性，对于超出雇主指示范围外的交通事故，自动驾驶汽车应当自负其责。故此，我们首先需要解决自动驾驶汽车的法律地位问题。

2017 年 2 月，欧盟通过的《机器人技术民事法律规则》提道："从长远来看要创设机器人的特殊法律地位，以确保至少最复杂的自动化机器人可以被确认为享有电子人的法律地位，有责任弥补自己所造成的任何损害，并且可能在机器人做出自主决策或以其他方式与第三人独立交往的案件中适用电子人格。"[1] 随后，国内一些观点也提出要赋予人工智能法律人格。例如，有学者认为，在现有法律框架下，在法人组织中增设一种电子法人，让人工智能以电子法人的身份参与社会经济生活，也许是一种解决问题的更好思路。[2] 又如，有学者主张，生产者、设计者和驾驶者可以为智能汽车设置相应的风险基金，在承认智能汽车工具性人格的基础上，以该基金作为智能汽车的责任财产，用以解决自动驾驶时的损害赔偿责任承担问题。[3]

然而，赞同人工智能法律主体地位的学说提出后，遭到了学界许多学者的反对。经过一番争鸣，当前我国学界起码达成了一个初步的共识：至少从当前来看，赋予自动驾驶汽车等人工智能法律人格并无必要性和正当性，也无助于侵权责任

---

〔1〕 See European Parliament, *Report with Recommendations to the Commission on Civil Law Rules on Robotics*, 2017, p. 18.

〔2〕 参见张志坚：《论人工智能的电子法人地位》，载《现代法学》2019 年第 5 期。

〔3〕 参见许中缘：《智能汽车侵权责任立法——以工具性人格为中心》，载《法学》2019 年第 4 期。

的解决。因为无论是主张由自动驾驶汽车自行承担责任,[1]还是由使用人一方承担雇主替代责任,[2]抑或将自动驾驶汽车拟制为法人来承担责任,[3]都会存在救济程序复杂化、自动驾驶汽车没有责任财产、生产者一方逃避产品责任等难题。事实上,2020 年欧盟《关于人工智能系统运行的责任立法倡议》对于这个问题也作了明确回应:"任何关于既有法律框架所需改变的讨论,都应首先理清,人工智能系统既没有法律人格,也没有人类良知,它们唯一任务就是为人类服务。"[4]总而言之,人工智能机器人能否能够具有"人"的主体地位,是一个十分复杂且关乎人类命运的重大问题,至少目前还不能匆忙让它成为一个法律上的"人"。[5]

二、自动驾驶汽车与产品责任

传统汽车属于产品范畴,理当适用产品责任。然而,自动驾驶汽车是对传统汽车的技术革新,是否适用以及如何适用产品责任存在争议。

首先,对于自动驾驶汽车能否继续适用产品责任存在争议。有学者认为,自动驾驶汽车发生交通事故是由系统操控,驾驶系统并不是民法上的物,而是一种具有"近人性"的客观存在,既非人,亦非物。驾驶系统并非产品,而造成交通事故主要是因驾驶系统的行为导致。对于自动驾驶汽车自主行为所生损害,生产者、设计者可依"技术中立"原则而主张免责。因此,将驾驶系统视为产品或者物,进而主张由生产者、设计者对系统因自主行为导致的损害承担产品责任,既不合事实,也有悖于法理。[6]

其次,即使自动驾驶汽车适用产品责任也面临诸多难题。根据我国《民法典》《产品质量法》等相关法律,生产者、销售者一方承担产品责任的前提是产品存在

---

〔1〕 参见[美]约翰·弗兰克·韦弗:《机器人也是人:人工智能时代的法律》,郑志峰译,台北,元照出版有限公司 2018 年版,第 41 页;许中缘:《智能汽车侵权责任立法——以工具性人格为中心》,载《法学》2019 年第 4 期;张继红、肖剑兰:《自动驾驶汽车侵权责任问题研究》,载《上海大学学报(社会科学版)》2019 年第 1 期。

〔2〕 See Robert W. Peterson, *New Technology—Old Law: Autonomous Vehicles and California's Insurance Framework*, Santa Clara L. Rev. 52,1358 - 59(2012).

〔3〕 参见张志坚:《论人工智能的电子法人地位》,载《现代法学》2019 年第 5 期;袁曾:《基于功能性视角的人工智能法律人格再审视》,载《上海大学学报(社会科学版)》2020 年第 1 期;崔文玉:《人工智能商主体地位探析》,载《中国政法大学学报》2020 年第 1 期。

〔4〕 See European Parliament, *Draft Report with Recommendations to the Commission on a Civil liability Regime for Artificial Intelligence*, 2020, p. 11.

〔5〕 参见马长山:《迈向数字社会的法律》,法律出版社 2021 年版,第 177 页。

〔6〕 参见张志坚:《论人工智能的电子法人地位》,载《现代法学》2019 年第 5 期。

缺陷,而这需要受害人进行举证证明,这使产品责任的适用非常困难。即使在传统机动车产品责任中,受害人要证明汽车存在产品缺陷都是一件非常复杂的事情。更何况自动驾驶汽车属于前沿科技产品,在传统机动车复杂的硬件软件系统中又装载了自动驾驶系统,这使自动驾驶汽车的运作非常复杂。同时,自动驾驶汽车属于人工智能应用场景,算法"黑箱"问题使因果关系的证明也变得困难。不仅事故的受害人很难证明事故发生的确切原因,而且即使是自动驾驶系统的设计者或生产者,有时也很难解释事故究竟是如何发生的。[1]

最后,产品责任涉及生产者、系统设计者、销售者及驾驶者等多个主体之间的责任,要厘清各主体之间的责任份额是非常困难的,可能会导致各主体之间的相互推诿。责任边界的不清晰不仅会导致受害人难以获得有效救济,而且对于自动驾驶汽车的生产者、系统设计者与销售者而言,其将陷入漫长的诉讼中,从而也会加大其运行成本。[2]

对此,学界普遍认为,一方面,自动驾驶汽车无论如何复杂和智能,仍属于产品的范畴,生产者一方理当承担产品责任。同时,自动驾驶取代人工驾驶后,发生交通事故的原因也大多数是由于产品缺陷引发的,由生产者一方承担产品责任合乎情理,也有利于激励他们持续提升和更新算法,增强自动驾驶汽车的安全性能。[3]另一方面,在产品责任的适用上,许多学者都提到,应当缓解受害人的举证困难。其一,关于产品缺陷的证明,我国《产品质量法》确立的"不合理危险"标准过于抽象,可借鉴美国法中的"风险效用标准"与"消费者期待标准"。相比之下,消费者期待标准适用更为简单,既不需要披露过多的算法数据,也更有利于救济受害人。其二,对于受害人的举证问题,学者们纷纷提出举证责任倒置、推定、缓和等观点,由生产者一方承担或者分担举证责任,以降低受害人救济的门槛。其三,许多学者都提到借助技术措施来缓解查明事故原因的难度,如引入"黑匣子"技术,记录事故发生时的数据,以便判别事故发生的真正原因,合理界定各方责任。[4]

---

〔1〕 参见冯珏:《自动驾驶汽车致损的民事侵权责任》,载《中国法学》2018 年第 6 期。

〔2〕 参见许中缘:《智能汽车侵权责任立法——以工具性人格为中心》,载《法学》2019 年第 4 期。

〔3〕 参见司晓、曹建峰:《论人工智能的民事责任:以自动驾驶汽车和智能机器人为切入点》,载《法律科学(西北政法学院学报)》2017 年第 5 期;杨立新:《自动驾驶机动车交通事故责任的规则设计》,载《福建师范大学学报(哲学社会科学版)》2019 年第 3 期;冯珏:《自动驾驶汽车致损的民事侵权责任》,载《中国法学》2018 年第 6 期;等等。

〔4〕 参见郑志峰:《自动驾驶汽车的交通事故侵权责任》,载《法学》2018 年第 4 期;许中缘:《智能汽车侵权责任立法——以工具性人格为中心》,载《法学》2019 年第 4 期;冯洁语:《人工智能技术与责任法的变迁——以自动驾驶技术为考察》,载《比较法研究》2018 年第 2 期。

三、自动驾驶汽车与机动车交通事故责任

传统机动车属于纯粹的工具,汽车的运行全系于背后使用人的自由意志与自主行为,使用人自然需要承担机动车交通事故责任。根据《民法典》第1208条以及《道路交通安全法》第76条的规定,我国机动车交通事故责任需要区分两种情况:第一种是机动车与机动车之间的交通事故,明确采用过错责任的归责原则;第二种是机动车与非机动车、行人之间的交通事故,由于法条用语表达模糊,学界出现了过错责任(过错推定责任)、无过错责任、补偿责任等多种学说。[1] 笔者认为,机动车一方没有过错需要承担不超过10%的赔偿责任,这意味着无论做何解释,机动车一方是否具有过错对于归责都没有实质意义,无过错责任至多只在10%的范围内才有存在空间。由此观之,现行使用人一方承担的机动车交通事故责任,整体上仍然是以过错为基础构建的。然而,自动驾驶取代人工驾驶后,使用人无须实施具体的驾驶行为,驾驶过错自然也不复存在,使用人究竟如何承担责任就成了难题,这也是自动驾驶汽车侵权责任挑战的关键所在。对此,学界展开了激烈争论,简单归纳如下。

第一,机动车交通事故侵权责任说。有学者认为,自动驾驶汽车发生交通事故造成损害需要区分人的责任与物的责任,如果是因为物的责任,那么适用产品责任规则;如果是人的责任,那么直接适用现有机动车交通事故责任,由有过错的驾驶人承担责任。[2] 该观点认为自动驾驶汽车使用人一方仍然可以继续适用现行机动车交通事故责任,但对如何在没有驾驶行为的情况下认定机动车一方过错等难题没有进一步展开。

第二,一般侵权责任说。有学者认为,自动驾驶取代人工驾驶,使用人成为纯粹的乘客,理当由生产者一方承担产品责任,使用人仅在有过错时承担一般侵权责任。[3] 这种观点看到了自动驾驶汽车给使用人带来的挑战,但将使用人等同于纯粹的乘客值得商榷,忽视了使用人对于自动驾驶汽车的支配力。

---

〔1〕 关于《道路交通安全法》第76条第1款第2项归责原则的争议,参见最高人民法院侵权责任法研究小组编著:《〈中华人民共和国侵权责任法〉条文理解与适用》,人民法院出版社2010年版,第349页;王利明、周友军、高圣平:《中国侵权责任法教程》,人民法院出版社2010年版,第556页;程啸:《侵权责任法》(第3版),法律出版社2020年版,第591页。

〔2〕 参见杨立新:《民事责任在人工智能发展风险管控中的作用》,载《法学杂志》2019年第2期。

〔3〕 参见郑志峰:《自动驾驶汽车的交通事故侵权责任》,载《法学》2018年第4期;张童:《人工智能产品致人损害民事责任研究》,载《社会科学》2018年第4期。

第三,无过错保有人责任说。有学者认为,为了更好地救济自动驾驶汽车交通事故的受害人,解决现有规则的不足,我国可以考虑引入机动车保有人对于机动车这一本身风险物的无过错责任作为救济的责任基础。[1] 该说主张参照大陆法系的做法,引入无过错保有人责任,解决使用人没有驾驶行为如何承担责任的问题,但这意味着我国现行机动车交通事故责任规则需要彻底重塑。

第四,无过错保有人责任+机动车交通事故责任说。有学者认为,自动驾驶汽车致害除生产者承担产品责任外,使用人一方的责任需要区分为两种,即保有人责任与驾驶人责任。其中,保有人对于机动车运行相关的所有危险承担全面的赔偿责任,适用无过错责任原则,而驾驶人对违反驾驶相关义务所致损害承担赔偿责任,适用过错推定原则。[2] 该说区分保有人与使用人的做法首先就值得商榷,而引入无过错保有人责任则同样存在彻底改变现有责任规则的缺陷,同时对于驾驶人责任问题,也没有真正解决如何认定机动车一方过错的核心难题。

第五,机动车交通事故责任+高度危险责任说。有学者认为,应区分一般自动驾驶与高度自动驾驶。对于一般自动驾驶,保有人仍然负有随时接管的注意义务,可以适用现有的机动车交通事故责任规则;而高度自动驾驶满足高度危险责任的三个适用要件,即行为自身具有危险性、即使尽到注意义务并采取安全措施也无法避免损害以及不考虑主观过错。因而在新规定出台之前,可以参照我国《民法典》第1236条适用高度危险致损的危险责任。[3] 该说同样没有解释现行机动车交通事故责任究竟如何继续适用,而参照高度危险责任适用的观点也缺乏正当性。

第六,参照动物侵权责任说。有学者认为自动驾驶汽车与饲养的动物非常相似,包括以下五点:其一,两者都能够在没有人类控制和干预的情况下思考、行动或引起损害。其二,两者都是为了更好地服务人类,饲养犬类可以为人类提供陪伴、看护、捕猎、自卫等服务,而自动驾驶汽车则为人类提供更为安全便利的交通工具。其三,法律之所以对犬类侵权适用严格责任是出于对犬类本身危险的考虑。但事实上,每年致命的犬类攻击案件通常只有30件,而汽车造成的严重伤亡事故则超过30,000起。其四,从历史来看,最初由汽车引发的交通事故侵权案件都与饲养

[1] 参见殷秋实:《智能汽车的侵权法问题与应对》,载《法律科学(西北政法大学学报)》2018年第5期;冯珏:《自动驾驶汽车致损的民事侵权责任》,载《中国法学》2018年第6期。

[2] 参见刘召成:《自动驾驶机动车致害的侵权责任构造》,载《北方法学》2020年第4期。

[3] 参见宋宗宇、林传琳:《自动驾驶交通事故责任的民法教义学解释进路》,载《政治与法律》2020年第11期。

动物有关。[1] 其五,法庭此前存在将动物与汽车类比的先例,如 Lewis v. Amorous 案的判决就有如下经典表述:"我们应当害怕的不是汽车这个怪物,而是汽车背后凶猛的人类,汽车不能与疯狗、邪恶的公牛、凶狠的骡子等归为一类。"[2] 随着自动驾驶汽车的到来,人们应当害怕的不再是汽车背后的人类,而是失去理智的汽车本身。因此,将饲养犬类侵权责任规则适用于自动驾驶汽车并不像听上去那么牵强。[3] 基于此,我们可以参考《民法典》中饲养动物的侵权责任来对待自动驾驶汽车,让自动驾驶汽车使用人承担严格责任。

四、自动驾驶汽车侵权责任的展开背景

从上述讨论可以看出,当前对于自动驾驶汽车侵权责任的讨论既有分歧也有共识。总结而言,学界起码达成了当前不宜赋予自动驾驶汽车法律主体地位、生产者一方需要承担产品责任两项共识,但对于使用人一方是否需要以及如何承担机动车交通事故责任则存在诸多分歧,这成为自动驾驶汽车侵权责任的关键。在展开具体讨论之前,我们有必要对一些基础问题进行明确。

(一)《民法典》的责任框架与留白

面对自动驾驶汽车引发的侵权责任问题,各国都迅速作出反应。例如,德国于 2017 年 5 月修订《道路交通法》,明确自动驾驶汽车使用人与生产者的注意义务与赔偿责任。[4] 2021 年 6 月,德国又通过了全新的《道路交通法——强制保险法》,又被称为《自动驾驶法》,引入技术监督员制度,要求自动驾驶汽车的所有人必须购买一份责任险。2018 年 7 月,英国通过《自动与电动汽车法案》,为自动驾驶汽车交通事故责任更新保险责任规则,[5] 这与美国许多州规制自动驾驶汽车道路测

---

[1] See Sophia H. Duffy & Jamie Patrick Hopkins, *Sit, Stay, Drive: The Future of Autonomous Car Liability*, 16 Smu. Science & Technology Law Review 101, 2014, p. 116 – 117.

[2] See Lewis v. Amorous, 59 S. E. 338, 340 (Ga. Ct. App. 1907).

[3] See Sophia H. Duffy & Jamie Patrick Hopkins, *Sit, Stay, Drive: The Future of Autonomous Car Liability*, 16 Smu. Science & Technology Law Review 101, 2014, p. 118.

[4] 参见张韬略、蒋瑶瑶:《德国智能汽车立法及〈道路交通法〉修订之评介》,载《德国研究》2017 年第 3 期。

[5] 参见曹建峰、张嫣红:《〈英国自动与电动汽车法案〉评述:自动驾驶汽车保险和责任规则的革新》,载《信息安全与通信保密》2018 年第 10 期。

试期间交通事故的做法是一致的。[1] 2020 年 10 月,欧洲议会更是通过了《关于人工智能系统运行的责任立法倡议》,明确生产者一方需承担产品责任,使用人一方的责任则需要区分人工智能的风险程度:对于自动驾驶汽车等高风险人工智能系统,使用人一方应当承担无过错责任;对于其他低风险人工智能系统,使用人一方则需要承担过错推定责任。[2]

与此同时,我国也在加快应对自动驾驶的侵权责任问题。2018 年《智能网联汽车道路测试管理规范(试行)》就自动驾驶汽车道路测试期间交通事故赔偿作了规定。随后,法学界也迅速响应,围绕自动驾驶汽车的侵权责任问题展开热烈讨论,许多学者都提出了具体的立法建议,[3] 力图抓住《民法典》编纂的宝贵时机,推动自动驾驶汽车侵权责任法律规制入典,为产业发展保驾护航。

然而,学界的研究热情并未打动立法者,《民法典》没有针对自动驾驶汽车等人工智能的侵权责任问题作出特别安排。从党中央指示编纂一部具有时代特色的《民法典》要求出发,立法者显然是注意到了自动驾驶汽车的侵权责任问题。此种背景下,《民法典》留白只能是有意为之,其中缘由可能有两个:一是立法者认为自动驾驶汽车侵权责任问题并未形成根本性挑战,现有侵权责任规则足以应对,故《民法典》无须作出特别规定;二是自动驾驶汽车侵权责任问题过于复杂,当前规制并不合适,待时机成熟后再行立法。

无论是何种原因,在自动驾驶汽车大规模商业化迫在眉睫的当前,《民法典》作为“社会生活的百科全书”必须要为新技术的大规模应用做好准备。这意味着我们对于自动驾驶汽车侵权责任问题的讨论,既要立足于《民法典》确立的责任框架,又要顺应自动驾驶技术的发展,及时配套科学合理的规则。如此一来,我们可以从立法论和解释论两条线索展开讨论。

(二)技术革新与受害人救济并重

尽管自动驾驶汽车具有极大的社会价值,并做好了大规模量产的准备,但侵权责任问题将最终决定自动驾驶汽车进入市场的速度。就像历史上许多新产品那

---

〔1〕 参见刘会春:《从美国立法经验看我国自动驾驶汽车法律制度的建设》,载《重庆邮电大学学报(社会科学版)》2020 年第 5 期。

〔2〕 See European Parliament, *Draft Report with Recommendations to the Commission on a Civil Liability Regime for Artificial Intelligence*, 2020, Article 4, Article 8.

〔3〕 参见王竹、郑志峰、徐铁英主编:《〈民法典·侵权责任编〉编纂建议稿附立法理由书》,清华大学出版社 2019 年版,第 236 ~ 239 页;韩旭至:《自动驾驶事故的侵权责任构造——兼论自动驾驶的三层保险结构》,载《上海大学学报(社会科学版)》2019 年第 2 期。

样，自动驾驶汽车的侵权责任需要在消费者和生产者之间进行微妙而细致的平衡。一方面，如果法律施加给生产者的责任过于严苛，生产者可能会集体规避这个行业；另一方面，如果消费者承担的责任过重，他们会对新产品的购买充满警惕。[1] 此外，还要充分考虑受害人的救济，不能以牺牲受害人的利益来发展自动驾驶汽车行业。然而，作为一项新技术，实践中一旦自动驾驶汽车发生事故，人们通常会将矛头对准生产者，而不会关注事故发生的真实原因，生产者承担的责任有日益加重的趋势。但如此一来，势必会挫伤生产者革新技术的积极性，阻碍自动驾驶汽车进入市场。

从新产业发展的历史上看，有两个行业的发展历史非常值得自动驾驶汽车行业借鉴，一是20世纪20年代的航空行业，二是20世纪50～80年代的疫苗行业，两者都是最终依靠合理的责任分配才得以繁荣发展的。以疫苗行业为例。20世纪50年代，医学界突破性地研制出的小儿麻痹疫苗（Polio Vaccine）受到极大的欢迎，然而公众的热情却很快被著名的"Cutter 事件"浇灭。在接种 Cutter 公司生产的小儿麻痹疫苗后，疫苗并没有发挥应有作用，导致40,000人感染顿挫型脊髓灰质炎、56人感染麻痹型脊髓灰质炎、5人死亡的严重后果。[2] 随后，美国掀起了一波疫苗事故侵权的诉讼浪潮。由于美国政府和疫苗行业的消极态度，有关疫苗事故侵权责任的问题没能得到实质性解决，并渐渐被遗忘。20世纪70～80年代，随着大量新型疫苗的出现，疫苗事故侵权责任问题再次凸显，围绕白喉百日咳破伤风（Diphtheria Pertussis Tetanus，DPT）疫苗事故兴起了第二次诉讼浪潮，迫于诉讼带来的巨大压力，许多全国性的疫苗制造商纷纷撤出 DPT 疫苗市场。[3] 到1984年，整个美国只有两家公司生产 DPT 疫苗，价格则是之前的3倍。[4] 随后，美国政府不得不在1986年通过《儿童疫苗损害国家赔偿法》，重新确立责任规则，在救济疫苗事故受害人的同时，适当限制制造商的责任，最终推动了疫苗行业的发展走上正轨，有效保障了整个社会的健康利益。

从汽车本身的安全技术发展史来看也是如此。在一些安全技术投入使用初

---

〔1〕 See Caitlin Brock, *Where We're Going, We Don't Need Drivers: The Legal Issues and Liability Implications of Autonomous Vehicle Technology*, 83 Umkc Law Rev. 769, 2014, p. 782.

〔2〕 See Joanna B. Apolinsky & Jeffrey A. Van Detta, *Rethinking Liability for Liability for Vaccine Injury*, 19 Cornell J. L. & Pub. Pol'y 537, 2010, p. 603－604.

〔3〕 截至1984年，疫苗制造商每年应对诉讼的费用超过980万美元。See Elizabeth C. Scott, *The National Childhood Vaccine Injury Act Turns Fifteen*, 56 Food & Drug L. J. 351, 2001, p. 351.

〔4〕 See Caitlin Brock, *Where We're Going, We Don't Need Drivers: The Legal Issues and Liability Implications of Autonomous Vehicle Technology*, 83 Umkc Law Rev. 769, 2014, p. 785.

期，如安全带、安全气囊等，企业总是报以抵触态度，原因就在于新技术虽然可以大幅降低消费者的驾驶风险，但同时却带来了因安全带、安全气囊故障而导致损害的风险。在这一过程中，消费者实实在在地获得了新技术带来的好处，但生产者却不得不承担由此引发的新风险，这就是风险转移（risk transformation）现象。[1] 由此，不当驾驶的风险转变为安全带、安全气囊故障的风险，本应由消费者承担的风险转移到生产者身上。正是这种风险负担的失衡，加之严苛的产品责任，使生产者们一再抵触安全带、安全气囊等新技术的采用。自动驾驶汽车作为更具革命性的新技术，在有效减少事故发生并降低消费者驾驶风险的同时，也增加了生产者因为自动驾驶系统故障而承担责任的风险。如果不能解决风险转移的问题，过重的负担和诉讼风险将会阻碍自动驾驶技术的革新和产业化发展。[2] 我们必须在充分救济受害人的同时，平衡消费者与生产者的利益，在鼓励生产者革新技术的同时也应让消费者保持购买欲望。

（三）自动驾驶技术的具体阶段

学界在讨论自动驾驶汽车侵权责任时，常常会提到美国机动车工程师学会的分级方法，但理解却并不一致。例如，有学者认为 L1 和 L3 为一般自动驾驶，人类与系统共同控制汽车，人类负有干预义务；而 L4 和 L5 属于高度自动驾驶，此时由自动驾驶系统控制汽车，人类不负有干预义务。[3] 而有的学者则认为 L3 ~ L5 都属于高度自动驾驶汽车，其中，L5 属于最高阶段的完全自动驾驶，使用人不负有接管义务，而 L3 和 L4 中使用人仍负有接管义务。[4] 笔者认为，在讨论自动驾驶汽车侵权责任时，需要明确如下几点。

第一，驾驶辅助并非自动驾驶，驾驶辅助阶段的使用人仍然是汽车运行的控制人，应当继续适用机动车交通事故责任。许多学者以中国首例特斯拉自动驾驶事

---

〔1〕 See Robert Dan Spendlove, *Speed Bumps on the Road to Progress*: *How Product Liability Slows the Introduction of Beneficial Technology—An Airbag Example*, 13 Geo. Mason L. Rev. 1143, 2006, p. 1155 - 1156.

〔2〕 See Jessica S. Brodsky, *Autonomous Vehicle Regulation*: *How an Uncertain Legal Landscape May Hit the Brakes on Self-driving Cars*, 31 Berkeley Tech. L. J. 851, 2016, p. 864.

〔3〕 参见宋宗宇、林传琳：《自动驾驶交通事故责任的民法教义学解释进路》，载《政治与法律》2020 年第 11 期。

〔4〕 参见张力、李倩：《高度自动驾驶汽车交通事故侵权责任构造分析》，载《浙江社会科学》2018 年第 8 期；季若望：《智能汽车侵权的类型化研究——以分级比例责任为路径》，载《南京大学学报（哲学·人文科学·社会科学）》2020 年第 2 期。

故来分析自动驾驶汽车的责任问题,[1]显然混淆了自动驾驶与辅助驾驶。辅助驾驶仍然属于传统机动车范畴,对于辅助驾驶阶段发生的交通事故,只需要继续按照《民法典》以及《道路交通安全法》确立的机动车交通事故责任规则解决即可,因为本质上仍然是使用人在驾驶汽车,系统仅仅是提供辅助。故此,笔者讨论的重点应当放在自动驾驶阶段。

第二,自动驾驶汽车的分级应立足于本土,既然《智能网联汽车道路测试与示范应用管理规范(试行)》以及《汽车驾驶自动化分级》都明确规定自动驾驶包括有条件自动驾驶、高度自动驾驶和完全自动驾驶三种,那么相关讨论理当以此为基础展开。如此,我们才能确保构建的是一套本土化的自动驾驶汽车侵权责任规则。

第三,无论自动驾驶汽车是有条件自动驾驶、高度自动驾驶,抑或完全自动驾驶,只要汽车处于自动驾驶状态,系统都取代了人类驾驶员实际控制汽车运行,进而使现行机动车交通事故责任规则难以为继。故此,问题的关键在于汽车是否处于"自动驾驶状态",而非自动驾驶汽车的技术等级。[2] 无论是哪个级别的自动驾驶,只要是自动驾驶,其对于现行机动车交通事故责任的挑战是一样的,唯一的不同可能在于有条件自动驾驶阶段,使用人负担接管义务,而高度自动驾驶和完全自动驾驶阶段,使用人并不需要负担这一义务。然而,有条件自动驾驶阶段的使用人负担接管义务是否正当合理也需要论证,同时这种接管义务的存在并不会成为有条件自动驾驶与高度自动驾驶、完全自动驾驶区别讨论责任的理由。

第四,区分商用阶段与道路测试阶段。当前,自动驾驶汽车道路测试如火如荼,我国北京、上海、重庆等几十个城市都在开展自动驾驶汽车道路测试。需要注意的是,商用阶段的自动驾驶汽车与测试阶段的自动驾驶汽车是完全不同的,两者配置的责任规则也理当不同。道路测试是自动驾驶汽车大规模商用前必经的阶段,这一阶段的自动驾驶汽车尚处于实验当中,其安全性能未得到充分论证,汽车运行的风险很高,为此需要有专门的安全员全程履行监管义务。故此,对于测试期间发生的交通事故,可以继续按照现行道路交通安全法律法规认定当事人的

---

〔1〕 韩旭至:《自动驾驶事故的侵权责任构造——兼论自动驾驶的三层保险结构》,载《上海大学学报(社会科学版)》2019 年第 2 期;张力、李倩:《高度自动驾驶汽车交通事故侵权责任构造分析》,载《浙江社会科学》2018 年第 8 期。

〔2〕 参见景荻:《自动驾驶汽车侵权责任的规则设计》,载《中国社会科学报》2019 年 6 月 19 日。

责任。[1] 而商用阶段的自动驾驶汽车,其安全性能必须得到充分检验,汽车运行的风险理当大幅低于传统机动车,同时使用人也不需要承担驾驶任务,由此需要重新构建新的责任规则。

第三节 自动驾驶汽车侵权责任的立法论

一、立法论的存在空间

现行机动车交通事故责任以驾驶行为和驾驶过错为中心,以立法论的方式从源头上构造一套更为适应新技术的责任规则,能够有效应对自动驾驶汽车带来的挑战。

第一,《民法典》与立法论并不冲突。虽然《民法典》的颁布标志着民法学研究从立法论时代进入解释论的时代,但法律的特征之一在于始终滞后于社会发展,《民法典》始终需要与时俱进,这为立法论留有存在的空间。再者,从来没有一部法典能够完全囊括所处的时代中所有的法律规范,《民法典》的伟大不仅在于通过一次性立法实现对社会生活的大规模集中"表白",也在于面对复杂问题时进行勇敢地"留白"和在适用过程中不断地"补白",如此方能在时代发展中实现民法体系的可持续发展。

第二,《民法典》为立法论预留了通道。尽管在《民法典》编纂过程中,有学者提出,应当针对机动车交通事故这一重要特殊侵权行为进行明确规定,但最终《民法典》第1208条并未完全改变原《侵权责任法》第48条的规定,而采取引致适用和直接适用并存模式,其规定:"机动车发生交通事故造成损害的,依照道路交通安全法律和本法的有关规定承担赔偿责任。"这种模式意味着除《民法典》外,《道路交通安全法》仍然是处理机动车交通事故责任的基本依据,由此为立法论预留了空间。一旦自动驾驶汽车大规模商用,学界关于自动驾驶汽车交通事故责任的讨论有了成熟方案,我们便可以通过修订《道路交通安全法》的方式完成《民法典》的"补白"。事实上,2021年3月,公安部发布了《道路交通安全法(修订建议稿)》公

---

〔1〕 对于道路测试期间引发的交通事故,考虑到此时自动驾驶汽车安全性不足,有观点提出可以参照高度危险责任适用。参见景荻:《自动驾驶汽车侵权责任的规则设计》,载《中国社会科学报》2019年6月19日;王竹、郑志峰、徐铁英主编:《〈民法典·侵权责任编〉编纂建议稿附立法理由书》,清华大学出版社2019年版,第299~301页。

开征求意见,第155条就对自动驾驶汽车的责任问题作了一些规定。

二、立法论的方案设想

如上文所述,《道路交通安全法》整体上确定了以使用人过错为中心的归责原则,自动驾驶取代人工驾驶后,现有责任规则难以继续适用。故此,学界提出了不同的立法论方案。笔者认为,基于危险责任理论的一体化无过错保有人责任是比较合适的方案。

第一,自动驾驶汽车契合危险责任的属性。根据危险责任理论,确定行为人赔偿的依据在于其从事的活动或者保有的物件所具有的高度的、内在的以及特定的危险。[1] 有学者主张,随着自动驾驶技术的日益提升,交通事故率大幅降低,将机动车视为风险物的社会基础不复存在。[2] 笔者认为,尽管自动驾驶汽车的首要目的是减少交通事故的发生,但其仍然具有纳入危险责任的正当基础。其一,自动驾驶汽车的主要用途是交通运输,运行场景是不特定的公共道路,高强度的重型金属装置在速度的加持下产生巨大的能量场,这决定着其始终具有高度危险性。其二,自动驾驶汽车需要更加复杂的硬件软件集合系统,这意味着汽车零部件交互出错的可能性会增加。其三,自动驾驶汽车高度依赖网络技术,物联网络技术的广泛应用,既让自动驾驶汽车更加智能,但也使其更加容易遭受网络攻击,同时很可能会出现攻击一辆汽车就可以控制路上交互的大批汽车的局面,由此造成的损害后果不堪设想。即使自动驾驶汽车发生交通事故的概率可能在下降,但造成损害的规模和严重程度却在变相提高。其四,就危险属性而言,无论未来自动驾驶汽车是有条件自动驾驶、高度自动驾驶还是完全自动驾驶,考虑到其作为载人载物工具的社会角色,其危险程度总归远高于饲养动物。[3] 既然我国《民法典》可以将饲养动物致害责任纳入危险责任范畴,对自动驾驶汽车保有人实行危险责任也无不妥。

第二,保有人具有承担危险责任的理论基础。通常认为,危险责任的归责依据包括危险开启、危险控制以及报偿理论三个。基于此,自动驾驶汽车保有人具有承担无过错责任的正当性。其一,从危险开启理论来看,保有人使用自动驾驶汽车的

---

〔1〕 参见程啸:《侵权责任法》(第3版),法律出版社2020年版,第123页。

〔2〕 参见冯珏:《自动驾驶汽车致损的民事侵权责任》,载《中国法学》2018年第6期。

〔3〕 许多学者都提到了自动驾驶汽车与动物之间的相似性,主张参照动物保有人责任解决自动驾驶汽车使用人的责任问题。参见 Sophia H. Duffy & Jamie Patrick Hopkins, *Sit, Stay, Drive: The Future of Autonomous Car Liability*, Smu. Science & Technology Law Review 16, 116 – 117(2014);Ignacio N. Cofone, Servers & Waiters: What Matters in the Law of AI, Stan. Tech. L. Rev. 21,190(2018)。

行为开启了危险源,给社会和不特定的人制造了原本不存在的危险。尽管自动驾驶汽车能够自主驾驶,但前提是保有人下达了"启动"指令,自动驾驶汽车本身并没有自主意识。其二,从危险控制理论来看,保有人持有自动驾驶汽车,接受了使用自动驾驶汽车的专业训练,对于自动驾驶汽车的性能具有优于一般人的专业理解,知道如何才能最安全地使用自动驾驶汽车。尽管自动驾驶汽车自主运行的技术特征看似减弱了保有人的控制能力,但本质上保有人仍然控制着自动驾驶汽车,汽车需按照保有人的指令运行,仅仅是控制方式有所不同,控制力仍然是非常直接强劲的,至少远高于饲养人对于动物的控制。与此同时,人工智能并非一种简单的"开箱即用"式机器,其行为在很大程度上取决于个体对其进行训练、对待或管理的方式。一旦"拆开包装",相同型号的机器人在几天或者几周后就会出现完全不同的表现,这取决于人类扮演其看管人角色的方式。[1] 这意味着随着保有人与自动驾驶汽车交互的深入,保有人对于自动驾驶汽车的支配将呈现更高的专属性和控制力。显然,保有人是最有能力控制和预防自动驾驶汽车危险发生的人,且无论自动驾驶汽车的智能等级如何,皆是如此。其三,报偿理论强调"利益之所在,风险之所归",保有人利用自动驾驶汽车获得了更为安全便利的驾乘服务,理当为自动驾驶汽车带来的风险承担责任。

第三,无过错保有人责任有助于促进我国交通事故责任制度的现代化。其一,无过错保有人责任能够适应自动驾驶技术的发展趋势。相较于传统机动车,自动驾驶汽车最大的技术特点是系统取代人工,使用人的驾驶行为及驾驶过错的存在空间日益消除。对此,我们将归责依据由驾驶行为转向保有行为,可以很好地克服这一困境。未来无论自动驾驶技术如何发达,哪怕汽车没有了油门、刹车和踏板,老弱妇孺皆可独自使用,驾驶行为彻底不复存在,但自动驾驶汽车作为一种财产,一定存在保有人和保有行为,以此构建责任规则是切实可行的。其二,无过错保有人责任还可以简化我国交通事故责任的分担规则。我国现行机动车交通事故责任规则过于复杂,需要区分不同的交通事故类型。自动驾驶汽车将加剧这种复杂化性,起码会增加自动驾驶汽车与自动驾驶汽车之间的交通事故,自动驾驶汽车与传统机动车之间的交通事故以及自动驾驶汽车与非机动车、行人之间的交通事故三种全新类型。此外,出于维护人类尊严的伦理原则,自动驾驶汽车在技术上必须设置可随时解除自动驾驶并予以人工接管的功能,[2] 由此汽车运行包括自动驾驶与

---

〔1〕 参见[意]乌戈·帕加罗:《谁为机器人的行为负责?》,张卉林、王黎黎译,上海人民出版社 2018 年版,第 129 页、第 131 页。

〔2〕 参见刘召成:《自动驾驶机动车致害的侵权责任构造》,载《北方法学》2020 年第 4 期。

人工驾驶两种状态,这将再次加剧交通事故的复杂性。对此,采用统一的无过错保有人责任,可以大大简化机动车交通事故责任规则,无须再去区分自动驾驶汽车、辅助驾驶汽车还是传统机动车,也无须区分保有人接管与否,抑或交通事故的具体类型,就可以便利事故的处理和受害人的救济。

第四,我国也有引入无过错保有人责任的基础。其一,根据《道路交通安全法》以及《机动车交通事故责任强制保险条例》的规定,机动车所有人或者管理人需要缴纳足够数额的交强险,机动车一方承担了实质意义上的无过错责任。[1] 其二,从《道路交通安全法》第76条的规定来看,对于机动车与非机动车、行人之间的交通事故,机动车一方没有过错仍然需要承担不超过10%的赔偿责任,性质上也属于无过错责任。[2] 据此,我国现有机动车原本就具有风险责任的属性。其三,尽管《民法典》以及《道路交通安全法》并无明确的机动车保有人责任,但最高人民法院的相关司法解释和指导意见都提到了机动车保有人的概念,还有具体的判断标准。[3] 司法实践中,法官对于机动车交通事故责任的认定也常常围绕机动车保有人展开。[4]

第五,无过错保有人责任也符合世界潮流。从比较法的视野来看,传统机动车通常被纳入危险责任的范畴,道路交通事故在大陆法系也被作为适宜采用严格责任的典型例子。[5] 正是得益于此,德国、法国等国家在面对自动驾驶汽车交通事故责任挑战时更加从容,让自动驾驶汽车保有人承担无过错责任也逐渐成为一种共识。例如,欧盟《关于人工智能系统运行的责任立法倡议》针对自动驾驶汽车这种高风险的人工智能系统,提出了适用无过错责任的立法建议,第4条明确规定:“高风险人工智能系统的部署者须对人工智能系统驱动的所有物理或虚拟活动、设备或运作过程造成的任何伤害或损坏承担严格责任。高风险人工智能系统的部署者不得以其行为已尽到勤勉义务或损害是由人工智能系统驱动的所有物理或虚拟

---

〔1〕 参见冯珏:《自动驾驶汽车致损的民事侵权责任》,载《中国法学》2018年第6期。

〔2〕 参见程啸:《侵权责任法》(第3版),法律出版社2020年版,第591页。

〔3〕 参见杜万华、贺小荣、李明义、姜强:《〈关于审理道路交通事故损害赔偿案件适用法律若干问题的解释〉的理解与适用》,载《法律适用》2013年第3期。

〔4〕 参见周某某诉秦某等机动车交通事故责任纠纷案,咸阳市渭城区人民法院(2017)陕0404民初537号民事判决书;黎某兴与罗某利机动车交通事故责任纠纷上诉案,广东省清远市中级人民法院(2013)清中法民一终字第353号民事判决书;许某军等诉浙江华昌建设有限公司等机动车交通事故责任纠纷案,浙江省湖州市中级人民法院(2015)浙湖民终字第269号民事判决书;中国人民财产保险股份有限公司三门峡市分公司与董某机动车交通事故责任纠纷案,河南省三门峡市中级人民法院(2014)三民终字第333号民事判决书等。

〔5〕 参见欧洲侵权法小组:《欧洲侵权法原则:文本与评注》,于敏、谢鸿飞译,法律出版社2009年版,第153页。

活动、设备或运作过程所造成之原因主张自己免责。因不可抗力造成的伤害或损害,部署者不承担责任。"[1]

三、立法论的规则展开

在自动驾驶汽车大规模商用呼唤立法时,我们可以适时启动《道路交通安全法》的修订工作,构建一套本土化的无过错保有人责任。

(一)确立本土化的无过错保有人责任

尽管从最高人民法院的相关司法解释和指导意见、司法实践以及学说理论来看,我国机动车交通事故责任中存在保有人的概念,但这种保有人责任整体上仍然是以使用人为核心的过错责任,并非本书所说的无过错保有人责任。相较于现有的保有人责任,本书所构建的机动车保有人责任具有如下特点:其一,一体适用于所有机动车,无论是自动驾驶汽车、辅助驾驶汽车还是传统机动车,也无论是有条件自动驾驶、高度自动驾驶还是完全自动驾驶,一律都适用保有人无过错责任。其二,一体适用于所有的交通事故类型,无论交通事故是发生在机动车与机动车之间还是机动车与非机动车、行人之间,也无论机动车是传统机动车还是自动驾驶汽车,只要有交通事故都一律适用无过错保有人责任。其三,无过错保有人责任是完整的无过错责任,而不是仅仅针对机动车与非机动车、行人之间交通事故限额10%以内的无过错责任,即使自动驾驶汽车保有人证明自己没有过错,也需要就整个交通事故承担全部的赔偿责任,而非具有补偿性质的部分赔偿责任。当然,如果受害人是故意或者重大过失,可以依据过错程度免除或者减轻保有人的赔偿责任。

需要注意的是,《民法典》并没有"保有人"的概念,不仅机动车交通事故责任中没有"保有人"的概念,而且饲养动物致害责任、高度危险责任等其他侵权责任类型中也没有"保有人"的概念。与此同时,《道路交通安全法》也没有使用保有人的概念,第76条规定的机动车交通事故责任主体为"机动车一方",《民法典》第1209~1217条也延续了这一称谓。此种背景下,为最大限度地减少对《民法典》等现行法律制度体系的影响,无过错保有人责任的引入应当进行本土化改造。具体来说,保有人责任的本质在于无过错责任,可以保留"机动车一方"这一责任主体

---

[1] See European Parliament, *Draft Report with Recommendations to the Commission on a Civil Liability Regime for Artificial Intelligence*, 2020, Article 4.

的概念,构建一个实质层面的无过错保有人责任。基于此,《道路交通安全法》第76条可以修改为"机动车发生交通事故造成人身伤亡、财产损失的,由保险公司在机动车第三者责任强制保险责任限额范围内予以赔偿;不足的部分,由造成交通事故的机动车一方承担赔偿责任。受害人对于交通事故的发生有重大过失或者故意的,可以减轻或者免除机动车一方的责任。"

(二)保有人的认定

在确定无过错保有人责任后,保有人或者机动车一方的认定至关重要。从司法实践来看,采取的是大陆法系通行的"运行支配+运行利益"标准。[1] 运行支配强调对于机动车的支配管理地位,并不限于直接的驾驶行为;运行利益不限于直接的驾驶利益和经济利益,本质是"为自己的计算而使用车辆"。[2] 考虑到自动驾驶汽车的特殊性,在保有人认定方面需要进行以下具体分析。

第一,所有人的保有人认定。自动驾驶汽车的所有人原则上是保有人。一方面,就运行利益来说,所有人购买自动驾驶汽车并投入使用,直接享有汽车带来的运行利益,同时需要负担相关的保险和运行成本;另一方面,就运行支配来说,尽管自动驾驶汽车可以自主运行,但所有人仍然可以控制自动驾驶汽车的使用,如决定机动车的运行距离(长途还是短距)、运行的道路(高速公路还是乡间小路)、运行时段(白天还是夜晚)等,并未脱离支配的范畴。[3] 日本有学者认为,考虑到使用人对汽车运行的指示、支配地位,认定其享有运行支配、运行利益并非不可思议。[4] 基于此,所有人原则上被认定为自动驾驶汽车的保有人,就交通事故的损害承担无过错责任。

第二,所有人与使用人分离的情形。机动车的使用常常出现所有人与使用人分离的情形,如何认定保有人是个难题。对此,《民法典》采取的是实际使用人规则。以租借机动车为例,《民法典》第1209条规定:"……属于该机动车一方责任的,由机动车使用人承担赔偿责任;机动车所有人、管理人对损害的发生有过错的,承担相应的赔偿责任。"从该条规定可知,使用人为机动车保有人,需要承担机动车交通事故责任,所有人并非机动车保有人,仅在有过错时承担一般

〔1〕 参见杜万华、贺小荣、李明义、姜强:《〈关于审理道路交通事故损害赔偿案件适用法律若干问题的解释〉的理解与适用》,载《法律适用》2013年第3期。

〔2〕 参见郑志峰:《租借机动车交通事故侵权责任的类型化分析——〈侵权责任法〉第49条的适用困境及其破解》,载《法学》2017年第7期。

〔3〕 参见冯珏:《自动驾驶汽车致损的民事侵权责任》,载《中国法学》2018年第6期。

〔4〕 参见[日]藤田友敬:《自动驾驶的运行供用者责任》,载《Jurist》2017年第1期。

侵权责任。

笔者认为,自动驾驶汽车的所有人是否为保有人仍需要具体依据“运行支配 + 运行利益”的标准进行分析,并不能一概否认。例如,对于传统机动车,大陆法系通常认为租借行为并不改变所有人的保有人地位。[1] 考虑到远程操控、身份认证等技术的适用,所有人对于自动驾驶汽车的支配不再局限于物理的、直接的控制,而拓展为网络的、远程的、间接控制。由此来看,租借行为并不一定意味着所有人就失去了保有人地位,需要具体分析。如果所有人对于租借的自动驾驶汽车仍然有强大的支配权,如限制驾驶模式、驾驶区域、驾驶偏好、驾驶时间等,那么所有人与使用人都应被认定为“共同保有人”,就交通事故引发的损害承担无过错的连带责任。当然,如果是自动驾驶汽车长期租赁、融资租赁或者承租人擅自转租等情形,那么一般可以认为所有人丧失了保有人的地位,[2] 由使用人作为保有人承担无过错责任,所有人仅在有过错时承担一般侵权责任。

第三,生产者、销售者的角色。有学者认为,生产者除承担产品责任外,还需与使用人作为共同驾驶人,一同承担交通事故侵权责任,即将生产者纳入机动车保有人。[3] 对此,笔者认为值得商榷:一方面,生产者不享有运行利益,他们仅仅是通过销售自动驾驶汽车获得收入,并不直接指向运行利益;另一方面,自动驾驶汽车本身具有强大的交互学习功能,随着自动驾驶汽车的不断使用,用户的支配力会越来越强。即使生产者通过网络连接、系统升级等方式可以影响自动驾驶系统的性能,但这也不意味着生产者直接参与了汽车的每一次运行,将生产者作为自动驾驶汽车保有人是不合适的。至于许多汽车厂家承诺,自动驾驶汽车一旦发生事故,将会承担赔偿责任,是基于产品责任的视角,而非保有人责任。当然,如果生产者本身就是汽车的所有人,如未来可能出现的自动驾驶汽车共享出行模式,[4] 那么将生产者认定为保有人承担无过错责任并无不妥。

---

〔1〕 参见[德]埃尔温·多伊奇、汉斯 - 于尔根·阿伦斯:《德国侵权法》(第5版),中国人民大学出版社2016年版,第183页;[德]马克西米利安·福克斯:《侵权行为法》(第5版),齐晓琨译,法律出版社2006年版,第274页;于敏:《机动车损害赔偿责任与过失相抵——法律公平的本质及其实现过程》,法律出版社2004年版,第86~87页。

〔2〕 参见郑志峰:《租借机动车交通事故侵权责任的类型化分析——〈侵权责任法〉第49条的适用困境及其破解》,载《法学》2017年第7期。

〔3〕 参见冯珏:《自动驾驶汽车致损的民事侵权责任》,载《中国法学》2018年第6期;冯洁语:《人工智能技术与责任法的变迁——以自动驾驶技术为考察》,载《比较法研究》2018年第2期。

〔4〕 参见柴占祥、聂天心、[德]Jan Becker:《自动驾驶改变未来》,机械工业出版社2017年版,第275页。

第四节 自动驾驶汽车侵权责任的解释论

一、解释论的必要性

尽管立法论对于解决自动驾驶汽车交通事故责任具有优势,但也存在诸多不利之处。因此,依托《民法典》和《道路交通安全法》确立的现行机动车交通事故责任规则,从解释论的角度展开思考也具有必要性。

第一,解释论有助于维护《民法典》的权威。《民法典》标志着大规模立法论时代的结束,解释论时代的到来。从法律制度的实施来看,立法论更强调重塑规则,是一种手术式的法律进化模式,疗效显著但成本巨大,对现有法律规则有"牵一发而动全身"之影响。并且,《民法典》的关键在于实施,实施的关键在于解释,通过解释来捍卫《民法典》的权威是后法典时代的主旋律。这就意味着《民法典》的实施过程中解释论优于立法论,否则将破坏来之不易的大一统的法典效应,直接减损《民法典》的权威性。相较于立法和修法,法律解释成本更低、程序更灵活、效率更高,且更有助于维护法律的稳定性。[1]

第二,解释论也能契合自动驾驶汽车的技术特性。随着传统机动车向自动驾驶汽车的演进,人与车之间的关系将被重新定义。一方面,汽车越来越智能,汽车运行日益脱离人的驾驶行为,人对于汽车的控制似乎越来越薄弱;另一方面,无论自动驾驶汽车如何智能,其都需在人的指令下运行,仍然是人控制的交通工具,本质上与传统机动车并无实质区别。这种人机关系认识上的两面性,使我国可以在立法论和解释论两种不同路径中对待自动驾驶汽车。如果从自动驾驶汽车的智能属性出发,传统的驾驶行为就需要让渡给保有行为,无过错保有人责任是更为合适的选择。但如果从自动驾驶汽车的工具属性来看,人对于汽车的控制始终没有变化,仅仅是"驾驶行为"的方式有所不同而已,如此依据现有的规则追究人的驾驶行为和驾驶过错变得可能。[2]

第三,无过错保有人责任存在诸多弊端。无过错保有人责任并非完美无缺,仍存在诸多弊端。其一,无过错保有人责任彻底颠覆了以过错原则为主、以无过错责

[1] 参见王利明:《论全面贯彻实施民法典的现实路径》,载《浙江社会科学》2020 年第 12 期。

[2] 参见郑志峰:《自动驾驶汽车交通事故责任的立法论与解释论——以民法典相关内容为视角》,载《东方法学》2021 年第 3 期。

任为辅的现行交通事故责任规则,而交通事故责任实践的重心也是过错的认定。立法论倡导的无过错保有人责任彻底改变了这一模式,这意味着相关法律规则和实践做法需重新洗牌,实施成本巨大。其二,无过错保有人责任有加重使用人一方责任之嫌,纵然自动驾驶汽车更安全,也能通过保险分摊赔偿责任,但保险费用仍是由使用人承担,无过错责任的风险会极大削弱消费者的购买欲。并且考虑到向生产者主张产品责任的难度,受害人更倾向于起诉使用人使其承担诉讼压力。其三,2003 年《道路交通安全法》曾针对机动车与非机动车、行人间交通事故采用无过错责任,但遭到了广泛的批评,随后才有了现在的过错责任规则。倘若现在采用更加彻底的无过错保有人责任,可能会招致更多的批评和阻碍。事实上,在 2021 年 3 月公安部发布的《道路交通安全法(修订建议稿)》中,仍然延续了以过错责任为主的归责体系,并没有采纳无过错责任的迹象。

二、解释论的方案设想

依托《民法典》和《道路交通安全法》现有的责任框架,我们可以做如下解释论上的构想。

(一)解释路径的选择

对于自动驾驶汽车引发的交通事故责任,使用人一方的责任究竟在何种具体责任类型中加以解释展开有不同声音。例如,有学者认为,使用人一方不应再承担机动车交通事故责任,其角色接近乘客,应适用一般侵权责任。[1] 即依据《民法典》第 1165 条第 1 款的过错责任原则一般条款承担责任。有学者则认为,对于高度自动驾驶引发的交通事故,使用人不负有接管义务,可以参照我国《民法典》第 1236 条高度危险责任条款进行处理。[2]

笔者认为,自动驾驶汽车交通事故责任应当在现行机动交通事故责任框架内进行解释,不宜另起炉灶参照一般侵权责任或者其他特殊侵权责任类型展开。其一,自动驾驶汽车仍属于机动车的范畴,不应适用其他责任类型。一方面,从原《侵权责任法》到《民法典》,我国从来没有将机动车纳入高度危险责任的调整范围,因为机动车本身与民用核设施、民用航空器、易燃易爆物等相去甚远。作为传统机动

---

〔1〕 参见郑志峰:《自动驾驶汽车的交通事故侵权责任》,载《法学》2018 年第 4 期。

〔2〕 参见宋宗宇、林传琳:《自动驾驶交通事故责任的民法教义学解释进路》,载《政治与法律》2020 年第 11 期。

车的升级版本，自动驾驶汽车最大的技术特征就是安全，这也是自动驾驶大规模商用的前提，因此将自动驾驶汽车纳入高度危险责任并不合适。另一方面，纵使自动驾驶汽车高度安全，但作为交通工具决定了其不能与普通物件等同视之，适用一般侵权责任也不合适。其二，解释论体系效应的考量。无论是参照高度危险责任，还是其他侵权责任类型进行解释，都会存在割裂自动驾驶汽车与传统机动车的缺陷，加剧侵权责任分担的复杂性。特别是在自动驾驶与人工驾驶随意切换的情形下，机动车时而适用机动车交通事故责任，时而适用高度危险责任或者一般侵权责任，显然不妥。相反，在机动车交通事故责任规则内解释，可以一体解决包括自动驾驶汽车在内的机动车引发的全部交通事故。

（二）解释路径的构想

现行机动车交通事故责任的核心在于对使用人过错的认定。自动驾驶汽车大规模商用后，使用人过错是否仍然存在解释空间不无疑问。笔者认为，通过引入“理性车”标准可以丰富过错的判断，由此克服自动驾驶技术带来的驾驶过错不复存在的困境。

第一，从“使用人”的过错到“机动车一方”的过错。自动驾驶技术消解了人工驾驶的必要性，使用人的角色发生了变化，使用人无须实施具体的驾驶行为。由此需要从判断“使用人”的过错转为判断“机动车一方”的过错。其一，《道路交通安全法》第76条并未明确规定机动车交通事故责任必须追究“使用人”的过错，而是使用了“机动车一方”的概念，这意味着过错判断针对的是“机动车一方”，而非“使用人”，这为过错的认定提供了解释空间。其二，纵使在现行机动车交通事故责任认定的过程中，使用人的过错也不等于机动车一方的过错，过错的判断并不必然指向使用人的驾驶行为，更多的是将人车视为一体，从机动车一方整体的客观的行为进行判断，如机动车是否超速、闯红灯等。在自动驾驶汽车场景中，我们仍然可以从人车一体的角度对机动车一方的过错进行整体判断。

第二，从“理性人”标准到“理性车”标准。传统侵权法理论，对于行为人过错的判断主要依据理性人（reasonable person）标准，未尽到一个理性人标准的注意义务，就意味着存在过错。[1] 自动驾驶取代人工驾驶后，我们可以参照理性人概念

---

〔1〕 参见程啸：《侵权责任法》（第3版），法律出版社2020年版，第301页。

引入理性车(reasonable car)标准。[1] 以此判断机动车一方是否存在过错,这也符合社会对于自动驾驶汽车的合理期待。从机动车作为交通工具参与社会生活之日起,人们对于机动车一方就施加了合理期待,这种合理期待具体体现为使用人的注意义务,因为汽车的运行全靠使用人的行为,对使用人施加注意义务可以降低机动车带来的风险。机动车的使用人必须符合理性人标准,具备法定的驾驶资格,拥有良好的驾驶能力,履行必要的注意义务,遵守道路交通法规,否则就会被认定存在过错。自动驾驶技术使使用人对于汽车的控制逐渐让位于自动驾驶系统,但社会对于机动车的合理期待并没有降低,甚至因为自动驾驶技术而有所提升。考虑自动驾驶汽车的运行原理,这种合理期待从使用人的身上自然转移到了自动驾驶系统身上,自动驾驶系统对于汽车的操控必须符合一个"理性车"的标准,负担必要的注意义务。

第三,理性车标准符合过错认定客观化的趋势。对于过错的认定,现代侵权法理论越发注重客观行为,这在现行的机动车交通事故责任认定中也有体现。实践中,有法官就认为:"根据监控视频显示,马某军车辆距离最右侧台阶尚有一定距离,且顾某娟和梅某两辆电动自行车均在靠近非机动车道的机动车道内行驶,按一般理性人判断,马某军停靠行为已影响非机动车在非机动车道内通行,存在过错。"[2] 在自动驾驶汽车的场合,我们也可以以自动驾驶汽车本身的客观行为来判断机动车一方是否存在过错,只要自动驾驶汽车的客观行为违反"理性车"标准,那么就可以认定机动车一方存在过错。

第四,理性车标准的适用是完全可能的。理性车标准脱胎于理性人标准,可以借鉴理性人的判断要素。理性人标准本质上是一种技术性方法,其通过具体化理性人的知识结构和能力水平,塑造出一个生动的人格形象,进而将该人格形象置于重构的场景之中,来观察其所为与所思,并以此为参照解决个案的争议问题。[3] 在自动驾驶汽车场景中,自动驾驶系统也可以被拟制出一个具体的人格形象,其自身的安全性能则是其真实的能力水平。相较于真实生活中"人"主观能力的多样性和行为的不可预测性,自动驾驶系统更具可预测性,由此理性车标准甚至比理性人标准更为直接和客观。例如,我们设想一辆自动驾驶汽车以每小时 40 公里的速

---

〔1〕 See K. C. Webb, *Products Liability and Autonomous Vehicles: Who's Driving Whom*, Rich. J. L. & Tech. 23,34(2017); Nick Belay, *Note*, *Robot Ethics and Self-Driving Cars: How Ethical Determinations in Software Will Require a New Legal Framework*, J. Legal Prof. 40,129(2015).

〔2〕 参见顾某娟、中国人民财产保险股份有限公司无锡市分公司与梅某、薛某红等机动车交通事故责任纠纷二审民事判决书,江苏省无锡市中级人民法院民事判决书(2020)苏02民终3809号。

〔3〕 参见叶金强:《私法中理性人标准之构建》,载《法学研究》2015年第1期。

度行驶,一个小孩突然从路边跑到离车 150 米的前方,自动驾驶系统来不及刹车撞上了小孩。对此,如果市场上大多数相似规格型号的自动驾驶系统能够反应更快,在距离 100 米处就能完成刹车避撞,那么事故中的自动驾驶系统就不符合理性车标准,使用人一方存在过错。而自动驾驶系统的反应时间和刹车性能都是客观的,理性车标准的运用完全是可能的。[1]

三、解释论的规则展开

机动车一方的过错包括使用人的过错和自动驾驶系统的过错,需要分别适用理性人标准与理性车标准进行判断。[2]

(一)使用人的过错判断

对于使用人来说,自动驾驶汽车的适用并未免除其全部的注意义务,使用人仍然需要遵守"理性人"标准,否则将认定机动车一方存在过错。笔者认为,使用人的注意义务应注意如下事项。

第一,接管义务的否定。按照《智能网联汽车道路测试与示范应用管理规范(试行)》和《汽车驾驶自动化分级》的规定,有条件自动驾驶阶段的使用人负有接管义务,即使用人需要手动执行最小风险策略,这与德国修订的《道路交通法》的规定也是一致的。对此,有学者认为使用人接管义务包括三部分:一般情况下合理的时间间隔观察的义务;高速运行和速度变换阶段,或者遇有车辆会车及特殊道路状况,不间断观察的义务;系统警示特殊情况下立即接管的义务。[3] 笔者认为,接管义务直接违反了自动驾驶汽车解放人类的设计初衷,增加了事故发生的风险,还限制了使用人的群体范围。接管义务只应存在于自动驾驶汽车道路测试期间,商用阶段的自动驾驶汽车使用人只享有接管的权利,不应负担强制接管的义务,企业在设计量产自动驾驶汽车时应当考量这一点。[4]

第二,车辆注意义务。使用人需要确保自动驾驶汽车处于适于运行的状态,使用自动驾驶汽车之前需要检查汽车的性能状态,查看是否存在明显的不适于使用的情况。使用人需要熟悉自动驾驶汽车的操作,确保自动驾驶系统及时更新升级,

---

〔1〕 See Ryan Abbott, *The Reasonable Computer: Disrupting the Paradigm of Tort Liability*, The George Washington Law Review 1,37 - 38(2018).

〔2〕 关于机动车一方的认定,立法论部分已经做了具体分析,本部分不再赘述。

〔3〕 参见刘召成:《自动驾驶机动车致害的侵权责任构造》,载《北方法学》2020 年第 4 期。

〔4〕 参见景获:《自动驾驶汽车侵权责任研究》,西南政法大学 2019 年博士学位论文,第 180 ~ 183 页。

在开启自动驾驶模式前需要判断天气、路况等是否适合开启。例如,面对浓雾天气、冰雪路面等恶劣环境时,自动驾驶模式并不适合开启,使用人若强行开启,就可认定存在过错。[1]

第三,交往注意义务。机动车作为一种交通工具,使用人需要负担注意义务。其一,使用人在不使用自动驾驶汽车时应采取合理措施,避免无权利人使用自动驾驶汽车,带来不必要的社会风险;[2]其二,使用人将自动驾驶汽车交给第三人使用时,需要确保第三人熟悉自动驾驶汽车的操作,具有相应的驾驶资格和驾驶能力。当然,如果自动驾驶技术高度发达,法律对于使用人驾驶资格和驾驶能力的要求降低,那么使用人的这一注意义务也会降低。

第四,事故注意义务。如果发生交通事故,自动驾驶汽车本身并不能采取措施应对,这需要使用人负担注意义务,如救助受害人、保护现场、及时向有关部门报告等。如果使用人在发生交通事故后逃逸,或者有故意破坏、伪造现场、毁灭证据的行为,那么可以直接认定机动车一方有过错,承担全部的损害赔偿责任。

(二)自动驾驶系统过错的判断

考虑到自动驾驶汽车自主运行的技术特征,通过理性车标准判断自动驾驶系统的过错将成为重点。对此,我们需要把握以下几点。

其一,理性车标准独立于理性人标准。相较于传统机动车,自动驾驶汽车最为本质的区别在于内置算法的自动驾驶系统高度智能,能够独立于使用人自主决策和执行决策,驱动汽车的运行。为此,我们在对使用人进行理性人测试的同时,还需要针对内置算法的自动驾驶系统进行独立的理性车测试。尽管最终承担交通事故责任的主体仍然是使用人,但仍然有必要针对自动驾驶系统的行为或者算法的决定进行独立的“理性”审查。[3]

其二,理性车标准理当高于理性人标准。自动驾驶汽车作为传统机动车的升级版本,安全性是其大规模商用的前提。[4] 基于此,自动驾驶系统遵守的理性车标准理当比人类驾驶员遵守的理性人标准高,因为自动驾驶系统具有比人类驾驶员更强大的能力,它们不会疲惫、饮酒,还能“眼观六路,耳听八方”,具有更强的规避交通事故的能力。如果自动驾驶系统的客观表现还不如一个合格的人类驾驶员

---

〔1〕 参见郑志峰:《自动驾驶汽车的交通事故侵权责任》,载《法学》2018 年第 4 期。

〔2〕 参见周友军:《交往安全义务理论研究》,中国人民大学出版社 2008 年版,第 124 页。

〔3〕 See Karni Chagal-Feferkorn, *The Reasonable Algorithm*, U. Ill. J.L. Tech. & Pol'y 1,115(2018).

〔4〕 关于自动驾驶汽车究竟要比人类驾驶员安全多少才能上路,这最终不是技术问题,而是政策问题。参见[美]雷恩 · 卡罗:《人工智能政策:入门与路线图》,郑志峰译,载《求是学刊》2019 年第 2 期。

的表现，那么可以认定自动驾驶系统不符合理性车标准。例如，面对突然闯入路面的小孩，如果人类驾驶员囿于生理反应限制来不及立即刹车，那么其很可能是符合理性人标准的，不需要对损害承担赔偿责任。但在同样的情形下，如果自动驾驶系统不能避免事故的发生，则很可能不符合理性车标准，需要承担赔偿责任。因为自动驾驶系统具有全方位超越人类的能力，包括能够做出超快决策的软件、超越人类感官的传感器和超出人类视野的摄像头。[1] 但需要注意的是，自动驾驶汽车并非绝对安全，不能期待自动驾驶汽车是万能的，能够避免一切事故的发生。同时，理性车标准也是不断发展的标准，会随着自动驾驶技术的成熟而不断提升。[2] 这确保了理性车标准能够不断适应技术的发展。

其三，自动驾驶系统应当遵守交通法规。《道路交通安全法》对于机动车的行驶设置了诸多规则，人类驾驶员需遵守道路交通安全法规，按照操作规范安全驾驶、文明驾驶。同样，自动驾驶系统也应当遵守交通法规。如果自动驾驶系统在行驶过程中违反交通法规，如闯红灯、超速、逆行或者不按交通标志行驶，那么就可以认定自动驾驶系统不符合理性车标准，机动车一方存在过错。

(三)机动车一方过错的认定

由于自动驾驶系统本身具有自主性，能够独立于使用人自主操控汽车，这使使用人与自动驾驶系统的过错形态并不必然同步，分布具有多样性。[3] 为此，机动车一方的过错需要区分4种情况具体判断。

第一，自动驾驶系统符合理性车标准，使用人符合理性人标准，两者都尽到了各自的注意义务，那么机动车一方就不存在过错。

第二，自动驾驶系统不符合理性车标准，使用人不符合理性人标准。例如，使用人明知自动驾驶汽车存在刹车失灵故障，仍然强行开启自动驾驶模式，同时自动驾驶系统本身也出现故障，未能识别出交通信号灯，闯红灯撞伤行人。此种情形，考虑到使用人和自动驾驶系统两者都存在过错，可以直接认定机动车一方存在过错。

第三，自动驾驶系统符合理性车标准，使用人不符合理性人。自动驾驶系统和

---

〔1〕 See Ryan Abbott, *The Reasonable Computer: Disrupting the Paradigm of Tort Liability*, The George Washington Law Review 1,36－37(2018).

〔2〕 See K. C. Webb, *Products Liability and Autonomous Vehicles: Who's Driving Whom*, Rich. J. L. & Tech. 23,35(2017).

〔3〕 See Bryant Walker Smith & Andrey Neznamov, *It's Not the Robot's Fault! Russian and American Perspectives on Responsibility for Robot Harms*, Duke J. Comp. & Int'l L. 30,156(2019).

使用人各自需要负担注意义务,使用人违反注意义务并不必然影响自动驾驶系统的行为。例如,使用人明知大雾天气仍然强行开启自动驾驶模式,自动驾驶系统在运行中并未有失水准,但汽车还是因为能见度低撞到行人。此时,尽管自动驾驶系统符合理性车标准,但使用人的过错与交通事故之间具有因果关系,应当认定为机动车一方存在过错。

第四,自动驾驶系统不符合理性车标准,使用人符合理性人标准。例如,使用人在开启自动驾驶模式和使用自动驾驶汽车的过程中都尽到了注意义务,但自动驾驶系统本身存在故障,没有遵守交通法规,超速行驶将行人撞伤。此时,尽管使用人没有过错,但自动驾驶系统不符合理性车的标准,违反了交通法规,可以认定机动车一方存在过错。

(四)责任承担

从解释论路径出发,对于自动驾驶汽车引发的交通事故,可以继续适用《道路交通安全法》第76条规定,只需要在过错的判断上引入理性车标准加以辅助。对于自动驾驶汽车引发的机动车之间的交通事故,按照各自的过错分担。对于自动驾驶汽车与非机动车、行人之间的交通事故,可以实行过错推定,由机动车一方证明自己符合理性车标准。否则推定存在过错,以降低受害人的举证难度,同时根据受害人的过错程度进行具体分担。

【典型案例】

2018年3月在美国亚利桑那州发生一起自动驾驶汽车致人死亡案件,据当地的警方报道,在18日晚上,一辆进行道路测试的Uber自动驾驶车辆以40英里/小时(64公里/小时)的速度撞向一名行人,并造成后者的死亡。这也是目前全球首例因自动驾驶车致人死亡的案件,造成这一事故的车辆是Uber改装过的一辆沃尔沃XC90,当时49岁的女性伊莱恩·赫兹伯格(Elaine Herzberg)正推着自行车从西向东穿越4个车道,一辆Uber自动驾驶汽车直冲了过来,直接撞到了该名女性,并造成了后者送医抢救无效死亡的严重后果。警方的一份声明表示,事故发生当时Uber车辆正处于自动驾驶模式,而且车内还坐有一名安全驾驶员。但可悲的是,事故发生时车内安全员正在玩手机。2019年11月19日,美国国家运输安全委员会(NTSB)召开发布会,将车祸的主要原因归咎于安全员,并表示没有证据显示自动驾驶系统应当承担责任。最终,亚利桑那州检方决定以过失杀人罪起诉该安全员。

【问题与思考】

1. 辅助驾驶、自动驾驶、无人驾驶概念如何理解？
2. 如何看待自动驾驶汽车的社会价值？
3. 自动驾驶汽车与现行机动车交通事故责任如何匹配？
4. 自动驾驶汽车能否作为法律主体承担责任？
5. 自动驾驶汽车侵权责任立法论与解释论路径各自的优点与缺点有哪些？

第九章 人脸识别与隐私保护

【法律故事】

2019年1月，苏州某小区“刷脸”门禁替换了原来的刷卡闸机。不少业主对此提出了隐私泄露的质疑，也有网友认为这既能带来方便，还不用自己花钱，高科技肯定更安全。物业方面则回应称，“这次改造是业委会和物业的共同决定，为了给小区居民提供便利。录入信息需要的证件，只是为了核实业主的身份而已，不会用作其他用途”。针对物业的说法，苏州市人大代表周国忠表示，门禁改造关系每一位业主的出行，应当广泛征求意见，同时，如果涉及费用，应当进行公示。

然而，刷脸真的这么靠谱吗？记者进行了一个测试：首先，给一位信息已经录入系统的小朋友分别拍摄照片和5秒动态视频。然后，信息并未录入系统的记者，把手机照片举到脸上，走到人脸识别门禁探头下方。起初，大门毫无反应。随后，记者在探头下小步移动，意想不到的一幕发生了——门开了。再次用动态视频进行测试，这一次，门禁毫不迟疑，直接打开了。

对此，业内人士介绍，现在大部分人脸识别系统的机制，是对目标进行脸部细节的动态扫描。因此，借助有权限者的动态影像资料，确实有可能“瞒天过海”。因此，银行和手机支付软件，往往都设置了二级保护密码。物业项目经理表示：我们门岗24小时有人在岗值守，如果有人是拿手机扫描，这个人也会被抓拍到，系统bug会通过安保进行人工弥补。

此外，由于门禁打开到关闭有一段反应时间，人流高峰期，很难对尾随人员进行逐一排查。专家表示，刷脸进门作为一种科技，还要解决管理漏洞、隐私泄露、后期维护等问题。

随着科技的进步和社会的发展，人脸识别在学术研究和技术发展方面都取得了重大进展。在学术方面，人脸识别的理论研究逐步深入，从传统的人脸特征提取并针对特征进行高性能的分类器设计，发展到通过卷积神经网络的自动学习。[1] 在技术方面，通过使用局部二值模式（local binary pattern，LBP）的强度影像（intensity images）技术、视频训练的图像序列（video sequences）技术和3D特征提取的3D信息技术，人脸信息的识别和提取越来越实用和高效。[2] 这些人脸识别技术越来越多地应用到人们的吃穿住用行等生产生活的各个环节，从小区刷脸门禁，到刷脸支付，再到刷脸就医，人类社会逐步进入刷脸时代。

相对于以往身份认证软件、传统生物特征识别（如指纹、虹膜识别）等技术而言，人脸识别具有重大优势，如无须接触、符合人类识别习惯、交互性强、不易被盗取、高效迅速等，被认为在保障公共安全、信息安全和金融安全方面卓有成效且潜力巨大。[3] 人脸识别的广泛应用确实给人们的生产生活带来了各种便利，但与之相关的社会技术风险可能会随着人脸识别技术的应用而进一步发酵，给信息安全、金融安全乃至公共安全带来巨大的隐患和威胁。人们运用该技术工具是为了降低风险，却可能走向相反的一面，并带来某些更大的风险，且这些风险所带来或造成的权利损失和公共产品质量的损害，对某些个体或群体而言，可能会达到巨大且难以补救的程度。因此，作为人工智能和大数据发展重大成果的人脸识别技术，应该被"认真对待"，在考虑扩充其使用范围以便利人们生活的同时，也应将其置于隐私保护的视阈进行审视，实现人脸识别技术的运用与隐私保护之间的平衡。

第一节 人脸的规范与规范意蕴

在日常生活中，人们通常需要通过校验人脸的方式确认是否为本人。但随着人脸识别技术被越来越广泛地应用到人们生产生活的各个领域，人脸逐步脱离人体以数字化或图片的形式存在于网络空间中，此时需要保护的人脸信息是哪些？这些人脸信息是否属于个人信息？这种信息与我国民法、经济法、社会法、刑法、行政法乃至宪法等规范意义上的个人信息在何种程度上相关，这些问题需要从法理

〔1〕 参见陈耀丹、王连明：《基于卷积神经网络的人脸识别方法》，载《东北师大学报（自然科学版）》2016年第2期。

〔2〕 K. Krishnaprasad1 & P. S. Aithal, *A Conceptual Study on User Identification and Verification Process Using Face Recognition Techniques*, International Journal of Applied Engineering and Management Letters (IJAEML), ISSN: Applied, 2017, 1(1), p. 6 – 17.

〔3〕 参见景晨凯等：《基于深度卷积神经网络的人脸识别技术综述》，载《计算机应用与软件》2018年第1期。

层面进行审视和论证。

一、人脸识别的基本流程

人脸识别是将静态图像或视频图像中检测出的人脸图像与数据库中的人脸图像进行对比,从中找出与之匹配的人脸的过程,以达到身份识别与鉴定的目的。[1]人脸识别通常由一系列离散的子过程构成。

1. 人脸图像收集

人脸图像收集是进行人脸识别的基础,主要有静态人脸图像的收集和动态人脸图像的收集两种方式。静态人脸图像的获取比较简单,用照相机或扫描仪即可,但获取瞬间图像容易受运动模糊效果的干扰,而动态人脸图像所提供的信息量远大于静态人脸图像,而且应用场景广泛,目前已越来越多地应用到各行各业中。动态人脸图像以三维人脸图像为基础,三维人脸图像的收集方式主要分为两种,一种是基于物理装置的数据获取,即通过物理装置设备采集三维人脸面部数据信息;另一种则是基于多幅图像的数据获取,即对多张图像通过相应的算法以及角度旋转得到三维人脸面部数据信息。[2] 当用户在图像采集设备的拍摄范围内时,采集设备会自动搜索并拍摄用户的人脸图像,当前一些比较先进的人脸识别系统经过海量数据的深度学习和训练后甚至支持对戴口罩的人脸识别,识别精准度达到90%以上,有效解决了新冠肺炎疫情期间人们戴口罩后的人脸识别问题。

2. 人脸图像预处理

人脸图像的预处理主要是为了最大限度地降低外界对识别的干扰,将人脸图像按照要求进行标准化处理,通常包括人脸检测、人脸对齐和降噪等。人脸检测主要在于判断输入的人脸图像或视频图像是否有人脸存在,若有人脸则确定人脸在图像中的位置,进一步确定人脸各器官的具体位置,在挑选出有用的图像信息的同时自动剔除其他多余的图像信息以保证人脸图像的精准采集。当前人脸检测的方法主要有基于肤色模型的检测、基于边缘特征的检测和基于统计理论方法的检测三种。人脸检测通常会受到光照、噪声、各种遮挡以及人脸角度等因素的影响,这就需要对人脸图像进行对齐、降噪处理等。人脸对齐就是对人脸各组成部分进行精确定位和对齐等归一化处理,常见的归一化算法有双线性插值算法、最近邻插值算法和立方卷积算法等。而降噪则是为了抑制光照对识别的影响,在人脸图像中

---

〔1〕 参见吴巾一、周德龙:《人脸识别方法综述》,载《计算机应用研究》2009 年第 9 期。
〔2〕 参见王映辉编著:《人脸识别——原理、方法与技术》,科学出版社 2010 年版,第 101 ~ 103 页。

加入灰度归一化或者灰度均衡化等,主要有灰度调整、图像滤波等。灰度调整主要是处理因地点、设备、光照等因素造成的差异,主要有平均值法、直方图变换法、幂次变换法、对数变换法等;而图像滤波主要是减小因周遭环境的电磁信号、数字图像传输受到的电磁信号干扰,常见的有中值滤波、均值滤波等。[1]

3. 特征提取

特征提取是人脸识别中最为关键的一步,通常是从个人的数字图像中分离出可重复的、与众不同的读数过程。常见的人脸特征主要有两类:一类是几何特征,另一类则是表征特征。几何特征主要是眼睛、鼻子和嘴等面部特征之间的几何关系,如距离、面积、角度等;表征特征利用人脸图像的灰度信息,通过算法提取整体特征或局部特征。基于局部特征的方法是从脸部器官的形状及其相互位置为出发点提取、识别人脸特征;而基于整体特征的方法是从整体上对人脸进行特征提取,单个器官的变化不会对整体人脸识别造成太大影响,这种方法是目前人脸识别的主流方法。这组关键特性可以存储在数据库中以便以后进行比较。[2] 这些特征的提取必须满足不同个体间的差异性和可区分性,以通过获取有用的关键信息来描述人脸面部信息,如何选取最显著的特征来描述人脸信息对于人脸识别技术至关重要。比对识别依赖于特征提取的效果,特征提取的好坏将直接影响识别的效果。不同的特征提取将直接对应不同的分类器和识别方法。

4. 比对识别

比对识别就是将已提取的面部特征向量与数据库中的参考模板进行比较,找出最相近的向量。但最相近的不一定是所要寻找的,还需要对最相近的人脸特征向量进行进一步处理,如果计算的结果在特征值设定的阈值范围内,就足以认定它是所要寻求的人脸。[3] 识别的主要目的:一是对该人脸识别,即确定当前操作的人脸是否属于数据库中那个人的(通常所说的 1∶1 比对);二是对该人脸的核实,即确定该人的身份是否真的存在(通常所说的 1∶N 比对)。[4] 人脸比对识别的方法主要有基于面部几何特征的方法、基于代数特征的方法、基于模板匹配的方法和基于神经网络的方法、基于隐马尔可夫模型的方法等。人脸比对识别面临的一大困境就是要核验该信号是否来自真正的生物体,即是来自真实的人脸还是来自含

---

〔1〕 参见李艳秋:《基于集成学习的人脸识别研究》,合肥工业大学 2018 年博士学位论文,第 11 页。

〔2〕 See Article 29 Data Protection Working Party, Opinion 02/2012 on Facial Recognition in Online and Mobile Services, WP192.

〔3〕 参见李敏跃、李威龙:《人脸识别系统的研究与实现——图像获取、定位、特征提取和特征识别》,载《广西工学院学报》2005 年第 S3 期。

〔4〕 参见左腾:《人脸识别技术综述》,载《软件导刊》2017 年第 2 期。

有人脸的照片。因此,实际的人脸识别系统一般需要增加活体检测环节,如要求人左右转头、眨眨眼、开口说句话等。

综上,人脸识别的过程就是先收集静态的或动态的人脸图像,再对这些人脸图像进行预处理使之标准化,然后提取能够描述和表征人脸面部信息的特征向量,最后将提取的面部特征向量与数据库中的参考模板进行对比识别。在人脸识别过程中,关涉人脸的主要是所提取的人脸数字图像和数据库中的参考模板,这些信息是否属于个人信息,这就需要立足于个人信息的内涵和外延进行综合界定。(见图 9-1)

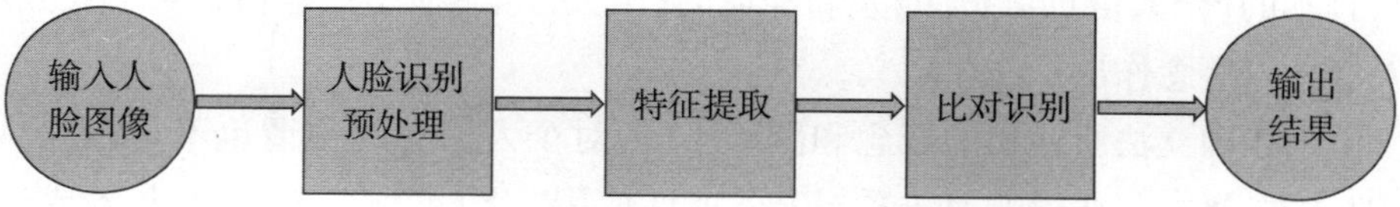

图 9-1 个人信息的规范沿革

"个人信息"一词中的"个人",对应的英语表达"personal",除了具有"个人"或"个体"的意思之外,还隐含着"私人的""涉及私事的"等含义。"个人信息"中的"信息",对应的英语表达"information",被认为与知觉过程相关联,是可感知之物的外观与形式。[1] 在物理层面,它意指按照一定方式排列的信号序列;在社会层面,则意味着承载意义的信号。[2]

从法学的角度来看,个人信息及与之具有家族相似性的概念在最近半个世纪才产生并日渐受到关注,这一概念在产生之初就与隐私具有密切的关联。在《美国隐私法》(The Privacy Act of 1974)中,个人信息被纳入了"个人记录"(records maintained on individuals)名下,这里的"记录",是指"由代理机构保存的任何有关个人的信息的项目收集或汇总。其中包括但不限于教育、交易、病史、犯罪或就业历史以及名字或分配给个人的识别号码、符号或其他识别特征,如手指或声纹或照片",[3]从该法的名称也可以看出,这里的个人信息或个人记录,隶属于隐私。对个人信息的保护,意在限制联邦机构,防范公权力对具有识别性的个人信息的滥用

---

〔1〕 CAPURRO, RAFAEFL. & HJØLAND, BIRGER, *The Concept of Information*, Annual Review of Information Science and Technology, 2005, (4), p. 351-353.

〔2〕 陈原认为:"按物理学的观念,信息只不过是被一定方式排列起来的信号序列。在社会交际活动中,这个定义还不够:信息还必须有一定的意义,或者说信息必须是'意义的载体'。"参见陈原:《社会语言学》,学林出版社 1983 年版,第 68 页。

〔3〕 《美国隐私法》(The Privacy Act of 1974)的立法背景资料,载美国司法网,http://www.loc.gov/rr/frd/Military_Law/pdf/LH_privacy_act-1974.pdf,最后访问时间:2019 年 11 月 5 日。

和传播,以保护个人隐私。在此之后,经济合作与发展组织于1980年颁布了《OECD隐私保护与个人数据跨境流通指南》(以下简称《指南》),在《指南》中,个人信息被纳入“个人数据”(personal data)这一术语名下,希望在数据自动化处理技术迅速发展的背景下,既能够保护个人信息和隐私,又不过分影响国际数据流动。[1] “个人信息”(personal information)这一法律概念源自澳大利亚1988年颁布的《澳大利亚隐私法》,该法将其定义为“已识别或理论上可识别身份的个人信息及观点”,且强调无论是否真实、是否以物质形式记录,均属于该法所规定的个人信息。[2] 此后,欧盟的《个人数据处理保护与自由流动指令》、英国的《数据保护法》、日本的《个人信息保护法》及新加坡的《个人数据保护法》等相继对个人数据、个人信息等概念作出了法律定义。

由于各国立法所使用的概念和翻译不同,对个人信息的称谓也不尽相同。美国、加拿大、澳大利亚等普通法系国家习惯性使用“个人隐私”,欧盟及其各成员国习惯性使用“个人数据”,亚洲的日本和韩国则习惯使用“个人信息”。[3] 有学者认为个人信息不同于个人数据,个人信息是个人数据处理后的结果,二者在逻辑上是一种交叉关系,个人信息不一定以个人数据形式呈现出来。[4] 但学界和实务界主流都认为个人信息与个人数据的意义相同,[5]“个人数据之所以具有经济利益或者涉及人格利益,就是因为包含着个人信息。没有个人信息的数据不是个人数据,而是以二进制代码表现出来的比特形式,对于收集与使用这些数据的人没有意义,法律上自然无须也无法对其加以规范调整”。[6] 因此,个人数据与个人信息只是表达方式的差异而已,其实质内容是相同的。我国法律文件中有关个人信息规定的内容出现较晚,但自出现伊始就采用“个人信息”这一称谓,而且这一称谓也为我国《网络安全法》《电子商务法》《民法典》《个人信息保护法》等法律法规所沿用。

我国最早关于个人信息概念的界定出现于工信部2011年12月颁布的《规范

---

[1] 《OECD隐私保护与个人数据跨境流通指南》(OECD Guidelines on the Protection of Privacy and Transborder Flows of Personal Data)将个人数据定义为“任何关于一个被识别或可被识别的自然人信息”,其立法背景资料,载经济合作与发展组织的官网,http://www. oecd. org/sti/ieconomy/oecdguidelinesontheprotectionofprivacyandtransborderflowsofpersonaldata. htm,最后访问时间:2019年11月5日。

[2] 《澳大利亚隐私法》(Pprivacy Act 1988)立法背景资料,载澳大利亚政府网,https://www. legislation. gov. au/Details/C2014C00076,最后访问时间:2019年11月5日。

[3] 参见姚岳绒:《宪法视野中的个人信息保护》,法律出版社2012年版,第36页。

[4] 参见周斯佳:《个人数据权与个人信息权关系的厘清》,载《华东政法大学学报》2020年第2期。

[5] 参见张新宝:《从隐私到个人信息:利益再衡量的理论与制度安排》,载《中国法学》2015年第3期。

[6] 程啸:《论大数据时代的个人数据权利》,载《中国社会科学》2018年第3期。

互联网信息服务市场秩序若干规定》(以下简称《规定》)中,《规定》第 11 条强调未经用户同意,互联网信息服务提供者不得收集与用户相关、能够单独或者与其他信息结合识别用户的信息,并将这些信息称为“用户个人信息”。2013 年 4 月发布的《最高人民法院、最高人民检察院、公安部关于依法惩处侵害公民个人信息犯罪活动的通知》(以下简称《通知》)中首次对“公民个人信息”的内容作出规定,即“包括公民的姓名、年龄、有效证件号码、婚姻状况、工作单位、学历、履历、家庭住址、电话号码等能够识别公民个人身份或者涉及公民个人隐私的信息、数据资料”。2016 年 2 月颁布的《网络安全法》第 76 条首次对个人信息的概念作出法律规定,即“指以电子或其他方式记录的能够单独或者与其他信息结合识别自然人个人身份的各种信息,包括但不限于自然人的姓名、出生日期、身份证件号码、个人生物识别信息、住址、电话号码等”。2017 年历经多年反复探讨后通过的原《民法总则》第 111 条明确规定:“自然人的个人信息受法律保护。任何组织和个人需要获取他人个人信息的,应当依法取得并确保信息安全,不得非法收集、使用、加工、传输他人个人信息,不得非法买卖、提供或者公开他人个人信息。”该条款从民事权益的角度保护自然人的个人信息,还规定了其他人的相关作为和不作为义务,但该条款最终没有对个人信息的概念加以规定,对此可参照《网络安全法》第 76 条第 5 项的相关规定。2017 年 5 月公布的《最高人民法院、最高人民检察院关于办理侵犯公民个人信息刑事案件若干问题的解释》中指出“公民个人信息,是指以电子或者其他方式记录的能够单独或者与其他信息结合识别特定自然人身份或者反映特定自然人活动情况的各种信息,包括姓名、身份证件号码、通信方式、住址、账号密码、财产状况、行踪轨迹等”,突破了《网络安全法》第 76 条第 5 项关于个人信息“可识别性”的范围,将“公民个人信息”外延扩展至具有身份可识别性的个人信息、可能影响人身和财产安全的“公民个人信息”以及其他个人信息。[1]

2020 年 5 月 28 日第十三届全国人大审议通过的《民法典》第 1034 条再次对个人信息的概念进行法律规定,即“以电子或者其他方式记录的能够单独或者与其他信息结合识别特定自然人的各种信息,包括自然人的姓名、出生日期、身份证件号码、生物识别信息、住址、电话号码、电子邮箱、健康信息、行踪信息等”。在个人信息所列举的类型上,与《网络安全法》第 76 条所列举的类型相比,《民法典》第 1034 条增加了电子邮箱、健康信息和行踪信息三种类型。在个人信息的内涵上,《网络安全法》第 76 条强调识别“自然人个人身份的各种信息”,而《民法典》第

---

〔1〕 参见于冲:《侵犯公民个人信息罪中“公民个人信息”的法益属性与入罪边界》,载《政治与法律》2018 年第 4 期。

1034 条则直接规定识别"自然人的各种信息",个人信息保护的范围在不断扩展。2021 年 8 月第十三届全国人大会常委会第三十次会议审议通过的《个人信息保护法》第 4 条第 1 款进一步对个人信息概念进行界定,即"个人信息是以电子或其他方式记录的与已识别或可识别的自然人有关的各种信息,不包括匿名化处理后的信息",该条款在内容上与欧盟《一般数据保护条例》第 4 条第 1 款关于个人数据的界定高度相似,且与《民法典》第 1034 条和《网络安全法》第 76 条第 5 项的规定不尽一致,这就需要立法机关在未来的立法中进一步明确个人信息的内涵与外延。截至 2021 年 9 月,据不完全统计,我国大陆地区已经有 2 部民事法律、14 部宪法和行政法领域的法律、12 部经济法和社会法领域的法律、3 部刑事领域的法律、2 部诉讼与非诉讼程序法、17 部行政法规和数十个国务院规范性文件和部门规章对个人信息予以规制。[1]

二、人脸的规范属性

从生活常识来看,人脸是个人信息,而且是非常重要的个人信息。人脸上附着与个人身份相伴随的一系列标签和属性,并直接或间接地携带和表达着属于这个人的权利与义务、权力与职责,甚至性格与行为特征。从前述所列的关于个人信息的规范来看,都没有直接列举人脸。即便是对涉及人脸识别进行分析的相关规范,也都没有对人脸进行定义,因此需要基于这些规范条文对人脸识别及人脸的规范属性进行分析。无论是前述的《规定》《通知》,还是《网络安全法》《民法典》均将"可识别性"作为界定个人信息的核心要素。在《通知》中,以列举的方式确定个人信息,同时用"等"把其他能够识别公民个人身份或者涉及公民个人隐私的信息、数据资料进行概括式界定。相对于有效证件号码、电话号码和学历等信息,人脸无疑是更容易被用来识别和确定个人身份的个人信息。在熟人社会里,可能不知道一个人的年龄、身份证号码或者家庭住址,但一看脸就能识别出其身份。在陌生人社会里,即便知道前述诸多信息,仍需要人脸进行比照、验证和确认。因此,从立法

---

〔1〕 笔者以中国人大网的"中国法律法规信息库"为基础,结合北大法宝、威科先行等法律数据库,全文检索现行的法律、行政法规、部门规章等中有关个人信息保护的内容,通过在"中国法律法规信息库"中检索"个人信息",共命中宪法法律 104 部,行政法规及文件 89 部,但由于系统默认检索"个人""信息""个人信息",经排查规定"个人信息"及有关内容的法律有 33 部(其中现行有效的 29 部,4 部待生效),行政法规和部门规章数十部,载中国人大网的"中国法律法规信息库",http://law.npc.gov.cn:8081/FLFG/flfgByID.action?flfgID=38065940&keyword=%E4%B8%AA%E4%BA%BA%E4%BF%A1%E6%81%AF&zlsxid=01,最后访问时间:2021 年 9 月 12 日。

技术的角度来看,"等"中内在包含着人脸信息。从对规范进行解释的技术来看,"等"中当然包含着人脸信息。这种理解和解释延伸到法律层面,意味着《网络安全法》《民法典》《个人信息保护法》等法律法规、规章中的个人信息当然包括人脸。

从我国法律对个人信息概念的界定来看,人脸信息属于个人生物识别信息范畴,是个人信息的重要组成部分。2016 年《网络安全法》第 76 条第 5 项规定,个人信息包括但不限于"自然人的姓名、出生日期、身份证件号码、个人生物识别信息、住址、电话号码等"。此外,《民法典》第 1034 条第 1 款也将生物识别信息纳入个人信息的范畴中。从学理和规范的角度来看,生物识别信息是指与自然人的身体、生理或行为特征有关的基于特定技术处理产生的个人数据,这些数据可以确认该自然人的独特身份。[1] 生物识别信息一般分为两类,一类是基于人的身体或生理特征的信息,如虹膜信息、指纹信息、人脸信息、声音信息、体味信息等;另一类是基于行为的信息,如行走或移动方式、手写签名、步态分析等。[2] 我国《信息安全技术 个人信息安全规范》明确指出,个人生物识别信息包括"个人基因、指纹、声纹、掌纹、耳廓、虹膜、面部特征等"。[3] 2021 年 7 月最高人民法院公布了《关于审理使用人脸识别技术处理个人信息相关民事案件适用法律若干问题的规定》(以下简称《人脸识别司法解释》),其中第 1 条第 3 款明确规定,人脸信息属于《民法典》第 1034 条所规定的"生物识别信息"。2021 年 8 月审议通过的《个人信息保护法》不仅在第 26 条对人脸识别技术的应用进行规制,要求在公共场所安装图像采集、个人身份识别设备的,必须出于维护公共安全的目的,且应以显著标识进行告知,还在第 28 条将生物识别信息规定为敏感个人信息,通过敏感个人信息处理规则对人脸信息进行保护。这就在规范层面认可了人脸信息的个人生物识别信息属性,表明其应当受到个人信息保护立法的规制。

从域外个人信息保护的法律制度来看,人脸识别信息当然属于个人信息范畴。无论是在欧盟还是在美国,人脸识别信息都是作为个人信息的一部分予以规制。根据欧盟《一般数据保护条例》第 4 条第 14 款,生物特征数据是指与自然人的物理、心理或行为特征有关的特定技术处理所产生的个人数据,这些数据能够识别或

---

〔1〕 See Article 4 of General Data Protection Regulation, 2012/0011(COD), Regulation(EU)2016/679 of the European Parliament and of Council of 27 April 2016.

〔2〕 See Article 29 Data Protection Working Party, Opinion 3/2012 on Developments in Biometric Technologies, WP193.

〔3〕 参见《信息安全技术 个人信息安全规范》附录 A,表 A.1。

确认该自然人的独特身份,如面部图像或指纹数据。[1] 第29条认为,生物特征识别技术的发展使数据图像能够自动捕获数据和识别人脸,这些人脸识别信息包含了足够的细节,使个体能够被唯一识别,因此被认为属于生物特征标识的范畴。[2] 2019年欧盟基本权利机构发布《人脸识别技术:执法中的基本权利考虑》报告,该报告不仅将人们的面部图像认定为"敏感数据",是生物特征识别数据的一种形式,还要求当局使用人脸识别技术时,必须确保使用性质是"特定、明确和合法的",不得损害公民的言论及集会等自由。[3] 在美国,人脸识别信息也是作为生物特征信息的一种,被纳入隐私权保护的范畴,主要是通过《隐私法》与专门法规相结合的方式保护公民的生物特征信息。到目前为止,美国已经有多个州颁布专门的生物信息保护法,如2008年伊利诺伊州颁布《生物识别信息隐私法》(Biometric Information Privacy Law,BIPL),该法区分"生物标识符"和"生物信息"。"生物标识符"主要是视网膜、虹膜扫描、指纹、声纹或扫描手或脸的几何结构等;"生物信息"是根据用以识别特定个体的生物标识符所获得的任何信息,蕴含着某种类型的"生物标识符"。人脸属于"生物标识符"和"生物信息"的范畴。在2017年的里维拉诉谷歌公司案中,伊利诺伊州地方法院认为原告所主张的反映其特征的人脸模板就属于伊利诺伊州《生物识别信息隐私法》意义上的生物特征标识符。[4]

在人脸识别过程中,无论是所提取的人脸数字图像还是数据库中的参考模板,都可能是重要的个人信息。参考模板根据个人图像制作而成,将人脸面部具有代表性的部位的相对位置和相对大小作为特征予以提取,再辅之以人脸轮廓的形象信息,把人脸图像转化成紧凑且可识别的特征向量,[5]然后储存在后台数据库系统内供日后的识别和认证/核实。而数字图像则是在视频或图像中用以比对的人脸形象。参考模板中因其天然蕴含个人面部特征,能够与特定的个人相关联,当然应当被视为个人信息,但所提取的人脸数字图像不一定是个人信息。要成为个人

---

[1] See Article 4 of General Data Protection Regulation, 2012/0011(COD), Regulation(EU)2016/679 of the European Parliament and of the Council of 27 April 2016.

[2] See Article 29 Data Protection Working Party, Opinion 02/2012 on Facial Recognition in Online and Mobile Services, WP192.

[3] See European union agency for fundamental rights: Facial recognition technology: fundamental rights considerations in the context of law enforcement, https://fra. europa. eu/sites/default/files/fra_uploads/fra - 2019 - facial-recognition-technology-focus-paper - 1_en. pdf, 最后访问时间:2019年11月5日。

[4] See Rivera v. Google Inc. United States District Court, N. D. Illinois, Eastern Division. February 27, 2017238 F. Supp. 3d 1088.

[5] See Daniel Saez Trigueros, Li Meng. Face Recognition: From Traditional to Deep Learning Methods, https://arxiv. org/pdf/1811. 00116. pdf,最后访问时间:2019年11月5日。

信息，必须具备两个特征：一是必须蕴含个人清晰可见的脸，如果该数字图像包含的是远处或模糊的场景数据，则不大可能被视为个人信息；二是必须使该人能够被识别，这是数字图像得以成为个人信息的实质性要素。〔1〕 因此，在对人脸识别规制的过程中，不仅需要对人脸数字图像的采集、比对、储存等环节予以针对性调整，还需要对储存在自动识别系统中的参考模板予以规制。

第二节 隐私保护的规范与价值

隐私权是近代文明的产物，是人类追求人格尊严和人格自由发展的结果。保护隐私权是现代社会文明的重要标志，已经为越来越多国家的法律认可，隐私保护的理念也不断体现在我国的各种法律、法规、规章中。人脸图像是否为隐私？回答这一问题需要探寻隐私权的规范内涵与价值意蕴，进而厘清人脸图像与隐私权的关系脉络。

一、隐私保护的规范沿革

“隐私”一词的语义是“不愿告人或不愿公开的个人的私事”。学理上最早对隐私权进行系统论述的是波士顿的律师沃伦和布兰代斯，他们在 1890 年《哈佛大法律评论》第 5 期发表了《隐私权》一文。在该文中，他们认为个人有保留私密信息不为外人所知的权利，个人有权决定在多大范围内透露给别人自己的想法、情感和情绪，这种权利受到普通法的保护。他们在这篇文章里呼吁美国法律学界接受这一新兴的权利，并认为“政治、社会和经济的变化使得对这种新权利的承认十分必要”，“恒久保持青春的普通法，需要成长以满足社会的需要”。〔2〕 当然，沃伦和布兰代斯所提到的隐私权和当前人们所说的隐私权的内涵与外延有所不同，这也是一个术语在演变过程中难以避免的问题。所以有学者在对百年来的隐私权文献梳理的基础上，放弃了本质主义的定义方式，以描述的方式提出了隐私权的 5 个面向：沃伦和布兰代斯所提的关于侵权的隐私权；针对政府的搜查和逮捕及与联邦第

〔1〕 See Article 29 Data Protection Working Party, Opinion 02/2012 on Facial Recognition in Online and Mobile Services, WP192.

〔2〕 See Samuel D. Warren, Louis D. Brandeis, *The Right to Privacy*, Harvard Law Review, 1890, 4(5), p. 193 – 220.

四修正案相关的隐私权；当个人的言论自由和他人的思想与独处的自由冲突时，存在的“半宪法性”的、与第一修正案相关的隐私权；第十四修正案保护的涉及基本个人判断的隐私权；杂糅了上述4种隐私权的州宪法上的隐私权。[1] 总之，在美国，隐私权是一个开放的概念，相当于大陆法系上的一般人格权，随着社会的发展其内容被不断扩展，经历了从侵权法上的隐私权到宪法上的隐私权的发展历程。而在德国，对隐私权的保护是由民法典和基本法共同完成的。1954年德国联邦最高法院通过“读者来信案”首次承认一般人格权是类似于财产所有权的其他绝对权利。[2] 在该案中德国联邦最高法院援引《联邦基本法》第1条第1款和第2条第1款关于人格尊严和人格自由发展条款，认为“一般人格权”不仅得到现行法的认可，还与《德国民法典》第823条第1款所指的“其他权利”相等同。[3] 此后，德国联邦法院在确认一般人格权宪法保护的同时，通过一系列判例扩张了《德国民法典》第823条第1款“其他权利”的人格保护范围。[4] 由此，德国通过一般人格权实现对隐私权的保护，凡是与人格尊严有关的私人领域均可纳入维系人格尊严和人格自由发展的权利保障范围。为了应对国家公权力对私人领域的干涉，德国宪法法院在1983年人口普查案中确立了“信息自决权”，并进一步指出这种自决权在一般意义上也属于个人隐私范围。[5] 总之，在德国，隐私权是一般人格权的下位概念，凡是与人格尊严相关的私人领域均在该权利范围内，且受到民法和宪法的共同保护。

目前我国隐私权保护分为公法和私法两个层面。在公法保护方面，我国《宪法》第37条、第38条、第39条与第40条对公民的一般人格权与具体的身体、住宅、信件等隐私作出了相关规定，但未使用“隐私”或“隐私权”一词。除宪法对隐私权的保障外，刑法、行政法和诉讼法等部门法也都规定了一系列对公民隐私权进行保护的条款。这些规定不仅涉及一般性的隐私保护，如《民事诉讼法》《刑事诉讼法》《行政诉讼法》均规定人民法院审理涉及国家秘密、个人隐私以及法律另有

---

〔1〕 See Ken Gormley, *One Hundred Years of Privacy*, Wisconsin Law Review, 1992, (5), p. 1335 - 1441.

〔2〕 参见[德]霍尔斯特·埃曼：《德国法中一般人格权的概念和内涵》，杨阳译，载《南京大学法律评论》2000年春季号。

〔3〕 参见[德]卡尔·拉伦茨：《德国民法通论》，王晓晔等译，法律出版社2003年版，第128～129页。

〔4〕 在1958年的“骑士案”中针对非财产的损害的侵犯，在通常的财产损害赔偿请求权、不作为之诉、撤回或返还之诉外，赋予公平的抚慰金请求权。在1973年的“索拉雅案”中联邦宪法法院不仅确认了一般人格权，还在宪法上确认了对无形人格侵犯的金钱赔偿。

〔5〕 参见李延舜：《论宪法隐私权的类型及功能》，载《烟台大学学报（哲学社会科学版）》2017年第6期。

规定的案件不得公开审理,《刑事诉讼法》第150条第2款还特别规定“侦查人员对采取技术侦查措施过程中知悉的国家秘密、商业秘密和个人隐私,应当保密”,还涉及信件秘密、身体与住宅、个人形象、财产、疾病等具体的隐私保护,如《刑法》第252条规定:“隐匿、毁弃或者非法拆开他人信件,侵犯公民通讯自由权利,情节严重的,处一年以下有期徒刑或者拘役。”《治安管理处罚法》第42条规定“偷窥、偷拍、窃听、散布他人隐私的”,处5日以下拘留或者500元以下罚款;情节严重的,处5日以上10日以下拘留,可以并处500元以下罚款。[1] 总体来看,我国隐私权的公法保护既没有确立隐私权的宪法保障机制,也没有对隐私权的内涵与外延作出一般性规定,而是呈现碎片化倾向。

当前我国对隐私权的保护集中在私法领域,隐私权的私法保护在我国经历了从不保护、名誉权的间接保护到直接保护的过程。[2] 1986年原《民法通则》第五章“民事权利”中没有就个人隐私权作出明确规定。1988年《最高人民法院关于贯彻执行〈中华人民共和国民法通则〉若干问题的意见(试行)》第140条规定“以书面、口头等形式宣扬他人的隐私……造成一定影响的,应当认定为侵害公民名誉权的行为”,这是我国民事法律体系中首次出现“隐私”一词,并将隐私纳入名誉权下进行保护。1993年最高人民法院在《关于审理名誉权案件若干问题的解答》中进一步确认了将隐私置于名誉权下保护的模式。

2001年《最高人民法院关于确定民事侵权精神损害赔偿责任若干问题的解释》第1条第2款规定:“违反社会公共利益、社会公德侵害他人隐私或者其他人格利益,受害人以侵权为由向人民法院起诉请求赔偿精神损害的,人民法院应当依法予以受理。”该解释不再沿用将隐私置于名誉权下的间接保护模式,而是明确将隐私作为人格利益予以直接保护,规定公民有权就侵害隐私的行为直接提起诉讼。

2005年《妇女权益保护法》第42条规定“妇女的名誉权、荣誉权、隐私权、肖像权等人格权受法律保护”,首次明确提出“隐私权”一词,并将隐私权与名誉权相并列视为妇女的人格权。2009年原《侵权责任法》第2条规定“本法所称民事权益,包括生命权、健康权、姓名权、名誉权、荣誉权、肖像权、隐私权……”将隐私权纳入民事权益保护之中,并明确将“隐私权”视为一种具体人格权。2017年原《民法总则》第110条规定:“自然人享有生命权、身体权、健康权、姓名权、肖像权、名誉权、荣誉权、隐私权、婚姻自主权等权利。法人、非法人组织享有名称权、名誉权、荣誉权等权利。”进一步确认了隐私权的具体人格权地位。但无论是将隐私置于名誉权

[1] 参见范进学:《我国隐私权的立法审视与完善》,载《法学杂志》2017年第5期。

[2] 参见谢珺:《论网络环境下“隐私权”与“个人信息”的法律定位》,载《新闻爱好者》2017年第2期。

下,还是将隐私视为人格利益,抑或是将隐私权视为具体人格权,都没有明确规定隐私权这一概念的内涵与外延,这既不利于为隐私权纠纷提供合理的裁判预期,也不利于我国人格权体系的构建。

2020 年 5 月,第十三届全国人大第三次会议表决通过的《民法典》第 1032 条规定:“自然人享有隐私权。任何组织或者个人不得以刺探、侵扰、泄露、公开等方式侵害他人的隐私权。隐私是自然人的私人生活安宁和不愿为他人知晓的私密空间、私密活动、私密信息。”首次对隐私与隐私权的内涵与外延作出规范性规定。《民法典》第 1033 条将侵害隐私权的行为进行类型化列举,将侵害隐私权的行为分为以电话、短信、即时通信工具、电子邮件、传单等方式侵扰他人的私人生活安宁,进入、拍摄、窥视他人的住宅、宾馆房间等私密空间,拍摄、窥视、窃听、公开他人的私密活动,拍摄、窥视他人身体的私密部位,处理他人的私密信息等 6 类,为隐私权保护提供了具体的规范尺度和依据,也为相关主体的行为提供了一定的指引。

综上所述,隐私权保护在我国是通过公法与私法的共同保护实现的,其中隐私权的公法保护比较分散,当前对隐私权的保护集中在私法领域。隐私权的私法保护在立法上经历了从司法解释规定到法律规定的过程,在保护手段上从不保护、间接保护到直接保护的过程,在概念界定上从不规定到明确规定的过程。

二、隐私权的规范意涵

对于隐私权所保护的隐私究竟是什么,各国法律的规定不尽相同。在我国,理论界和实务界对隐私的界定比较一致,都认为“隐私”一词由“隐”和“私”构成,前者是指某个事实、某个信息不为人知的事实状态,包括当事人不愿为他人所知或者按照正常的心理与道德水准,这种隐私不便为人所知;后者是指纯粹是个人的,与公共利益、群体利益无关的事情,是隐私的本质。[1]《民法典》第 1032 条对隐私概念的界定就是从“隐”和“私”这两个层面出发的。根据《民法典》第 1032 条对隐私概念的界定,我国法律上的隐私被分为私人生活安宁和不愿为他人所知晓的私密空间、私密活动、私密信息两部分内容。

1. 私人生活安宁

私人生活安宁,是指自然人享有的维持安稳宁静的私人生活状态,并排除他人不法侵扰的权利,主要是个人的住宅安宁、私人空间安宁、通信安宁、日常生活安宁

---

〔1〕 参见杨立新:《中国民法总则研究(下卷)》,中国人民大学出版社 2017 年版,第 587 ~ 588 页。

等内容。[1] 隐私权自其诞生之日起,就有保护私生活安宁的功能。沃伦和布兰代斯在 1890 年提出隐私权就是为了对抗媒体对其私生活安宁的过度窥视和干扰,追求私生活的安宁。私生活安宁所追求的是一种安稳宁静,不被他人非法干扰、非法窥视等的生活状态。私生活安宁与私密空间、私密活动、私密信息等之间可能有一定的重叠之处,例如,泄露他人的家庭住址,行为人非法收集该地址后不断去其家门口骚扰,这既非法公开了他人的隐私,又侵害了他人的私生活安宁。对于私人生活安宁而言,其主要内容并不涉及公开问题,主要是对私生活安宁的尊重。[2]

对于他人私生活安宁的侵害不一定要以公开的方式进行,其实质是权利人安稳宁静的私生活状态为他人打扰和侵扰。实践中侵犯他人私生活安宁的行为主要有三种类型:(1)骚扰他人的正常生活。司法实践中私生活安宁常因他人骚扰、跟踪或窥视等行为而受到侵害,但公权力机关依法履行职责和执行职务或者行为人正当地请求公权力机关执行公务不构成隐私侵权。(2)非法侵入私人空间。对私人空间的侵犯除了物理上的侵入外,还包括通过机器设备等窥视、监视、拍照或者录像等。(3)不当监控与他人相邻空间。住户在自家门窗、公共区域等与邻居相邻的地方安装摄像头、电子猫眼等设备可能侵犯到其他住户的私人领域或私人活动。[3] 无论行为人以何种动机实施了骚扰、跟踪、窥视等行为,也无论行为人是否获得了他人的私生活秘密,只要实施了干扰他人正常生活的行为,就可能构成对私生活安宁的侵害。在现代网络信息社会,违法犯罪分子为了谋取非法利益,通过使用伪基站、恶意软件以及非法收集、购买个人信息等手段,群发各种垃圾邮件、垃圾短信、弹窗广告或自动拨打他人电话等,严重干扰着他人的私生活安宁。对于此种行为,《民法典》第 1033 条第 1 款规定,除法律另有规定或者权利人明确同意外,任何组织或者个人不得以电话、短信、即时通信工具、电子邮件、传单等方式侵扰他人的私生活安宁,侵扰他人私生活安宁的行为,构成对他人隐私权的侵犯,行为人应当承担相应的民事责任。

2. 不愿为人所知的私密空间、私密活动、私密信息

隐私权是一项主观性权利,不同时代、国家和个人对隐私的内容有不同的认识。但作为一个法律概念,隐私权概念应当有相对确定的边界。“不愿为人所知”不是从个体意义出发的,而是需要综合个体与群体的隐私合理期待进行判断。一

---

〔1〕 参见刘保玉、周玉辉:《论安宁生活权》,载《当代法学》2013 年第 2 期。

〔2〕 参见王利明:《生活安宁权,一种特殊的隐私权》,载《中州学刊》2019 年第 7 期。

〔3〕 参见冷传莉、李怡:《私法保护视角下的隐私权类型化》,载《法律科学(西北政法大学学报)》2017 年第 5 期。

方面,个体在主观上表现出隐私期待的利益,这要求个人私事尚未为一般人所知且个体不希望该私事被公开,公开将会使该人在情感上不安或尴尬;另一方面,在客观上表现为社会上认为个人所期待的利益是符合情理的,能够为社会认可。[1] 因此,私密空间、私密活动、私密信息的核心在于"不公开性"和"私密性"。私密空间、私密活动、私密信息之间在内容上可能相互重叠,个体在私密空间里进行的可能是私密活动或存储私密信息,例如,在笔记本电脑上书写私人日记等,但三者之间又存在明显的差别。

私密空间,是个人所欲保留的空间,既包括承载个人隐私的物理空间,也包括个人基于生存与发展所需要而与他人保持的心理距离,如个人住宅、身体、行李、私家车、日记等。[2] 信息技术的发展使私密空间从有形的物理空间发展到无形的虚拟空间,如侵入他人的电子邮箱,就可能构成对他人私密空间的侵犯。凡是私人支配的空间场所,无论是有形的还是虚拟的,都属于个人隐私的范围。[3] 私密空间是与公共场所相对应而存在的,住宅是典型的私密空间。传统观念认为"隐私止步于家门之前",在公共场所不存在隐私的合理期待,但随着隐私权的保护重心从"场所"到"人"的转变,即使是在公共场所人们也有隐私的合理期待。[4] 在著名的"摩纳哥公主案"中,德国联邦最高法院就指出,在公共场所也存在隐私权。在公共场所对私密空间的隐私保护并非"全有全无"的判断过程,而是一种程度性判断,需要结合场所、科技、社会合理期待等在具体案件中进行综合判断,在公园、商场、银行等公共场所也有私密空间。侵害他人私密空间的行为,包括但不限于非法侵入住宅、窥视、拍摄他人住宅等行为,在宾馆房间安装摄像头的行为也构成对他人私密空间的侵犯。

私密活动,是一切个人的、与公共利益无关的活动,包括私人活动和私人事务。私人活动不同于私人事务,私人活动强调动态化的隐私,可具体化为个人家庭活动、婚姻活动、社会交往等;而私人事务侧重于静态的隐私,是客观存在的事实,如个人的宗教信仰等。凡是个人不愿公开或不愿他人介入的活动和事实都受到法律的保护,任何对他人私人活动的干涉、公开或侵扰都是对隐私的侵害。[5] 一般而言,个体的私密活动并不会因为时间的流逝而受到影响,但有些私人活动可能因时

---

〔1〕 参见肖中华:《大数据时代"合理隐私期待"主客观标准的适用》,载《江西社会科学》2016 年第 11 期。

〔2〕 参见张红:《人格权各论》,高等教育出版社 2015 年版,第 501 页。

〔3〕 参见王利明:《隐私权内容探讨》,载《浙江社会科学》2007 年第 3 期。

〔4〕 参见刘泽刚:《公共场所隐私权的悖论》,载《现代法学》2008 年第 3 期。

〔5〕 参见张红:《民法典之隐私权立法论》,载《社会科学家》2019 年第 1 期。

间的流逝而逐渐淡出公众的视野和记忆重新变成隐私,此时就应当受到隐私权的保护。自然人的“私密活动”不仅存在于个人的私人空间,还可能存在于公共场所等空间,如情侣在小区楼下接吻,却被他人通过监控摄像头拍摄并将内容向不特定的群体公开,这显然是对他人隐私权的侵犯。实践中常见的侵犯私密活动的行为主要有偷拍、偷录或设置监视器、安装摄像机对他人进行拍摄,甚至将由此获得的他人的对话或活动加以公开传播等。对于那些共同从事私密活动的当事人(如性生活、私密谈话),如果一方没有经过另一方同意而对该私密活动进行拍摄、录制或加以公开,也构成对私密活动的侵害。[1]

私密信息,又称为隐私信息,是个体不愿为人所知的且与公共利益无关的所有个体情况、资料。私密信息在内容上并不一定是为道德所允许的信息,也可以是那些为人所不齿、为道德所谴责的信息。只要不涉及公序良俗,不违反法律的强制性规定,即使是那些为人所不齿的信息,也是私密信息,例如,婚外性关系也受到隐私权的保护,他人不得随意公开。凡是那些涉及个人不愿为他人所知的信息,无论该信息的公开对权利人造成的影响是积极的还是消极的,无论这些秘密是否具有商业价值,只要该信息不属于公共领域且本人不愿为人所知,则该信息就应当受到隐私权的保护。[2] 对于私密信息的认定,不应当仅根据个体的主观认知来判断是否属于私密信息,而应当根据法律法规的相关规定加以判断,在没有相关规定时,应当根据隐私合理期待理论进行综合权衡,从社会公众的一般认知和判断来考察个体的期待是否合理。综合来说,认定某一信息是否属于私密信息,需要综合以下两方面的因素:一是该信息对于维护自然人的人身财产利益、人格尊严和人格自由发展的重要程度,越重要的,越可能是私密信息;二是该信息对于维护社会正常交往、信息自由的重要程度,越重要的,越不属于私密信息。[3] 未经他人明确同意擅自处理他人的私密信息,构成对他人隐私权的侵害。即使当事人知悉私密信息是经过权利人同意的,但权利人未授权该人公开,如果该人将此信息予以公开,仍构成对私密信息的侵害。

综上所述,我国法律上的隐私权由私生活安宁和不愿为他人所知的私密空间、私密活动、私密信息两部分组成,其中私生活安宁追求的是一种安稳宁静的生活状态,不受他人非法骚扰;而不愿为他人所知的私密空间、私密活动。私密

---

〔1〕 参见王利明、程啸、朱虎:《中华人民共和国民法典人格权编释义》,中国法制出版社 2020 年版,第 370 ~ 371 页。

〔2〕 参见王利明:《隐私权概念的再界定》,载《法学家》2012 年第 1 期。

〔3〕 参见程啸:《我国民法典对隐私权和个人信息的保护》,载《人民法院报》2020 年 7 月 30 日,第 5 版。

信息追求的则是一种隐逸状态,仅在某个圈子内或特定范围内公开,超出该范围则构成对隐私权的侵犯。这两部分隐私权在内容上相互交叠,共同构成隐私权的规范意涵。

三、隐私权的价值意涵

隐私权兼具公法和私法两个面向,它不仅可以指向国家,作为个人抵抗国家的权利;也可以指向私主体,作为免受私人侵害的权利。在对抗私人主体方面,对隐私权的理解至少有两种解释:一是它可以作为宪法基本权利的"第三人效力",也就是说,虽然宪法原本不是用来直接约束私人的,但它可以渗透和投射到私法领域,使原本只存在于"公民—国家"之间的宪法基本权利可以超越此两者,约束作为私主体的第三方;[1] 二是它本身就具有私法色彩,就像沃伦和布兰代斯最初关于隐私权的讨论所定位的那样,即针对那些媒体及类似的信息传播者。但无论在公法意义还是私法意义上,隐私权都直接关涉人的尊严,这也是它需要受到法律保护的原因所在。

在公法意义上,基本权利的核心是人的尊严,这一点在学界几乎已是共识。隐私权作为受到宪法保护的基本权利,具有基本权利的双重功能:一方面是防御功能,即保护个人私领域的自主性不受国家的侵犯;另一方面则是保护义务,即权力机关应当采取措施保障公民的隐私权,使其免受第三人的侵害。[2] 无论是隐私权的防御功能,还是隐私权的保护义务,都是为了实现人格尊严和人格自由发展。在私法意义上,这一点需要进行一定强度的论证。论证的方式之一是立足于宪法基本权利"第三人效力"的直接效力说,主张宪法基本权利可以直接适用于"公民—公民"的民事关系。由于这种关系来自宪法权利的直接投射,因此作为宪法基本权利核心的人的尊严当然也就可以作为私法意义上隐私权保护和保障的核心。论证的方式之二是宪法基本权利"第三人效力"的间接效力说,该学说主张宪法基本权利并不是直接用于私人之间侵权与否的判断,而是将私法中的一般条款(如公序良俗条款)作为媒介,通过审判权间接地将宪法基本权利适用于公民之间,即采用"公民—国家—公民"的模式。[3] 论证的方式之三是重返沃伦和布兰代斯关于隐私权论述的本源,对隐私权的侵犯会造成当事人"精神痛苦和情绪低落""对感情

[1] 参见张巍:《德国基本权第三人效力问题》,载《浙江社会科学》2007 年第 1 期。
[2] 参见王泽鉴:《人格权的具体化及其保护范围 · 隐私权篇(中)》,载《比较法研究》2019 年第 1 期。
[3] 参见张红:《方法与目标:基本权利民法适用的两种考虑》,载《现代法学》2010 年第 2 期。

的伤害”,这种伤害是对私法意义上人格权的侵害,与财产权不同,这种人格权的根源是对人的尊严的承认、保护与保障。

就隐私权自身的价值定位而言,现代社会中隐私权被侵犯而带来的损失更多地体现为精神上的痛苦而非身体上的伤痛,隐私权意在保护人的精神,这与人的尊严之间的联系更为直接,也更能体现出隐私权首倡者的意图。有学者在梳理诸多案例、整合了诸多观点之后指出,隐私权具有独处性、秘密性、自治性、匿名性和亲密性五大特征。〔1〕在隐私权的这些特征中,与人的尊严最为密切相关的是私密性和自治性,这两种特性可以理解为“保留性”(reserve),它内在地包含两层含义。首先,私密性意味着披露给他人的是自己的部分信息和有限信息,以此来创建“心理距离”以达到保护个人尊严的目的。因为即便是在最亲密的关系中,一方向另一方披露的信息也通常是不完全的,就像一个从小被祖母带大并因此跟她有亲密关系的女孩不会把自己恋爱的情况和盘托出一样。其次,“保留性”蕴含自治。自治意味着自我决定,意味着在特定范围内个体享有最高权(sovereignty),他有权决定保留或披露哪些关于自己的信息,对这种自我决定的干涉或侵犯都会导致人的尊严直接受损。无论是私密性还是自治性,都强调个体自主决定是否披露个人信息以及对哪些主体披露何种个人信息,由此衍生出“我是我自己的主人,不是别人的奴隶”,将人格尊严作为隐私权保护的终极价值。

就隐私权保护的时代需求而言,现代社会我们每个人都生活在透明的玻璃世界中,我们的一举一动都会暴露我们的隐私,如果没有隐私权的保护,我们还有什么尊严可言?我们每个人的活动无时无刻不在被各种组织“监视”和“记录”,这些机构如果别有用心地整合和利用这些数据,个人的隐私和人格尊严将会不可避免地受到损害。〔2〕在这些机构的“监视”与“干涉”下,我们将没有任何秘密可言,终将丧失对自身事务的自主决定权,这势必会损害个人的主体性地位,甚至可能沦为俯首听命于他人的工具。“隐私权的保护旨在使个人得以有所隐藏、有所保留、有所独处,得以自主而拥有一定范围的内在自我。”〔3〕隐私权构建了维护个人人格尊严的防护墙,使个体能够以自我意志自由决定是否分享以及在多大范围内分享自身的私生活,使我们能够保有内心的安稳宁静而不受外界的干扰。我们每个人都需要有安静思考、自由活动的空间和时间,能够自主地进行价值选择和决定自己想

---

〔1〕参见岑剑梅:《电子时代的隐私权保护——以美国判例法为背景》,载《中外法学》2008 年第 5 期。

〔2〕参见王秀哲:《信息社会个人隐私权的公法保护研究》,中国民主法制出版社 2017 年版,第 55 ~ 56 页。

〔3〕王泽鉴:《人格权的具体化及其保护范围 · 隐私权篇(上)》,载《比较法研究》2008 年第 6 期。

要的生活方式,这样才能做自己的主人,才能保有人之为人应有的尊严。在数字化生存的今天,我们的一举一动都会留下数字化痕迹,通过对这些数字化痕迹的挖掘和整合,能够再现我们的日常生活行程轨迹,我们将没有任何私生活可言,此时我们更需要隐私权来维系人格尊严和人格自由的自由发展,否则我们可能会成为透明人,甚至是一种商品或资源性存在。

就隐私权保护的人性基础来看,现代社会隐私权保护是为了保护个体能够保持自身的独立性,能够成为有尊严的个体。人格尊严作为一项根本的伦理原则,蕴意着个人具有至高无上的内在价值或尊严,这种尊严与个人相伴而生,先于国家和社会存在,是任何政府和制度设置都不能加以剥夺或限制的。[1] 人格尊严是“人之为人”的基本要件,是一项不可剥夺的、自然的、绝对的权利,即使是那些罪大恶极者也同样享有人格尊严。人格尊严体现了人对自身主体性价值的关注和尊重,通常包括两方面的内容:一方面是人具有主体性地位,人本身即是目的。在数字化技术的作用下肉体凡胎的人被贬抑为纯粹的数据信息,被当作一种客体来对待,此时个体将无任何尊严可言;另一方面则是人是自主的,即个体必须能够自决而不能被操控或他决。个体在人格尊严之下享有其自主权,可以按照自己的意愿选择自己的存在方式,服从于自身的理性安排。[2] 人类作为一种理性与非理性、肉体与精神的统一体,不仅需要满足物理层面“遗世而独立”的追求,还需要满足精神层面不被干扰与自治的空间。隐私权的存在,为个体提供了一个自我遮蔽、自我处置的自由空间,在这个空间里个体能够按照自身的意愿决定是否公开个人隐私,不被他人打扰和干涉,使个人能够在自治自决之下发展自我人格,为个人人格尊严和人格的自由发展预留了空间。

综上所述,无论是从隐私权自身的价值定位来看,还是从隐私权保护的时代需求来看,抑或是从隐私权保护的人性基础来看,隐私权的保护价值都指向人格尊严,都是为了维系人格尊严和人格自由的自由发展。人脸识别技术的应用,不仅需要建立在保护个体隐私权的基础上,更需要建立在维系个人的人格尊严之上,不得以技术之名贬抑人的主体性价值。

---

〔1〕 参见徐亮:《论隐私权》,武汉大学2005年博士学位论文,第70页。

〔2〕 参见王洪、刘革:《论宪法隐私权的法理基础及其终极价值——以人格尊严为中心》,载《西南民族大学学报(人文社科版)》2005年第5期。

第三节 人脸信息与隐私的关系

在进行人脸识别时,将所采集到的人脸图像与后台数据库中的样本模板进行比对,不仅能对特定个体进行识别,而且在某些情况下能够进一步追踪到个体的活动轨迹、人际关系、财产状况等隐秘性信息,使个人隐私暴露于他人的视野中。人脸信息是重要的个人信息,但能否将人脸信息置于隐私的保护之下,需要从学理和规范层面思考个人信息与隐私权的关系。

一、人脸信息与隐私的学理关系

在《民法典》出台之前,学理上关于个人信息与隐私的关系研究可以追溯到21世纪初。当时互联网技术迅速发展,网上个人信息保护日益成为网络用户最关切的问题,不少学者提出网络隐私权概念,认为网络隐私权不是一种新的权利类型,是传统隐私权发展到网络社会的产物。在网络环境下,个人隐私主要以个人数据的形式呈现。[1] 在这些学者看来网络隐私权不仅包括私生活安宁与独处权的消极层面,还包括自主控制个人信息的积极层面,个人数据信息是网络隐私权的主要内容。然而随着信息技术的发展,个人信息与隐私的关系日益复杂化,特别是随着大数据技术的发展,数据分析、数据挖掘等能够具体刻画出用户画像,使我们每个人成为在大数据面前无所隐藏的透明人,个人隐私的范围不断缩小,而个人信息则以海量的加速度急剧增长。围绕隐私权概念究竟是现代的隐私权还是传统的隐私权概念这一问题,学术界发展出三种关于个人信息与隐私关系的观点。

1. 隐私包含说

隐私包含说认为,隐私权具有消极和积极两个面向,前者意指传统意义上私生活不被打扰的独处甚至“遗世而独立”的权利,[2]后者则是信息社会中对自身信息的自我决定权。隐私权主体不仅有权不被干扰,而且可以通过“有所为”的方式决定和使用个人信息。此时,个人信息是隐私的内在组成部分,保护个人信息的目的

[1] 参见谢新洲、李娜:《论网上隐私权的法律保护问题》,载《中国图书馆学报》2000年第4期;朱理:《网络隐私权的保障与冲突》,载《网络法律评论》2001年第0期;彭礼堂、饶传平:《网络隐私权的属性:从传统人格权到资讯自决权》,载《法学评论》2006年第1期。

[2] 参见郭春镇:《论两种人权偏好之关系及中国人权的积极面向》,载《法学评论》2012年第2期。

就是捍卫隐私权。[1] 这种观点主要借鉴美国信息隐私的概念，将个人信息保护纳入隐私权之下。在美国隐私权制度的影响下，日本隐私权保护也经历了从私法到公法、从消极权能到积极权能、从私生活自由到个人信息保护的演变历程。[2] 正如日本学者芦部信喜教授所说："自我决定权与其说是完全独立于隐私权之外的权利，不如将其理解为与信息隐私权共同构成了广义的隐私权较为妥当。"[3]

隐私包含说中的"隐私"是一种现代隐私权概念，是一项集普通法保护和宪法保护于一体的集合性权利，但由于我国尚未确立隐私权的宪法保障机制，隐私权主要是通过部门法予以保护的，这就难以为隐私包含说提供规范依据。隐私权在我国主要是民法上的一种具体人格权，自然不会产生宪法上的隐私权，也无法经由宪法判例发展出对自身信息自我决定的信息隐私权。隐私权在特定的历史条件下确实发挥了保护个人信息的作用，但发展至今的个人信息在内涵、范围、价值、保护方式上均发展出独特的内涵，超出了隐私权保护的范畴。[4] 因此，隐私包含说不仅在我国缺乏规范上的依据，且与公众对隐私权概念的认知不相契合，二者在内涵、范围、内容、价值、保护形式等方面都存在差异，无法采用隐私权理论保护公民的个人信息。

2. 个人信息包含说

个人信息包含说认为个人信息包含隐私，该学说认为，我国法律确认了个人信息具有识别性，个人隐私由于也具有识别性，因此应内涵地被纳入个人信息之中。[5] 在这种观点看来，我们每天通过浏览网页、搜索查询等产生成千上万的数据点，这些海量信息相结合能够直接或间接地推断出我们特定的个人，我们的个人隐私在网络环境下异化为一个个数据点，通过这些数据点的聚合、分析能够揭示我们的隐私，隐私主要以个人数据节点的形式呈现。还有学者从信息学界定隐私，认为隐私权是自然人享有的私人信息不受侵犯的权利，私人领域、私人活动不一定是隐私，但私人领域、私人活动不愿公开披露或被窃取的信息是隐私。[6] 隐私所保护的是以信息形式呈现的不愿为人所知的私人活动、私人领域和私人信息，此时隐

---

〔1〕 参见王泽鉴：《人格权的具体化及其保护范围 · 隐私权篇（中）》，载《比较法研究》2008 年第 6 期；杨立新、陶盈：《公民个人电子信息保护的法理基础》，载《法律适用》2013 年第 8 期。

〔2〕 参见魏晓阳：《日本隐私权的宪法保护及其对中国的启示》，载《浙江学刊》2012 年第 1 期。

〔3〕 [日]芦部信喜：《宪法》，林来梵等译，北京大学出版社 2006 年版，第 109 页。

〔4〕 参见张里安、韩旭至：《大数据时代下个人信息权的私法属性》，载《法学论坛》2016 年第 3 期。

〔5〕 参见"侵犯公民人格权犯罪问题"课题组：《论侵犯公民个人信息犯罪的司法认定》，载《政治与法律》2012 年第 11 期。

〔6〕 参见冯菊萍：《隐私权探讨》，载《法学》1998 年第 11 期。

私当然是个人信息的一部分。

个人信息包含说比较小众,且缺乏深入系统的学理论证。隐私权自其诞生之日起,就有保护私生活安宁的功能,但个人信息包含说下的隐私忽视了私生活安宁权益,私生活安宁无法以信息的形式呈现,其所追求的是一种安稳宁静的生活状态,而个人信息所追求的是一种对自我信息的自主支配权。对于私生活安宁的侵害主要以侵扰、跟踪、窥视为主,而对于个人信息的侵害主要是以非法收集、泄露、买卖或利用等形式,二者在侵害方式上截然不同。诚然,随着信息技术的发展,个人隐私的范围不断缩小,而个人数据信息则呈指数级增长,在量级上个人信息远远超过了隐私,但数量的多寡无法成为个人信息包括隐私的充分条件。总之,隐私不同于个人信息,不能套用个人信息保护的模式实现自然人的隐私保护。

3. 交叠关系说

交叠关系说认为个人信息和隐私之间既有联系也有区别,两者在权利主体和客体方面有相同或相似性,但二者在权利属性、权利客体、权利内容、保护方式等方面存在差异。[1] 若是从集合的视角可以将二者的关系按照纯粹的隐私、隐私性信息与纯粹的个人信息予以分类,对纯粹的隐私通过隐私权予以保护,隐私性信息因其更接近人格尊严,可通过隐私权予以保护,而对于纯粹的个人信息则通过个人信息予以保护。[2] 也有学者从隐私到个人信息的演变过程入手,认为隐私权主要涉及不同民事主体之间的利益衡量问题,而个人信息不仅涉及民事主体之间的关系,而且涉及国家利益,需要在权利主体、信息从业者和国家之间寻找新的平衡。[3] 还有学者认为传统的隐私权保护模式所能保护的个人信息仅仅是一小部分,在当前背景下,有更多需要被保护的个人信息无法得到这一模式的有效保护。个人信息保护的现实需求,需要超越现有的隐私权保护模式。[4]

交叉关系说建立在传统隐私权概念的基础上,认为二者在客体上存在交错,部分与个人相关的信息既属于隐私范畴又属于个人信息范畴,这是当前个人信息与

---

〔1〕 参见王利明:《论个人信息权的法律保护——以个人信息与隐私权的界分为中心》,载《现代法学》2013 年第 4 期。

〔2〕 参见李永军:《论〈民法总则〉中个人隐私与信息的“二元制”保护及请求权基础》,载《浙江工商大学学报》2017 年第 3 期。

〔3〕 参见张新宝:《从隐私到个人信息:利益再衡量的理论与制度安排》,载《中国法学》2015 年第 3 期。这种理解是符合之后原《民法总则》第 110 条和第 111 条对隐私权和个人信息的界定,也符合大陆法系通过人格权保护个人隐私的传统,但从美国隐私保护的相关规范和判例来看,国家权力未必总是处于一种“超然”的第三方状态,隐私权的公法面向也防范国家权力的侵犯与干预。

〔4〕 参见谢远扬:《信息论视角下个人信息的价值——兼对隐私权保护模式的检讨》,载《清华法学》2015 年第 3 期。

隐私关系的主流观点。交叠关系下隐私与个人信息既有联系又有区别,二者的联系是在私密信息上相互交叠,区别在于我们每个人都生活在群体中,需要彼此之间的正常交往,个人信息的正常使用不会构成对隐私的侵犯,除非个人信息被非法收集、使用。不同于个人信息,即使是在正常的社会交往中,我们也需要隐私,有自己不愿为他人所知的秘密和内心的自由空间。从本质上看,隐私权所保护的隐私重在保密,其本质是限制信息的自由流通,而个人信息则是寻求公民个人信息保护与个人信息自由流通之间的平衡,实现信息主体、信息处理者、社会等多方主体利益的平衡。

综上所述,我国个人信息与隐私的关系经历了从网络隐私权下的个人信息保护到个人信息与隐私关系的多重理论纷争。在《民法典》出台前,理论界关于个人信息与隐私权的关系主要有"个人信息包含说""隐私包含说""交叉关系说"三种。虽然个人信息与隐私权的关系存在三种迥异的观点,但个人信息和隐私权的语义"射程"存在较多的交错地带,仅仅凭借其中的任何一个,均无法涵盖对另一内容的保护和保障。可见,两者处于一种复杂的交叠关系中。

二、人脸信息与隐私的规范关系

从规范的角度来看,包括人脸信息在内的个人信息,与隐私权之间存在交叠关系。2012 年《全国人民代表大会常务委员会关于加强网络信息保护的决定》第 1 条第 1 款规定"国家保护能够识别公民个人身份和涉及公民个人隐私的电子信息",以立法的形式对个人信息的保护范围进行界定。根据该条款,公民的个人信息分为两种:一种是能够识别公民个人身份的电子信息,另一种则是涉及公民个人隐私的电子信息。而隐私除了私密信息以信息的形式呈现外,还涉及私生活安宁、私密空间和私密活动等内容。隐私所呈现的不是一种信息形态,而是一种隐逸与不为干扰的生活状态,隐私权所保护的信息仅仅是个人信息的一部分,还有其他能够识别个人身份的信息需要依赖个人信息保护制度。

从 2017 年原《民法总则》第 110 条和第 111 条的规定来看,至少在私主体之间,个人信息和隐私权是相关联但又有所区别的术语。[1] 从两者在原《民法总则》

---

〔1〕 原《民法总则》第 110 条第 1 款规定:"自然人享有生命权、身体权、健康权、姓名权、肖像权、名誉权、荣誉权、隐私权、婚姻自主权等权利。"第 111 条规定:"自然人的个人信息受法律保护。任何组织和个人需要获取他人个人信息的,应当依法取得并确保信息安全,不得非法收集、使用、加工、传输他人个人信息,不得非法买卖、提供或者公开他人个人信息。"

中的位置来看,它们前后相互衔接,都处于第五章"民事权利"之中,且其下面的诸条规定均为具体权利及其救济问题。但在权利林立的第五章中,个人信息仍没有被表述为"个人信息权",其自身到底是一项权利还是一种利益,存在巨大的想象空间,仍有待进一步的思考和确认,但该条款将个人信息保护和隐私权保护区别开来,使个人信息保护获得独立的地位。个人信息保护制度与隐私权制度在个人信息经去标识化处理后的合理利用以及与此相关的数据财产保护问题上存在实质性差异,个人信息保护与利用需要平衡个人、国家与信息业者三方之间的利益。[1]因此,从规范的角度来看,个人信息和隐私确实不同但有密切的相关性。

2020年《民法典》第1034条第3款规定:"个人信息中的私密信息,适用有关隐私权的规定;没有规定的,适用有关个人信息保护的规定。"这在规范层面首次明确规定了个人信息保护与隐私权的交叠关系。个人信息与隐私权在私密信息上相交叠,私密信息既受到隐私权的保护,也受到个人信息保护规则的保护。在处理私密信息时,首先适用有关隐私权的规定,即处理他人的私密信息要么取得隐私权人的"明确同意",要么是依据法律规定,否则任何组织和个人处理他人私密信息的行为都构成对隐私权的侵害。这主要是因为隐私权作为一项具体人格权,对于私密信息的保护强度和密度更高。对于侵害私密信息的,受害人既可以根据隐私权请求人格损害赔偿,也可以根据隐私权或个人信息保护条款请求侵权损害赔偿。现行法律法规和司法解释中关于隐私权没有对私密信息保护作出相关规定的,才能适用《民法典》中关于个人信息保护的规定,当然也包括《全国人民代表大会常务委员会关于加强网络信息保护的决定》《网络安全法》《消费者权益保护法》《刑法》《电子商务法》《个人信息保护法》等法律以及相关行政法规、部门规章、司法解释中关于个人信息保护的规定。

在《民法典》下,个人信息与隐私权存在密切的关系,二者不仅在私密信息上相互交叠,还都属于自然人的人格权益范畴。个人信息与隐私权都被规定在《民法典》人格权编,二者显然都属于自然人的人格权益。无论是保护个人信息,还是隐私权,其最终目的都是保护自然人的人格尊严和人格自由发展,都是为了自然人能够成就更好的"本我"。个人信息保护和隐私权的权利主体都指向自然人,不包括法人、非法人组织等机构团体,这主要是因为个人信息和隐私权"体现了个人对其私人生活的自主决定。无论是个人隐私还是个人信息,都是专属自然人享有的权

〔1〕 参见张新宝:《〈民法总则〉个人信息保护条文研究》,载《中外法学》2019年第1期。

利,而且都彰显了一种个人的人格尊严和个人自由”。[1] 当然,个人信息保护与隐私权也存在明显的区别:第一,内容上不同。除了私密信息外,隐私还包括私生活安宁、私密空间等内容,这明显不同于个人信息。私密活动如果没有通过拍摄、录制等手段信息化,与个人信息也完全不同。第二,权利性质不同。隐私权是一项具体人格权,在性质上属于绝对权和支配权,具有对世效力。而《民法典》并未将个人信息确认为绝对权和支配权,个人信息保护需要平衡自然人权益保护与信息合理流通的关系,且《民法典》第1036条专门规定了侵害个人信息的免责事由,立法者更倾向于将个人信息作为一种权益。[2] 第三,适用范围不同。无论是自动化处理还是非自动化处理,无论是发生在商业活动场合或政府机关履行职责的公务活动场合,抑或是家庭社交活动中,隐私权保护都能适用。而个人信息保护主要适用于个人信息处理活动中,至于纯粹的私人或家庭活动中的个人信息处理活动,则不适用个人信息保护规则。第四,在许可他人使用上不同。隐私权人可以自行处分权利,但原则上不能许可他人使用或商业化利用。而个人信息只要遵循合法、正当、必要原则,不过度处理且符合相应条件,就可以对个人信息加以利用或许可他人使用。第五,私密信息和非私密信息的处理规则不同。首先,在未经权利人同意的情形下,处理私密信息要求必须依据法律规定,而处理非私密的个人信息则可以依据法律和行政法规的规定。其次,处理私密信息必须经过权利人的明确同意,而处理非私密的个人信息则需要征得该自然人或其监护人同意。明确同意显然不同于同意,要求必须是在该自然人知情的前提下作出的明确的、自由的、具体的意思表示。[3]

综上所述,无论是从学理上还是规范上,个人信息与隐私权都是处于一种复杂的交叠关系中,二者之间既有区别又有联系。人脸信息作为个人信息的重要组成部分,其与隐私权当然处于交叠关系中。人脸作为我们每个人最具标识性的生物信息,是我们日常生活和社会交往中验证某人身份所不可或缺的,人脸识别技术下的人脸图像不仅标识着个体的身份信息,还传递着个体的行程轨迹、情绪状态、人际交往等内容。但即使是在公共场所,我们仍有隐私的合理期待,不希望我们的人脸信息为不特定的个体所知晓。在此,人脸信息不仅关涉个体隐私保护问题,还关

---

〔1〕 王利明:《论个人信息权的法律保护——以个人信息权与隐私权的界分为中心》,载《现代法学》2013年第4期。

〔2〕 无论是2021年9月国务院新闻办公室发布的《国家人权行动计划(2021—2025)》,还是2021年8月审议通过的《个人信息保护法》,立法者都倾向于将个人信息视为一种权益,《国家人权行动计划(2021—2025)》更是明确提出“个人信息权益”。

〔3〕 参见程啸:《我国民法典中个人信息权益的性质》,载《政治与法律》2020年第8期。

涉人格尊严和人格自由发展问题。因此,我们必须审慎地对待人脸识别技术所带来的风险。

第四节 人脸识别与隐私保护的平衡

人脸识别的迅速发展为人们的生产生活提供了种种便利,但技术发展背后潜藏着种种风险,蕴含着技术役使下人类异化的可能性,愈是如此,我们就愈加应该注意对人脸识别的应用进行全方位的治理。在推动新技术应用和新产业发展的同时,我们要尊重和保护人的尊严,确保我们的数字人权在新时代能够实现。

一、人脸识别给隐私带来的风险

我们生活在一个风险无处不在、无时不在的社会中,这种风险不仅来自自然界,更来自人类自身的行为、发明或者制度安排。在数字化的风险社会中,人脸信息所面临的就是这种人为风险。这种风险在知识谱系里可以被改变、夸大、转化或削减,并能够为掌握相关知识和话语权的专业人士任意界定和建构。他们在制造这些风险后,又将风险推卸到社会民众、特定或不特定群体身上,使这一风险被全社会或某些群体分担,最终导致在这些群体的利益或权利被侵害之后,难以甚至无法找到承担道义或法律责任的主体。在风险社会中,人脸信息被广泛收集并形成大数据之后,可能会对个人隐私、个人安全、社会与国家安全带来风险和威胁。这种风险和威胁可能贯穿于人脸信息大数据形成与应用的始终。

人脸不是隐私的直接载体,但它是重要的个人信息,与隐私有密切的关联。无论是把隐私界定为“不愿告人或不愿公开的个人的私事”,[1]还是对抗公权力搜查和逮捕意义上的权利,抑或“半宪法性”的且与言论自由相关的自由,[2]人脸都难称得上是隐私。否则在日常生活中的每一天,每个人都面带隐私出行,人们一露面就相当于隐私被主动泄露。虽然人脸自身并不是隐私,但人脸本身无疑携带着重要的个人信息。若将“识别性”作为个人信息及其保护标准的话,人脸甚至是最具

---

〔1〕《现代汉语词典》(第5版),商务印书馆2005年版,第1629页。

〔2〕See Ken Gormley, *One Hundred Years of Privacy*, Wisconsin Law Review, 1992, (5), p. 1335 - 1442.

有代表性的个人信息。[1] 如果按照传统的立场和观点,把隐私界定为包括私人信息、私人活动和私人空间在内的个人私生活秘密,[2]那么即便人脸自身不属于个人隐私,但其所携带的个人信息和它所出现的时间、空间等信息结合在一起,却可能构成隐私。在面对真实世界中的问题时,我们需要一副“思想的眼镜”,以敏锐的洞察力发现我们周围世界复杂现象背后的真相。[3] 大数据的处理方式类似于向数据处理者提供一副“特殊的眼镜”,使其可以发现纷乱零碎的个人信息背后某个人真实的面貌乃至思想,对某个个体形成全方位穿刺。由此,大数据技术创造了一个穿越信息迷雾、全面掌控个人信息的“大数据眼镜”。在这副眼镜面前,个人的隐私消逝,并以全裸的方式被呈现。

传统隐私权建立在特定的空间概念之上,即以家庭和住宅为核心的个人自主空间,但在公共场所,公民依然享有隐私的合理期待和合法的隐私利益,这已经为诸多国家的立法和司法实践所支持。[4] 在人脸识别技术的作用下,公众的一举一动都被技术所审视,我们无从隐藏自我的身份,成为信息时代的透明人,这使公共场所的隐私权成为一种奢求。人脸识别旨在通过1∶1的人脸验证和1∶N的人脸识别来验证或识别个体,进而提高生活的便捷度和安全度,但人脸识别系统在重置人脸图像的过程中可能会走向技术的反面,不仅能够识别出用户的种族、年龄、性取向、健康状况、情绪变化等,甚至还能通过与不同数据库的个人信息相关联,勾勒出个人日常生活的全流程,使个人隐私安全岌岌可危。[5] 人脸识别数据的大量收集和处理可能会造成社会组织体的过度监控,使公众陷入“无隐私社会”的风险中。人脸识别技术可能会沦为政府或商业机构监督公民行为的工具,以一种隐性的方式识别和追踪着个人。如果将公民的人脸信息与其姓名、身份证号码、联系方式、家庭地址等信息相连接,则能够形成一个完整跟踪链条进而方便实时监控。[6] 人脸识别的技术使以往基于人工的监控模式转向以算法处理的监控模式,在算

---

〔1〕 无论是欧盟的《通用数据保护条例》还是我国的《个人信息保护法》,它们都将“识别性”作为个人信息定义及其保护的标准。根据欧盟《一般数据保护条例》第4条第1款的规定“个人数据,指与已识别或可识别的自然人(数据主体)相关的任何信息。一个可识别的自然人,是指能够直接或间接识别的个体,特别是通过诸如姓名、身份编号、地址数据、网上标识或自然人所特有的一项或多项物理性、生理性、遗传性、精神性、经济性、文化性或社会性身份而识别的个体”。

〔2〕 参见杨立新:《隐私权,不容侵犯》,载《人民日报》1999年9月8日,第11版。

〔3〕 参见[英]阿利斯特·麦格拉斯:《意义的惊现:科学、信仰以及如何理解事物的意义》,孙为鲲译,上海三联书店2014年版,第19页。

〔4〕 参见刘泽刚:《公共场所隐私权的悖论》,载《现代法学》2008年第3期。

〔5〕 参见蒋洁:《人脸识别技术应用的侵权风险与控制策略》,载《图书与情报》2019年第5期。

〔6〕 参见潘林青:《面部特征信息法律保护的技术诱因、理论基础及其规范构造》,载《西北民族大学学报(哲学社会科学版)》2020年第6期。

法作用下能够勾勒出用户完整的个人画像、行踪轨迹、喜怒哀乐等,用户的数据信息可能会沦为提升人脸识别技术精准性的工具,甚至那些普通用户都可能会成为少数商业机构或政府部门役使的对象,使个人隐私陷入前所未有的风险之中。

当然,这里的风险只是意味着隐私受到侵害的可能性,并不意味着它一定会发生。运用人脸识别技术的企业或机构也采取了一些措施对其进行预防,比如,现有的很多人脸识别技术方案有两大类,第一类是二维识别,要求被识别人通过网络或应用程序提供身份证号码进行人脸对比,其中部分服务提供者在对比后再与权威数据源(通常是经过应用程序编程接口与公安部门的数据)进行核验;第二类则除了前述要求之外,在权威数据源校验之前还要进行活体检测,通过眨眼、张嘴、摇头、点头来识别业务场景中的被识别人是否为“真人”,以排除照片、视频和3D模具等作弊行为。[1] 尤其是第二类人脸识别的活体检测技术环节,基于运动的交互操作可以增加复杂度、受光线影响较小、能够在线实时处理,增加了作假的难度、提高了欺骗成本。[2] 在实践中已经有了在人脸识别中通过活体检测发现欺骗行为的案例,某网贷APP中通过人脸识别活体检测发现欺诈事实,并因此发现冒充检测者的犯罪行为。[3]

但,“道高一尺,魔高一丈”,破解人脸识别的研究一直在进行,且诸多进展也让人们对人脸识别技术的安全性保持足够的审慎。比如,随着网购的兴起,为了便于买家取件,有些快递公司将货物放置于快递柜内,收货人凭提货码或人脸识别取货。浙江某小学四年级的科学小队在研究中发现,只要用一张A4纸大小的彩色大头照就能骗过丰巢快递柜的人脸识别,用长焦远远地“偷拍”的A4大小彩色照片也能正常打开。[4] 有研究表明,通过直接操控输入空间的像素,能够产生不易

---

〔1〕 如百度公司提供的人脸核身方案,并强调其认证能力,确保“真人”且为“本人”精准人证对比,以防范和抵御作弊攻击。载 https://ai.baidu.com/solution/faceprint,最后访问时间:2019年11月5日。

〔2〕 参见龙敏、佟越洋:《应用卷积神经网络的人脸活体检测算法研究》,载《计算机科学与探索》2018年第10期。

〔3〕 参见彭菲:《女友提分手 他竟下狠手》,载《厦门晚报》2019年8月18日,第A6版。据报道,有男子杀害女友后以其人脸进行网贷,某网贷公司的工作人员进行在线人脸识别时发现网贷申请人无法以眨眼的方式回应且声音不像女性,于是报警,后该犯罪嫌疑人被抓获。本书作者向当地的检察官了解该案件情况,确认了该案的真实性。

〔4〕 参见徐王俊、史鹏飞:《〈好奇实验室〉实测:一张照片就能刷开丰巢柜》,载《都市快报》2019年10月16日,第A3版。

觉察的干扰,从而骗过深度神经网络(Deep Neural Network)[1]的图像分类。通过制造此类物理对抗性干扰,可以骗过基于图像的物体探测。[2] 有的研究成果表明,通过对抗性贴纸,可以在49.6%的时间里骗过人脸识别镜头。[3] 来自莫斯科国立大学和华为莫斯科研究院的科学家们研发出了一种特殊纹路的纸,可以在纸上生成对抗共计图像,让其显示为三维立体图像,进而可以干扰和欺骗人工智能,将这张纸贴在头上,人脸识别系统就无法识别当事人真正的图像。[4] 即便是活体测试,也有了通过3D人脸建模进行破解的思路和方法,[5]目前已有网购网站提供这种服务。这些都充分表明:种种人脸识别欺骗性技术和手段在不断挑战企业、社会组织乃至国家的认证能力,人脸识别技术在应用过程中存在相当大的风险。

二、人脸识别应用的治理与隐私保护

1. 形塑具有"数字理性"的主体

人的理性是一个复杂的学术论题,在古典经济学的视野中,理性意味着能够明确自己的最大利益之所在且能够自治地追求这一利益。[6] 在行为经济学的视野中,人们都是"社会人",人们在追求个人利益最大化的同时也会做出利他行为。[7] 即便两者对理性在很多方面有不同的理解和认知,但它们都共享着一种个人主义的方法论,即把人当作一个个独立的个体。在大数据时代的今天,在信息流动极为迅速、在包括人在内的万物都是数据链上一环的背景下,我们对人的理解需要进一步深化,应当从关注个体(以及由个体组成的群体)转向关注"关系",关注互动、关

---

[1] 深度神经网络是一种较为成熟的大数据分析方法,它以数据驱动、能自动地从数据中提取特征(知识),对于分析非结构化、模式不明多变、跨领域的大数据具有显著优势。目前在大数据分析中使用的深度神经网络主要是前馈神经网络。这种网络擅长提取静态数据的相关关系,适用于基于分类的数据应用场景。参见张蕾、章毅:《大数据分析的无限深度神经网络方法》,载《计算机研究与发展》2016年第1期。

[2] See Chen S. T., Cornelius C., Martin J., et al., Robust Physical Adversarial Attack on Faster R-CNN Object Detector, https://www.cc.gatech.edu/~dchau/papers/18-pkdd-shapeshifter.pdf,最后访问时间:2019年11月5日。

[3] See Li J., Schmidt F. R., Kolter J. Z. Adversarial camera stickers: A physical camera-based attack on deep learning systems, https://arxiv.org/abs/1904.00759,最后访问时间:2019年11月5日。

[4] See Stepan Komkov, Aleksandr Petiushko. AdvHat: Real-world adversarial attack on ArcFace Face ID system, https://arxiv.org/abs/1908.08705,最后访问时间:2019年11月5日。

[5] 参见杨玮玥等:《3D建模的多姿态人脸合成方法》,载《中国科技论文》2018年第14期。

[6] 参见郭春镇:《经济理性的完善及其与道义理性的对接——认知神经科学的视角》,载《厦门大学学报(哲学社会科学版)》2014年第5期。

[7] 参见[美]理查德·塞勒:《"错误"的行为》,王晋译,中信出版社2016年版,第25页。

注流动性,而这种互动和流动性还应当“有温度、有气息、有情感”。[1] 因此,“我们不能再仅仅把自己当作谨慎决策的个体,必须要考虑那些影响个人决策,驱动经济泡沫、政治革命和互联网经济的动态社会效应”。[2] 在万物互联的时代语境下,我们应当从关注独立个体的经济理性或社会理性,转向关注人与人之间交换性或互依性的关系理性,[3] 这种理性,可以称为“数字理性”,“数字理性”的养成,需要人们的不断学习与更新,也需要公权力机构和国家的有所作为。

主体至少应有互联网思维,这意味着在互动过程中基于关系理性看待个人和网络上的商品与服务提供者之间的关系、个人信息使用和产业发展之间的关系,理解自己为所享受的服务面临的成本和风险,了解自己和相关主体的基本的权利义务。从互联网初创至今,无论是在包括自媒体在内各种传媒所宣传的广告中,还是在个人使用互联网的实践中,“免费”和“分享”都是一种共识性的判断,好像人们不用付钱购买就能免费使用某些网站、软件和APP。其实,只要与互联网上的此类服务商产生连接,虚拟生产或实体生产就发生了。各种平台企业“通过各种方式搜集到更多的数据,通过精妙的算法预测和塑造经济消费习惯,提供精准的个人化服务,控制交易和生产渠道,捕获更多的消费者剩余和生产者剩余”。[4] 如果说信息之于数据,就如同葡萄酒之于葡萄园:那是美味醇厚的经过提取和蒸馏之后的产物。[5] 那么消费者和使用者要意识到,自己是“葡萄”的生产者,而且是互联网生产力的提供者。因此,“数字理性”主体不应把享受服务视为无成本消费或搭便车,而应该理解为提供包括人脸识别在内的个人信息是支付这些服务的对价,而这种对价不仅提供了互联网企业所需要的生产力,为互联网产业的发展提供直接动力,还给自己未来的生活带来各种潜在的风险。他还应该意识到,在享受看似免费的互联网服务的时候,要知道自己、服务商各自的权利和义务,在真正知情同意的基础上使用网络服务,而不是完全忽略知情同意书或由于其过于复杂而无视。否则自己生产的“葡萄”酿制的“苦酒”乃至“毒酒”要自己喝下去。此外,他还应基于法律和公序良俗在互联网上活动,知道网络主管部门和相关机关有权力和职责治理互联网,对避免包括人脸在内的个人信息被滥用而进行有效监管。

---

〔1〕 参见段永朝:《测量,还是感知》。转引自[美]阿莱克斯·彭特兰:《智慧社会:大数据与社会物理学》,汪小凡、汪荣译,浙江人民出版社2015年版,“序言”第XV页。

〔2〕 [美]阿莱克斯·彭特兰:《智慧社会:大数据与社会物理学》,汪小凡、汪荣译,浙江人民出版社2015年版,第6页。

〔3〕 参见贺来:《“关系理性”与真实的“共同体”》,载《中国社会科学》2015年第6期。

〔4〕 胡凌:《人工智能视阀下的网络法核心问题》,载《中国法律评论》2018年第2期。

〔5〕 参见[美]戴维·温伯格:《知识的边界》,胡泳、高美译,山西人民出版社2014年版,第5页。

"数字理性"主体还应该不断提高理性社会的认知能力,消除认知偏差。社会认知是人们对于社会现象、社会运行过程中产生的问题与事件等社会信息的意义、价值的理解与判断,也是对"他人的心理状态、行为动机和意向作出推测与判断的过程",且这一过程是"依据认知者的过去经验及对有关线索的分析而进行的"。[1]提高理性社会的认知能力是一个不断学习和习得的过程。就像焦虑、无助等负面情感和认知可以习得一样,乐观和理性也可以通过习得而成为个体对社会进行认知的能力,在这个基础上,甚至产生了"积极心理学"这样的学科且此类研究得到社会的高度评价。[2] 同样,就像人们可以选择以悲观或乐观的态度对待世界一样,人们也可以选择以理性的态度对待社会问题和社会现象,消除认知偏差,理性对待人脸识别带来的积极与消极现象。能够从诸如徐某玉案这样的案件中认识到保护个人信息的必要性,也能够从诸多对泄露个人信息的网络平台和个人进行追责的过程中认识到自我保护的重要性和国家保护个人信息采取的措施,避免夸大其中的某一方面进而产生认知偏差。这样就可以既不沉迷于它所带来的便利、安全和效率,也能审慎评估其带来的隐私风险、安全风险和金融风险。

理性社会认知能力的提高,不仅来自公民自我素养的习得与提升,更需要公权力机构通过温情与冷峻的行动与制度安排,需要它们有所为和有所不为。首先,公权力机构应该以负责的态度对待包括人脸在内的个人信息,这既包括对收集到的信息要采取严密的安防措施以免泄露,也包括让公众知晓收集、应用此类信息的风险。不能只宣传人脸识别或图像采集设备对于公共安全和管理的便利,有意无意忽视公开相关信息、使公众无法得知、了解和理解这些措施对自身潜在的风险与消极影响。其次,国家应该更有效地实施法律法规,消减公众对个人信息泄露的不安全感。通过对网络诈骗、电话诈骗的有力打击,对网络平台和其他握有个人信息的公权力机关和企事业单位进行有效监管,让人们真正享有免于个人信息泄露之恐惧的自由。最后,做好舆情引领、心理干预工作,合理引导并优化社会认知。人们持续或长期暴露于某种刺激下,会对这种刺激产生反应钝化现象,并导致认知、情绪和行为的长期变化,甚至形成具有某种负面特征的人格,[3] 基于这种人格和行

---

[1] 参见时蓉华主编:《现代社会心理学》,华东师范大学出版社 1989 年版,第 210 页。

[2] 如积极心理学的创始人 Seligman 获得 2006 年美国心理学会(APA)颁发的杰出科学贡献奖。参见 Seligman M. E. P. Award for distinguished scientific contributions, American Psychologist, 2006, 61(8), p. 772 - 788。

[3] 参见滕召军等:《媒体暴力与攻击性:社会认知神经科学视角》,载《心理发展与教育》2013 年第 6 期。

为模式,从负面阅历的积累中获得的"潜意识知识储备"[1]可能会"自然"形成某些负面直觉反应。因此,公权力机构应做好舆情引导工作,避免公众对某种负面行为的脱敏。就刷脸或个人信息而言,就是要避免形成"被侵权脱敏",避免让人们形成被侵权而不救济的内隐性社会认知。具体而言,可以基于大数据分析,借助新媒体和传统媒体,在确保信息发布理性、真实和客观的基础上,以积极情感的词汇,内隐性地使读者产生积极情绪;尊重"有图有真相"的传播心理,补充链接信息和补充图片信息等手段,是让用户目睹粉碎网络谣言的最好证据,避免舆情被网络谣言所裹挟;立足于法治理念、借助法治方式加强对网络平台的监管,立足于现有的民事、行政和刑事法律规范,加大对网络谣言的治理力度,逐步改善内隐社会认知。

2. 建构合理的规范体系

事实上,对于个人信息保护,我国已经有多部相关法律、法规、规章和司法解释以直接或间接的方式予以规定。其中有些规定需要解释才能将包括人脸在内的个人信息内容纳入,如我国《宪法》第 33 条人权保障条款、第 38 条人格尊严不受侵犯等。有些规范则直接明确地规定了个人信息的内容,如《消费者权益保护法》第 29 条、《电子商务法》第 23 条、《民法典》第 1034 ~ 1039 条等。据不完全统计,我国有 33 部法律规范、17 部行政法规、22 部司法解释和 88 部司法解释性质文件涉及个人信息保护,形成了从宪法行政法、到民法经济法和社会法乃至刑法等的一整套个人信息保护规范体系。[2] 对于人脸信息的保护与规制,《个人信息保护法》第 26 条专门对人脸识别技术的应用进行规制,并将人脸识别信息视为敏感个人信息进行保护;最高人民法院的《人脸识别司法解释》更是针对人脸识别技术中侵犯信息主体人格权益的情形以及相应的民事救济措施进行了全面规定。国务院办公厅先后出台《关于部分地方优化营商环境典型做法的通报》《关于压缩不动产登记办理时间的通知》《关于切实解决老年人运用智能技术困难实施方案的通知》等 5 部行政法规鼓励通过人脸识别等方式完成身份认证、推广人脸识别等技术应用,还有 120 余部部门规章或规范性文件对人脸识别进行规范,其内容主要为运用人脸识别技术实现身份认证和明确人脸识别的技术或图像标准两大类,其中更多的规范重在推行对人脸识别技术的应用。此外,至少有近百部地方性法规、规章和规范性文件

---

〔1〕 [美]波斯纳:《法官如何思考》,苏力译,北京大学出版社 2009 年版,第 100 页。

〔2〕 在民事立法方面,我国有关个人信息保护的主要有《民法典》《消费者权益保护法》;在宪法行政法领域,主要有《宪法》《公务员法》《公共图书馆法》《反恐怖主义法》等法律;在经济法领域,主要有《广告法》《旅游法》《网络安全法》《统计法》等法律;在社会法领域主要有《未成年人保护法》《反家庭暴力法》《旅游法》等,此外,在刑法领域还有《刑法修正案(九)》等,这些法律共同构成我国的个人信息保护体系。

涉及对人脸识别的治理。[1] 值得注意的是,位阶越低的规范,越关注人脸识别技术的应用,反而在法律层面,更能体现出对包括人脸识别在内的个人信息的尊重和保护。这或许是因为越是在地方层面和部门层面,越关注公众能够直接关切的现实利益,以及自己所辖地区和部门的业绩。[2] 比如,在公租房中运用人脸识别等技术和门禁措施以实现非承租人员不得随意出入、[3]对流浪乞讨人员人脸识别以便于寻找其家人、[4]对医疗人员和患者进行人脸识别以打击欺诈骗取医保基金,[5]等等。

从现行的关于个人信息保护的规范来看,《个人信息保护法》的出台不仅为公民个人信息保护提供直接的法律依据,还能有效指导并规范个人信息保护的相关立法和标准化工作,为个人信息的价值取向和规范引领提供法律保障。《个人信息保护法》无论是在立法理念和原则上,还是在规范内容上都体现出对公民利益和权利的尊重、保护和保障,对公共利益的强化和推进,对新兴产业发展的重视和引领。目前围绕《个人信息保护法》与《民法典》、《刑法》等法律规定的衔接问题,学术界众说纷纭,难以就二者的适用关系达成共识。[6] 未来还需要立法部门就《个人信息保护法》与现行宪法和法律相互协调与适用做出相应的解释说明,以保持法律体系的融贯性。《个人信息保护法》纲举目张,能够让关于个人信息的低位阶规范在正确的价值和方向引导下,通过更具体的实施规范,使前述利益和权利等价值得以实现。

---

〔1〕 笔者以北大法宝为基础,以"人脸识别"为关键词进行全文检索,共命中397部地方性法规规章,其中福建省20部,广东省31部,北京市20部,上海市18部。载北大法宝网,http://www.pkulaw.cn/cluster_call_form.aspx? menu_item=law&Db=lar,最后访问时间:2021年9月12日。

〔2〕 如地方政府运用人脸识别技术保障公共安全和提高行政机关的效率,减少行政机关的工作量。

〔3〕 2018年北京市在《关于进一步加大公共租赁住房转租、转借行为监督管理力度的通知(征求意见稿)》中指出,要求纳入北京市保障房建设计划的公租房项目应全面采用人脸识别、智能门锁等技术,强化人脸识别等技术措施与门禁相结合,实现非承租家庭成员不得随意进入楼栋单元门等。

〔4〕 2019年上海市社会救助工作要点指出要推进试点单位人脸识别技术在寻亲中的应用。开展"助你找到家"行动,按照《民政部办公厅关于在部分救助管理机构开展流浪乞讨人员人脸识别试点工作的通知》的精神,继续在市救助站、市救助二站、长宁区救助站探索人脸识别技术在寻亲中的应用。

〔5〕 2018年银川市人力资源和社会保障局关于打击欺诈骗取医保基金专项行动工作情况的通报指出,要在全市有住院资质的医院和乡镇卫生院安装人脸识别系统,用于开展人脸识别技术监管工作,通过人脸识别验证,对参保人、医生进行实名验证,将人工线下监管改为人脸识别技术实时效验,对患者入院当日、在院每日、出院当日进行刷脸签到,杜绝冒名顶替、虚假住院、挂床住院和空挂医师资质现象等。

〔6〕 有学者认为《个人信息保护法》是《民法典》的特别法,可以对《民法典》作出补充和例外规定,对其一般性规定进行变通和突破;也有学者认为《个人信息保护法》与《民法典》各有侧重,合理分工,共同实现个人信息权益保护与个人信息合理利用的协调。参见石佳友:《个人信息保护法与民法典如何衔接协调》,载《人民论坛》2021年第2期;程啸:《论我国个人信息保护法中的个人信息处理规则》,载《清华法学》2021年第3期。

《个人信息保护法》全文共八章74条，主要规定了总则、个人信息处理规则、个人信息跨境提供的规则、个人在个人信息处理活动中的权利、个人信息处理者的义务、履行个人信息保护职责的部门、法律责任等内容。对于人脸识别信息，它一方面将人脸信息、指纹信息、虹膜信息等个人生物特征规定为敏感个人信息，并通过敏感个人信息的特殊保护规则对人脸识别信息进行保护；另一方面在第26条规定："在公共场所安装图像采集、个人身份识别设备，应当为维护公共安全所必需，遵守国家有关规定，并设置显著的提示标识。所收集的个人图像、身份识别信息只能用于维护公共安全的目的，不得用于其他目的；取得个人单独同意的除外。"即将人脸识别设备的安装仅限于公共安全。不同于"场景理论"注重场景和信息流动性、〔1〕"社会控制"强调个人信息的社会属性〔2〕等模式，《个人信息保护法》仍采用较为"传统"的告知同意模式。告知同意模式看起来似乎不如那些模式显得更具有"大数据"特色。但是，从理论的接受度、操作性和可接受性来看，告知同意模式似乎更具有竞争力。

这一方面是因为告知同意模式及其理论基础在社会认知方面更具有可接受性。告知同意模式的理论基础在于对人的尊严的尊重和保护，它强调个人的理性，尊重个人的自治和自决，并将此视为人的尊严的核心内容。这一模式预设人们知道自己的最大利益所在且能够自主地去追求，这与近代民法对人的认知相符并符合法学的基本立场。另一方面则是因为告知同意模式在制度方面更具有可操作性并与既有的制度体系有更高的契合度。"场景理论"和"社会控制"模式具有理论说服力和适应社会需求的优势。但从操作层面来看，"社会控制"模式更偏重于理念和原则，"场景理论"虽然在美国奥巴马任总统时形成了《消费者隐私保护法（草案）》，但该草案并没有最终形成法律，它的实效并没有得到现实的检验。而且即便能够产生积极效果，也要考虑该法所依存的美国判例法制度体系对其产生的影响，而这一制度体系是我国不具有的。与其他模式中的个人信息保护理念和制度安排相比，基于告知同意的《个人信息保护法》具有更强的兼容性。虽然告知同意框架在学理上有诸多可争议之处，但《个人信息保护法》注意到了理性人预设的不足并进行了"柔韧化"处理，吸纳了对个人信息保护的一些新理念，力求兼容"场景理论"和"社会控制"，为与其相应的制度安排都留下了空间。如第11条鼓励政府、企业、相关行业组织、社会公众等多元主体共同参与个人信息治理，第28～32条规定的不满14周岁未成年人的个人信息特别保护规则、个人敏感信息特别保护

〔1〕 参见范为：《大数据时代个人信息保护的路径重构》，载《环球法律评论》2016年第5期。
〔2〕 参见高富平：《个人信息保护：从个人控制到社会控制》，载《法学研究》2018年第3期。

原则都具有很强的兼容性,基本可以容纳基于场景而对个人信息进行不同程度的保护、协调个人信息保护和兼顾社会利益、国家利益的需求。因此,立足于该法律,为“场景理论”和“社会控制”在其他层级规范中留出空间,形成一个有整体性的基本法律架构,同时又有实施细则和不同层级具体实施规范的多重治理机制,具有了较强的可行性。

3. 基于责任和参与的多重治理机制

对于包括人脸在内的个人信息的使用和保护,应形成多重治理机制,强化数据监管者、掌控者和使用者的责任,并通过这种机制分配数据提供者、控制者、使用者和监管者之间的利益、权利和责任。这种机制立足于现有的制度框架,通过多主体参与和互动形成公意,形成具有实际可操作性的实施方式,实现个人信息使用的产业化和数字人权保护的目的和功能。

首先,强调数据掌控者和监管者的责任。这是因为,从成本控制的角度来看,让所有参与数据生产的用户基于知情同意来决定是否同意个人数据被收集,是一件成本很高的事情。由于人们的理解能力、情绪影响、信息不对称和认知偏差,虽然提高人们的数字理性十分必要,但将每一个人培养成完全理性的主体并不现实,也是边际收益很低的工作。因此,在培养公众理性的同时,将注意力放在如何对数据监管者、掌控者和使用者配置义务,是一件成本更低也更有效的工作,这更有利于进行有效的数据治理和保护公民个人信息与数字人权。我们可以参考经济合作与发展组织(OECD)《隐私保护和个人数据跨境流动指南》所确定的责任原则,[1]要求个人信息的数据监管者制定相应的规则、要求数据控制者和使用者在符合法律原则、规则和监管理念与措施的前提下,制定行业规程并采取具体措施,如在知情同意条款中确保所收集个人信息的安全性,明确违反这一义务的责任,且这一责任只要泄露后给当事人带来风险即应承担,并不以造成实际损害为前提。通过这些方式确保个人信息的安全性、个人信息的使用不侵害当事人的利益和权利,且符合公共利益和公序良俗。《个人信息保护法》不仅在第五章规定了个人信息处理者的一系列义务,如安全保护义务、指定个人信息保护负责任义务、事前影响评估义务、合规审计义务、泄露通知义务等,还在第62条第1项、第2项要求国家网信部门制定关于处理人脸识别、人工智能等新技术新应用的具体规则和标准,通过强化数据掌控者和监管者的义务来实现对个人信息的保护。

其次,需要公众和专业人士的有效参与。这种机制强调规则制定和决策的公

---

〔1〕 See Cavoukian A, Taylor S, *Abrams M E. Privacy by Design: Essential for Organizational Accountability and Strong Business Practices*, Identity in the Information Society, 2010, 3(2), p. 405 -413.

开、民主和包容,同时强调专业人士的有效参与。即便仅谈现在而非未来的5G时代,个人信息的使用及其脱敏后的销售,仍然是一桩大生意。[1] 对于这样一项数额巨大且事关几乎所有人信息利益和权利、公共利益乃至国家安全的事业,必须要以公开、民主的方式进行治理,且在治理时应注意包容性,以求在利益和权利保护与新兴产业发展之间、数据的所有者与使用者之间形成动态平衡。公开意味着避免"暗箱操作",公布议程、发表记录、准许旁听等,并将这些方式与互联网结合起来,让人们能够了解和知晓此类问题的处理,让事关所有人利益和权利的规则与决策能够被了解,这是后续民主参与的前提与基础。这里所说的民主,既包括传统民主中的"共同核心"——公民参与,[2] 也包括数字化时代民主自身的特征——发出的声音应该被听到而非淹没在过载信息的海洋中。

在互联网时代,往往是极小部分网站占据了绝大多数的链接数与访问量,更多的网站及其承载的信息难以被看到。搜索引擎在链接和流量分配中发挥着重要的引导作用,有人直接把这种不平等秩序称为"谷歌政体"(googlearchy)。[3] 此时,互联网时代的信息超载和信息不足(公众看不到想看到或应该看到的信息)共存,我们需要更优质的过滤工具滤除垃圾信息以获得有效信息。与此同时,个人信息与数据的治理需要有专业人士的参与。虽然每个人都能就个人信息问题表达自己的观点,但对这些信息和数据的重要性、对处理它们所需要的技术工具、对于其所产生的后果这些重要和复杂的问题,需要包括互联网、大数据、企业家和法律人等不同专业群体的共同参与。听取来自不同行业的各种声音,可以让我们在理解和认识到问题复杂性的同时,也避免单一行业专家讨论和决策时的"扎堆犯傻"。[4]

再次,强调匿名化和算法治理作为多重治理的实现手段。这种机制不仅强调数据提供者、信息处理者和监管者等多元主体的参与和责任,还强调建构可操作的多元治理手段。人脸信息的治理主要有匿名化和算法治理两种手段,匿名化技术是指在数据发布阶段,将数据中的个人信息及敏感符号进行删除或修改,使之无法再指向特定的自然人。[5] 人脸信息的匿名化就是去除人脸图像中的个人身份标识符,同时保留面部某些和身份信息无关的属性,使匿名化处理后的人脸图像保留

---

〔1〕 参见[美]迈克尔·费蒂克、戴维·C.汤普森:《信誉经济:大数据时代的个人信息价值与商业变革》,王臻译,中信出版社2016年版,第9~17页。

〔2〕 参见郭秋永:《当代三大民主理论》,新星出版社2006年版,第9~11页。

〔3〕 参见[美]马修·辛德曼:《数字民主的迷思》,唐杰译,中国政法大学出版社2015年版,第71页。

〔4〕 See Adrian Vermeule, *The Constitution of Risk*, Cambridge University Press, 2014, p. 164－165. 转引自郑戈:《迈向生命宪制——法律如何回应基因编辑技术应用中的风险》,载《法商研究》2019年第2期。

〔5〕 参见马静:《大数据匿名化隐私保护技术综述》,载《无线互联科技》2019年第2期。

数据可用性。经过匿名化处理的人脸信息由于不再能够识别特定的自然人，自然会被排除在个人信息保护法的适用范围之外，信息处理者在处理人脸信息时，具有相当大的自由度。匿名化能够在一定程度上减轻信息处理者和信息主体在个人信息保护实践中的"告知"与"同意"负担，促进数据的自由流动及开发利用。对于已经被匿名化的数据，信息处理者并非不承担任何义务。技术总是处于不断的发展和进步之中，新技术的出现和应用会不断突破既有的技术屏障，带来新的机会和问题。在匿名化技术不断发展的同时，去匿名化技术（亦被称作再识别化技术）也在不断进步。由于新的分析技术和其他类型的数据的出现，原本不具有可识别性的数据可能会再次被聚合成新的个人信息。〔1〕因此，信息处理者应该在技术层面不断提高匿名化的水平，筑牢个人信息保护的技术屏障。同时，针对在数据匿名化过程中可能存在的风险，信息处理者应该在匿名化的操作前和操作中进行数据风险评估，并采取相应的安全保障措施。〔2〕

算法治理主要是为了解决人脸识别算法所带来的歧视和不公平问题，而算法"黑箱"所带来的歧视和不平等问题，本质上源于算法设计者和使用者与用户间的不对等权力关系。算法设计者和使用者对用户知之甚详，并能够根据算法分析作出影响用户权益的决策，而用户对于算法的设计原理和运行流程则几乎一无所知。由于算法设计者和使用者在经济、社会和技术等方面拥有优势，传统的"赋权"手段并不足以保护个体的权利，所以，必须通过多种手段，为算法设计者及使用者加上法律和伦理的"紧箍咒"。就治理重心而言，大数据时代的算法规制应将重心放在算法设计者、算法使用者和监管机构的责任上，以实现算法规制的责任与成本在不同主体之间的公平合理分配。算法规制责任的分配必须准确地反映大数据时代不同主体在知识、信息、经济、权利等方面的实力对比，以确保权利与责任的对等。就治理手段而言，对算法的规制应从技术本身出发，技术和政策并举，综合运用多样化的规制手段。"法律进入算法不能靠立法者和规制者的单方面努力，而需要法律人与技术人员的合作。"〔3〕针对算法歧视、大数据"杀熟"等问题，《个人信息保护法》第24条对利用个人信息进行自动化决策进行了针对性规范，不仅要求算法决策透明和结果公平公正，不得对个人在交易价格上实行不合理的差别待遇，还要求提供不针对个人特征的选项或向个人提供便捷的方式，更要求在通过自动化决

---

〔1〕 See Paul M. Schwartz & Daniel J. Solove, *The PII Problem: Privacy and a New Concept of Personally Identifiable Information*, New York University Law Review, 2011, 86(6), p. 1841 - 1845.

〔2〕 参见王融：《数据匿名化的法律规制》，载《信息通信技术》2016年第4期。

〔3〕 郑戈：《算法的法律与法律的算法》，载《中国法律评论》2018年第2期。

策作出对个人影响重大的决定时,个人有权要求予以说明并有权拒绝仅通过自动化决策方式作出决定。《个人信息保护法》第 55 条更进一步要求利用个人信息进行自动化决策时必须事前进行影响评估。

最后,需要通过机构设置、制度安排、规范对接等措施实现基于责任和主体参与的多重治理机制。《个人信息保护法》第 60 条第 1 款规定:"国家网信部门负责统筹协调个人信息保护工作和相关监督管理工作。国务院有关部门依照本法和有关法律、行政法规的规定,在各自职责范围内负责个人信息保护和监督管理工作。"在网络信息安全领域,我国已形成以中共中央网络安全和信息化委员会牵头的统一领导体制,但在具体工作机制层面,仍是多部门监督管理,缺乏统一筹划、部署、协调,导致许多已经订立的原则性规范难以落实、监管对象缺乏合规指导。为强化该领域监管工作的权责统一,保障相关政策思维和实践具有整体性,可在中央的统一领导下,由国家网信部门统筹个人信息保护领域的政策制定和执法协调工作,加强网信部门与其他有关部门制定规则、法律法规实施、监督管理上的衔接协调。

在制度安排方面,需要制定多重制度,规制多方主体,实现从公权力机关到私人机构、从法律到社会规范、从交易到保险机制的立体化治理。包括人脸在内的个人信息是识别与确认个人身份的认证信息,刷脸及其他对个人信息进行识别与认证的权力,是一种安全认证权力。公共机构和私人机构在认证个人信息时有不同的资格与权限,其刷脸行为也相应地应该具有不同的规范依据或合同约定,否则会模糊公共服务和私人服务的界线,形成不同身份与权限的混同。《个人信息保护法》不仅规范公权力机关的个人信息处理行为,还规范私人机构的个人信息处理行为。不同于私人机构处理个人信息履行的告知同意义务,公权力机关为履行法定职责处理个人信息的,应当依法履行告知义务而不需要经过信息主体的同意。除了在法律层面确定权利,未来还应推动社会规范的形成、进行较为细致的合同和交易机制设计。通过社会规范对政府和商业主体的数据行为进行制约,通过合同与交易机制促成各利益相关方主体就个人信息收集、存储、使用、交易和利益分配等问题达成合意,进而形成多样化、情景化的权益安排。此外,还应加强对个人信息损害保险机制的研究与设计,充分利用保险机制,弥补民事诉讼在风险管理和损失修复方面的不足。

在规范对接方面,需要对接不同部门法规范,对个人信息实行一体化保护。为了对个人信息进行有效保护,除了在民事领域合理配置权利,尊重对个人信息使用的市场创新并进行有效规制外,还应该与行政法、刑法的相关规则进行有效对接,通过各部门法的合力实现个人信息流通与保护的平衡,并对那些突破道德底线、性质恶劣的侵犯个人信息行为，如对个人敏感信息、未成年人信息的收集、买卖甚至用于诈骗等行为，进行严厉惩处并长期保持高压打击。

综上所述，在对人脸识别技术的应用进行治理时，要对大数据时代背景下的风险收益进行合理分配。要对人脸信息被采集人、人脸信息使用者和控制者、监管者之间的权利义务和职责进行合理划分，强化数据监管者、掌控者和使用者的责任。基于这一理念和原则，我们可以在权利主体、规范体系与多重治理机制方面做出相应的努力。首先，我们应在开放包容的心态下采取措施，形塑数字人权主体的数字理性，使其能够对新技术带来的便利和惊喜保持理性，对随之而来的风险收益有基本的认知。其次，在《个人信息保护法》出台的基础上尽快建构一系列与之配套的、具有可操作性的多重规范体系。最后，通过公开、民主、专业化的方式，形成基于责任和参与的社会规范集合和多重治理机制。通过塑造新时代的数字理性主体、完善法律规范体系和多重治理机制，以多层次、多面向的方式提高国家和社会治理体系和治理能力的现代化。

【典型案例】

2019 年 4 月，浙江理工大学法政学院特聘副教授郭某支付 1360 元购买野生动物世界"畅游 365 天"双人年卡，确定指纹识别入园方式。郭某与其妻子留存了姓名、身份证号码、电话号码等，并录入指纹、拍照。后野生动物世界将年卡客户入园方式从指纹识别调整为人脸识别，并更换了店堂告示。2019 年 7 月、10 月，野生动物世界分别两次向郭某发送短信，通知年卡入园识别系统更换事宜，要求激活人脸识别系统，否则将无法正常入园。

此后，双方就入园方式、退卡等相关事宜协商未果，郭某遂提起诉讼，要求确认野生动物世界店堂告示、短信通知中相关内容无效，并以野生动物世界违约且存在欺诈行为为由要求赔偿年卡卡费、交通费，删除个人信息等。该案由于涉及人脸等个人生物识别信息采集、使用等问题，受到舆论的广泛关注，被称为"人脸识别第一案"。2020 年 11 月 20 日，浙江省杭州市富阳区人民法院一审宣判，判决野生动物世界赔偿郭某合同利益损失及交通费共计 1038 元，删除其办理指纹年卡时提交的包括照片在内的面部特征信息；驳回郭某提出的其他诉讼请求。判决后，由于确认野生动物世界店堂告示、短信通知中相关内容无效等诉讼请求未得到法院支持，原告郭某向杭州市中级人民法院提起上诉。

在美国，也有相应案例发生。2020 年 1 月，密歇根州法明顿山的罗伯特·威廉姆斯在家中被警察抓走，被抓的理由是底特律警方怀疑威廉姆斯从当地的一家 Shinola 商店偷走了几块手表。但据美国公民自由联盟称，底特律警方将一名黑人男子从 Shinola 商店偷窃手表的视频监控提供给密歇根州警方，警方通过人脸识别系统运行该视频，并将威廉姆斯的照片作为潜在的匹配对象，而事实证明警方是被电脑算法误导了。警方将威廉姆斯逮捕后发现监控视频的照片与他的脸部不符，在审讯后就将他释放了。这表明人脸识别技术是一把“双刃剑”，既给我们的生产、生活带来了各种便利，也可能会对我们的隐私、人格尊严等带来威胁，关键就在于如何运用人脸识别技术，使这项技术在服务于人类的同时不损害我们的隐私。

【问题与思考】

1. 人脸识别需要经过哪些流程？在人脸识别的流程中，都有哪些环节存在隐私风险？

2. 隐私权作为一项舶来品，隐私权的本土化内涵与价值与欧美有哪些不同？

3. 人脸识别技术除了隐私风险外，还可能有哪些风险？

4. 美国旧金山、奥克兰和波士顿等城市禁止政府部门使用人脸识别技术，波特兰市不仅禁止政府部门使用人脸识别技术，还禁止商业私营机构使用人脸识别技术。人脸识别技术能否一禁了之？如果无法完全禁用，那该如何使用人脸识别技术？

第十章　社会监控、数据档案化与权利保障

【法律故事】

1997 年，皮尔斯百利公司(Pillsbury Company)解雇了员工史密斯(Michael A. Smyth)，事件缘由：史密斯某天在家中的电脑上收到了上司用公司邮件系统发来的电子邮件，他随后用邮箱回复了上司。上司回复后，他又继续和上司往来了好几条邮件，并在其中的一封邮件中提道：如果可以，他想杀死那些卑鄙的人(公司的销售经理)。之后，公司检查了他在公司电子邮件系统中的所有邮件，并以他的攻击性言论为由，解雇了他。史密斯以基于隐私侵犯的不当解雇为由，起诉到了法院。法院审理后认为，公司拥有制止自己电子邮件系统中的不当言论或潜在违法行为的权力，当攻击性威胁出现时，史密斯就丧失了隐私权。

第一节　基本问题概述

互联网、云计算、大数据、人工智能、区块链、物联网等技术的普及应用，结合行进中的工业化和信息化进程，已然带来了一个全新的数字时代。人类的生产、生活方式，乃至自身的存在或组织形式，都发生了深刻的变化，并催生了数字化的生存样态和发展需要。在此趋势之下，数据业已成为社会运转的一项必备元素，诸如行踪、偏好、通信记录、消费历史、个人收入乃至于面部特征、指纹信息等身体数据，也因各种信息记录或监控设备的大面积使用而转化为海量的数据，嵌入其中的个体由此在数据世界中呈现出“透明化”或“裸身”特征。“个体透明化”叠加“监控社会化”和“算法黑箱化”，实际将社会成员或曰“没有隐私的公众”纳入了无处不在的

新型数据采集及监控体系之中。

社会性监控有别于传统意义上的国家或政府监控，主要是指个人、家庭、企业或其他社会组织通过闭路电视系统监控、电脑网络、通信软件和电子穿戴设施等工具，对社会事件和公众行为及信息的收集、记录和使用。"社会性"这一术语旨在说明：在迈向"全景式监视"的大数据时代，公民个人或社会公众既是被监视的对象，也可以成为实施各种监视和信息采集的行为主体。在今天，公民不仅始终在"老大哥"即政府的视线中，还被众多拥有数据采集能力的"小老弟"——例如，通信公司、企业、医院和安装了摄像头的物业公司——看在眼里。[1] 根据社会监控方式和数据系统的差异，又可将其细化为三种形式：(1)公共视频监控。基于公共视频监控能够更好地防范风险、实现社会治理的目标这一认识，[2] 随着技术升级和成本降低，公共空间的大规模监控应运而生。公共空间大规模监控通过扩大监控来改善社会治安、提高安全性，并成了社会监控最直观和最基础的表达形态。[3] (2)定位追踪。随着移动设备成为生活必不可少的一部分，位置数据的采集更加便捷，除去 GPS、WiFi、IP 地址等相对"传统"的定位方式外，传感设备识别、RFID 芯片、各类 APP 也通过各种方式收集用户的位置信息，使得社会成员的行为始终处于"被监视"的状态。(3)数据收集与预测。各类移动设备在为用户提供便利的同时，也不断地自动分析用户的习惯、偏好乃至隐私，以期更好地挖掘用户数据的商业价值。这种商业化社会监控的本质即在于一种营利性的大数据监控，即"利用高度复杂的数学分析技术分析人类行为模式以显示更多的个人信息和不同手机用户之间的关系"。[4]

以公共场所的视频监控为例，数字化时代的社会监控具有下述显著特征。一是普遍性。随着低成本摄像机、高宽带网络的普及，以及存储能力和计算能力的增长，视频监控在公共空间日渐普及起来，不仅画质清晰，而且也可以调转摄像头的

---

〔1〕 参见[英]约翰·帕克：《全民监控：大数据时代的安全与隐私困境》，关立深译，金城出版社 2015 年版，第 10 页以下；Mario J. Rizzo & Douglas Glen Whitman, *Little Brother is Watching You: New Paternalism on the Slippery Slopes*, 51 Arizona Law Review, 2009, p. 685.

〔2〕 参见顾理平、王飔濛：《社会治理与公民隐私权的冲突——从超级全景监狱理论看公共视频监控》，载《现代传播(中国传媒大学学报)》2017 年第 6 期。

〔3〕 尽管有很多文献研究了公共区域视频监控的功效，但它们的研究结论却互有出入。在英国，视频监控减少了停车场的犯罪，但就城市中心和居民区的犯罪而言并无统计学上的显著影响。在 2013 年美国波士顿马拉松爆炸事件发生后，一项民意调查发现：78% 的受访者认为有必要安装视频监控，因为可能会减少恐怖威胁，但 16% 的受访者认为这并不可取，因为会侵犯公众隐私。Cf. Milton Heumann, Lance Cassak, Esther Kang, Thomas Twitchell, *Privacy and Surveillance: Public Attitudes on Cameras on the Street, in the Home, and in the Workplace*, 14 Rutgers Journal of Law & Public Policy, 2016, p. 44 – 47.

〔4〕 杨子飞：《论大数据监控的本质及其社会后果》，载《天府新论》2017 年第 3 期。

角度和焦距,甚至可以实现音频与视频的同步监控,并成为现代化城市公共场所普遍存在的一种基本设施。二是智能性。在生物特征识别技术的加持下,无论是广义还是狭义的社会监控,都不再是简单地使用视频摄像头进行远程观察,甚至也不局限于将人的外观和活动以数字形式记录和储存,而是可以基于不断进化的神经网络算法,利用多层卷积提取人的面部细节特征,实现自动匹配和多场景的判别。三是公共性。区别于“老大哥”式监视,社会监控是一个中性的概念,旨在确保公共安全、维系公共利益。四是“黑箱”性。“黑箱”作为数字技术的一个显著特征,往往寓于算法。一方面,社会监控在普及化的过程中,采集了大量的视频数据,这些数据如何储存、管理、利用、共享乃至删除,尚缺乏明确清晰的操作规范,处于语焉不详的状态;另一方面,社会监控具有高度自动化的特征,这不仅使社会监控成为一个可以自动“收集—处理—评价数据”的“自创生”智能运算系统,也增加了社会监控的技术复杂性,诸如自动采集数据、自动匹配信息、自动得出结论等具有高度自动化特性的运算过程,即便隐藏着潜在的歧视或不平等,也难以被发现或被质疑。

公民或社会组织之间可以通过商业或私有数字监控工具相互了解、合作,也可能借此施行不正当行为乃至侵害。因此,近年来我国相继出台了《数据安全法》《网络安全法》《个人信息保护法》,架构了大数据时代网络治理和数据保护的基本法律体系。如前所述,社会性监控首先代表的是一种中性化的、对社会现象和趋势的记录和描述,尽管其采集的信息或数据最后可能会供公权力使用。在数字时代,个体数据不仅可以被轻松获取或随时调取,而且会成为个人评价的重要依据。这类监控以非国家权力为底色,以对社会成员的各类评价为主要功能,实际是一种社会权力的运作过程,更是一种将各类数据档案化(archivization)的过程,只不过在形式上展现为贯穿社会运行各个环节的非政府监控。

第二节　数据档案化的形态与特征

根据《数据安全法》第 3 条的定义,数据是指任何以电子或者其他方式对信息的记录,而数据处理包括数据的收集、存储、使用、加工、传输、提供、公开等。不过,数据档案化最初却是一个档案学的术语,用来描绘传统归档模式介入数据资源管理时面临的全新挑战与现实困境,并强调不应仅满足于“将历史数据保存下来”,

还应关注“保存业务凭证、维护有机关联的专业化要求”。[1] 随着智能化时代的到来,数据的全面性、海量性特征与算法的普遍化、自动化趋势相结合,导致个体随时面临“数据监测”和“算法评价”的境遇。相应地,数据档案化也不再纯粹是一种归档过往数据的存储行为,还将技术对人的监控或监测关联在了一起,并展现了对社会成员的全方位影响。

一、数据档案化的提出

数据档案化不是一个严格的术语,它具有显著的“复合性”特征,其兴起、演进和发展“以数据收集和智能分析等算法治理为基础”,[2]可视为新一轮科技革命过程中“数字文明”不断发展的产物。

首先,从“归档”(archiving)模式到“档案化”(archivization)模式的演进。归档作为档案学的重要概念,以“储存”或“保存”为核心要义——办理完毕且具有保存价值的文件经系统整理交档案室(馆)保存的过程。就此而言,档案被有意无意地等同于静止的“贮藏库”或“博物馆”,即更多地与“过去”相连,而与“现在”割裂开来。但人们之所以将信息、资料尽量科学化地归档保存,是希望可以保存起来以备使用,即档案化的目的在于面向未来。基于上述理由,哲学家雅克·德里达提出了“档案化”这一术语,指出档案不只是对事物的如实记录,其英文词根(arkhè)本身就具有“戒令”的意涵,昭示着拓扑学和法理学的交织、位置与法律的交织、物质载体和权威的交织,[3]档案化因之决定了个体的社会身份,“对历史的形成发挥着隐蔽而又复杂的作用”。[4] 按照这一极富解构主义色彩的见解,档案化包含了前后相继的两层内容:一是面向过往的“档案化管理”,致力“确保和证明文件真实性、完整性、有效性,使之有可能真实记录事件和历史的过程”;[5]二是面向未来的“档案化评价”,即将档案运用于对社会成员各类行为的评价,或将档案视为判定社会成员特定资格的依据。二者互为表里,共同形塑了档案化的功能性架构。

---

[1] 赵跃、孙晶琼、段先娥:《档案化:档案科学介入数据资源管理的理性思考》,载《档案学研究》2020年第5期。

[2] 蓝江:《智能时代的数字——生命政治》,载《江海学刊》2020年第1期。

[3] See Jacques Derrida, *Archive Fever, A Freudian Impression*, trans. by Eric Prenowitz, *Diacritics*. Vol. 25(1995), p. 37.

[4] 何嘉荪、马小敏:《德里达档案化思想研究之一:从档案概念说起》,载《档案学通讯》2015年第4期。

[5] 何嘉荪、史习人:《对电子文件必须强调档案化管理而非归档管理》,载《档案学通讯》2005年第3期。

其次,海量数据和智能算法对档案化进程的介入。除去德里达对档案化的"权力范式"的解读外,另有学者将档案化视为电子文件普及的必然趋势,即在大量电子数据产生之前,档案的重心在于归档。也就是说,"电子文件与载体的可分离性、电子文件背景信息的重要性、电子文件的物理结构和逻辑结构,都使得电子文件的保存不能适用于'归档'的概念",[1]而应当以档案化为目标——"通过前端控制和全程管理,使电子文件具备档案和法律证据的能力"。[2] 换言之,"数据档案化"实际是"档案化"这一概念在数字时代的表现形态。一方面,随着各类信息技术的加速融合发展,数据已被视为新型生产要素并嵌入个人生活与社会运转之中,由此海量的数据资源也需要更为科学、系统地进行整理和储存,以尽可能地发挥数据的效用;另一方面,数字时代强调数字化空间对人的虚拟映射与互联,从而"为档案意识形成与档案活动开展提供基础设施、意识与能力培育的基础"。[3] 申言之,在技术和平台的双重加持下,数据档案化齐备了设施和方法的要素,并凸显了档案化过程中的监控性与评价性:既可以对社会成员的各类数据进行持续监测并上传留存,又可以基于已有数据对社会成员进行自动评价,最终形成了"行为数据化—数据档案化—档案社会化"的逻辑结构。

二、数据档案化的表征

概括而言,数据档案化就是将档案理论、方法与实践全面融入数据应用的过程,将档案化作为基本形式贯穿于数据生命周期之始终。数据档案化的表征可简化为两个:一是对各类社会事实——行为或事件——的收集、确认、识别以及相应地执行分类、规则、标准和规范的过程;二是将已采集的信息作为评价或行动依据。相应地,数据档案化旨在实现"两个对应":在信息数据与社会事实之间建立对应关系,在已有数据与后续行为之间建立对应关系。

数据档案化的表征在于一种对社会成员"身份"的确认,其间既包括依据一定的分类、规则、标准和规范体系,对社会成员数据的名称、位置、数量、流动方向、真假优劣等进行收集、确认和识别,也包括明确上述信息的基本功能、用途和意义,确定基本社会事实同具体社会成员之间的关系,并将其处置为一种必要的依据或参

---

[1] 宋香蕾:《政务微博档案化模式研究》,载《档案学研究》2017 年第 1 期。

[2] 郭建平:《电子文件档案化的实质》,载《档案学通讯》2008 年第 2 期。

[3] 周文泓、文传玲:《档案社会化:基于参与式社交媒体信息档案化管理的内涵解析及启示》,载《档案学研究》2020 年第 2 期。

考。一方面,数据档案化以社会成员各类数据的收集、确认、识别和分类为基础。这一层次以数据采集为主要内容,它是数据档案化的基础,包括了人、财、物、行、事等多层次内容,追求的是事实可靠度和规范统一度。在数字化时代,这也是一个公共信息管理过程,对社会成员各类数据的收集、确认和识别,实际上也就是一个信息定义、收集、传递、处理、储存、传播、利用的进程。据此,数据档案化在公共领域可被视为"由一系列逻辑关联的阶段或步骤组成"[1]的公共行为。另一方面,数据档案化致力在数据与行为之间建立对应关系,这已然超出了档案学的固有领域,成为现时代信息管理和数据治理必不可少的一部分。档案化进程中的采集场景和应用场景还具有多样性,既包括各级治理主体在履行社会管理和社会服务职能过程中产生的公共数据,也涉及各类网络、平台对用户数据的监控和抓取,还涵盖了公共部门对平台数据的主动档案化,如政务抖音档案化、政务微博档案化等。[2]

三、数据档案化的特征

若将数据档案化作为数据管理和数据应用的新趋向,纳入治理与法治的框架之下,则会展示出不同于档案学意义上的全新意涵,其特征可以概括为以下三点。

第一,数据档案化的推进主体具有多元性。数据档案化并不是简单地"将数字化的信息进行收集、整理、价值鉴定、保管和编目",[3]还隐含着依照信息对社会成员予以各类评价的过程。所以广义上的数据档案化乃是多元主体和多样动机共同作用的结果。一方面,数据档案化以公权力介入为动力,借此提高行政效率、改进公共服务。除去档案管理意义上的历史价值、证据价值和情报价值外,数据档案化还有助于促进社会治理精细化。正所谓"无知无以行",公共部门对各类数据的档案化处置,可以更为准确、有针对性地实现"社会控制"和公共服务,也可以为行政决策提供更加科学、合理的依据。由于数据本身涉及不同领域,公权力部门又可细分为多个主体,统一性、综合性的数据档案化模式逐渐生成。另一方面,数据档案化具有鲜明的私权力色彩。移动网络的普及带来了数据规模几何式的增长,也导致了平台权力的产生与膨胀。各个平台利用"同意或退出"的规则,积累了大量原始数据,数据交易或数据撞库则极大扩展了数据源,数据档案化实质成为不断勾勒

---

〔1〕 沙勇忠主编:《公共信息资源管理》,中国社会科学出版社 2014 年版,第 11 页。

〔2〕 关于抖音与微博的档案化问题探讨,参见杨浩、杨来胜:《政务抖音档案化:价值、主体与路径》,载《档案与建设》2020 年第 3 期;宋香蕾:《政务微博档案化模式研究》,载《档案学研究》2017 年第 1 期。

〔3〕 钱毅:《从"数字化"到"数据化"——新技术环境下文件管理若干问题再认识》,载《档案学通讯》2018 年第 5 期。

与完善用户画像的过程,这种档案化发展到极致,则是不同平台的用户数据不断融合,个体彻底成为"透明体"。值得注意的是,在公权力与私权力之间,制造数据的社会成员则处于被支配的弱势地位,虽从客观方面推动了数据档案化,但实际上依旧属于数据档案化的对象,而非主体或推动力。

第二,数据档案化的具体指向具有多重性。与主体的多元性相照应,数据档案化是一个综合性、整全性的概念,涉及社会运转的各个环节与多个方面。(1)从实施路径来看,档案化的开展模式不尽相同,其间又可细分为三种:一是政府部门主导,即某些公共数据源于"行政许可、日常监管、行政处罚以及提供公共服务的过程中",[1]它也是《数据安全法》第五章着重规范的"政务数据"。行政机关往往承担着数据编辑、信息发布、社交互动和日常维护等工作,且自身也存在数据管理规范化的需求,因此成为档案化的重要实施者。二是数据存储平台主导,即对于用户不断产生的各类数据,平台通常会主张所有权。基于进一步商业应用和更精准用户发掘的目标,数据档案化已成为一项必备的职能。三是专业档案机构主导,即档案机构作为第三方介入数据档案化工作,具有管理制度规范、管理技术专业、管理设备齐整等优势。但是在数字技术日新月异的背景下,数据的归类和储存日益智能,且即时应用代替长期储存成为数据档案化的主要动力,专业机构主导也时常会面临产权模糊、动力不足等问题。(2)从数据类型来看,档案化的实质内容向不同方向延展,至少可分为人(自然人、法人)、财(固定财产、流动财产)、物(自然物、人造物)、行(不法行为、社会行为、经济行为)、事(社会事务、经济事务)5个方面,5个方面相互区分又紧密相连,一起精准勾勒出社会成员或社会组织的轮廓。而上述5个方面数据的获取,也来自多种途径:一是各类平台、软件对用户数据的实时抓取,这一部分数据的获取呈现出自动化、持续性的特征,也构成了档案化的主要"原料"来源。二是公共数据的不断更新。对于社会各项基本事实的统计学摸底与普查,本身就积累了大量公共数据,而随着电子政务的不断发展和完善,在线申请与审批已越发普遍,随之带来了公共数据的迅猛增长,从物质基础层面增强了治理能力。三是公共空间的大规模监控。数字技术有效改变了图像和监控之间的关系,[2]即在风险社会中,现实空间的视频监控和虚拟空间的言论监控不断扩张,以期防范违法犯罪风险、保障公共安全。尽管有国外学者强调"为了保障公

[1] 何渊主编:《数据法学》,北京大学出版社2020年版,第310页。

[2] See Mathias Klang & Andrew Murray eds, *Human Rights in the Digital Age*, The Glass House Press, 2005, p. 176.

共安全,可以采取有害且通常是不道德的方法",[1]但至少就目前而言,绝大多数监控信息尚未触及个人隐私的深度,而更偏重"收集、存储和使用广义上的个人信息"。[2]

第三,数据档案化的应用场景具有多样性。当下数据档案化的重心不在于储存,而在于便捷地对应到社会成员,并依据既有的数据档案进行评价。数据档案化的应用场景主要存在以下3个方面:一是在公共领域对"留痕"予以数字化的存留,并作为查证或匹配的依据。数字时代是一个"处处留痕"的社会,无论是行踪轨迹、位置信息还是个人的面部特征,都不可避免地被数字设备获取和记录,更遑论社交平台上的诸种言论。公共空间的"留痕"本身可能与个人隐私无涉,然"留痕"一旦被档案化并纳入结构化的数据库,就隐含了被预知的可能性,并可能随时与其他信息匹配。二是用作社会成员权利义务分配的基准,这一应用场景兼具公权力和私权力的性质,核心要义在于将社会成员的静态信息和动态数据套入预先设定的算法之中,以此形成自动化的评价结论,进而将此结论应用到行政行为或商业行为之中。从纳税系统、贷款资质审核到新近的失信人惩戒、健康码、芝麻分,基本原理皆可归结为数据档案化。三是生成个性化的智能推荐,此应用场景主要发生在商业领域,重在根据操作日志、过往记录等获取画像,以便推送个性化的基本服务和广告信息。此时,数据档案化近似于对人的标签化重构,档案化所指向的评价不是用户本身,而是用户潜在的偏好或需求,即用户无时无刻不被"设置"在"数据—算法"的交互链条之中,个体也在不自觉中陷入"信息茧房"之中。诸如新闻、美食、音乐等软件的偏好推送,以及淘宝自动排序的店家,其实都可视为数据档案化在私地领域的延伸。

第三节　数据档案化的结构与功能

数据档案化可概括理解为数据留痕并将之作为具有实质效力的评价依据。这一过程不是单向的,而是具有结构性的多重要素的组合,并在功能层面展现了正向与负向的两极分化。

---

〔1〕 Clive Harfield, Law, *Morality and the Authorisation of Covert Police Surveillance*, 20 Australian Journal of Human Rights, 2014, p. 136.

〔2〕 刘艳红:《公共空间运用大规模监控的法理逻辑及限度——基于个人信息有序共享之视角》,载《法学论坛》2020年第2期。

一、数据档案化的结构

结构是“物质系统内各组成要素之间相互联系、相互作用的方式”，[1]即各部分之间相对固定的关系。根据这一界定，数据档案化可界分为三个紧密相连的阶段：行为的数据化—数据的档案化（狭义）—档案的社会化，共同型构了数字时代的数据档案化，而且这一结构也决定了其功能与意义。

首先，行为的数据化。“智慧社会是一个高度联通、高度数字化、高度精准计算、高度透明和高度智能化的社会”，[2]当移动设备与个体深度绑定时，不仅增加了个人隐私被暴露的风险，也使社会成员时刻处于被“监控”的状态。这种“监控”往往是基于用户使用需求不断地自动获取，社会成员的习惯、偏好、行踪等信息都以数据的形式被持续上传和储存。尽管数据“脱敏化”“匿名化”减小了隐私侵害的威胁，但不断进化的关联分析技术又能够击破“脱敏化”“匿名化”的防线，从少量数据中推导出其他身份信息。视频监控的普遍分布也使得公共场所的个人空间被不断挤压，[3]数据储存设施的完善则极大地增加了“个人留痕”的概率。如此一来，虚拟空间和物理空间的监控又形成合力，将社会成员的大部分社会行为都转化为数据，继而助推社会运转的数字化。

其次，数据的档案化。如果将行为转化为数据增加了被“留痕”的概率，那么以规范化的档案思维整理和管理数据，意味着将“留痕”与社会成员一一对应起来，建立起包含而不限于人、事、财、物、行的个人数字化档案，并将收集到的数据按结构化的方式分类，[4]将个体的方方面面都纳入可追溯的数据库，并作为储存和查询的对象。在大数据时代，由于管理目标、主体、对象等要素的急剧变化，“档案”已不再严格限于既定的流程，而被赋予了一种广义的理解，即“档案”代表了一种身份，它将信息与个人联系在了一起。[5] 档案化数据的主要功能，不仅在于确保数据和身份的一致性，也成为一种分析各类社会问题的全新方法。例如，前些年

---

〔1〕 夏征农、陈至立：《辞海（缩印本）》，上海辞书出版社 1990 年版，第 1317 页。

〔2〕 马长山：《智慧社会背景下的“第四代人权”及其保障》，载《中国法学》2019 年第 5 期。

〔3〕 关于公共空间的个人隐私问题，参见李延舜：《公共视频监控中的公民隐私权保护研究》，载《法律科学（西北政法大学学报）》2019 年第 3 期。

〔4〕 See Mark Latonero, *Big Data Analytics and Human Rights: Privacy Considerations in Context*, In M. Land & J. Aronson eds., *New Technologies for Human Rights Law and Practice*, Cambridge University Press, 2018, p. 152.

〔5〕 See Daniel J. Solve, *Understanding Privacy*, Harvard University Press, 2008, p. 122.

我国力推的社会保障“一卡通”以及工商登记“五证合一、一证一照”,实际开启了相关数据档案化的进程。在全新数字技术的加持下,各种数据更易于进行档案化的处理,也更有利于通过增强身份信息识别的简便性和全面性,提高数据的社会效力。

最后,档案的社会化。档案的社会化意味着将档案管理作为一种理念与方法,融合于社会运转之中:将“档案”应用到社会各项事务之中,将档案化的数据作为各类评价的参照。在数字科技浪潮的推动下,以公共管理或监控过程中越来越细致的行为记录为基础,不仅行为数据与行为主体之间的对应关系日趋清晰,数据档案本身也成为社会治理的重要手段和方式。从时间维度来观察,“档案”本身就是市场经济和陌生社会环境下了解和评价其他社会主体的重要媒介,如具有国家证明力的无犯罪记录证明即是资格授予、法人成立等行为的基本要求。作为破解“执行难”问题的关键措施,信用惩戒也是以行为数据和财产数据为基础生成诚信档案,在政府采购、招标投标、行政审批、融资信贷、市场准入、资质认定等方面限制失信人的权利。进言之,档案化数据在数字时代将更深地参与法律权利或资格的认定、管理:一方面,档案化数据经常被用作确定权利或义务的依据。这在财产领域尤为常见,因为财产往往是界定权利义务之具体内容的一个标准。这还会催生社会成员的“反档案化”,偷逃漏税以及“假低保”等现象,就反映了档案化数据失真所导致的后果。档案化数据的真实性、持续性和全面性特征,构成了各类“精准治理”的重要前提和主要推动力。另一方面,档案化数据往往是资格授予的依据。在大数据时代到来之前,颁发资质、资格证书作为一类行政许可,实质上也是依据档案化的信息对社会成员拥有某种资格或资质的认可。在移动设备不断普及的当代,数据所透露出的信息则成为判定是否达到准入标准的主要依据,例如,根据健康信息生成的“健康码”、根据消费记录积累的“芝麻信用分”等。

“行为的数据化—数据的档案化(狭义)—档案的社会化”的内容环环相扣、紧密交织,以特定的组合关系构造了数据档案化的基本框架,也揭示了数据档案化的本质意涵和运行机理:个体的诸种活动被各类网络设备转化为数据;这些数据不是杂乱无章地储存,而是通过账号或平台关联形成个人的数据档案;数据档案亦不是静止地收藏于档案馆,而是源源不断地应用于社会治理的过程中。显然,行为或事件的数据化构成了这一机制的前提条件,数据的档案化是承接个体与社会的关键,而档案的社会化最终决定了数据档案化的作用范围和功能意义。

二、数据档案化的功能

按照结构功能主义的理论，结构与功能的互动型塑了社会运行的基本逻辑。数据档案化作为由不同要素构成的复杂治理机制，基于“行为的数据化—数据的档案化—档案的社会化”这三阶段的不同关系形态，也呈现出了迥异的作用机制：当三者之间处于一种均衡状态时，数据档案化的正向功能就得以彰显；倘若三者中的某个阶段存在过度化趋向，负功能就会显现。以法治或法律为例，数据档案化的功能主要体现在以下两个方面。

首先，数据档案化的正向功能。法律作为社会控制和国家治理的重要方式，其有效运行的前提是对社会基本事实全面、准确地掌握。因此，数据档案化实际是法律运行和法治实施过程中极为重要而又容易被忽视的前提性因素。规范且可靠的数据档案化，有利于科学立法、严格执法和公正司法。这种推动作用可以归结为两点：第一，数据档案化能够为法治建设收集事实依据。在数据档案化的情境下，数据虽然表示的是“过去”，但表达的却是“未来”，通过对数据的整合、挖掘与剖析，可以“更清楚地理解事物本质、把握未来取向，进而发现新规律、提升新能力”。[1]数据档案化推动法治的基本逻辑在于“事实—分析—决策”，即从档案化的数据中获致社会基本事实和规律，并将其作为法律决策的依据。在这一过程中，数据档案化还能促进法律运行的科学性和客观性：一方面，法治建设的科学性同样需要“以事实为依据，以法律为准绳”，档案化的数据恰恰提供了法治建设所需的各项基本事实；另一方面，法律作为社会科学的一种，总是伴随着各类主观判断和自由裁量，但数据信息却是纯粹的客观存在，准确并充分运用档案化技术，能够一定程度上排除主观性，彰显法的客观性。第二，数据档案化能够降低法治成本。按照经济分析法学的观点，“行为—收益”是理性人行动策略的主要依据，这一论断也适用于法治。从法的运行论出发，数据档案化在降低法治成本方面的作用包括立法、司法、执法和守法 4 个方面。一是数据档案化加强了立法质量。分析数据可以视为当代立法调研的重要环节，以权威、全面的档案化数据作为依据评估立法中的必要性、针对性、合理性和可操作性等问题，有助于解决重复立法、低质量立法、“模仿式”立法等问题，在法的创生层面降低法治成本。二是数据档案化提高了司法效率。数据档案化意味着在行为信息与当事人之间建立了对应关系，既可能作为必要时

---

[1] 孟建柱：《深入推进社会治理创新　切实提高维护公共安全能力水平》，载《求是》2015 年第 21 期。

证据获取的手段,也能够防止当事人通过故意隐匿送达地址拖延诉讼。此外,数据档案化还为“通过精准数据分析挖掘司法规律”[1]提供了条件。三是数据档案化增进了行政执法效能。行政执法也是数据档案化应用的主要领域,无论是既往的金税工程、社会保障卡“一卡通”建设,还是时下的“健康码”,都旨在增加数据的整合程度,进而提高行政效能。四是数据档案化提升了违法成本。凭借数据档案化,将违法行为与违法主体关联起来,同时扩大违法信息的共享范围和惩戒范围,亦是督促公民守法、推进法治进程的一条渠道。

其次,数据档案化的负向功能。总体而言,数据档案化对于推进法治建设多有裨益,是提升国家治理现代化能力的有效路径。但是数据档案化同样存在过犹不及的问题,当行为被过度数据化、数据被无限档案化或者数据档案被任意应用于行政行为或商业开发时,个体权利必然受到多重威胁:(1)行为过度数据化有可能侵犯个人隐私,造成“监控过度”。在以技术为载体的公共环境中,隐私限制本身就越发棘手,[2]社会成员的一举一动都可能被作为数据上传,这一趋向也恰好呼应了吉登斯关于“监控之于现代国家不可或缺”的论述。[3]借助日臻完善的技术,行为的数据化可视为是一种摆脱人类感官能力的常规化监控,针对不特定时空里的不特定人群展开。一旦对相关问题处理不当,便会面临个人权利的正当性诘问。(2)数据无限档案化会影响到自由权或自主权。档案化是一种规范性的档案管理路径,但如果将数据的档案化作为社会治理术,就会同个人自主性产生张力,意味着公民身份可能“从主体地位逐渐沦为被控制和分析的对象”。[4]档案化在关联数据与身份的同时,也意味着档案化的主体获取了数据权益,甚至可能取得数据的所有权。悖谬的是,一旦个体作为数据源,反而会失去了对自身数据的自主支配权,丧失对数据与身份之关联的异议权,这导致档案化进程散发出强迫和操纵的气息。此外,档案化强调保存以备使用,并可能“对自由选择、发展和身份产生持久影响”。[5]为了消解数据留存的负面影响,被遗忘权在理论和实践层面基本得以确立,而无边界的数据档案化显然与被遗忘权的理念背道而驰。(3)档案的任意社

---

〔1〕 赵国栋、易欢欢、糜万军等:《大数据时代的历史机遇:产业变革与数据科学》,清华大学出版社2013年版,第21页。

〔2〕 See Tjerk Timan, *Bryce Clayton Newell & Bert-Jaap Koops eds.*, Privacy in Public Space, Edward Elgar Publishing, 2017, p.90.

〔3〕 相关论述参见[英]安东尼·吉登斯:《现代性的后果》,田禾译,译林出版社2000年版,第53页。

〔4〕 师索:《构造与博弈:互联网监控的权力关系解构》,载《行政法学研究》2017年第3期。

〔5〕 [荷兰]玛农·奥斯特芬:《数据的边界:隐私与个人数据保护》,曹博译,上海人民出版社2020年版,第232页。

会化将会损害平等权利。档案化数据嵌入社会运转的形态,某种意义上可解读为"基于数字人格的权力运作",[1]其媒介在于算法自动化。无论是将算法作为言论还是商业秘密,抑或一种新型的数字权力,都隐含着算法歧视的风险,这就对平等权提出了严峻的挑战。既有研究业已表明,人工智能偏见通常会伤害女性、有色人种、性别少数群体以及具有这些身份交叉点的人群。[2]

第四节 数据档案化过程中的权利保障

数据档案化一旦失去应有限度,社会成员的权利和义务就会处于不对称、不均等的割裂状态。鉴于新一轮的科技革命是由科技、经济、文化各个领域的力量共同推动形成的,不恰当的数据档案化带来的危害也必将是全方位的,且不会随着科技的进步和代际的更迭而自动消失。因此,划定数据档案化的边界,保障数据档案化过程中的个体正当权利,实际也是对新兴科技问题的回应,或曰彰显"数字人权"的应因之策。

一、数据档案化过程中权利保障的必要性

首先,数据档案化过程中的权利保障有助于落实"数字人权"。在数字科技与生活生产紧密结合,互联网、大数据、云计算、人工智能等数字科技成为生存和发展重要组成部分的背景下,有学者提出了"数字人权"这一概念,强调"无数字,不人权",并指出"数字人权"致力"在价值上申言数字科技必须以人为本,必须把人的权利及尊严作为其最高目的,并以人权作为其根本的划界尺度和评价标准"。[3]过度、无限制的数据档案化本身就是"数字人权"最重要的挑战之一,社会成员因为能力和认知的不足,不仅更易受到数据档案化所带来的各类侵害,也往往无法充分利用数字科技实现权利诉求,更难以有效规避和及时救济自身权利。数据档案化的一个核心环节在于决策过程中越来越多地使用大数据分析和人工智能,这对

---

[1] 虞青松:《算法行政:社会信用体系治理范式及其法治化》,载《法学论坛》2020 年第 2 期。

[2] See Joy Buolamwini, Timnit Gebru, Gender Shades, *Intersectional Accuracy Disparities in Commercial Gender Classification*. http://proceedings. mlr. press/v81/buolamwini18a. html, Last visiting on January 10th, 2021.

[3] 张文显:《无数字,不人权》,载 http://www. aisixiang. com/data/116468. html,最后访问时间:2021 年 1 月 20 日。

于个人权利和整个社会潜在的重要影响理应得到更多的重视。[1]

其次,数据档案化过程中的权利保障是智慧社会建设的必要条件。智慧社会作为党的十九大提出的重要建设目标,强调科学创新的重大作用和新一代信息技术的智慧应用。但必须认识到,智慧社会指向的依然是现有的社会实体,即不仅要注重数字化、网络化、智能化的深度融合,更要以经济发展和服务民生为落脚点。据此,智慧社会建设实际上包括了必不可少的两部分内容:一是技术层面的基础设施建设和产品研发应用,二是相应的一系列制度建构,非此无以确保科技应用的正当性、有序性、平等性和高效性,也无从保证社会本身的良性运行,而数据档案化即关涉新科技普及之后的权利问题。

具体而言,数据档案化并不会随着数字技术的发展和基础数字设施的全面完善而自动消失。相反,随着数字化程度的提高,"强者愈强、弱者愈弱"的趋势将更加明显,数字资源分布只会越发不均衡,数据档案化对于特定社会成员的歧视和限制也会更加普遍。相较于现象层面的问题,智慧科技所传递的价值取向和制度构想,或许是数据档案化过程中权利保障的最大障碍:一方面,一旦与数据档案化相关的"数据万能""算法万能"的观念弥散开来并占据主导地位,与之相关的制度安排即逐渐渗透到社会运行的各个环节,各种公共行为和社会交往行为必须依赖于数字化系统,不愿接受这一系统的社会成员,往往会被不加区分地打上"固执""保守"的标签,自主选择势必形同虚设;另一方面,算法在智慧化进程中占据重要地位,商业性的数据档案化在满足个人偏好的同时,也将个人简化为冰冷的"数据"。由此一来,海量数据时代的社会成员无形中将变得更为封闭和冷漠,对于"异类"的接受和包容程度逐渐降低,数据档案化带来的偏见和伤害就有可能被习以为常,将之视为正常或正当行为。

最后,数据档案化过程中的权利保障有利于对"数字弱势群体"的保护。"数字弱势群体"作为近年来一类特殊的弱势群体,[2]虽然逻辑理路及外部形态和传统标准迥异,但对其施以倾斜法律保护的原则却具有一致性,规范数据档案化有利于避免对数字弱势群体的过度侵害,依据主要有三:(1)立足于功能主义立场,数字化和社会化的影响及其导致的系统变迁,促使社会结构发生整合,进而分化出数字弱势群体。这一全新的"社会要素"同既有的弱势群体类似,但却始终处于数据

---

〔1〕 See Alessandro Mantelero, *AI and Big Data: A Blueprint for A Human Rights, Social and Ethical Impact Assessment*, 34 Computer Law and Security Review, 2018, p. 171.

〔2〕 关于"数字弱势群体"及其权利保障的阐释,参见宋保振:《"数字弱势群体"权利及其法治化保障》,载《法律科学(西北政法大学学报)》2020 年第 6 期;高一飞:《智慧社会中的"数字弱势群体"权利保障》,载《江海学刊》2019 年第 5 期。

档案化的边缘。因而无论是出于维系数字世界规范秩序、控制社会偏差的考虑,还是基于保障权利、尊重人之尊严的原则,在数据档案化过程中都必须正视数字弱势群体问题,消除其“对社会稳定构成的威胁”。[1] (2)基于法的价值判断,倾斜保护数字弱势群体符合法的基本理念和要求。数字弱势群体对应的乃是社会中“鲜活”的个体,而非网络世界的虚拟身份。一旦法律无法保障其权益,则可能成为稳定秩序的潜在风险,从而与法的价值取向背道而驰。更重要的是,数据档案化所展现的“形式平等”同样会导致现实差别之下的深刻不平等,倾斜保护数字弱势群体是致力实现实质平等的重要方面,即“法律的设立,绝不是为了弱者更弱,强者更强,而是为了保护弱势以抵御强者”。[2] (3)关注数字弱势群体权利,实际是将社会公平正义的基本理念注入数据档案化的过程中。无论是21世纪初倡导的“构建和谐社会”,还是党的十九大报告新近提出的“保证全体人民在共建共享发展中有更多获得感”,其核心在于强调:保护弱势群体,既是实现自由、平等、公正等社会主义核心价值观的需要,也是中国特色社会主义建设必不可少的一环。基于保障和改善民生、增进民生福祉的考虑,保障数字弱势群体的权利势在必行,规范数据档案化则是其中的一个重要环节。

二、数据档案化过程中权利保障的基本原则

第一,实质化平等保护与倾斜保护相结合的原则。在数据档案化过程中,社会成员整体上皆处于相对弱势的状态,因此权利保障还应建立在相对平等的社会背景之下。(1)对社会成员施以平等的实质性保护。智慧社会中,个体同政府机构和企业组织之间的力量悬殊更为明显,在涉及各类数字科技时,权利义务始终处于不均衡状态,对社会成员权益的侵害则更具有隐蔽性,且常常救济无门。所以在数据档案化过程中,个体权利理应受到法律的倾斜保护,以增长个体抵御强大组织的力量。例如,通过创设个人数据更加周密的保护规则和利用限制,可以一定程度上避免过度的行为数据化,减少隐私权利被侵害的概率。其要旨在于,以不对等的权利义务关系弥补个体在资源、能力方面的劣势。《个人信息保护法》关于个人信息权利保护和信息处理者特殊义务的设置,就体现了这一立法理念。(2)对具有明显特征的数字弱势群体加以特殊保护。如果说平等保护意在改变整体环境,特殊

---

[1] [丹麦]考斯塔·艾斯平-安德森:《福利资本主义的三个世界》,郑秉文译,法律出版社2003年版,第62页。

[2] 余少祥:《弱者的权利》,社会科学文献出版社2008年版,第151页。

保护则指向典型的数字弱势群体,强调在数据档案化过程中,对某些最有可能成为数字弱势群体的人群进行重点关注。当然,诸如此类的道德原则亦不是一成不变的,不能机械地强加到全新的环境条件之中,而是需要不断和环境互相作用,经历动态的进化过程。[1]

第二,人权保障原则。对数据档案化过程中的权利进行法律保护的一个前提在于,需确定法律保护的客体,即与"通过数据、基于身份"的数据档案化相对应,其间的法律保护应当是"通过身份,基于权利"的。据此,人权保障作为一项基本原则,实质上决定了倾斜保护的方向、目标和内容,有助于在数据的利用和保护之间实现平衡。鉴于数字科技塑造了新兴权利和全新的法律关系,还需要将数据档案化可能涉及的问题表征解剖、归纳为人的基本权利问题,通过对隐私权、知情权、发展权以及新兴的数据权、信息权的保障,促成社会问题转化为法律问题,并据此有意打破对个人数据的"无缝隙收集"。[2]

第三,共建共享共治原则。党的十九大报告提出"打造新时代共建共治共享的社会治理格局",这不仅是智慧社会建设的紧要原则,亦应当成为回应数据档案化过程中权利问题的指导思想,由此也就体现了同传统权利保护的区别——智慧社会在技术变革的同时,也带来社会制度和社会观念的变迁,既往被动的、单向度的统治或管理模式已难以满足现实的需要,而是强调"各方地位平等下的互动认知以及对彼此间行为协同和利益互惠的预期",[3]通过制度框架变革激发全社会创造力、汇聚发展合力,以知识生产为核心带动智慧社会的数字化、网络化、智能化特征。其中,"共建"意味着从边缘向中心靠拢,唯有将社会成员纳入档案化的主体,促使被动性的救济转变为参与式的共建,才有可能从根本上减少权利克减;"共治"强调多元化治理及其过程性,以此即通过对政府、企业、个人三者权利、义务和责任的再分配,弥合个体与档案化主体之间日渐扩大的鸿沟;"共享"则意在遏制"数据垄断""算法专制"等集中化趋向,将数字红利尽可能便捷地惠及每一社会成员。总之,共建共享共治原则指向了一种"更具有内在亲和力"的崭新社会秩序,[4]同样体现了智慧时代的社会结构特征,将其作为保护原则,实际是将单向的

---

[1] See Effy Vayena & John Tasioulas, *The Dynamics of Big Data and Human Rights: The Case of Scientific Research*, 17 Philosophical Transactions A, 2016, p. 12.

[2] Mark Burdon, *Digital Data Collection and Information Privacy Law*, Cambridge University Press, 2020, p. 280.

[3] 李慧凤:《公共治理视域下的社会管理行为优化》,载《中国人民大学学报》2014 年第 2 期。

[4] 参见江必新、王红霞:《论现代社会治理格局——共建共治共享的意蕴、基础与关键》,载《法学杂志》2019 年第 2 期。

“规制”优化为双向的“互动”。

三、数据档案化过程中权利保障的制度架构

数据档案过程中的权利保护,实际就是一种法治化的过程,不仅具有理论上的必要性,更具有现实迫切性,一方面,数据档案化行为往往缺乏专门的法律规范和制度约束,大多处于“法治真空”的状态;另一方面,数字时代对数据档案化提出了更高的要求。法治的核心功能在于规范权力、保障权利,围绕这一要义,权利保护的制度架构包含了明确边界、均衡权利义务、改善公共服务、加强法律救济 4 个方面的内容。

首先,明确数据档案化的公共边界。权力天然地具有扩张本性,数据档案化作为新型的社会权力行为,同样存在滥用的可能。相应地,《数据安全法》第 1 条阐明其立法宗旨是“规范数据处理活动,保障数据安全,促进数据开发利用,保护个人、组织的合法权益,维护国家主权、安全和发展利益”。《网络安全法》第 21 条明确规定,网络运营者有防止网络数据泄露或者被窃取、篡改的法律义务。《个人信息保护法》第 2 条规定,任何组织、个人不得侵害自然人的个人信息权益。基于法治原则,需要对数据档案化的权力边界予以明确,一方面,数据档案化并不是多多益善,故应确立若干原则作为判定具体档案化行为必要性的依据;另一方面,数据档案化过程中可能存在滥用数据的问题,所以应当明确标准,判断数据同档案化效力之间对应关系的合理性,即数据档案化的功能或用途是否适当。

其一,关于数据档案化设定必要性的评判原则。理论上,社会权力主体出于自身需要,一般都希望尽可能地扩大档案化范围、细化档案化的数据,但现实中档案化不应当也不可能是无边无界的。一方面,档案化折射出权力对社会成员的介入程度,“过度档案化”不仅可能侵害个人隐私,使档案化“沦为”监控的同义词,也将侵害个体的自主性和市场的自发性;另一方面,数据档案化是有成本的,任何一项档案化工作都将消耗国家的人力、物力、财力及其他资源,过度档案化也可能是变相的资源浪费。在笔者看来,在公共领域,对数据档案化必要性的评判宜遵循以下两方面的原则:(1)数据档案化事项的设定应以公共利益为原则。公共利益代表着大多数人的福祉,反映出“政府与利益相关者在利益和利益分配问题上所达成的共识”,[1]构成了公共领域数据档案化的最终归宿。所以以公共利益作为数据档

---

〔1〕 张成福、李丹婷:《公共利益与公共治理》,载《中国人民大学学报》2012 年第 2 期。

案化的必要限度,意味着采取一种目的导向的判断,一方面考量通过档案化行为——对数据的收集、分类、剖析、整合、比较——能否准确界定"不特定大多数"的现状、需求、共识、期待、行为倾向和观念指向,另一方面还应判断此项档案化行为是否有助于制定合理有效的社会政策、经济政策和法律政策,向"不特定的大多数"提供适当的公共服务。(2)数据档案化事项的设定应以避免重复为原则。重复档案化既耗费资源,也会影响档案化的统一度和整合度。我国现实中的重复档案化多源于职能交叉、重叠以及不良竞争,因此在采取数据档案化工作之前,应当增设必要性论证环节,充分对比已有信息和拟采集信息,尽可能避免二者之间的重合。

其二,关于数据档案化功能妥适性的评判原则。数据档案化旨在为数据治理提供一种全新路径,因此确定档案化数据的合理效用范围也是划定档案化权力疆界的重要方面。例如,将"健康码"限于疫情防控具有合理性,但若危及个人的基本生活就有滥用之嫌,所以应明确档案化效力适用标准,在信息和行为之间建立妥适的对应关系。(1)应以保障基本权利和尊严为基本标准。人权保障是国家体制和治理体系现代化的基础和标志,[1]在确定数据档案化的效力时,尤其是可能带来消极效应时,应以避免侵害基本人权和人的尊严为前提。(2)数据档案化的功能发挥应以"直接性关联"为准则,即档案化数据同相应权力行为之间应具有直接因果关系,唯有在此种情形下,才可依据数据及其结论采取改变行政相对人权利义务关系的行政行为。而在判断直接性关联时,可重点关注"类别相同"和"目的一致":前者强调数据信息和档案化效力属于同一类别或领域,后者意味着数据信息和档案化效力缘于同一目的或指向同一对象,如以存在犯罪记录为由禁止个体或团体进行纯粹私域的市场活动,显然不尽合理。

其次,在数据档案化过程中建立均衡的权利义务分配机制。在智能化的数字时代,政府、企业(营利组织)与个人的分野日渐明显,也就需要按照三者的收益和风险,延循权责一致与合理差别的理路,形成迥异的价值标准和行为规则,以此改变数据档案化带来的三方力量对比。(1)广义上的政府负有监管职责和救助义务,自身也掌握着大量的数据信息和数字技术,同时还肩负着推进社会智能化进程的主要任务,因此在数据档案化过程中,政府一方面需要适用开放原则,提高数据和数字技术之于社会成员的可获取性;另一方面则应当坚持民主原则和平等原则,尽可能打破"信息孤岛"和"数字鸿沟",减少智能化社会革新对社会成员的伤害,

[1] 参见韩大元:《完善人权司法保障制度》,载《法商研究》2014 年第 3 期。

并逐步形成行之有据的监管机制。(2)行使社会权力的重要社会组织,典型是商业领域中那些垄断性或主导型大公司,它们既是数据档案化的重要动力,也是数字化时代新型不平等的主要推手,以致"促进了监视资本主义的蔓延,使得已适用千百年的正义原则日趋消亡"。[1] 在"以隐私换便捷"普遍盛行的背景下,有限原则与透明原则之于规范数据档案化就显得尤为重要:前者强调数据共享与数据集合的有限性,如更加严格的脱敏规则和匿名规则,以限制"数据撞库",避免数据被无限档案化;后者则意在应对"算法黑箱"和"算法歧视"的泛滥,消减企业在资源分配、社会评价等方面的实质性权力,进而规范档案社会化的过程。(3)作为个体的社会成员虽然是数据资源的创造者,但却时常面临"权利—义务"失衡的局面,在数据档案化过程中遭受多方面的权利威胁和身份歧视。由此,一方面需要对强势主体(政府机构和企业组织)施加更为严格的责任和归责原则,另一方面则应当在权利内容和救济机制方面向社会成员倾斜,如优化同意机制、拓展救济路径、完善举证规则等。

再次,改善智慧时代的数字服务。目前而言,数据档案化往往以公共服务为名,而智慧社会的公共服务质量又是以权力位置和利益格局为判定基准的,这也就一定程度上导致公共服务的实质不平等,尤其是对于大部分社会成员而言,智慧化和数字化的公共服务革新反而可能降低其接受服务的质量。据此,数据档案化中的权利保障还应当与改善数字化公共服务结合起来,从两方面予以完善:(1)加强设备建设和技术指引,为提高智慧服务的普及性和便利程度提供有力的支持。这一措施旨在减少技术因素层面的社会排斥,推动社会成员共享数据档案化的"数字红利"。申言之,在智慧社会、数字强国等目标的感召下,数字化、智能化成为公共服务和行政执法的重要特征,种类繁多的交易、审核、评价开始同系统和平台关联起来。但在不断推进智慧政务的同时,亦应当注重数据开放和数据共享。(2)优化数据评价规则。数据档案化基于数据对个人进行社会评价,已成为提供公共服务的重要依据,但数据档案化不应当成为评价社会成员的唯一依据。一方面,宜将之定位为对个人行为的事实描述,作为一种参照,而非由系统自动做出唯一性结论;另一方面,还应当秉持"相关性"原则,审查数据评价的诸多要素,将与具体事务不相关的个人数据有效剔除,确保评价规则的平等性与公正性。

最后,加强数据档案化过程中的法律救济。数据档案化作为一种外部行为,在此过程中必然应注重对私主体权利的保护。由于数据是档案化的载体,档案化过

---

〔1〕 Shoshana Zuboff, *The Age of Surveillance Capitalism: Fight for A Human Future at the New Frontier of Power*, Hachette Book Group, 2019, p. 485.

程中私主体的权利保护和救济问题大多可以借鉴“信息—法律权利”的原理予以解决,如以信息权利和数据权利为理论基础,可以解决档案化数据的保护和共享问题;而从公共信息管理的角度出发,也可以解决数据档案化的安全和隐私泄露的问题。关于救济途径,我国《数据安全法》、《网络安全法》和《个人信息保护法》的“法律责任”章节,都有相应规定。

此外,需要独立讨论的一种情形是,当社会成员因档案化数据的错误而利益受损时,如何通过司法手段进行法律救济。对此尚未有明确的立法规定,需要依据《数据安全法》第7条规定予以解释、完善。解决的路径基本有二:一是完善内部救济程序。当发现档案化的数据有误时,个体或团体当然有权利提出申请予以更正。但问题在于,如何完善这一救济程序,以最大限度保证个人权利。在处理数据档案化的异议申请时,至少应明确以下几点问题:(1)对于经核实确实有误的信息,应当及时更正、更新。鉴于档案化数据的重要性,及时修正错误是保护申请人权利的基本要求,但是由于客观技术原因确实无法及时更新的,应当进行明确标注。(2)对于经核实确认无误的信息,也应当保留申请人复议和诉讼的权利。但这里必须坚持的是,复议或诉讼不影响既有档案化的效力,从而防止申请人利用司法手段掩盖不良的数据记录。(3)对于经核实,无法确认是否有误的信息,应当细致标注,并鼓励或允许申请人附注情况说明。二是明确对于数据档案化的公权力行为,可以进行行政复议或行政诉讼。一般认为,行政复议和诉讼具有平衡功能、人权保障功能和提供社会公正功能。至于公共领域的数据档案化,将其纳入行政救济和诉讼范围也是对其加以法治规约的必要手段,只不过鉴于数据档案化的普遍性和分散性,视为一个独立的行政诉讼类型似无必要。但即便如此,在探讨数据档案化的可诉性问题时,依然需要以诉讼程序的基本原理为基准,着重考虑以下3方面的问题:(1)关于当事人合格的标准。作为诉讼程序展开的基本前提,当事人适格问题始终是司法救济的主要阻碍,诸多行政纠纷以原告或被告不适格为由被拒之于司法之外,由此同时影响了行政诉讼解决纠纷的功能。具体到数据档案化,将原告限定为“利害相关人”应无异议,但因为档案化的效力具有间接性和滞后性,如何确定复议对象或行政诉讼被告,就需要根据具体的档案化行为加以更为细致的分析。(2)关于数据档案化行为的可诉性。从性质上讲,档案化行为与行政行为有可能存在范围重合,但并非重合或涵盖的关系,所以只有符合行政行为构成要件的数据档案化才具有可诉性,例如,某些仅提供查询数据的行为就不具有可诉性。(3)关于复议或审判结果。若复议或司法机关支持原告请求,档案化的主体更改信息应无疑义,但除此之外,是否还应附带赔偿损失或公开道歉等其他救济措施,仍然存有探讨的空间。

【典型案例】

2000年,利兹城市大学(Leeds Metropolitan University)保洁主管约翰斯通(Roz Johnstone)遭到了逮捕和审讯,警方的依据是一段视频监控录像。警方告知约翰斯通,录像来自安装在利兹城市大学校园内的隐蔽摄像头,该摄像头的安装目的是搜集校园内的毒品交易证据,而约翰斯通的工作场所就在摄像头的监视范围之内。但这段视频录像的实际内容和毒品交易没有任何关联,它只记录了约翰斯通和两名同事在员工餐厅喝咖啡聊天,只不过约翰斯通在其间谈到自己的上司时,讲了一些不合适的话:约翰斯通和上司之间有一些矛盾,她在喝茶时说道,如果自己在工作中再遇到什么麻烦,她的丈夫肯定会打上司一顿。约翰斯通向警方申诉:那不过是和两个同事之间的闲谈罢了,这种话谁都有可能随便说说,但学校和警方却想把事情搞大。

警方允许她保释,并告知她可能会被指控企图对上司进行严重人身伤害。之后,约翰斯通并没有受到指控,也没有引起后续的法庭诉讼。然而利兹城市大学认为,约翰斯通在工作时间未经允许喝咖啡是一种浪费,并涉嫌威胁上司,因此对她进行了停职处理。因为警方决定不再采取进一步措施,约翰斯通就停职进行诉讼并恢复了工作。但校方并未放弃自己的立场,学校发言人声明说,校方有时会针对某个特定目标进行监控,出于维护整个校园安全而使用视频监控手段是正当的。

【问题与思考】

1. 大数据时代的社会性监控,对社会治理的利弊有哪里?
2. 现阶段我国的法律法规,对公共视频监控的规范程度如何?应当如何规范?
3. 公民因档案化数据而利益受损时,如何通过司法手段进行法律救济?

Part

第三编

数字社会的法治化治理

第十一章 网络空间治理

【法律故事】

2016 年 3 月 30 日，在知乎网"你认为人性最大的恶是什么"的问答之下，罹患重病的大学生魏某某记录了自己的求医经历：他通过百度搜索"滑膜肉瘤"，第一条就显示为实际由"莆田系医院"承包的"武警二院"相关科室，这让他产生了错误信赖，导致他在耗尽钱财的同时贻误了病情。同年 4 月 12 日，年仅 21 岁的魏某某病逝，"百度推广"的竞价排名机制，亦即付费越多越能被优先搜索到指定链接的一种算法，因此被推到了风口浪尖。

竞价排名是否属于广告成为焦点："如果将竞价排名定性为商业广告，则搜索引擎服务商相应地成为广告发布者，对参与竞价的关键词负有类似主动审查的注意义务。如果违反该义务，那么搜索引擎服务商就可能因其疏忽大意而承担间接侵权的赔偿责任。反之，若不适用广告法，就意味着将竞价排名服务定性为非商业广告，适用《信息网络传播权保护条例》和《民法典》。按照相关规定，搜索引擎服务商仅承担消极的断开和删除义务，得以进入'避风港'。"[1]

为了加强对竞价排名服务的监管，2016 年 6 月，国家互联网信息办公室发布《互联网信息搜索服务管理规定》，要求醒目区分自然搜索结果与付费搜索信息；2016 年 7 月，《互联网广告管理暂行办法》公布，首次明确推销商品或服务的付费搜索广告属于互联网广告；2018 年 8 月，《电子商务法》出台，规定"对于竞价排名的商品或者服务，应当显著标明'广告'"。

网络空间又称"赛博空间"，是由遍布全球的计算设备和通信网络支撑的全新社会空间。较之原子基础上的物理性社会空间，网络空间采用以比特为基本单位

---

〔1〕 张建文、廖磊：《竞价排名服务商审查义务研究》，载《甘肃政法学院学报》2016 年第 5 期。

的数字媒介，因此呈现出3方面的基本特点：其一，社会沟通的便利性提升，人们可以随时随地交换信息，“信息过剩”、“信息爆炸”和“信息碎片化”同时发生；其二，社会沟通的虚拟性凸显，信息内容超越线性时间和物理空间的限制，“历史”与“未来”被浓缩在“当下”的时间点，“线上世界”与“线下世界”边界消失、相互交融；其三，社会沟通的去中心化态势明显，基于不同信息偏好的多元虚拟社区不断形成，进而产生尖锐的对立和相互冲突，各种社会力量都无法在不破坏网络空间开放性的前提下取得绝对权威和支配地位。[1]

受信息传播优势和“人气”效应的吸引，当代社会全盘网络化，形成了类型多样的网络空间。一方面，与线下世界“功能分化”诸社会系统对应，在线上世界，相互分离、自主运作的网络政治、网络经济、网络法律、网络传媒、网络教育、网络艺术、网络科学、网络体育等社会系统也蓬勃发展；另一方面，在这些网络社会系统内部，又再分化出占据“边缘”地位的具有业余自发性质的相应网络公共领域，以及占据“中心”地位的专业化、组织化网络空间，其中尤其典型的，则是电子商务空间。当前网络空间的治理难题，主要源于网络公共领域和电子商务空间，它们对既有的治理模式提出了重大挑战。

第一节　网络公共领域治理

一、网络公共领域的社会功能和治理目标

如前所述，网络公共领域是政治、经济、法律、传媒、教育、艺术、科学、体育等网络社会系统内部具有业余自发性质的“边缘”部分。Web 2.0 的技术发展，加速了在线互动的频繁度和网络化，带给网络用户自主性、荣誉感、参与意识、共同体观念等社会心理体验，网络社会系统的业余自发“边缘”由此得以吸引扮演不同角色的公众参与，迅速形成不同类型的网络公共领域。不那么准确地说，“微博”“推特”等构造了网络政治和网络法律公共领域，“知乎”“百度百科”等构造了网络科学公共领域，“抖音”“快手”和各类音视频网站构造了网络艺术公共领域，“淘宝”“大众点评网”等构造了网络经济公共领域，“哈佛耶鲁公开课”等构造了网络教育公共领域，“在线电子竞技平台”等构造了网络体育公共领域，“微信公众号”“秒拍”等

---

〔1〕 参见周旭：《理解赛博空间：从媒介进化论到虚拟生存》，载《学习与实践》2018年第9期。

“自媒体”构造了网络传媒公共领域。[1]

按照蒂姆·奥莱利的理解,Web 2.0 理念包含迥异于 Web 1.0(当然更迥异于互联网时代的传统媒体)的 7 项原则:以网络为平台、利用集体智慧、以数据为核心、软件发布周期终结、轻量级编程模式、软件超越单一设备、更丰富的用户体验。[2] 对应于上述原则,结合大量经验观察,互联网政治学家安德鲁·查德威克论述了 Web 2.0 技术给西方国家民主政治带来的 7 项新特征:以互联网作为政治讨论平台、源于政治性网络使用的集体智慧、数据相对于特定软件和硬件的重要性、公共领域持续不断的实验主义、基于消费主义的小规模政治参与的创造、通过众多应用进行的政治内容传播、政治性网站的丰富用户体验。[3]

但随着信息属性向政治范畴以外的拓展,网络公共领域的社会功能早已不局限于增进政治参与和提升政治民主,而是扩大为推动全社会的自我反思。网络公共领域在各社会系统内部造成“职业组织中心”与“业余自发边缘”的再分化,通过激发后者的批判潜力和创造性,推动了社会各领域趋向于合理化的自我反思。对于高度复杂的现代社会来说,网络公共领域的功能发挥意义重大。

首先,全社会的自我反思有助于划定诸社会系统的运作边界,使它们各自基于固有逻辑自主运作、加速发展。例如,中国的司法公开化改革,以及随之而来的网络法律舆论的高涨,不仅没有减损司法权威、危及审判独立,反而推动了法院地位的上升和司法权的强化,保护了法律系统的自主运作。《最高人民法院关于司法公开的六项规定》和《关于人民法院接受新闻媒体舆论监督的若干规定》颁布后,网络公众、网络媒体以及律师和法学家“博主”积极参与热点案件的公开讨论,由此产生的新型“社会声誉机制”迫使当事人考虑长远利益,提高了法院判决的执行力;由此产生的新型“公众强制机制”增加了地方政府干预行政诉讼的困难和其他公关成本,强化了司法权约束行政权力的实际能力和意愿。

其次,全社会的自我反思有益于矫正诸社会系统的扩张主义倾向,防止它们相互侵犯体制的完整性,以及威胁人的身心完整性。互联网之于诸多传统行业的颠覆性效果,就是根源于网络公共领域的自我反思力量:分享商品信息的网络消费者

---

[1] 本节主要参见陆宇峰:《中国网络公共领域:功能、异化与规制》,载《现代法学》2014 年第 4 期;陆宇峰:《信息社会中的技术反噬效应及其法治挑战》,载《环球法律评论》2019 年第 3 期。

[2] See Tim O'Reilly, *What Is Web* 2.0?: *Design Patterns andBusiness Models for the Next Generation of Software*, International Journal of Digital Economics, No. 65 (2007 March), p. 17 – 37.

[3] See Chadwick, Andrew, *Web 2.0: New Challenges for the Study of E-Democracy in an Era of Informational Exuberance*, I/S: A Journal of Law and Policy for the Information Society, Vol. 5, No. 1, 2009, p. 19.

改变了经济系统的定价机制,要求企业更加注重中小市场参与者的数据分析,真正面向多元的顾客需求和无法操纵的市场;微博、微信公众号、今日头条等日复一日地生产海量新闻、形成舆论热点甚至设置公共议题,迫使传统媒体改革形式、更新内容、回应民意,不再简单地充当宣传工具或者资本的“传声筒”;网络“恶搞”文化对诗歌、小说、电影、电视剧进行再创作,实际上构成文艺批评的新形式,就连知名作家和大牌导演都不得不予以重视;网络环保主义者有力地塑造了公众的环境意识,“邻避运动”风起云涌,污染企业在抗议声浪中四处搬迁;越来越多的网络课程增加了人们的学习时间,动摇了学校在教育领域的垄断地位,照本宣科的教学逐渐方式退出课堂;婚恋和交友网站扩大了择偶范围,年轻人的交往进一步冲破家庭的束缚和地域的限制,以爱情为基础的婚姻有望实现……

再次,全社会的自我反思动摇了不合理的既有社会规则。这些规则以往由占据诸社会系统中心的专业化、组织化力量制定,其对基本权利的侵犯尽管在个人的生活历史中留下了痛苦记忆,但长期作为无可逆转的命运被无奈接受。运作的惯性削弱了社会系统的反思能力,除非社会系统在极度膨胀后彻底崩溃,否则其基本规则的合理化进程不会开启。后现代主义的解构叙事对此有所揭示,唤醒了对于无所不在的社会枷锁的感悟,但其提供的唯一反抗方法只是自我放逐;大量人口仍然被自主运转的社会系统“排除”,或者沦为形式平等的牺牲品,或者沦为福利救济的对象;包括经济在内的社会系统周期性地陷入崩溃,不仅造成无可估量的资源浪费,而且总是伴随对弱势群体的洗劫和残酷的“马太效应”。

最后,社会的自我反思带来了人权保障的新希望。对于陷入“加速发展螺旋”的各种社会系统来说,网络公共领域为其崩溃风险提供了预警机制,“触底反弹”的恶性循环可能走向终结;对于那些因历史原因遭遇“排除”的个体来说,网络公共领域为其提供了修正机会,使之可能被社会系统“再涵括”,有效参与现代化的进程;压抑多时的利益需求和价值诉求一旦释放,社会各领域的利益格局都将面临重新洗牌,更加公平地再分配将从根本意义上展开。从法律层面讲,所有这一切,意味着在更大范围内落实以自由、平等、尊严为核心的人权。

然而,进入 Web 2.0 时代以后,网络公共领域在认知、对话、行动三个层面均出现了一定程度的异化现象。网络公众一是在免于信息封锁的同时遭受不良信息的腐蚀,不仅基于阴暗心理的行动发生病毒式传播,而且由于群体无意识的作用,更加易于丧失自控力和辨别力;二是在面对信息爆炸遭遇信息的选择性供给,不仅难以展开理性商谈,而且由于既有偏见的不断强化,情绪宣泄现象日益严重;三是在成为信息提供者的同时沦为无偿的信息工人,不仅在互联网企业的鼓励下免费生产信息，而且由于“点击率”法则的导控，时常相互侵害名誉和隐私。他们无法促进诸社会领域的合理化，却致力否定现有秩序；无法抵御诸社会系统的负外部性，却试图解构所有组织形态、专家声誉和专业知识；无法就现实的问题解决方案达成共识，却成功地塑造了无条件对抗一切权威的意识。

异化的网络公共领域可能危及社会整合甚至政治支配，但其根本的治理难题并非秩序的混乱，而是推动社会自我反思之功能的丧失。较之钢筋水泥架构的物理空间，信息技术架构的网络公共领域容量之大，很大程度上消解了秩序问题。比较而言，如果有人在车站、码头、机场、剧院、商场等公共场所“起哄闹事”，乘客、顾客是无法立即离开现场的，秩序的混乱往往使他们无可选择地成为被动受害者；相反，如果有人在网络公共领域“起哄闹事”，网民可以马上关闭网页甚至关闭计算机，“围观”则是其主动的选择。换言之，“公共场所”所具有的“开放性”特征，实际上是“受限于物理空间容量的可进入性”；而网络公共领域的“开放性”，则是“无限的可进入性”。因此网络公共领域的治理目标，不在于维持其社会秩序，而在于消弭其异化现象，恢复和保障其社会功能。

二、网络公共领域的运作逻辑和法治挑战

在 Web 2.0 环境下，那些提供信息交互平台的互联网企业日益主导网络空间的基本架构，它们基于自身利益最大化的考虑进行技术设置，造成了网络公共领域独特的结构风险，应该为网络公共领域的异化现象负责。这些互联网企业尽管自诩只是“平台提供者”，但其技术设置在便利符合自身利益的信息传播的同时，也严重地阻碍了网络公共领域发挥推动社会自我反思的功能，使之沦为娱乐文化的信息剧院、山寨文化的信息作坊、消费主义的信息市场、民粹主义的信息广场、反智主义的信息狂欢节，预示着线下社会空间的基本规则重获支配地位。

例如，借助“互粉”“取消关注”“拉黑”“关闭评论”等技术设置，自媒体平台在不断吸引更多用户的同时，各种意见圈子的规模和封闭性也在增长，形成“信息茧房”并产生“回音壁”效应，就事论事的温和观点陷入“沉默螺旋”，言论自由由于“群体极化”失去理性协商意涵；[1]电商滥用“大数据”记录和分析消费者偏好，不断推销符合消费者既定偏好的商品，潜在地剥夺了消费者的选择权，削弱了消费者的商品批判能力；网络论坛为了提高点击率，放任隐私甚至诽谤信息的传播，默许

---

〔1〕 参见［美］凯斯·桑斯坦：《网络共和国》，黄维明译，上海人民出版社 2003 年版，第 50 页以下。

“人肉搜索”和其他类型的群体宣泄,或者直接与“网络推手”和公关公司联合,靠侵犯公众知情权的虚假宣传和“删帖”服务牟利;[1]搜索引擎采用“竞价排名”模式,网页优化技术(SEO)变得毫无意义,虚假广告、欺诈信息、钓鱼网站获得更高排名,网络公众遭受严重误导,寻医问药者甚至被危及生命;电子文库和视频网站借口“信息分享”、“平台开放”和“技术中立”,变相鼓励用户上传侵犯知识产权的书籍、图片、电视剧、电影,并利用“避风港规则”规避法律责任;[2]网络游戏色情、赌博、暴力泛滥,未成年人“沉迷”现象严重,电子竞技运动走向衰落;“网络民科”抢占“贴吧”“博客”“百度百科词条”阵地,以毫无科学精神的方式宣扬伪科学,鼓吹“科学大跃进”。

应当认识到,网络行为的基本模式,在很大程度上是由互联网技术设置决定的,无关网络公众自身的素质和意愿。只要网络游戏企业开发游戏币、鼓励游戏装备交易,玩家就难免沉溺其中;只要“粉丝”数量等同于信息传播范围,博主就必须尽可能迎合大多数人的偏见,或者对“平庸”观点保持沉默;只要被下载次数与积分挂钩,进而与下载的权利挂钩,用户就可能不断上传盗版或者色情作品;只要购物网站根据大数据分析推荐同类商品,消费者就难以改变根深蒂固的消费偏好,建立“低碳”生活理念。尤其以各种在线社交平台为例,如果不采取将合理理由、论理质量纳入评价指标的技术措施,使较高质量的意见和建议能够经由“推荐”得到更多倾听,那么用户就不可能呈现所谓“公民品格”和“理性精神”。反过来说,如果互联网企业不改变技术设置,所有直接约束网络行为的方法都难以起到应有的作用:“文明上网”的频繁宣传可能招致反感和“言论控制”的怀疑;“实名制”难以促成声誉监督机制的运转,其潜在威胁无非迫使一部分人退出,另一部分人依然我行我素;网络社区的自治规范约束不了影响力巨大的特殊用户,这些用户的行为可能不符合公共道德的要求,但在两种意义上恰是互联网企业的利益所在——一方面,他们贡献了点击率,提升了网络活跃度,带动了广告收入的增长;另一方面,成功赢得关注的事实本身就表明,他们的行为充分利用了互联网企业的技术设置,符合网络公共领域的“真实规则”。

进言之,网络公共领域正在发生一种信息技术的“反噬效应”。“信息过剩”和“信息爆炸”作为信息技术高度发展的必然结果,本身无可非议。但信息技术还有另外一面:由于与网络社会空间尤其是网络公共领域存在根本意义上的结构性关联,各种信息技术实际上决定了特定信息的岛屿在信息海洋中的选择性呈现。在

〔1〕 参见胡凌:《商业网络推手现象的法律规制》,载《法商研究》2011 年第 5 期。
〔2〕 参见崔国斌:《网络服务商共同侵权制度之重塑》,载《法学研究》2013 年第 4 期。

信息过剩的前提下，被滥用的信息技术有的异化了信息优化的社会结构，选择性呈现价更高、质量更低的商品或服务资讯，导致“逆向淘汰”效应；有的异化了信息监控的社会结构，选择性呈现不愿为人所知的私人言论或私人行为，导致“全景敞视”效应；有的异化了信息传播的社会结构，选择性呈现大V、大号、营销号的意见，导致“加剧排除”效应；有的异化了信息交互的社会结构，选择性呈现“朋友圈”容易共同接受的观点，导致“异议阻却”效应。

值得注意的是，被滥用的信息技术并非“反噬”所有社会部门和社会群体。一方面，少数社会主体从异化的信息社会结构中获益，互联网企业得到了商业利润，公共部门提升了支配能力，新媒体精英的话语权力日益扩大。法律尤其应当聚焦互联网企业，它们既是信息技术的开发者、使用者、控制者，又是信息技术反噬效应的根源；它们即便并非直接借此牟利，也没有对此施加限制的天然动力。另一方面，在网络公共领域发生异化的情况下，较之企业、政府和特定人群，普通公民的权利，特别是言论自由、人格尊严、获得物质帮助等基本权利受到了更加严重的侵害。而且，这样的严重权利侵害由于从未在线下社会的类似情境中出现，往往溢出现行法，给互联网企业留下了法律规避的空间。有鉴于此，必须借助对现代法治原则的深刻理解，填补网络空间的实质性法律漏洞，以抑制互联网企业滥用信息技术的行为，防止其异化网络公共领域的合理结构。

更深层的问题在于，面对互联网企业借助信息技术人为建构的全新社会系统，面对因互联网企业滥用信息技术而发生异化的网络公共领域，坚守几百年来在非网络空间中确立的现代法治原则可能遭遇三方面的特殊困境。[1] 这是信息技术反噬效应带给现代法治的全新挑战，表明“头痛医头、脚痛医脚”的法律漏洞填补远远不够，或者说远远没有正确估计事情的难度；只有积极探索全新的法律模式，才可能成功规训互联网企业，真正实现网络公共领域的法治化。

一是治理权力的再分散化困境。现代法治在其初生之时，就摧毁了家族、等级、庄园、行会、教会、社团等“中间制度”，收回了这些弥散的社会结构的法律创制和法律适用之权，主张国家法律对全体公民的直接支配。[2] 但网络空间及其公共领域的法治化，不可能以拆除作为中间制度的互联网企业及其所建平台为前提，否则这个奠基在计算机代码之上的社会就不复存在了。与此同时，在网络公共领域

---

〔1〕 参见[德]贡塔·托依布纳：《魔阵、剥削、异化——托依布纳社会法理学文集》，泮伟江、高鸿钧等译，清华大学出版社2012年版，第154～182页。

〔2〕 参见[德]贡塔·托依布纳：《宪法的碎片——全球社会宪治》，陆宇峰译，纪海龙校，中央编译出版社2016年版，第22页。

中,政府也不具备充分的认知资源,而这是其垄断权力、推行法治的基本前提。是故政府必须"尊重互联网内在规律……发挥互联网法多元治理的优势",[1]亦即必须倚重互联网企业这一信息技术主导者所拥有的事实性治理权力,包括通过技术设置和架构设计而掌握的准政治权力、通过规则设定和规则修改而掌握的准立法权力、通过用户权限调整等方式行使的准行政权力,以及通过处理在线纠纷而不断扩张的准司法权力。现代法治借助各种制度设计限制了政府权力,但在政府让渡权力的背景下,如何保障宪法和法律所确立的法治原则在网络公共领域有效运转,防止互联网企业通过滥用信息技术恣意行使权力?

二是政府规制的动机匮乏困境。即便政府仍然可以制约互联网企业,规范其使用信息技术和行使治理权力的行为,它有何"动机"这样做?政府组织成为现代法治的主要守护者,根源之一即在于政府与作为治理对象的其他社会权力没有共同利益,后者甚至一直构成政府开展社会治理的某种威胁。然而,在网络公共领域,政府固然试图限制某些互联网企业,防止其挑战现行政治秩序、社会秩序和主流意识形态,但若互联网企业的信息收集、保存、分析、传播、监控技术有助于巩固政治支配,政府则更可能倾向于借此提升自己的社会控制能力;考虑到互联网企业的巨大盈利空间,追求"绩效合法性"的政府也很难不屈从于财税增长的诱惑,放任其"非法崛起"。[2] 在这两个方面,政府与互联网企业的"合谋"都"有利可图",这决定了现代法治的维系必须依靠调动网络社会尤其是网络公共领域的力量,向政府施加信息技术的监管责任。进一步的悖论则是,被信息技术塑造的网络公共领域,如何可能反过来要求政府防范信息技术的风险?

三是干预决策的合理性和正当性困境。即便政府有能力也有动机限制互联网企业使用信息技术,这样的实质性干预如何可能既正当又合理?类似的主题,早已在"福利国家的法""法律的实质化"和"回应型法"的脉络下得到大量讨论,[3]涉及政府如何可能在保障经济系统有效运转的同时,抑制市场机制的负外部性膨胀,以及相应的立法如何可能与法治原则相协调,并得到公共意见的认同。但网络公共领域的情况更加复杂,对干预决策加以合理化的难度前所未有,因为政府干预不再只是关乎资源和财富"再分配",而是同时对信息技术的进步和互联网经济模式的创新构成限制,也就是限制了资源和财富的"再生产",限制了社会的发展。这

[1] 周汉华:《论互联网法》,载《中国法学》2015年第3期。

[2] 参见胡凌:《网络法的政治经济起源》,上海财经大学出版社2016年版,第72~75页。

[3] 参见[美]P. 诺内特、P. 塞尔兹尼克:《转变中的法律与社会》,张志铭译,中国政法大学出版社1994年版,第81~117页。

就是为什么除了竞价排名之外,从P2P网贷到比特币交易,政府规制一再陷入两难。干预决策的正当化也无法像过去一样高度依赖民主机制。正如“网约车与出租车之争”“阿里巴巴与工商总局之争”所显示的,享受互联网企业“免费”、便捷服务的网络公众往往意识不到信息技术的反噬效应,由此引发“公愤”的情形只是例外。[1] 一言以蔽之,在信息社会中,旨在降低风险的干预决策不仅可能带来更大的风险,而且可能得不到广泛认可,这决定了无论是专家还是民众,都难以为政府规制信息技术提供必要的支持。

三、网络公共领域法律治理的基本模式

网络社会不是区别于“现实社会”的“虚拟社会”,而是相对于“线下社会”的“线上社会”,其中实实在在地发生着社会沟通,呈现着社会后果;网络社会也不是通信手段更先进、信息传播更迅速、人际交往更便捷的社会,而是借助信息技术人为建构的另一个社会;作为信息技术的构造物,[2]网络社会及其网络公共领域拥有独特的社会结构和社会文化,以及与线下社会迥异的思维方式、行为模式和沟通形式。因此,调整线下社会的法律规范不能不加甄别地直接“移植”到线上的网络公共领域。[3] 鉴于网络公共领域的治理目标在于维护推动社会自我反思的功能,网络公共领域的异化现象根源于互联网企业通过技术设置进行的架构设计,网络公共领域法律治理的重心应当从行为向架构转移,从普通网络公众向互联网企业转移,从单纯的外部规制向“自我规制的规制”转移。

例如,由微博运营商自主设置“官方辟谣微博”和“不实信息曝光专区”,就比强行推出“微博实名制”更能有效抑制虚假信息传播,同时又不必付出侵犯公民隐私权的成本;[4]又如,要求观点对立的政治性网站和网络社区相互链接,以增加异质信息的传播和不同意见的理性讨论,不仅无损公众的言论自由,而且比惩罚发表激进观点的网民个人更能防止群体极端化;再如,数字权利管理技术(DRM)可以

---

〔1〕 参见陆宇峰:《“稳健务实型”网络法律舆论的兴起》,载马长山等:《社会建设与法治发展年度观察报告2014—2015》,法律出版社2016年版,第169~196页。

〔2〕 “代码的规制”,参见[美]劳伦斯·莱斯格:《代码2.0:网络空间中的法律》,李旭、沈伟伟译,清华大学出版社2009年版,第93~172页。

〔3〕 有学者甚至认为,“全球信息化技术的迅速发展……将使18世纪工业革命以来围绕能量与物质构建的法律秩序向围绕信息构建的法律秩序全面转型”。余盛峰:《全球信息化秩序下的法律革命》,载《环球法律评论》2013年第5期。

〔4〕 参见韩宁:《微博实名制之合法性探究——以言论自由为视角》,载《法学》2012年第4期。

在很大程度上控制数字环境下的内容使用,通过法律合理规制数字化作品经销商的技术实施,远比"严打"盗版用户或者简单地提供司法救济更有助于保护版权人的合法权益。[1] 一言以蔽之,网络公共领域法律治理应当避免侵犯公众在 Web 2.0 技术条件下落实的宪法基本权利,重视向互联网企业强加监管责任,积极探索政府与企业"公—私"合作的新型法律治理模式。[2]

互联网经济日益被少数企业主导的现实,也迫使网络公共领域的法律治理发生模式转型。经过多年的残酷竞争,一些互联网巨头在全国乃至全球范围内脱颖而出,并逐渐通过"对内容、服务、应用、操作系统、硬件终端,甚至是管道的垂直整合","排他地向用户提供一站式服务"。[3] 与此同时,由于我国在互联网领域实行严格的市场准入管制,大量中小互联网企业被排除在许可之外,后进入的企业不仅处于不利的资本市场竞争地位,以及受制于高科技行业特有的知识产权"差序格局",而且因为难以获得"牌照"而面临巨大的政策和法律风险。[4] 在市场准入管制短时间内难以松动的情况下,主导网络架构的企业数量可能越来越少,其规模和影响力可能越来越大。这种发展趋势一方面便利了开展"公私合作"的网络治理,另一方面也要求国家强化对大型互联网企业的法律治理。

尤其值得注意的是,Web 2.0 网络公共领域有力地冲击了既有社会规则,甚至全面地解构了既有社会秩序,难免遭遇保守势力的围追堵截。在这种局面下,"公私合作"可能沦为"公私合谋",以致反而加剧了网络公共领域的异化。因此,"公—私"合作首先要求更高程度的公开透明,其基本规则应当通过立法形式确定下来,接受公众舆论基于宪法基本原则的检验。其次,鉴于"电子执行"的极端彻底性,互联网企业基于"数字法"的私人管理行为可能更为严重地侵害网络公众的合法权益,应当严格限定在法律明确授权范围内进行,防止公权力借助互联网企业的技术手段对网络公共领域实施不当干预。再次,权利救济方面,互联网企业不得利用点击生效的电子协议等手段排除用户的申诉权利,对于用户与互联网企业之间基于私人管理关系产生的纠纷,互联网行业组织应当积极探索各种解决机制,法院更应保障相关的诉讼权利。最后,互联网企业的技术设置还应当有助于经由网

---

〔1〕 参见王迁:《论网络环境中的首次销售原则》,载《法学杂志》2006 年第 2 期。关于数字权利管理技术的滥用, See Lawrence Lessig, *Re-crafting a Public Domain*, 18 Yale Human Rights & Development Law Journal 62 (2006)。

〔2〕 参见[德]贡塔·托依布纳:《魔阵·剥削·异化——托依布纳法律社会学文集》,泮伟江、高鸿钧等译,清华大学出版社 2012 年版,第 154 页。

〔3〕 胡凌:《大数据革命的商业与法律起源》,载《文化纵横》2013 年第 3 期。

〔4〕 参见马骏等:《中国的互联网治理》,中国发展出版社 2011 年版,第 21 页以下。

民互动自主形成的自律规范的运行，亦即在架构搭建的过程中充分考虑自治元素，[1]以强化“软法”治理、减少“硬法”的不当干预。[2]

作为继形式法和实质法之后的法律治理新模式，反身法在“通过法律的自我调整推动社会调整”的意义上具有“反身性”，特别适合需要大量专业技术知识和充分自主发展空间的高度复杂的网络公共领域。反身法既不像形式法那样秉持放任主义、坚守国家/社会二分，主张政府退出监管，由网络公共领域自发形成事实上不平等的权利义务或权力责任关系；也不像实质法那样秉持干涉主义、打破公法/私法二分，将法律作为追求特定目标的工具，向网络公共领域强加专业化水平和精细化程度都远远不足的外部法律控制。反身法致力于法律与社会的共同演化，它将“程序主义”和“共建共治共享”作为基本理念，尊重网络公共领域在法治框架之下的规范自我生产。它不介入对信息技术的计划和控制，而是旨在通过构建法律“过程”和法律“关系”，达成治理制度与网络公共领域社会结构的“和谐适配”，以此增进网络公共领域的环境敏感性，激活其自治潜力。

反身法通过搭建“国家法”与互联网企业主导的“数字法”的良性互动框架，落实公私合作的网络治理理念。在反身法模式下，国家法把自身定位于帮助网络公共领域形成合理的“数字法”规则，从而发挥其促进社会自我反思的功能。具体而言，国家法一是依据宪法法律对互联网企业设定治理目标和义务、施加治理责任，坚决防止“数字法”突破法治底线；二是着力保障互联网用户的基本权利，支持包括互联网用户在内的多元利益相关方，在合理的程序框架和平等的组织框架下共同决策，通过数字法公平确定各方的权利义务；三是提供协商、谈判、仲裁、裁判的法律机制，以化解不同互联网企业之间的利益和规则冲突，抑制互联网企业相互侵犯自治边界的扩张冲动，推动数字法的理性化。

这就克服了政府认知资源的困乏难题，为网络公共领域规制与自治的功能互补提供了更具可操作性的方案：一方面，如果国家不得不让渡部分治理权力，那么法律的任务就不应当是直接规制信息技术，但必须按照法治原则为互联网企业的治理权力划出明确界限，通过提供组织规范、程序规范和赋权规范，促使它们优化治理结构、实现内部制约，有效防止它们滥用治理权力和逃避社会责任（如搜索引

---

〔1〕 举例而言，维基百科的秩序维持，一方面依靠“保留网页历史版本”“版本对比”“更新描述”“沙箱测试”“IP禁止”“页面锁定”等技术手段，另一方面也依靠经由用户互动自发产生的一系列编辑规则，以及监督执行这些规范的具有准官僚制特点的志愿管理者体系，二者相得益彰。以这种“自组织模式”，维基百科保障了多人协作、共享的有序知识生产，并且贡献了大量高质量的知识产品。参见周庆山、王亦山：《维基百科信息自组织模式探析》，载《情报资料工作》2007年第2期。

〔2〕 软法的主要功能，参见罗豪才等：《软法与公共治理》，北京大学出版社2006年版，第55页以下。

擎服务商的搜索结果干预权和消费者保护责任、信息监控服务商的安全监控权和隐私保护责任),协调它们相互之间的权力冲突;另一方面,如果实质性干预决策的合理性和正当性存疑,那么政府的任务就不应当是控制互联网企业和互联网用户的行为,但必须依据宪法法律为互联网企业设定治理目标、规定治理义务、施加治理责任(如新媒体平台增加匿名性的治理目标和缩小新数字鸿沟的治理责任),同时保障互联网用户的基本权利,支持各利益相关方在合理的程序框架和平等的组织框架下共同决策,形成公平的、负外部性最小的治理规则。至于政府规制的动机匮乏和公众对技术风险的认知匮乏,则本身就是网络公共领域结构异化和反思功能丧失的结果,随着反身法对信息技术反噬效应的有效抑制,以及信息社会自治能力的提升,完全可能不断得到改善。

第二节 电子商务空间治理

一、“电商革命”的监管挑战与理念转型

根据《电子商务法》,电子商务是指通过互联网等信息网络销售商品或者提供服务的经营活动。与此同时,该法将电子商务经营者界定为“通过互联网等信息网络从事销售商品或者提供服务的经营活动的自然人、法人和非法人组织”,科学地划分为3种类型:一是“电子商务平台经营者”,即在电子商务中为交易双方或者多方提供网络经营场所、交易撮合、信息发布等服务,供交易双方或者多方独立开展交易活动的法人或者非法人组织;二是“平台内经营者”,即通过电子商务平台销售商品或者提供服务的电子商务经营者;三是通过自建网站、其他网络服务销售商品或者提供服务的电子商务经营者。

在日益集约化、规模化的进程中,平台经营者成为电子商务发展的主导力量;作为网络经济系统的“中心”,当前的电子商务空间也主要以电子商务平台的形态存在;电子商务经济甚至呈现“平台生态化”的发展趋势,表现为众多行业性小平台依托大型电子商务平台所集聚的海量用户资源,快速打通行业上下游,改造并形成新的行业生态系统。[1] 此外,不仅绝大多数网络交易在电子商务平台上进行,网络社交、网络直播等其他网络服务提供者同样发挥电子商务平台的作用,为经营

〔1〕 参见李广乾、陶涛:《电子商务平台生态化与平台治理政策》,载《管理世界》2018年第6期。

者提供经营场所、商品浏览、订单生成、在线支付等平台服务。从功能上看,“微信”用于聊天的时候是社交网络,用于网络交易的时候则是电子商务平台,亦即“微商”销售产品的电子商务空间。正是由于这个原因,《网络交易监督管理办法》进一步规定,提供上述平台服务的“网络社交、网络直播等网络服务提供者”,应当依法履行网络交易平台经营者的义务;通过上述网络交易平台服务开展网络交易活动的经营者,应当依法履行平台内经营者的义务。

电子商务的兴起从根本上改变了现代商业模式,给经济社会发展带来了巨大变革。这主要是因为,较之传统的商业场所,电子商务空间具有以下5个特征:一是虚拟性。电子商务活动在计算机模拟的环境下进行,网店并不对应线下的商铺,无须占据物理空间;网购商品通常以图片、数据、网评形式展示,无法触摸体验。二是开放性。电子商务空间可以容纳各式各样的经济活动主体和类型,随着信息技术的发展,还不断发展出全新的经营业态,开拓非主流市场、形成“长尾效应”,满足数量庞大的中小参与者的需求。三是跨界性。电子商务空间跨越了国家、区域和行业等传统界限,可以更加快捷地实现经济领域的跨界交易与合作。四是传播性。在电子商务空间之中,信息传播不受时间和空间的限制,经济活动的频率和数量都呈几何级数激增,不断刺激着商业模式的创新。五是分享性。由于产业链与价值链之间的诸多中间环节被剔除,电子商务空间之中的信息不对称程度和交易成本大幅度降低,信息的分享和闲置资源的共享变得十分便利。[1]

但电子商务空间的所有特征都具有两面性,既可能提升交易效率、促进资源节约、改善服务体验、释放创新活力,也可能放纵假冒伪劣、破坏市场竞争、助长“搭便车”行为、增加纠纷处理难度、严重侵害消费者利益。随着电子商务空间的平台化发展,“电商革命”这把“双刃剑”更是给政府监管带来了巨大挑战。

一方面,面对作为全新事物的电子商务平台,“家长式”的政府监管既不具备合理规制所必需的灵活性,也不具备惩治全部违法行为的可操作性。电子商务平台以互联网、大数据、人工智能等技术为支撑,推动了市场经济活动主体地位的扁平化、行为的即时性和过程的透明化;电子商务平台掌控海量的关键生产要素,通过高效的数据采集、传输和处理系统重组劳动过程;电子商务平台还采用全新的盈利模式,以数字产品、网络广告、佣金等作为收入来源。所有这一切,都大力促进了社会生产力的发展,但也导致政府执法效益的下降和执法成本的上升,使得原有的监管体制不能适应电子商务平台的治理需要。

---

〔1〕 参见沈岿:《互联网经济的政府监管原则和方式创新》,载《国家行政学院学报》2016年第2期;李凌:《平台经济发展与政府管制模式变革》,载《经济学家》2015年第7期。

另一方面，如何在保障电子商务平台的合法经营权利和正当利益诉求的同时，督促其规范交易行为、承担社会责任、满足公共利益，是政府监管的全新课题。电子商务平台不仅是商业活动的居间者，而且已经超越中立地位，成为新的生产力的组织者和多边市场主体的管理者；在餐饮、教育、医疗、交通等商业领域，电子商务平台不仅促成了大量交易，而且承担着保障食品药品质量、保护消费者权益、维护交通安全等社会责任；市场经营主体的身份和盈利的需求，决定了平台企业的发展不可避免会涉及私人利益与社会公共利益的交织。[1]

鉴于此，电子商务空间治理应当聚焦平台，确立全新的监管理念。[2]

一是适度监管理念。电子商务一旦形成一定规模，政府就不能放任平台的无序发展，市场的自发性、盲目性以及经营者普遍存在的机会主义，都可能对经济秩序造成破坏。但平台经济生机勃勃、日新月异，政府监管面临认知和规范的双重困境，如果过度严格，可能既付出了巨大的执法成本，又不能得到良好的执法效果，还将抑制商业活力和创新创造。因此，就电子商务空间治理而言，只要市场和社会能够发挥作用，政府监管就不宜介入；在政府监管目的正当且确需介入之处，也应当遵循比例原则，考虑手段的适当性、对称性和必要性。

二是有效协同理念。在放松政府监管的同时，应当充分发挥企业、行业组织和社会组织的各自优势，形成电子商务平台的公私共治体系。不同平台经营者往往根据各自的特性，制定调整其与平台内经营者、平台内经营者以及消费者关系的自治规范，应在承认其效力的同时，解决其民主性匮乏和负外部性凸显等弊端；行业组织应按照章程具有行业自律，建立健全行业规范，推动行业诚信建设，监督、引导平台经营者公平参与市场竞争；消费者协会等社会组织应当通过向消费者提供信息和咨询服务、参与制定有关规则、参与行政部门的监督和检查、向媒体曝光损害消费者合法权益行为等方式，对电子商务进行社会监督。

三是技术治理理念。在电子商务空间中，数量庞大的平台内经营行为不可能主要依靠法律规则和法律制度施加控制，通过验证、痕迹追踪、信息筛选、加密等手段实现的内嵌于代码之中的网络技术规则，以及平台经营者利用信息技术塑造的网络社会架构，更能有效维护良好的市场秩序。电子商务空间治理应当高度重视技术治理，但与此同时，也必须充分认识到基于代码的技术治理并无“中立性”，而是天然地倾向于交易效率的提升和平台利益的最大化，必须依靠法律价值特别是法治原则对技术治理加以价值引领和底线限制。

---

〔1〕 参见陈兵：《互联网平台经济发展的法治进路》，载《社会科学辑刊》2019 年第 2 期。

〔2〕 参见沈岿：《互联网经济的政府监管原则和方式创新》，载《国家行政学院学报》2016 年第 2 期。

四是信用治理理念。由于交易范围扩大到了跨地域的陌生人之间并以非面对面的方式进行,从电子商务诞生的那一刻起,信用就具有特殊的重要性。加强电子商务领域的诚信体系建设,着力解决电子商务交易各方信任缺失问题,有利于降低交易成本,更好地发挥电子商务在促进大众创业、万众创新中的重要作用,为我国经济持续健康发展和全面建成小康社会提供重要支撑。鉴于此,电子商务空间治理应当一方面完善信息披露制度,加强信息监管;另一方面积极运用大数据技术,在对信息进行归纳的基础上评价信用等级,开展信用治理。[1]

二、电子商务的中国实践与法律发展

20 多年来,中国的电子商务实践以及相应的法律发展可以分为三个阶段。[2]

1. 电子商务的兴起阶段(20 世纪 90 年代中后期至 2005 年)。这一阶段,除了主要门户网站推出电子商务业务之外,企业与消费者之间的电子商务(Business to Consumer,B2C,以"当当网"为代表),企业与企业之间的电子商务(Business to Business,B2B,以"阿里巴巴"为代表),消费者与消费者之间的电子商务(Consumer to Consumer,C2C,以"淘宝"为代表),以及线上与线下相结合的电子商务(Online to Offline,O2O,以"大众点评"为代表)都纷纷出现。这一阶段的相关立法以填补法律漏洞、促进产业发展为主要目标:一方面,国家立足于电子商务的特殊性制定法律法规,扫清电子商务发展面临的法律障碍。比如我国第一部电子商务立法——2005 年施行的《电子签名法》在确立电子签名法律效力的同时,对第三方电子认证服务实行准入制,初步解决了电子交易双方的信任问题和电子合同的成立问题,保障了交易安全。另一方面,自 2002 年起,广东、北京、上海等地陆续通过地方立法,从信息资源的建设、应用、安全保障、监督管理等入手促进本区域电子商务的发展。但在这一阶段,有限的网民数量、电子支付手段的阙如、物流成本的高企,都决定了电子商务业务不可能大规模扩张;相应地,尽管几乎没有专门的法律规制,消费者的权利意识也很薄弱,但对电子商务产业的发展并没有造成严重的负面后果。

2. 电子商务的爆发阶段(2005 ~ 2018 年)。这一阶段我国电子商务产业高速

〔1〕 参见郑智航:《网络社会法律治理与技术治理的二元共治》,载《中国法学》2018 年第 2 期;刘晗、叶开儒:《平台视角中的社会信用治理及其法律规制》,载《法学论坛》2020 年第 2 期。

〔2〕 参见鞠雪楠、欧阳日辉:《中国电子商务发展二十年:阶段划分、典型特征与趋势研判》,载《新经济导刊》2019 年第 3 期;孟兆平:《中国电子商务法立法基本问题研究》,载《学习与实践》2016 年第 5 期。

增长,标志性事件是阿里巴巴、京东等电子商务企业的海外上市。这一发展阶段的特点有三:一是相关技术不断创新。在线支付技术以及第三方支付平台的出现,解决了事关电子商务交易便捷和交易安全的核心问题;物流信息技术突飞猛进,快递企业得以大规模支撑电商物流;4G技术以及智能手机的普及促成移动电商的加速发展,助力电子商务市场向三四线城市和农村地区扩展;大数据、云计算、人工智能等新一代信息技术进一步降低了电商的运营成本,提升了电商掌握消费者购买力、购买偏好的能力。二是与其他产业全面融合。零售商品从信息家电、图书等标准化品类,扩展到了服装鞋帽、化妆品、食品、珠宝配饰等,传统零售商也不断发展线上业务;家用电器等传统制造业企业纷纷与电商平台合作或者开设自己的网店,汽车厂商加速O2O转型,为客户提供线上线下对接的"一站式"方案;生活服务类电商平台崛起,渗透到打车租车等出行服务、吃喝玩乐等日常消费,以及婚庆、保洁、洗衣等家政服务领域,遍及日常生活的方方面面;随着互联网公司向金融领域进军,以及传统金融机构的互联网化,银行、基金、保险、证券的各种金融产品和金融服务,也越来越多地采用电子商务模式。[1] 三是新的经营模式涌现。为与综合类的大型电商平台错位竞争,在母婴产品、酒类、化妆品类等细分市场出现了大量更具专业性的"垂直电商";从"微商"到"拼多多","社交电商"借助社交关系链的裂变大幅度降低获客成本,借助朋友圈的信任资本提高转化率;"内容电商"不再简单展示商品本身,而是通过展示使用场景、功能等方式传递商品的消费知识,从而引导消费者的购买行为。

这一阶段的电子商务产业开始暴露出大量问题。例如,由于主体准入把关不严、商品信息审查不力、销售行为管理混乱、信用评价存在缺陷、内部工作人员管控不严等原因,一些电子商务平台假货泛滥,甚至将售卖廉价的仿制商品当成与实体商店的竞争策略,严重侵犯同类商品经营者、商标所有人以及消费者的合法权益。又如,"刷单炒信"成为一个产业,部分电子商务经营者为了吸引更多顾客,在网络交易平台上利用"刷单"等方式炒作信誉度,获取虚假的商品销量、店铺评分、信用积分或商品评论等不当利益,侵犯消费者知情权,扰乱市场竞争秩序,损害国家信用体系的建立。类似地,搜索引擎成为电子商务的重要营销工具,尤其采用"竞价排名"技术的搜索引擎,人为地制造出"权威""热门"的假象,对消费者构成双重误导。再如,第三方支付市场在没有获得牌照许可的情况下已经达到万亿规模,一旦平台出现技术漏洞或者遭遇网络攻击,后果不堪设想;有的平台沉淀了天量资金,

---

〔1〕 参见商务部电子商务和信息化司:《中国电子商务报告(2014)》,中国商务出版社2015年版,第46~58页。

如果监管不当,与经营资金混同,可能造成极大的金融风险;有的平台则成为洗钱和信用卡套现的工具,严重扰乱金融管理秩序。[1] 此外,电商未经允许或者超越允许范围收集个人信息,借助大数据滥用个人信息,消费者饱受垃圾短信轰炸,不堪其扰;泄露甚至出售个人信息的情况也屡屡发生,给消费者造成重大损失。最后,在电子商务产业高速发展的同时,不少传统行业受到巨大冲击,比如尽管"网约车"因价格、服务优势得到较多认可,但也屡屡暴露出管理服务隐患,其在未取得道路运输经营许可的情况下迅速崛起,在2015年更是激起了出租车行业在全国范围内此起彼伏的抗议。

这一阶段国家对于电子商务仍然持大力支持态度,国务院2005年发布《关于加快电子商务发展的若干意见》,提出加快信用、认证、标准、支付和现代物流建设,形成有利于电子商务发展的支撑体系;2015年又发布《关于大力发展电子商务加快培育经济新动力的意见》,着力减少束缚电子商务发展的机制体制障碍。为贯彻落实2008年《国务院办公厅关于搞活流通扩大消费的意见》(国办发〔2008〕134号)、2009年《商务部关于加快流通领域电子商务发展的意见》(商商贸发〔2009〕540号)和2010年《商务部关于促进网络购物健康发展的指导意见》(商商贸发〔2010〕239号)等文件精神,加大电子商务等现代流通方式和新型流通模式推广应用力度,商务部还在全国范围内开展了电子商务示范工作。

但与此同时,国家也出台了一些法律和一系列部门立法,有针对性地回应实践之中的各种问题。(1)市场准入方面,2005年,为落实《互联网信息服务管理办法》,信息产业部出台了《互联网站管理工作细则》,从许可和备案审核入手加强对电子商务的监管;(2)防范支付风险方面,2010年,为规范第三方支付服务行为,中国人民银行出台了《非金融机构支付服务管理办法》及其实施细则,建立了相关市场准入制度和监督管理机制;(3)改善网络交易环境方面,2010年,原国家工商行政管理总局出台《网络商品交易及有关服务行为管理暂行办法》,明确了覆盖网络商品交易及有关服务的全过程和各环节的行为规范,专门规定了提供网络交易平台服务的经营者的义务与责任,强化了政府的监督管理职责;(4)消费者权利救济方面,2014年原国家工商行政管理总局发布《工商行政管理部门处理消费者投诉办法》,规定消费者因网络交易发生消费者权益争议的,既可以向经营者所在地工商行政管理部门投诉,也可以向第三方交易平台所在地工商行政管理部门投诉;(5)个人信息保护方面,2013年,为落实《全国人民代表大会常务委员会关于加强

---

〔1〕 参见王雅龄、郭宏宇:《基于功能视角的第三方支付平台监管研究》,载《北京工商大学学报(社会科学版)》2011年第1期。

网络信息保护的决定》,工业和信息化部出台《电信和互联网用户个人信息保护规定》,对包括电子商务经营者在内的互联网信息服务提供者收集、使用用户个人信息的原则和规则作出规定,2015 年《刑法修正案(九)》则将“出售、非法提供公民个人信息罪”和“非法获取公民个人信息罪”整合为“侵犯公民个人信息罪”,扩大了犯罪主体和侵犯个人信息行为的范围;(6)规范互联网广告方面,2015 年修订的《广告法》新增互联网广告监管条款,2016 年原国家工商行政管理总局发布《互联网广告管理暂行办法》,明确规定推销商品或服务的付费搜索广告属于互联网广告,应当显著标明“广告”,与自然搜索结果明显区分;(7)反不正当竞争方面,2017 年首次修订的《反不正当竞争法》新增相关条款,规定网络经营者不得利用技术手段,通过影响用户选择或者其他方式,实施妨碍、破坏其他经营者合法提供的网络产品或者服务正常运行的行为。

3. 电子商务的规范发展阶段(2019 年至今)。2019 年以后,电子商务产业进入规范发展的新阶段。这既因为,经过上一阶段“一事一法”的零星探索,中国逐渐形成了治理电子商务的系统方案,综合性、基础性的《电子商务法》终于出台;这也是因为,电子商务在日益成为提供公共产品、公共服务的新力量,日益成为经济发展新的原动力的同时,也给市场秩序和社会秩序带来了更多严峻挑战,迫使政府下定决心加大监管力度。首先,电商新业态风险加剧,“社交电商”假货次品泛滥、售假虚高、退款困难、虚假宣传众多甚至屡陷传销骗局,“直播电商”重表演重解说轻质量轻服务,利用违规违法内容“博眼球”,或者通过诋毁竞争对手的商业信誉和商业声誉牟取利益;其次,大数据“杀熟”花样翻新、屡禁不止,电商运用大数据精准锁定客户,使同样的商品或服务面向“熟客”“急需客”“高消费顾客”时,价格反而更贵、搜索到的结果反而更少;[1] 再次,一些电商平台为限制其他竞争性平台的发展,滥用其在相关市场的支配地位,实施“二选一”的垄断行为,限定平台内经营者只能与当事人进行交易;最后,有的第三方支付平台将支付业务与其他金融产品直接连接,在支付整体过程中嵌套信贷业务,侵犯了消费者的选择权,构成不正当竞争行为。

在此背景下,不仅《电子商务法》自 2019 年起正式实施,电子商务领域的相关法律法规也在不断完善。例如,《电子签名法》再一次修改(2019 年),规定涉及土地、房屋等不动产权益转让的合同类型、涉及供电公用事业服务的合同类型均可适用电子签名;又如,交通运输部出台《智能快件箱寄递服务管理办法》(2019 年)以

[1] 参见商务部电子商务和信息化司:《中国电子商务报告(2019)》,第 70 ~ 71 页。

规范和便利智能快件箱寄递服务，解决有关企业未经收件人同意使用智能快件箱的“懒人快递”问题和乱收“逾期保管费”问题；再如，国家市场监督管理总局出台了新的《网络交易监督管理办法》(2021 年)，对网络社交、网络直播等网络服务提供者的平台经营者身份予以确认，对不需要进行市场主体登记的情形予以具体化，对平台经营者应当记录和保存的数据内容加以细化，对以虚假或者引人误解的商业宣传从事不正当竞争的行为加以列举，同时规定了平台经营者应当对平台内经营者及其商品服务信息建立检查监控制度。

此外，为严格贯彻落实《电子商务法》的有关规定，国家市场监督管理总局等部门还自 2019 年起联合开展网络市场监管专项行动(网剑行动)，着力规范电子商务主体资格，营造良好准入环境；严厉打击网上销售假冒伪劣产品、不安全食品及假药劣药，营造放心消费环境；严厉打击不正当竞争行为，营造公平竞争的市场环境；深入开展互联网广告整治工作，营造良好的广告市场环境；依法打击其他各类网络交易违法行为，有效净化网络市场环境；强化网络交易信息监测和产品质量抽查，营造良好消费环境；落实电子商务经营者责任，营造诚信守法经营环境。2020 年的网络市场监管专项行动则将重点任务进一步扩展深化为落实电商平台责任，夯实监管基础；重拳打击不正当竞争行为，规范网络市场竞争秩序；集中治理网上销售侵权假冒伪劣商品，守住安全底线；等等。

三、迈向电子商务空间的反身型法治

与网络公共领域一样，电子商务空间的治理也适合采用反身型法治模式。实际上，《电子商务法》，就是一部反身法色彩浓厚的法律。

首先，这部法律将国家在电子商务空间治理过程中的主要责任，界定为推进电子商务诚信体系建设，营造有利于电子商务创新发展的市场环境，推动形成有关部门、电子商务行业组织、电子商务经营者、消费者等共同参与的电子商务市场治理体系，而不是对海量的电子商务经营行为加以实质性评价，进行直接管理。

其次，这部法律通过授权电子商务行业组织按照本组织章程开展行业自律，建立健全行业规范，推动行业诚信建设，监督、引导本行业经营者公平参与市场竞争，引入行业组织的自治能力和反思潜力；通过规定修改平台服务协议和交易规则，应当在其首页显著位置公开征求意见，采取合理措施确保有关各方能够及时充分表达意见，引入平台内经营者的参与能力和反思潜力；通过要求电子商务经营者全面、真实、准确、及时地披露商品或者服务信息，以及在其首页显著位置持续公示营业执照信息、与其经营业务有关的行政许可信息、不需要办理市场主体登记情形等信息,引入消费者和网络经济公共领域的批判能力和反思潜力;要求电子商务平台经营者根据商品或者服务的价格、销量、信用等以多种方式向消费者显示商品或者服务的搜索结果,以及将竞价排名的商品或者服务显著标明为"广告",则有助于排除对互联网经济系统反思潜力的负面影响。

再次,这部法律除了规定"电子商务平台经营者"应当公示平台相关信息、以多种方式显示搜索结果、区分自然排名与竞价排名、自营业务与他营业务,以及不得删除评价、不得进行集中交易、标准化合约交易和不合理限制交易之外,还详尽规定了其他各项监管义务和相关法律责任,实际上认可了平台经营者作为电子商务主要治理者的社会角色。面向平台内经营者和消费者,平台经营者掌握广泛的治理权力,包括:(1)准立法权。平台经营者制定平台服务协议和交易规则,明确进入和退出平台、商品和服务质量保障、消费者权益保护、个人信息保护等方面的权利义务,同时建立知识产权保护规则、信用评价规则、争议解决规则。(2)准行政权。平台经营者核验、登记申请进入平台的经营者的身份、地址、联系方式、行政许可等信息;采取技术措施和其他必要措施保证其网络安全、稳定运行,防范网络违法犯罪活动,有效应对网络安全事件,保障电子商务交易安全;依据平台服务协议和交易规则对平台内经营者违反法律、法规的行为实施警示、暂停或者终止服务等措施;对平台内经营者违反《电子商务法》的各种行为,如未在首页显著位置公示营业执照、行政许可、终止电子商务等信息,未明示用户信息查询、更正、删除以及用户注销的方式、程序等采取必要措施;对平台内经营者违反其他法律法规的行为,如依法需要取得相关行政许可而未取得的,销售或者提供法律、行政法规禁止交易的商品或者服务等采取必要措施;受理并处理投诉、举报,比如知识产权权利人对平台内经营者的侵权投诉,决定是否采取删除、屏蔽、断开链接、终止交易和服务等必要措施。(3)准司法权。平台经营者建立争议在线解决机制,根据自愿原则,公平、公正地解决当事人的争议。[1]

最后,这部法律还要求"电子商务平台经营者"在治理层面进一步强化与政府的公私合作,对政府部门的职权行为予以特别的协助,包括按照规定向市场监督管理部门报送平台内经营者的身份信息,提示未办理市场主体登记的经营者依法办理登记,为应当办理市场主体登记的经营者办理登记提供便利;依照税收征收管理法律、行政法规的规定,向税务部门报送平台内经营者的身份信息和与纳税有关的

---

〔1〕 参见解志勇、修青华:《互联网治理视域中的平台责任研究》,载《国家行政学院学报》2017年第5期。

信息;在发现并处置平台内经营者的违法行为,或者对网络安全事件加以应急处理、采取相应补救措施的同时,向有关主管部门报告;记录、保存平台上发布的商品和服务信息、交易信息,确保信息的完整性、保密性、可用性,并根据有关主管部门的要求和法律、行政法规的规定予以提供;等等。

除了实施《电子商务法》外,自2020年以来,政府部门主要运用《反垄断法》展开电子商务治理。这场轰轰烈烈的“互联网反垄断行动”,也应当视为反身型法治模式下的监管实践。2021年,一些平台企业因《反垄断法》第17条第1款第4项禁止的“没有正当理由,限定交易相对人只能与其进行交易”的滥用市场支配地位行为,受到监管部门的严厉处罚;另一些平台企业则被判定违反了《反垄断法》第21条关于“经营者集中达到国务院规定的申报标准的,经营者应当事先向国务院反垄断执法机构申报”的规定,未经依法申报实施经营者集中。无论是打击滥用市场支配地位行为,还是要求依法申报经营者集中,都是为了预防和制止排除、限制竞争的垄断行为,通过保护电子商务市场的公平竞争,维持和提升电子商务平台企业的自我反思能力。如果平台企业可以借助其市场支配地位迫使平台内经营者不敢进驻其他平台,或者借助非法的经营者集中达到排除、限制竞争的效果,那么它就不再畏惧来自竞争者、平台内经营者和消费者的压力,进而也就丧失了通过改善经营管理实现创新发展的动力。反过来说,电子商务领域的反垄断并不仅仅有利于保护竞争者、平台内经营者、消费者的合法权益,更重要的是,它倒逼平台企业为了赢得市场竞争而提升自治水平。

就践行反身型法治的理念而言,如果说《电子商务法》主要是起到向平台经营者赋权,并通过法律责任机制防止其“玩忽职守”的话,那么监管部门在电子商务领域的反垄断实践则指向了平台经营者“滥用职权”的问题。但在这个问题上,依靠《反垄断法》的罚款、没收违法所得等方式,甚至借鉴西方国家的强制拆分企业等手段,可能都只能起到间接、有限的效果。这一方面是因为,反垄断法擅长处理资本操纵带来的垄断,但电子商务领域的垄断,在很大程度上是数字技术发展的结果。面对主要由于技术进步导致的垄断,简单地运用反垄断法加以应对,无异于缘木求鱼,而且存在阻碍创新的风险。另一方面,传统的垄断企业最多只是由于在经济发展和民生保障方面的重要性而具有某种政治影响力,但电子商务平台的经营者却实实在在地手握治理权力,这就使平台企业的垄断变成了一个真正具有政治属性的问题。而政治问题不可能通过经济方式得到解决,并不是说,只要让某个平台企业规模小一点、市场占有率低一点、竞争对手多一点,它就能够正确行使其权力。因此,迈向电子商务空间的反身型法治的关键,还在于构造平台企业内部的权力制衡机制，推进平台企业决策的民主化，以及对平台企业的权力运行过程施加合法性甚至合宪性控制，亦即运用权力、权利和法律制约权力，[1]进一步提升电子商务空间和整个网络经济系统的自我反思能力。

【典型案例】

2019年6月，上海市市场监管局依据《反垄断法》对上海食派士商贸发展有限公司（以下简称食派士）涉嫌滥用市场支配地位行为开展调查。2019年8月，上海市市场监管局依法决定对食派士正式立案调查。经查，食派士为互联网餐饮外送平台，主要向用户提供英语餐饮外送服务资源信息以及餐饮外送服务，经营模式为通过网页、手机APP“食派士”（Sherpa's）等互联网媒介连接用户与线下餐饮企业，并提供服务。2017年1月至2019年10月，食派士利用其在上海市提供英文服务的在线餐饮外送平台服务市场的支配地位，对平台内合作餐厅商户提出“二选一”要求，与所有合作餐厅商户签订含有“排他性送餐权条款”规定的合作协议，并通过制定实施“独家送餐权计划”等形式，要求合作餐厅商户立即停止与其他竞争对手平台合作，否则将从食派士平台下架该商户。调查表明，食派士通过实施上述“二选一”行为，锁定了相关市场内大量合作餐厅商户资源，严重削弱了竞争对手的竞争能力，损害了平台内商户和消费者利益，具有明显的排除、限制竞争效果，且没有正当理由，构成《反垄断法》第17条第1款第4项禁止的“没有正当理由，限定交易相对人只能与其进行交易”的滥用市场支配地位行为。综合考虑食派士违法行为的性质、程度和持续时间等因素，依据《反垄断法》第47条、第49条，《行政处罚法》第27条之规定，2020年12月25日，上海市市场监管局依法做出行政处罚决定，对食派士处以2018年销售额3%的罚款，合计人民币116.86万元。

【问题与思考】

1. 网络公共领域治理给现代法治带来了哪些挑战？
2. 电子商务空间治理应当确立哪些全新的监管理念？
3. 如何理解《电子商务法》的“反身法”色彩？

---

[1] 参见刘权：《网络平台的公共性及其实现——以电商平台的法律规制为视角》，载《法学研究》2020年第2期。

第十二章　平台治理

【法律故事】

网约车早期采取价格补贴手段,培养了用户对平台的高度黏性。当网约车平台通过资本血拼、合并收购进入市场垄断阶段后,就转而推出“动态定价”的机制。这一机制在2014年由优步(Uber)率先发起,结合“时间—空间”双维度,在早高峰、下雨天、商业中心等场景中,系统会自动生成不同涨幅的车费,用高价吸引司机,减少彼时彼地的乘客数量。

网约车平台采取动态定价后,引发了用户打车难、打车贵一系列问题。2012年,美国纽约遭遇飓风袭击时,打车价格提高了1倍。2014年,澳大利亚悉尼市遭遇劫持事件时,打车价格瞬间涨到之前的4倍。对此网友评论,“比恐怖袭击更让人寒心的是优步的趁火打劫”。

第一节　平台的概念及外延

全球最大的出租车公司优步(Uber)不拥有车队,全球市值前十的零售商阿里巴巴不保有库存,短租领域的霸主爱彼迎(Airbnb)不经营自有房屋。这就是交易平台蓬勃发展的一个缩影。互联网交易平台用了不到10年时间已经成长为新的巨头:互联网平台企业用了10年时间就占据了全球市值前十中的7席。让人难以想象仅仅10年前,还只有微软一家科技企业跻身其中。平台企业正无孔不入地渗透进我们的日常生活场景。大数据和物联网的背景下,智能测定技术(smart metering)会把所接触到的物品上传至云端,每个人都成为“量化的自我”。算法权力并不把真实生活中的“人”当作主体,而是将我们每个人看成是可计算、可预测,以及可被数据度量的客体。[1]“大数据技术虽然使个人变得越来越透明,但也使通过智能化算法的权力行使者变得越来越隐秘”。[2]

一方面,网络交易平台不受物理疆域的限制并具有技术上的架构优势,因而给传统意义上政府主导的规制带来了巨大难题;另一方面,网络交易平台自我建构了一个规范闭环,对于进入平台交易的主体均有规制效力。因此在对平台治理进行讨论时需要兼顾自我规制与政府规制两个面向。

一、平台的概念

虽然网络平台是一种新生事物,“平台”是一个相对新鲜的语词,但是现实中各种以“平台”之实运行的主体早已存在。平台似乎是一个“看到即能识别”的产物,学者们众说纷纭的概念定义却让其显得越发模糊。“平台”一词被广泛使用在管理学、产业经济学等领域,指由企业运营的、由若干基础服务支撑的交易空间和生态系统。“平台”最通用的形式是两类或两类以上不同的用户通过一定方式交换信息、商品与服务的场所,这种场所既可能是线上的数字场所,也可能是线下的实体市场。伊文斯曾经以银行卡交易系统、房屋中介公司、旅行服务中介公司等为例,试图阐明平台这种“交互作用”的运行方式。[3]平台是一种商业模式,该模式下平台的外部参与者与消费者可以进行创造价值的互动与交流。平台的核心价值在于连接,利用技术将人、机构与资源连接在一起。

罗切特和梯若尔提出,“连接两组或多组不同类型的客户群体,为不同类型客户之间的交互作用提供平台服务的企业称为平台企业,平台企业所处的市场称为双边市场”。[4]阿姆斯特朗则认为平台的含义是:双边市场是指有两组参与者需要通过平台进行交易,一端的参与者数量越多,对另一端参与者的价值越大。[5]网络平台在短时间内的迅猛发展与平台自身的网络效应与规模经济息息相关,这

[1] 郑戈:《算法的法律与法律的算法》,载《中国法律评论》2018 年第 2 期。

[2] 郑戈:《在鼓励创新与保护人权之间——法律如何回应大数据技术革新的挑战》,载《探索与争鸣》2016 年第 7 期。

[3] David S., Evans, *The Antitrust Economics of Multi-Sided Platform Markets*, Yale Journal on Regulation 20.2(2003).

[4] Jean-Charles Rochet and Jean Tirole, *Two-Sided Markets: A Progress Report*, The RAND Journal of Economics 37.3(2006), p. 645 - 667.

[5] Mark Armstrong, *Competition in Two-sided Markets*, The Band Journal of Economics, Vol. 37 (2006), p. 668 - 691.

种特点使得市场向少数大公司进行集中。[1]

胡凌等学者将平台称为“基础设施”，认为其已逐渐演化成为一种允许大量创新实现的技术与商业服务的底层架构。平台基础服务的出现是为了处理大量“无组织的”生产性资源，它是数字经济演化的内生结果。数字平台的基础服务可分为以下几类：技术服务、数据储存/分析、支付/结算、物流、认证、信用评价、金融服务、纠纷解决与行为管理/调控，不同平台间的基础服务提供呈现异质化的特征。[2]资源、数据、算法和基础服务构成了平台的4个基本要素，从而影响到平台企业的内部治理与外部监管。

二、平台企业的类型化

双边市场或多边市场具有间接网络外部性的特点，可以区分为不同亚型。阿姆斯特朗将其区分为“成员型”（准入）双边市场和“交易型”（使用）双边市场，伊文斯等学者则进一步提出将多边市场划分为市场制造者、受众制造者和需求协调者三种类型。“市场制造者将对交易感兴趣的两个不同群体汇聚起来。他们提高了匹配的可能性，并降低了搜索成本。”受众制造者将广告商和受众匹配起来。软件平台、操作系统和支付体系可以被定义为需求的协调者。“他们既不进行销售交易，也不买卖‘消息’，但协调用户的需求以避免重复成本。”[3]

国内一些学者将平台分为网络媒介平台与网络交易平台。[4] 网络媒介平台与传统意义上的报纸、电台相类似，用户主要是通过平台发布信息，以脸书（Facebook）、微博为代表。而网络交易平台则是撮合买卖双方的交易，为交易双方提供交易所需的“场所”与设施，以亚马逊、淘宝、滴滴等为代表。当然网络媒介平台在满足一定条件时也可以向网络交易平台转换，但这种转换必须以法律关系上的转换为依据。[5] 而网络交易平台与网络媒介平台引发的问题却与所需要承担的责任是非常不同的，媒介平台涉及更多包括对言论自由、隐私信息的审核等，而交易平台则主要涉及交易安全、产品与服务质量等问题。

---

〔1〕 Mark Armstrong, *Competition in Two-sided Markets*, The Band Journal of Economics, Vol. 37 (2006), 668 – 691.

〔2〕 参见胡凌：《从开放资源到基础服务：平台监管的新视角》，载《学术月刊》2019年第2期。

〔3〕 陈永伟：《平台经济的竞争与治理问题：挑战与思考》，载《产业组织评论》2017年第3期。

〔4〕 参见杨立新：《网络媒介平台的性质转变及其提供者的责任承担》，载《法治研究》2016年第3期。

〔5〕 参见杨立新：《利用网络非交易平台进行交易活动的损害赔偿责任》，载《江汉论坛》2016年第1期。

综合各国法律规范中对平台的类型划分，可以区分为纯粹的信息传输平台；用户生成内容的平台、视频分享平台，以及有分享功能的网络存储平台等具有去中心化的设计与分布式存储架构的文件分享平台，如新浪爱问、快播、Napster、Grokster；以及电子商务搜索平台与如 Apple Store 等应用程序分发平台。针对不同类型的平台，则享有不同的治理框架与治理强度。

三、平台企业的特征

（一）同边与跨边网络外部性

平台企业具有用直接网络效应与间接网络效应吸引交易量、以高效的搜索匹配能力降低交易成本，以及兼具企业与市场双重属性等特点。梅特卡夫定律（Metcalfe's Law）也可以用来解释交易平台的网络效应：网络的价值等于网络节点数的平方，随着网络用户数量的增加，网络价值呈指数级增加。[1] 平台最核心的作用在于通过搜索匹配降低交易成本。搜索成本可以说是社会的无谓损失，而降低搜索成本则会提高社会整体的潜在福利。当然在这一过程中，交易平台也可以从中获利：因为交易平台在双方用户进行需求匹配的效率越高，能够吸引到的用户数也就越多。既然搜索匹配如此重要，那么平台牢牢掌握着信息收集、处理等的"权力"也就不足为奇。可以说数据与信息是平台企业的核心资源。

（二）用户归属的复杂性与参与黏性

平台提供了社会互动的机会，例如淘宝上的消费者会受其他消费者发表的积极评价的影响，从而提升购买意向。平台吸引流量的办法有很多种，搜索、资讯聚合、支付场景，对应的都是用户需求，体现为对信息和支付的需要。一旦流量形成，两端用户就形成了惯性与黏性，这时交易平台可以反过来影响资金流向与用户选择。由于流量呈现向主要平台集中的趋势，这些平台也因此变成了新型、极富吸引力的广告入口。

---

〔1〕 See Hendler, James and Jennifer Golbeck, *Metcalfe's Law*, *Web* 2.0, *and the Semantic Web*, Web Semantics: Science, Services and Agents on the World Wide Web 6.1 (2008): 14-20.

(三)企业与市场的双重属性

平台的另一显著特点是兼具企业与市场的双重身份。大量平台服务协议可能增加用户的义务,限制其基本权利,但法律制度却难以直接干预这种看似是平台与用户双方“合意”的契约。阿里巴巴一方面依照《公司法》以及相关规定进行登记注册,另一方面已经开始主导式地替代一些传统上由政府履行的公共管理职能。若作为商业主体的平台减少了对市场中规制活动的投入,投资者可能因市场中充斥着虚假信息、名实不符的商品以及层出不穷的欺诈行为等对其所在的市场丧失信心,从而威胁到平台企业的品牌价值。

四、作为组织形式的平台

在平台企业演进的过程中,逐渐从一种商业模式演进到组织形态。不但出现了企业的平台化、平台生态系统,甚至也有许多学者开始讨论政府的平台。信息技术发展带来的“平台革命”开始改革政府公共管理的方式,逐渐催生出平台型政府的新型组织方式。平台型政府,是指政府通过汇集内部的各种政务数据和信息,以统一界面的方式提供“一站式”服务的管理模式。[1] 依托传感器、摄像头、智能终端等物联网和大数据分析技术,政府的治理方式逐渐从“自动售货机”转变为“购物中心式”的精细化治理。在一定意义上,平台型政府实现了一种关于“数据库国家”的想象。平台型政府的模式下,政府的主要作用不再是生产服务,而是召集各方在平台上利用开放的数据进行协作生产。

平台生态系统的生成强调网络中不同组织和个体的协同发展、互补共生。平台生态系统有其特色:通过转换程序与反馈影响来联结系统中的两个重要组成部分——价值网络和社交网络,而更为重要的即是从社交网络中提取价值以转换为社交网络,从而使得平台生态系统越来越成熟、稳固。[2] 互联网平台的生态化具体表现为依托大型平台所集聚的海量用户资源,快速打通行业上下游,使其他市场主体可以应用平台企业的物流、支付等平台工具,构建新的小平台改造并形成大、小平台相互交织的庞大复杂产业生态系统。

---

〔1〕 参见刘晗、叶开儒:《平台视角中的社会信用治理及其法律规制》,载《法学论坛》2020 年第 2 期。
〔2〕 参见王勇、戎珂:《平台治理:在线市场的设计、运营与监管》,中信出版社 2018 年版,第 82 页。

第二节　平台的创新治理机制

平台有充分的动机实施自我规制,因为改善用户的互动以提升平台吸引力是平台的利益所在。平台可能会通过限制准入或者发放许可等方式限制平台内的竞争,规制价格并且监控用户行为,[1]或者通过提供纠纷解决方式或者补偿政策等方式推动平台上合同的履行。[2] 科技发展为网络交易平台提供了包括消费者评级在内的新型自我规制手段。针对线上交换存在的两种信息不对称,身份证明解决了交易方匿名,且无法关联到具体个人的问题;声誉评级则解决了线上交换中商品、服务的质量无法直面的问题。信誉评级可以借助社交手段促进用户间普遍信任的同时,进行自我规制与监督。

一、平台自我治理的原因与逻辑

"对创新者和先行者进入的领域,是需要自己进行制度补位的。"[3]交易平台正处于这样的情境之中。制度配套是交易平台需要具备的一种供给能力,如果发展过程中相关的制度尚不完备,那就需要自己制定规则,并且自己执行规则。自我规制是最自然的一种规制形式,因为无法想象对任何一种危害都由外部规制者来制定规则。自我规制的吸引力在于赋予了规制对象相当程度的裁量权。当规制问题过于复杂,某个行业存在较强的异质性,或者该领域正处于动态演进之中时,则更适合选用自我规制。在自我规制的体系内,规制者自己决定是否进行规制,并且保留对规制体系的概括性与细节性的裁量权。自我规制享有更多裁量权的原因在于规制对象对本身的运营掌握更多的知识与信息,从而可以找到最符合成本有效性要求的解决方案。并且规制主体倾向于认为自己制定的规制规则比外部规制者制定得更加合理,从而增加了自我规制规则的可遵守性。自我规制"迅速、灵活,对

---

〔1〕 See Evans, David S., *Governing Bad Behavior by Users of Multi-sided Platforms*, Berkeley Tech. LJ 27 (2012): 1201.

〔2〕 See LaRose, Robert and Matthew S. Eastin, *Is Online Buying Out of Control? Electronic Commerce and Consumer Self-regulation*, Journal of Broadcasting & Electronic Media 46.4 (2002), p.549 - 564.

〔3〕 俞思瑛等:《对话:技术创新、市场结构变化与法律发展》,载《交大法学》2018 年第 3 期。

市场反应敏感,而且成本较低"。[1] 在对新兴产业进行规制时,规制者会发现自身相较于被规制对象具有严重的信息劣势;即使自我规制中的规制方拥有充分的信息,但却未必有足够的激励为公共问题寻求解决之道。因此自我规制面临的关键挑战就在于如何确保被规制对象运用被赋予的裁量权去实现公共规制目标,而非私人利益。

互联网时代产生的平台企业在成立之初即是遵循自愿性自我规制的路径。互联网是一个去中心化的组织,其超越国界的适用范围与高技术性的特色都非常适宜于自我规制。互联网本身就可以被看作一个巨大的自我规制系统,没有任何机构有足够的强权来控制这个系统本身。作为互联网特征之一的交互性本质上是基于同好者之间的平等交往,技术性的框架与可广泛获得与利用的各类资源也使政府无法对其施加过多的规制。由于没有足够的政府规制,网络平台就承担了自我规制的责任。自我规制的典型例子为英国的"互联网守望基金"(IWF)。该基金是注册于英国的一家慈善基金,承担对网络内容的自律监管。英国的各主要网络服务提供商、城市警察署、内政府部共同协商后,签署了《R3 安全网络协议》。R3 是指保障网络内容安全的三重机制,分别为分级(rating)、报告(reporting)与责任(responsibility)。基金会建立了举报热线与黑名单制度。

二、平台创新治理的具体机制

在面临网络交易平台发展过程中产生的各项风险时,存在一个责任履行的黄金三角。交易平台首先通过包括消费者评价制度、交易撤销制度、平台处罚制度在内的一系列准立法、类司法与拟执法的方式进行自我规制。

(一)交易撤销的结构化机制

若网络平台提供的商品或服务并不能完全使平台用户满意,就需要面临交易是否可以撤销的问题。另外,由于网络平台在撮合交易时处理了大量非标的数据,因此后台卡顿、排名错乱、关键词失控、订单无规律波动等问题屡见不鲜。[2] 特别是当面临类似"双十一"的大型促销活动时,系统承压下的故障就更难避免。因此

---

〔1〕 Gunningham, Neil and Joseph Rees., *Industry Self-regulation: An Institutional Perspective*, Law & Policy 1997(19)4, p. 363 – 414.

〔2〕 参见钟云莲:《亚马逊系统 Bug 持续发酵,招式频出的背后真相是什么?》,载雨果网,http://www.cifnews.com/article/30430,最后访问时间:2017 年 11 月 5 日。

平台由于各种原因产生的交易是否可以撤销,对于交易异常的处置是否得当是关乎交易平台责任履行的核心问题。

交易的撤销存在两个向度的后果:若维持错误交易,则会有一方受损,另一方享有额外收益;若撤销交易,则有一方避免了错误交易的损失,但另一方却因为错过了正常的交易机会而丧失了可期待的获利。[1] 由于交易商品与服务的性质,网络交易平台通过自我规制建立了一套灵活有效的交易撤销机制。

(二)风险沟通机制

平台试图通过自我规制更好地履行责任,控制风险。然而,在这一过程中,网络平台的技术与系统风险并未被完全限缩,而自我规章制度被滥用以及平台权力的扩张也会严重影响平台责任的履行。此时,加强风险沟通有助于提升公众的信任度,促使平台决定合法化,最终改善决策质量。对于新技术导入与发展较为频繁的领域,需要尽早引入公众参与。因为人们倾向于用更严苛的方式处理"新的风险"。

(三)信用评价机制

平台评分机制是一种声誉机制,这种在线的多边声誉机制是一种网上争议的预防机制,[2]可以有效甄别出恶意交易者,从而实现平台内低成本的规范运行。[3] 评分机制在网络平台中充当着支持性的基础设施的作用,可以有效缓解合同执行中的保证问题。[4] 平台的信用治理可以充分利用陌生人社会的市场规模,为未来的潜在交易提供标准化、理性化的信用依据。[5]

平台主导的信用评价机制可区分为 C2C 的消费者评价与 B2C 的平台信用评级两种制度,其目的在于减少信息不对称,从而降低用户的事后交易风险,并且建立一种促进多元主体进行互相监督与自我审查的机制。在"更多声誉、更少监管"的命题下建构"自我监管社区"。消费者评级是用基于消费经历做出的分散化的评价形式对规制机构制定的集中式的标准进行挑战。消费者的评价更简明、更直

---

〔1〕 参见顾功耘:《证券交易异常情况处置的制度完善》,载《中国法学》2012 年第 2 期。

〔2〕 参见高薇:《互联网争议解决的制度分析 两种路径及其社会嵌入问题》,载《中外法学》2014 年第 4 期。

〔3〕 参见戴昕、申欣旺:《规范如何"落地"——法律实施的未来与互联网平台治理的现实》,载《中国法律评论》2016 年第 4 期。

〔4〕 参见胡凌:《数字社会权力的来源:评分、算法与规范的再生产》,载《交大法学》2019 年第 1 期。

〔5〕 参见刘晗、叶开儒:《平台视角中的社会信用治理及其法律规制》,载《法学论坛》2020 年第 2 期。

观,同时也更有说服力。与此同时,消费者评价制度变成了一种社交控制机制,使平台中的各种用户可以借此进行自我规制。[1] 当交易双方完全陌生时,消费者评价就是一种能够促进普遍信任的共享型筛选机制。[2] 平台评分机制实质上是形成了一种新的低成本的规范生成机制,使标准化的私人立法成为可能(将普通用户的行为经验转变成标准通用的计分形式,使得记录、修订与执行规范的速度大大提升)。[3]

三、平台自我规制中的权力结构

互联网的初衷是建构一个去中心的空间,但随着时间的推移,互联网世界似乎又重新"中心化"了,这些凌驾于其他"普通节点"之上的"枢纽节点"就是平台企业。资源优势的占有和运用构成了权力产生作用的基础。平台企业具有独特的市场资源优势,平台上的用户可以选择进入或者退出这个平台,但是一旦进入,就必须遵照平台设置的规则进行交易活动,甚至连获得救济的方式都需要遵照平台方的规定。

在平台治理机制中,不仅伴随着平台"私权力"的兴起,也伴随着国家公权力与平台权力的频繁互动,这种互动以相互间探界、分界与维界的方式呈现。[4] 平台企业通过包括消费者评价制度、交易撤销制度与平台处罚制度在内的一系列准立法、类司法与拟执法的方式实现了深度的自我规制,在这一过程中,逐渐掌握了一种"不对称的控制权力"。[5] 网络平台建构出的技术权力是"双向度"的,是一种彼此交错的复杂关系网络。因此,平台与政府在该场域内的权力边界是相对模糊的,双方都在通过彼此的试探碰触,来尝试界定自己相对于其他权力主体的确定位置(boundarymaking)。[6] 平台企业可能通过平台规范实现对国家权力的排除,

---

〔1〕 See Abdul-Rahman, Alfarez, Stephen Hailes, *Supporting Trust in Virtual Communities*, System Sciences, 2000. Proceedings of the 33rd Annual Hawaii International Conference on IEEE, 2000.

〔2〕 See Corritore, Cynthia L., Beverly Kracher, Susan Wiedenbeck, *On-line Trust: Concepts, Evolving Themes, a Model*, International Journal of Human-computer Studies 58.6 (2003), p.737-758.

〔3〕 参见胡凌:《数字社会权力的来源:评分、算法与规范的再生产》,载《交大法学》2019年第1期。

〔4〕 关于探界、分界与维界的理论受到了刘思达的启发,参见刘思达:《割据的逻辑——中国法律服务市场的生态分析》,译林出版社2011年版,第8~10页。

〔5〕 [德]L. 科塞尔:《权力概念:理论的发展》,顾晓鸣译,载《社会》1985年第5期。

〔6〕 See Bail, Christopher A., *The Configuration of Symbolic Boundaries against Immigrants in Europe*, American Sociological Review 73.1 (2008), p.37-59.

或者是设置事前免责声明的诸多条款实现对公权力审查的规避。[1] 比如在传统意义上由国家进行规制的短租领域,平台企业将市场从社区转移到云端,其促成的大量活动可能会破坏现有法律和规制框架的稳定性。但与此同时,国家权力也在对平台权力进行吸纳和重塑,在信用数据从商业化到治理工具化的过程中,政府期待通过吸纳平台信用来施行算法行政,拓宽治理边界。[2] 因此政府权力与平台权力可能达成一种妥协与相互嵌入的状态,[3] 平台已构成自治,但又未完全自治,总是存在公权力塑造的"他治"的因素。政府权力可能授权发起或者直接参与平台治理;也可能对某种自愿型的平台治理进行许可或批准;有些情形下政府不会明确表态,只是隐晦地用行动对平台治理予以限制。

第三节　平台的法律规制

在回答平台在不同场景下需要承担何种法律责任之前,首先需要厘清交易平台与平台用户间的关系类型。对于平台与用户间关系的认定从"单纯通道说"到"柜台出租说",[4] 从"居间人说"到"公共承运人说"(或者说是新型的特殊承运人[5])等不一而足。[6] 也有学者认为交易平台实质上负有行政法上的第三方义务[7]或"守门员责任"。[8] 对交易平台的角色定位不同,也就意味着其要承担的规制职责有所不同。"单纯通道说"与"柜台出租说"的认定已逐渐被抛弃。"公共承运人说"侧重于交易平台所撮合的交易范畴与大众利益密切相关,平台自身的权力很大又难以约束。因此交易平台需要遵守中立性原则,不歧视地为大众进行服务。行政法上的第三方义务是指如果平台上发生了一方用户对另一方用户基本权利的妨害,交易平台虽然既不是致害方(第一方主体)也不是受害方(第二方主

---

〔1〕 参见肖梦黎:《平台型企业的权力生成与规制选择研究》,载《河北法学》2020 年第 10 期。

〔2〕 参见虞青松:《算法行政:社会信用体系治理范式及其法治化》,载《法学论坛》2020 年第 2 期。

〔3〕 具体可见旧金山政府与 Airbnb 达成的合作模式。参见肖梦黎:《平台型企业的权力生成与规制选择研究》,载《河北法学》2020 年第 10 期。

〔4〕 参见杨立新、韩煦:《网络交易平台提供者的法律地位与民事责任》,载《江汉论坛》2014 年第 5 期。

〔5〕 参见李雅男:《网约车平台法律地位再定位与责任承担》,载《河北法学》2018 年第 7 期。

〔6〕 参见高薇:《互联网时代的公共承运人规制》,载《政法论坛》2016 年第 4 期。

〔7〕 参见高秦伟:《论行政法上的第三方义务》,载《华东政法大学学报》2014 年第 1 期。

〔8〕 See Kraakman, Reinier H., *Gatekeepers: The Anatomy of a Third-party Enforcement Strategy*, Journal of Law, Economics & Organization 2.1 (1986), p. 53 – 104.

体)，但是却承担着将相关信息提供给行政机关或者采取措施阻止有害行为发生的义务。当交易平台未能履行第三方义务时，会面临政府以罚款为主要形式的处罚。“守门员责任”则是指直接针对违法者的执法在某些情境下很难施行，因此就需要通过法律责任的规定迫使第三方强化对违法行为的控制。

一、民事责任

民事责任既包括平台与用户间的合同责任，也包括平台因平台上用户行为而导致的侵权责任。后者较为复杂，既包括自己的行为侵权，也包括因用户或第三方内容提供者导致的侵权，因此需要更多的讨论。英美法系在这个问题上采间接侵权理论，而大陆法系则考虑共同侵权理论。平台因平台上用户行为而导致的侵权既包括知识产权侵权，也包括名誉权与隐私权在内的一般民事侵权。总体而言，平台在信息发布前无一般监管义务，在信息发布后可能由于如下原因导致侵权责任的承担：首先，因经营平台产生之风险上升(如提供如大众点评等评价平台、提供如各类网盘等的共享虚拟主机服务，以及博客平台等)；其次，用户于平台上损害他人利益；最后，存在对网络平台经营者的通知提示。平台若在权益侵犯中充当积极角色，则不能享有责任优待地位。

美国《通信正派法案》第 230 条创设了平台免责条款，认为不应将平台看作信息的出版或发布者，因此免除了网络服务提供者对第三方发布违法内容的法律责任。但仍需明确的是，当被告对第三方发布的信息内容起到“实质性地促进”作用时，就构成对免责条款的限制。《美国数字千年版权法》第 512 条成为平台的“避风港条款”，为 4 种网络服务提供商提供了一些间接侵权的免责条款。这 4 种类型分别为暂时数字网络传输、系统缓存、根据用户指示的信息存储，以及信息搜索工具，针对后两种的免责条款又被称为“通知—删除”条款。

二、行政责任

各国对于平台行政责任的规定多是在现有基础上予以延展。以美国为例，《联邦贸易委员会法案》规定的“不公平或欺骗性行为”的范围随着时代的进步而不断扩展：从数据安全、隐私保护，到垃圾邮件、虚假广告等全部囊括其中。德国平台监管的行政责任主要涉及基本权利。比如国家对平台经营者的规制可能造成对宪法保障的职业自由的限制，联邦法院区分了对“择业”自由(是否从事某项职业)的限制,二是对"执业"自由(如何从事某一职业活动)的限制,后者只要在理性的公益考量下是合目的的,只要没有施加过度沉重或不可期待的负担,就可以限制执业自由。而国家对平台经营者的规制若不涉及准入门槛,而只涉及如何执业,则适用较低的宪法要求,比较容易通过合宪审查。[1] 对基本权利的保障不意味着不能限制基本权利,尽管用来审查干预是否合宪的比例原则要求法益蕴含着兼顾平衡的思想。另一个行政监管较多的领域是儿童网上隐私保护领域,《美国儿童网上隐私保护法》(COPPA)不会直接产生民事诉权,但是联邦贸易委员会、州司法与监管部门可以依据其采取相应监管。

三、刑事责任

平台的刑事责任涉及与计算机相关的诈骗,对电信、电子或口头通信的监听和泄露犯罪,非法获取通信记录罪等多种类型。平台还需要承担配合执法义务,比如通信监控配合义务,通信信息披露义务,通信信息备份义务等。有学者提出将网络服务提供者不作为的刑事归责路径立足于不作为犯类型的二元划分,以义务犯原理为基础,明确网络服务提供者构成真正不作为犯与不真正不作为犯的不同归责路径与责任边界。首先明确真正不作为犯认定的"递进式"路径,进而厘清网络服务提供者刑法不作为责任与行政监管部门行政不作为责任的边界,厘清网络服务提供者行政违法与刑事违法的边界,继而明确不真正不作为犯的"超规范"路径限缩,强调网络服务提供者不真正作为义务的形式类型与实质审查,强调网络服务提供者进行技术判断与规范审查。无论是基于"危险制造与控制"的妨害者责任,还是附属于政府监管的配合责任,首先要确立网络服务提供者刑事归责的从属性,进而通过主观罪过与结果归责的形式限缩、义务违反与因果关系的实质判定、真正不作为犯与不真正不作为犯罪名的适用范围系统化,明确网络服务提供者的不作为责任。[2]

在讨论网络平台对用户承担刑事责任时,会涉及"中立的帮助行为"理论。"中立的帮助行为"又称"日常生活行为"或"正常业务行为"。诸如 Welzel 等学者提出用"社会相当性"理论来限制"中立的帮助行为"的可罚性。因为若所有的"中立的帮助行为"都入罪,则可能限制公民的基本行动自由,扩大刑罚的适用范围。

---

〔1〕 参见张翔主编:《德国宪法案例选释》(第1辑),法律出版社2012年版,第48页。

〔2〕 参见于冲:《"二分法"视野下网络服务提供者不作为的刑事责任划界》,载《当代法学》2019年第5期。

法律的意义不在于抵御任何可能侵害法益的行为,而在于化解社会共同体中无法调节的矛盾。只要行为处于“历史形成的民族共同生活秩序”的范围内,就是具有“社会相当性”的行为,可以被排除在不法的概念之外。在这个意义上,平台为互联网事业的发展提供了基础服务,除非在主观上存在故意(或是在客观上推断出其存在主观的故意,无论是间接故意还是直接故意),只要平台及时进行删除、封锁,就不应该要求其承担刑事责任。

四、平台责任制度的比较与总结

综合国内外平台责任法律制度的总体趋势可以发现,由于各国均是在现有法律体系下对平台责任制度进行解释、创设,因而呈现分散、体系性不强,以及补充性的立法样态。其共性有 4 个主要方面:其一,责任的正反兼顾,即认为平台当然应该因其特殊的商业组织形态而承担法律责任,但是又从反面予以责任豁免。后者以美国《通信正派法案》第 230 条的“避风港”原则为代表,产生了多种变体。其二,平台可能因日常经营行为或平台上用户的行为而产生涉及基本权利的诉讼,具体类型不限于言论自由权、获取信息的自由、名誉权与隐私权等。其三,平台一般不负有一般性的审查义务,但需要重点防控包括淫秽信息、儿童色情、仇恨言论、恐怖主义等在内的信息类型。其四,就如英国“三振出局”制度所揭示的那样,平台对重复侵权行为负有特殊防范义务。

第四节　我国平台责任的规制框架

对平台企业的规制需要较高的制度设计水平,规制过度将损害平台的开放性,规制不足又会损害公众与用户的权益。平台经济的治理过程分为事前的准入阶段、事中的过程监控阶段以及事后的维权和惩治阶段。具体而言,在事前监管中,应该鼓励平台建立准入资质,政府应当放宽资质监管的要求,使平台可以依靠市场化的手段对平台用户进行监管。在事中监管中,平台应该承担主要责任,通过声誉管理和大数据智能监管,减少由政府进行的以抽查为主的规制。在事后监管中,针对危害不严重的行为,应该利用平台市场化监管手段。仅在针对违规性质恶劣的行为时,才实施强制性手段,追究相应的法律责任。

一、历史沿革

此前对于平台规制责任的法律规定主要来自两个条文,分别为《消费者权益保护法》第44条、原《侵权责任法》第36条。《消费者权益保护法》第44条与原《侵权责任法》第36条使用的网络平台类型有所不同:网络交易平台根据《消费者权益保护法》第44条承担附条件不真正连带责任,网络媒介平台则根据原《侵权责任法》第36条承担责任。网络交易平台在涉嫌侵犯知识产权的情况下也可能适用原《侵权责任法》第36条。当然,网络媒介平台在满足一定条件时也可以向网络交易平台转换,这种转换必须以法律关系上的转换为依据。网络媒介平台转化为网络交易平台后,也需要承担《消费者权益保护法》第44条的相关责任。

我国早期对于平台的规制呈现网络交易平台对其用户内容行政责任强化的趋势,通过监管部门的解释,以《互联网信息服务管理办法》《食品安全法》《广告法》等为代表的立法被进一步理解为要求网络交易平台普遍性地主动监控用户交易。平台责任的形式逐渐多样化,从责令改正、处以罚款、没收违法所得到责令停业、吊销相关行政许可,构成了一个完整的体系。

与此同时,我国此前对平台企业的治理还呈现运动式执法与常态执法相结合的方式。比如2015年原工商总局开展的"红盾网剑专项行动"就加强了对网络销售商品进行的质量抽查。运动式执法的内容既包括对商品质量的定期抽查,对促销活动、商品评价等进行核查,也囊括对内部腐败的检察等内容。国内还有一项较为特色的,针对网络平台进行的"约谈"制度,如在"菜鸟"与"顺丰"互相关闭数据接口的事件中,在蚂蚁金服上市前夕马某被有关部门的约谈中,该制度都发挥了较好的效果。

二、新时期多元化、多层级规制框架的建立

随着《电子商务法》等特别法与数据安全、个人信息保护等领域法律的接连出台,以及《民法典》的正式施行,我国正建立起多元化、多层级的规制框架。首先,《民法典》第1194~1197条将《网络安全法》与原《侵权责任法》中对于平台责任的规定进行了细化、升华。第一,将俗称"避风港"原则的"通知—删除—反通知—恢复"机制从著作权领域拓展到民事侵权领域。第二,要求网络服务提供者"根据构成侵权的初步证据和服务类型采取必要措施",这意味着必要措施的多元化。第

三,新增内容明确了不仅用户有权因错误通知受偿,而且作为网络服务提供者的平台也享有此项权利。增加了一些细节性的补充规定,这将使以“避风港”规则为基础的网络侵权处理机制运行得更加清晰、流畅、高效。

其次,作为特别法的《电子商务法》第 38 条第 2 款为平台经营者规定了“相应的责任”。《电子商务法》具有自身特殊的调整对象和范围,第 38 条第 2 款规定的审核义务或者安全保障义务对应的权利主体特指三方主体关系下的“消费者”。但责任性质、归责原则、举证责任的分配等均未明确,法官判案没有统一标准,可能导致同案不同判的问题,有损法的可预见性和公平性。王道发等学者认为,电子商务平台经营者的相应责任应当是一种包容性的民事责任,既可能是补充责任,少数情形下也可能是连带责任或者按份责任,具体应根据电子商务平台经营者的审核或者安全保障义务的内容及相关实际情形进行判断。平台经营者充当市场秩序维护者时,承担的应是侵权责任,其对应的主观过错是过失,且举证责任倒置。如果平台经营者履行职责就不会发生损害,那么由其承担不真正的连带责任;如果平台经营者尽到义务也会发生损害,则在其未尽到义务时,由其在未尽义务范围内承担相应的补充责任。此外,还应明晰平台经营者的“资质审查义务”“安全保障义务”,同时课以“监控义务”。

再次,对于平台法律责任的规定还应区分不同的平台类型。平台可以划分为多种类型:针对平台的连接对象和主要功能,可以将其划分为网络销售类平台、生活服务类平台、社交娱乐类平台、信息资讯类平台、金融服务类平台以及计算应用类平台共 6 个类别;根据其用户规模、业务种类以及限制能力可以将其划分为超级平台、大型平台和中小平台 3 种。《互联网平台分类分级指南(征求意见稿)》中规定,超级平台拥有超大用户规模,即平台上年度在中国的年活跃用户不低于 5 亿,平台上年底市值(估值)不低于 10,000 亿元人民币。大型平台需要上年度在中国的年活跃用户不低于 5000 万,上年底市值(估值)不低于 1000 亿元人民币。相应地,《互联网平台落实主体责任指南(征求意见稿)》针对平台类型规定了相应的平台责任,例如超大型平台经营者应当发挥公平竞争示范引领作用,遵循至少每年进行一次风险评估、安全审计等要求,在数据、算法、劳动者保护、纳税义务等各方面承担主体责任。

从学理上来看,对于纯粹的信息传输平台,适用“避风港”原则,规制强度最轻。针对用户生成内容的平台,应禁止事先的一般性审查,通过“避风港”原则与“通知—删除”原则进行责任的豁免。对于 P2P 文件分享平台,基于其去中心化的设计与分布式存储的架构,可以实现用户与用户直接点对点的信息传输。但对于此类平台,各国立法例都秉持一种逐步限缩技术中立原则,适用更为严格的法律责任。日本将P2P文件分享平台区分为有中心服务器的P2P平台和完全去中心化的P2P平台,前者责任要较为严格,后者则较为宽松。美国的相关制度则详细规定了一些承担责任的要件:首先是该项软件的主要功能是为他人实施侵权提供便利;明知存在大量的侵权,却仍向用户宣传可以使用该软件从事盗版行为,或引诱用户利用该软件进行侵权;继而不开发能够预防或降低用户侵权的过滤机制,而是从中直接或通过广告费等形式间接获利。德国的法律也认为,若软件生产商通过广告等宣传软件的非法用途或将非法使用设计为产品的主要目的,则应承担间接侵权的责任(妨害者责任)。对于电子商务平台而言,对侵权行为的概括式知晓并不足够,或者需要在用户的商标侵权中承担"积极"的角色,或者是证明平台对特定商品侵权的具体知情,以及未能履行收到侵权通知后的及时删除义务。搜索平台的问题较为复杂,对于搜索结果的呈现与排序应同时提供一种自然搜索的选项。最后,针对应用程序分发平台,其讨论还需要进一步阐发。应用程序分发平台可能涉及各应用程序分发平台间的不正当竞争、应用程序分发平台与应用程序开发者之间的合同争议以及应用程序分发平台因其提供的应用程序而与第三人发生的侵权争议。总体而言,可基于"避风港"原则要求免责,因其并非应用程序的内容提供者。若涉及侵犯知识产权,则适用"通知—删除"原则。

最后,要关注平台监管模式的变化。现有监管体系已逐渐从尊重平台的技术中立转到要求平台压实主体责任,从严格适用"通知—删除"原则到形成一种不安全的"避风港"原则,再到明确平台公共事业的属性,要求其承担主体责任与安全保障义务。回顾国内网络视频平台的监管历史可以发现,司法实践中逐渐形成了一种不安全的"避风港"原则,即法院对"应知"的认定相对宽泛,要求视频平台承担"合理限度"内的审查义务。[1] 与此同时,法院也结合使用"用户感知标准"与"服务器标准"来判断版权侵权,从而在一定程度上找到格式合同与算法表象背后真正的责任主体。一方面,越来越多的法律法规中出现了明确、压实平台主体责任的表述,这意味着从实定法层面对平台的审核责任、规范义务作出了清晰的规定;另一方面,学界也纷纷提出要实现对平台的问责,认为平台依据主观过错承担法律责任,是平台算法走向"负责任"的必由之路。

---

〔1〕 参见雷逸舟:《不安全的"避风港":重新思考中国网络视频平台的著作权侵权责任》,载《电子知识产权》2020年第3期。

【典型案例】

脸书(Facebook)平台的隐私政策几经修改,其中个人档案的信息从保密到不同程度的公开,并未向用户发出警告或征得其同意,因此美国联邦贸易委员会(FTC)认为这是不公平的商业行为。此案以脸书与美国联邦贸易委员会的和解协议告终,此后脸书需就用户个人隐私信息的保护作出多项承诺。

【问题与思考】

1. 我国平台法律责任体系的建构有何特点?

2. 现有的平台责任体系是否有可以完善的地方? 应如何完善?

3. 平台民事法律责任与刑事法律责任共同遵循的原则是什么?

4. 在处理平台法律责任的问题时,需要遵循利益衡量的原则。那么具体需要衡量哪些利益? 试举例并进行详细阐释。

第十三章　区块链治理

【法律故事】

2009年1月,中本聪开发出最早的50个比特币。当时比特币的价值极其微小。2010年5月18日,一位名叫拉兹洛·哈耶兹的程序员在比特币论坛上发布消息,想用10,000枚比特币换取两份Papa John的披萨(价值40美元)。3天后,有个密码学爱好者趁商家优惠,花25美元购买了两份披萨寄给拉兹洛,并按承诺获得了10,000枚比特币。这笔交易也形成了比特币的最初汇率。2018年2月25日,拉兹洛·哈耶兹又用比特币买了2个披萨,不过这次仅用了0.00649个比特币,相当于62美元。

第一节　区块链概述

一、区块链的出现

2009年,为了对抗经济衰退始作俑者的大型金融机构,中本聪开发出比特币。[1] 2014年10月,大英图书馆举行了一场有关比特币的研讨会,比特币的底层技术——区块链——自此进入人们的视野,被公众所认知。

区块链的本质是一种分布式数据存储方式,也有人称它为分布式分类账(DLT)。在区块链出现之前,集中式分类账是社会经济领域中最常用的数据存储

---

〔1〕 中本聪在第一块比特币创世块(genesis block)中记录了以下信息:“2009年1月3日,财政大臣处在向银行进行第二轮紧急援助的边缘。”参见[法]普里马维拉·德·菲利普、[美]亚伦·赖特:《区块链与法律:程式码之治》,王延川译,台北,元照出版有限公司2019年版,第295页。

方式。在集中式分类账中,交互信息经核实后存储在分类账上,并由受信任的管理员进行维护。集中式分类账的问题在于管理员掌握的是主账本,其他人手中持有的是副账本。主账本存在被销毁、被黑客攻击或以其他方式被合成的风险,而主账本出现问题,副账本的效力也紧跟着受到影响。

分布式分类账技术能够以分布式方式保存和共享信息记录,其特点在于:(1)用户可以自己维护网络,如开发程序和上传数据并使其自主执行,也可以查看所有的数据;(2)维护每个程序的当前和过去状态的永久和公共记录,这些数据在任何给定情况下都不太可能被操纵;(3)分布式分类账不依赖中心和轮辐模式,而是靠多个数据存储点(节点),这些存储点相互连接并同时存储所有数据,共同构成分类账本;(4)使用公钥密码术进行认证;(5)使用经济激励方式而非指令方式以确保网络维持。

区块链的出现让信任系统在很大范围内的输出成为可能,故有人称区块链为"信任机器"。首先,交互者不再依赖于集中机构,信任点不在于中心,而是去中心,表现为分布式节点,而且这些节点是通过协商表决的方式运行。其次,交互者也不再信赖相对的行动者,即不再留停在对交互对象的信任上,而是超越了对人的信任,因此成为"无须信任的信任"。最后,由区块链构筑的交互网络可以超越区域局限而建立超乎想象的巨大交互网络。凡是使用区块链 APP 的用户,无论身处何地,身份为何,都会形成交互网络。所以,它的信任范围可以超越国界和某种紧密的共同体。

二、区块链的支撑技术

区块链之所以出现,有赖于一系列技术的支撑。关于区块链的支撑技术,如 P2P 网络、加密技术、哈希算法、时间戳、共识机制等很早就已经存在,只有将这些技术有机整合,才创造了区块链。

1. P2P 网络技术

P2P 是英文 Peer-to-Peer 的简称,中文翻译为"点对点"或者"对等交互"。集中式分类账有所谓的主服务器(server),它们作为用户交互的中介而存在,交互信息最终沉淀在主服务器之上。P2P 网络技术支持的交互不需要中介,[1] 每个交互节点的地位对等,可以直接交互。这种技术的优点在于,由于不再依赖主服务器,因

〔1〕 通过使用区块链,当事方可以转移数字货币或其他有价值的资产,而无须依赖集中式票据交换所或可信赖的授权机构。

此性能比较安全,不会因某主服务器被攻击而导致网络瘫痪。

2. 公私密钥加密和数字签名

加密的本质是让信息能够真实和隐秘地交互与储存,真实性由数据签名保证,隐秘性由数据加密实现。区块链依赖公私密钥加密和数字签名,交互之前,各方使用私钥签署交易。一方可以将消息与发送方私钥组合而生成的“数字签名”附加到消息上。一旦发送,接收方便可以使用发送方的公钥检查消息的真实性和完整性。通过使用公私密钥加密和数字签名,如果甲想要发送私人消息给乙,甲可以使用自己的私钥和乙的公钥对消息进行加密,然后使用自己的私钥对消息进行签名。乙可以使用甲的公钥验证该消息来自甲并在传输过程中未被更改。乙接着可以通过使用自己的私钥和甲的公钥安全地解密该消息。由于数字签名不能伪造,因此可以作为账户启动交易的证据,且难以否认。

3. 哈希算法

哈希算法有很多种,区块链技术采用的哈希算法一般为 SHA256 算法,该算法可将任意长度的输入映射为长度是 256 位的输出,输出的内容一般被称为哈希值。SHA256 算法被认为是世界上最安全、最先进的算法之一,该算法有两个重要的特点:(1)不可逆性,给定已知的输入 x,可以正向计算出哈希值 H(x),但无法通过 H(x) 逆推出输入的 x 值;(2)抗碰撞性,对于任意两个不同的输入 x 和 y,其哈希值相同的可能性极小,对于一个给定的输入 x,找到和它哈希值相同的另一输入 y 极为困难。[1]

在区块链上,每个区块都有一个哈希值,它是一个唯一值,就像数字指纹一样,可以用来验证上链数据的一致性。比如,在比特币网络中,当交易绑定到一个区块中时,矿工从前后两个区块中获取信息,并将其转换为一个称为“哈希值”的数学公式。每个哈希值都包含在前一个区块中发现的属性,从而允许新区块在区块链内进行连接。如果某个区块曾经被破坏,或者通过篡改区块中已经存储的信息而从事了虚假交易,则该区块中的哈希值将不再是正确的,从而阻止新区块连接到区块链。每个区块都包含前一个区块的哈希值,这有助于形成链。

4. 时间戳

区块链技术使得以分散和防篡改的方式安全地对信息进行时间标记成为可能。在区块链中,每产生一笔交易,系统都会自动为其盖上时间戳(timestamp),以此证明该交易确实在某一时刻发生,而区块也是按照时间戳有序进行连接。时间

〔1〕 参见肖臻:《区块链技术与应用:公开课第 2 节》,载 http://zhenxiao.com/blockchain/,最后访问时间:2020 年 10 月 12 日。

戳本质上也是一个可验证数据，其作用在于证明一份电子数据在一个特定时间点已经存在，它是安全地跟踪信息的创建和修改时间的过程。区块链时间戳具有精准性和无法篡改性，可以为交易充当“公证人”，避免纠纷。

5. 共识机制

在数字交易中，最难解决的是“双重支付”问题。像任何计算机数据一样，电子货币可以被复制，并不止一次地被使用。传统的电子货币系统通过集中式可信管理员来防止双重支付。比特币通过使用 P2P 网络解决该问题，有关使用比特币交易的信息通过网络分发，由矿工验证，然后固定，指示其时间（时间戳）和唯一的比特币单位。交易的每个参与者都有一份副本区块链数据库，并通过使用专门的算法使其彼此同步。这样，比特币社区的所有成员都有单一版本的交易历史，该交易历史不可逆转。用户可以跟踪数据库中的每个特定比特币的所有交易历史。所有这一切创造了比特币用户之间前所未有的信任水平。即使一些节点是不可靠的、不诚实的或恶意的，网络也能够通过数学机构的干预正确验证交易和保护台账。

三、区块链释义

1. 概念

用户的交互信息存储（block）在区块里，这些区块按照一定的逻辑链接（chain）在一起，称为区块链（blockchain）。关于区块链，可以从两个层次理解，一是数据信息链，二是关系人链。

（1）数据信息链

区块链是一种结构化的数据集。通过某些加密函数实现数据的完整性（data integrity）和身份认证（identity authentication）的要求，其中前者是使用哈希函数创建持久的、防篡改的交易记录，后者使用公钥基础设施（public key infrastructure，PKI）来验证与记录在数据链上的交易相关各方的身份。

区块链中的各个区块按照时间顺序用哈希指针依次连接，形成一条从创始区块到当前区块的长链，以记录区块链数据的完整历史。链式结构使得区块链具有较高的透明度和安全性，任意数据都可以通过链式结构“顺藤摸瓜”，达到可追溯的效果。此外，结合时间戳技术和哈希算法，用哈希指针连接的环环相扣的区块使得篡改链上的数据几乎不可能。

(2)关系人链

区块链是一种生态系统,实质上是利害相关人的结合,这让区块链成为一个人与人之间的链条,这些人包括数据信息发起者、验证者、存储者、执行者等。以比特币为例,其最重要的利害相关人是核心开发人员、矿工、节点、用户,这些成员之间各自分工,共同实现网络的权力平衡。[1] 围绕区块链还存在一条链外之链,即投资人、交易者、交易所等。

2. 特征

区块链被视为信息共享存储库,是一个开放、低成本、安全的信息存储系统,其特征如下。

(1)分布性。区块链不依赖于一个集中方进行维护或运行。集中存储的特点是,存储在数据库的身份信息、财产利益、商业数据、销售数字等的准确性来自对第三方的信任,要信任当前显示信息是原始记录信息,必须相信每个中间机构的善意和程序正当,必须相信在传输过程中什么也没有被改变。区块链是分布式信息存储方式,就像中本聪指出的那样,"它允许任何两个具有意愿的当事人彼此直接进行交易,而无须受信任的第三方"。[2]

(2)防篡改性。在区块链的情况下,如果网络正常运行,是不可能改变记录的,这意味着交易信息一旦被记录入区块链中,就将被永久保存而无法更改或者删除。区块链的这个特点增加了信息的透明度、可追溯性和不变性,减少了欺诈。

(3)回弹性。区块链的一个副本失效或以某种方式被损坏对更广泛的网络几乎没有影响。如果网络上的一台计算机拥有区块链的完整副本,则区块链将继续供其他计算机访问和使用。

(4)透明性。由于区块链交易的元数据和其他情景信息可供其他用户查看,因此任何用户都可以下载区块链。

(5)不可否认性。由于区块链依赖公私密钥加密和数字签名,因此一旦一项交易发生在基于区块链的网络上,交易各方将很难否认其存在。

(6)假名性。依靠数字签名和公私钥密码术,区块链可以让人们存储信息或从事交易,而不会泄露自己的真实身份。

(7)自主性。只要各方遵守协议的严格要求,智能合约就会在网络上自动

---

[1] See ConsenSys, *The DAO Heist FAQ Part* Ⅱ, Medium, 6 July 2016, https://media.consensys.net/the-dao-heist-faq-part-ii-b10ce890ffdf.

[2] Satoshi Nakamoto, *Bitcoin: A Peer-to-Peer Electronic Cash System*, BITCOIN, https://bitcoin.org/bitcoin.pdf.

执行。

3. 区块链的优势

区块链的出现,为社会经济交互带来许多好处:第一,区块链无须中间人就可以进行交互,从而降低了交互成本和延迟。第二,世界上大多数信息都按照集中模式存储,但集中模式数据存储库存在数据丢失的风险,有了区块链,信息将分布在世界各地的分散计算机网络中,它提供了一种更安全的方法传输信息并增强了对客户的隐私保护。第三,因为区块链上的参与者能够实时访问数据,区块链增加了透明度,降低了篡改或删除数据的风险。第四,区块链允许更准确和更快的交互信息可追溯性。该审计跟踪降低了欺诈风险并大大提高了交互的效率。

基于其分布式共识算法,区块链在一系列行业可以开辟新的可能性,正在构建一个无须信任的交互体系:作为区块链 1.0 的比特币主要应用在支付领域。作为区块链 2.0 的智能合约主要应用在全球支付、银团贷款、抵押品管理、代理投票、证券发行以及监管和合规活动、创建分散式自治组织。作为区块链 3.0 的商用处理系统主要应用在社会治理领域,包括身份认证、公证、仲裁、审计、域名、物流、医疗、邮件、签证、投票等领域。如果照此发展下去,未来各行各业都可以利用区块链构建自己的交互网络,使区块链成为社会生活的重要基石。

四、区块链的类型

区块链分为公有链、私有链和联盟链,前者由众多用户自发组织,中者由特定机构建立并适用于机构内部,后者由用户通过协议组建。

1. 公有链

所谓公有链,是指对用户不加区别,任何人都可以成为节点的区块链系统。典型的公有链是比特币。就像《比特币白皮书》所说的那样,比特币是开源的;它的设计是公开的,没有人拥有或控制它,每个人都可以参与并维护它。

公有链是开放的,任何人都可以自愿加入而成为节点,共同维护动态更新的分类账。没有人审查从事交易或验证交易的节点。节点可以以匿名身份加入区块链。任何节点都可以浏览并查看分类账,其可以拥有反映最新交易内容的分类账。由于系统中没有中央管理员或主版本,因此每个节点拥有副本的内容具有同一性。在公有链中,每个节点都具有相同的权限,它们之间是点对点的关系。

前文所讲的区块链的基本特征也主要针对公有链而言。公有链的基本优势在于:其一,一个人可以在不信任任何个人、中间机构或政府的情况下有信心进行交易;其二,单个分布式分类账代替了许多为了保持一致而必须协调的私人分类账,从而降低交易成本。公有链也有缺点:第一,由于网络庞大,运行速度较慢。如比特币矿工将一个新块添加到区块链的时间是 10 分钟,以太坊的运行速度较快,但每添加一个新区块也需要 15 秒的时间。第二,成本较高。在比特币中,矿工竞相抢先使用称为节点的强大计算机添加新的哈希来解决复杂的密码问题。验证交易的矿工,为解决复杂算式需花费大量能源(gas)。

2. 私有链

和公有链相对的是私有链。私有链一般由特定的机构开发并服务于该机构。它不向外部人开放,挑选出来的节点完全控制交互。节点有权根据机构预先选择的协议查看全部或部分区块链内容。私有链不需要节点之间形成共识,更多是听从管理者的指令。这样可以提高效率,私有链上的交互速度明显加快。但私有链仅发挥了区块链的信息存储功能,不具有与公有链相同的分布式安全性。

3. 联盟链

一些区块链系统是“封闭”的,节点加入需要经过“许可”,或者节点被限定于特定的用户,这种区块链称为联盟链。R3 区块链联盟(R3—Corda)、超级账本(hyperledger)、俄罗斯区块链联盟(俄罗斯版 R3)、瑞波币(ripple)、天秤币(libra)、比特股(bitShare)、公开链(openchain)等著名的区块链网络都属于联盟链。

首先,与公有链不同的是,联盟链的节点较少。目前知名的联盟链瑞波币大约有 200 个节点。2019 年 6 月 1 日公布的天秤币最初有 29 个节点,后来缩减至 21 个。[1]

其次,联盟链是经许可的区块链,即节点的产生需要审核与验证。这一点也是联盟链与公有链的重要区别。联盟链内部一般会设立一个机构,选择参与区块链网络的各方,限制可以访问区块链或向区块链记录信息的人。

再次,节点之间的权限有所区别。比如,联盟链超级账本的软件 Fabric 将链上的节点区分为客户节点(client)、对等节点(peer)和订购节点(orderer),各个节点的权限并不相同。

最后,联盟链节点之间是合作关系,同时也存在相互之间的监督。这一点和私有链不同。为了有效形成合作与监督关系,联盟链通常会成立理事会作为管理机

---

〔1〕 天秤币创始节点之所以少的原因是进入门槛很高,必须符合下面三个条件中的两个:市值超过 10 亿美元或 5 亿美元以上的客户余额;跨国公司每年达到 2000 万以上的人口;被第三方特定行业协会或媒体公司认可为前 100 名行业领导者。参见 Libra Ass'n Member, *How to Become a Founding Member* 3 (2019), https://libra.org/en-US/becoming-founding-member/#member_evaluation_criteria [https://perma.cc/62BQ-CLR4]。

构,比如,脸书发起的Libra区块链就设计了天秤币协会,作为一个独立的非营利性机构,它的主要职责是挑选节点。对于不符合“资格标准”的创始会员,可以通过理事会的绝大多数投票予以撤销。

私有链是纯粹的集中式架构,虽然区块链技术的目的是信息存储和共享,但最终服务于单一主体的利益,信任的原点是该单一主体。公有链是纯粹的分布式架构,要在众多的节点之间形成信息共享,需要信任的并非某一个主体,而是区块链技术本身。在联盟链中,用户减少了对分布式存储和共识协议等区块链技术的信任,信任的原点是有限的节点,此时的区块链信任架构可以表现为对可信第三方(TTP)的信任。

第二节 加密货币的治理

一、加密货币的内涵

加密货币指运行于区块链上,通过加密技术验证的货币,典型的有运行于公有区块链之上的比特币和即将运行于联盟区块链之上的天秤币。与加密货币相关的有数字货币和虚拟货币。数字货币是以数字方式代表价值的货币,其范围包括法定货币中的电子货币、游戏币和区块链支持的比特币。比特币属于加密货币,而游戏币不属于加密货币,所以,数字货币的范围大于加密货币。虚拟货币与现实货币对应,是不以法定货币计价的货币,其范围基本上大于数字货币,当然更大于加密货币。但需要注意的是,央行发行的加密货币却不属于虚拟货币。

目前所说的加密货币并非真正意义上的货币,它们虽然具有流通价值,但是只能在特定范围的人群之间流通,它只是特定人群共识意义上的货币,脱离开共识可能根本没有价值。目前呼声最高的加密货币比特币即是如此,其看似是货币,其实并非货币,而是一种共识代币或者通证。所谓的加密货币在实质上是基于人们共识的加密资产,其可以作为保值、流通的介质,但是为了与通说一致,依然称其为加密货币。

二、加密货币的类型

加密货币分为两种:一种是Coin(代币),比特币和央行加密货币属于此种加密货币,它们发挥支付或者付款功能;另一种是 Token(通证),泰达币和天秤币属于此种加密货币,它们除了发挥流通功能之外,还可以行使某种权利,行使权利需要凭证,而通证即为该凭证。通证又分为两种,可以行使会员权的是证券型通证,其他的则是应用型通证。

1. 支付币:比特币

以比特币为代表的支付币是一段代码片段,代表用于存储和转移价值的数字概念的所有权。其无须中间人而可以直接在全球对等比特币网络上从用户到用户发送。

在一些国家和地区,由于人们对银行和政府如何管理经济持不信任态度,比特币似乎更受人们的青睐。另外,比特币可能比其他法定货币更容易获得,人们可以通过在线比特币交易所买卖它,也可以通过网站进行直接交易。有证据表明,在危机时期,人们寻求比特币替代法定货币,比如,随着一些国家债务危机的不断蔓延,人们在全球范围内频繁交易加密货币,交易量有所增加。但比特币由于不受任何中央机构控制其价格波动较大。

2. 应用币

应用型通证(utility tokens)是在特定区块链系统内部使用的代币。用户可以访问产品,但不具有与证券型通证相同的权利。比如,在计算力区块链平台 Golem 上,用户可以通过出租未使用的计算资源赚取 Golem 网络币。[1] 在牙医区块链平台 Dentacoins 上,用户可以通过对牙医进行评论和其他活动赚取该平台发行的币,并可以以其支付牙医的牙科服务费用。[2]

3. 稳定币

稳定币(stablecoins)是与法定货币、其他加密货币或贵重金属挂钩或以其作为抵押的加密货币,其目的是形成更稳定的货币价格。

以前的加密货币无论是比特币还是以太币,其价值都源于区块链用户的共识,稳定币则不同,它以现实的巨大资产作为货币的发行基础。当然现实资产的具体表现不尽相同。如泰达币(tether)和双子美元(gemini dollar)以 1∶1 比例的美元作为支持,Digix Gold Tokens 以黄金作为支持,均以单一货币作为支持,而脸书拟发行的天秤币是以一篮子“低波动性”资产如银行存款和短期政府证券作为支持。比特币和以太币都运行在公有链之上,任何人都可以随时加入,货币的产生是基于

---

〔1〕 See Maaren Zuidhoorn, *The Technology Behind Ethereum Tokens*, Medium, May 9, 2019.

〔2〕 See Izabella Kaminska, *From Max to Minimum Optimality with Dentacoin*, Financial Times, August 4, 2017.

市场竞争机制,同时也导致货币价格出现较大波动。稳定币为了保持稳定币的价格,基本运行在联盟链而非公有链之上。稳定币基于受信任的第三方进行治理,其成员并非开源性质,而是经过许可才可以加入,也只有创始会员才能访问区块链分类账。

三、加密货币:从禁止到监管

加密资产具有提高转移效率、降低转移成本,以及增加对金融系统参与并促进交易的优势。但是,加密资产从出现之日起也备受批评,比如,有人认为加密资产并非成熟的资产类别,缺乏应有的标准,加之其处于不断发展之中,导致了加密资产市场的混乱。有人认为,加密资产具有高度波动性,会给银行带来风险,包括流动性风险、信用风险、市场风险、操作风险(包括欺诈和网络风险)、洗钱和恐怖主义融资风险,以及法律和声誉风险。[1] 对于近期人们热议的天秤币,有学者指出,其具有价值波动、保密和隐私、反洗钱、KYC、消费者保护和金融稳定等一系列问题。[2]

针对加密货币的上述风险,各国的监管态度不一:许多国家或地区禁止加密货币的发行和交易,[3]也有国家认识到加密货币的价值,极力加以扶持,[4]还有些国家如美国、欧元区国家和英国不禁止加密货币,却也不积极扶持。但是,随着区块链技术被认可,以及加密资产在法律层面上被认可,一些之前对加密货币严格控制的国家开始改变其策略,积极推动加密货币的应用。韩国于 2018 年取消了对首次代币发行(ICO)的全面禁令,将比特币作为一种合法的汇款方式。德国开始改变其禁止银行和金融机构向客户销售加密货币的态度。2019 年 11 月 29 日的消息称,德国准备通过立法赋予银行销售包括比特币在内的加密货币,并认可银行作为加密货币的托管机构。据说该法案已经得到银行业协会的认可,新的法案的目的

---

〔1〕《巴塞尔国际监管机构委员会呼吁制定谨慎的加密规则》,载 http://www.aliwuya.com/article-2069-1.html,最后访问时间:2020 年 12 月 31 日。

〔2〕参见 2019 年 11 月 4 日发布的声明,《国际证券委员会组织(IOSCO):稳定币可被视作证券》,载 http://www.bitcoin86.com/news/48088.html,最后访问时间:2020 年 12 月 31 日。

〔3〕韩国禁止 ICO。阿尔及利亚、玻利维亚、摩洛哥、尼泊尔、巴基斯坦和越南禁止所有加密货币活动。卡塔尔和巴林禁止国内加密货币活动。孟加拉国、哥伦比亚、伊朗、立陶宛、莱索托和泰国禁止金融机构为涉及加密货币的交易提供便利。埃及禁止使用加密货币进行贸易。我国台湾地区禁止银行接受或进行加密货币交易。印度尼西亚禁止使用加密货币作为支付手段。越南不允许将加密货币用作合法的支付手段。

〔4〕瑞士正在创建称为"加密谷"的加密货币行业,通过颁布许多"友好型"法规促进本国的加密货币产业。马耳他通过各种法规打造"区块链岛"。新加坡也在努力成为亚洲的加密货币枢纽。

是推动德国成为下一个加密货币行业中心。[1]

2013年12月,中国人民银行等部委发出《关于防范比特币风险的通知》,指出虚拟货币[2]不属于货币,不得进行交易。2017年9月,我国七部委联合发布的《关于防范代币发行融资风险的公告》明确"虚拟货币不具有法偿性与强制性等货币属性,不具有与货币等同的法律地位,不能也不应作为货币在市场上流通使用"。禁止银行使用加密货币作为货币,禁止首次加密货币发行(ICOs),限制加密货币交易并关闭国内的加密货币交易所。任何国内个人和组织不得在国内以及通过电子渠道从事加密货币融资活动。国内融资交易平台不得从事法定货币与代币、"虚拟货币"相互之间的兑换业务,不得为代币或"虚拟货币"提供定价、信息中介等服务。

针对加密货币,过于放任和严苛都非适当的做法,而是应该从鼓励、指导、监管、打击等多个层次进行治理。我国目前对于加密货币基本上还是抱着禁止的态度,不允许发行和交易。这种做法一方面难以吸引区块链技术公司和广大的投资者,另一方面也让区块链使用难以有效进行,因为加密货币是推进区块链运行的基础。目前,有地方的民事判决[3]中认定加密货币投资不受法律保护,但是在刑事判决中[4]将篡改地址获取加密货币视为盗窃行为,在一定程度上肯定了加密货币的财产属性。我国应该认可加密货币中的证券型通证,将其发行和交易纳入《证券法》,并将监管重点放在交易所身上。当然对于借发行加密货币之名而实质上却行诈骗之实的行为需要严厉打击。对于洗钱和恐怖主义融资这样严重的刑事犯罪活动,国家均颁布严格和明确的法律予以规制,且努力谋求国际合作进行规制。

---

〔1〕 一位加密资产平台的负责人称:"德国正在成为加密货币的天堂。德国立法者在加密货币监管领域正充当先锋角色。"《区块链赛道:中国领跑,德国拥抱加密货币,印度制定国家战略》,载 http://baijiahao.baidu.com/s? id = 1651836389638369575&wfr = spider&for = pc。

〔2〕 我国执法机构在部门规章以及实际执法活动中使用的虚拟货币、代币、数字货币等,不仅指加密货币,还指并非建立在区块链之上的"货币"诈骗活动。

〔3〕 从目前的国内案例来看,在虚拟货币的合法性尚未明确的情况下,围绕其发生的投资交易不受法律保护。参见江苏省南京市江宁区法院民事判决书,(2017)苏0115民初15868号;广东省佛山市禅城区法院民事判决书,(2018)粤0604民初1646号;浙江省义乌市法院民事判决书,(2018)浙0782民初1664号。同时需要注意的是,虚拟货币发行融资,本质上是一种未经批准非法公开融资的行为,涉嫌非法发售代币票券、非法集资、金融诈骗、传销等违法犯罪活动。个人持有虚拟货币虽然合法,但风险自担。

〔4〕 法院认为,比特币不仅是一种特定的虚拟商品,也代表着被害人在现实生活中实际享有的财产,应当受刑法保护。因此被告人武某恩通过互联网窃取了被害人金某的比特币后,再将其售出所得款项计人民币20余万元打入个人银行账户,其行为已构成盗窃罪。参见浙江省天台县人民法院刑事判决书,(2016)浙10刑终1043号。但在之前的一个案例中,法院认为,被告人侵入他人计算机信息系统,获取该计算机系统中存储的数据,情节严重,其行为已构成非法获取计算机信息系统数据罪,比特币被视为数据,不属于刑法意义上的财物。江苏省金湖县人民法院刑事判决书,(2015)金刑初字第00090号。

四、加密货币治理措施

(一)分门别类进行监管

2019 年 1 月 23 日由英国颁布的《加密货币资产指南》具有重要的标杆意义,其主要内容是对加密货币的分类和监管做出指示,明确监管机构的职责,并对消费者选择加密货币以及判断交易成本和风险提供帮助。

第一,去中心化的加密货币如比特币、莱特币等,由于未经国家金融机构发行,该种货币以及从事该类货币兑换的交易所不受监管。但是,该加密货币及其交易所仍要适用《欧盟第 5 条反洗钱指令》(5AMLD),该指令在 2019 年年底已经转化为英国法律。美国国税局将比特币作为财产而非货币进行监管,[1]而美国商品期货交易委员会则将比特币视为商品。[2] 美国证券交易委员会并不认为比特币是证券,但已表示最初的代币发行在其监管范围之内。[3]

第二,除非实用型通证被定义为电子货币,方可适用《电子货币法令》,否则不受监管。金融行为监管局也表达了一个兜底性意见,即“任何不属于证券型通证或电子货币型通证的通证都不受监管。然而,市场参与者应该注意到,某些使用通证的活动可能会受到监管,例如,当它们被用于进行受监管的支付时”。[4] 也就是说,当代币满足《金融工具市场指令Ⅱ》和《支付服务法令》要求时也会受到监管。

第三,证券型通证是“与股票、债券或集体投资计划中的单位等传统工具相同或类似”的资产,系特殊投资,适用《被监管行为法令》规定。证券型通证作为一种可转让证券在资本市场上交易,也适用欧盟《金融工具市场指令》的规定。根据美国证券交易委员会合规检查办公室的要求,如果加密货币属于证券,则将重点检查其合规性,如披露其发行者和用户信息,注册并获得营业执照,定期报告等。证券

---

〔1〕 *IRS Virtual Currency Guidance*, Internal Revenue Serv. (Mar. 25, 2014), https://www.irs.gov/newsroom/irs-virtual-currency-guidance.

〔2〕 See *A CFTC Primer on Virtual Currencies*, LABCFTC 11 (Oct. 17, 2017), https://www.cftc.gov/sites/default/files/idc/groups/public/%40customerprotection/documents/file/labcftc_primercurrencies100417.pdf; David Felsenthal, *Regulation of Bitcoin: The Role of the CFTC*, Clifford Chance (Jan. 30, 2018), https://www.cliffordchance.com/briefings/2018/01/regulation_of_bitcointheroleofthecftc.html.

〔3〕 Bob Pisani, *Bitcoin and Ether Are Not Securities, But Some Initial Coin Offerings May Be, SEC Official Says*, CNBC (June 14, 2018), https://www.cnbc.com/2018/06/14/bitcoin-and-ethereum-are-not-securities-but-some-cryptocurrencies-may-be-sec-official-says.html.

〔4〕 参见《英国 FCA 发布加密货币监管最终指南,多类加密资产被明确定义》,载 http://www.ymcall.com/artinfo/969662562282942964.html,最后访问时间:2020 年 12 月 31 日。

型通证的发行必须满足强制性披露,如应当告知投资者发行者使用的是哪种区块链技术,开发通证的技术团队以及该通证是否公开发布,有关通证发行之前进行了哪种网络审核的信息也必不可少。从实质上来看,对非法的证券型通证发售行为可以认定为证券欺诈,以保护投资者的利益。从事证券型通证发行业务应当事先注册并获得牌照,否则视为刑事犯罪。还有的国家规定,由于证券型通证属于"复杂产品",只能发售给专业投资者,发售人应当采取额外的投资者保障措施,如尽职审查和风险警示。

(二)以加密货币服务提供商作为监管"抓手"

对加密货币的监管,到底从哪里入手更为有效。梳理各国的做法可以发现,加密货币监管的真正抓手应该是以交易所为代表的加密货币服务提供商。2019 年 1 月 14 日,新加坡国会通过《支付服务法案》,目的是通过服务提供商牌照制度促使加密货币交易合规。按照《支付服务法案》的规定,和加密货币业务有关的牌照分为货币兑换商、标准支付机构和大型支付机构牌照。货币兑换商由于业务量小,受监管也较少。标准支付机构和大型支付机构均受到更多的监管。其中加密货币交易所、钱包、矿池、OTC 平台都被视为支付型服务商,需要申请相应牌照以合规化运营。自《支付服务法案》颁布之日起,相关机构在 6 个月内向金融监管局进行牌照备案。为了延伸管辖,申请牌照的对象不限于在新加坡注册的机构,而是扩大至在新加坡实际运营的机构。申请牌照企业还需要满足反洗钱规定,验证客户身份,并将可疑交易上报金融监管局。申请牌照企业要满足金融监管局对技术安全方面的基本要求。这些企业需要接受金融监管局的定期抽查,避免违规操作,以免受到吊销牌照等处罚。[1] 该法案让新加坡的加密货币行业不再处于监督的灰色地带,也让新加坡成为步入加密货币监管体系化的国家。

2019 年 3 月 15 日,日本内阁会议通过《金融商品交易法》修正案,为加密货币交易所的牌照申请设定了时限,自 2020 年 4 月(修正案预计生效日期)起,18 个月内未完成牌照申请的准交易所将不得继续运营。

(三)破解加密货币交易的匿名风险

匿名交易是区块链主要的特色,其目的在于提高交易速度并保护用户的

〔1〕 参见《新加坡〈支付服务法案〉正式通过:交易所均需着手申请牌照》,载 http://www.sohu.com/a/290337651_100112552,最后访问时间:2020 年 12 月 31 日。

隐私。[1] 但是,匿名交易也给监管带来了麻烦,如用于支付的加密货币成为"隐身货币",可能成为犯罪分子洗钱和恐怖主义融资的新工具,同时阻碍了执法机构跟踪资金流向。尽管可以在区块链上追踪加密货币交易,但无法立即从数据中识别个人,为了将交易与交易者关联起来,这项工作通常由区块链分析公司秘密完成,但这项工作需要付出较大成本。消除交易的匿名性,追踪区块链上的资金和交易成为各国政府加密货币监管的重中之重。这个工作中最核心的是"了解你的客户(KYC)",即掌握和披露交易客户的信息,监管者的目的是能够适时掌握加密货币交易背后的参与者,并确保资金没有用于非法目的。

1. 客户纳税申报方式

征税无疑会增加加密货币交易各个环节的透明度,因为民众需要提供加密货币交易的详细历史和个人信息。2015 年的《欧盟第四项反洗钱指令》要求相互关联的登记机构记录公司和信托的实益所有权(beneficial ownership)并与当地税务机关共享(OECD-BEPS 行动 12)。[2] 2019 年 10 月 25 日,韩国总统直属第四次工业革命委员会敦促政府针对加密货币及其交易制定相关税收方案,韩国国民议会也在研究并尽早推出加密货币税收法案,对出售加密资产的资本收益进行征税。[3] 英国也采取这个办法,税务与海关总署于 2019 年 8 月要求加密货币交易所向其提供客户身份和交易历史记录,但名义上却是解决加密资产交易平台上的偷税漏税问题。

2. 服务商或交易所披露方式

2019 年 6 月,反洗钱金融行动特别工作组(FATF)发布了《加密货币监管标准》,提出消除加密货币匿名化的建议:首先,将虚拟资产服务提供商或交易所锁定为监管对象,要求其注册或者登记。其次,该服务商或交易所获取并保存准确的发起人信息和虚拟资产转移的受益人信息,以便在当局需要时提供。服务商或交易所需保存交易记录,并在需要时向有关机构提供。但该种做法也有弊端,其会使虚拟货币交易重新回到电子商务时代,并加重企业和用户的交易负担。虽然反洗钱金融行动特别工作组只是一个政府间组织,其建议不发生法律效力,却有较强的指

---

〔1〕 关于匿名是否可以保证用户的隐私存在争议,因为借助于大数据挖掘和分析,可以将交易与交易者关联起来。参见[法]普里马维拉·德·菲利普、[美]亚伦·赖特:《区块链与法律:程式码之治》,王延川译,台北,元照出版有限公司 2019 年版,第 171 页。

〔2〕 See Ozelli, Selva, *EU Amends AML Laws for Crypto-trading as US Ponders*, CoinTelegraph, Jan. 8, 2018.

〔3〕 参见《韩国:预计 2020 年开始对加密货币交易征税》,载 http://www.bitcoin86.com/news/49744.html,最后访问时间:2020 年 12 月 30 日。

导和示范作用。2019 年 10 月 30 日，反洗钱金融行动特别工作组又呼吁各国当局“制定明确的指南或规定，以允许受反洗钱/打击资助恐怖主义目的监管的实体使用可靠的独立数字身份证系统”，同时建议受监管机构（加密货币交易所）应该“采用基于风险知情的方法，依靠数字 ID 系统进行客户尽职调查”。[1]

《欧盟第 5 条反洗钱指令》于 2020 年 1 月 10 日生效，其目的是提供反洗钱监管机构和欧洲央行之间的数据交换。[2]《欧盟第 5 条反洗钱指令》首次将虚拟法定交易所和托管钱包提供商在内的加密服务提供商纳入监管范围，让监管机构有了更大权限去访问更多存储在中心化银行账户记录中的数据。

我国在监管区块链信息服务提供者和使用者、推行交易实名制以及规范加密技术方面具有特色。

2019 年 1 月 10 日，国家互联网信息办公室发布《区块链信息服务管理规定》，要求区块链信息服务提供者[3]（包括节点 IP）及使用者履行备案手续，实名登记在册。按照《区块链信息服务管理规定》第 11 条的规定，区块链信息服务提供者应当在提供服务之日起 10 个工作日内通过国家互联网信息办公室区块链信息服务备案管理系统填报服务提供者的名称、服务类别、服务形式、应用领域、服务器地址等信息，履行备案手续。国家互联网信息办公室对区块链信息服务备案信息实行定期查验，区块链信息服务提供者应当在规定时间内登录区块链信息服务备案管理系统，提供相关信息。除此之外，区块链信息服务者还应该履行相关安全义务。

与别的国家相比，我国解决匿名交易的方式更为直接，也更为彻底。《区块链信息服务管理规定》第 8 条规定，区块链信息服务提供者应当按照《网络安全法》的规定，对区块链信息服务使用者进行基于统一社会信用代码、身份证件号码或者移动电话号码等方式的真实身份信息认证。用户不进行真实身份信息认证的，区块链信息服务提供者不得为其提供相关服务。

除了让交易者信息透明之外，我国还对加密应用进行验证，以实现交易透明化。2019 年 10 月 26 日，全国人大常委会通过《密码法》，针对区块链应用中使用较多的商用加密进行规范，密码管理部门应制定商用密码检测认证技术规范、规则，这使得基于区块链的加密钱包等业务将有技术标准可循。加密货币必须依靠

---

〔1〕 参见《金融行动特别工作组（FATF）发布全球数字身份指南》，载 http://www.bitcoin86.com/news/48022.html，最后访问时间：2020 年 12 月 31 日。

〔2〕 参见《欧盟第 5 条反洗钱法案生效，将对当地加密货币产业产生重大影响》，载 http://www.bitcoin86.com/news/51030.html，最后访问时间：2020 年 12 月 31 日。

〔3〕 所谓区块链信息服务提供者，是指向社会公众提供区块链信息服务的主体或者节点，以及为区块链信息服务的主体提供技术支持的机构或者组织。

经批准的监管机构认证的加密系统，且需要接受检测认证，目的在于实现相关业务的规范化运作，并保护用户的合法权益。

第三节 智能合约的治理

一、智能合约的运行逻辑

智能合约这个概念于20世纪90年代由法律学者兼密码专家萨博提出，[1]在他看来，自动售货机、销售点终端、大公司间的电子数据交换和银行间用于转移和清算的支付网络如SWIFT、ACH、FedWire等都属于智能合约的范畴。但是，由于当时互联网技术的局限性，合约的运行如签名和执行会出现作弊现象，多个节点运行无法保证合约的公正性，故智能合约只能在网络上的单个节点上运行。区块链的出现解决了上述问题，区块链可以容纳多个节点运行，通过分布式技术储存的数据透明，且不可篡改，真正意义上的智能合约最终得以落地。

（一）适用例

智能合约的具体适用如下：李某将出售一部二手电脑的信息发布到区块链上，王某看到后拟购买该电脑。王某将一笔货币转换成数字货币，汇入区块链上的虚拟托管账户，该账户自动控制和管理进入的资金。双方拟定合约条款并通过编程语言编写代码（code），最简洁的代码为"IF，李某将二手电脑转让给王某，Then，王某支付李某1000元钱"。代码设定的条件被验证后，软件自动将二手电脑释放给王某。王某收到相应商品后，向托管账户发送一个数字签名的区块链消息，托管账户将购买金额释放给李某。在正常情况下，无须任何受信任第三方就可以完成交易。如果电脑未交付或有缺陷，双方向第三方仲裁员（一个基于人类的预言机）提交相关信息，仲裁员作出一个裁决，向王某的账户回滚资金。

（二）特点

智能合约表现为纯粹数字形式的承诺，该承诺以代码形式表现，经过区块链技术验证后可以自动执行。

---

[1] See Nick Szabo, *Formalizing and Securing Relationships on Public Networks* (1997), http://ojphi.org/ojs/index.php/fm/article/view/548/469.

(1)纯电子形式。智能合约只能以电子形式存在,具体表现为代码,不可能使用任何其他形式。

(2)代码软件。智能合约即代码,需要由专业人员编写。

(3)高度确定性。具有严格定义的语义和语法计算机语言排斥解释中的自由裁量。

(4)条件性。计算机代码基于诸如“if”x“then”y之类的语句。

(5)自动执行。合约的效力生成与执行都由设定好的软件推进,而不借助于外力。

(6)自足性。具有独特的意思表现方式、独特的意思生效机制、独特的意思执行机制、独特的裁判官。这些都让智能合约的运行构成虚拟的法律世界,不需要法律制度的支持。

(三)智能合约的架构

关于智能合约的性质,目前主要有协议说、代码说和代理说三种。协议说认为智能合约是一项可自动执行的协议。尽管某些部件可能需要人工输入和控制,但可以通过电脑自动调节。可以通过合法执行权利和义务,或通过防篡改执行计算机代码来实施。[1] 代码说认为智能合约是一段存储在区块链上的代码,由区块链交易触发,该代码在区块链数据库中读取和写入数据。[2] 代理说认为智能合约本质上是自主的软件代理。[3]

以上三种学说只是从某一个角度理解智能合约,并未揭示智能合约的全貌。要真正窥探智能合约的性质,需要了解智能合约的构造。

1. 合约成立:代码

交易方协商彼此之间的权利和义务,开发人员将这些权利和义务通过编程语言转换为代码。之所以要使用代码表现智能合约,是因为智能合约的主要功能在于执行,而不仅是意志的合致,代码迎合了智能合约这种功能。

首先,代码是象征性逻辑语言,其可以通过将交易方承诺转变为客观可验证的技术规则让合同内容变得确定,从而纠正传统合约语言上存在的模糊性,以减少交

---

〔1〕 Clack, C., Bakshi, V. & Braine, L., *Smart Contract Templates: Foundations, Design Landscape and Research Directions*, 2016, Revised March 2017.

〔2〕 Greenspan G., *Beware of the Impossible Smart Contract*, Blockchain News (12 April 2016), http://www.the-blockchain.com/2016/04/12/beware-of-the-impossible-smart-contract.

〔3〕 See Vitalik Buterin, *A Next-Generation Smart Contract and Decentralized Application Platform*, G ITHUB, https://github.com/ethereum/wiki/wiki/White-Paper.

易摩擦。使用代码,智能合约成为以确定性方式执行的逻辑位列(bits),交易各方得以可靠地识别客观可验证义务的履行。[1] 相反,非确定性的自然语言导致区块链上众多节点之间难以形成共识,甚至导致网络停滞。

其次,智能合约是格式化的合约形式,交易方只需将自己的意志填写在代码的空白处即可。代码的核心内容为两项:一是触发合约自动执行的条件,二是合约的权利和义务。比如,"if X occurs, then Y will be triggered",该语句则是计算的基础。智能合约的执行只不过是设定条件满足后的软件触发。

2. 合约有效:区块链验证

在传统合约中,交易方的意志首先仅是私人意志,是否成为法律上受到保护的意志则要经过法律评价,出现争议时由法院认定。智能合约也存在有效问题,只不过该种有效并非来自符合法律规定和公序良俗等规则,而是经过区块链上的验证程序。

智能合约在区块链上运行,应该经过区块链节点的验证,才能成为区块链意义上的有效合约,可以被执行。也就是说,智能合约是否有效不再依赖于法律,而是在形式上是否符合节点的验证程序。

首先,代码要经过区块链节点的验证,才能成为区块链意义上的有效合约,方可以被执行。智能合约代码是否有效并不依靠法律解释,而是依靠一个形式化的验证过程,此过程俗称挖矿。挖矿就是网络节点(node)用各自的计算资源创建一个区块,该区块是一系列交易的合集(set)。网络上的所有节点都可以验证区块。每个节点在提交一个区块时都必须提供一个解决数学难题的"工作量证明",以保证这个区块有效。

其次,智能合约一旦经过验证即成为区块链意义上的有效代码,不能篡改。区块链自动执行该代码,交易方无法通过意志阻碍执行,因此,智能合约不存在有效与执行方面的割裂。

3. 合约执行:自动软件

智能合约最适合自动执行许多合约中出现的两种类型的"交易":第一,确保在某些触发事件下支付资金;第二,如果不满足某些客观条件,则处以罚款。在每种情况下,一旦智能合约已部署并开始运行,就不需要人工干预,包括通过可信赖的托管人甚至司法系统进行干预,从而降低了签约过程的执行和执行成本。

所以,智能合约是一种三位一体的结构性行为,并非单一的协议、代码和代理。

---

〔1〕 See John W. L. Ogilvie, *Defining Computer Program Parts under Learned Hand's Abstractions Test in Software Copyright Infringement Cases*, Michigan Law Review 91, No. 3 (1992), p. 526 – 570.

（四）智能合约的优势与应用场景

智能合约的优势在于，第一，智能合约是具有约束力的协议，因为它可以根据经编码的具体协议条款移转信息和数字资产（如金钱）。第二，它是不可阻挡的，可以保证自动解决自身问题，无须依赖第三方执行，而是通过区块链执行。第三，由于它不受限于任何解释，比法律文本更精确、更易读。正因为如此，智能合约被应用于许多领域。

正是因为智能合约的上述优势，其已广泛用于各种价值和消息传输，其中最为基础的应用是在买卖领域，以此扩张至公司债券转让、旅行保险、租赁车辆等领域。在全球支付、银团贷款、抵押品管理、代理投票、证券发行、交易等金融领域，智能合约有较为成熟的适用例，尤其在衍生品、期货、掉期和期权等领域，智能合约的发展非常迅猛。

二、智能合约构造的自有风险

智能合约运行过程中会出现许多风险，比如可执行性问题，智能合约对诸如“合理”之类的含糊术语难以执行，如果代码错误或当事方未能审查代码，合约执行不会停止。这里只揭示智能合约最基本的自有风险，即智能合约基于自身构造而产生的不可避免的风险。

（一）代码瑕疵

1. 简单的代码与复杂的世界

代码需要专业人员编写，将缔约人的意志以代码方式表现出来。由于以下原因，代码可能难以体现交易方的意志：第一，代码能否准确记录交易方的意志，仍然存在疑问。程序员在起草智能合约代码时，需要对潜在不确定的未来事件做出主观判断、解释和实质性决策，这在一定程度上会掩盖或扭曲各方的意志。如果在传统合约下，会存在合同解释问题，但由于智能合约自动执行的特点，很难进行事后解释。第二，代码可能无法应对现实世界中交易的复杂性。在商业交易中，交易方的权利义务往往难以一开始就确定下来，所以，双方经常以开放式条款履行协议，且条款不断修改，以解释不可预见的事件或双方关系的变化。[1] 这就是所谓的关

---

〔1〕 See Robert W. Gordon, *Macaulay, Macneil, and the Discovery of Solidarity and Power in Contract Law*, Wisconsin Law Review 1985, p. 565 – 579.

系合同理论。但是,代码并不适合于承载关系性的合约安排。[1] 第三,即使上述两个问题不存在,满足交易方所有想法的代码成本也过高。智能合约奉行简约原则,代码越简单越好,这样消耗的以太币相对较少。相反,如果代码过于复杂,消耗的以太币就越多。

2. 代码违法

智能合约很容易被犯罪分子利用,原因有三:第一,代码是一串数字符号,验证节点无法知晓代码的真实内容;第二,代码经过加密,更让验证节点无法获知代码内容;第三,智能合约奉行假名主义,验证节点无法知晓真正的当事人身份。区块链上的矿工有能力辨别交易是否在加密或技术上有效,但如果没有额外的背景信息,可能无法辨识交易内容是否违法。所以,代码一旦被部署在区块链中,即使违法,只要有足够的动力让矿工支持区块链,这些系统将继续运行。

(二)代码漏洞

2016 年 6 月 17 日,出现了以太坊历史上最大的代码漏洞"The Dao's 事件"。黑客利用以太坊上运行的私募基金合约 The DAO 的代码漏洞,将价值 5000 万美元的以太币转移到其私人账户,吊诡的是,黑客的操作手法完全符合代码的逻辑。学者研究发现,开源软件必然存在漏洞(bug)。[2] 英国学者通过对将近 100 万份智能合约的分析发现,其中有 34,200 份智能合约很容易受到黑客攻击。又对 3759 份智能合约抽样调查后发现,3686 份智能合约有 89% 的概率含有漏洞。[3]

(三)悔约权丧失

智能合约奉行平等主义理念,不对交易方身份进行区分。同时,基于假名机制,在智能合约运行中,也根本无法对交易方进行身份区分。[4] 智能合约这种封闭的技术运行,无法将弱者保护的人文理念植入,[5] 使消费者保护法和金融消费

---

[1] See Karen E. C. Levy, *Book-Smart, Not Street-Smart: Blockchain-Based Smart Contracts and the Social Workings of Law*, Engaging Science, Technology, and Society 3 (2017), p. 1 – 15.

[2] 开源代码大致每 1000 行就含有一个安全漏洞,表现最好的 Linux kernel 2.6 版本的安全 bug 率为每 1000 行代码 0.127 个。

[3] See Ivica Nikolic, *Finding the Greedy, Prodigal, and Suicidal Contracts at Scale*, https://arxiv.org/pdf/1802.06038.pdf.

[4] See Alexander Savelyev, *Contract Law 2.0: Smart Contracts as the Beginning of the End of Classic Contract Law*, Working Paper, WP BRP 71/LAW/2016, p. 18.

[5] See Aaron Wright & Primavera De Filippi, *Decentralized Blockchain Technology and the Rise of Lex Cryptographia*, http://ssrn.com/abstract=2580664, p. 26.

者保护法形同虚设。

三、智能合约的风险治理

智能合约虽然不属于法律合同,但由于涉及交易方的权利义务变动,其中存在一定的风险,因而又属于具有法律意义的合约。就目前的实践而言,对于智能合约的风险防治主要采取非法律方式,这种方式依然在代码之治的范畴之内,其中包括交易方的自救措施和智能合约社区的自治措施。未来的风险防治可以尝试引入法律之治,即行政和司法对智能合约进行干预。

(一)代码之治

1. 自救机制

自救机制的核心是在代码设计时加入人力因素,让第三方对智能合约进行判断,以预防交易风险的发生。这种机制主要针对代码瑕疵和悔约权丧失问题。

(1)混合协议

代码中多设定付款条件,条件满足时自动付款。但如果买方坚持要求代码中包括缺陷产品损害赔偿条款,则难以实现,这是因为赔偿条款不够确定,代码无法载入。将智能合约制作成混合协议(hybrid agreements),[1] 即智能合约主要用传统法律语言撰写,同时将其纳入代码,这种同时要求区块链和法院执行的智能法律合约就是数字和自然语言的混合。[2] 这种合约也被称为智能法律合约。

(2)多重签名

智能合约代码需要密钥签名,如果代码由2/3密钥确认,就属于多重签名。这其实是在交易方之外引入第三方,由其充当仲裁员。三方建立一个联合账户,如果双方同意,他们的密钥就足以完成交易,如果一方不同意,第三把密钥的持有人就可以通过自己的判断打破僵局。例如,买方因为产品质量不合格而不同意,第三方经过认定可以退还买方一定的金额。

(3)预言机

预言机(Oracle)是来自外部系统的数据馈送,这些数据馈送重要信息到智能

---

〔1〕 See Primavera De Filippi, Aaron Wright, *Blockchain and the Law: The Rule of Code*, Harvard University Press, 2018, p. 76 – 78.

〔2〕 这是目前 Eris Industries 的双重融合系统、Primavera de Fillipi 的加密分类账交易法律框架和 R3 Corda 智能合约系统的基本思路。

合约可能需要在特定条件下执行的区块链。预言机可以为发生的任何事件提供数字证据的服务。预言机与智能合约绑定在一起,其功能有二:一是调整智能合约的义务履行,二是传达人类的见解或支持私人争议解决和私人仲裁系统。[1] 如果发挥预言机的第二个功能,就可以在智能合约中引入裁判机制,即设定信息提供的第三方为司法机构、仲裁机构,或从互联网上召集的陪审团,第三方可以通过签名的方式介入,阻止有风险的智能合约执行。

2. 自治机制

自治机制由智能合约平台及其矿工做出,主要针对代码漏洞行为。

(1)民主决议:矿工的作用

矿工通过集体行动维护区块链的底层协议。如果代码出现普通瑕疵,矿工依然会维护"代码即法律"这一原则。但是,如果出现类似"The DAO 事件"那样严重的代码漏洞,为了应对黑客攻击,可以在社区内发起投票机制,修改区块链底层协议,以阻止代码的运行。[2]

(2)软件更新:平台作为法庭

在"The DAO 事件"中,以太坊基金会分别采取冻结账户和软件更新的措施,以阻止黑客利用代码漏洞盗窃以太币的行为。其中软件更新与矿工表决的功能相同,都是旨在修改区块链底层协议与阻止代码运行。

无论是民主决议还是软件更新,都需要得到大多数矿工的同意。另外,如果有矿工不同意上述,就会导致区块链出现分叉。

(二)法律之治

1. 管理机制

管理机制的意思是引入政府机构,主要针对上述所有的智能合约风险进行预防性管理。

首先,目前并没有通用的自动化手段可以检验一段代码是否包含漏洞或者瑕疵,只能依赖于开发者的自身水平,未来政府可以规定代码开发人员资质应该经过考核获得,并制定代码测试标准和流程。

---

〔1〕 See Michael del Castillo, *Lawyers Be DAMNed: Andreas Antonopoulos Takes Aim at Arbitration with DAO. Proposal*, CoinDesk, May, 26, 2016, http://www. coindesk. com/damned-dao-andreas-antonopoulos-third-key/. See also Michael Abramowicz, *Cryptocurrency-Based Law*, Arizona Law Review 58 (2016), p. 359 –420.

〔2〕 See Joon Ian Wong, *Everything You Need to Know about the Ethereum "Hard Fork,"* Qz. com, July 18, 2016, https://qz. com/730004/everything-you-need-to-know-about-the-ethereum-hard-fork/.

其次,针对代码瑕疵与漏洞有两种纠正办法:[1]一是超级用户,二是离线模式。前者将政府作为管理者引入,其可以在特别程序下修改区块链数据库;后者依然是引入政府权威,与前者不同的是,政府不会直接修改记录,而是追踪特定用户,迫使他们修改记录。政府可以通过硬件开发商、软件开发商、网络服务提供商与搜索引擎对智能合约用户进行追踪。[2] 但是,二者的弊端在于让区块链本身的"去中心"优势弱化,政府会动辄以此为由介入智能合约运行。同时,追踪交易客户身份的成本较大。该种做法有继续探讨的必要。

政府还可能采取以下较为极端的措施降低智能合约风险,比如废除假名机制,要求交易方以真名注册交易账户;在每个计算机节点上建立后门来监控智能合约运行;给平台施加压力,要求客户将法律直接编入代码。

2. 司法机制

区块链世界奉行"代码即法律",技术规则决定智能合约的运行。现实的法律能否介入智能合约的运行目前存在争议。但是,有越来越多的学者认为,法院最终保留对智能合约法律效力的管辖权,[3]根据存在已久的合同法解释原则,并在必要时借助技术专家的帮助,对底层代码进行解释。[4] 在发生争议的情况下,当事人也可以向法院或仲裁团体寻求救济,以撤销智能合约。[5] 即使智能合约允许基于第三方预言机的替代性争议解决系统,如果仲裁员未能遵守协议中记录的仲裁条款或明显无视法律,法院也可以裁定预言机所做的任何裁决无效。

但是,司法介入的前提是在法律上承认代码系合约表现形式。目前美国多个州承认智能合约的效力。[6] 但是,代码是否可被认定为"语言"存在分歧。智能合约使用的是人造语言而非自然语言,这种语言形式与书面形式、口头形式、电子形式均有不同,可以称之为区块链形式,对该形式的研究有待深化。

---

〔1〕 See Alexander Savelyev, *Contract Law 2.0: Smart Contracts as the Beginning of the End of Classic Contract Law*, Working Paper, WP BRP 71/LAW/2016, p. 22.

〔2〕 See Aaron Wright & Primavera De Filippi, *Decentralized Blockchain Technology and the Rise of Lex Cryptographia*, http://ssrn.com/abstract=2580664, p. 51-52.

〔3〕 See Kevin Werbach, *Trustless Trust*, http://ssrn.com/abstract=2844409, August 2016.

〔4〕 See Primavera De Filippi, Aaron Wright, *Blockchain and the Law: The Rule of Code*, Harvard University Press, 2018, p. 78.

〔5〕 虽然诉诸传统法律制度寻求补救是可能的,但在某些情况下,智能合约的效果也很难完全逆转,比如当双方的资金进入托管账户时,很难凭借自己的指令回滚。

〔6〕 2016年佛蒙特州法案规定基于区块链的数据可以作为证据。2017年亚利桑那州法案规定:"通过区块链技术保护的签名被认为是电子格式,属于电子签名。通过区块链技术保护的历史记录或合同被认为是一种电子格式,属于电子记录。"2018年佛罗里达州法案规定:"一份合同不能仅仅因为在合同的形成过程中使用了电子记录和该合同包含一个智能条约而被拒绝其合法性。"

智能合约的特质,会给司法介入带来很大难度。[1] 例如,法官和律师对代码并不了解,所以,司法介入需要法官和律师懂得代码的意义或者借助于"技术翻译",这样做的成本将大大提高。[2] 再如,由于区块链用户的假名性质,使得执法机关很难追踪到违法犯罪嫌疑人,法院难以确定管辖权、启动诉讼,确立交易方资格,以及对不知名的交易方进行救济。

第四节 社会服务区块链的治理

一、传统社会治理模式检视

传统社会治理模式有两种:一是民众自我管理,二是法定机构管理。民众自我管理的最大问题是集体行动困境。在一个规模较小的社区内,人和人之间的自然信任架构能够保证交互的顺利进行,但在规模不断扩大的社区里,由于自然信任架构的缺失,不利于人们形成合作关系,即使产生合作也更有可能基于利益的考量而随意违反,与此同时,陌生人之间更易产生欺诈和掠夺现象。因此,人们开始选择法定机构以催生信任。比如,通过登记机关确立和转移产权、缔结合约、设立公司,通过金融机构融资和转账,通过政府机关管理身份和资格信息,通过慈善机关接受捐赠,通过法院解决纠纷等。这种通过外力保证社会交互的方式即为中心式信任架构,人们之所以放心交互,主要不是相信对方会守信,而是相信管理者会强制执行约定,惩罚违约、打击欺诈和掠夺行为,这也是当前全世界主流的社会治理模式。

在法定机构管理框架下,中心机构成为各种交互信息的存储节点。但是,信息单一存储节点的问题在于,一方面,信息容易被人为破坏、篡改甚至销毁,虽然通过建立防火墙与持续备份机制可以维护交互记录,但这种层层设计是否会抵挡信息损害值得怀疑;另一方面,掌握信息的人可以便利地利用手中的信息优势谋取私利,容易滋生腐败。以捐赠为例,捐赠信息由法定机构存储,捐赠者只知道自己的捐赠信息,却不知道其他捐赠者的信息,信息的不对称容易导致暗箱操作。

就管理权而言,法定机构治理模式属于单向度的,即管理权主要集中在中心机

---

〔1〕 See Primavera De Filippi, Aaron Wright, *Blockchain and the Law*: *The Rule of Code*, Harvard University Press, 2018, p. 85.

〔2〕 See Reggie O'Shields, *Smart Contracts*: *Legal Agreements for the Blockchain*, 21 N. C. Banking Inst., p. 177.

构手中，广大民众属于被管理的对象，没有相应的管理权。但是，所谓“社会事乃百姓事”，如果不能发挥民众的主动性，让他们参与社会事务的管理，就难以产生高效的社会治理效果。虽然历史上曾经有很多赋予民众管理权的改革措施，都因为缺乏相应的渠道，或者民众虽然参与管理，却参与成本较大，因而难以有效形成“人人有责、人人尽责、人人享有的社会治理共同体”的局面。区块链的出现，让这两个难题迎刃而解。

2019 年 10 月 24 日，习近平总书记在中央政治局第十八次集体学习时强调，加快推动区块链技术和产业创新发展，积极推进区块链和经济社会融合发展，发挥区块链在促进数据共享、优化业务流程、降低运营成本、提升协同效率、建设可信体系方面的作用。当前，如何借助区块链技术，实现社会服务模式创新，助推社会善治，成为摆在我们面前的突出问题。

二、联盟链支持社会服务功能

无论是民众自我管理，还是法定机构管理，都无法完全解决其底层信任架构问题，而区块链这台“信任机器”可以扬弃上述两种社会治理模式。普通民众通过充当区块链的“节点”，可以无须彼此信任而直接参与社会交互；与此同时，民众只要在区块链平台注册，就能查看链上信息，对相关的社会交互事务进行监督。这种民众参与社会治理的便利机制有助于实现“人人有责、人人尽责、人人享有的社会治理共同体”的理想。

关于区块链提供社会服务，进而对社会治理进行支持，首先面临一个选择的问题。经典的区块链即共有链具有开源、透明、防篡改等特点，这些特点虽然在一定程度上可以提高社会治理效率，但也可能给社会治理带来隐患和挑战。

区块链的开源性质会导致交互者的隐私泄露。有些交互信息不具备隐私性和敏感性，可以共享，有些则反之。然而，用户只要在区块链平台上注册，就可以通过 APP 查看和下载所有的存储信息，这就会导致隐私泄露问题。目前防止隐私泄露的方法主要是用户假名和加密，但是，通过大数据挖掘，依然可以找到信息和用户之间的相关性。区块链的防篡改性质容易被不法利用。由于区块链上存储着大量公共信息，很可能成为黑客攻击的目标，黑客如果完成 51% 的节点攻击，就可以修改区块链记录。另外，凡是软件或者程序都存在漏洞，区块链也不例外。区块链漏洞会被人利用来篡改交互记录，错误记录一旦形成则难以更改，会给社会带来极大隐患。

虽然技术上的问题可以通过技术来解决，如针对区块链开源和透明性质而引发的隐私泄露问题，可以利用信息分离机制，对于那些具有敏感性和隐私性的信息，在区块链上不放入原始信息，而是放入信息的证据，这种操作一方面可以确保区块链节点信息的真实性，另一方面可以保留基础数据的隐私。但是，所谓技术的相互对峙始终存在"道高一尺魔高一丈"的问题，如何从根本上解决区块链在支持社会治理中存在的问题呢？如针对区块链记录被篡改问题，可以由政府发起建立区块链社区平台，一方面对于区块链进行持续检测，保证区块链无漏洞运行；另一方面组织强大的技术力量对抗黑客的进攻。而由政府发起建立的区块链属于联盟链。

联盟链是在扬弃传统共有链弊端的基础上产生的区块链形态，可以部分解决共有链存在的问题：其一，节省资源。联盟链区块的验证并非建立在挖矿的基础上，而是由投票产生，避免了资源浪费。其二，运行速度快。由于联盟链的节点较少，每个区块的信息存量相对少一些，因此形成共识的速度较快。[1] 其三，信息安全可以得到保障。有些企业和政府机构信息涉及高价值事务或具有敏感性，就可以采用联盟链的形式，因为，联盟链的算法、协议和加密技术都会定期由安全专家以及政府进行审查和审计，可以抵御黑客的袭击，实现数据传输的安全性。其四，在联盟链上更容易纠正记录错误，可信节点通过修改其控制的记录副本纠正过去的错误，由于节点之间相互信任，并不会导致区块链网络分叉。

除此之外，联盟链在提供社会服务方面还有如下优势。

1. 节点权限的区分

社会治理系统涉及众多的利害相关部门和个人，这些不同部门和个人在区块链上的权限应该有所区分。联盟链可以实现这一点。在联盟链上，可以针对链上的信息权利进行区别设计，构建节点权限区分机制。整体而言，节点的权限有信息的发布、审核、验证、投票、记录和查看权利，可以针对不同的节点设计不同的权限：物资需求单位或者个人可以发布信息，主管机构或者授权组织可以审核发布信息，业务节点可以验证信息、投票表决并记录信息，监督机构和民众代表只能记录信息而不能验证和表决信息。主管机构可以存储和参看区块链数据库的所有副本，业务节点只能存储与本职工作有关的副本，是否可以看到应急物资完整的流转信息，要经过主管机构的审批。

---

〔1〕 比特币确认交易和生成区块需要花费数分钟的时间，而瑞波币交易只需几秒钟即可确认，成本大大降低。

2. 信息流转全程可追溯

区块链可以应用于供应链中,区块链可以快速精准追溯物资的整个流程,确保物资的正确配送,降低物资欺诈,使得物资质量保持最高标准。沃尔玛进行过一项测试,在传统方法下,对商店货架上一包切成薄片的芒果进行追溯,到达农场需要6天以上的时间,但是,使用IBM Food Trust公司的区块链技术,追溯至农场仅需2.2秒。如果将该追溯技术运用到应急物资供应链中,物资流转的每个步骤均实时可见,主管机构可以快速识别出提供有缺陷物资的供应商,或者物资在哪个环节遭到损坏,有利于及早发现和解决物资质量问题。精准捐赠人可以通过二维码追踪其捐赠物资的配送是否正确,主管机构也可以通过这种办法发现地区或者部门之间是否出现对应急物资的截留。由于可以全程追踪物资流转,对利害相关部门进行事后审计和责任追究也成为现实。

3. 多重监督机制的实现

区块链可以为应急物资保障提供多重监督。首先,区块链本身就预示了“连接、共建、共治、共享”的理念,业务节点之间必然形成监督关系。其次,链上可以引入国家监督机构,见证链上交互的可靠和公平。最后,链上交互还可以保证人民群众的知情权、参与权和监督权,这些权利可以通过将民众代表设置成为区块链的节点而实现,针对有些信息可以实现开源式审查,每个人都可以登录区块链软件进行审查,最大限度保障人民群众的监督权。

4. 优质大数据的生成

区块链是相关信息的存储,汇集起来可以形成优质大数据:第一,数据非常集中,全都是关于某项事务相关的信息;第二,数据无法篡改,是真实数据,没有杂质;第三,数据按照时间有序排列,可以看到处理事务的发展脉络;第四,数据反映事务处理的整个过程,形成一个信息闭环。这些优质大数据可以用来分析特定事务的发展变化,并为事务的再次实施提供未来决策依据。这些大数据也可以为主管机关所用,提炼出相关的统计资料。

三、社会服务区块链的应用

由于联盟链为完成特定的任务和功能而构建,将效率和客户的需求放在首位,可以保证交互透明,实现用户监督,保持信息真实,简化交互流程,提高社会治理效率。联盟链后者可以作为社会治理的底层技术,目前主要应用于身份认证、公证、税务、知识产权、审计、域名、物流、医疗、邮件、签证、投票等领域。

以下举几个联盟链应用于社会治理的例子。

1. 电子信息存证

区块链透明和防篡改性质让交互信息始终保持真实状态,降低甄别和纠错成本。通过区块链存储考试证书、毕业证书、发票、贷款和纳税文件等信息,可以让相关机构即时在线验证证书或凭证的真实性。这里以区块链司法存证为例解释存证的工作原理。当事人选择自己信任的第三方存证平台提取和存储电子证据信息,并生成针对电子证据的相应哈希值摘要,提取验证该电子证据所需密钥,并将该哈希值摘要和密钥上传至法院的区块链系统。如果当事人对电子证据的真实性依然有争议,可以由司法鉴定中心鉴定。在一起网络侵权案件中,当事人将该侵害作品网页的 URL 通过 API 接口传输至保全网,保全网通过 puppeteer 插件和 curl 插件对该网页截图以及源码获取,并产生操作日志,记录调用时间,将这些获得的信息打包计算哈希值后,上传至 FACTOM 区块链和比特币区块链进行电子数据保存。司法鉴定中心通过查询和比对区块链中存放数据后,做出该电子证据在保全后未被修改的鉴定结论。法院根据司法鉴定中心的鉴定步骤,再次查询,发现查询结果与司法鉴定中心的鉴定结果一致,最后认定该电子证据的法律效力。

2. 信息追溯

区块链也可以用来监控商品从工厂到消费者的全流程,通过在每个中间交付点对商品包装、认证并加盖时间戳,简化商品分销管理,为消费者认证商品,打击假冒、辨别过期商品以及防止价格操纵提供便利。

3. 事务审查

区块链分布式性质可以让民众有效监督政府事务,遏制贪污腐败。政府囿于人力、物力不能时刻在线监督社会事务,当问题出现后再介入则为时晚矣。区块链可以补充政府监督的不足,比如,针对捐赠、社会福利发放和精准扶贫等事务,区块链存储所有信息并时时监控流程中的关键节点,作为节点的利害相关人可以在线即时共享和即时查看相关信息。

4. 信息共享

区块链可以打破信息孤岛,简化交互流程,提高办事效率。信息孤岛是社会治理中的一道难题,老百姓在办理事务时经常要去好几个部门调取信息,然后将信息汇集到一起,这个过程耗时费力。区块链可以解决这一问题,方法是将交互流程的不同部门作为节点纳入区块链之中。比如,医疗保险程序复杂,患者通常因为畏难而不愿索赔或者放弃索赔,通过区块链将患者、医院、药房、保险公司和其他相关公司链接在一起,保险公司节点上自动生成医疗信息,不再需要患者四处采集信息。

将不动产买卖涉及的中介机构、登记机构、评估机构和银行等连接在一起，可以简化不动产的交易流程，减少交易手续。

四、联盟链的治理

当然，联盟链也有不足之处，此处举两例说明。

其一，公有链的重大事务多由节点表决通过，民主意味较强。联盟链则不同，其内部有一个名为理事会的权力机关，理事基本上由发起成员担任，理事会下又设其他管理委员会，这个科层制的内部管理系统决定联盟链的许多重大事项。中心化管理带来的问题是一些事务可能被少数人把持，使联盟链运行的公正性受到质疑。

其二，公有链由于节点众多，无论是节点还是外部黑客，想要篡改区块记录所需的计算力太大，以至于篡改者会知难而退。然而，联盟链的节点有限，不排除节点相互勾结篡改区块数据的可能性，外部黑客想要篡改区块数据所需成本也较低。

上述问题要得以解决，需要建立联盟链治理机制：第一，限制联盟链发起人担任和委派管理人员和节点的比例，同时引入独立第三人监督制度，即部分管理人员和节点由独立的第三人担任，并保障这些管理人员和节点的投票权利，以此促进联盟链运行的公正性。第二，挑选可信任节点，如注重信誉的大型机构和政府相关部门，这些机构一方面不容易被黑客策反，也少有勾结起来篡改区块记录的诱因，另一方面拥有良好的网络安全防护能力，可以抵御黑客的入侵。第三，引入管理人员和节点的信义义务，保障利害相关人免于受到来自管理人员和节点的损害。在区块链新中心化和再中心化的背景下，既然精英和有限节点已经成为其他利害相关人的信赖对象，就需要建立前者对后者的信义义务。关于信义义务的定位，首先属于伦理上的义务，应该被写入区块链的运行代码之中；其次它也属于法律上的义务，在弱势利害相关人的损害与技术精英和有限节点的作为与不作为之间产生具有因果关系时，可以向法院主张救济。诉讼可以由联盟链理事会、单个成员或其他利害相关人提起诉讼，要求加害者承担损害赔偿责任。

【典型案例】

此为杭州互联网法院受理的一起案件。甲公司是一家网络服务提供商，乙公司是其用户。甲乙双方约定就司法区块链智能合约的功能签署网络服务合同，甲公司为乙公司提供网络服务，乙公司采取分期付款的方式支付服务费。签约后，电子合同原文和智能合约代码全部部署到司法区块链上并成功运行，系统自动将首期款从乙公司的账户转入甲公司的账户，乙公司自动获取了相关网络服务的使用权限。后来，乙公司以甲公司提供的网络服务不符合要求为由恶意拖欠尾款。系统多次扣划失败后将本案推送给调解组织进行在线调解，并将乙公司列入司法区块链失信惩戒名单。最后，甲公司选择到杭州互联网法院起诉。其间，乙公司想与司法区块链的节点成员丙公司签约时，系统提示乙公司已被列入信用黑名单，签约失败。立案后，法官对电子合同原文以及智能合约的签署和执行过程中的每一个环节都进行了核验，认为甲公司提供的网络服务符合合同约定，乙公司构成违约。面对系统的核验结果和司法的强大威慑，乙公司最终履行了全部义务，整个纠纷化解仅耗时5个工作日。[1]

此外，“法链”是由Onchain，微软（中国），法大大等多个机构参与于2016年8月建立和运营的全球首个电子存证区块链联盟，法链基于小蚁的底层区块链技术支持，没有中心控制点，是一个多方参与的开放式区块链联盟。通过法链上多方参与管理与运营，区块链技术将与法大大电子合同“深度融合”，电子合同的签署时间、签署主体、文件哈希值等电子合同的数字指纹信息会广播到法链所有成员的各自节点上，所有信息一经存储，任何一方都无法篡改，充分满足了电子证据司法存证的要求。

【问题与思考】

1. 区块链信息如果出现错误，能否修改？如何修改？
2. 人们借助于区块链可以真正实现自治吗？
3. 加密货币和法定货币的区别是什么？
4. 破除区块链的匿名风险和区块链的宗旨有无矛盾？
5. 智能合约是合同吗？
6. 智能合约是否可以取代司法机关的职能？
7. 智能合约对于《民法典》的冲击有哪些？
8. 联盟链存在主节点与副节点的现象与区块链的“对等网络”性质有无矛盾？
9. 如果联盟链使用过程中给用户带来损害，节点承担责任的基础是什么？
10. 如何对区块链的社会服务功能进行监督？

[1] 参见杜前：《智能合约：数字世界的信用齿轮》，载《光明日报》2019年11月17日，法治版。

第十四章　基层智慧治理

【法律故事】

一场疫情深刻改变了社会生活。流行起来的防疫措施，除了口罩、消毒药水外，还有小区的人脸识别门禁。许多小区将原先的指纹、门禁卡的设备改造成人脸识别的门禁设备，于是人脸识别就成为居民出入小区的唯一通行证。清华大学法学院著名的LAW教授也遭遇了类似的情况，但反对这样的做法。她向物业公司和居委会写了法律函，指出在小区安装人脸识别并无必要，而且不经同意收集人脸数据，也违反现行法律规定。随后小区的门禁改造工作，不知何故被搁置下来了。

第一节　智慧社会与基层治理

当代世界发生的信息技术革命深刻改变了人们的生活方式、生产模式和治理范式。对此，人们提出了各种新概念来描述这场技术革命与社会形态的逻辑关联，如信息社会、网络社会、数字社会和智慧社会等。智慧社会是信息技术革命及其应用迭代升级的产物。智慧社会一方面使机器变得更加“智慧”，另一方面又使人类面临算法机器宰割的风险。为了平衡智慧社会带来的机遇与风险，智慧社会需要智慧治理。数字法治是智慧治理的核心架构，强调促进和实现数字正义，以及保障数字人权。为了应对智慧社会的风险和挑战，基层智慧治理应当以多元共治为本，以数字法治为纲，以整体智治为基。

一、智慧社会的脉络与趋势

智慧社会的兴起与当代世界发生的信息技术革命密切相关。智慧社会并不意味着以往的人类社会没有智慧。相反,无论农业社会,还是工业社会,都充分展现了人类的智慧。不过,与农业革命和工业革命不同,信息技术革命不仅创造出新的社会技术和工具,如计算机、互联网、手机、大数据、云计算、区块链、人工智能等,而且创造出了一个虚拟的网络世界,这个虚拟的网络世界集聚了所有人类的知识和信息数据,并能够不断挖掘数据,从而使人类的智慧源源不断地从人脑外化到社会,从意识世界上载到网络世界。[1] 随着虚拟的网络世界与现实的物理世界融合,人类的智慧不再局限于物质文明和精神文明,而是形成一个世界性的信息文明。[2] 在这个意义上,智慧社会是一个拥有发达信息文明的世界社会。

从信息文明的角度,智慧社会的"智慧"主要体现为以下三个方面:第一,机器变得更加"智慧"。无论农业社会,还是工业社会,人类发明的机器都极大提升了社会生产力水平,但是,机器本身高度依赖人类的操作。比如,在工业社会里,汽车的安全行驶极度依赖人的驾驶经验和技术知识。在智慧社会里,自动驾驶汽车的安全行驶可以不依赖人的经验和技术,因为自动驾驶的算法系统可以替代人的驾驶操作。机器变得更加"智慧"的原因在于它本身具备闭环的信息处理能力。具言之,机器本身就可以形成一个封闭的信息处理之循环,由此,它可以自行对自身环境的刺激或干扰做出响应。第二,算法的"智慧"日益凌驾于人类。人类个体受制于自身的感知和理性,并不能充分掌握整个世界的信息。因此,人类个体用于决策的信息是十分有限的。相反,凭借大数据和云计算,算法系统可以处理的信息数据规模远超人类个体,从而使得算法决策比人类个体决策更加精准。因此,越来越多的社会决策从人脑转移到算法系统,如"城市大脑"。第三,智慧社会具有更高的反思性。"道高一尺魔高一丈",算法的"智慧"再高,也难免出现错误。应对算法产生的异化问题和技术风险,需要人类具备反思的能力和精神。因此,随着算法系统越来越"智慧",人类对算法系统的反思将变得更加深刻,并转变成为整个社会的自我反思能力。

智慧社会的形成是智慧城市、智慧社区发展的必然结果。智慧社会是信息技术迭代升级的产物。信息技术迭代升级离不开应用场景的拓展和演变。早期计算

[1] 参见戴潘:《大数据时代的认知哲学革命》,上海人民出版社 2020 年版,第 145 ~ 181 页。

[2] 参见肖峰:《信息文明:哲学研究的新向度》,载《马克思主义与现实》2019 年第 3 期。

机和互联网的应用是仅限于大学场景，随着电子商务的兴起，互联网掀起了新的商业革命浪潮，并迅速波及其他社会领域，如电子政务、网络课堂、在线教堂、在线纠纷解决等。与此同时，信息技术迭代升级，形成了以大数据、云计算、区块链、物联网和人工智能为核心的智能互联网。人们开始将这些新型信息技术与城市发展结合起来，从而构建出智慧城市。比如通过无线宽带网络、移动设备、数字公共平台以及嵌入到城市实体空间的物联网，智能互联网使城市空间与数字生态空间融合在一起，城市的交通、医疗、教育、娱乐、商业、政务等都与城市的数字化空间交汇在一起，形成数字化的城市公共服务。[1] 智慧城市的发展还会延伸到社区基层，一方面数字化的城市公共服务是基层社区服务的基础和支撑，另一方面社区基层治理的数字化和智能化是城市治理智慧化的重要环节和关键抓手。因此，智慧社区和智慧城市是一体化建设的。在中国，随着智慧城市和智慧社区的建立和发展，人们就会进一步提出智慧社会的发展蓝图，期待全社会实现信息化、智能化和数字化，如数字政府、数字经济、数字社会、数字法治等数字化变革已经成为智慧社会的发展目标。

智慧社会的发展是一个风险与机遇并存的社会演变进程。从农业社会到工业社会的变迁，人类的生产力水平发生了极大的飞跃，同时，人类也遭遇了严重的社会问题，如贫富分化加剧、严重的环境污染、人口急剧增长、世界性的战争等。同样，从工业社会到智慧社会的演变，凭借数字科技的力量，人类一方面获得了极大的发展机遇，如自动化的机器可以 24 小时不断工作，城市可以利用人脸识别技术防控犯罪，区块链可以建立无须信任的信任，AI 法官可以自主审理案件，等等；另一方面则面临极高的发展风险，如人的生产生活和社交行为面临全面的监控，一切事物和行为都被数据化和被算法化，算法系统日益取代人的劳动而形成“无用阶层”，人的主体性地位面临算法机器的剥夺，等等。随着智慧社会的发展，如果人类不能够居安思危，充分反思当前数字科技发展可能带来的风险问题，那么，人类社会将会面临技术风险反噬的危机，正如今天人类社会始终面临的核危机一样，智慧社会的未来人类将难以逃脱算法的统治。因此，为了防止算法统治侵害人类的身心健康，智慧社会需要智慧治理，比如利用算法对抗算法，利用人工智能对抗人工智能。智慧治理的核心架构是数字法治。因为数字法治强调促进和实现数字正义，以及保障数字人权。实现数字正义和保障数字人权一方面离不开数字科技的力量，另一方面也离不开数字法治的支撑。从智慧治理角度，数字法治为数字科技

---

〔1〕 参见[希腊]尼克斯·可姆尼诺斯：《智慧城市：智能环境与全方位创新策略》，夏天译，机械工业出版社 2016 年版，第 1～30 页。

发展的自主性和反思性提供了法治保障,一方面充分释放数字科技发展带来的机遇,另一方面则及时预防和处理数字科技带来的风险。

二、智慧社会的基层治理

“基层”二字拆开来解释,就是基础的层级。在日常用语中,“基层”有很多组合的词汇,如“基层政权”“基层社会”“基层治理”“基层政府”“基层法院”等。一般来讲,国家政权体系分成不同的层级,如“中央政权”和“基层政权”就是相对应的,前者对外代表整个国家,后者则在管辖地域内代表国家,属于国家政权体系的底层和末梢。在城市里,基层政权机关主要指不设区的市、市辖区的人民代表大会和人民政府及其派出机构,如街道办;在乡村里,基层政权机关主要指乡镇的人民代表大会和人民政府。与此相应,“基层政府”“基层法院”等都是国家基层政权机关的代表机构,基层社会则是指与基层政权相接触的社会各界,包括了社区、街道、企事业单位、社会组织、公民个人等。[1] 因此,基层治理是指基层政权机关、社区、社会组织、企事业单位和公民个人等多元主体,围绕基层政权辖区内的公共事务和社会事务所开展的活动,如社区治理、公共服务、纠纷解决等。基层治理既是国家治理的末梢,也是社会治理的根基。

智慧社会的形成和发展既为基层治理创新提供机遇,同时也使基层治理转型遭遇挑战。首先,从基层治理创新角度,智慧社会建设使基层治理迈向信息化、智能化和数字化,进而革新基层治理的机制、制度和模式,如网格化的社区治理、数字化的公共服务和多元化的在线纠纷解决等。智慧社会的基层治理创新反映了数字科技发展对基层治理的“增能”和“赋权”,比如社区利用网格化的信息平台及时反映基层社区存在的问题和隐患,使社区的诉求能够及时得到基层政府的回应;数字政府则改变了公众获得公共服务的方式,以往公众需要跑很多政府部门才能解决问题,而现在公众只需要在数字化的公共服务平台进行操作就可以获得便捷高效的政务服务;在线纠纷解决则为公众“接近”和“实现”数字正义提供便捷有效的途径,使公众的合法权益和数字权利获得法治保障。其次,从基层治理转型角度,智慧社会建设使基层治理的数字化转型面临制度、伦理和技术的多重困境。制度困境主要表现为基层治理制度滞后于数字科技的发展,这使公众的权利义务配置陷入不平衡的困境,如数字鸿沟、大数据“杀熟”等。伦理困境主要表现为数字科技

〔1〕 参见陈柏峰:《基层治理在法治社会建设中的格局与布局》,载《法治现代化研究》2020 年第 6 期。

的技术理性对人的异化和宰割,如算法歧视、数字画像等。技术困境主要表现为数字科技无法克服自身的不确定性和风险,如算法“黑箱”、恶意代码等。[1] 因此,智慧社会的基层治理,既需要抓住机遇,也需要克服挑战。

为了应对智慧社会的风险和挑战,基层智慧治理应当以多元共治为本,以数字法治为纲,以整体智治为基。首先,从多元共治角度,基层智慧治理应当利用数字科技为多元社会主体共同参与基层治理提供平台。比如通过数字政府、数字法院、数字社区等平台为公众、社会组织、企业等多元主体共同参与基层治理提供便捷的渠道和服务。作为虚拟的数字化空间,平台可以消除多元社会主体共同参与基层治理的时空限制,从而充分发挥其共建共享的作用。多元共治将增强基层治理的凝聚力和向心力,为克服挑战和化解风险提供合作的力量。其次,从数字法治角度,基层智慧治理应当重视对公众的数字人权和信息权利之法治保障。比如保护个人的信息数据安全,尊重个人的信息数据权利,合理使用个人的信息数据,等等。法治思维和法治方式是化解重大社会风险的有效手段。数字法治有利于基层治理防范数字科技的风险,使基层智慧治理在法治轨道内运行。最后,从整体智治角度,基层智慧治理应当通过数字科技的迭代升级克服数据碎片化、信息孤岛等问题,从而提升基层智慧治理的一体化和协同性。如此,整体智治将减少治理过程中机会主义、失信等风险,促进基层治理的精细化和精准化。

第二节　网格化的社区治理

网格化的社区治理是中国社区治理迈向数字社会的新模式。中国社会从传统向现代转型,基层治理体制经历了重要的历史变迁,从传统社会的保甲制到计划经济时代的单位制,再到市场经济时代的社区制。在这种历史变迁中,基层社会秩序的理念发生了根本转变,从统治到管理,再从管理到治理,寓管理于服务。当中国发展进入数字社会阶段时,在城乡一体化建设和公共服务的均等化背景下,网格化管理模式成为中国城乡社区发展的基本模式。从网络化治理逻辑的角度,基层社区的网格化管理模式需要进行功能优化和升级改造,从而构建网格化的社区治理模式。网络化治理是一种去中心化、扁平化、合作化、协同化和法治化的治理逻辑。因此,从法治角度,网格化的社区治理模式是以虚实同构的生活世界为基点,以共

---

[1] 参见张成岗、阿柔娜:《智慧治理的内涵及其发展趋势》,载《国家治理》2021 年第 9 期。

建共治共享的合作治理为架构,以数字法治文化为指南,以拓展数字社区民主自治为目标。

一、社区治理概念与范式

社区就是居住在一定地域范围内的人们所组成的社会生活共同体。从社会学角度,社区具有多元维度和丰富内涵。具言之,一是地域性。社区是由居住一定地域的人群组成。地域决定了社区的空间位置和地理条件,甚至形成不同的社区类型。比如城市社区和乡村社区的区分就是根据城乡差异。二是认同性。无论传统社会,还是现代社会,社区本质上就是一个共同体。共同体是建立在身份认同之上。社区成员彼此承认对方的社区身份。这是社区归属感和凝聚力的体现。通常,社区身份认同可能通过血缘、地缘、职业、种族、宗教等因素建立,如穆斯林社区、黑人社区。三是邻里性。邻里交往是社区日常活动的主要内容。邻里交往建立了社区的社会资本如社会网络、互惠性规范和信任等。四是公共性。社区是一个公共空间,也是一个公共领域。社区事务离不开居民的公共参与,如禁止共享单车进入小区,规范小区宠物管理,管理分配小区停车位等。五是自治性。社区运作是以自治原则为基础。社区自治主要表现为社区居民的自我管理、自我教育和自我服务。比如社区居民制定自己的市民公约规范社区的行为。[1]

社区制是一种新的基层社会治理制度。在传统中国社会里,大量人口在乡村,为了控制基层社会,历代王朝政权都实行保甲制。保甲制是以儒家社会的宗法宗族制度为基础,以连坐、株连等形式实行对基层社会的秩序控制。从清末到民初,保甲制逐步走向衰败。[2] 中华人民共和国成立之后,保甲制被废除,整个社会的组织和管理是以单位制为基础。所谓单位制,是指一种以人们工作所在的单位实施社会组织和管理的制度,比如人们的衣食住行、求学就医、工作分配和婚恋家庭都是依靠单位统一安排。不过,城市和农村的具体制度形式略有不同,比如农村主要实行人民公社制度,城市则以单位制为主,以街居制为辅。[3] 改革开放以来,随着市场的经济发展,单位制也逐步走向解体。大规模人口流动和商业发展极大地改变了原来社会的组织结构和秩序形态。大量农村人口到城市务工和做生意,这

---

〔1〕 参见[德]斐迪南·滕尼斯:《共同体与社会》,林荣远译,商务印书馆1999年版,第76~128页。

〔2〕 参见王先明、常书红:《晚清保甲制的历史演变与乡村权力结构——国家与社会在乡村控制中的关系变化》,载《史学月刊》2000年第5期。

〔3〕 参见周庆智:《论中国社区治理——从威权式治理到参与式治理的转型》,载《学习与探索》2016年第6期。

些流动人口聚居在一起就会形成自己的生活圈子和社群,比如,在北京以浙江农民为主体的浙江村。这些外来人口突破了原先通过户籍制度建立的城乡二元结构,使城市秩序面临流动人口的挑战,如流动人口带来的犯罪问题。此外,城镇化加速了房地产开发和建设,这不仅形成了一个庞大的业主阶层,而且还形成了一个市场化的物业管理秩序。无论业主阶层,还是物业公司,他们都是城市运营的利益相关者,他们通过社区建设逐步参与城市社会的基层管理。为了应对流动人口挑战和社区建设需要,中国城市管理体制从原来以单位为主,以街居为辅的单位制逐步转变为社区制。最后,随着城乡一体化建设和为了实现公共服务的均等化,社区制也逐步成为农村基层社会的组织形式和管理模式。因此,社区制成为了现代中国社会的基层治理架构。[1]

社区治理是一种基层社会治理的制度和实践。首先,从制度内涵来看,社区治理是基层社会主体共同治理社区公共事务的活动。具言之,第一,从治理主体角度来看,社区治理是多元社会主体共同参与的活动,而不是单一管理主体的活动。除了基层政府外,还有社区居民、社区社会组织、社区企事业单位、基层党组织等社会主体共同参与社区公共事务。第二,从治理内容角度,社区治理主要涉及社区范围内的社会公共事务,包括社区养老、社区治安、社区公共卫生、社区垃圾处理、社区停车位分配等。第三,从治理目标角度,社区治理是以善治为目标,即实现政府治理、社会调节和居民自治的良性互动。

其次,从制度渊源来看,社区治理是从社区建设和社区服务的制度实践中演变而来。一方面市场经济对单位制的冲击,使单位不再对个人提供福利设施和服务;另一方面城镇化导致大规模人口流动,使政府管治面临外来人口对城市秩序的挑战。于是,社区逐步承担起从单位和政府转移出来的管理和服务职能,并通过社区建设和社区服务应对政府和市场"双重失灵"所带来的社会问题。不过,政府主导的社区建设和社区服务,使社区的行政化趋势愈演愈烈,以致社区公共性和自治性的发育不足。[2] 因此,人们提出社区体制改革和创新,强调多元社会主体共同参与社区治理,打造共建共治共享的社会治理格局。

最后,从制度定位来看,社区治理是国家治理和社会治理的基础。具言之,第一,从国家治理体系角度,社区治理是国家治理体系的底层和末端。国家治理体系划分为不同的治理层级,具体包括中央级、省级、市级、县级、街道、社区等,其中社

---

〔1〕 参见陈辉:《中国城市基层治理研究:范式转型与善治逻辑》,载《上海行政学院学报》2018 年第 3 期。

〔2〕 参见高红:《城市基层合作治理视域下的社区公共性重构》,载《南京社会科学》2014 年第 6 期。

区是位于整个治理层级体系的末端。因此,社区治理具体负责国家治理任务的执行和实施。第二,从社会治理体系角度,社区治理是社会治理体系的重要领域和基本环节。社会治理体系划分为不同的社会治理领域,如环境治理、经济治理、社区治理、公共卫生治理等。社区不仅是社会构成的基本结构,而且是社会运作的具体场域。因此,社区治理不仅是社会治理的重要领域,而且是社会治理的基本环节。第三,从基层社会治理角度,社区治理是衔接国家治理体系和社会治理体系的纽带和桥梁。社区治理属于基层社会治理,它既是国家治理体系的层级,又是社会治理体系的环节。因此,它为国家治理体系和社会治理体系之间的沟通和衔接提供条件和渠道。

中国的社区治理在实践上具有不同的范式。"范式"是美国科学哲学家托马斯·库恩提出的理论概念。这个概念主要用来描述科学家进行科学研究时所遵循的基本框架、基本方法和基本理念。[1] 中国的社区治理范式主要指人们进行社区治理实践时所遵循的基本框架、基本方法和基本理念。从当前中国社区治理的实践来看,社区治理范式主要有三种类型:第一种是行政型的社区治理,如上海社区治理模式。这种治理范式是以政府主导为基本理念,将社区组织纳入行政治理框架,并通过行政手段控制社区组织和社区事务实现治理目标。第二种是自治型的社区治理,如沈阳社区治理模式。这种治理范式是以社区自治为基本理念,通过培育充分的社区公共性和自治性,构建起社区民主治理框架,并通过社区吸纳和整合社会资源实现社区治理目标。第三种是合作型的社区治理,如江汉社区治理模式。这种治理范式是以政府与社区组织合作为基本理念,通过社区协商方式建立起政府与社区的合作共治框架,并通过政府购买社区服务的方式实现社区治理目标。[2]

二、社区服务与网格管理

从制度功能来看,当前中国的社区具有双重功能:一方面是管理的功能,主要承接政府职能部门下派的各种任务,比如计生、环卫、城管、住建、民政等;另一方面是服务的功能,主要涉及为社区居民提供公共服务和商业服务,以满足其生活需

---

〔1〕 参见[美]托马斯·库恩:《科学革命的结构》,金吾伦、胡新和译,北京大学出版社 2013 年版,第 146~176 页。

〔2〕 参见魏娜:《我国城市社区治理模式:发展演变与制度创新》,载《中国人民大学学报》2003 年第 1 期。

要,如衣食住行的服务、养老服务、托幼服务、就业服务、邻里纠纷调解等。这两种功能往往是结合一起,并构成了社区治理的基本内容。质言之,社区治理是一种寓管理于服务的实践活动。

社区服务就是社区范围内的社会服务,它旨在满足社区居民的社会生活需求。首先,在范畴上,社区服务属于社会服务。社会服务是通过私人和公共机构为满足社会大众需求而提供的服务,比如医疗服务、交通服务、供电服务等。其次,在对象上,社区服务主要面向社区范围内的居民。社区服务是以社区居民的生活需求为前提。因为社区居民不仅是社区服务的对象,而且也是社区服务的评价者。再次,在主体上,社区服务的参与者和供给方十分广泛,包括基层政府、社区自治组织、社区社会组织、驻区的企事业单位,甚至是社区居民。最后,在功能上,社区服务主要解决社区居民的社会生活需求。这是社区服务的价值体现。没有需求就没有服务。社区居民的生活需求会直接影响社区服务体系的目标、内容、设施、机制和运作等。

社区服务是一个相对独立的社会服务体系。首先,从目的和价值层面来看,社区服务的首要目的是解决社区需求问题,尤其是居民的生活需求。居民的生活需求不仅是社区服务价值的直接体现,而且也是社区服务的基本前提。此外,社区服务的价值还可能体现为促进社区居民的交往和合作,从而提升社区福利水平。比如,社区志愿者服务和互助服务是社区服务的重要内容,包括照顾邻里的老人和小孩、关心社区残障人士等。这些社区服务不仅能够解决居民的生活需求,而且还会促进社区居民的彼此认同和归属感,甚至形成社区的信任网络和互惠性规范。

其次,从原则和实践层面来看,社区服务的指导原则主要包括 6 个方面:一是需求原则,即社区服务应当根据社区共同需求或居民需求来提供。二是自治原则,即社区服务应当尊重社区自治,尤其是居民的意愿。三是参与原则,即社区服务应当促进居民参与,如居民志愿服务。四是协商原则,即社区服务应当建立在居民平等协商基础上。五是创新原则,即社区服务应当在内容和机制上谋求创新,以应对社区环境变迁。六是效益原则,即社区服务应当遵循成本/效益的要求,促进资源整合和充分利用。

再次,从性质和分类来看,社区服务可以分为三种类型:一是公共服务。这类服务具有公共性和普惠性的特点,通常由公共机构或公营机构提供,如电信服务、交通服务、供电服务、垃圾处理服务等。二是商业服务。这类服务具有个性化和市场化的特点,通常由私人或者私营机构提供,如物业服务、餐饮服务、家政服务、美容服务等。三是志愿服务。这类服务具有互助性和合作性的特点,通常由社区居民或者社区志愿组织提供，如社区图书借阅服务、社区文艺表演服务、社区邻里互助服务等。

最后，从供给和运作来看，社区服务具有三个特点：一是专业化和职业化。随着居民需求细分和职业分工，社区服务越来越职业化和专业化。比如，物业管理人员须经过专门培训才能上岗服务。二是社会化和多元化。当居民的服务需求具有多样性和差异化时，社区服务供给主体就会变得比较多元化和社会化。比如，通过社区社会组织和商业组织提供不同的社区服务。三是精细化和智能化。随着大数据、云计算、人工智能等数字信息技术的广泛应用，社区服务越来越精细化和智能化。比如，通过数据信息平台对居民需求进行精准定位，并提供个性化和差异化的服务。

社区服务引领社区建设和社区管理。社区建设旨在提升社区自我管理和自我服务的能力，比如发展社区社会组织，理顺居委会与社区居民、业主委员会的关系，通过选举产生居民的自治组织等。社区管理则旨在强调社区权力和社区秩序的建立，比如建立规范社区居民行为的市民公约，控制社区资源的分配和利用，抵制危害社区利益的设施和行为，如治理和打击“群租房”等。无论社区建设，还是社区管理，都一定程度上忽视了社区居民的服务需求。因为社区建设和社区管理主要是应对基层政府的治理任务。不过，随着建设服务型政府和公共服务均等化理念的确立，社区服务的理念不仅深刻影响政府治理的决策，如公共服务的决策，而且也深刻影响社区体制的变革和实践。网格化管理模式就是这种社区制变革和实践的例证。

网格化管理模式是一种依托数字信息技术，以网格为单位，对基层社会进行精细化管理和服务的实践和制度。这种基层管理模式具有以下特征：一是以信息采集和编码为基础。政府将城市社区划分为若干网格，对网格中的属地部件、人户、组织、业态、事件等信息进行收集，并分类编码，从而形成关于基层社会情报的数据信息库，为研判动态趋势和控制突发事件等政府决策提供前期准备。二是以问题分类及处理、控制为导向。以网格为单位，建立公共问题分类标准和框架，按照分类和分层管理的原则，将基层问题划分为不同类型，分门别类由不同的部门和管理层级履行相应的管理职责。三是以指挥中心居间形成联动枢纽。网格是情报收集单元，旨在发现基层问题并上传信息。整个网格管理系统是以居间的指挥平台为中心，对网格情报信息进行研判，通过指挥所属部门、指派管理任务、协调联合行动和进行绩效评价等方式和机制，及时发现和解决基层问题。四是以网格构建基层管理的责任体系。在虚拟空间中，网格是数据收集和交换的单元。同时，在现实世界中,网格是管理和服务责任覆盖、划分和配置的基本单元。政府通过责任清单的方式规定网格的管理与服务责任,从而形成"横向到边,纵向到底"的服务管理体系。五是以网格作为组团提供服务的媒介。网格管理系统对居民服务需求进行精准定位,通过跨部门的资源整合和联动机制,实现公共服务的供给方和需求方之间的沟通,并由服务受众对服务结果和服务过程进行评价,从而实现服务供给的精细化管理。[1]

网格化管理模式本质上是政府通过数字信息技术和网格管理系统将行政管理力量下沉到基层社区,进而实现行政权威对基层社会的统合。首先,网格化管理模式契合了政府面对复杂环境进行风险管理的需要。借助网格管理机制,政府让基层管理的一线人员及时发现并上报问题,并通过网格情报信息提前做出研判和处理。这意味着政府从"事后处理"的消防员角色转变为"事前警戒"的哨兵角色。其次,网格化管理模式让政府缓解了行政管理体制的碎片化问题。我国行政管理体制的碎片化问题表现为由专业主管部门的层级管理和基层政府的属地管理构成的条块分割。网格化管理模式通过信息整合、条块整合和社会资源整合在一定程度上缓解了基层社区治理的碎片化问题。最后,网格化管理模式实现了政府的行政权威对基层社会的统合。通过网格化管理系统,政府一方面集中和强化指挥权,将条块管理部门整合起来,另一方面将行政管理的资源和权力下沉到基层社区,动员和吸纳基层社会的公共参与。[2]

不过,上述网格化管理模式凸显的行政化与技术化却可能造成基层管理的"内卷化"问题。这种"内卷化"主要表现为6个方面:一是管理层级的增加。比如,社区网格成为行政管理体系的新层级。二是管理功能泛化。作为行政管理序列的末梢,社区网格承担着街道机构和上级职能机构下达的各种管理任务,从民生保障、社会服务到城市管理、综治维稳等。三是管理成本扩大。为了维护网格管理系统,政府的基层费用支出大大增加,如网格基础设施的建设和维护费用、网格职能执行的人力资源投入等。四是管理过程的官僚化。随着网格运作的常规化,网格自下而上决策信息的传递功能逐步被自上而下行政化的任务指派和动员所取代,网格管理成为官僚命令执行过程的一环。五是社区自治空间受压缩。由于技术治理和行政化统合,社区网格对公众参与社区公共事务采取政府主导的动员和吸纳策略,公众参与过程局限于网格设定的职责流程和范围。六是新的碎片化问题。网格化管理不仅增加了新的管理条块,如网格指挥中心和社区网格,而且,不同职能部门

---

〔1〕 参见孙柏英、于扬铭:《网格化管理模式再审视》,载《南京社会科学》2015年第4期。

〔2〕 参见孙柏英、于扬铭:《网格化管理模式再审视》,载《南京社会科学》2015年第4期。

下沉到网格的人员可能延续以往条块分割的问题。[1] 为了解决上述问题，基层社会治理必须对网格化管理模式进行功能优化和升级改造，从而形成网格化的社区治理模式。

三、网格化的社区治理逻辑

基层社会对网格化管理模式的功能优化和升级改造，应当遵循网络化治理的逻辑。网络化治理逻辑是以虚拟网络的思维来重构社会治理的架构和法则。网络化治理逻辑具有以下特点：一是去中心化，强调社区治理网络的形成。在社区治理网络中，政府、社区组织、企业和公民个人都是该治理网络的关键节点，这些节点之间的互动和合作，能够为这个社区治理贡献资源和力量，并激发出社区的活力。二是结构扁平化，强调减少不必要的管理层级。在社区治理网络中，建立社区与政府、企业等平台更加直接的沟通和互动网络，使社区需求和居民诉求能够及时得到响应。三是建立公私合作关系，强调多元社会主体的共同参与和资源整合。在社区治理网络中，政府与社区、企业、社会组织、公民个人之间建立公私合作的伙伴关系，有利于促进多元社会主体共同参与社区治理，以及对不同社会治理资源的整合，建立充足的社区社会资本。四是协同治理，强调政府与社会的合作共治。在社区治理网络中，不同社会治理主体有不同的利益需求和行动逻辑，由于协同治理是建立在治理目标的一致性基础上，所以，它有助于多元社会主体形成治理共识。在社区治理网络中，政府与社会的合作共治是协同治理的主要形式。五是法治化，强调运用法治思维和法治方式规范和协调不同社会行动主体的行为。社区治理不可避免地要应对和处理纠纷和利益冲突。法治有利于预防和化解社会纠纷和冲突。因为法治强调规则意识、程序意识和责任意识。所以，运用法治思维和法治方式规范和协调不同社会行动主体的行为，不仅能够促进社区和谐治理，而且还能够提升社区治理能力和水平。这是社区治理现代化的体现。总之，网络化治理是一种去中心化、扁平化、合作化、协同化和法治化的治理逻辑。[2]

在基层社会治理中，确立上述网络化治理逻辑，人们需要打破目前 4 种观念障碍：一是物理中心主义。这种观念在治理思维上表现为重视物理空间，而轻视虚拟网络空间。比如，网格化管理更注重情报信息收集，以实现控制基层冲突，而忽视

---

〔1〕 参见孙柏英、于扬铭：《网格化管理模式再审视》，载《南京社会科学》2015 年第 4 期。

〔2〕 参见秦上人、郁建兴：《从网格化管理到网络化治理——走向基层社会治理的新形态》，载《南京社会科学》2017 年第 1 期。

公众民意的网络表达和参与。二是政府中心主义。这种观念在治理机制上强调以行政命令作为主要手段,忽视公众参与和市场机制。比如,网格化管理俯首听命于政府的行政命令,而不重视社区居民的自治和公共参与。三是地域中心主义。这种观念强调本土地域特色,并在治理资源上形成具有网格性的制度壁垒,妨碍信息资源的开放共享。比如,网格与网格之间不能进行信息共享和交换。四是技术中心主义。这种观念在治理上表现为重视技术治理,而轻视人文关怀。比如,网格化管理重视对居民信息数据的收集,而忽视对他们隐私和个人信息权利的保护。因此,网络化治理逻辑是以物理—电子的双重空间思维为基础,以政府与社会的合作共治为动力,以信息资源开放共享为手段,以技术创新促进人文关怀为目标。[1]

为了促进网络化治理逻辑,以实现网格化管理模式的功能优化和升级改造,人们需要从法治角度构建网格化的社区治理模式。

首先,确立双重空间的一体化规制方式。随着数字信息技术的广泛应用,人们的生活世界是一个虚实同构的世界。数据和信息来回往返于虚拟世界和物理世界。因此,从法治角度,人们应当探索双重空间一体化的法律规制,使网格化的社区治理在利用数字信息技术提升治理能力的同时,能够充分保障社区居民的数字权利和人权,比如社区居民的个人信息权利、通过虚拟网络参与社区事务的自治权利、利用网络媒介对社区公共事务发表意见的言论自由等。

其次,建立多元共建、赋权共享的治理模式。数字社会最重要的精神是分享和参与。因为数据和信息是数字社会最根本的生产要素。这些生产要素的价值是通过分享和传播获得的。当人们利用数字信息技术产生巨量的信息和数据,并进行分享和传播时,这些生产要素的价值就不断增长,从而增进人们的福祉。这就是技术赋权的效果。网格化管理模式虽然体现了技术增能的效果,但是,从法治角度,人们应当探索多元共建、赋权共享的治理模式,使网格化的社区治理能够充分保障技术赋权的效果,进而促进社区的合作治理和民主自治。具言之,一是通过法治方式保障技术赋权效果,实现从技术赋权到制度赋权的升级,使网格化的社区治理实现技术增能和技术赋权的双重效果。二是通过法治方式促进公私合作治理,实现多元社会主体共同参与社区公共事务,为社区服务提供多元化和社会化的供给,使网格化的社区治理成为一种共建共治共享的合作治理。三是通过法治方式拓展社区民主自治,比如利用数字信息技术拓展社区民主自治的双重空间,并给以法治保障,使多元社会主体能够通过民主协商方式解决社区问题。

[1] 参见马长山:《智慧社会的基层网格治理法治化》,载《清华法学》2019 年第 3 期。

最后,塑造数字法治文化,保障人的全面发展。人的全面发展一方面依赖科技进步,另一方面需要避免科技异化带来对人性的扭曲。科技是人类智慧的结晶,实现人的自我延伸,促进社会的生产力发展,提升人类的福利水平。同时,科技又可能被人滥用,从而造成对人的自由和权利之损害。比如数字信息技术发展已经显露出代码和算法可能带来的歧视、人工智能机器可能过度收集人的信息数据并潜在泄露风险,区块链可能导致无法删改的人生记录,等等。面对数字社会带来的福利和难题,人们需要运用法治思维和法治方式进行处理,才能充分保障自身的数字权利和人权。塑造数字法治文化,正是培养人们运用法治思维和法治方式应对数字社会的风险之能力。数字法治文化是以数字社会为背景,以数字法治、数字正义、数字人权为核心理念,以阐述数字社会的法治精神和法律价值为根本目标。网格化的社区治理塑造数字法治文化,不仅有利于充分保障居民的数字权利和人权,而且还会促进多元社会主体根据数字法治和数字正义的理念推进社区合作治理和社区民主自治。

第三节　数字化的公共服务

数字化的公共服务是数字时代基层社会治理的重要议题。公共服务是基层社会治理的基础。公共服务一方面满足基层社会的公众利益和需求,如日常生活的公用事业满足社区居民的生活需求;另一方面为基层社会治理提供机制和动力,如公共法律服务为公众运用法治思维和法治方式解决基层社会纠纷提供了途径,从而使基层社会治理法治化。随着数字信息技术的迭代发展,数字经济的崛起和数字社会的形成都对基层社会治理提出了挑战。为了回应这些挑战,政府必须变革公共服务的理念、供给机制和方式。数字化的公共服务就是这种变革的直接体现。数字化的公共服务既是政府面对数字时代挑战的回应,也是数字政府的公共服务转向之体现。数字化的公共服务一方面需要公共法律服务提供充分的法治保障,如法律上保障公民的隐私和信息安全;另一方面也推动了数字化公共法律服务的发展,如“互联网+公共法律服务”、智慧司法等。因此,打造“数字化的公共法律服务”是推动数字政府、法治政府和服务型政府一体化建设的重要举措。

一、公共服务的定义和分类

“公共服务”一词经常出现在政府决策文件里,也会成为人们街巷闲谈的话题。在日常生活里,人们的生活和工作都离不开各种公共服务,比如家里水电煤气的供给服务、上班出行的地铁公交服务、看病就诊的医疗服务、处理纠纷的法律援助服务等。尽管公共服务对现代人的日常生活必不可少,人们却很难提出一个十分明确的定义。一是因为公共服务的内容和范围具有不确定性。在不同时代和国家里,公共服务的内容和范围随着社会发展需求而不断调整,并受制于一国社会经济发展水平。二是因为公共服务的提供主体和供给方式具有多样性。在历史上,政府是公共服务的主要提供者,比如,1601 年英国济贫法规定政府要对穷人提供救济和帮助的服务。现在世界各国的公共服务不再是由政府垄断,社会组织、企业、社区和公民个人都可以参与到公共服务的供给过程中来。相应地,供给方式也逐渐多元化,比如有的公共服务是由政府部门直接生产提供,有的公共服务则是由政府部门花费购买提供,还有的公共服务既不是政府直接提供,也不是由政府购买提供,而是由政府对公共服务的供给机构进行监管来保障公共服务提供。然而,在法律上,人们仍有必要清楚明确地界定公共服务的内涵,以厘清公共服务中政府的职责范围和公民的权利边界。

对公共服务的内涵进行界定,有不同的理论研究进路。首先,经济学是从物品角度界定公共服务的,认为公共服务就是提供公共物品,比如国防、治安、公路、社会保障、司法等。这些公共物品的主要特征是非排他性和非竞争性的。非排他性意味着公共物品不排除他人的进入和使用;非竞争性意味着公共物品无法完全由市场提供,其供给甚至具有自然垄断性。根据这些特征,公共物品还可以进一步划分为基本公共品和非基本公共品。前者是只能由政府提供的纯公共物品,如治安警察服务、司法服务等。后者则可以由政府和社会合作提供,如公路桥梁、博物馆、图书馆等。其次,政治学是从主体角度界定公共服务的,认为政府是公共服务的主体,所以,只要是政府为满足公共利益而提供产品和服务都属于公共服务范畴,比如,法律、城乡基础设施、义务教育、交通设施等。为实现公共利益,提供公共服务,这是现代政府的责任。因为这样,政府才能自证其政治的合法性。再次,公共管理学是从价值和过程角度界定公共服务,认为公共服务是一个资源和财富的再分配过程,即公共服务是政府运用公共财政杠杆生产和提供公共服务产品。因此,虽然政府对公共服务提供负有主要责任,但是,供给方式却可以多样,应当根据公共产品的需求和特性,灵活运用政府、市场和社会机制提供公共服务。最后,法学是从权利和义务的角度界定公共服务,认为公共服务是政府的义务行为,旨在保障公民的基本权利,以满足人们在社会中生存和发展的利益需求。因此,公共服务涉及公民权利和政府义务,是对人的生存和发展利益的保障。上述理论视角从不同侧面揭示了公共服务的特点,为我们全面理解和把握公共服务提供了基础。[1]

结合上述理论观点,我们认为公共服务的内涵特征包括以下 6 个方面:第一,行为性。公共服务是一种行为。公共物品只是公共服务行为的结果。比如,政府修筑公路的行为就是提供公共服务,而公路则是这种行为的结果。第二,普惠性。公共服务领域是开放的,它面向所有的公民,一个公民对公共服务设施的使用不排除其他公民的使用。因此,公共服务具有普惠性。第三,公益性。公共服务是为了满足公共利益的需求。比如,地铁服务就是为了满足所有公众出行便利的需要。第四,效益性。公共服务不完全是不计成本代价的,而是需要充分考虑资源的投入和分配,为公众提供最佳的服务。第五,多元性。公共服务的主体、对象和方式具有多元性。社会需求和利益的分化,使公共服务同样产生分工复杂化和专业化,进而充满多元性。第六,合法性。公共服务是政府依法定职责而保障公民权利的行为。当政府不履行法定职责提供公共服务时,政府不法行为就会构成对公民权利的侵害。因此,公民可以诉诸法律和司法寻求权利的救济。简言之,公共服务是一种以公民为对象而具有普惠性、公益性、效益性、多元性和合法性的政府职责行为。

学理上对公共服务的分类有很多不同的观点。比如,有学者根据公共服务的意义维度,如对个人的意义、对社会的意义以及对变迁的意义,将公共服务分为基础性公共服务、调适性公共服务和演化性公共服务。基础性公共服务主要保障人的财产权利、人格尊严和社会福利,如公共医疗服务、公共教育服务、公共交通服务、公共文化服务等。调适性公共服务主要应对社会发展需求,如调节经济的服务、市场管理的服务、社会管理的服务等。演化性公共服务主要应对社会发展的风险,以形成社会共识和公共价值,如保障个人自决权和判断权的公共服务。此外,还有学者根据公共服务的需求特点,将公共服务分为生存性的公共服务、安全性的公共服务和发展性的公共服务。生存性的公共服务是政府为了满足公民的生存需求而提供的服务,包括基础设施建设、日常生活的公用事业(如水电煤气供应等)、住房保障、就业服务、社会保障等。安全性的公共服务是政府为了保障公民日常生活安全需求而提供的服务,比如国防、治安、公共卫生和法律等。发展性的公共服务则是旨在满足公民发展需求而提供的服务,比如科学、教育、文化、卫生、体育、扶贫、法律援助等领域的公共服务。

在实务上,公共服务一般可以分为两种类型:基本公共服务和非基本公共服务。基本公共服务,指建立在一定社会共识基础上,由政府主导提供的,与经济社

---

〔1〕 参见柏良泽:《“公共服务”界说》,载《中国行政管理》2008 年第 2 期。

会发展水平和阶段相适应,旨在保障全体公民生存和发展基本需求的公共服务。根据《国务院关于印发国家基本公共服务体系"十二五"规划》,中国目前基本的公共服务主要包括以下 9 个方面:(1)基本公共教育;(2)劳动就业服务;(3)社会保险;(4)基本社会服务;(5)基本医疗卫生;(6)人口和计划生育;(7)基本住房保障;(8)公共文化体育;(9)残疾人的基本公共服务。非基本公共服务则属于超出公民生存和发展基本需求的公共服务,如高等教育服务、全民健身服务等。不过,基本公共服务和非基本公共服务的界限是随着社会发展而不断调整的。比如虽然公共法律服务目前不属于国家基本公共服务体系,但是随着法治中国的建设,中国公共法律服务的基本需求将会不断增加,比如很多地方政府已经将公共法律服务作为基本公共服务来提供。

随着中国社会发展进入数字时代,政府对公共服务的提供将迎来一个精准化、智能化和数字化的发展阶段。一方面公共服务将面临数字政府的改造升级,数字化的公共服务将改变公共服务的公众体验,提升政府公共服务的能力;另一方面数字政府建设将发生公共服务转向,如通过公共数据资源的开发利用,创造公共服务价值,以及通过保障公民的隐私和信息安全,提升公共服务的品质等。

二、数字政府的公共服务转向

打造"数字政府"是一种世界潮流。发达国家尤其是西方国家,积极运用新一代的数字信息技术打造"数字政府",使公众便捷地获得政府的信息和服务,同时,确保政府能够适应新的数字世界,并充分利用政府数据刺激社会创新。比如,2012 年 5 月美国政府发布《数字政府:构建一个 21 世纪平台以更好地服务美国人民》的战略规划,6 月韩国政府提出"智慧政府实施计划",11 月英国政府提出"政府数字战略"。

随着大数据、云计算、区块链、物联网和人工智能等数字信息技术的广泛应用,中国社会发展也进入了数字时代,数字经济、数字社会和数字政府成为数字中国建设和发展的基本动力。数字经济发展和数字社会治理,不仅深刻改变了经济发展方式和社会治理模式,而且对政府治理提出了新的要求和目标——数字政府。在全球数字治理转型和数字中国的背景下,中国政府治理必须进行数字化转型,以回应数字经济发展和数字社会治理带来的新挑战和新问题,如数字经济的营商环境、网格化的基层治理等。

数字政府是政府治理信息化的新形态。随着数字信息技术的迭代,政府治理信息化进程分为三个阶段。第一个阶段是“政府上网”，这个阶段数字信息技术主要是互联网，所以，政府治理信息化主要以政府办公自动化、建立政府网站为基本内容。信息是单向输出，即从政府到公众。第二个阶段是“电子政务”，这个阶段数字信息技术主要是移动互联网、信息管理系统等，所以，政府治理信息化主要以政务信息公开、建立政府职能部门的信息管理系统为基本内容。政府和公众可以在网络空间进行互动和信息交换。第三个阶段是“数字政府”，这个阶段数字信息技术包括大数据、云计算、区块链、物联网和人工智能等，所以，政府治理信息化主要以政府数据开发和利用为基本内容。政府可以运用大数据、区块链等技术为公众提供精细的、智能的服务和管理，使政府和公众的互动更加高效便捷。因此，数字政府是一种依托数字信息技术，以数据驱动为基础的政府治理模式。[1]

数字政府不仅是数字信息技术迭代的产物，同时也是政府主动利用数字信息技术进行自我变革的结果。这种自我变革主要表现为以下 4 个方面：第一，组织的变革。政府相应建立专门负责数字政府建设的机构，比如英国政府为保障数字政府战略落地，专门设立了政府数字服务局（GDS）；美国则设立首席信息官（CIO），隶属于美联邦管理和预算办公室；在中国，这个专门机构就是国家信息化领导小组。第二，业务流程的变革。随着新一代数字信息技术的应用，政府对政务服务的流程进行重新梳理和改造，大量的业务从“线下处理”变成“线上办理”。业务流程再造不仅缩短了业务流程，而且还加强了公众对业务的信息反馈和评价，实现公众对业务流程的监督。第三，治理方法的变革。传统政府治理是以物理世界为基础，表现为对物的治理和对行为的治理；数字政府治理则是以信息世界为基础，表现为以数据驱动为基础的算法治理和代码治理。第四，治理模式的变革。信息数据流通和分享才会产生价值。传统政府治理是条块分割，从而形成“信息孤岛”，难以解决治理的“碎片化”问题。数字政府治理则强调跨部门和跨界域的协同治理，通过数字信息技术打破信息传播的制度和机构壁垒，建立信息数据的开放和共享机制，从而打造数据治理的共建共治共享模式。

目前中国的数字政府建设处于一个初步的阶段。首先，在数字基础设施建设上，已经初步建成“全国一体化在线政务服务平台”。对此，有学者指出：“截至 2020 年 6 月，国家政务服务平台已接入 40 余个国务院部门、32 个地方政府和 1000 多项高频热点办事服务，覆盖证照、教育、助残、民政等多领域，实名注册用户数破

〔1〕 参见翟云：《“十四五”时期中国电子政务的基本理论问题：技术变革、价值嬗变及发展逻辑》，载《电子政务》2021 年第 1 期。

亿。"[1]不过,"全国一体化在线政务服务平台"还有待进一步深入应用和升级完善,尤其是实现跨部门和跨界域的服务数据汇聚共享和业务协同,以及建立该平台使用的移动终端,使公众通过移动终端即可办理一切事项。其次,在公共数据资源的开发利用上,2020 年国内已经在 8 个省市开展试点工作,初步探索了公共数据资源的管理制度、技术支撑保障能力、业务管理和数据资源配置模式、数据安全管理等方面的工作经验。国家未来应该在总结试点工作经验的基础上出台公共数据资源开发利用的实施方案或指导意见,逐步完善公共数据资源开发利用顶层设计,为地方开展公共数据资源开发利用指明方向和路径。最后,在隐私和信息安全上,已经初步制定了以网络安全法为核心的数字法律体系,以保障公众隐私和个人信息权利。随着国家出台相关配套法律,如《个人信息保护法》和《数据安全法》等,将进一步完善网络信息安全和个人信息权利的法律保障。

数字政府的公共服务转向是中国数字政府建设走向成熟完善的必由之路。目前中国数字政府建设与政府公共服务能力处于一种发展不平衡不充分的阶段。公共服务转向有助于中国数字政府建设找到明确的发展方向。首先,公共服务转向指明了数字政府为谁服务的问题。中国数字政府建设应当为人民服务,坚持以人民为中心的价值取向。在法律上,这就要求数字政府的公共服务以人民为中心,尊重公众的利益和需求。其次,公共服务转向指明了数字政府如何治理的问题。中国数字政府建设应当走共建共治共享的治理道路,因为这样才能实现和创造公共服务的价值,让人民群众获得高质量的公共服务。最后,公共服务转向指明了数字政府的合法性基础为何的问题。中国数字政府通过向公众提供便捷高效的公共服务,不仅赢得人民群众的信任和支持,而且通过这种方式向人民群众证明自身的治理能力,从而赋予自身存在的合法性意义。

从法治角度出发,推动数字政府公共服务转向的具体路径主要包括 3 个方面:第一,通过立法出台相关配套法律,如公共服务保障的基本法、个人信息保护法等,保障公民通过数字政府获得公共服务的权利,以及保护公民在数字化公共服务中的隐私和信息安全。第二,建立数字化的公共法律服务体系,为公民提供便捷高效的法律服务,使得公民受到侵害的权利,尤其是获得公共服务的权利,获得充分的法律救济途径。第三,塑造数字法治文化,充分保障公民的数字人权。数字政府的公共服务是对公民享有的基本人权之保障。数字法治文化将会促进数字政府履行自身保障人权的承诺,因为数字法治文化阐述了数字政府的法治基础,这个基础就

---

[1] 鲁金萍:《"十四五"时期我国电子政务发展趋势展望》,载《网络安全和信息化》2020 年第 9 期。

是数字政府应当依法履行保障公民基本权利——尤其是数字人权——的义务。

三、数字化的公共法律服务

公共法律服务是政府为了满足公民生存和发展的需求而提供的法律服务。广义来讲,政府不同的分支,如立法机构、行政机构和司法机构提供的法律服务,都属于公共法律服务。狭义的公共法律服务主要是指以司法行政机构为主导,以行政机构和司法机构为主体提供的法律服务。所谓法律服务,主要指保障公民权利获得法律救济的服务。考虑到立法机构提供的法律服务产品主要是抽象的法律制度,而法律服务主要指向公民权利的法律救济,因此,对公共法律服务的界定,宜采纳狭义的。根据这一界定,公共法律服务的主要内容可以分为两个部分:一是司法机构提供的公共法律服务即诉讼服务。二是司法行政机关提供的公共法律服务,主要包括法律援助、公证、调解、仲裁、行政裁决、行政复议、信访等法律服务。[1]

与其他公共服务相比而言,公共法律服务具有以下特点:第一,以公民权利救济为主要目的。一般公共服务是以满足公民权利为目的,比如公共医疗服务主要保障公民的健康权利。公共法律服务则是侧重于对公民权利的法律救济,比如当公民遭遇医疗事故的侵权行为时,公民可以通过法律援助、法律诉讼等途径寻求法律救济。第二,以法治为基本价值取向。一般公共服务是以公共利益为价值取向。公共法律服务不仅具有公益性,而且强调通过法治方式促进和实现公共利益。因此,公共法律服务不完全是公共利益优先,而是以法治方式平衡公共利益和私人利益。第三,公共法律服务是整个公共服务的法治保障基础。公共服务旨在满足公民生存和发展的基本权利,是政府履行宪法上保障公民权利的职责行为。当公民无法通过公共服务满足基本权利,或者公民基本权利受到侵害时,公共法律服务就成为保障和救济公民基本权利的重要途径。因此,相对于一般公共服务而言,公共法律服务具有治理的反思性,对整个公共服务的法律治理体系发挥基础性的支撑作用。

在中国,公共法律服务对于推动法治国家、法治政府和法治社会的一体化建设具有重要意义。首先,公共法律服务是建设法治国家的基础工程。法治国家是国家治理现代化的基本目标。为了实现这个目标,需要建立起完善的公共法律服务体系。因为公共法律服务为国家治理的现代化提供基础性的法治保障。其次,公

---

〔1〕 参见杨凯、韩秋林:《现代公共法律服务体系建构的基本逻辑》,载《法治论坛》2020 年第 3 期。

共法律服务是建设法治政府的重要目标。为人民提供公共服务是现代政府治理的重要职责。公共法律服务不仅是现代政府必须提供的基本公共服务内容,而且是现代法治政府的重要治理目标。因为法治是衡量现代政府治理能力的重要因素,而公共法律服务不仅反映了现代政府对法治的承诺,而且也是现代政府治理法治发达程度的重要指标。最后,公共法律服务是建设法治社会的必要条件。法治社会是以全民守法为基础。守法不仅要求公民不违法,而且还需要公民积极主张自己的法律权利。公共法律服务是保障公民权利的必要条件。没有公共法律服务,当公民权利受到侵害时,法律权利就难以得到充分合理的救济途径。因此,成熟完善的公共法律服务体系是法治社会的必要制度条件。

中国公共法律服务体系建设正在向"数字化的公共法律服务"发展。首先,中国政府正在推动"互联网+公共法律服务"。通过公共法律服务的网络平台、热线平台和线下实体平台的融合,司法行政机关构建以电话热线、网站、微信、移动客户端为一体的数字化公共法律服务综合平台,提供覆盖全业务、全时空的高品质公共法律服务。其次,中国政府积极推动智慧司法建设。通过构建人工智能审判辅助系统、建设互联网法院和打造数字化的诉讼服务中心等举措,中国司法系统正在形成一个智慧化的诉讼服务体系。再次,随着公共法律服务的数据资源的开发和利用,通过数据资源的汇聚共享,中国的数字化公共法律服务将实现不同法律服务领域和资源的整合,从而为人民群众提供精细化、多元化、智能化的公共法律服务。最后,通过"一网通办"的机制,中国政府将实现数字化公共法律服务的一体化办理、一体化监管和一体化保障,促进数字化公共法律服务的普惠性、高效性、透明性和便捷性,从而提升人民群众对数字化公共法律服务的满意度和获得感。[1]

打造"数字化的公共法律服务"是推动数字政府、法治政府和服务型政府一体化建设的重要举措。首先,数字化的公共法律服务是数字政府建设的重要内容。通过数字信息技术,提供普惠、精准、高效、便捷的公共服务是数字政府建设的重要目标。由于公共法律服务是基本公共服务的重要内容,所以,数字化的公共法律服务就构成数字政府建设的重要内容和领域。其次,数字化的公共法律服务是法治政府建设的重要机制。为了应对数字经济发展和数字社会治理,政府治理必须提出新的法治理念来回应。数字法治正是法治政府回应数字时代的新思维和新路径。数字化的公共法律服务是以数字信息技术为依托,为公众提供普惠、精准、高效、便捷的公共法律服务,从而将数字法治理念贯彻到数字政府治理的过程中。因

---

〔1〕 参见林振文、李福祥:《创新推进"互联网+公共法律服务"建设路径探析——以中国法律服务网为视角》,载《中国司法》2020年第9期。

此，数字化的公共法律服务成为数字时代法治政府建设的重要支撑机制。最后，数字化的公共法律服务是服务型政府建设的重要保障。服务型政府倡导为人民提供公共服务。公共法律服务不仅是公共服务的基本内容，而且也是公共服务的法律保障。在这个意义上，服务型政府建设需要构建完善的公共服务法律体系，从而为服务型政府建设提供法治保障。因此，数字化的公共法律服务是数字时代服务型政府建设的法治保障基础。

第四节 在线纠纷解决（ODR）

在线纠纷解决（online disputes resolution，ODR）是数字时代纠纷解决的主要机制。面对数字经济和数字社会大量增长的在线纠纷，传统纠纷解决机制面临数字化转型的问题。在线纠纷具有以下特点：一是数额小而规模大，二是跨越虚拟世界和现实世界的界限，三是对个人的信息权利造成侵害。这些特点使传统纠纷解决机制面临巨大的冲击和挑战：一是属地管辖原则遭到挑战，如在线纠纷往往不受地域空间的限制；二是接近正义的方式遭到挑战，如在线纠纷的当事人面临昂贵的纠纷解决成本；三是正义的理念遭到挑战，如传统正义理念难以充分保障公众的信息权利。为了应对这些挑战，传统纠纷解决机制需要转型升级，从“面对面”纠纷解决转型为“在线纠纷解决”，从“接近正义”升级为“接近数字正义”。

一、纠纷解决的演进与转型

纠纷是人类社会利益纷争的表现。人类社会总是面临资源不足以及为之发生争夺的问题。当这个问题发生时，纠纷就难免会产生，甚至可能演变为更大范围和群体之间的冲突。作为一种社会现象，纠纷具有以下特点：第一，纠纷具有利益性。纠纷是源自人们之间利益不一致而发生的。如果人们之间的利益是相互一致的，那么，他们就不会为此发生利益争执，自然就不会产生纠纷。第二，纠纷具有难题性或争执性。纠纷是不易协商解决的难题。一般来讲，如果发生利益争执的双方可以自动协商解决，那么，纠纷也不会产生。第三，纠纷具有社会性。人们可能基于理性或情感而发生利益争执，不过，这种争执是一种社会沟通的过程。即便人们之间基于观念不同而发生的争执，也必然需要通过社会沟通的方式呈现。第四，纠纷具有多样性。利益争执的社会诱因具有多样性，所以，社会纠纷是各种各样的，比如邻里矛盾、学术争论、经济纠纷、政治纷争、宗教冲突等。

纠纷解决是人类社会为建立秩序而处置利益纷争的机制。如果人们不能解决纠纷,那么,纠纷就会演变成为激烈的社会冲突和斗争,从而造成社会秩序的崩溃。在这个意义上,纠纷解决是人类社会建立秩序的重要前提。人类社会秩序的演变动力有两个方面:合作与冲突。纠纷位于合作与冲突之间,纠纷解决好了,就会形成新的合作。纠纷没解决好,自然就会演变成冲突。人类社会最大的冲突形式就是战争。无数战争不仅曾经摧毁了人类的文明,同时也促进人类反思如何控制社会冲突,要么通过建立社会的基本秩序维持合作,要么通过合作重建新的社会秩序。因此,纠纷解决成为一种建立社会秩序的合作机制。在历史上,人类为了建立合作秩序,创造了很多解决纠纷和平息冲突的机制,如同态复仇、神明裁判、战争、谈判、调解、仲裁、司法裁判等。

纠纷解决的历史演进可以分为三个基本阶段。第一个阶段是初民社会,纠纷解决机制主要包括同态复仇和神明裁判等。在这个阶段里,社会主要依靠事实性的力量和超自然的力量解决纠纷。比如,一个部落的人杀害了另一个部落的人,为了避免"血亲复仇"带来进一步的部落冲突,人们采取了"以牙还牙,以眼还眼"的同态复仇原则。[1] 此外,当人们无法通过人的判断处置纠纷时,神明就会成为裁断纠纷的权威。比如当一名女子被控告与他人发生通奸时,人们可能将女子投入水中,让其接受神的裁判。[2] 第二阶段是具有高等文明的社会,纠纷解决机制主要包括战争、谈判、调解、司法等。在这个阶段里,社会主要通过各种事实性和规范性的手段处置纠纷。比如当国家之间发生纠纷时,如领土纠纷,国家一般通过外交谈判手段处理,当外交手段无法解决问题时,战争就会成为解决国家纷争的方式。同时,在国内,纠纷解决主要依靠具有权威性的第三方,如国王、贵族领主、教会、行会组织等,并通过他们组织和主持法庭,进而对纠纷做出裁决。[3] 于是,司法逐渐成为解决纠纷的一种重要机制。这种纠纷解决机制不同于战争和谈判,是因为它是基于既有的规则处理纠纷,如法律规范。第三阶段是现代社会,纠纷解决机制主要包括司法、仲裁、调解、协商等。在这个阶段,社会主要通过法律机制处理纠纷,比如国家司法成为了处理纠纷的主要方式。即便国家之间发生纠纷,战争手段也被严格限制,国际法庭成为解决地区冲突和纠纷的一种重要机制。比如,"二战"

---

〔1〕 参见王龙飞、刘志:《试析同态复仇》,载《政治与法律》2011 年第 10 期。

〔2〕 参见姜登峰:《论神判与巫术的关系及价值——人类社会早期审判裁决证据之运用》,载《证据科学》2019 年第 2 期。

〔3〕 参见[美]哈罗德 · J. 伯尔曼:《法律与革命——西方法律传统的形成》,高鸿钧等译,中国大百科全书出版社 1996 年版,第 329 ~ 626 页。

之后,国际刑事法庭和国际刑事法院成为保护国际人权和维护国际社会和平的重要机制。[1] 此外,现代社会为了应对愈演愈烈的"法律爆炸"和"诉讼爆炸"问题,逐步发展出一些替代性纠纷解决机制(ADR),如商事仲裁、民事调解、刑事和解等。替代性纠纷解决机制是对司法机制的一种有益补充,因为它可以避免大量纠纷进入法院,缓解了现代司法所面临的"诉讼爆炸"问题。

自清末修律时起,中国开启了一场法律现代化运动,废止了传统法律,逐步建立起现代法律体系和司法制度。中华人民共和国成立之后,不仅废除了民国时期的"六法全书",而且还对"旧司法"进行改造。不过,中国司法制度的发展经历了十分曲折的探索。改革开放之后,法治成为中国社会建立现代法律秩序的基本目标,司法则是保障法治的基础。随着法治观念和权利意识的普及,中国社会及其法律发展形成两个不同趋势:一方面中国社会日益法律化,很多社会领域需要法律规制建立秩序,从食品安全到环境保护,从生活世界到虚拟网络,于是"法网"不断扩张,形成"法律爆炸"现象;另一方面中国司法日益社会化,"诉讼爆炸"总是伴随"法律爆炸",为了解决司法解纷资源不足的问题,"替代性纠纷解决机制"就成为法院解除自身困境的"妙招"。在传统人民调解制度的基础上,以及通过对西方国家发展起来的ADR经验和制度之借鉴,中国司法改革建立和发展了一套多元化纠纷解决机制,包括协商、和解、调解、仲裁和司法等。[2]

传统纠纷解决机制难以适应数字时代的发展,需要转型升级。随着数字信息技术的发展及其在社会经济领域的广泛应用,数字经济和数字社会产生了大量的在线纠纷,如数字版权纠纷、个人信息泄露、网络欺诈、垃圾邮件等。这些在线纠纷虽然发生在虚拟的网络世界中,却对现实世界中的个人权利造成侵害。然而,传统纠纷解决机制难以适应数字时代的纠纷处理要求。具言之,一是传统纠纷解决机制是以属地管辖为基础,而在线纠纷发生却可能跨越领土边界。比如人们通过亚马逊网站购书,买方和卖方可能不在同一个国家的司法管辖权内,一旦纠纷发生,这种在线纠纷通过法院等传统纠纷解决机制寻求救济就会很不便利。二是传统纠纷解决机制是以物理世界为运作架构,而在线纠纷是以虚拟网络世界为运作架构。比如法院运作是建立在法官、当事人、律师等社会行动者的行为和决定基础上,因而法院能够处理的案件数量是有限的,而在线纠纷的发生则基于信息数据的采集、开发和利用,其数量数以百万计,远远超过法院的负荷能力。这意味着传统纠纷解决机制难以预防在线纠纷的发生,甚至无力处理。三是传统纠纷解决机制主要以满

---

[1] 参见[德]格哈德·韦勒:《国际刑法学原理》,王世洲译,商务印书馆2009年版,第1~34页。
[2] 参见范愉:《多元化纠纷解决机制与和谐社会的构建》,经济科学出版社2011年版,第1~31页。

足公众的物质和精神利益为目标,而在线纠纷不仅会带来物质或精神损害,而且还可能造成严重的信息后果,如个人信息泄露。这意味着传统纠纷解决机制难以充分保障个人信息权利。因此,传统纠纷解决机制必须转型升级,从“面对面”纠纷解决转型为“在线纠纷解决”,从“接近正义”升级为“接近数字正义”(Digital Justice)。[1]

二、在线纠纷与数字正义

在线纠纷本质上是一种数字信息技术背景下的社会纠纷。首先,在线纠纷与线下纠纷同样都具有纠纷的属性,比如,利益性、难题性、社会性和多样性等。其次,在线纠纷是在数字技术环境下发生的。与线下纠纷发生在物理环境不同,在线纠纷是在一个虚拟网络环境里产生。比如电子商务纠纷、社交媒体型的纠纷等,它们都是在一个数字信息的环境下产生,并以数据信息的运作为基础。最后,在线纠纷日益模糊了线下和线上的界限。随着数字信息技术对现实世界的渗透,虚拟网络世界不仅复制了现实世界,而且还穿透了线下和线上的界限,使得虚拟网络世界比现实世界更加现实。例如,在网络购物平台下单,购买的物品第二天,甚至当天就会送货上门,于是越来越多的人通过网络平台进行购物;又如,当一个人在网络上对另一个人施加暴力行为时,如通过人肉搜索方式,公布被施暴者的隐私信息,不仅会引来更多的网络暴力行为,如辱骂和诽谤等,而且还可能使受害者面临现实的威胁,如骚扰、跟踪、社交性死亡等。在数字时代,虚拟世界与现实世界日益融合为一体,在线纠纷将变得日常化和实在化。

在线纠纷需要新的纠纷解决机制——在线纠纷解决。究其原因,一是传统纠纷解决机制难以应对大量增长的在线纠纷。比如,在电子商务领域,一方面大量的在线纠纷涉及的争议金额不是很高,另一方面传统纠纷解决机制需要投入较多的时间和社会成本。因此,通过传统纠纷解决机制处理电子商务纠纷,人们普遍面临成本高、效率低的问题。二是网络平台需要通过提供便捷高效的纠纷解决机制吸引消费者,否则,它们就会被竞争者淘汰。因此,当网络平台能够提供便捷高效的在线纠纷解决时,大量在线纠纷就会绕开传统纠纷解决机制。三是在线纠纷提出了新的正义要求——数字正义。大量在线纠纷可能涉及“恶意代码”“算法歧视”“数据垄断”“数字鸿沟”等全新的数字正义问题,而这些新问题是难以通过传统纠纷解决机制处理的,人们必须发展出新的纠纷解决机制予以应对。因此,当法院也

---

〔1〕 参见[美]伊森·凯什、[以色列]奥娜·拉比诺维奇·艾尼:《数字正义:当纠纷解决遇见互联网科技》,赵蕾、赵精武、曹建峰译,法律出版社 2019 年版,第 1 ~ 80 页。

采用在线方式处理纠纷时,如互联网法院,在线纠纷解决就不再是在线替代性纠纷解决(在线 ADR),而是一种数字时代的纠纷解决机制。这意味着包括 ADR 在内传统纠纷解决机制的升级转型。

数字正义是一种数字时代的正义观。与传统正义观念不同,数字正义强调数字科技对社会正义的促进和实现。正义是一个良好社会秩序的内在要求。现代社会的正义观是建立在自由与平等之理念基础上。任何社会正义的实现都依靠一定的社会技术架构。在原子构成的物理世界里,社会正义的要求主要通过法律技术实现,比如通过立法与司法保障人们自由平等的权利。随着数字科技的发展,在比特构成的虚拟世界里,人们则需要通过数字化的法律科技实现社会正义的要求,比如通过大数据和人工智能辅助立法,通过 ODR 解决纠纷,通过人工智能辅助法院的司法裁判,等等。在这个意义上,面对数字经济和数字社会大量增长的在线纠纷和网络犯罪等问题,如个人隐私信息泄露、算法歧视、网络暴力、网络色情、网络恐怖主义等,人们不仅迫切需求新技术预防纠纷和犯罪问题,而且迫切需要新的正义观指导数字时代的法治实践。数字法治不仅是数字科技在法律领域的应用,而且是要通过数字科技实现法律变革和发展,以实现社会正义的要求和理念。因此,数字正义是数字科技、法律和社会正义理念融合的产物。

当前数字正义问题有三个重要维度。第一,数据正义的问题。在数字时代,不仅人们的在线行为会产生海量的信息数据,如网购时个人浏览网页时产生的信息数据,而且人们在现实世界的行为轨迹、生物特征等信息也会变成被收集和分析的数据,如企业通过人脸识别技术对顾客进行数字画像,进而根据顾客的信息数据对其进行精准营销。通过数据挖掘技术,海量的信息数据会产生巨大的经济价值,因此,与土地、技术和劳动力等一样,数据变成了重要的社会生产要素。然而,随着个人信息泄露的情形变得频繁和普遍时,公众保护个人信息数据的权利意识也日益增长。如此,人们围绕数据权利而发生的争执就会变成数据正义的问题。比如,反对平台企业对数据的垄断、平衡人们在数据合理使用上的权利和义务,防止个人信息数据的泄露,等等。第二,算法正义的问题。随着人工智能技术的发展,算法大规模应用使得整个社会运行都受到算法的支配。算法不仅能够自动抓取数据,而且还能够自动决策,从而导致人类容易被困于算法系统当中。比如,“美团”“饿了么”等外卖平台利用算法系统不断压缩外卖骑手的送餐时间,以致骑手为了避免超时送餐而疲于奔命,甚至出现意外交通事故。尽管平台企业承诺其算法具有客观性、精确性和可靠性,但是,算法系统可能根据个人信息数据产生各种歧视现象,如滴滴打车的算法系统根据个人打车数据分别定价,即大数据“杀熟”现象。此外,由于算法系统不公开,算法“黑箱”已经成为严峻的社会问题,人们纷纷要求加强算法的透明性和公开性,甚至要求对算法系统进行问责。为了防止算法系统产生的歧视以及对人权的侵犯,算法正义就成为法律规制的重要问题。第三,代码正义的问题。代码是数字互联网世界的基础架构。代码程序决定数字互联网世界的自由和规制之空间。由于现实世界和虚拟世界具有不同的运作架构,现实世界的法律无法直接规制虚拟世界的行为。在虚拟的数字网络空间,代码成为规制的技术架构。质言之,代码就是数字网络空间里的法律。不过,代码可能存在“错误”和“恶意”,因为代码是由人类编写的计算机程序,而人类本身存在各种“错误”和“恶意”行为与动机之可能性。可见,在数字网络空间里,如果代码具有“错误”和“恶意”,那么,人们的自由和权利可能就会遭到侵害。比如,在商业利益和不良动机的驱动下,流氓软件、勒索软件和病毒软件等“恶意代码”就可能被利用侵害公众的合法权益。因此,为了防止代码被滥用而损害公众的合法权益,法律必须对代码进行规制,如要求代码编写者接受法律与公众的监督,以确保代码规制的合理性和正当性,即实现代码正义。总之,在数字时代,数据、算法和代码是影响数字网络空间的三个重要维度,随着虚拟世界和现实世界的深度融合,这些维度的不公正和歧视,将会造成严重的社会异化和危害,从而构成对数字正义的挑战和问题。[1]

发展ODR促进数字正义的实现,这是数字法治的题中之义。首先,数字法治是以实现数字正义为目的。正义是法治的灵魂。现代法治是正义之治。在数字时代,数字法治不仅是数字科技在法律领域的应用,而且是通过运用数字化的法律科技实现数字正义,进而保障公众的数字人权。因此,数字法治不是单纯的法律数字科技化,而是以数字正义和数字人权为基本理念的法治变革。其次,ODR可以促进数字正义的实现。究其原因,一是因为ODR契合了数字时代的纠纷解决需要。面对大量增长的在线纠纷和网络犯罪问题,人们迫切需要发展ODR予以处理。二是因为ODR可以实现纠纷解决机制的转型升级。ODR利用数字科技极大提升了社会纠纷解决的能力和效率,为公众“接近”和“实现”正义提供了便利条件。最后,ODR发展为数字法(digitallaw)的形成提供了重要的反思机制。在数字网络空间,代码和算法日益取代法律,并形成具有约束力的数字法。数字法的形成不仅建立在数字科技的基础上,而且需要依靠ODR建立自身的反思机制。正如司法可以反思和纠正违背正义的法律一样,ODR在一定程度上也发挥了这样的反思作用,以防止数字法出现违背正义的情况。因此,ODR、数字法和数字正义都是构筑数字法治的基石。

〔1〕 参见马长山:《智能互联网时代的法律变革》,载《法学研究》2018年第4期。

三、多元化的在线纠纷解决

在线纠纷解决(ODR)是人们利用数字科技解决纠纷的机制,比如利用在线协商软件处理网购纠纷,或者通过在线调解或仲裁程序处理数字化的劳动纠纷,甚至是通过互联网法院处理数字版权纠纷,等等。ODR 的解纷程序具有以下特点:一是无须面对面的互动形式。由于缺乏面对面的交流,ODR 解纷程序降低了沟通的复杂性,甚至为通过异步沟通解决纠纷的人们带来了便利,比如允许人们在答复之前有充分时间做好咨询或研究准备。二是能够自动记录所有的纠纷数据。数字技术系统记录了所有的纠纷数据,这为人们进行更有效沟通和提前预防纠纷提供了便利。比如,当医生与患者之间发生纷争时,如果电子医疗档案准确记录了相关纷争的数据,那么,人们就可以充分利用电子医疗档案的数据避免纠纷或者防止纠纷升级。三是可以依靠人工智能机器帮助快速解决纠纷。ODR 可以运用算法系统自动处理纠纷,从而提升其对大量小额纠纷的处理效率。比如,SquareTrade 公司用软件取代调解员的调解环节。该公司设计的 ODR 系统将在线调解分为 11 个操作步骤:(1)确定纠纷类型;(2)当事人陈述请求;(3)询问双方立场;(4)重建各方需求;(5)提供解决方案的建议;(6)允许调整解决方案;(7)建立纠纷解决时间轴;(8)保持及时沟通;(9)将纠纷分解为若干问题;(10)找到解决问题的方法;(11)起草协议。通过算法取代调解员,在 2011 年,E-bay 公司利用 SquareTrade 设计的软件每年处理的纠纷数量已经超过了 6000 万件。[1]

在线纠纷解决要变成人们普遍使用的纠纷解决模式取决于三个方面的因素:一是方便快捷。早期 ODR 系统的主要好处便是程序的便利性,因为它既支持远程通信,也支持异步通信。这种数字技术上的进步消除了许多时间上和空间上的限制,从而让第三方和远方的当事人可以通过在线方式进行交流和互动,极大降低了长途跋涉进行诉讼或解决纠纷的成本,并且赋予当事人更多的时间进行决策。二是专业知识。这一方面早期 ODR 系统是比较忽视的,但是新近发展的 ODR 系统已经充分发挥了这方面的优势,比如通过运用人工智能技术,ODR 的算法系统甚至可以取代专业调解人员,甚至司法人员。以金融案件为例,在杭州市上城区人民法院基金小镇法庭里,AI 法官可以完成从立案、开庭到结案归档全流程的审判工作。在涉金融案件的审判中,AI 法官“小智”可以自主分析、实时归纳案件的争点、

---

〔1〕 参见[美]伊森·凯什、[以色列]奥娜·拉比诺维奇·艾尼:《数字正义:当纠纷解决遇见互联网科技》,赵蕾、赵精武、曹建峰译,法律出版社 2019 年版,第 46~47 页。

智能地预测裁判结果,并计算裁判数额。三是相互信任。早期 ODR 的信任机制主要建立在公众对平台企业的信任基础上,这取决于平台企业是否及时响应消费者的需求和解决问题。但是,随着区块链技术的发展和应用,信任机制发生了重大的技术变革,借助区块链的加密技术和分布式共识机制,人们之间交往的信任是建立机器之上。比如智能合约就是通过区块链技术消灭传统合同的机会主义行为,进而确保合同的履行。随着区块链技术在法律和司法领域的广泛应用,区块链将成为支持 ODR 的信任架构。因此,当数字科技能够同时满足上述三个方面的要求时,在线纠纷解决就会成为数字时代纠纷解决的主要机制。[1]

在现代社会,除了司法作为纠纷解决的主要机制外,协商、调解和仲裁等都是社会纠纷解决的重要机制。通常,协商、和解、调解和仲裁等被视为司法的替代性纠纷解决机制。在中国语境里,由于西方的 ADR 经验和制度,被认为可以用来解决"案多人少"的"诉讼爆炸"问题,所以,当中国司法发展中遭遇类似问题时,中国司法界就结合传统"无讼"文化和调解制度将 ADR 发展成为一种多元化纠纷解决机制。目前的主流理论认为多元化纠纷解决机制的正当性是基于价值多元论,并主张"在建立法律和司法权威的同时,以多元化的理念和制度设计纠纷解决机制、社会组织结构和治理模式,妥善处理社会冲突,降低市场风险、交易成本和纠纷解决成本,从而更好地协调法与社会的关系,迎接全球化的挑战"。[2]

然而,价值多元论本质上是现代社会功能分化的结果。功能分化是现代社会的基本结构特征。所谓功能分化,是指现代社会分化为一个个社会功能子系统,如法律系统、政治系统、科学系统、教育系统、医疗系统、宗教系统、大众媒体系统、艺术系统等。每个子系统都执行一项全社会的功能,如政治的功能是做出有集体约束力的决定,法律的功能是稳定社会的规范性预期,科学的功能是发现真理,教育的功能是培养人才,经济的功能是解决资源的稀缺性问题,等等。为了实现各自的系统功能,每个子系统都具有自身的符码价值和沟通媒介,如法律、货币、权力、真理、爱、信息、信仰、美等。这些媒介在价值上是不可通约的,比如金钱买不了真理,真理产生不了爱,爱不可能创造法律,法律不可能改变信仰,信仰无法授予权力,并造成多元价值之间的冲突和矛盾。社会价值的冲突和矛盾自然是纠纷产生的根源。不过,法律并不能真正解决矛盾和冲突,甚至有时候冲突还是法律造成的结果。从社会发展角度看,矛盾和冲突恰恰是社会发展的动力。因此,法律解决纠

---

〔1〕 参见[美]伊森·凯什、[以色列]奥娜·拉比诺维奇·艾尼:《数字正义:当纠纷解决遇见互联网科技》,赵蕾、赵精武、曹建峰译,法律出版社 2019 年版,第 50 ~ 52 页。

〔2〕 范愉:《多元化纠纷解决机制与和谐社会的构建》,经济科学出版社 2011 年版,第 22 ~ 23 页。

纷,不是为了消灭矛盾和冲突,而是为了实现其功能。换言之,纠纷解决不是法律的功能,而是法律发挥其功能而带来的一项社会成就。[1]

当社会过度法律化,造成"法律爆炸"和"诉讼爆炸"问题时,这可能会造成社会治理的三重困境:一是当法律系统对某个社会领域过度干预和规制时,这会抑制或者限制该社会领域发展的自主性,从而窒息了该社会领域发展的活力和动力。二是当所有社会纠纷都依靠法院解决时,这会造成法律系统的崩溃,因为法院系统运作不堪重负。三是由于法律资源是有限的,一旦某个社会领域的法律规制过密,这必然导致别的社会领域法律监管不足,以致该社会领域出现丛林法则。为了避免上述困境,法治社会一方面强调法律和司法的权威和主导作用,另一方面则发展替代性的纠纷解决机制,并将其置于法律和司法的监督之下。[2] 如此,每个子系统内部的矛盾和冲突,可以通过系统自身运作机制来处理,如政治谈判、经济交易、科学争论、道德商谈等,并形成系统自身纠纷解决机制和形式,如协商、和解、调解和仲裁等。同时,当这些矛盾和冲突难以通过自身机制处理时,甚至变成系统之间的矛盾和冲突时,全社会则可以诉诸法律系统来处理,以防止社会矛盾和冲突的升级和扩大。可见,司法主导的多元化纠纷解决机制是现代社会功能分化的产物。

多元化的在线纠纷解决是多元化纠纷解决机制的数字化转型。面对数字经济和数字社会大量增长的在线数字纠纷,多元化纠纷解决机制必须解决数字化转型问题。这种数字化转型最早是发生在电子商务领域,并逐渐扩展到数字化的工作场所、社交媒体、在线医疗、网络教育等领域。当法院和政府都利用数字科技处理纷争时,多元化的在线纠纷解决就成为数字时代纠纷解决的主要模式。因为数字政府和数字法院是在纠纷解决和纠纷预防方面具有重要的作用,尤其是数字法院将引领多元化的在线纠纷解决机制之发展方向。这种引领作用主要表现为以下三个方面:一是数字法院可以为多元化的在线纠纷解决机制提供参照的规则和程序,以防止在线纠纷解决机制背离正义和人权保障的要求。二是数字法院可以与其他在线纠纷机制建立链接,使其他在线纠纷解决机制难以化解的问题能够及时得到司法处理,或者将其他在线纠纷解决机制之结果及时加以司法确认,从而为其他在线纠纷解决机制提供有力的司法支撑和法治保障。三是数字法院为多元化的在线纠纷解决机制建立数字法治生态,确保多元化的在线纠纷解决机制在数字法治轨道内运行,进而促进数字时代的法律与社会之和谐发展。因此,多元化的在线纠纷

---

〔1〕 参见陆宇峰:《走向"社会司法化"——一个"自创生"系统论的视角》,载《华东政法大学学报》2012 年第 3 期。

〔2〕 参见季卫东:《法治社会的多元化纠纷解决》,载《人民法院报》2016 年 8 月 31 日,第 5 版。

解决是以数字法治为导向，以实现数字正义和保障数字人权为根本目标，以促进数字时代的法律与社会之和谐发展为最终目的。

【典型案例】

在浙江的镇街、村社以及相关行业组织，随处可见“共享法庭”——它不增编、不建房，以“一块显示屏、一条数据连接线、一台电脑终端”为标准配置，集成浙江解纷码、移动微法院、庭审直播系统、裁判文书公开平台等软件模块，具备调解指导、网上立案、在线诉讼、普法宣传、基层治理等功能。

江苏吴江的某建设公司因项目需要，与位于浙江嘉善的某构件公司签订了3份承揽合同用于购买管桩，构件公司按约定履行了供货义务，但建设公司迟迟未支付部分定作款，经多次催讨未果，故构件公司将建设公司诉至法院。

嘉善法院正式立案后，于9月17日启动财产保全程序，并与吴江法院取得联系，吴江法院接到协助申请后高度重视，当即指派法官和人民调解员配合嘉善法院法官进行送达。

9月18日下午，被告代理人来到跨域“共享法庭e站”，原告代理人、嘉善法院承办法官分别在位于律所、西塘人民法庭的“共享法庭e站”，三方“云端”汇聚。

因疫情防控原因，为减少当事人流动、节约当事人的诉讼成本及提高化解纠纷的效率，两地法院决定启用新设立于吴江的“共享法庭e站”，在线进行调解。

经过1个小时的调解，双方当事人很快达成一致意见，建设公司立即履行付款义务，构件公司随之申请撤诉。该案从立案到被告履行完毕后原告申请撤诉只用了4天。同时，该案从财产保全到被告履行完毕不到24小时就完成了。

可见，“共享法庭”通过“一屏一线一终端”，打破时间和空间上的制约，将司法服务送到了群众“家门口”，以“小站点”承担起撬动基层社会“大治理”的重任。[1]

【问题与思考】

1. 基层智慧治理应当遵循什么治理架构？
2. 网格化管理与网络化治理有何区别？
3. 数字化的公共法律服务有什么特点？
4. 数字正义问题主要包括哪些方面的内容？
5. 为什么要发展多元化的在线纠纷解决？

---

〔1〕 参见《跨域共享法庭e站|调解跨省域纠纷不到24小时》，载 https://m.thepaper.cn/baijiahao_14574854，最后访问时间：2022年2月22日。

Part

第四编

面向数字法治的时代转型

第十五章　数字法治的生成

【法律故事】

2019年,亚马逊内部的AI系统,就可以追踪每一名物流仓储部门员工的工作效率,统计每一名员工的工作时间,然后自动生成解雇的指令。2020年10月,63岁的亚马逊Flex合同司机Stephen Normandin表示自己被机器解雇了。当他按往常一样打开手机APP想要看看当日亚马逊Flex送货路线时,却发现自己无论怎么尝试也无法登录进系统。随后他发现一封亚马逊发送的通用邮件写着:你已经被终止合作,原因是个人评分已经低于可以接受的级别。同时这封邮件告诉他,跟踪他的算法发现,他没有正确地完成工作。他回想自己过去一段时间的工作,意识到使他评分迅速下降的实际上是算法的过错。

2020年3月,在南京市建邺区工作的部分环卫工人陆续接到了公司配发的一款智能手环,并被要求在上班期间佩戴。手环除了具备定位功能外,只要环卫工人上班期间在原地停留20分钟,手环就会自动发出"加油"的语音,提示环卫工人继续工作。这件事也在网络上引发了网友的热议,很多网友对此种方式表示了质疑:"'加油'就是催人干活,感觉像后面总有双眼睛在盯着",并认为这种方式涉嫌侵犯他人隐私、不尊重劳动者个体。

2021年3月,复旦大学的一项调研报告显示,苹果用户更容易被专车、优享等车型接单。如果不是苹果手机,则是手机越贵,越容易被更贵的车型接单。

大数据时代下,我们可以更加精准地找到自己想要的信息,但是也很难避开算法的陷阱;虽然AI技术为社会带来了智能化,但也要避免这些消极的影响。无论是员工、快递员、外卖员、打车软件,还是在机票、酒店、电影等多个方面都不例外。

第一节 物理空间的法治范式演进

在几百年的发展进程中，法治经历了3次法治范式的转换，从自由主义法治范式、福利国家法治范式到程序主义法治范式。近代法治形成之初是一种自由主义法治范式，它贯彻和践行理性、平等和人权等启蒙精神，促进了自由资本主义的迅速发展。在19世纪末20世纪初开始，福利国家法治范式逐渐兴起，后又走入了程序主义法治范式。法治范式演进的核心动力，是通过其变革调适公共利益与私人利益、自由平等与社会公平、权利与秩序等的平衡关系。

一、自由主义法治范式

第一，自由主义法治范式的时间与背景。启蒙时期，启蒙思想家们把法律理性由天国降到人间，认为法律是人的理性的体现，反映着正义、自由、平等、博爱等人文价值关怀，并系统提出了民主、自由、人权、法治、分权和人民主权等革命理论。这样，在西方法律思想史上，就完成了法律理性由自然理性——神的理性——人的理性的转换。正是把法律理性定格为人的理性，才开启了西方法律理性系统研究和现实发展的新局面。随着自然法的衰落和分析实证主义法学的兴起，法律的形式主义倾向得到了进一步的强化，法律在更大意义上被理解为一种与伦理价值和道德原则相分离、具有内在自主逻辑与运行规律的科学性的社会技术和形式主义化的规则体系，进而直接影响到西方社会的法制变革和司法实践。在近代启蒙思想的有力鼓舞下，形成了自由主义的个人本位权利观，并成为现代法治价值的一个明显标志。

第二，自由主义法治范式的制度构架。自由主义法治是建立在自由资本主义的“小政府、大社会”构架基础上的。自由主义范式强调的是一个经由私法而制度化了的自主运行的经济型社会，自主的法律主体可以合理地追求其人生目标，而社会公正只能通过确定个体的自由空间和个人努力而得以实现。“西方现代法律的理性是两股同时起作用的力量的产物。一方面是资本主义的力量，它关心严格的形式法和司法程序，倾向于使法律在一种可计算的方式下运作，最好就像一台机器一样。另一方面是专制主义国家权力的官吏理性主义的力量，它所关心的是系统地制订法典和使法律趋于一致，并主要将法交由一个力争公平、地方均等之升迁机会的、受过合理训练的官僚体系来执行。"[1]这就保证了个人和主体在这一体系中获得相对最大限度地自由,并极大地提高了预防他们行为的法律后果的可能性。

第三,自由主义法治范式的弊端。然而从20世纪以来,个人本位权利观越来受到时代的挑战,人们渐渐发现权利要求提得太多,而相比之下,对实现这些权利所炫耀的义务和责任却保持沉默。这样造就了只伸手要权利却不承担义务和责任的"贪婪的公民",进而带来严重的社会问题和秩序危机。事实上,权利和义务是相对应的,没有无义务的权利,也没有无权利的义务,接受义务是任何人为了获得权利而必须付出的代价。

同样地,自由主义法治范式由于其自身弱点,导致严重的两极分化和社会矛盾,已经不能再成为可资借鉴的"灵丹妙药"。尽管西方很多国家从自由主义法治范式中受益,但这一制度并非适用于所有国家。从世界范围来看,很多发展中国家的国家能力堪忧,这些"软弱无能国家或失败国家已成为当今世界许多严重问题(从贫困、艾滋病、毒品到恐怖主义)的根源",[2]另外,一些发展中国家的过度集权也形成了汲取性体制,宰制和侵蚀社会权利与自由空间,造成积贫积弱的社会和动荡危机。这两种极端倾向的背后都"可以追溯到社会凝聚力以及一套共享的、有生产力的制度的缺失"。[3]

二、福利国家法治范式

第一,福利国家法治范式的变革背景。自由主义法治范式的"一路凯歌"并没有维持多久就出现了问题,甚至"自由变成了个人主义,而个人主义则变成了不可剥夺的先占、利用和挥霍的权利",[4]进而导致了严重的两极分化和社会矛盾。"二战"后,形式理性的西方法律传统面临着重大挑战,"国家社会化"、"社会国家化"以及"福利国家"背景下的法律形式理性,难以很好地解决诸如自由与平等、公平与效率、权利与权力、个人与群体等当代社会的复杂问题。因而需要从自由主义法治向鼓励国家法治转型,面对这一转型,哈耶克、昂格尔、伯尔曼、基顿等人大呼西方法治传统的危机和衰落,弗里特曼、艾伦等人却视其为现代文明的趋势。因此,19世纪末20世纪初,福利国家法治范式逐渐兴起,它旨在修正自由主义法治范

〔1〕［德］马克斯·韦伯:《儒教与道教》,洪天富译,江苏人民出版社1995年版,第174页。
〔2〕［美］弗朗西斯·福山:《国家构建——21世纪的国家治理与世界秩序》,黄胜强等译,中国社会科学出版社2007年版,第1页。
〔3〕［美］赛斯·D.卡普兰:《修复脆弱的国家:发展的新范例》,颜琳译,民主与建设出版社2015年版。
〔4〕［美］伯纳德·施瓦茨:《美国法律史》,王军等译,中国政法大学出版社1997年版,第171页。

式那种过于形式化的自由和平等追求,主张实质性的自由平等、弱者保护和社会公平,大大缓解了社会矛盾。

第二,福利国家法治范式的制度架构。福利国家法治范式是建立在垄断资本主义时期为主的,国家干预的"大政府、小社会"构架基础上的。

第三,福利国家法治范式的制度弊端。垄断资本主义背景下社会两极分化和社会危机催生了福利国家的法治范式。然而这却助长了"家父主义"的国家干预和"从契约到身份"的反向运动,并造成了"政府失灵"、权力扩张和福利国家危机,个人自由和权利也遭到了严重的侵蚀,以至于出现了伯尔曼、昂格尔所称的西方法律传统危机。

三、程序主义法治范式

第一,程序主义法治范式的变革背景。资本主义制度确立以来,受自然法和社会契约论思想影响并适应自由资本主义发展的法律,是自由主义法治范式。但资本主义的发展,尤其是垄断资本主义以来表明,这一"规范期望"并未真正实现,反而出现了两极分化,加剧了自由与平等的冲突和紧张。于是,在对"自由主义范式"的批判中,出现了"福利国家范式",它强调的是,"如果拥有和获得自由的能力要为社会公正提供保障,那就必须存在法律能力平等",[1]并引入了社会权利范畴。但这一范式却造成了社会福利国家的温情主义,尤其是补救实际生活条件和权利地位差别的努力导致了国家的标准化干预,使"假定的受益者在他的自主生活空间里反过来又受到了限制"。[2] 这两种范式的困境在于它们都忽略了"私人自主"与"公共自主"之间的内在关联,而呼之而出的"程序主义范式"则"标明了一条走出此种难局之途"。[3]

第二,程序主义法治范式的指导思想。以"程序主义范式"增强法治秩序的回应反思性。诺内特、塞尔兹尼克提出了现代法的回应性,而图依布纳则提出了现代法的反思理性,他们的基点在于强调法治秩序应立足社会需求和发展变化之上。要达到这一点,哈贝马斯的"程序主义范式"似乎提供了一种现实操作的可能性。

---

〔1〕[德]尤尔根·哈贝马斯:《论法治国家与民主之间的内在联系》,逢之译,载陶东风等编:《文化研究》第2辑。

〔2〕[德]尤尔根·哈贝马斯:《论法治国家与民主之间的内在联系》,逢之译,载陶东风等编:《文化研究》第2辑。

〔3〕[德]尤尔根·哈贝马斯:《法的合法性》,载郑永流编:《法哲学法社会学论丛》,中国政法大学出版社2000年版。

通过“私人自主”和“公共自主”的共建和一致，确立自由、平等、民主和公正的沟通协商机制和话语论证原则，可使多元利益要求和互竞的价值诉求得以交互理解、认同而形成共识，并反映到立法和司法实践中来。这在当今多元复杂的社会条件下，无疑是增强法律回应反思性的一个重要途径。西方国家司法“接近正义”的第三波运动、代替性纠纷解决方式的兴起、中国调解制度的现代性挖掘研究都是其中的代表。

第三，程序主义法治范式的制度安排。程序主义法治范式走上前台，它力图通过重构“私人自主”和“公共自主”的互动关系、倡导对话沟通的“程序主义”，〔1〕来克服前两种法治范式的局限，通过协商参与、回应反思和“规制的自主”，〔2〕实现权利与义务、自由与公平相平衡的社会秩序。然而这一立项蓝图却缺乏现实主义的制度安排。

程序主义并不意味着制度化了的程序的自主操作，而是表明了一个相互作用的过程，“一种法律的秩序被合法化到能够保障公民们平等的、基本的个人自由与政治自由的程度；但同时它的合法性也是来源于交往的形式，而这种交往形式对自由的表达和自由的维持是本质性的，这就是关于法律问题的程序主义的概念的关键”。〔3〕 这就要求政治民主和法律民主在程序上的公开性和公正性，要求程序为交往行为和主体间的沟通理解提供对称条件和交互期待，使所有的人都有平等参与的权利并享有同等对称的话语自由和论证表达，而不能有压制他人话语自由和权利的话语霸权者和话语操纵者。

因此，与“自由主义法治范式”和“福利国家法治范式”的价值原则相比，“程序主义法治范式”方能使法律的形式理性和实质理性在更高一级的主体性视角得以阐发，通过平面的、相互的、交往中的平等、自由商谈对话和理解沟通，在交往理性的基础上达致共识，促使“私法主体”和“国家公民”的“同一性”的形成，从而消解当代社会个体化与共同体的内在紧张和多元利益主张、多种价值诉求的矛盾冲突。

总体观之，自由主义法治范式—福利国家法治范式—程序主义法治范式的变革，反映着近代法治的时代发展和进步。近代法治所调适的权益关系深置于物理空间，其人、财、物等资源具有某种紧缺性、有限性和不可分享性，这种物理空间法

---

〔1〕［德］尤尔根·哈贝马斯：《包容他者》，曹卫东译，上海人民出版社2002年版，第302～303页。

〔2〕［美］诺内特、塞尔兹尼克：《转变中的法律与社会》，张志铭译，中国政法大学出版社2004年版，第105页。

〔3〕［德］尤尔根·哈贝马斯：《论法治国家与民主之间的内在联系》，逢之译，载陶东风等编：《文化研究》第2辑。

治之中的一些内在紧张和矛盾冲突就在所难免。[1] 西方的一些理论,如德沃金更关注平等,诺齐克更强调个人自由,而罗尔斯力图在平等自由的基础上,确立有利于最小受惠者的开放性差序安排等,都是试图为拯救西方法治困境危机而开具的不同"药方",但事实上均难以奏效。

第二节 从物理空间到双重空间的法治转型

一、信息时代的生产方式变革

在信息时代,数字经济成为主导形态。产品与服务、分销体系、定价方法以及广告与促销模式均从原本集群、聚合式的商业权力体系中剥离出来,放弃满足各类需求的经济结构,转而向小型、分化、具体以及定制平台进行一对一的运营。原本稳定的经济结构也在迅速碎片化。随着社会生产范式从物理的工业时代向数字经济转变,越来越多的物理资源被数字化,而新兴的数据作为生产要素也被提取、加工、流转,进入了数字经济的社会生产过程。

(一)数据是信息时代的生产要素

第一,数据生产要素的提炼。数据从何而来,并如何作为生产要素被提取并参与到社会生产的过程中的?个人信息作为生产要素被大型互联网平台利用强大的商业监控行为广泛获取,并将其作为公司资源,用以获得更多的投资。用户个人信息的获取和收集行为早已存在,但随着数字经济的兴起,通过个人信息而得来的数据方成为企业竞争的核心资产。早在 1994 年,美国的网景公司就开发了名为"cookies"的用户在线追踪技术,它使任何可连接网络的人都可以成为数据收集者,极大地扩大了公司参与商业监控的机会。在线数字追踪技术被广泛应用于浏览器、网络游戏、搜索引擎、定向广告等领域。随着技术的发展,通过追踪互联网用户获取个人信息的手段越来越隐蔽,并不断深入到个人移动设备的逻辑和硬件层。持久的、秘密的数字追踪技术和永久的硬件标识符进行用户个人信息的获取已经

[1] 参见马长山:《数字社会的治理逻辑及其法治化展开》,载《法律科学》2020 年第 5 期。

成为普遍现象。[1] 也恰恰是由于个人信息和行为数据的经济价值，诸多的移动应用、社交网络的设计者们努力将行为数据提取的机会最大化，最大限度地让用户保持登录状态并延长用户在线时间，造成了日益严重的网络成瘾问题。

第二，数据生产要素的加工。数据生产要素是如何通过加工转化为利润的呢？在数据经济的时代，大规模、自动化地从数据主体身上提取数据流的平台架构与算法，发挥着生产资料加工厂的作用，通过用户画像和用户行为预测，大规模、自动化处理从人身上提取的数据流的平台发挥着信息时代精炼厂的作用，将这些数据流转化为最适合工业规模开发的形式。[2] 广告企业、数据经济人和平台公司利用数据分析能力，能对大量数据进行筛选、分类和审问，并采用新的自动化技术来识别模式，预测用户行为，并根据新数据不断调整模式和预测。以脸书与抖音等社交媒体为例，其可通过算法根据网络信息的兴趣标签、质量标签等以及用户的阅读习惯、浏览记录等，抽象出标签化的文章模型和用户模型，并经过排序、分类、关联和过滤，自动筛选出有效信息，进行长期、短期等多种模式的用户画像。大数据“杀熟”是典型的利用用户个人信息与行为数据，进行差异化定价榨取消费者剩余的数字经济生产模式。个性化的定向广告、搜索引擎在线内容排序，短视频平台内容推送等，均是对于数据生产要素加工的结果。

第三，数据生产要素的流转与交易。数据生产要素的流转与交易，既可以以传统的转移数据占有权益的方式进行，更可以以符合数字经济生产的模式进行。一种重要的方式，是将高价值的消费者群体确定为平台公司、数据中介及其客户的剩余价值提取目标，并将这类消费者的数据在各类广告商、应用开发商和雇主之间分享。[3] 平台通过对于数据的提取与加工，进行用户画像，生成了具有概率性行为特征的“数据替身”可供其他访问者预测型操作，如投放广告或推送商品等。之后，企业和其他各类组织可以购买这些数据的访问机会，并将这种消费者数据作为

---

〔1〕 See Steven Englehardt& Arvind Narayanan, *Online Tracking*: *A 1 – Million-Site Measurement and Analysis*, in Proceedings of the 2016 ACM SIGSAC Conference on Computer and Communications Security (New York: ACM, 2016), 1388 – 1340.

〔2〕 See Cohen, Julie E., *Between truth and power*: *The Legal Constructions of Informational Capitalism*, Oxford University Press, USA, 2019, p. 68.

〔3〕 See U. S. Senate Committee on Commerce, Science, and Transportation, Office of Oversight and Investigations Majority Staff, “A Review of the Data Broker Industry: Collection, Use, and Sale of Consumer Data for Marketing Purposes” (Dec. 18, 2013), p. 24. http://educationnewyork. com/files/rockefeller_databroker. pdf. ,2020 – 08 – 12 accessed.

自己生产过程的投入。[1]

(二)平台是信息时代的生产组织

平台企业日益成为数字经济生活中最具备活力的部分,各大跨国公司正在由产业链一体化向平台一体化演进。通过资源和信息的聚集,平台经济设计的产业链也在不断延伸。预计到2050年,全球将有超过90%的企业依赖各类平台生存。它贯彻"赢者通吃"的网络空间法则,为数不多但是势力庞大的几家平台主宰了市场,形成了要么利用平台,要么就被平台消灭的发展态势。这样,就形成了分散化与大平台,去中心化与再中心化的双向运动。

第一,平台是数据生产要素的提炼加工者。数据作为生产要素的价值只有在平台的运作中才能够体现。如果把数据比作是农作物小麦,平台则是小麦被收集、研磨、精炼为面粉的加工厂。[2] 数据对于用户来说,只是互联网浏览的副产品,但是对于平台来说,则是重要的生产资料。用户最多能够察觉到个人数据被利用时的隐私损害,将数据所记录的隐私当作是需要防御与保护的对象,但是并不能够将数据作为生产要素而变现。[3] 只有平台才能够将个人信息与行为数据提取为生产要素,或由平台自我保留用于广告推销,或是分析后打包转卖。数据的这种生产要素对于用户和平台的"价值错位"只有在平台公布财报和吸引投资时才会被披露。

从传统个人权利的框架来看,平台对用户个人信息的数据化收集和加工,侵害了用户个人的隐私权,并使人愈加工具性。[4] 然而如果从社会生产的角度观察,个人信息的收集和加工不仅是一种隐私的侵犯,更是一种社会生产的控制模式。用户成为被培养、处理和消费的生产资源,有学者用"数字劳动"形容这一过程。[5] 多种多样的数据控制者都会以平台或者接入平台的方式参与数据活动。无论是公

---

〔1〕 See Mireille Hildebrandt, *Smart Technologies and the End(s) of Law: Novel Entanglements of Law and Technology*, Northampton, Mass.: Edward Elgar, 2015, p.91-93.

〔2〕 See Cohen, Julie E., *Between truth and power: The Legal Constructions of Informational Capitalism*, Oxford University Press, USA, 2019, p.68.

〔3〕 See Zuboff S., *Big Other: Surveillance Capitalism and the Prospects of an Informal Civilization*, 30 Journal of Information Technology, 75-89(2015).

〔4〕 See De Hingh, A., *Some Reflections on Dignity as an Alternative Legal Concept in Data Protection Regulation*, German Law Journal, (2018) 19(5), 1269-1290.

〔5〕 See Chandler, D. and Fuchs, C. (eds.), *Digital Objects, Digital Subjects: Interdisciplinary Perspectives on Capitalism*, Labor and Politics in the Age of Big Data, London: University of Westminster Press, 2019, p.53-71.

共服务还是商业服务者，都逐渐按照平台的模式，向不特定人开放，动态地收集数据进行分析和匹配。[1]

第二，平台是数字经济的基础设施。平台在数字生产中扮演了数字经济基础设施的角色。首先，平台企业为社会提供统一的交易基础服务——广泛分布的计算结构。本质上这是平台用通用技术和方法与调动计算力的框架（如阿里云）为社会提供基础服务。这些基础服务缩短了生产和消费的环节，使价值生产速度远远超越传统组织。其次，从硬件上平台提供了硬件终端、操作系统、应用程序APP；从软件上提供了行业标准、基础通信设施、金融机构（如支付宝）、交易所等。[2] 根据《网络安全法》，有相当数量的互联网平台企业可被认定为关键信息基础设施，它们受到特殊监管和保护。[3]

平台因提供基础服务享有更大的竞争优势。因数据脱离生产环境之后的客体化、被处理、被估价只能依托于平台的数字经济基础设施进行，无技术能力的企业只能以接入平台的方式获得平台的数字经济基础设施服务，如外卖商家之于美团，微信小程序之于腾讯。其他企业依据不同的交易场景以收益分成或数据分享的方式，作为获得信息基础服务的对价。

传统的经济基础设施如公路、网络基站主要呈现物理形态，应作为公共基础设施为社会提供普遍性服务，保证基本服务质量并保持中立性。[4] 但平台一方面作为数字经济基础设施，为社会提供存储、连接与计算服务，另一方面作为竞争参与者利用数字经济技术设施获得竞争优势，因此出现了利益的冲突而受到指责。如淘宝因为修改商家排序规则受到围攻，[5]或搜索引擎谷歌因为屏蔽搜索而被起诉，[6]本质都是平台这两种角色造成的利益冲突。

第三，平台是数字经济交易的多边市场。平台是社会生产中各类生产资源链接、交易的多边市场。平台通过提供数字经济基础设施技术的方式，以“一站式”入口方式将多个服务集成在一个客户端软件或应用程序上，实现多方资源在平台的链接与融合。如网约车平台早期依靠大量经济补贴，将乘客、司机与车辆吸引到

---

〔1〕 参见胡凌：《从开放资源到基础服务：平台监管的新视角》，载《学术月刊》2019年第2期。

〔2〕 参见胡凌：《从开放资源到基础服务：平台监管的新视角》，载《学术月刊》2019年第2期。

〔3〕 《网络安全法》第三章第二节。

〔4〕 如最早的网络中立理念，或者认为搜索引擎也应该是中立的。

〔5〕 参见张颖：《淘宝“伤”城，大卖家遭小商户网络群殴》，载中国网新闻，http://www.china.com.cn/economic/txt/2011-10/13/content_23613343.htm。

〔6〕 Search King, Inc. v. Google Technology, Inc., Case No. CIV-02-1457-M (W.D. Okla. May. 27, 2003).

平台上,通过推动市场交易便利化和使市场信息更对称,形成了多边市场的网络效应,就进一步享有了不断扩大服务范围和市场数量的话语权。网约车平台可挟海量乘客与司机和车辆资源换取其更大让步,而因其司机与车辆资源的市场份额优势,也可通过算法个性化定价压榨更多的消费者剩余。

平台对交易与市场的控制力远高于集市、商场、连锁超市等传统市场。平台一方面通过算法推荐与排序、信用评分系统、纠纷解决机制控制生产和销售流程;另一方面则通过提供链接、自愿接入等方式避免获得所有权或雇佣员工,而减少占有资源的成本与减轻法律上的责任。[1]

平台在现行法律上的定义是"在网络交易活动中为交易双方或者多方提供网页空间、虚拟经营场所,交易规则、交易撮合、信息发布等服务,供交易双方或者多方独立开展交易活动的信息网络系统"。[2] 通过对平台在数字经济中的角色分析,可知平台远不止允许信息发布任由资源自行匹配的网络中介。平台作为数字生产要素的提炼加工者、数字经济基础设施与数字经济交易多变的市场,早已超越了提供信息链接的"网络服务提供者"的传统角色。数据时代,社会生产力逐渐走向数字经济,平台作为生产关系变化的代表,成为数字经济的核心组织。

二、信息时代的社会组织变革

信息时代的生产方式的变革,势必使基于工业生活方式和经验规则的传统秩序遭遇颠覆性挑战,社会组织也在生产方式的快速变革中发生转型。如前所述,信息时代的社会生产方式围绕数据、平台开展,一方面,个体之间的关系更加碎片化、微粒化,不再是有组织的工人与消费者,而是作为生产链条上生产数据的一环被嵌入到社会生产中。人群不再一致,一致的人群不再特定。另一方面,人们又基于信息技术依托虚拟空间形成了大量的网络论坛、微博平台、QQ 群、微信群、朋友圈等虚拟社区。它们虽然带有无中心平面化、超时空匿名化、强流动等特征,却形成了多元化的亚文化圈和分殊化的社会纽带,塑造了全新的公共空间社会动员机制和舆情场域。此外,社会生产资源逐步集中于几家为数不多的大平台上,平台逐渐成长为横亘于市民社会与国家权力之间的私权力主体,将碎片化的资源与个体集中于平台之上。在这种微粒化与集中化并行不悖的社会生产基础上,国家构建的秩

---

〔1〕 参见胡凌:《平台视角中的人工智能法律责任》,载《交大法学》2019 年第 3 期。

〔2〕 《网络交易管理办法》第 3 条,《网络交易平台经营者履行社会责任指引》第 2 条,《电子商务法》第 9 条。

序路径已经难以为继。数字社会的治理挑战与秩序转型,势必对社会组织传统的桥梁纽带和助手角色提出挑战。

信息时代的社会组织变革,一方面要应对微粒化的社会打破层级化社会结构的困境,以及微粒化之后出现了再组织化,使信息社会的治理秩序面临着随机性的风险压力;另一方面要应对平台这一既非私主体也非公主体的庞然大物。因此,信息时代既为社会组织的制度创新提供了根本动力,也为社会组织的振兴发展提供了良好机遇。

(一)社会组织枢纽结构的赋权平衡

信息时代的社会组织变革需应对社会结构微粒化与集中化的并行趋势,需发挥社会组织枢纽结构中的赋权平衡。信息时代的微粒化趋势已经打破了以往层级化的社会结构。传统的这种枢纽型社会组织无论是在地位上还是在功能上都既难以代表和整合去中心化和微粒化进程中的个人,商家和群体的利益也不能对再中心化的平台主体产生监督制约作用,它与虚拟社区的再组织化趋势又不吻合,因此就很难适应信息时代的共建共享。国家出台了促进社会组织制度改革发展的指导意见,要求正确处理政府、市场、社会三者关系,“改革制约社会组织发展的体制机制,激发社会组织内在活力和发展动力促进社会组织真正成为提供服务、反映诉求、规范行为、促进和谐的重要力量”。[1] 杭州市政府也明确提出了“培育社会复合主体,共建共享生活品质之城”[2]的理念。它不同于传统的社会中心论,也不同于单纯的国家中心论,而是试图探索一条政府与社会互相增权的道路。[3] 应当说,这是对以往枢纽型社会组织制度模式的重大改进。

信息时代要求更好地发挥社会组织在枢纽结构中的共建共治共享功能,这就应当按照智慧社会治理的客观需要,以相互赋权、多元塑造、平衡自治的原则对枢纽型社会制度进行变革性再造。一是立足共建共享、场景治理和多元塑造的秩序转型,在同一领域培育多个枢纽型社会组织,既防止单一枢纽型社会组织的垄断和行政化,也增加其扎根社会动员社会资源的能力以及在去中心化和微粒化社会中的服务水平,实现相互赋权和合作治理。这样的变革旨在消除权力与资源分配上

---

〔1〕 中共中央办公厅、国务院办公厅:《关于改革社会组织管理制度促进社会组织健康有序发展的意见》。

〔2〕 中共杭州市委、杭州市人民政府:《关于开展新一轮解放思想大行动,共建共享与世界名城相媲美的生活品质之城的决定》。

〔3〕 参见潘一禾、刘琳:《新型社会组织的创建与试行——从杭州市“社会复合主体”实践看政府赋权社会的可能》,载《浙江社会科学》2010 年第 11 期。

不断产生的分割与不平等。二是政府应当采取中立立场,避免促使枢纽型社会组织行政化的策略,包括不给予其特殊政策、特殊地位或者委托赋权。在向这类社会组织购买公共服务的问题上,也应该构建公开、公正的制度环境。三是塑造动态优化、竞争调整的制度机制,避免枢纽型社会组织的登记固化,而是根据社会治理的客观需要自然生成、优胜选择、促进多元平衡治理。这样,才能使枢纽型社会组织成为多元共治格局中的中枢力量,并勾连起不同的治理主体,促使多元主体之间的互动协作。

(二)社会组织虚拟社团的形态探索

信息时代的社会组织变革需完成物理与虚拟双重空间的社会组织形态探索,激发虚拟社团的活力和创新精神。当今加速推进的信息革命不仅使人类在既有物理空间中的活动能力和范围得到了空前提升与拓展,而且还创造出一个天然给定之外的无限延展、异常丰富、能量无际的虚拟空间。[1] 这就形成了虚实同构的双重空间,进而深刻地改变了人类社会千百年来的生产生活方式,也在去中心化与再中心化、微粒化与再组织化过程中深刻改变了社会空间生活的知觉与组织。于是,现在从属于某个社群的概念更多的由个人的行为、价值取向和兴趣决定,而不仅仅由地理位置(当地社区)、职业和家庭决定。这就为社会组织提供了线上大规模孕育和超常规成长的条件和机遇。适应虚拟空间的虚拟社会组织应运而生。特别是线上的社会组织活动无须登记注册,打破了实名时空规模等诸多限制,从而使虚拟社区虚拟社团的数量和规模都产生裂变式增长,仅微信群就约达 125 万个——单单这一个平台孕育出来的线上社会组织就相当于线下实际登记社会组织总量的两倍多。这些虚拟社团赋有线上/线下、虚拟/现实的双重性,并呈现匿名自律松散便捷开放流动、自由交互跨越时空等突出特性,不仅进行即时广泛的在线社交和沟通分享,而且更多地创造出了一种双重空间、虚实同构的新型业务活动模式。如"免费午餐"、随手拍解救被拐儿童、地震救援等公益项目在线上线下的互动融合中迅速发展,甚至由社会力量更彻底地践行知情权、治理权和监督权;凭借在线"众筹"P2P 扶贫、慈善、志愿服务;还有淘宝的"规则众议院"、[2] 大众"陪审团"等平台治理机制等。

---

〔1〕 参见马长山:《数字时代的法律变革》,载《浙江社会科学》2019 年第 12 期。

〔2〕 规则众议院是淘宝规则发布前对外公开征集意见的场所,成为规则议员后即可对规则中新增或变更的要点进行投票或发表意见。规则众议院的议题面向多种用户,用户只要参与投票即可成为普通议员,投票选项与最终采纳结果一致将可获得一定的积分,还有一定的福利。

这表明,虚拟社团是当今智能互联网时代的必然产物,是人们在双重空间生活中促进共享秩序,参与场景治理、强化多元塑造的重要力量,促进了线上线下互动、社会创新和治理参与。不过,虚拟社团也是一把“双刃剑”,其消极的一面是数量大、流动性强,公信力不稳定,常常成为网络群体极化的策源地和发动场,甚至有可能引起一些违法犯罪行为。但其积极的一面在于具有沟通和制约的安全阀的功能,并具有促进社会公益和丰富文化生活的作用。

然而目前的我国立法政策尚无对虚拟社团的相关规定,更无法按照以往的“分级等级”“双重管理”的体制进行监管。对虚拟社团社会组织的治理亟须立足信息时代现实与虚拟双重空间特点进行探索与创新。一是改变目前政府监管部门沿用传统物理空间的惯性思维来对待双重空间秩序,采用直接给服务平台、发起人、群组管理者附加强制性责任的做法,按照双重空间的行为规律制定虚拟社团的制度规范;二是面对虚拟社团的特殊性、复杂性,积极鼓励地方进行先行先试的多元化制度性探索和试验,形成经验后再升华为国家层面的制度设计;三是加强虚拟社团的行业自律规范建设,推进双重空间的自主自律秩序。目前,10 家全国性网络社会组织发起、300 家单位会员参加的中国网络社会组织联合会已经正式成立,其主旨是当好网络社会组织正确政治方向的引导者、发挥职能作用的激励者、利益诉求的维护者、党建工作的推动者、规范运行的监督者,从而促进网络社会组织在法治轨道上健康有序发展。

(三)社会组织的多元共建共享共治

信息时代的社会组织变革需适应去中心化与再中心化对社会的重新解构和重组,改变单元、纵向、管制的治理策略,走向共建共享共治的全面治理路径。[1] 几乎所有的社会组织都因“桥梁纽带”这一传统定位,一方面因属于体制外的民间力量而不能被政府完全信任,另一方面又因服从体制指引而不能完全代表所属群体利益,这种尴尬的“双面”角色严重制约了它们功能的充分发挥,亟须根据智慧社会治理的时代需要进行社会组织制度创新,推动社会组织在政治经济和社会各方面的全面参与。

首先,推进线上线下的平衡参与。由于当前现实生活中包括社会组织在内的民主参与存在诸多障碍,因此在互联网上人们最终发现了一个相对可以避免恐惧和限制的公共空间,情绪的亢奋和批评的激烈便犹如洪水出闸,网络活动也就较之

---

〔1〕 参见马长山:《智慧社会背景下的“第四代人权”及其保障》,载《中国法学》2019 年第 5 期。

于其他国家更具有政治意义。数据显示,截至 2017 年 12 月,中国网民规模已达 7.72 亿,普及率 55.8%。从 BBS、微博各新闻网站和门户网站的相关频道到个人维权网站乃至专门舆论监督网站,使社会监督、舆论监督更为快速、廉价和高效;无时不在、普遍参与不受控制的网民监督形成了一张“天网”。因此,开放和拓展社会组织的民主参与空间,让它们真正能够代表所属群体的利益和权利,参与到公共政策和制度的议定进程中来,从而实现自身的诉求和主张,并达致多元利益的平衡协调与社会公正以避免集中转移到线上形成超常的舆论压力、失衡的社会动员和社会风险。

其次,构建多元的风险控制机制。数据鸿沟、算法歧视和人文精神迷失可能导致严重的社会不公。这种复杂的、随机的、巨大的社会问题与风险,单凭政府或者商家的力量都是难以应对的,而且它们也都有自身的价值偏好。因此必须大力发挥各领域各类别社会组织的深度参与功能。社会在应对数字社会风险中扮演着不可或缺的角色,如作为第三方的非营利组织“为了人民”(ProPublica)通过算法审计首先发现了量刑算法 Compass 的系统性歧视问题。

最后,激活基层社区的协商自治。民政部在 2017 年年底发布的《关于大力培育发展社区社会组织的意见》(民发〔2017〕191 号),明确指出要充分发挥社区社会组织提供服务、反映诉求、规范行为的积极作用,引导社区居民在参与社区社会组织活动过程中有序表达利益诉求,养成协商意识、掌握协商方法、提高协商能力,协商解决涉及城乡社区公共利益的重大事项、关乎居民切身利益的实际问题和矛盾纠纷。这无疑是夯实基层治理的重要举措,要增强基层社会组织的使命感,发挥其积极作用,不仅仅鼓励它们在帮扶济困、文化娱乐、养老互助等民生领域的日常生活活动中发挥作用,更要鼓励和支持它们主张权利和表达诉求,凭借智能互联网的平台化、网格化治理技术拓展其参与范围、增强其参与强度、扩大其参与效果,从而把社会矛盾解决在基层、化解在基层,维护社会的和谐稳定。

三、信息时代的社会治理体系变革

随着当今全球化、信息化时代的到来,人工智能获得飞速发展,互联网得到广泛应用,一场新科技革命和数字经济迅速崛起,并创造出自由多元、破碎扁平、无限延展、创新共享的巨大信息网络世界,实现了人类社会有史以来首次从物理空间向虚拟空间(网络空间)的跨越。这一历史性的巨大跨越,不仅对人们的地域时空、生活方式、阶层结构、价值观念等产生了重大影响,也深刻改变乃至颠覆着商业革命和工业革命以来物理空间的生产业态、利益关系、管理体系和规制模式,进而给当代国家与社会关系、多元治理秩序带来了重大挑战和变革。如果说当初商业革命和工业革命带来的近代法律体系,是对传统农耕社会法律制度的一种"革命"的话,那么,基于物理空间建立起来的近代法治原则和治理秩序,则面临着数字经济信息时代诞生所引发的又一次"革命"。

(一)社会治理体系变革的推动力量

第一,互联网虚拟空间创造的权力"飞地"挑战了传统国家权力治理模式,国家与社会在虚拟空间的广阔"飞地"[1]中展开了新型博弈。互联网所创造的虚拟网络空间,形成了置身于物理空间之外、陌生好奇而又充满诱惑的巨大"飞地"。它"需要大量的关键性的参与来产生利益,当行动者们为了实现一个更大网络的利益而会聚到同一个网络时,他们倾向于证明'赢者通吃'的竞争方式。这种会聚一旦开始,惯性或锁定效应就会介入,从而赋予现已创建的网络以相当大的权力"。[2] 也就是说,它蕴藏着海量的利益、权利、权力和自由潜能,于是,多元社会力量凭借新技术、新理念、新业态,纷纷进入其中"跑马圈地"、自我赋权;而国家则出于商业监管和维护秩序的因由,随后跟进来"定分止争"、设置合法性。这样,社会与国家就在互联网"飞地"中,展开了关涉公域与私域、自由与监管、权利与权力的领地切割和新型博弈,致使国家与多元社会形成更加复杂的互动嵌入关系,这必然引发诸多领域、诸多方面的法律关系变革甚至颠覆。如司法的级别管辖与地域管辖制度、虚拟财产的法律性质、网络空间自由和新兴权利规制、网络服务合同的法律关系和法律责任、互联网犯罪的构成要件与刑事责任等,面对这些线上线下复杂交织的挑战和问题,我们力图通过对既有法律规则或者理论的"扩张解释"或者"类推适用"加以解决,似乎越来越力不从心,这就需要进行法学理论、法律体系和治理秩序的重大创新与时代重建。

第二,互联网技术对物理空间的"植入"与既有国家治理模式发生冲突。众所周知,互联网所创造的虚拟空间,既依托于物理空间的支持,又改造和颠覆物理空间的构造要素、运行方式和生活结构,并日益呈现分布式、破碎化、扁平化、原子化的趋势。因此,不仅在虚拟空间中发生着国家与多元社会的复杂博弈,互联网技术在物理空间的深度植入和不断扩张,同样引起了国家与多元社会之间前所未有的

---

〔1〕 参见马长山:《智慧社会背景下的"第四代人权"及其保障》,载《中国法学》2019年第5期。

〔2〕 [美]弥尔顿·L.穆勒:《网络与国家——互联网治理的全球政治学》,周程等译,上海交通大学出版社2015年版,第58页。

紧张和冲突。特别是 O2O(online-to-offline)、P2C(production-to-consumer)、B2B(business-to-business)、P2P(peer-to-peer)、第三方支付、众筹模式、虚拟货币等各种商业新业态、新模式的骤然兴起,被称为商业世界的“选择性破坏”。[1] 这种兼具选择性与创造性的“破坏”深度冲击了传统单一物理空间既有的商业模式、交易方式、权益关系和运营管理方式,产生了大量的新兴权利和新旧权利冲突,导致了利益格局重组。如网约车通过新技术“植入”和“嫁接”的方式,绕过常规立法机构和正式制度的“立改废”途径,自行直接“改写”了现有出租车管理规则,把“黑车洗白”、加价叫车、平台管理、安全保险等方面,进行了“生米煮成熟饭”的创造性“破坏”,致使国家相关部门面临着一定的监管尴尬,进而不得不做出监管回应和制度变革。再如,阿里巴巴治理平台在网购治理上采取第三方支付模式、“阿里法庭”等公众参与纠纷解决机制,它既反映了电商交易中多方利益诉求之间的博弈,展现了民间力量创生秩序的实践,同时也会对既有国家规制方式带来冲击,改变了传统国家权力与社会权利的互动关系模式。

(二)信息时代的社会治理体系特点

一是信息时代保守稳定的国家立法逐渐让位于互联网的精细规则。智能互联网使万物相连、一切皆可计算,人们试图利用算法、模型、机器学习等数学方法重塑更加客观、更加智慧的世界。其中,网络平台营销、大数据分析、建模算法等新技术创造了去中心化、个性化的“量身定制”商业交易模式,这必然会出现五花八门、异常丰富的“定制化”交易关系,呈现差异性的权益关系。这就要求精细化的自主规则,来塑造新型治理秩序。淘宝、腾讯、滴滴等平台十分丰富的治理规则就是精细化的突出表现。这种精细化的规则,不可能通过程序复杂、保守稳定的国家立法实现,而是由民间的自主规制承担,互联网的程序、协议和平台并不是和规制分离的,它们本身就是规制的一部分。国家法律则在宏观上为其提供指引、督导和协调,采取追惩制而非预防制,体现出社会治理的民主性、灵活性和创新性。

二是信息时代的普遍抽象的法律规则逐渐让位于场景化的治理规则。随着智能互联网的飞速发展,普遍性、一致性、抽象逻辑化的生活方式逐渐淡去,而根据特定情形、地域和对象的数据分析、场景定制、程序建模,则逐渐成为一种发展趋势,诸如线上线下量身定制的医疗健康方案、个性化的精准服务、按照消费者需求定制产品等成为家常便饭,形成了自动化、场景化甚至一事一议的商业交易。这样,面

---

[1] 参见[美]凯文·凯利:《新经济、新规则——网络经济的十种策略》,刘仲涛等译,电子工业出版社2014年版,第223页。

向应用场景的描述、主体责任伦理以及权利伦理就凸显出来。因此,正义价值也会在这种定制场景中得以展现和接受考量,尽管基本的正义原则仍然发挥指导作用,但很多具体的正义权衡则需要基于定制场景完成,它成为数字时代社会治理的一个重要动力和支撑。

三是信息时代打破了二元权力结构而形成了“政府—平台—大众”的治理架构。“要么利用平台、要么被平台消灭”的平台经济时代,形成了“政府—平台—大众”的多元互动构架。平台不仅是商业交易和经济发展的重要载体,也是社会治理和秩序构建的重要载体。首先,政府通过制定监管规范、强化平台责任、发布指导政策等方式,促使平台借助数据分析、代码和算法强化自身管理、平台治理和纠纷解决机制,它“由政府和商务共同推动,正在构筑一种能够实现最佳控制并使高效规制成为可能的架构”,[1]以达到规制商业交易和社会秩序的目标。其次,广大消费者也通过大众点评、批评建议、参与纠纷解决机制等方式传递消费者诉求,进而影响平台的治理决策,并反馈给政府监管部门,以促进政府治理机制的改进。再次,平台治理在上传下达的同时,其本身也对公权力扩张设置了一种制约机制,促进了规制方式的多元化、自主化和回应性。最后,社会大众通过向监管部门反映情况和投诉维权、向司法机关提起诉讼、发起舆论批评等方式,对平台治理进行必要的社会监督,也推动了国家层面对平台治理的良善监管。基于此,在平台治理过程中,就形成了国家与民间互动、软法硬法并重、双向多元构建的社会治理机制,促进法治秩序的时代转向。

(三)信息时代的社会治理原则与机制

1. 树立技术赋权与权义平衡的价值理念。信息时代,数字技术创造出来的利益基本上通过数据信息来掌控、按照技术赋能来分配,网络空间规则逐渐超越国家立法成为社会运行的主要规则,这就开启了一种技术赋权观。信息时代的社会治理方向,必须以权义平衡的理念平衡技术赋权可能带来的问题。

一是探索“数据新政”。由于数据信息已成为人类生产生活的关键要素,而且“数字技术”创造了多种共生的关系,它使我们能够为了自己的利益而获得和分享信息;与此同时,我们所产生的数据对于那些为数字交往提供便利并加以控制的公

---

[1] [美]劳伦斯·莱斯格:《代码2.0:网络空间中的法律》,李旭等译,清华大学出版社2009年版,第5页。

共和私人机构形成巨大价值。[1] 这就亟需确立一种“数据新政”,从服务于个体和整个社会的利益出发设定相应的监管标准和经济激励,进而引导数据所有者(持有者)有效地分享利用数据。既要“使公共产品所需要的数据易于获得,又能有效保障公民权利”;既要令个体对涉及他们自身的数据拥有前所未有的控制权,同时在公共和私人领域也带来了更好的透明度和参与度。[2] 这个共享边界和权衡标准无疑是数字良法的基础,也是“数据新政”的根本所在。

二是确立数字正义。由于政府与社会、群体与个人、企业与用户、自我与他人的界限发生了深刻变化,数字鸿沟、算法“黑箱”、算法歧视、数据画像、社会监控等问题日渐突出,自由、平等、权利、公平等价值诉求及其现实利益也随之面临着变革与重建,因此这就需要按照数字时代的发展规律和治理要求确立数字正义,[3] 建立新型的数字社会治理秩序。

三是保障“数字人权”。随着数字技术的快速发展,“能处理海量数据的智能计算机给政府提供了一种全新的革命性工具。自由市场和政府管理的社会正义之间意识形态的分歧将会模糊”。[4] 随即出现了技术权力化、权力技术化的发展趋势。与此同时,人的数字属性又催生了各类社会关系、权利形态和运行方式的数字化,并面临着日益严峻的困境和挑战。因此,亟须确立“数字人权”的理念,以防范和抑制政府权力和平台权力的技术化扩张和滥用,保护社会公众的自由权利。

四是保持人文关怀。数字社会治理固然需要革新观念,转变机械逻辑,加持数字逻辑去迎接更多的算法决策和代码规制。然而,其初衷和目标无疑是更好地让它们服务于智慧社会建设,更好地提高人类的生活品质,而不是让人类生活在冷冰冰的机器决定机器做主的世界中。因此,需要在技术发展中贯彻以人为本、科技向善的设计理念,以安放人性和制造“友好人工智能”。也就是说“我们迎面走向的,不是人性的丧失和机器的人化;相反,我们所走向的是对人类更精确的认识”,进而弘扬人性价值、增进人的主体地位、保障人的权利和自由。

2. 构建共建共享的社会治理运行机制。从工商业社会向数字社会的变革转型,必然会遭遇很多风险和挑战,其出路则在于按照数字社会的发展规律和治理逻

---

[1] The New Zealand Human Rights Commission, Privacy, Data, and Technology: Human Rights Challenges in the Digital Age. https://www.hrc.co.nz, May 2018, p. 5.

[2] [美]阿莱克斯·彭特兰:《智慧社会——大数据与社会物理学》,汪小凯等译,浙江人民出版社2015年版,第173页。

[3] 参见马长山:《智能互联网时代的法律变革》,载《法学研究》2018年第4期。

[4] [英]乔治·扎卡达基斯:《人类的终极命运——从旧石器时代到人工智能的未来》,陈朝译,中信出版集团2017年版,第296页。

辑,做出包容共享型法治的制度安排。

其一,规则体系上的共建共享。古往今来,不管多么软弱无力,国家权力毕竟还是引导和有计划变革社会模式的主要工具。但是在当今信息技术革命面前,国家这一传统的社会秩序的主导者和引领者,却无法了解风险收益研判的技术,只能对异军突起的技术赋权现象采取谦抑姿态和审慎包容的策略,对任何与技术相关问题的立法、司法都走一条“先了解技术,然后才立规”的路径。与此同时,更多的民间力量参与到大众技术的发展战略之中,尤其是滴滴、淘宝、京东、QQ 等各类平台创造出了大量的新业态规则,从而形成一种“众创式”的制度变革路径。[1] 这种规则体系既需要国家的合作与参与,又希望通过国家法律协助实施其规则。这种规则体系上的“软硬协同”反映了数字社会的共建共享要求;在这里,国家和社会力量能够相互赋权,而国家和社会力量之间的互动,必然能够产生更为包容共享的国家与民间力量的双向变革。

其二,权义安排上的共建共享。如果说规则体系上的共建共享是制度形式,那么权义安排上的共建共享就是制度实质了。以往工商业社会的基础是单一物理时空的“独享经济”,面对的都是“看得见、摸得着”的人、财、物,彼此交往的都是现身在场“关系人”;而当今数字社会的基础则是双重空间中的“分享经济”,面对的是虚实同构的网络空间平台治理、建模算法、区块链、人工智能等利益载体,彼此交往的都是远程临场的“微粒人”。在这样一个数字化的世界中,数据信息承载着流动叠加的数字社会关系。因此,国家立法针对哪些信息流是可以被允许的或被阻止,哪些是需要鼓励或打压的都需要在制度激励、法律技术或者规范方面进行清晰的设计和规划。[2] 它已超出工业时代那种为契约自由和财产权的斗争范畴,需要根据数字善治理念消解算法决策和代码规制中的各类风险和威胁,防止新的两极分化,进而构建数字社会的治理秩序,推进多元参与和精细的分权化治理。数字财产权的制度安排不是零和博弈,而是可以让所有人共享数字经济福利。这也是包容共享型法治的根本目标所在。

3. 建设国家平台社会分布参与的治理机制。在数字社会的扁平化、碎片化、流动化的巨大运动中,“我们的社会将变得更加平等、更加人性化,每个人都重新拥有了知情和参与的权利。无论从经济上还是从社会上来看,几乎所有的东西都被民

---

〔1〕 参见马长山:《智慧社会建设中的“众创”式制度变革——基于“网约车”合法化进程的法理学分析》,载《中国社会科学》2019 年第 4 期。

〔2〕 参见[美]埃里克·布莱恩约弗森、安德鲁·麦卡菲:《第二次机器革命》,蒋永军译,中信出版集团 2014 年版,第 342 页。

主化,变得更好”。[1] 在国家治理和社会治理层面上,也必然要反映出数字社会的治理逻辑,展现出包容共享型法治的时代诉求。

首先,在国家治理上,智慧政务、智慧司法成为时代趋势。这一方面要求利用网络技术、数字技术和人工智能技术大幅提高工作效率和效能,为公众提供便捷的、精细化的、自动化的公共服务和可视正义;另一方面也要求避免底层民众被排除到信息通信技术产生的红利之外,克服技术权力化和权力技术化偏好加大技术便民化、惠民化、民主化力度,向社会提供更多、更有效的公共参与渠道,增进可视化纠纷解决机制的开放性和参与性。

其次,在网络空间治理上,多中心协同治理势在必行。当初的网络自由主义曾主张“去国家化”,但这种互联网治理模式却出现了很多致命的公共问题;因而,国家在互联网治理中的作用和地位开始不断攀升,并迈向多中心协同治理模式。一是网络空间自治失灵,需要国家介入。信息与通信技术创造了匿名化、虚拟化、个性化、自由化的全新数字环境,可以在任何时间、任何地点为任何人分享。从技术上突破了物理空间和代议民主的限制性条件,使表达自由、行动自由和直接民主成为可欲的目标。二是政府的权力出现扩张。它不断延伸放大的网络监管权力,对网络空间自由产生了严重侵蚀,需要进行有效的控制和制约。三是代码就是网络空间中的法律。这就使互联网的控制权越来越集中在强大的互联网公司手里,网络空间就变成了它们控制公众的力量,带来各种严峻问题和挑战。这就需要网络公民、行业组织、新旧媒体、各类单位、商业平台、政府部门等诸多社会力量,协同推进网络空间的多元化、自由化和民主化,从而形成分布式的多中心协同治理机制。这不仅是维持和增进网络空间的生命与活力所必需,也是促进包容共享型法治的重要动力。

最后,在平台治理上注重分享和参与的生态化治理逐渐生成。随着数字时代的到来,平台经济业态迅速崛起,它颠覆并替代了传统物理时空的“管道”式线性商业模式,[2] 新型的平台治理机制也随之应运而生。其一,平台治理是一个生态体系。它置身于政府与平台、平台与用户、平台与平台、平台与媒体、平台与公众等多主体的环状互动之中,采取的是连接数边群体、业务复合多样的覆盖性商业模式,通行虚实交融的网络治理生态圈。其二,保持足够的开放性和参与性。网络正

[1] [澳]史蒂夫·萨马蒂诺:《碎片化时代:重新定义互联网+商业新常态》,念昕译,中国人民大学出版社2015年版,第96页。

[2] [澳]史蒂夫·萨马蒂诺:《碎片化时代:重新定义互联网+商业新常态》,念昕译,中国人民大学出版社2015年版,第296页。

使史无前例的经济自由民主化成为可能,平台经济也正是这种自由民主化的结果,它为外部供应商和顾客之间的价值创造互动赋予了开放的、参与式的架构,并为它们设定了治理规则。这就要求平台治理秉持共建共享价值,吸纳更广泛的社会参与,如淘宝的规则众议院和大众评审团、美团的大众点评等,形成一种分布式的、多方共赢的治理机制。其三,促进权益平衡和信任合作。平台经济模式是建立在对用户信息数据的收集、控制、分析和使用基础上的,这既需要有基本的社会分享理念,也需要有可靠的信息权利保护。因此,需要以更为科学、更为合理、更为公平的权益平衡方式,重塑用户个人与数据公司之间的信任和合作,建立数据使用的新秩序。[1]

第三节 数字法治范式的时代呈现

数字时代,生产方式、社会组织与治理体系的变革,呈现了全新的数字法治范式。互联网、大数据和人工智能使人类进入了万物互联、数字社会、智慧发展的智能互联网时代。借助这场史无前例的信息革命,人类的生产关系、生活方式和社会结构发生了巨大变化,不仅带来了快速的技术进步、高效的创新业态和高品质的社会生活,更是使人类社会法治范式的制度体系、运行机制、规制方式和社会秩序面临着“颠覆”与“重建”,人类社会的法治范式推进到了数字法治范式。

一、技术逻辑与法治逻辑并重

当社会的生产方式与组织方式已经绑定于虚拟空间,传统物理空间的规则逻辑则大量遭遇虚拟空间和建模算法的逻辑规则,并产生剧烈冲突。如果继续以物理空间的纯粹法治逻辑干预后者,就会出现很多尴尬和困境。法治范式面临着数字时代生产方式和社会治理方式的“创造性破坏”。数字时代的法律规则,需要放弃传统习惯上的强行干预方式,重视技术主义路线和策略,从单轨的法治逻辑转化为技术逻辑与法治逻辑并重的法治范式。

---

〔1〕 参见徐恪、李沁:《算法统治世界——智能经济的隐形秩序》,清华大学出版社 2017 年版,第 284 页。

(一)技术与法治逻辑并重实现赋权性与安定性平衡

技术逻辑与法治逻辑并重,可以实现数字法治范式治理模式赋权性与安定性的平衡,探索国家与社会的“双强”架构。技术逻辑的本质是社会组织的自我治理。通过新的业态自我赋权发展强社会,以制约公权力的滥用和抗争专断。但是,法治逻辑也需要国家站在公共利益和社会秩序的立场,抑制技术主体的垄断和私立偏好,以维护社会公平与社会和谐。这种技术逻辑与法治逻辑并重,可有效推动政府监管与技术自我治理共同发挥多层次多样态的社会治理效果。如一方面,2020年11月,政府对蚂蚁金服等互联网企业反垄断行为展开调查,避免技术公司发展业态自我赋权突破社会底线危害社会经济秩序,侵害消费者和人民群众的合法利益;另一方面,可以看到互联网企业积极发挥下沉基层优势与数字精细化优势,在疫情期间研发“健康码”系统,有效助力我国抗击新冠肺炎疫情,并加快了疫情后期我国国内人员的有序流动和疫情追踪工作。数字法治范式的赋权性与安定性得到了有效平衡。

(二)技术与法治逻辑并重适应物理虚拟双重空间

技术逻辑与法治逻辑并重,可以充分适应物理与线上线下、虚拟现实、人机交互的数字时代社会体系。技术逻辑的治理,就意味着要采取技术主义的路线和策略,放弃传统习惯法上的强行干预方式。在快播案中,快播是典型的P2P模式采取了C/S(客户/服务器)后所出现的去中心化的互动共享机制,这是完全不同于以往认为传播淫秽视频的危害行为方式。[1] 该案一审判决和二审裁定中虽然都区分了P2P共享与P2P缓存的法律意义,却未能对其进行分别评价,特别是对P2P共享的技术中立性未能予以考量。法院对于快播公司的规制属于对技术运行结果的规制。这种规制秉承法治逻辑理念,对危害结果进行规制,目的在于对技术公司施加责任,促使快播自行清除淫秽视频。但是这种纯粹法治逻辑的主要问题在于取证及论证的不足。很难论证这种监管方式的正当性,以及最根本的对平台技术问题的把控是否到位。如果希望突破这些局限性,更好地控制技术本身,势必要深入技术“黑箱”,对技术设计和运行进行干预。同样,这种单轨法治逻辑的不足也体现在传统刑法按照既有理论和规则规制互联网犯罪行为中。如非法侵入计算机系统罪、非法获取计算机信息系统数据、非法控制计算机信息系统罪,提供侵入、非法

---

〔1〕 参见高磊:《论P2P共享服务提供者的刑事责任——以快播案为视角》,载《环球法律评论》2017年第5期。

控制计算机信息系统程序、工具罪,体现了按照物理空间法治逻辑思维“外在化”笼统地设定犯罪构成,[1]并不是以数据信息属性和智能互联网的技术运行逻辑内在地探究数字时代应有的法治范式。因此,应突破法治逻辑对于控制技术的不足,发展技术治理逻辑提高数字时代技术治理的效率。

总体来说,在数字时代法治范式中,治理的技术逻辑早已超越了“马法之议”[2]的阶段,各国均逐渐在探索技术逻辑与法治逻辑的并行主义策略。其基本做法是采取二元规范进路,即一方面按照现有法治逻辑的法律理念和逻辑规则补充立法、扩展司法解释,以尽量囊括和适用于智能互联网的新问题、新挑战;另一方面则针对新型的技术发展,以及线上线下、虚拟现实、人机交互的商业交易、社会交往和互动过程中无法清晰二分的现状,开展技术逻辑治理,发挥技术主体自我治理与技术手段高效治理的优势。可以预见,未来在法律概念、法律规则、法律原则中融入技术元素,探索二元规范走向一体融合规则体系的制度安排,有利于塑造信息时代技术逻辑与法治逻辑并重的新型法治范式。这一过程绝不是对于既往法律的抛弃或替代,而是继承和发展。随着技术治理逻辑的壮大,这必将是一个立足智能互联网生活的长期的、复杂的试验探索、规则提炼、命题验证的转型升级过程。

二、中心化与去中心化的体制架构

数字时代生产方式与社会治理模式的改变,势必带来社会体制架构的剧变。社会体制架构出现了“去中心化”与“再中心化”同步共振、张力运行的体系化架构。智能互联网的“去中心化”与“再中心化”体制架构趋势并行不悖,既是对物理时代社会体制架构去中心化的解构,也是数字时代治理范式中心化的重塑。

(一)数字法治范式中的去中心化趋势

去中心化的社会体制结构一直处在不断消解的过程中,这一进程到了智能互联网时代以前所未有的速度加快。众所周知,现代性制度的一个重要标志,就是以王权为标志的高度中心化的传统社会,逐渐消解为了一个以分权制衡为标志的国家/社会二元框架,其特点是多元化的自由主义。然而,进入垄断资本主义阶段之后,出现了明显的国家社会化、社会国家化的趋向,国家权力扩张的脚步一直没有

[1] 参见马长山:《智能互联网时代的法律变革》,载《法学研究》2018 年第 4 期。
[2] 参见刘品新:《网络法是“马法”吗?》,载《检察日报》2007 年 9 月 5 日,第 6 版。

停歇,因而中心化、等级化的问题依然存在。后现代性思潮的反本质、反理性、反中心、反基础、反二元结构等,都是力图解构这种中心主义逻辑的一种努力。

从人类进入互联网时代开始,去中心化的趋势即从社会舆论、经济组织与社会组织多重层面展开。去中心化的过程是由技术发展推动的,万物互联就意味着创造了更多信息分享与传播的节点,传统国家/社会科层体制不断被打破,面临着严峻的挑战甚至颠覆。[1] 传统的酒肆、茶馆、辩论场所等社会公共领域也逐渐被人人皆可为节点的社交媒体取代。全新的平台业态打破了供需之间的信息壁垒和传统中心化的信息壁垒,传统管道式的线性商业模式被自助式、网络化的商业模式取代。在这些经济形态与社会公共舆论场域去中心化的背后,是信息生产与传播从集中走向分散的过程,因此经济权力与舆论话语权也随之从集中走向分散。在去中心化的过程中,个人都在推进价值互动的过程中重构了话语、经济价值创造与分配的关系。互联网—物联网—人联网的发展掀起了一场扁平化、多元化、自由化的自我赋权和规制革命。

在这种信息化、数字化的总体背景之下,出现了从"关系社会"到"微粒社会",从"理性人"到"微粒人"的重大转变。"碎片化"似乎成为了商业生态、新闻议程、社会协作的主形态。人的身体、社会关系、政治经济数据等信息的粒度被进一步精细化,以一种更加精确、细碎与透彻的方式被获取、分析和评价。[2] 在此背景下,多元参与、分散治理的去中心化体制架构成为时代潮流。

(二)数字法治范式中的再中心化趋势

看似去社会体制的中心化已经向着更精细化与多元化的方向发展,但其背后再中心化的态势正在形成。换句话说,数字法治范式去中心化仅仅是其外观,一种内在的中心化权力正在取代物理时代的集中权力。从信息传播领域看,互联网看似实现了 Web3.0 时代的万物互联,抹平了信息的鸿沟,但是网络话语权和流量正迅速集中于某些大平台手中,甚至这种再中心化的力量超越了物理时代的中心化程度,可以战胜传统的国家权力。以 2021 年脸书与澳大利亚政府的纠纷为例。当澳大利亚政府决定向脸书征收巨额数字新闻税,以补贴为脸书提供新闻却日渐衰落的传统媒体时,脸书在谈判陷入僵局时封禁了所有澳大利亚政府的脸书账号。

---

〔1〕 参见马长山:《数字社会的治理逻辑及其法治化展开》,载《法律科学(西北政法大学学报)》2020 年第 5 期。

〔2〕 参见[德]克里斯多夫·库克里克:《微粒社会——数字化时代的社会模式》,黄昆等译,中信出版社 2018 年版,"前言"。

这使向公众传播信息高度依赖脸书的澳大利亚一度成为“信息孤岛”。[1] 这种再中心化造成的信息不平等引起了各国政府与民众的高度警惕。在 2020 年美国发生特朗普支持者冲击国会山事件后,美国多家社交媒体公司如脸书与推特封禁了彼时仍任职美国总统的特朗普的社交媒体账号,使其完全无法在网络上发声,充分显示了数字法治范式中的再中心化不过是使原有的权力中心转移到了平台的手中。这种趋势也同样深刻体现在了经济生产领域。随着智能互联网的飞速发展,淘宝平台、P2P、滴滴打车、分时度假等各种新业态、新模式喷涌而出。这看似是经济领域的去中心化态势,因产品与服务、分销体系、定价方法以及广告与促销模式均从原本集群、聚合式的商业权力体系中剥离出来,放弃满足各类需求的经济结构,转而向小型、分化、具体及定制平台进行一对一式运营。[2] 然而在平台经济蓬勃发展的数十年后,平台经济垄断成为世界各国同时面临的问题。如 2020 年年底我国各大平台商业巨头利用商业优势地位,迅速抢占农产品蔬菜副食市场,“团购买菜”“社区生鲜”等经营模式迅速打垮传统的蔬菜生活用品零售渠道。这种生产经营领域的“再中心化”态势也发生在网约车市场、网络购物市场中。平台利用交易组织者的地位,拥有相当的规则制定权、违规处罚权和纠纷裁决权,并不断把在其他经济领域取得的垄断竞争优势传导至其他领域。这表明,数字时代的生产生活方式正在以“去中心化”的方式颠覆传统工商业时代的生产生活方式,并在解构和重组过程中实现了“再中心化”。

体制架构的去中心化与再中心化趋势,呈现指数级的巨大范式转化。社会权力的分散与再集中趋势,要求体制建设要面临传统中心化后退、节点和链接等关键要素,以及新的中心化形成的巨大变局。在一定意义上去中心化进程的变革方式,意味着凭借新技术平台的民间力量的构建行动与民间话语权的理性成长。而再中心化的兴起,则与传统国家权力中心一道双向构建互动共享的秩序结构。这意味着数字时代法治范式中“共建共享共治”治理机制应成为适应“去中心化与再中心化”的根本支撑和常规动力。

(三)数字法治范式的对应调整

去中心化与再中心化的并行,使一方面打造开放平台式的网络城邦已经成为

---

〔1〕“信息孤岛”是指相互之间在功能上不关联互助、信息不共享互选以及信息与业务流程和应用相互脱节的计算机应用系统。

〔2〕参见[澳]史蒂夫·萨马蒂诺:《碎片化时代:重新定义互联网+商业新常态》,念昕译,中国人民大学出版社 2015 年版,第 4 页。

了一种发展趋势,另一方面新旧权力中心的平衡对数字法治范式的发展至关重要。在这种权力中心转移与权力去中心化的过程中,法治范式也必然做出相应的调整。

第一,建立多元平衡、参与治理的理念。去中心化对应着人类思想观念、经济关系和生活方式的新的相态。去中心化让人类有了更多选项、更多机会、更广多样性。这意味着规则的转变应顺应社会发展变革趋势,满足民众诉求,避免仅满足某种商业利益进步的代言。去中心化有着必然的局限和风险,在拥抱科技创新的同时,要正确看待去中心化带来的问题和局限,即科技创新带来的规制社会问题条款的过失与落伍,不断革新的技术以及新的政策和法律破坏了制定法起草之时所依赖的前提。

第二,应对新的排他性权力的产生。由于网络需要大量的关键性的参与者来产生利益,当行动者们为了一个更大网络的利益而聚到同一个网络时,将产生"赢者通吃"[1]的垄断形态。这种再中心化形成了权力的惯性或者锁定效应,赋予现有网络以相当大的权力。所谓的极端开放性却加剧了新的社会权力阶层的产生。在此种情况下,客观理性的做法,是在准确把握互联网去中心化特性与平台对生产资料聚集的再中心化基础上,调和新旧经济体和新旧利益集团的冲突,综合考量多元价值与公平正义,决不能"仅以一种声音说话",而应综合考量各方利益诉求和生活现实,并进行制度变革,达成多元平衡的理念,促进去中心化与再中心化有序变革的价值准则的形成。

三、算法决策与代码规制的秩序形态

人类漫长的历史表明,每一次生产方式的飞跃都引发重大的制度变革。当下信息社会革命将人类的生存空间从物理空间转向了现实与虚拟的双重空间。这种双重空间的规制必将增加虚拟空间规则的新方式与新途径。这就形成了涵摄政治、经济、文化与社会发展的数字化生态,塑造了以数据和算法为基础的新型法治范式,实现对人类社会秩序的深度变革与重构。

(一)算法决策与代码规制的正当性与必要性

代码规制具有正当性与合理性。在互联网创生之初,网络自由主义者曾宣称要拒绝国王、总统和投票,他们只坚信基本的共识和运行的代码。但事实上,网络

[1] 陈威如、余卓轩:《平台战略——正在席卷全球的商业模式革命》,中信出版社 2013 年版,第 220 页。

空间从来都不是没有规矩的“自然状态”。在知识产权、隐私和言论自由等方面，制定标准和编写代码就是一种新型的规制形式和控制力量。随着数字经济的兴起，代码决定了资源的分配，这就更意味着代码与算法的规制可以贯穿整个社会的政治、经济舆论领域，影响财产、人身权利等方方面面。代码如何规制，代码的作者是谁，以及谁控制代码作者，这些都成为网络时代实践正义必须关注的问题。[1]

其一，社会要素的数据化表达将使算法决策与代码规制成为数字时代的必然选择。在智能互联网时代，社会各种要素如生产资料、人类行为、商业活动均被表达为海量的基本数据、交易数据、观察数据与动态数据。对这些数据进行系统的加工、正确的阐释，即可通过数据对个人或者群体的行为进行深入和精确的判断、引导与操纵。算法是数据的加工工具，这必将形成以算法为核心的行为规制模式。因此，数据和信息成为新型资产，算法也从最初的“提炼自这个世界，来源于这个世界”转化为“塑造这个世界”。[2]

其二，虚拟空间的规制需求将使算法与代码将成为最基本的转换工具与中介平台。虚拟空间的典型特征就是不再过多关注物理世界中的因果关系和行为后果，而是采取过程控制的代码规则。通过代码进行程序编写以实现规制目的，存在诸多优点：首先，代码规制可以实现事前的风险预防。在每一个代码规制的领域，均可实现或者组织某种控制。在制度规则中嵌入代码规制，既预防了那种“提前阻却”带来的自由限制，也反致了追惩制那种“事后修复”所带来的伤害难题，从而实现场景化、过程化、智慧化的即时互动规制。[3] 其次，代码规制可以获得比法律规制更为广泛的应用。随着智慧商务、智慧政务、智慧司法和智慧城市建设进程的不断加快，代码规制方式在平台交易、政务服务、基层治理等多个领域将会获得更广泛的应用。法律规制具有不同的强制性并在某些市民社会领域无法插手。而代码规制可以嵌入各种规范如平台规则、用户公约当中，日益呈现规范化、制度化的形态，且应用范围较法律规范更为广泛。最后，代码规制是可以自动执行的机器指令。物理空间的规则依靠人类一辈辈的经验积累和聪明智慧进行人脑决策，但代码规制可以依靠机器自动执行，实现在事前就杜绝了违法现象的发生。例如，自动驾驶汽车可以直接强制性输入超速限制代码，使超速行为成为事前不可能。

---

〔1〕［美］劳伦斯·莱斯格：《代码 2.0：网络空间中的法律》，李旭等译，清华大学出版社 2009 年版，第 6 页。

〔2〕［美］卢克·多梅尔：《算法时代：新经济的新引擎》，胡小锐等译，中信出版社 2016 年版，第 214 页。

〔3〕马长山：《智慧社会背景下的“第四代人权”及其保障》，载《中国法学》2019 年第 5 期。

(二)算法决策与代码规制可能的风险

这种基于数据分析和算法的代码规制,不仅大大提高了效率,也被认为减少了人为的偏见与错误。由于算法强调按部就班的程序,因此,法律编码化应该可以保证具体判决的跟踪、审核、验证工作更加简单明了,至少比有人为因素干扰时要好得多。然而,算法决策与代码规制也存在潜在的问题和风险。

第一,由于算法与代码的系统性运行,其一旦出现错误与不公则会产生严重的体系性、机制性、普遍性后果,修复代价十分巨大。比如,2004 年 9 月至 2007 年 4 月,来自私营公司的程序员们曾将 900 多条不正确的规则植入科罗拉多的公共福利系统。由于对规则理解的误差,程序员们对政策进行错误的编码导致成千上万人遭遇不公正的对待。错误的福利政策编码导致法律条文被严重扭曲,其效果也发生了改变。

第二,嵌入在算法决策与代码的人类偏见十分难以察觉,代码编写一旦渗入设计者的价值偏好,则可能会直接影响代码规制的正当性与合理性。例如,与面部识别技术相关的算法对男性的识别率高于女性,对非白人的识别率高于白人。这表明"在数据集中,杂乱无序的各种相关性暗含着隐秘的规律性,其中很可能就存在某些偏见",〔1〕导致"人们有可能在完全不知情的情况下触犯法规"。在谷歌地图的应用上也是如此,"如果算法不关注人们现在所处的位置,而只关心广告商最终希望他们前往的位置,那么依靠算法决定行动方向的人,可能会被导向固定的路线,就像演员只能照着剧本表演一样"。〔2〕 在我国同样存在数据"杀熟"、算法偏见或歧视的问题。如一些打车软件会基于用户的消费习惯和能力的算法,对用户进行差别定价,高消费能力的会有更高的价位,但低消费能力的抢单机会则会降低。由于商家有选择的、利益至上的营销方案,这种算法偏见会在事实上形成一个"鄙视链",严重侵蚀了社会公平和正义。〔3〕

(三)算法决策与代码规制的正当使用

由此可见,算法决策与代码规制即使已经成为塑造社会的重要力量,但是其往往是人类偏见与价值观的延续,是一把充满了张力和悖论的"双刃剑"。代码规制

〔1〕 [美]卢克·多梅尔:《算法时代:新经济的新引擎》,胡小锐等译,中信出版社 2016 年版,第 138 页。

〔2〕 [美]卢克·多梅尔:《算法时代:新经济的新引擎》,胡小锐等译,中信出版社 2016 年版,第 214 页。

〔3〕 马长山:《智能互联网时代的法律变革》,载《法学研究》2018 年第 4 期。

在智慧治理中的制度化应用,如何兴利除弊是一个重要的时代考验。要做到代码规制的正当使用,必须注重以下几点。

首先,必须从源头把握好代码的价值偏好。从技术上看,程序员按照设定任务(应用)编写源代码源程序,并经由编译程序转换为目标代码或可执行代码,进而指挥计算机的每一个动作以解决某个算术或逻辑问题。因此,在代码编写中就必然会带有程序员(或雇主)的思想理念,在这里并没有中间立场。特别是在商业运营软件、产品服务软件、政府管理软件的编程中预定任务和目标的价值偏好是不可避免的。这就使代码编写者甚至具备了立法者的实际权力,甚至成为设置互联网性质之人。然而,代码往往代表的是其所圈定的商业利益和政府管理模式,而广大消费者和行政相对人则处于话语权缺失状态和弱势地位,在商业建模面前只有选择"用"或"不用"的权利。这无疑都会或隐或显地制造和加剧分化社会等级与不公平。因此抑制代码编写的价值偏好就成为实现代码正义的必然要求。

其次,必须实现对"恶意代码"的控制。尽管为了应对"代码管理危机",出现了代码管理工具和管理系统,也对程序员提出了"责任与义务"和"不行损害之事"等专业伦理要求,[1]但是在商业利益和不良动机的诱惑下,仍存在大量的内核套件、流氓软件、勒索软件、间谍软件、病毒软件等"恶意代码"程序,严重破坏了互联网秩序并侵犯了用户的合法权益。据此,必须开发新的恶意代码分析、控制技术,并扼制"恶意代码"编写者的技术能力。[2] 为避免"恶意代码",《个人信息保护法》在我国立法中首次明确了算法评估制度,该法规定,个人信息处理者应当在事前进行个人信息保护影响评估,并对处理情况进行记录:……(二)利用个人信息进行自动化决策;第56条规定:个人信息保护影响评估应当包括下列内容:(一)个人信息的处理目的、处理方式等是否合法、正当、必要;(二)对个人的权益影响及安全风险;(三)所采取的保护措施是否合法、有效并与风险程度相适应。个人信息保护影响评估报告和处理情况记录应当至少保存3年。

再次,必须建立日常监管代码运行的严格机制,坚持算法透明制度。算法决策与代码披着技术的外衣,一直拒绝对利害关系人公开。美国社区管理的"真知"算法的设计者理查德·伯克坦陈:"不透明性可以帮助我摆脱一切麻烦……我在做出

---

〔1〕 参见[美]Robert C. Martin:《代码整洁之道——程序员的职业素养》,余晟等译,人民邮电出版社2010年版,第8页、第10页。

〔2〕 参见[美]斯科尔斯基、哈尼克:《恶意代码分析实战》,诸葛建伟等译,电子工业出版社2014年版,第4页。

对某些人不利的预测时,从来不会给出理由,我唯一的目标就是做出正确的预测。"代码规制的相对人应有权知晓算法决策与代码规则的内容与理由,并享有申诉和申辩的机会。

最后,必须建立算法决策与代码机制的事后救济制度。当算法决策与代码规制造成了个人权利的损害时,个人应当享有事后获得救济的权利。其中包括获得算法解释的权利、更正或者修改数据的权利、退出算法决策的权利等。有权获得救济的主体应为受到算法不利决策的个人,如经过算法评估不被雇佣的候选人,受到歧视性算法量刑的犯罪嫌疑人等。事后救济的程序是:其一,应为请求救济的个人提供算法决策的理由,即提供算法决策的解释。其二,如果发现不利决策系由于错误数据造成,应赋予个人更正或修改数据的权利。其三,如果仍无法得到合理的算法决策,应允许个人退出算法决策,并寻求人工决策。

由此可见,数字经济时代的法治范式,从对代码和算法结果的规制转向了对代码和算法过程本身的规制,进一步走向对算法和代码进行的规制,也即是通过把法律规则转换成代码,并以代码规制代码的"法律技术化",以及重视"代码就是法律"[1]这一行业规则的技术法律化。在把握代码价值偏好、实现对"恶意代码"的控制、建立代码运行的监管机制以及事后救济制度的前提下,重视代码规制、算法审计和规范标准设置,从而嵌入体系化、制度化、过程化的风险控制机制,促进人工智能的健康发展和构建社会的法治秩序。

【典型案例】

2021 年 9 月,演员刘昊然工作室报警,称网友利用 AI 换脸技术传播对刘昊然带有侮辱性的视频、截图,同时还有存在诽谤言论的聊天记录。这一事件引发社会公众对 AI 换脸滥用的担忧,并引发值得思考和讨论的 6 个问题。

1. 此事件可能涉及哪些法律?
2. AI 换脸如何操作,是否会构成侵犯名誉权?
3. 单纯使用明星照片涉及哪些法律问题?
4. AI 换脸技术若仅限交流并无营利行为,是否可以抗辩侵权主张?
5. 网友在使用 AI 换脸技术时,应当注意什么?
6. 如何防范 AI 技术的滥用?

---

〔1〕 参见[美]劳伦斯·莱斯格:《代码 2.0:网络空间中的法律》,李旭等译,清华大学出版社 2009 年版,第 6 页。

【问题与思考】

1. 法治范式演进与社会生产方式的关系是什么？
2. 如何理解法治范式的构成要素？
3. 怎样看待信息时代数字社会的法治范式？

第十六章　数字法治的根本性重塑

【法律故事】

2016年是国际政治舞台上“黑天鹅”事件多发的一年，包括意大利修宪公投、英国脱欧公投、美国总统大选等。这些“黑天鹅”事件，颠覆了大多数政治学家、社会学家以及各大民调机构的认知。为此，有学者指出，这可能是一场新型政治形态革命。纪录片《脱欧：无理之战》详细回顾了这一政治过程。

在“脱欧”投票之前，英国基本分为脱欧派、留欧派、疑欧派。面对这种情况，老道的政治动员方法主要是上门给选民发传单、在社区或商业中心搞展台演讲、张贴海报等。但一位名叫卡明斯的政界新人，通过联合网络数据分析公司——“剑桥分析”，发起新型的“聚合智囊”行动。即使用基于数据分析的精密算法，帮助政治运动进行微目标定位、精准投放政治广告。其间，他们向投票人投放了多达10亿条的定向广告，去影响他们，从而唤醒了“沉默的大多数”，最终让300万人走出家门去投票，最终影响了投票结果。

由此看到，通过大数据和建模算法，能够分析人们的行为、情感甚至心理。它意味着，掌握数据就掌握了权力；谁能操控大数据，谁就能操控政治。换句话说，未来影响政治的，将是数据，而不是大脑。

第一节　数字法治的时代要求

在人类经历的三次重大革命中，传统农业革命，确立了以土地为中心的村落化、家庭化的分散作坊式生产生活和等级身份秩序；近代工商革命，确立了以资本/劳动为中心的城市化、集中化、规模化的生产生活和自由平等秩序；当代信息革命，则确立了以数据/信息为中心的扁平化、碎片化、智慧化的生产生活和分享共建秩序。正是在这一时代背景下,孕育了新型的数字法治。

任何一个重大变革的时代,都会给人类提供超出想象的巨大创造空间,进而经孕育、提炼而形成全新的价值理念和理论命题。民主、法治、人权是如此,数字法治也是如此,它是当今信息革命的必然结果,是当今法治变革和转型升级的理论呈现。

其一,数字化发展变革的强劲驱动。人们常说,未来已来,人类已经由经济全球化迈进了数字全球化时代。随着人工智能、区块链和大数据代表的生产力、生产关系和生产资料的深度变革,数据信息也成为至关重要的生产要素,并对土地、劳动、资本、企业家才能等原有生产要素进行数据化描绘、网络化连接、可视化引导、速优化配置和融合化发展,新业态、新模式、新引擎不断涌现,新基建、新生态、新价值链日渐形成,进而对传统产业进行着全方位、全角度、全链条的改造,产生了数字经济的放大、叠加和倍增效应。可以说,“信息革命已经深远地、不可逆转地改变了世界,其步调惊心动魄,其范围前所未有”,〔1〕物联网、车联网、身联网、元宇宙等新生事物加速发展。这必然会引起根本性的变迁转型与总体性的制度塑造,并在数字全球化的进程中产生日益深刻的颠覆性重建。就法治领域而言,人们通常认为市场经济、民主政治、理性文化和市民社会是现代法治得以产生、运行及发展的根本条件与现实基础,但在当今数字社会背景下,原有的市场经济转型为数字经济,原有的民主过程嵌入了数字平台机制,原有的理性文化加持了赛博空间逻辑,原有的市民社会面临着政府与平台双重权力的挑战;人们通常认为以自由、平等、权利为核心的正义是法治的价值目标和理念追求,但在如今分享经济、平台经济的发展态势下,基于启蒙精神的这些价值理念则受到了不同程度的消解和限缩;人们通常认为权力分立、规则至上、正当程序是现代法治的基础构架与机制安排,但在数字化、网络化、智能化技术逐渐深度司法应用的条件下,庭审方式和控辩关系、地域和级别管辖、智能辅助中的自由裁量、区块链技术中的司法程序等都发生了深刻重塑,甚至制度突破。由此可见,“许多以前我们曾经依赖的东西,正在数字化时代支离破碎”。〔2〕这意味着现代法治正面临着数字法治的消解甚或替代。

其二,“数字中国”建设战略的迫切“刚需”。在当今数字全球化时代,核心竞争力已不再是工商业时代的石油、资本和制造,而是数据、算力和智造。为了发展

---

〔1〕［英］卢恰诺·弗洛里迪:《信息伦理学》,薛平译,上海译文出版社 2018 年版,“序言”第 1 页。

〔2〕［德］克里斯多夫·库克里克:《微粒社会——数字化时代的社会模式》,黄昆等译,中信出版社 2018 年版,“前言”第Ⅻ页。

数字经济和推进数字化转型，在2015年12月第二届世界互联网大会上，中国首次正式提出推进“数字中国”建设的倡议，党的十九大报告又进一步提出建设“数字中国”“智慧社会”的宏大构想。而从2018年到2021年，“数字中国建设峰会”已经连续在福州举办四届，“新方位、新理念、新动能、新发展、新辉煌”也已成为“数字中国”建设的战略安排与核心路径。[1]《国民经济和社会发展第十四个五年规划和2035年远景目标纲要》则在第五篇中作出了“加快数字化发展，建设数字中国”的具体战略部署，要求打造数字经济新优势、加快数字社会建设步伐、提高数字政府建设水平、营造良好数字生态，从而以数字化转型整体驱动生产方式、生活方式和治理方式变革。这些深度变革与转型，一方面，必然使司法制度和法治建设面临着诸多难题和挑战；另一方面，又迫切需要大量的制度创新来适应“数字中国”建设战略的时代要求。为此，全面推进依法治国就不能局限于仿制现代法治的进路，而应该致力于数字时代的法治创新，特别是要对近年来智慧法院、智慧检务、智慧警务、智慧治理等创新成果进行理论升华和制度化运行。可见，提出数字法治的理论命题并付诸实践，已经成为“数字中国”建设战略的现实而迫切的“刚需”。

其三，法治创新实践的理论诉求。2016～2019年，智慧政务、智慧司法建设进程不断加快，其主旨是技术赋能、提高效率，让百姓少跑腿、多办事，也即是从技术应用的工具化角度推进智慧交通、智慧警务、智慧法院、智慧检务、智慧司法等。然而，从2020年开始，各个领域已经从一个简单的工具性应用场景转向了机制再造、制度重塑的变革升级阶段。例如，《浙江省数字化改革总体方案》就明确提出，要对省域治理的体制机制、组织构架、方式流程、手段工具进行全方位、系统性的重塑。它有5个关键词，即一体化、全方位、制度重塑、数字赋能、现代化；它具体包括6个方案，即党政机关整体智治系统建设方案、数字政府系统建设方案、数字经济系统建设方案、数字社会系统建设方案、数字法治系统建设方案、一体化智能化公共数据平台建设方案。同时，浙江省高级人民法院还提出了《关于推进建设“浙江全域数字法院”重大改革的实施方案》，以实现业务流程再造、组织构架重塑、诉讼制度变革。这些就不再是简单提高效率、简单技术应用的问题，[2]而是一个从技术应用到制度变革的深度转型，是全面数字化的升华过程。可见，数字法治的实践已经远远跑到了法治理论的前头，或者说，数字法治理论研究是相对滞后的。

---

〔1〕 参见《以信息化培育新动能用新动能推动新发展以新发展创造新辉煌》，载新华社，https://baijiahao.baidu.com/s?id=1598421314159359505&wfr=spider&for=pc，最后访问时间：2021年7月19日。

〔2〕 参见《浙江省数字化改革总体方案》，载网经社，https://www.100ec.cn/detail--6587614.html，最后访问时间：2021年7月19日；《浙江全面推进数字法院建设》，载人民网，http://society.people.com.cn/n1/2021/0409/c1008-32073615.html，最后访问时间：2021年7月19日。

具言之,面对创新活跃的数字法治实践,法治理论研究无疑还没有找到太多的感觉。主要问题有三:一是"宏大"有余,"实证"不足。现在好多的理论研究都是宏大叙事,缺少实证的、细致的分析考察。二是"问题"有余,"命题"不足。数字时代的到来,给既有法学理论和法律实践带来了很多冲击和挑战,很多问题用原来的制度规范都难以解决。虽然很多理论研究对此十分关注,但却处于一个"头痛医头、脚痛医脚"的个案化解决状态,少有把类现象、类问题进行整体性分析、相应的命题提炼和前瞻性的把握,这就导致一种疲于应付的研究状态。三是"内卷"有余,"创新"不足。也即当我们遇到很多新问题、新挑战的时候,总是"合法性"思维、"教义性"思维当先,总是力图用既有的法律规范解释它、涵盖它、框住它,认为通过修补法律、出台司法解释等就可以解决它,这种"内卷"思维认为数字化挑战只是既有制度体系面临的新问题,不承认它是数字时代的颠覆性变革,在理论上的创新不足也就顺理成章了。这犹如丑小鸭的故事一样,大家总觉得丑小鸭怪怪的、很另类,但又按照一只鸭子的常规方式对待它、评价它,殊不知这个另类的丑小鸭不仅会走,将来还会飞。此时,总想用行走的逻辑去框住它,无疑就锁住了它飞翔的翅膀。对现代法治而言,其生成发展仅依托于物理时空,并没有数字时空的因素,它的价值原则、规则体系、运行机制、秩序构造等,都是对物理时空条件下生产生活规律的法律抽象,这些逻辑无法再简单地演绎、套用在数字时空条件下的生产生活关系上。因此,这就需要走出"内卷"思维、深切关注法治创新实践,用"行走"(物理时空)和"飞翔"(数字时空)的双重逻辑审视数字法治实践、提炼数字法治命题,让数字法治这只"丑小鸭"成长为数字时代的"白天鹅"。这无疑是法治创新实践对法治理论的客观诉求。

可喜的是,学术界近来开始高度关注数字法治的研究,相关研究机构也陆续创立。[1] 因此,基于时代诉求提炼数字法治命题、发现数字法治规律、探寻数字法治逻辑的学术研究将成为一种新的趋势,这可能会开启一个数字法治研究的新时代。

第二节 数字法治的基本面向

随着网络化、数字化和智能化技术的加速融合和叠加发展,数字化转型已成为驱动生产方式、生活方式和治理方式变革的核心动力,人类社会开始全面进入数字

〔1〕 如从2020年6月至今,先后成立了华东政法大学数字法治研究院、浙江大学数字法治研究院、中国政法大学数据法治研究院等,形成了各具特色的研究方向和领域。

化时代。置身其中的现代法治,也面临着空前的重大历史性转型,并在三个宏观维度上迈向了数字法治。

一、厘定数字政府/数字公民新框架

当今信息革命打破"上帝"给人类划定的界限——突破了物理空间,创造了虚拟时空;突破了人的生物性,赋予了人的数字性。[1] 进而孕育了全优配置的数字经济,创造出高效的生产力和便捷的智慧生活。事实也表明,数字时代的我们,从衣食住行到生产生活,离开数字化应用几乎寸步难行。换言之,"人们的行为越来越多地以在线的方式实现,个人信息或数据成为大数据和人工智能应用的原料,人也因此获得数字人这一全新的存在形态"。[2] 因此,每个人都拥有自己的数字身份和数字人格。这样,就会深刻改变政府与公民的既有关系。

其一,确立数字行政的合理性、正当性。众所周知,现代国家/社会、政府/公民的二元关系框架,是在启蒙思想和理论的指引下建立起来的。它主要是受到工商革命的推动,变革的目标则是封建社会关系,面临的是物理时空环境。而在当今数字时代,则是受到信息革命的推动,变革的目标是工商社会关系,面临的是虚实同构环境。于是,国家/社会、政府/公民的制度框架就必然要进行数字化转型。

近年来世界各国均竞相加速数字政府和数字社会建设,我国"十四五"规划也提出了数字经济、数字社会、数字政府和数字生态四大建设目标。因此,越来越多的国家事务社会事务都要进行大数据归集和全流程在线通办,这自然就会形成数字化公共服务和数字化公共参与形态。目前,我国正在加快从"数字政府 1.0"向"数字政府 2.0"的转型与升级,实现"新五化",即"从线上到双在线"的网络化、"从分散小平台到统一大平台"的平台化、"从分散的信息化产物到整合的数据资源"的数据化、"从基于业务的信息技术应用到基于数据的智能化创新"的智能化、"从相对封闭的自循环到开放的创新大生态"的生态化,这就会带来"在治理、服务、决策模式上的根本性改变,服务组织模式的创新,以及从服务和服务对象出发的业务协同模式",[3] 使政府的服务能力和治理水平大幅提升。然而,也必须注意到数字政府已经和可能遇到的一些挑战与问题:一是"大量无法充分利用互联网的

---

〔1〕 参见马长山:《智能互联网时代的法律变革》,载《法学研究》2018 年第 4 期。

〔2〕 段伟文:《信息文明的伦理基础》,上海人民出版社 2021 年版,第 8 页。

〔3〕 张建锋:《数字政府 2.0——数据智能助力治理现代化》,中信出版集团 2019 年版,第 42 页。

人群使公平性的问题凸显出来",[1]这种"数字鸿沟"和公共服务的"数字化障碍"不仅限制了技术助力公共服务和民主运行的能力,而且还增加了不平等、不公平的社会风险。因此,如何让技术促进数字政府的公平性、民主性,则是一个重要的时代课题。二是自动化行政中的算法决策,固然具有很高的工作效率、一致的标准和客观的计算结果,但算法"黑箱"、算法错误、算法偏见等问题也难以避免,因此,这就需要规制公共算法,促进数字行政和数字治理的合理性、正当性。三是数字政府在履职中,会进行大量的数据采集、运营和管理,这些公共数据具有重要的经济和社会价值,一方面,应面向社会进行必要的开放利用,进而克服"数据孤岛"和数据壁垒,增强数字政府的透明性和问责性,促进公众的民主参与,确保其"取之于民、用之于民",推动数字经济发展和数字技术创新;另一方面,又要维护数据安全,保障个人的信息权利,确保国家的安全利益。可见,数字行政合理性、正当性,体现着数字政府与数字公民之间的新型互动关系和价值原则。

其二,确认数字公民权身份。在现代性的公共生活理念中,人们以自然人角色展现私人生活,以公民身份参与公共生活。但他们在接受公共服务和参与政治过程时,都只能采取以生物人为载体、以物理空间为基础的"面对面"活动方式,并没有、也不可能有数字化的选项。而进入数字时代后,每个公民则更多地通过在线方式,按照数字政府的数字化流程办理申请、申报、审批等各项私人事务;通过在线听证、在线投票、电子选举方式参与公共事务和投身政治过程。其间,在线流程中的身份认证、信息交互、信息处理等,已经超越了人的生物属性和物理空间,其活动方式则呈现为"屏对屏"的虚实交融状态,其实质都是公民的数字身份、数字表达和数字行为。

由此可见,随着国家/社会、政府/公民关系框架的数字化转型,亟须把数字公民身份确认和权利保障提上议事日程,培育数字公民的素养与能力,加强数字政府与数字公民的法治化互动。从 2017 年起,就有政协委员在两会上提出"数字公民"的提案,认为"数字公民"是数字时代画像展示、获取公共服务升级、参与社会治理创新。[2] 2018 年 4 月 23 日,在福建省空间信息工程研讨中心、福建省物联网工业联盟、新大陆科技集团联合举办的数字公民生态共建及作用发布会上,又发布了全

---

〔1〕[美]达雷尔·韦斯特:《数字政府:技术与公共领域绩效》,郑钟扬译,科学出版社 2011 年版,第 207 页。

〔2〕参见《王晶:"数字公民"破解公共服务困境的新支点》,载中国小康网,http://www.chinaxiaokang.com/17quanguolianghui/xkjzplh/2017/0305/173008_1.html。

球首个“数字公民”安全解码芯片。[1] 这表明,数字公民身份和数字公民权已经成为数字社会的一种客观诉求。

其三,保障数字人权。在短短的几十年中,互联网已经发展到物联网、车联网、身联网,脑机接口、元宇宙、数字孪生、平行系统(世界)等创新成果或社会现象纷纷涌现,生成了全时空泛在的数字环境和数字生态,“信息圈开始在任何空间中弥散”。[2] 这无疑给人类带来了“超能”的生产力和“异想天开”的智能体验,但同时也会产生一定的风险和威胁,确认和保障数字人权就成为数字法治建设的一个重要主题。

一是自动化的不平等。随着数字时代的到来,信息鸿沟、算法“黑箱”、算法歧视等问题越来越突出。人们往往看重算法决策的效率性、客观性和一致性,但算法决策一旦出现内含歧视和错误,就会被系统锁定,进而将不平等和歧视机制化、常规化、自动化,美国的“数字济贫院”就是一个典型。[3]

二是诱导推送的政治操控。在美国的总统大选中,Facebook、推特、YouTube等平台公司通过抓取、分析大量用户信息,进行数据画像和个性化推送,从而操纵选民的意识和行为,“这种影响不会触发用户的意识,而是一种潜意识,使它们成为你思想的一部分,还让你觉得这是自己的主见”。[4] 英国脱欧过程中,也上演了这样的操控大戏,并直接影响了投票结果。这就引起了一场“新政治形态革命”,即“未来操控政治的,将是数据,而不是你的大脑”,[5] 这就在无形中侵蚀、吞噬了公民的自主性和自由民主权利,并会在国际政治环境中蔓延和发展,带来新型的人权威胁。

三是算法决策的劳动操控。进入数字时代之后,算法就成为全新的社会秩序构建力量。然而,与以往的技术不同,它并不是工业机器那种“无意识”的替代和控制,而是“有意识”的计算化操控。以“外卖骑手”为例,算法可以针对骑手年龄和身高等特征维度,测算出骑手相应的步长和速度;并结合餐厅的楼层、平均出餐速度、订单的挤压情况等划定骑手最终的送达时间。在这一过程中,“数字控制不

---

〔1〕 参见《全球首颗数字公民安全解码芯片在福州发布》,载人民网,http://media.people.com.cn/GB/n1/2018/0424/c14677-29946236.html。

〔2〕 [英]卢恰诺·弗洛里迪:《信息伦理学》,薛平译,上海译文出版社2018年版,第426页。

〔3〕 参见[美]弗吉尼亚·尤班克斯:《自动不平等——高科技如何锁定、管制和惩罚穷人》,李明倩译,商务印书馆2021年版,第174页。

〔4〕 参见《算法操控大选,数据左右美国》,载腾讯网,https://new.qq.com/rain/a/20201015a025hs00。

〔5〕 参见《新型政治形态革命,用网络操控你有多简单?》,载搜狐网,https://www.sohu.com/a/300329750_488672,最后访问时间:2021年9月26日。

仅削弱着骑手的反抗意愿,蚕食着他们发挥自主性的空间,还使他们在不知不觉中参与到对自身的管理过程中”。[1] 这无疑就产生了全新的数字人权问题。为此,2021 年 7 月 22 日,国家人力资源社会保障部等六个中央部门联合最高人民法院、全国总工会,共同制定发布了《关于维护新就业形态劳动者劳动保障权益的指导意见》,督促企业制定或修订平台进入退出、订单分配、计件单价、抽成比例、报酬构成及支付、工作时间、奖惩等直接涉及劳动者权益的制度规则和平台算法,旨在加强对网约配送员、网约车驾驶员、货车司机、互联网营销师等新型劳动者提供更多权益保障,这无疑是保障数字人权的重要举措和切实保障。

四是国家层面开始关注数字人权。数字人权是信息革命所带来的新兴问题,也是基于智慧社会发展诉求的“第四代人权”。[2] 对此,国家有关部门也高度重视,一方面,工信部于 2020 年年底发布了《互联网应用适老化及无障碍改造专项行动方案》,从“操作难”和“内容陷阱”两方面改善老年群体的“上网自由”,进而“缩小数字鸿沟,让所有公民享有技术发展的红利,这既是技术发展本身的逻辑所在,也是全面建成小康社会的必然要求”。[3] 另一方面,2020 年 7 月,经全国科学技术名词审定委员会批准,“数字人权”一词正式在社会上公开发布试用;同时,2021 年国家社会科学基金招标项目指南,则将“数字人权基本问题研究”列为一个重要的招标选题。这说明,国家层面的相关部门已开始关注数字人权的保障问题。

综上可见,数字行政合理性、正当性、数字公民身份和数字人权,承载着数字政府和数字公民的新型关系,同时也构成了数字法治形成和发展的一个重要维度。它重塑着现代法治的公民身份和人权价值,标识着数字法治的时代特征。

二、塑造数字治理新范式

随着网络化、数字化、智能化的交融发展与深度变革,现代性的社会治理模式必然面临着深刻的数字化重塑,进入了“数治”新时代,催生了数字治理新模式。这个“数字治理”超越了传统那些以道德、法律、惯例等为主导的治理模式,即以有效地收集、分析和处理数据作为国家和社会治理的主导方式和手段。它仍离不开道德、法律、惯例等的支撑、规制和保障,但此时的道德、法律、惯例等不再是“彼规

---

[1] 陈龙:《“数字控制”下的劳动秩序——外卖骑手的劳动控制研究》,载《社会学研究》2020 年第 6 期。

[2] 参见马长山:《智慧社会背景下的“第四代人权”及其保障》,载《中国法学》2019 年第 5 期。

[3] 参见《跨越数字鸿沟,别让老人被数字时代边缘化》,载人民网,https://baijiahao.baidu.com/s?id=1690549923464706507&wfr=spider&for=pc,最后访问时间:2021 年 10 月 1 日。

范”,而是数字社会的新生规范,体现着数字权利观、数字正义观和数字秩序观,具有清晰精准、高效便捷、智慧可视、共建共享等鲜明特征,反映着数字法治的逻辑要求和数字治理的新趋向。

其一,共建共享共治属性。首先,数字经济、数字社会、数字政府、数字生态构成了数字时代的基本图景,其基础都是数据信息的流通、控制与分享,也就是说,消除“数据鸿沟”与“数据孤岛”,打破数据垄断与壁垒,同时加强数据信息权利保护,无疑是数字治理的基本准则。其次,“大数据技术的广泛应用实际上正重塑着整个法律体系运作于其中的社会空间,改变着大数据掌控者(包括国家和商业机构)与公民个人之间的权力关系,并创生出许多无须借助法律的社会控制方式”,[1]因此,代码也成为一种新的“法律”。这些是共建共享共治的根本动力,展现了数字时代的“自生自发”秩序。最后,各种新业态、新模式和平台治理中,形成了大量“众创试验”的民间治理规则,[2]这些规则反映了信息革命和数字经济时代的新规律、新趋向,而且还具有“破窗性”和颠覆性,因而,倒逼监管部门将其纳入国家立法之中,并与国家法律形成互动互补,促进了国家与社会力量的秩序共建,形成了数字治理的新形态。

其二,三元结构平衡机制。现代社会治理的重要基础是国家/社会的二分结构和社会契约论,以宪法为轴心设定国家和社会的纵向“官民”关系,以民法为轴心设定社会生活中平等主体之间的横向人身财产关系,这样,形成了横纵两条线的总体构架。随着数字时代的到来,这个二元结构就转变成了国家/平台/社会的三元结构。平台是“一脚门里、一脚门外”,也就是说,它固然是一种新业态的企业,但同时,它却拥有制定平台规则的准立法权、管理平台的准行政权、解决平台纠纷的准司法权。国家的三权是需要分立制约的,而平台拥有的这些准公权则是自己内部运行的,既是裁判员又是运动员。它所形成的是新型社会权,既是社会的power,又是社会的right。这样,就打破了传统社会治理的二元结构基础,形成了数字政府、平台经营者、数字公民(数字用户)之间的公权力、私权力(权利)、私权利的博弈格局,确立起三元平衡的数字治理框架和运行机制。

其三,交互回应型规制。数字经济也是平台经济、分享经济,它不仅需要法律规则的规制,也需要有各类平台规则的规制,代码等技术规则的规制,以及相应行

[1] 郑戈:《在鼓励创新与保护人权之间——法律如何回应大数据技术革新的挑战》,载《探索与争鸣》2016年第7期。

[2] 参见马长山:《智慧社会建设中的“众创”式制度变革》,载《中国社会科学》2019年第4期。

业规则的规制。这些“网络互动经常具有复杂的身份构建、规则制定和执行等特征”,[1]但它们与以往所不同的是,不再力图通过宏大的、体系的、一劳永逸的立法来解决问题,而是针对数字经济发展的纷繁业态和个性化要求,转向场景化的专项定制,回应性的弹性框架、自主性的多元规约等,实现类型化、精细化、多元化规则的数字治理。

其四,智慧司法可视。智慧司法的关键,并不是对数字技术的工具性应用,不是仅提高效率、技术赋能,而是要进行数字化的机制再造和制度重塑,如司法平台化与分工制约机制改革、司法区块链与诉讼证据制度改革、异步错时庭审与诉讼程序改革、算法决策与审判监督制度改革等。通过这些机制和制度变革,打破物理时空限制,促进司法过程的阳光透明、技术规范、智慧可视,从而维护数字治理秩序。

其五,呈现数字正义。在工商时代,法律是通过国家/社会规范人、事、物的;而在数字时代,国家与社会中间出现了平台主体。透过国家/平台/社会的复杂关系,法律通过数据、信息这一“中介”分配社会资源、解决社会纠纷、传递社会价值,因此,“信息是权力的中心”。[2] 这时,法律所呈现的就不仅仅是以往的分配正义,而是更多地加持了基于分享/控制的数字正义,从而实现数字治理的核心价值。

其六,坚持以人为本。在当今的数字经济时代,全样本的数据分析和智能算法将在社会生产生活中扮演越来越重要的角色。然而,“数据的意义在于价值而非数字。如果人所有的行为、所有的感情、所有经历的事情、所有认识的人都可以进行量化,变成一组数据,那人类存在的价值在哪里”? 因此,如何在这场技术变革中合理安放人性,构筑尊重人权的“道德基础设施”,从而促进个人信息权利保护、消除数据鸿沟和算法歧视、保障公众知情权,就成为“数字治理”的根本任务。一是应客观认识到任何技术应用都是有价值偏好的,故而要理性审视“技术中立论”,确立并完善“以人为本”的行业规范和职业伦理;二是不宜把人类的行为及其结果进行过于量化的分析设计,避免数据崇拜和“唯科学主义”的职业倾向;三是在行业规范和职业伦理中,植入法治理念和人权精神,无论是数据挖掘、数据画像和“私人定制”,还是建模算法、代码编写和精准服务,都应秉持数据正义准则、塑造数据正义观,才能“赢得数据”和保障“数字人权”,从而建立智慧社会的法治秩序。在国际上,美国设立了生物伦理问题研究总统委员会、英国设立了纳菲尔德生命伦理理

---

[1] [英]安德鲁·查德威克:《互联网政治学:国家、公民与新传播技术》,任孟山译,华夏出版社 2010 年版,第 34 页。

[2] [美]安德雷斯·韦思岸:《大数据和我们——如何更好地从后隐私经济中获益?》,胡小锐等译,中信出版集团 2016 年版,第 12 页。

事会，以及 Google、Lucid AI、微软等多家大型科技公司也都设立了伦理审查委员会（或伦理道德委员会、伦理风险委员会）。2020 年 10 月 21 日，中国成立国家科技伦理委员会；2021 年 9 月 25 日，国家新一代人工智能治理专业委员会又发布了《新一代人工智能伦理规范》。这些都表明，我国的科技伦理建设已正式起航，成为"数字治理"的重要价值指引。

三、构建"数字主权"新形态

数字时代的到来，彻底打破了物理时空的边界，因此，基于物理时空的主权就面临着严峻的挑战。目前，各国都十分注重网络安全立法，它既具有维护自身安全的目的性，又具有大国竞争的博弈性，因此，网络空间主权问题就显得十分突出，这也是数字法治的域外呈现。

我们知道，在互联网兴起之初，网络自由主义曾盛行一时，他们认为"控制互联网就好像是'试图将果子冻钉在墙上'"，〔1〕因此，可以称其为"网络无政府时代"。但随后的发展表明，网络空间并非自由主义的天堂，"它却不是一个和谐的场所。网络环境允许一个人与志趣相同的人迅速取得联系，不过，欺骗与不和的机会也同样存在"。〔2〕 比如，民粹主义，数据黑灰产，犯罪活动等，这些无疑打破了网络自由主义的梦想，各国的国家权力纷纷开始介入。这样，不仅是那种扁平化、匿名化、无国界的网络空间观念被颠覆了，而且越来越演变成大国竞争的政策工具。特别是在近几年，美国泛化国家安全观念，单边制裁、技术封锁、极限打压等，就是突出一例。此外，澳大利亚、加拿大、英国，以及一些欧盟的国家，也都运用网络安全、空间安全这样的法律工具，力图在世界大国的博弈当中占据有利地位。他们采取的策略大多是长臂管辖，如欧盟的 GDPR，就是一个典型。美国则更进一步，如《澄清境外数据合法使用法》（亦称"云法"）已经不再是长臂管辖了，而应该是"规避管制"。因为，它不是要把手伸到别国那里去"管"，而是直接伸到你那里去"拿"。具言之，"云法"明确规定美国执法机构可以直接获取境外数据，同时，应外国政府（适格国家）请求向其提供美国公司控制的非美国人数据（个人信息），〔3〕这无疑是在规避所在国的管辖，可以说是数字疆域之下的"治外法权"。

〔1〕［英］安德鲁·查德威克：《互联网政治学：国家、公民与新传播技术》，任孟山译，华夏出版社 2010 年版，第 306 页。

〔2〕［美］彼得·德恩里科、邓子斌编著：《法的门前》，北京大学出版社 2012 年版，第 393 页。

〔3〕参见张露予：《美国〈澄清域外合法使用数据法〉》译文，载《网络信息法学研究》2018 年第 1 期。

对于中国而言,采取的策略是从立法上确认和界定"网络空间主权",尽管这也曾引起一些争议。然而,如果我们摆脱物理思维、迈进数字思维的话,那么,就可以突破物理边界而确立数字身份、规制数字行为和实现数字治理。事实上,我国立法也并没有从物理思维下的"范围"或者"地域上"对网络安全主权进行界定,而是从行为上进行规制,展现数字法治理念下的体系化逻辑。一是对网络空间主权进行价值设定,即在总体安全观之下,确立了保障合法权益原则、保障信息自由流动原则、网络安全和信息化发展并重原则、促进公共数据的资源开放原则、构建多边民主透明的网络体系原则等,[1]从而体现分享与控制的数字法治价值观。二是确定了网络空间的主权边界,即在坚持属地原则之外,还确立了效果原则,无论在境内还是在境外,只要对我国产生社会后果,那么就要纳入我们的法律管辖,[2]这样,就超越了物理边界向域外主张网络空间主权的疆域。三是确立网络空间主权的规制方式,除《国家安全法》是关系法外,《网络安全法》《数据安全法》都是行为法,它们主要涉及网络和信息行为的物理层、连接层、网络层、传输层和应用层,构建了相应的规制方式。当然,仅有这些还远远不够,我们还需要阻断外国"长臂管辖""规避管制"的不当适用,增强网络空间主权的适用效力,加强国际合作和建立"朋友圈",并积极参与国际规则的制定。这样,才能让我国的法律真正产生域外效力、落地生根。总体来看,网络空间主权也是一种数字法治竞争,如果把网络空间主权的理论命题再提升一步的话,那就应该是"数字主权"。它并不仅限于网络空间范围,而是基于数字治理的主权形态,是维持一国数字治理秩序,保护其数字经济权益、网络和数据安全的重要保证。因此,构建必要的、适当的"数字主权"新形态,无疑是数字法治的一种时代要求和重要面向。

第三节　数字法治的司法机制

随着网络化、数字化、智能化的飞速融合发展,人类开始步入智慧时代和数字社会。近年来,我国的智慧政务、智慧司法、智慧治理等重大建设方案也纷纷落地。其中,司法人工智能无疑扮演着重要的角色和使命,[3]孕育了数字法治的新型司

---

〔1〕 参见《网络安全法》第1条、第3条、第7条、第12条、第18条等。

〔2〕 参见《网络安全法》第75条、《数据安全法》第2条、《个人信息保护法》第3条。

〔3〕 在学术界,人们对AI法律和法律AI进行过区分和讨论,然而,当今网络技术、数字技术和人工智能技术日渐呈现交融发展之势,相互支撑和彼此赋能,因此,本书所称的司法人工智能则是一个涵摄面更广、包容性更大的概念,它主要是指司法领域中基于网络化、数字化和智能化融合驱动的人工智能技术应用。

法机制,带来了人们颇为期待的"可视正义",但它也面临一定的问题和挑战,因此,理性地审视它的应用可能与限度,就成为一个十分重要的时代课题。

一、从"接近正义"迈向"可视正义"

司法权设置的根本意义,在于处理纠纷、实施救济、弘扬正义。但要让人们在每一个案中切身体验正义,却不那么容易,这也正是卡夫卡"法律之门"的深层隐喻所在。对"法律之门"可以做出很多的不同解读和阐释,但有两点则是明确的。其一,"法律之门"是"供给"正义的地方,它庄严尊贵却又森严壁垒;其二,你可以走近"法律之门",但难以迈入门内,更难以看到门内设置、工序流程和决策机制。这很大程度上是因为物理时空中的资源限制、区间阻隔和机制障碍。特别是交通条件不便、诉讼费用高昂、诉讼过程烦琐漫长等,导致人们在寻求司法救济时面临重大困难,以至于自20世纪中叶以来开始出现大面积的"司法危机"。为了解决这一困境,人们发起了旨在为当事人能够接近法院、实现诉权提供实质条件保障的"接近正义"运动。该运动做出了"三波"重要努力,[1]其基础和前提是国家财力和司法改革,其价值导向是平等和效率,其目标是分配正义,并取得了一定的效果。然而,由于福利国家的不可持续性,以及司法改革的制度性"瓶颈",必然会给"接近正义"运动带来较高的成本、代价和难题,这些局限在既有的物理时空和策略路径下是难以克服的。

信息革命的到来,则给"接近正义"运动的整体转型提供了巨大动力和难得契机——"算法的应用,不仅增加了纠纷处理能力,降低了解决纠纷的成本,而且在很大程度上提高了纠纷解决的自动化程度,也为更加接近正义奠定了现实基础。"[2]如从ADR迈向ODR就增加了程序的公开透明度,人们看到了"数字正义"的曙光。近年来,我国司法机关也利用这些新技术进行了大量的探索改革,致力于构建"网络化""阳光化""智能化"的新时代司法样态,[3]这就实现了对物理时空资源和要素的优化重组,原来一些不可逾越的壁垒,现在就可以通过技术"克服或至少

---

〔1〕 参见[意]卡佩莱蒂、加斯编:《福利国家与接近正义》,刘俊祥等译,法律出版社2000年版,第5页。

〔2〕 [美]伊森·凯什、[以色列]奥娜·拉比诺维奇·艾尼:《数字正义:当纠纷解决遇见互联网科技》,赵蕾等译,法律出版社2019年版,第64页以下。

〔3〕 《最高法:努力实现法院"全业务网上办理、全流程依法公开、全方位智能服务"》,载央视网,http://news.cctv.com/2017/05/12/ARTIH6S1wqElFEZvJzupelJr170512.shtml。

是瓦解正义之路上的一些障碍”,[1]从而有效消融了因物理时空条件局限而导致的正义实现难题,并使物理意义上的“接近正义”迈向了数字意义上的“可视正义”。

其一,平台化的分享可视。新兴技术革命颠覆了传统的工商业态和经营模式,人类从此进入了平台经济时代,平台模式也迅速地从工商业向社会领域广泛延展。其突出特点和优势在于:线上线下交融、多主体共享、生态化运行、覆盖性整合,以及价值链创造,这就突破了以往的物理时空逻辑,颠覆了单一线性的交易形式,进入了广场化的全景互动,无论是在规模、成本、效率,还是价值上都实现了巨大飞跃。智慧司法建设同样也是这种技术赋能的过程,并深刻重塑着司法运行模式。即“在诉讼服务上,形成多功能、集成性、智能化、线上线下融合的一站式诉讼服务模式;在案件办理上,支持全流程在线审理,办案全过程智能辅助,审理信息全方位在线公开;在监督管理上,实现重点案件自动化识别、标签化处理,节点化控制,建立智能化、自动化、精准化监管机制;在平台载体上,实现内部平台整合对接,外部数据互联互通,形成系统集成、集约高效、信息共享的平台建设模式”。[2] 司法运行的这种平台化转向,能够“让数据发声,使数据关联,用大数据思维发现审判规律、提高审判质效”,它“每5分钟动态汇聚全国3525家各级人民法院的案件、文书和卷宗信息,可面向全国各级人民法院按月、按年自动生成570万张报表,累计汇聚案件总量超过1.5亿,成为世界最大的审判数据资源库”,[3]也是丰富的司法智能化之源。于是,这就能够在微观上(司法机关内部)、中观上(司法机关与当事人和相关机构)和宏观上(司法机关与全社会)分别实现不同程度的数据分享和在线互动,覆盖了几乎所有司法业务,也形成了司法运行的“生态圈”和正义“价值链”。这样,司法运行就从线下走到了线上,从封闭的、有限的“剧场”模式转向了开放的、包容的平台模式,并处于全程可视的状态。换言之,曾经神秘威严的“法律之门”被移到了阳光下,大大地提升了司法效率、促进了司法公正,也便于公众监督和正义传播。

其二,超时空的场景可视。人们之所以对司法程序进行高度专业化、复杂化的制度设计,就是要阻断人为因素干扰和不公因素的渗透,从而更好地保护权利和维护正义,但它所带来的一个负面问题,就是“法律之门”变成了一个烦琐昂贵的博

---

〔1〕[美]伊森·凯什、[以色列]奥娜·拉比诺维奇·艾尼:《数字正义——当纠纷解决遇见互联网科技》,赵蕾等译,法律出版社2019年版,第256页。

〔2〕《为网络社会治理贡献法治智慧》,载最高人民法院网,http://courtapp. chinacourt. org/fabu-xiangqing-182952. html,最后访问时间:2020年4月15日。

〔3〕《打造智能时代司法文明新坐标——人民法院智慧法院建设工作综述》,载中国法院网,https://www. chinacourt. org/article/detail/2019/03/id/3751867. shtml。

弈场。而“接近正义”运动的诸多举措之所以未能取得理想效果,则在于它以物理时空的思维和方式解决物理时空的问题,因而无法打破“法律之门”的物理时空“围墙”。随着数字时代的到来,原来的物理“围墙”逐渐被虚拟空间所击碎和重建;原来生物形态的身体、行为、言语,原来物理形态的财物、流转及其关系等,逐渐增赋了另外一种“无形流动”的数字形态。此时,“很多旧有的习惯将被颠覆,很多旧有的制度将面临挑战”。〔1〕司法制度和运行机制也必然随之发生深度变革,“在‘数字正义’理念之下,私人和社会都加强了对数字技术的采用,在法院内外共同促进‘接近正义’的实现”,尤其是人们可以“通过设计出可以服务公众的虚拟空间,将纠纷解决完全克服或者‘超越’这些物理条件的限制”。〔2〕例如,各地开发上线的“微诉讼”“E 法庭”“律师通”、执检“小智”等多种小程序或软件系统,使当事人足不出户即可参与在线庭审、调解或执行,省钱、省时、省资源,而且人脸识别、智能验证、全程视频留痕让司法运行更加规范透明。这样,凭借技术进步就实现了线上与线下、虚拟与现实、远程与现场的立体链接与跨界融合,甚至形成了当事人“零跑腿”的司法环境,“未来老百姓打官司就像在淘宝上享受服务一样便利”。〔3〕于是,“法律之门”也就摆脱了物理形态的约束,开始在社会中进行超时空、“无形化”、分布式的前置延展,形成了灵活便捷、体验多样的场景可视状态。基于此,普通民众在“法律之门”面前,可以随时随地进出,进而主张权利和伸张正义。

其三,全要素的数据可视。在新兴技术的驱动和支撑下,司法运行数据化、自动化趋势不断加速。一是基于智慧司法的全流程在线审理和平台化运行,会产生海量的司法数据,并形成案件信息库、案件特征库、电子卷宗库、证据标准库、罪名要件库、裁判文书库、案例库、法律法规司法解释库、办案业务文件库等多类型数据库。这些数据库实质上是把复杂的司法案件转换为可以存储、计算和分析的数字系统,对其中所涉及的人财物、社会关系和规则程序进行了全要素的模块化、可视化构建,这些“越来越多的数据将会讲述越来越多的故事”,〔4〕展示越来越多的正义价值和司法效果。二是司法程序凭借数字技术的不断拓展和升级,如电子诉讼、

〔1〕［英］维克托·迈尔-舍恩伯格、肯尼斯·库克耶:《大数据时代:生活、工作和思维的大变革》,盛杨燕等译,浙江人民出版社 2013 年版,第 94 页。

〔2〕［美］伊森·凯什、［以色列］奥娜·拉比诺维奇·艾尼:《数字正义:当纠纷解决遇见互联网科技》,赵蕾等译,法律出版社 2019 年版,第 30 页、第 259 页。

〔3〕《首届互联网法治论坛:网络与法治双向赋能良性互动》,载中新网,http://www.chinanews.com/gn/2019/09-06/8949741.shtml。

〔4〕［美］Phil Simon:《大数据可视化——重构智慧社会》,漆晨曦译,人民邮电出版社 2015 年版,第 45 页。

电子监控扣押等,比较典型的则是司法区块链。由于"区块链极大的去中心化、不可篡改性、不可否认性、公开透明性共同促成了区块链作为信任基础设施的可行性,解决了参与者之间的共识问题",[1]因此,在电子证据认证和智能合约履行上,司法区块链可以做到电子数据及行为的全流程记录、全链路可信、全节点见证、全方位协作,从而实现了全要素的数据可视。三是随着智慧司法的进一步发展,算法决策将更多地应用于程序控制和司法裁判之中,人机互动、人脑算法和机器算法的融合也会日益加强。算法决策的优势在于自动运行、精细一致,且超能高效。作为一个办案通用的"公共决策工具",它具有能够全程回溯、数据留痕的属性,这也就比"人脑决策"更有利于聚集全要素,也更有利于可视化。总之,司法运行的数据化呈现,使其变得日益可代码化表达、可量化计算、可分析预测、可审计问责,从而实现了全要素的数据可视,并进入了"可视正义"时代。

二、数字司法机制的重塑效应

以司法人工智能为代表的数字司法机制所带来的,已不再是以往那种外在技术装备的更新换代,而是对司法运行的内嵌式、技术性变革,并产生了影响深刻的重塑效应。

(一)司法过程场景化

古往今来,司法裁判过程都是在固定的场所——法庭中进行的。庭审活动包含着时间、地点、人物、事件等诸要素,经由法官、检察官、律师、证人、被告人、法警各等角色,按照形式化的规则和程序完成。它类似于上演一幕幕戏剧的"剧场"运行状态,深嵌于特定化、场域化的物理时空之中,"法律之门"也就赋有了神圣性、神秘性和仪式性。然而,人工智能的司法应用,则使这种场域化的"剧场"运行状态发生重大转向。

首先,远程临场。新兴科技和数字经济的发展,改变了社会的"时空体制"并呈现加速运行态势。此时,社会亲近性与物理邻近性、社会相关性与空间邻近性开始发生剥离,空间位置或环境对大多的社会过程而言已经不再重要或不再是决定性的了,也即时间和空间已经"脱嵌"并获得了重构。[2] 司法人工智能就在这种

---

〔1〕 徐恪等:《算法统治世界——智能经济的隐形秩序》,清华大学出版社 2017 年版,第 311 页。

〔2〕 参见[德]哈特穆特·罗萨:《新异化的诞生——社会加速批判理论大纲》,郑作彧译,上海人民出版社 2018 年版,第 118 页;[英]安东尼·吉登斯:《现代性的后果》,田禾译,译林出版社 2011 年版,第 18 页。

“时空体制”变革中,创造了新型司法运行机制。具言之,三地互联网法院、浙江“移动微法院”、“广州微法院”、广州“数字越法远程视频平台”、重庆“易诉”平台等,都可以实现在线立案、庭审,甚至执行。作为全国试点推广的上海“206 系统”(智能辅助办案系统),则“从刑事案件立案、侦查、审查起诉、庭审、判决链接到刑罚执行、减刑假释、服刑人员刑满释放、回归社会等环节,以实现人机协同、线上线下跨界融合,实现从刑事办案单一系统向刑罚执行、社会治理领域综合系统的转变”。[1] 这样,案件当事人无论身在何处,只要有在线电脑、摄像头、麦克风和可上传的诉讼文书,即可参加诉讼庭审,从而突破了司法过程的物理场域限制和“剧场”模式,跨越了虚拟/现实的两重空间和人之生物/数字的双重属性,实现了数字身份及行为的远程临场。

其次,情境互动。智慧法院建设的基本方向是网络化、阳光化、智能化,目前全国 3000 多家法院基本实现了网上立案、庭审直播、远程开庭、远程调解。基此,诉讼过程已不再经过物理时空中的“法庭见”,而是以“云法庭”的视频庭审形式,完成人脸识别、证据上传、视频抗辩、电子笔录、全程留痕等一系列虚实交融的庭审活动。这样,一次庭审可能会出现多角色、多地点、多场所、多方式的同时在线和立体情境,每个诉讼当事人都是网络链接、信息传递、节点控制的参与者、分享者和承担者,因而,就改变了封闭单一、机械受动的“面对面”场域化庭审过程,形成了灵活自主、多相界面、情境互动的司法场景。

最后,全景敞视。哲学家福柯曾经对环形监狱的“全景敞视建筑”进行深刻分析——“在环形边缘,人彻底被观看,但不能观看;在中心瞭望塔,人能观看一切,但不会被观看到。”这就形成了一种“分解观看/被观看二元统一体的机制”。[2] 它是通过空间阻隔、单向透明和中心瞭望的等级体系构架完成的,旨在确保权力的随时俯瞰、持续监视和自动运行,因而是一种物理时空的中心化、等级化、不对称的“全景敞视”。但与此相反,司法人工智能恰恰创造了另外一种全新景象。具言之,在以往的庭审活动中,审判席处于法庭的正中位置且高出地面,诉讼两造分列两侧,略低于审判席,公诉人、律师、被告人、被害人、证人,以及旁听席位等坐落有序。它无疑是中心化、场域化的,其认证、质证、抗辩等过程,都因物理时空和物理条件限制而只能有限可视。不消说法庭外的庭审参与,即便是都在法庭现场,也需工作人员的证据传递帮助才能做到“面对面”的认证质证。然而,网络化、数字化和智能化技术的融合发展与司法应用,则打破了这种物理“围墙”和屏障,凭借电子文书、

---

〔1〕 崔亚东:《人工智能与司法现代化》,上海人民出版社 2019 年版,第 261 页。

〔2〕 [法]米歇尔·福柯:《规训与惩罚》,生活·读书·新知三联书店 1999 年版,第 226 页。

数据传输、即时视频等方式,诉讼参加人不需“相逢”即可“见面”,审判席也悄然无形化为一个阳光性的控制节点,进而改变了法庭的中心化、等级化设置。于是,它与“全景敞视建筑”的目标相反,推动了中心权力的非中心化,其自动运行也并非那种俯瞰式的持续监视,恰恰是趋向于参与各方的对称透明和平向可视,从而形成了全新的跨时空、无屏障、分布性、扁平化的“全景敞视”。

综上可见,在新的“时空体制”下,“社会关系从彼此互动的地域性关联中,从通过对不确定的时间的无限穿越而被重构的关联中‘脱离出来’”。[1] 这司法过程也不可避免地在虚实融合中迈进五维空间,它不再局限于物理上的结构性设置和实体运行,并从场域化走向了场景化,增赋了数字化的意义展示、体验分享和“可视正义”。

(二)司法规则代码化

司法运行需要大量的专业人员,自古以来他们都是法律规则转化为社会秩序的行动者、构建者。人们在司法者身上寄托了不偏不倚、客观公正的浓重期待,但他们中的每一个都具有人性,甚至是普通人的一面。个体的价值观、心情、精力,甚至先入之见等都会深深影响他们的自由裁量,这种来自人性自身的局限是没有办法克服的。因此,立法本意、法律规则和正义价值在转化为社会秩序的过程中,也难免受到办案人员一定程度的主观雕塑或续造,这可能会更趋于公正,但也可能相反。同时,还存在程序烦冗、案多人少、专业素质等因素引发的司法成本和司法效率问题。这些一直是迈进“法律之门”和“接近正义”所难以摆脱的“司法代价”。

当下信息革命已把人们带进了虚实同构的“在线生活”,并形成了一套“法规的/自愿的、正式的/非正式的、国家的/超国家的、机制的/分散的”全新规制模式。[2] 在这里,算法扮演着重要角色,“代码就是法律”。[3] 于是,司法规则的代码化和自动执行便成为一种趋势,这不仅消减了以往的“司法代价”,也产生了特殊的司法效果。

一是自动性的程序运行。随着人工智能技术的广泛应用,“自动化执法不再是

---

〔1〕 [英]安东尼·吉登斯:《现代性的后果》,田禾译,译林出版社 2011 年版,第 18 页。

〔2〕 参见[英]詹姆斯·柯兰等:《互联网的误读》,何道宽译,中国人民大学出版社 2014 年版,第 128 页。

〔3〕 参见[美]劳伦斯·莱斯格:《代码 2.0:网络空间中法律》,李旭等译,清华大学出版社 2018 年版,第 6 页。

一种越轨而是一种可选择”。[1] 同样，它也可以将司法规则转换成能够自动运行的程序代码，“按照合乎程序规定的方式将司法过程精确拆解，又借助数据分享和集中管理，令系统中的每一个动作都为最上的管理者可见”。[2] 这些智能程序没有情感纠缠、一丝不苟，且不知疲倦，让它们替代有人性局限的司法者就成为一个时代选项。如上海的“206 系统”，就建立了逮捕条件审查、证据标准指引、单一证据审查、证据链和全案证据审查、庭审示证、类案推送、办案程序合法性审查监督等自动程序。具言之，“如果一名警察破获了一个案件，他想把这个人逮捕时，系统会自动提示有三份关键证据缺失，另外两份证据有瑕疵。在检察官要起诉时，系统会提示他类似的有 80% 的案件是不起诉的。比如在法官决定判决时，写好判决书放入系统里，系统会自动提示跟本院以及上级法院有将近 85% 的类似情况下的判决是不一样的，问法官是否坚持这样做，若坚持该判决，那么系统将自动把判决推送给庭长以供讨论”。[3] 而司法区块链技术则实现了从生成智能合约、完成实人认证并签约、合同原文及智能合约上传至司法区块链、智能合约自动运行、合约无法执行后转入多元调解流程、纳入信用惩奖联合机制、立案、审判、执行的全流程智能化。[4] 2019 年 12 月 19 日，杭州互联网法院还对一起该类型案件作出了宣判，成为国内首例“无人工干预、无外部因素干扰”的“智审”断案。[5] 可见，这些人工智能辅助办案系统，形成了“去人化”的倾向，降低了成本、提高了效率、实现了标准统一。

二是隐身性的司法能动。在当今信息时代，技术赋能一方面可以提高司法效率、提供“可视正义”，但另一方面也助长了司法能动，且以“进步性”的隐身方式出现，从而获得社会的“合法性”认同。一是空间拓展。近年来，北京互联网法院的电子诉讼平台、广州中院的“律师通”和“移动执行”手机 APP、浙江“移动微法院”等纷纷上线运行。2019 年广州互联网法院还在穗港澳布设了 12 个“E 法亭”，全方位为当事人提供自助存证、自助立案、自助查询、智能送达、在线调解、在线庭审

---

〔1〕［美］瑞恩·卡洛等编：《人工智能与法律的对话》，陈吉栋等译，上海人民出版社 2018 年版，第 239 页。

〔2〕芦露：《中国的法院信息化：数据、技术与管理》，载《法律和社会科学》2016 年第 2 辑。

〔3〕《最高法司改办何帆：中国法院正努力把人工智能引入办案系统》，载澎湃网，https://www.thepaper.cn/newsDetail_forward_1746283。

〔4〕《区块链智能合约技术首次应用于中国司法领域》，载中新网，http://www.chinanews.com/sh/2019/10-24/8988590.shtml。

〔5〕《中国首个应用区块链智能合约技术案件宣判》，载中新网，http://www.chinanews.com/sh/2019/12-19/9038475.shtml。

6大诉讼服务功能。[1] 这类智能平台走出了法院的固定场域,实现了在现实/虚拟双重空间中的拓展,增强了实现"可视正义"的范围和能力。二是权力增能。如一些执行网络办案平台,法院足不出户就能完成对被执行人财产的自动查询和冻结、扣划,直接查询被执行人在异地不动产登记详细信息和投资的具体情况;执行智能预警平台则通过汇集人口、婚姻、金融、政务、电商、信用、社交等周边数据,全方位评价当事人的身份特质、行为偏好、资产状况、信用历史,对涉案当事人进行信用画像和自动风险评估。[2] 这些智能联动,就使司法权力穿透了原来的物理"围墙",自动延伸至所有涉案领域,并在控制力上获得了增能扩张。三是关联限制。在以往的司法运行中,司法机关对当事人权利的限制措施基本都是"就事论事",并遵守相应的规则和程序。而司法人工智能则带来了"关联限制"效应。如采取"弹屏"电子送达方式时,法院发送到被送达人手机上的短信送达内容,不受杀毒软件、手机终端设置等方面的屏蔽拦截,无论其手机处于操作过程中还是待机状态,均即刻被锁屏,查阅内容后方能解锁。这固然确保了送达的便捷性、有效性和可靠性,但如今手机所承载的功能、赋有的意义和价值已经远远超过通信工具本身,蕴含着移动支付、商品交易、媒体社交、个人隐私等多方面的生活权利,一旦被锁屏,它所锁定的就是这些全部权利,而不仅仅是送达上的权利,这样就产生了关联限制。此外,一些司法机关还对监视居住对象等采用了新型的"电子手铐"等强制措施,它具有远程开关机、人机分离报警、破坏报警、断电报警、越界设置、越界报警、特殊场所接近报警、自动巡检、巡检频率设置、实时查询、轨迹查询等功能。[3] 此时,也会发生个人隐私、数据权利等关联限制问题。这些隐身性的司法能动倾向,无疑强化了司法权的社会嵌入和影响。

三是技术性的规则重写。司法不仅是一个适法的过程,也是一个理解、重释,甚至是重写规则的"造法"过程。而司法人工智能所带来的法律规则代码化,既有控制自由裁量、对诉讼流程进行节点控制、实现"可视正义"的司法效果,也会带来对规则进行技术性重写的机会。也即"代码作者越来越多的是立法者。他们决定

---

〔1〕 截至2019年9月27日,这些"E法庭"已实现自助立案3305件,在线立案率100%,在线调解152件,在线送达6671人次,在线庭审31次。参见《是"E法亭",不是"一法庭"!广州打通司法服务最后一公里》,载网易,http://dy.163.com/v2/article/detail/EVII2P8D05149N9E.html,最后访问时间:2020年3月31日。

〔2〕《"智慧执行"模式的具体探索和未来展望》,载中国法院网,https://www.chinacourt.org/article/detail/2018/01/id/3179286.shtml,最后访问时间:2020年3月29日。

〔3〕 参见《北京互联网法院推出弹屏短信送达》,载人民网,http://ip.people.com.cn/n1/2018/1024/c179663-30359887.html;《电子手铐_警用电子手环_在押犯人电子手铐在实践中的应用探讨》,载中国国际警用装备网,http://www.cpspew.com/news/979654.html,最后访问时间:2020年3月29日。

互联网的缺省设置应当是什么;隐私是否将被保护;所允许的匿名程度;所保证的连接范围”。在这里,“法律,与代码的相互作用,塑造了这些价值观”。[1] 而一旦可以把司法规则转化为代码,那么,对代码的控制就成为在司法解释和“法官造法”之外的二次重释或重写规则的权力。其间,这些代码的编写基本都是由司法机关和技术专家主导的,很少有律师、学者和公众的参与,于是,司法者就难免从有利于司法权力运行的立场出发,在数据标注、要素抽取和代码编写过程中注入自身的或者职业的价值偏好。这意味着在数字司法向度上扩大了司法权。

(三)司法决策建模化

在当今世界,数字经济已成为主导形态,“人类正在进入一切皆可计算的时代”。[2] 与此相应,社会生产和生活都逐渐走出了个别性、分散性、经验性的决策方式,形成了体系化、自动化的建模运营方式,通过信息采集、数据分析和设计算法实现决策的智能化,从而“提供了一种全新的革命性工具”。[3] 这意味着很多决策已经“从人手中转移到算法手中”。[4] 而智慧司法的一个重要的方向,就是司法决策的建模化。

首先,生成法官智慧的聚合效应。理性选择理论上的“聚合效应”或者“聚合的奇迹”,意指在规模群体的民主决策过程中,个体计算或预测的误差会彼此抵销,因此,“在绝大多数情况下,平均意味着平庸。但在决策时,却常常效果非凡”。[5] 这样,就很容易形成意想不到的、最优的“多数决”判断。然而,人们很快发现它涉及完备性公理、传递性公理等条件的限制,于是就出现了“阿罗不可能性定理”。也即聚合过程中充满了“系统性错误”,不可通约的偏见“污染”了聚合效应,这样,“简单过半数投票(the simple majority rule)在加总个人偏好排序后,会因出现社会偏好的循环,导致无法从一些有限的可行社会状态集中确定一个最优的社会状态”。[6] 然而,司法人工智能中的决策建模化,则清除了这种可能的“系统性错

〔1〕 [美]劳伦斯·莱斯格:《代码2.0:网络空间中法律》,李旭等译,清华大学出版社2018年版,第8页、第87页。

〔2〕 徐恪等:《算法统治世界——智能经济的隐形秩序》,清华大学出版社2017年版,第323页。

〔3〕 [英]乔治·扎卡达基斯:《人类的终极命运——从旧石器时代到人工智能的未来》,陈朝译,中信出版社2017年版,第296页。

〔4〕 [美]克里斯托弗·斯坦纳:《算法帝国》,李筱莹译,人民邮电出版社2014年版,第197页。

〔5〕 [美]布赖恩·卡普兰:《理性选民的神话——为何民主制度选择不良政策》,刘艳红译,上海人民出版社2010年版,第7页。

〔6〕 [美]埃里克·马斯金等:《选择的悖论——阿罗不可能定理与社会选择真相》,黄永译,中信出版集团2016年版,“导言”第XV页。

误”,生成了法官智慧的聚合效应。

具言之,虽然有公开的明确规则、统一的司法政策和“遵循先例”原则,但“法律的生命不是逻辑,而是经验”。[1] 也即面对日常生活中种类繁多、情节复杂的大量案件时,这些规则、政策和原则仍然难以做到直接的无缝“套用”,于是,自由裁量就不可避免。此时,即便是最智慧、最敬业、最高尚的法官,也只能做出分散性、个体性的裁量,面临个体决策的有限性,因此,如何约束自由裁量权、提升裁判水平、促进公平正义就成为一个十分麻烦的难题。而司法人工智能则是通过数据标注识别、案件要素抽取、知识图谱构建进行算法建模的,这个“机器人法官”就不再是法官个体或者合议庭法官的有限能力和个体经验,而是来自海量类似案件信息及裁判结果的输入与数据库运算,它所作出的每一份判决,都是一项数据庞大的实证法研究和综合衡量。例如,上海“206 系统”运用深度学习算法所构建的智能量刑模型中,仅盗窃案一个量刑模型的学习样本,就需要囊括全国 30 万盗窃案件样本的全部案情要素及量刑情节要素。[2] 这样,就形成了一种空前的聚合效应。但同时,由于这种建模算法并不是基于一个个活生生法官的即时投票,没有复杂的博弈空间和盲从条件,而是基于业已形成的个案化的既定裁判,并且这些裁判都是立足相同职业背景和专业知识的理性判断,因此,就不存在完备性、传递性公理的问题,也不会有普遍的、不可通约的偏见“污染”。此时,才真正会创造出“聚合的奇迹”,这相当于整合、提炼了所有裁判案件法官的集体智慧和最佳方案,这类似于阿尔法狗所计算出的最优棋谱。

其次,加持数理逻辑和计算理性。现代性法律的一个突出特征,就是形式理性。它体现“在技术上可能的计算和由它真正应用的计算的程度”,[3] 推动了法律规则的权利义务设计和利益平衡,使人们能够预测自己和他人的行为效力与后果,合理规划自己的行为。而法官在案件裁判过程中,则存在“法官造法”的构建理性和自由裁量的经验理性,他们根本上是力图寻求逻辑一致、唯一正确的“必然”司法结果,进而维持法律的形式理性。

然而从生命科学来看,人脑思维本身也是一种问题求解的计算过程。因此,法律或司法上的各种理性形式就是各种生化算法,如今信息技术则能够写出越来越复杂的电子算法,二者可能会适用相同的数学定律,这就“打破了动物和机器之间

[1] [美]小奥利弗·温德尔·霍姆斯:《普通法》,冉昊等译,中国政法大学出版社 2006 年版,第 1 页。
[2] 参见崔亚东:《人工智能与司法现代化》,上海人民出版社 2019 年版,第 168 页。
[3] [德]马克斯·韦伯:《经济与社会》(上卷),林荣远译,商务印书馆 1998 年版,第 106 页。

的隔阂,并期待电子算法终有一天能够解开甚至超越生化算法”。[1] 其实在20世纪70年代,人们就通过“如果A和B,那么C”的方式对三段论加以描述,让机器法律推理变成可操作的现实。于是,“将法学问题形式化为可计算问题”,[2]然后选择合适的计算方法进行建模编程就成为一种智慧司法的潮流,英国“在线法院”法官还基于此提出了“算法裁判”的倡议。[3] 在我国,司法人工智能主要是通过机器学习来构建司法知识图谱和算法模型,可以在线“一键”启动从开庭到裁判执行的所有流程,“也即采用大数据和诉讼建模将管辖法院、诉讼请求、赔偿数额的计算、法律依据的引用等诉讼事项进行全面模块化,当事人选项即可完成起诉、应诉等过程”。[4] 在这种情况下,智能系统的规范性含义会变得更加清晰,“它们平均会比人类专家提供更好的结果”。[5] 这就在法律表达和运行上加持了数理逻辑和计算理性,进而把知识系统转化成了数字系统,把案件审理过程转化成了案件运算过程,从而提供更客观、更科学、更准确的纠纷解决方案。

最后,实现同案同标、同案同判。近代以来,司法被赋予独立品格和中立立场,但面临的一个根本困境是:如果法官严格恪守条文,机械性的司法自然会无法回应社会需求、实现公平正义,相当比例的案件恰恰“是无法通过法条主义的方法作出裁判的,而需要用到他所称的道德和政治推理”。[6] 相反,“如果法官们偏离法律过于频繁,从而违反了选择最优化,则法治便无法存活”。[7] 这样就显得更为复杂,面对类似或相同的案件,每个司法者的判断都会有所不同,“他们可以轻而易举地,即使是无意识的,已发现本意的名义,比如说平等或是自由,在法律中推行他们自身的偏好”。[8] 其核心在于如何克服法官自由裁量中的先入之见、价值偏好,以及心情、性格和精力等因素的主观影响。尽管真正的同案和同判都是不存在的,人们却一直渴望司法统一、“同案同标”“同案同判”,只不过受诸多主客观因素或条件的限制,这一期待常常会落空为泡影。

---

〔1〕[以色列]尤瓦尔·赫拉利:《未来简史》,林俊宏译,中信出版社2017年版,第333页。

〔2〕邓矜婷、张建悦:《计算法学:作为一种新的法学研究方法》,载《法学》2019年第4期。

〔3〕曹建峰:《法律人工智能十大趋势》,载https://www.tisi.org/4942_58,最后访问时间:2019年7月16日。

〔4〕邓恒:《人工智能技术运用与司法创新》,载《人民法院报》2017年12月14日。

〔5〕[美]瑞恩·卡洛等编:《人工智能与法律的对话》,陈吉栋等译,上海人民出版社2018年版,第120页。

〔6〕[美]李·爱泼斯坦等:《法官如何行为——理性选择的理论和经验研究》,黄韬译,法律出版社2017年版,第59页。

〔7〕[美]杰弗里·布兰德:《法治的界限——越法裁判的伦理》,娄曲亢译,中国人民大学出版社2016年版,第313页。

〔8〕[美]欧文·费斯:《如法所能》,师帅译,中国政法大学出版社2008年版,第13页。

如今的司法人工智能则给人们带来了化解这一难题的巨大希望。如上海的“206 系统”，通过算法建模形成了办案要件指引、证据审查判断指引、案件受理标准审查、明确诉请与事实及理由；明确抗辩主张、无争议事实(预)归纳、争议焦点(预)归纳、证据缺失性与合规性校验、庭审程序智能提示、无纸化示证和质证、笔录和文书自动生成、类案推送、裁判结果与判断、裁判偏离度提示等，这些按部就班的程序没有情感和意识，更没有先入之见、价值偏好，以及心情、性格和精力等问题的干扰；相反，“法律编码化应该可以保证具体判决的跟踪、审核、验证工作更加简单明了，至少比有人为因素干扰时要好得多。从理论上讲，算法可以详细地描述应用于每个小的决定(进而形成最终的重要决定)之中的那些具体规则”。〔1〕 它们以标准一致的要素抽取和知识图谱、相同的算法建模，以及流水化的操作流程，对相同的信息输入给出相同的算法输出。此时，如果不向专家机器人让渡决策权控制权，仍保留人类控制的话，恰恰可能“将会增加不良后果的可能性”。〔2〕 于是，在这种智能系统自动运行的司法决策条件下，“同案同标”“同案同判”无疑走进了生活现实，人们可以不再依赖“接近正义”，而更多地能够寻求基于统一算法的“可视正义”。

(四)司法服务管理智慧化

随着网络化、数字化、智能化技术在司法领域的广泛应用，“让当事人少跑路、让数据多跑路”，从“最多跑一次”转向“一次都不用跑”就不再是一句口号。这提升了司法服务的智慧化、便捷化，经由技术赋能而实现“服务群众诉讼全方位、全天候、零距离、无障碍”的目标。

与此同时，司法管理和司法监督也实现了智慧化、透明化。如上海“206 系统”推出审判管理数字化智能提示、审判执行流程可视化智能跟踪管理、审判质效目标化动态管理、法官业绩数字化智能评价等，并进一步运用大数据分析、视频图像识别、语义分析等技术，实现对办案过程全程可视、全程留痕、全程监督，确保司法权的阳光运行。〔3〕 这些数据分析和智能技术也确实更容易发现恶意诉讼、案件中的私下交易等“关系案”“人情案”“金钱案”，甚至包括庭审中的迟到或退庭、衣冠不整等都会透明可视。

---

〔1〕 [美]卢克·多梅尔:《算法时代:新经济的新引擎》，胡小锐等译，中信出版社 2016 年版，第 139 页。

〔2〕 [美]瑞恩·卡洛等编:《人工智能与法律的对话》，陈吉栋等译，上海人民出版社 2018 年版，第 120 页。

〔3〕 参见崔亚东:《人工智能与司法现代化》，上海人民出版社 2019 年版，第 264 页。

总之,司法人工智能产生了前所未有的重塑效应和深刻变革。首先,在司法效果上,会导致司法权在物理空间中的去中心化和扁平化,但同时,司法权又实现了在电子空间中的能动延展和扩张,甚至还可能出现数字司法界面下的"再中心化";其次,在司法逻辑上,形成了知识系统与数字系统、法律理性和计算理性的互动构建,建立在思辨的逻辑推理基础上的"公理思维",开始转向立足计算和相关性分析基础上的"数据思维";最后,在司法机制上,智能辅助办案系统的平台化,导致具有分工制约关系的公检法司开始高效一体化运行;在司法裁决上,呈现正义的程式化、产品化供给方式,算法也从"提炼自这个世界,来源于这个世界",转向"开始塑造这个世界"。[1] 这些无疑使司法获得了巨大的技术赋能,促进了从"接近正义"向"可视正义"的时代转型。但同时,它也面临很多困境和难题,亟须认真对待和有效应对。

三、数字司法机制的内在限度

人工智能技术融入司法是数字时代的必然趋势,其发展前景毋庸置疑。但同样清楚的是,"要想让算法更好地服务于人类,我们必须承认算法不是全能的"。[2] 因此,它并不是一项司法革新的完美规划,它对数字司法机制及其运行的重塑作用也必然是有限的。

(一)客观性上的悖论

我国的智慧司法建设,旨在实现"全面覆盖、移动互联、跨界融合、深度应用、透明便民、安全可控"的转型升级,力图以算法决策规避人脑的"决策噪音",进而让司法活动更为阳光,司法公正更为直观,最终提升司法结果的客观性、一致性、公正性和效率性。然而,从全球范围的实践来看,算法决策的客观性却蕴藏着主观性,因此,对其不能寄予过高的期待。

一是算法决策中的主观因素。智能辅助办案系统的核心是算法,而对算法决策的复杂性尚需做进一步的分析。

首先,算法决策是数字时代的新型权力。人们曾把算法视为一种言论自由,或

〔1〕[美]卢克·多梅尔:《算法时代:新经济的新引擎》,胡小锐等译,中信出版社 2016 年版,第 214 页。

〔2〕[美]凯西·奥尼尔:《算法霸权——数学杀伤性武器的威胁》,马青玲译,中信出版集团 2018 年版,第 243 页。

者看作商业秘密,但这些都不是根本所在。因为人工智能在商业交易、公共政策、司法过程、交通出行,甚至日常生活中深度应用的场景越来越多,它们不仅仅是进行预测和推荐,很多时候则是在做出定性判断,如人脸识别、资格审查、屏蔽封号、自动执法等,“这些自动化系统已经由简单的行政管理工具变成了主要的‘决策者’”,[1]这就形成了一种替代人脑决策的裁断权力,并在资源配置和行为控制上对相对人产生了重要影响。对智能辅助办案系统而言,它所具有的证据标准和规则指引、逮捕条件审查、证据链和全案证据审查判断、社会危险性评估、言词证据审查、减刑假释案件办理、裁判偏离度提示、办案程序监督等,也都是一种司法上的算法裁断权力,而杭州互联网法院“无人工干预、无外部因素干扰”的智能裁判案例就更是如此了。这种算法决策权力,并非简单的计算公式和“无意识”的程序运行,而是从一开始就被“教导”了法律知识与逻辑,输入了主观的定性判断基准。尽管它需要司法裁判者的最终确认后,才能产生实际的司法效力,但仍不可否认其主观性和权力属性。

其次,算法权力内含难以避免的价值偏好。人们曾对算法决策抱有技术中立和进步福利的浪漫幻想,认为它在准确性、一致性和效率上远优于人类,而且没有情感和私欲方面的干扰。换言之,“对于计算机来说,除非程序设计者把偏见因素引入进来,否则它不会存在这个问题,而且我们可以通过查看程序的内容来判断其是否存在偏见因素”。[2] 但事实却表明,恰恰是在这里很容易出问题。因为设计者“可以建造、构筑、编制网络空间,使之保护我们最基本的价值理念,同样地,我们也可以建造、构筑、编制网络空间,使这些价值理念丧失殆尽。这里没有中间立场。这里无法选择摒弃某种类型的架构。代码从不是被发掘出来的;它是被制造出来的,并且仅由我们所制造”。[3] 笔者也曾经向一位大数据库专家求证:对于相同的数据信息、相同的技术条件、相同的求解方案,分别由两组各自封闭的程序员设计算法,最后的输出结果会不会一模一样?该专家的答案是“否”。甚至根据不同的使用场合,当人们使用完全相同的运算步骤,想要再一次得到之前已经得到的结论

---

〔1〕 [美]卢克·多梅尔:《算法时代:新经济的新引擎》,胡小锐等译,中信出版社 2016 年版,第 137 页。

〔2〕 [美]李·爱泼斯坦等:《法官如何行为——理性选择的理论和经验研究》,黄韬译,法律出版社 2017 年版,第 425 页。

〔3〕 [美]劳伦斯·莱斯格:《代码 2.0:网络空间中法律》,李旭等译,清华大学出版社 2018 年版,第 6 页。

时,都“常常是不太可能的”,[1]这也说明了设计者主观性的重要影响。而一旦发现问题,对其进行程序审查而纠偏的想法却很难实现。2018 年年初美国纽约市出台自动化决策特别工作组法(Auto Decision System Task Force Law),试图对政府使用的各种算法采取监管行动,最后也不了了之。[2] 同样,在我国的人工智能司法应用过程中,司法机关各自或者联合研发的智能系统,都不同程度地反映部门的职权立场、行动逻辑和地域特点。如上海“206 系统”工程庞大复杂,只能采取全国法院的“众筹”模式,共同完成证据“知识图谱”的绘制工作。而这些法律适用规则的整理,其实就是对刑法知识的一次“精加工”,“编辑者的逻辑编排、要旨提炼、观点选择,体现了个人的价值取向、学术判断、政策立场”。[3] 也即这些知识图谱经由程序员的代码编写和算法建模,自然会或多或少地渗入一些人为因素——“理性程序员所作的差异很大,表明了在起草执法代码时存在固有的人为过滤(或‘偏差’)。一旦起草,代码在执行中是无偏差的,但偏差就会被编码到系统中。”[4]这些,都是明显的价值偏好所在,其影响不可小觑,甚至对立法目的、规则本意、司法功能和秩序效果都会产生某种雕塑作用。

最后,隐藏背后的算法“黑箱”与“算法霸权”。随着数字时代的到来,人类社会开启了“算法为王”的智慧发展模式,这些建模算法开始“大胆地从混沌之中创建秩序”。[5] 然而,它们在提供技术进步福利的同时,算法“黑箱”的问题也相伴而来。“用户们无法看清其中的规则,无法提出不同意见,也不能参与决策过程,只能接受最终的结果。”[6]这样,就形成了一个算法决策的闭合回路,除非自我更新和改善,否则它将持续运行,不受外界因素的干扰和影响。一旦算法决策出现偏见、不公乃至有意的“暗算”,则会诱发严重的社会危机。事实上已有迹象表明,“程序员和设计者可能会试图以公开或隐蔽方式嵌入一种逻辑,以使算法偏向期望的目

---

〔1〕 [德]罗纳德·巴赫曼、吉多·肯珀等:《大数据时代下半场——数据治理、驱动与变现》,刘志则等译,北京联合出版公司 2017 年版,第 263 页。

〔2〕 参见张凌寒、李荣:《美国纽约算法监管遇挫启示录》,载《法治周末》2020 年 1 月 16 日,第 11 版。

〔3〕 何帆:《人工智能时代,为何还要打造这样一本刑法工具书》,载 https://new.qq.com/omn/20190508/20190508A0708Q.html。

〔4〕 [美]瑞恩·卡洛等编:《人工智能与法律的对话》,陈吉栋等译,上海人民出版社 2018 年版,第 283 页。

〔5〕 [美]Robert C. Martin:《代码整洁之道——程序员的职业素养》,韩磊译,人民邮电出版社 2010 年版,第 18 页。

〔6〕 [美]卢克·多梅尔:《算法时代:新经济的新引擎》,胡小锐等译,中信出版社 2016 年版,第 139 页以下。

标”,如为特权阶层布设的“后门”(backdoor)。〔1〕 为此,欧洲经济和社会委员会已提醒人们要注意弥散的、“没有方向性”的算法监控和滥用。〔2〕 由此可见,算法权力以建模计算之必然输出结果的形式,穿上了技术中立的“外衣”,赢得了大数据分析的外在“客观性”和科技进步的“合法性”,它不予公开、不接受质询、不提供解释、不进行救济,但却要求去执行这个“客观”决策结果,从而演化为一种“算法霸权”,甚至是一种“数学杀伤性武器”(weapons of math destruction),并日益在商业、行政、司法和日常生活中“更大程度上操控着我们的生活”。〔3〕 于是,算法解释权和算法治理也随之成为一种时代诉求。〔4〕 我国的智慧司法会尽量地消除算法“黑箱”和“算法霸权”问题,但大多的程序设计都缺少立法者、专家学者、律师和社会人士的开放性参与,各类智能系统也同样是不公开、不解释、不救济的,因此,算法“黑箱”和“算法霸权”的风险仍需要认真防范。

二是司法大数据中的主观性因素。从19世纪开始,一些科学家就期望利用客观、可靠的统计数据“构建完美社会”,〔5〕司法大数据的挖掘利用也旨在打造更理想的司法效果。然而,其中依然存在人为的主观因素。

首先,数据采集的“全样本”是一种主观界定。众所周知,算法和算力仰赖于“数据喂养”,数据量越大、越全、越真,算法决策就会越客观精准,人工智能也才越“聪明”。由于司法是一项非常复杂的定分止争机制,涉及人财物、时间地点、主客观状态、行为方式、涉案工具等,因此,单一的个案就会产生大量的司法数据。如果想就某一类型或者某一类案由的案件进行算法建模,就需要海量的数据采集,但若要做到“全样本”则难上加难,仅是在什么时间、空间、范围上界定这个“全样本”,就是一个很大的问题,更遑论其他。从上海“206系统”的研发过程来看,对命案划分为现场目击型、现场留痕型、认罪供述得到印证型和拒不认罪型4类,但这4类命案“证据标准指引”的建模算法,主要是基于上海市2012~2016年审结的591起

---

〔1〕 [美]瑞恩·卡洛等编:《人工智能与法律的对话》,陈吉栋等译,上海人民出版社2018年版,第297页。

〔2〕 参见欧洲经济和社会委员会:《大数据伦理——在欧盟政策背景下,实现大数据的经济利益与道德伦理之间的综合平衡》,载搜狐网,https://www.sohu.com/a/217528113_505782,最后访问时间:2020年4月9日。

〔3〕 [美]凯西·奥尼尔:《算法霸权——数学杀伤性武器的威胁》,马青玲译,中信出版集团2018年版,“前言”第V页。

〔4〕 参见张凌寒:《商业自动化决策的算法解释权研究》,载《法律科学(西北政法学院学报)》2018年第3期;张欣:《算法解释权与算法治理路径研究》,载《中外法学》2019年第6期。

〔5〕 [美]卢克·多梅尔:《算法时代:新经济的新引擎》,胡小锐等译,中信出版社2016年版,第206页。

命案数据;71 个常涉刑事案件罪名的“证据标准指引”制定则基于近 3 年全国 102 个常涉罪名刑事案件数据,也即这些数据样本都是三五年内的。智能辅助办案系统研发所凭借的都只是有限时间段内、有限范围内的“全样本”。只要对这个“全样本”的时间段和范围稍做调整,它所汇集的司法数据情况可能就会大相径庭,其中数量变化都是小事情,而对法律规则、司法解释、司法政策、政治事件、社会环境等方面变革及其影响的权重计量,才是更为复杂的。可见,真正意义的“全样本”是很难做到的,而这些有限时间段和范围的“全样本”选取,无疑是一种主观界定。

其次,数据标注是一种主观选择。数据标注是司法知识图谱构建的重要基础,上海“206 系统”研发采取人工标注和自动标注两种形式,人工的数据清洗和标注自不待言,就是机器的自动标注也需要经过程序设计人员的确认。同样,对图像识别、手写体识别、插图签章、涂抹块检测、插入检测等的准确率虽然可达 92% ~ 98%,但它仍需要人工的审查校正,这些无疑都是主观选择的过程。

最后,司法数据的阐释理解是一种主观判断。标定数据对机器学习和建模算法的效果具有很大影响,但由于中文的语义具有很大的多义性、模糊性和地方性,对相同或者相似的文本知识和数据,不同的标注人员会形成不同的阐释理解,因而,导致数据标注结果的个体差异很大。虽然可以通过构建多层级数据标注体系消除语义分歧和增进标注的可解释性,但仍存在一定的主观作用空间。事实表明,主观性和创造性在数据分析和建模算法中发挥重要作用,“同样的数据在不同的环境内容中可以有截然不同的意义,这些意义并非数据所固有,而是人们在特定环境中分析数据并将意义赋予了数据”。[1] 这也正是“投入多少人工,就有多少智能”的原因所在。

由上可见,算法决策的客观性是一种悖论,它并不会带来天然的中立性和客观性,反而存在明显的主观性,最多也是有限的客观性。也许有人争辩说,人脑决策也有“人脑黑箱”,价值偏好更明显,甚至还有不可避免的司法“官僚化”问题。[2] 相比而言,“即使最糟糕的数学模型应该也没那么糟糕”。[3] 但事实并非如此,因为人脑决策基本都是个体化的、局部的、散发的,其反馈回路是开放的,能够提供灵活的反思和纠偏机制。而算法决策一旦出现问题,就会形成自动化、体系化、机制化的普遍侵害后果。更为严重的是,算法决策往往是以“科学”面目呈现出来的,

---

[1] [德]罗纳德·巴赫曼、吉多·肯珀等:《大数据时代下半场——数据治理、驱动与变现》,刘志则等译,北京联合出版公司 2017 年版,第 205 页。

[2] 参见[美]欧文·费斯:《如法所能》,师帅译,中国政法大学出版社 2008 年版,第 93 页。

[3] [美]凯西·奥尼尔:《算法霸权——数学杀伤性武器的威胁》,马青玲译,中信出版集团 2018 年版,第 238 页。

受到影响的相对人则对其既不知情,又不能质疑,这就很像柏拉图的"洞穴"隐喻,变为一种被灌输的、给定的"客观性",造成"假为真时真亦假"的反向替代,那么,此时司法也就会异化成为它的反面了。对于人脑决策,无疑是可以质疑并能够获得解释的,这是二者最深层的区别,也是我们必须警醒的地方。

(二)正义性上的困境

司法人工智能让人们看到了"可视正义"和"数字正义"的希望,而且"数字正义可以让'接近正义'不再依赖于物理的、面对面环境,甚至不再受制于人类的决定,就可以实现"。[1] 然而,进一步的分析就会发现,"可视正义"也好,"数字正义"也罢,似乎都不会来得那么容易。

其一,难以对正义进行建模计算。正义是人类社会自古以来的向善追求和崇高价值,也是法律价值的核心所在。然而,追求正义和社会不公之间的矛盾,却一直是困扰人类秩序的重大难题。尽管人工智能技术可以大大提升司法正义的实现功能,但对很多复杂疑难案件的正义性判断,仍然是难以通过建模计算做到的。

首先,正义价值是普遍的,却没有统一标准。古今中外,人人都渴望正义,但"正义本身包含着各种相互冲突的价值",因此,它"并不只是以一种声音说话"。[2] 我们姑且不说众所周知的"电车难题",仅是近年我国发生的"刻章救妻案",[3]就存在复杂的情理法的纠结,而"入狱养老案"也同样让人反思颇多。[4] 可见,正义呈现一种无形的、流动的、多元的主观判断状态,100 个人中就可能有 50 种,甚至 100 种正义看法和观点。因此,正义"具有一张普罗透斯似的脸,变幻无常、随时可呈现不同形状,并具有极不相同的面貌"。[5] 于是,对待正义问题,只能

---

〔1〕 [美]伊森·凯什、[以色列]奥娜·拉比诺维奇·艾尼:《数字正义——当纠纷解决遇见互联网科技》,赵蕾等译,法律出版社 2019 年版,第 263 页。

〔2〕 [英]约翰·格雷:《自由主义的两张面孔》,顾爱彬等译,江苏人民出版社 2002 年版,第 7 页以下。

〔3〕 案情大致是:为救尿毒症妻子,廖丹私刻医院收费章蒙混过关,4 年间涉嫌骗取医院 17 万余元。2012 年 12 月 7 日,北京东城法院一审以诈骗罪判处廖丹有期徒刑 3 年,缓刑 4 年。参见《"刻章救妻"案中情与法的谦抑》,载央视网,http://opinion.cntv.cn/sikegongzhang/,最后访问时间:2020 年 4 月 11 日;《"刻章救妻"案判决是人性与法理碰撞的双赢》,载中国法院网,https://www.chinacourt.org/article/detail/2013/03/id/906786.shtml&quot,最后访问时间:2020 年 4 月 11 日。

〔4〕 案情大致是:湖南 69 岁老汉生活无助,为了"入狱养老"便持刀在北京站广场抢劫,2008 年 12 月被北京铁路运输法院判处 2 年有期徒刑。参见《老汉入狱为养老,消除"无奈犯罪"根源更迫切》,载中国法院网,https://www.chinacourt.org/article/detail/2008/12/id/337941.shtml,最后访问时间:2020 年 4 月 11 日;《"入狱养老",触痛社会保障底线》,载凤凰网,http://news.ifeng.com/c/7fcvHa6TJkf,最后访问时间:2020 年 4 月 11 日。

〔5〕 [美]E. 博登海默:《法理学——法哲学及其方法》,邓正来等译,华夏出版社 1987 年版,第 238 页以下。

通过谋求最大公约数和“重叠共识”方式获得认同。这意味着我们很难针对正义进行共识性的要素抽取和建立通用的知识图谱，“其价值难以用数字体现”，[1]也就很难进行建模计算；同时，“机器人没有道德观。它们只是一种物体，被灌输了程序员为达到特定目的而编写的代码”。[2] 它所运行的数学公式，也难以为复杂的正义判断提供可靠的答案。

其次，正义没有价值位阶，裁判需要权宜平衡。正义具有丰富的价值内涵和理论体系，但却没有一个明确的位阶图表，“它意味着在各种善之间不存在一种完备的字典式排序；它还意味着不存在‘社会制度的首要美德’，而只是一系列公共的善和美德，由于环境的不同而具有相对的重要性”。[3] 由此看来，关键的问题并不是确定哪一个价值、哪一种善比其他更重要，“而在于维护这样一种制度：对于过一种良善生活是重要的所有价值的要求都能在这种制度中得到考虑和权衡”。[4] 因此，比例原则、法益衡量等一直在司法裁判中占据重要位置。于是，在社会公众的心中，“法官应当被视为两个世界永恒的杠杆：应然的世界和实然的世界，公共价值的世界和主观偏好的世界，宪法的世界和政治的世界。法官在其中之一寻求合法性，但必须在另一个中认识自身”。[5] 如今司法中的算法决策，就必须能够面对和处理这样的权衡情境。至少是，“当任务是构造一个正确的或公正的法律裁决时，或者是对这样的一个裁决进行评论时，相关的各个当事人的利益和观点必须作为模型的一部分”。[6] 而这就很有可能超出了人工智能的建模计算能力。当然，科技想象力和未来信心可以让人受到鼓舞，人们期待能在智能系统中嵌入一种“道德算法”，或者具有道德推理（和道德讨论）能力的计算系统。比方说，“如果一个机器人开展搜救工作，那么它应该先疏散/救援谁？或者，如果提供社会陪伴服务，那它什么时候该和用户撒谎（如果真有这种情况）”？[7]如果说这种道德算法在应对日常伦理判断时尚有可能的话，那么，面对情节复杂的重大疑难案件可能就难以胜任了。从目前看，“法律推理的所有关系模型都不能用于恰当地建立司法自由裁量

---

[1] [美]凯西·奥尼尔：《算法霸权——数学杀伤性武器的威胁》，马青玲译，中信出版集团2018年版，第242页。

[2] [美]约翰·C.黑文斯：《失控的未来》，仝琳译，中信出版社2017年版，第22页。

[3] [美]威廉·A.盖尔斯敦：《自由多元主义》，佟德志等译，江苏人民出版社2005年版，第6页。

[4] [美]约翰·凯克斯：《反对自由主义》，应奇译，江苏人民出版社2003年版，第233页。

[5] [美]欧文·费斯：《如法所能》，师帅译，中国政法大学出版社2008年版，第60页。

[6] [德]托马斯·F.戈登：《诉答博弈——程序性公正的人工智能模型》，中国政法大学出版社2018年版，第8页。

[7] [英]玛格丽特·博登：《AI：人工智能的本质与未来》，孙诗惠译，中国人民大学出版社2017年版，第195页。

权的模型”,[1] 力图解决一切、无所不能的“终极算法”也是不存在的,也就是说,司法裁判中法官的权宜平衡一时还难以用算法来替代。

最后,实现正义依靠的是实质判断,而不是相关性的计算概率。随着人工智能技术的快速发展,司法领域中算法决策与人脑决策的对弈测试也逐渐增多。如美国曾研究测试,人工智能在 584 个案件中有 79% 的案件审理结果与欧洲人权法院的审判专家组的判决结果相同,而英国“机器律师”(case cruncher alpha)与伦敦 100 名律师在保险合同案件的法律判断比赛中,“机器律师”以 86.6% 的准确率领先于律师的 66.3%。[2] 这似乎表明,算法决策比人脑决策更优越。但实际情况是,“计算机并不是‘思考’,而是依据逻辑算法处理数据”。[3] 它主要是基于数据的相关性分析,但这些“相关性关系并非决定性的,而是随机的,属于概率逻辑”。[4] 此时,如何用数量、概率和逻辑来表达和定义善、恶、权利、义务、公正等伦理范畴,通过这种代码转换使人的伦理变成程序化的机器伦理,[5] 就显得十分关键。就是说,“我们必须将意图写入法律,同时写入控制机器的软件”。[6] 这对于简单案件而言也许并不难做到,但对于复杂的疑难案件来说,仅仅是这种数量、概率和相关性逻辑就远远不够了,它们更多的则需要因果性分析。且这种因果性分析也并非单纯的形式逻辑演绎,而是一种实质性判断。这诚如霍姆斯所言,“一个时代为人们感受到的需求、主流道德和政治理论、对公共政策的直觉——无论是公开宣布的还是下意识的,甚至是法官与其同胞们共有的偏见,在决定赖以治理人们的规则方面的作用都比三段论推理大得多”。[7] 也就是说,正义的司法裁判需要通过综合考量的实质性判断实现,而很难依靠计算概率实现,即便算法可以做到形式逻辑推演,也无法做出这种实质性判断。

其二,难以穷尽“正义”的样本。算法决策的优点在于海量的大数据分析,基于“全样本”的案例构建司法知识图谱,并教会机器进行自动的法律推理,因此,拥

---

〔1〕 [德]托马斯·F. 戈登:《诉答博弈——程序性公正的人工智能模型》,中国政法大学出版社 2018 年版,第 8 页。

〔2〕 参见崔亚东:《人工智能与司法现代化》,上海人民出版社 2019 年版,第 35 页以下。

〔3〕 [英]乔治·扎卡达基斯:《人类的终极命运——从旧石器时代到人工智能的未来》,陈朝译,中信出版社 2017 年版,第 292 页。

〔4〕 [德]罗纳德·巴赫曼、吉多·肯珀等:《大数据时代下半场——数据治理、驱动与变现》,刘志则等译,北京联合出版公司 2017 年版,第 199 页。

〔5〕 参见段伟文:《人工智能的道德代码与伦理嵌入》,载《光明日报》2017 年 9 月 4 日,第 15 版。

〔6〕 [德]克里斯多夫·库克里克:《微粒社会——数字化时代的社会模式》,黄昆等译,中信出版社 2018 年版,第 136 页以下。

〔7〕 [美]小奥利弗·温德尔·霍姆斯:《普通法》,冉昊等译,中国政法大学出版社 2006 年版,第 1 页。

有了司法正义的“全样本”,才可能实现精准的算法正义。理论上讲,这个司法知识图谱应该是法律法规、司法文件、法院判例、证据规则和案件事实的动态集合,这通过数据采集是可以做到的。但实际上,大量的司法活动难以做到完全数据化,且各机关或机构的数据处理标准常常不一致、数据交换也有障碍。即使是单个的刑事罪名背后,也都隐藏着千百种“适用场景”,对应着各类成文或不成文规则,包括法律适用规则、量刑操作规则,也有证据审核规则、程序把关规则等。如果没有专业人员进行提炼、分类、整合和标准化处理,进而将之转化为算法嵌入系统,那就只能做“打包”处理。即使不“打包”而进行了详尽的规范化处理,也无法涵盖司法实践中的各类复杂情况。如对“入户抢劫”的理解,就得结合数个个案情形,依据相似性判断、有效性判断、相关性判断和技术性判断进行认定。[1] 这表明,很难对司法正义的各类情形和所有样本作出穷尽性的提炼与归纳。在这里,还没有把不同时间段的法律修订、法律解释改变、司法政策变化(如“专项行动”)、潜在冤错案、案例内容矛盾、司法的地方差别等因素考虑进去,否则会更加复杂,也就更加难以穷尽案件的正义样本,因此,这个算法决策的正义性也就不那么可靠了。

其三,正义难以零和博弈。从根本上说,人工智能“算法就是把输入转换成输出的计算步骤的一个序列”。[2] 面对海量的司法大数据、复杂的法律规则体系和司法运行机制,算法的开发设计者就需要把知识系统转化为数字系统,把法律逻辑转化为数理逻辑,进而把复杂的司法活动简化为“一种无须满足任何更多的条件即可生成‘是’与‘否’的二元选项”的代码执行和机器运算,[3]变成一个机器可以识别和处理的输入—输出关系。这固然提高了司法效率和一致性,但不容否认的是,法律世界包罗万象,尤其是司法正义更不可能简化为一个是与否的“零和博弈”,因此,算法决策的要么“是”、要么“否”的对立判断就很容易出现风险。而“一旦它们做出了错误的决定,其造成的后果就很有可能是骇人听闻的”。[4] 这样,司法正义也就会面临严峻的挑战。

其四,正义难以忽略人性。从古到今,司法活动都不是一个冰冷的、机械的规

---

[1] 参见何帆:《人工智能时代,为何还要打造这样一本刑法工具书》,载 https://new.qq.com/omn/20190508/20190508A0708Q.html。

[2] [美]托马斯·科尔曼、查尔斯·雷瑟尔森等:《算法导论》,殷建平等译,机械工业出版社 2016 年版,第 3 页。

[3] 参见[美]卢克·多梅尔:《算法时代:新经济的新引擎》,胡小锐等译,中信出版社 2016 年版,第 220 页。

[4] [美]卢克·多梅尔:《算法时代:新经济的新引擎》,胡小锐等译,中信出版社 2016 年版,第 136 页。

则适用过程,而是带有明显的人文关怀。人们追求司法正义,无疑也是为了塑造一个更加公平、更加合理的社会秩序。无论是古代中国的"儒法"断案智慧,还是纽约老太"偷窃面包案"审理中的良心发现,都代表一种人性的温情。因此,尽管法官有人性的弱点和"官僚化"倾向,自由裁量权有专断腐败的可能,但他们的"经验正义"理念和司法主动性也确实抵销了"不断增多的普遍性规则可能产生的僵化行为",[1]维护着司法公正的公信力。相比之下,司法人工智能固然有助于做出更为高效一致的司法裁判,但它们却不会计算情感,不能与人进行心灵互动,自然也不可能有人文关怀,难以根据具体场景灵活地、创造性地维护正义价值。虽然它们革除了法官那种个体性呈现的"官僚化",却带来了普遍性执行的"机制性"僵化。越来越多的机器执法和裁断,越来越少的人际互动和交流,还有把公民变成"驯服的身体"(docile body)的危险。因此,在通过算法决策实现司法正义的过程中,就需要人类"为系统提供必要的情感和共鸣元素。正义女神的蒙眼布确保的不是高尚的客观性,而是怜悯的中立"。[2] 而"审判中不可减少的人性,恰恰在于人类对事实和矛盾的法律要素审查所产生的不可预测性,这种不可预测性或多或少取决于不同情况"。[3] 为此,目前各国对算法决策的大多数定位都是"辅助"系统,办案人员必须处于主导地位,进而防止算法决策带来的人文流失。可见,司法人工智能只能带来有条件的"可视正义"和"数字正义",而不能对其寄予无限的期待。因此,即使法律人工智能已广泛投入使用,但在现实司法正义的过程中,"法律人的'情怀'和'匠心'"仍然是无法被复制和替代的。[4]

(三)政治性上的"遮蔽"

现代法治的一个核心特征,就是司法中立,以实现分权制衡和司法公正。然而,司法毕竟是一种制度体系中的构架,它不可能做到隔绝政治、一尘不染。事实上,"法院在某些情况下不得不处理社会政策问题,这并不是因为人们特别希望他们这么做,而是因为通常情况下法院没有别的选择"。[5]

---

[1] [美]欧文·费斯:《如法所能》,师帅译,中国政法大学出版社 2008 年版,第 96 页。

[2] [美]瑞恩·卡洛等编:《人工智能与法律的对话》,陈吉栋等译,上海人民出版社 2018 年版,第 264 页以下。

[3] [法]伊莎贝尔·贝林:《法院判决真可以用数据预测吗?!》,李蒙译,载 https://www.chainnews.com/articles/678354421816.htm,最后访问时间:2020 年 4 月 6 日。

[4] 参见何帆:《人工智能时代,为何还要打造这样一本刑法工具书》,https://new.qq.com/omn/20190508/20190508A0708Q.html。

[5] [美]李·爱泼斯坦等:《法官如何行为——理性选择的理论和经验研究》,黄韬译,法律出版社 2017 年版,第 22 页。

政策性、政治性影响因素却很难进入算法决策的“考量”范围。首先,政策性、政治性影响因素往往是无形的、不确定的,如“坚持法律效果、政治效果、社会效果相统一”的综合考量,就潜在于办案人员某种未能言明的“自由心证”之中;其次,一些政治性因素并不能全部反映到卷宗中来,很多都是反映在办案人员的政治立场和方向思路上,这就很难做到全程留痕;最后,办案人员往往会利用法律技术和规则漏洞,采取表面上遵从司法程序、符合法律规定、体现法律逻辑的形式,将政治性因素予以融入吸收并“合法化”,进而将其“遮蔽”在司法过程和司法裁判中。于是,对这些无影无形、却又有重要影响的因素,就很难进行数据采集、样本分类、要素抽取和知识图谱构建,也就难以纳入建模计算之中。这无疑等于缺失了一个重要的计算参数和权重,因此,算法决策生成的司法裁判就会打“折扣”。

(四)精准性上的障碍

人工智能之所以被广泛应用于生活领域,其重要原因之一就是它远超人脑的精准计算和超强预测能力。然而,在实际运行中,算法决策却未必能完全做到,反而还有一些风险需要加以防范。一是算法错误。人工智能虽然都有“先发制人”和“完美预防”的预设,但“无缺点的自动化系统是不存在的”,[1]都需要容忍不可避免的系统错误和故障,即都有一定的容错率。经验表明,“由于程序员偷懒或者疏忽,不少被编码的法规与书面法规相比,确实存在精细度不够的问题”。而这些“错误的编码导致法律条文被严重扭曲,其效果也发生了改变”。[2] 如2004~2007年,美国科罗拉多州的公共福利系统就出现了严重的编码错误,导致成千上万人遭遇不公正的对待。二是算法自主。随着人工神经网络技术的发展,人工智能在分析、预测和判断上的某些能力已经超过了人类。有时还会出现算法超出设计预期的运算方式和输出结果,但设计者却难以理解的情况。然而,“一旦计算机开始按照自己的方式创建模型,并且这些模型超出人们的理解范畴,人们就失去了那种令人心安的假设”。[3] 这样,就出现了算法自主或者算法异化现象,进而产生违背设计者初衷的计算结果。三是算法不能。其实从图灵开始,人们就已经意识到,虽然在很多情况下算法执行的任务是人类无法完成的,但算法并不能“解决”所有问

---

〔1〕 [美]瑞恩·卡洛等编:《人工智能与法律的对话》,陈吉栋等译,上海人民出版社2018年版,第257页。

〔2〕 [美]卢克·多梅尔:《算法时代:新经济的新引擎》,胡小锐等译,中信出版社2016年版,第140页以下。

〔3〕 徐恪等:《算法统治世界——智能经济的隐形秩序》,清华大学出版社2017年版,第341页。

题,或者说“存在无法计算的问题”,[1]如“张扣扣杀人案”“女护士杀人案”的动机和目的等。四是算法差异。在人工智能的实际应用中,相同的任务或者应用可以采取不同的算法完成,但这些不同算法的正确性、容错性和效率性则存在优劣之别。这样,从审级上说,从基层人民法院、中级人民法院、高级人民法院到最高人民法院,究竟是使用一套算法还是四套算法?如果是使用一套算法,就会导致4个审级的智能裁判结果完全一致,那么,不同审级之间的监督功能就会丧失;如果是使用4套算法,那么,如何保证它们的计算品质相同?从地域上说,全国共有34个省级行政区,如果是使用一套算法,那么如何解决经济、社会和文化上的地域差异问题?如果是使用多套算法,那么,如何保证全国的司法统一性?这就是说,尽管算法决策是基于客观的数据分析和理性计算,但面对重大的疑难案件和大国的司法运行,有很多复杂因素是难以用建模算法解决的,即使可以进行量化计算,也可能做不到人们所期待的精准程度。实践恰恰表明,“最难诉诸自动化的任务,就是那些要求灵活性、判断力和常识技能等人只能通过默契来理解的任务”。[2]

行文至此需做三点申明:第一,本书对司法人工智能的正向展望与反向省思,并非“以己之矛,攻己之盾”的逻辑游戏,而是旨在深入分析和研究它的可能空间与内在限度。第二,我们当然对司法人工智能的进步与前景抱有积极乐观的态度,越是这样就越要对其问题和限度予以高度重视,从而进行合理定位和科学赋能。进言之,发挥人工智能对司法的优化重塑效能,与对人工智能的规制设置和风险防范,应该是同步进行的。这就应针对算法决策设立相应的规制和救济机制,注入公开、公平和责任理念,进而兴利除弊、促进科技向善和打造良性发展的智慧司法,更好地实现“可视正义”。第三,算法只能延续和提炼人类知识,但很难开拓和创造人类知识。因此,算法决策只能通过程序性、公式化计算,优化诉讼程序和处理简单案件,却难以处理重大的复杂疑难案件;它只能促进形式正义,却很难实现实质正义。也就是说,“算法有可能胜任法庭上的多项工作,甚至可以有效地提高现行法律制度的公平性,但是它们无法胜任判决工作”。[3] 这样,包括证据标准指引、条件审查、校验纠错、裁判偏离度提示等,都只能是人脑决策的辅助工具,“在关键

[1] 如数学语句是否为真的判断,其自身就无法解决。参见[澳]托比·沃尔什:《人工智能会取代人类吗?——智能时代的人类未来》,北京联合出版社公司2018年版,第12页。

[2] [澳]托比·沃尔什:《人工智能会取代人类吗?——智能时代的人类未来》,北京联合出版社公司2018年版,第84页。

[3] [美]卢克·多梅尔:《算法时代:新经济的新引擎》,胡小锐等译,中信出版社2016年版,第145页。

情况下还是需要人们来做决定,也就是由人们来担任决策的最终审判者”。[1] 也许,随着人工智能技术的突破升级,它会变得越来越“聪明”,算法决策替代人脑决策的空间会更大、质量也更高,但它依然是司法助手、工作伙伴而不是独立裁判的“法官”。即便是“强人工智能”时代的“奇点”到来,人类也会重新规划自身主体地位的发展蓝图。

第四节　数字法治的重塑路径

数字法治并不是现代法治的数字化,也不是现代法治的自然延展,而是现代法治的代际转型和总体升级。如果说现代法治是法治 1.0 版,那么,数字法治就是法治 2.0 版。与现代法治相比,它具有以下几个特点:一是环境条件不同,现代法治立足于物理时空,而数字法治则立足于数字时空(虚拟/现实的双重空间);二是经济基础不同,现代法治的基础是工商经济和商品逻辑,而数字法治的基础则是数字经济和信息逻辑;三是行为规律不同,现代法治主要反映生物人(自然人,也包括法人组织)属性及其行为规律,而数字法治则主要反映生物人/数字人的双重属性及其行为规律;四是价值形态不同,现代法治主要呈现基于人财物配置和流转的分配正义,而数字法治则主要呈现基于信息控制/分享和计算的数字正义。这样看来,现代法治和数字法治乃是法治发展变革的不同阶段和类型,数字法治反映数字时代的生产生活规律,体现以数据/信息为轴心的权利义务关系和以算法为基础的智能社会秩序。在本质上,它是平衡公权力、私权力(权利)、私权利关系,保障数字社会人权,实现数字正义的治理方式、运行机制和秩序形态。因此,数字法治是在现代法治基础上的数字性重塑和新生。

其一,法治原则的重塑。近代以来,法学家们分别从形式意义和实质意义上对现代法治进行了要素分析和原则提炼。比较有代表性的是,戴雪提出了法治“三原则”,富勒、拉兹、菲尼斯等都各自提出了法治“八原则”等。[2]

然而,不管是“三原则”还是“八原则”,无疑都是对物理时空中法治运行机制

---

〔1〕［德］罗纳德·巴赫曼、吉多·肯珀等:《大数据时代下半场——数据治理、驱动与变现》,刘志则等译,北京联合出版公司 2017 年版,第 268 页。

〔2〕参见［英］戴雪:《英宪精义》,雷宾南译,中国法制出版社 2001 年版,第 232 ~ 239 页;［美］富勒:《法律的道德性》,郑戈译,商务印书馆 2005 年版,第 55 ~ 106 页;［英］约瑟夫·拉兹:《法律的权威——法律与道德论文集》,朱峰译,法律出版社 2005 年版,第 187 ~ 190 页;沈宗灵:《现代西方法理学》,北京大学出版社 1992 年版,第 79 页。

与逻辑的抽象和升华。首先,现代法治的作用场域是地理主权背景下国家/社会的二元生活,其核心是公权力/私权利,以及权利/义务的互动关系,具有明显的地域化、中心化特征,司法机关也基于此设定了地域、级别管辖制度;其次,现代法治的社会基础是实在可及、经验分析、所有权至上的工商生产生活关系,主体是自然人、法人和非法人组织,调整对象是物理环境下的人/财/物/事,因此,人格权/物权/债权也就成为法权核心;最后,现代法治的价值源泉来自启蒙精神,包括生命、财产、自由、平等、人权等。它主要从工商业时代孕育发展而来,反映现代性的生活方式、现实交往和价值观念的伦理尺度。就是说,那个时候还没有遇到过人的数字属性和虚拟时空,因此,在法学家们的视界内不可能有数据/信息上的应对和考量,其内涵和指向也难以对数字时代的法治变革提供有效的包容和解说,这就需要确立新型的数字法治理念、范畴、原则、机制和体系。比如,过去物理性的主/客体二元对立逻辑,需要转换成数字性的主/客体包容逻辑;政府/公民的传统二元构架,会转向数字政府/平台/数字公民的三元平衡体系;人身财产关系的构建与运行,会依托于算料、算力、算法的支撑调配;从物理时空生活中抽象出来的以自由、平等、权利为轴心的法律逻辑,会转化为物理/电子空间一体化基础上的以分享和控制为轴心的法律逻辑,等等。

其二,规制秩序的重塑。众所周知,现代法治是以国家和市民社会的分离为基础的,其核心是制约公权力、保障私权利、尊重正当程序、维护公平正义。为了实现这一目标,建立横纵交互的两大规制体系。在纵向上,是以社会契约论为基础,通过以宪法为中轴的公法体系划分和确定国家与社会、公权与私权的权益边界和法律关系;在横向上,是以意思自治为基础,通过以民法为中轴的私法体系划分和确定社会中个人与组织、人与个人的权益边界和法律关系。这横纵两条线,实际上就相当于是两个交互作用的"合同关系",共同框定了现代法治的规则秩序。上述这种横纵交互的规制体系,则展现启蒙价值和精神。从古到今,法律精神经历了从自然理性—神的理性—人的理性的巨大变迁,现代法治充分反映了启蒙时期的价值追求和人的理性精神,把生命、财产、自由、平等、人权等价值理念确立为"良法"的前提和基准,从而以"良法"实现"善治"目标。这样,启蒙价值就成为贯穿横纵两大规制体系的一条主线,为现代法治提供道德基础和价值指引,促进社会的公平正义。上述横纵交互的规制体系和主线贯穿的启蒙价值,都是对现代法治的结构性的形式描述,反映工商时代的规制方式和规律。

在当今的数字时代,传统物理空间的生活方式依然存在,人的生物属性依然是立身之本,因此,现代法治的一些价值原则、重要规则体系、主要规制方式等依然有效,如物权、合同、婚姻、侵权等法律规范体系依然发挥基本的支撑作用。因此,数字法治不可能是推倒重来、另起炉灶,而是一种重塑新生。具言之,数字法治是基于数字经济业态、数字社会生活方式和数字价值理念基础上的新型法治形态,需要高度关注虚实同构的生活空间和行为方式,以及人的生物/数字两种属性。因此,它在包容、吸纳现代法治的同时,必然要实现数字时代的方向性重塑。一是确立数字法治价值,对自由、平等、权利的内涵、属性与边界要进行重新厘定和限缩平衡,并秉持以人为本和人类中心主义的理念,防止数字技术对人性和人文精神的侵蚀。二是建构数字规则体系,即数字社会空间、数字社会行为、数字社会纠纷三大规则体系。其中,在数字政府与数字公民的关系上,应对自动决策与自主选择、算法公开与多元参与、自动执行与人本价值等进行制度界定;在数字司法上,需回应集约化、平台化、智能化的变革要求,对诉讼制度、组织构架、运行机制等进行改革或制度重置。三是构建自主互动的秩序机制,从以人力运作为中心的执法司法过程,演化为自动执行和代码规制。四是采取多方互动、协同推进的策略,包括党政智治、平台治理、智慧司法、社会组织参与、国际合作等,从而打造适应数字时代发展要求的规制体系和规制秩序。

其三,法治理论的重塑。一如上文,人类已经全面进入了数字时代,现代法治转型升级为数字法治已是大势所趋。面对这场前所未有的重大法治变革,我们不应过多地回溯历史,力图用我们比较熟悉的既有理论阐释它、审视它、框定它,看它是否符合既有的概念、范畴、规则和逻辑,进而决定认同它、支持它,还是否定它、拒斥它。我们知道这种做法是很省事的,也更有利于捍卫自己的研究领域和传统优势,但真正的问题并没有得到解决,而且会越来越尴尬。恰恰相反,我们应该面向未来,对有效的理论传统固然应该予以积极传承,但对不适应数字时代发展变革的理论体系,则应予以客观的反思批判和重塑重建。虽然这样做比较辛苦,也会遭遇不懂信息技术、不了解新兴业态、跨专业难度大等诸多重大难题,但只有如此,才能不负我们在数字时代所应有的法学担当。无论是在民法、刑法、竞争法、市场法、行政法、诉讼法等法律制度体系上,还是在数字正义、数字人权、数字政府、数字公民、电子证据、智慧司法上,都理应如此。可见,积极回应数字时代的社会诉求和发展方向,反映数字法治的实践探索和转型升级规律,进而构建相应的数字法治理论,就成为法律共同体的一个重要使命。其中,包括数字法治基本范畴、数字法治核心价值、数字法治体系、数字法治运行、数字法治秩序等,都需要进行理论重塑或者重建。

总之,推进数字法治建设,无论在理论上,还是在实践上都应做出巨大的努力。

在现代法治的生成发展进程中,中国是落伍的、一直在追赶和模仿;但在当今的数字时代,中国有与发达国家大致相当的条件和机会,只要我们共同参与、齐心协力,就能实现数字法治建设上的中国创新,做出中国的贡献。

【典型案例】

2021 年 7 月 7 日,美国前总统唐纳德·特朗普举行了新闻发布会,要求法院对这些社交媒体巨头施加惩罚性赔偿,停止对美国民众的审查,并称未来还可能会有更多的其他诉讼。他警告说,这些科技巨头已经完全失控。“它们能封我,它们就能封任何人。”

本次诉讼是与支持特朗普的美国优先政策研究引起的,指控科技公司审查用户的政治观点。据报道,推特永久封禁了特朗普的账户,而脸书只是暂时停止了他的账户,在账户不再具有公共安全风险时,可能在 2023 年恢复使用。同时,特朗普还被无限期暂停使用 YouTube、Snapchat 等其他平台账户。

美国宪法专家称,这些案件没有什么法律依据,很可能不会继续进行。因为美国第一修正案只保护人们免受政府审查,而这几家科技巨头不是政府。

【问题与思考】

1. 为什么要走向数字法治?
2. 如何理解数字法治的发展面向?
3. 如何理解数字司法机制的可能与限度?
4. 如何看待“数据操控政治”现象?
5. 平台账户“封禁”是私法问题还是公法问题?

主要参考文献

1. [德]卡尔·拉伦茨:《德国民法通论》(上册),王晓晔等译,法律出版社2004年版。

2. [德]托马斯·F. 戈登:《诉答博弈——程序性公正的人工智能模型》,中国政法大学出版社2018年版。

3. [德]乌尔里希·贝克:《风险社会》,张文杰、何博闻译,译林出版社2018年版。

4. [古希腊]亚里士多德:《政治学》,吴寿彭译,商务印书馆1965年版。

5. [荷]玛农·奥斯特芬:《数据的边界:隐私与个人数据保护》,曹博译,上海人民出版社2020年版。

6. [荷兰]尤瑞恩·范登·霍文、[澳大利亚]约翰·维克特:《信息技术与道德哲学》,赵迎欢、宋吉鑫、张勤译,科学出版社2014年版。

7. [美]布雷恩·Z. 塔玛纳哈:《论法治——历史、政治和理论》,李桂林译,武汉大学出版社2010年版。

8. [美]丹尼尔·沙勒夫:《隐私不保的年代》,林铮顗译,江苏人民出版社2011年版。

9. [美]弗吉尼亚·尤班克斯:《自动不平等——高科技如何锁定、管制和惩罚穷人》,商务印书馆2021年版。

10. [美]富勒:《法律的道德性》,郑戈译,商务印书馆2005年版。

11. [美]格伦·格林沃尔德:《无处可藏:斯诺登、美国国安局与全球监控》,米拉等译,中信出版社2014年版。

12. [美]凯斯·R. 桑斯坦:《信息乌托邦——众人如何生产知识》,毕竞悦译,法律出版社2008年版。

13. [美]凯文·D. 阿什利:《人工智能与法律解析》,邱昭继译,商务印书馆

2020 年版。

14.[美]劳伦斯·莱斯格:《代码 2.0:网络空间中的法律》,李旭、沈伟伟译,清华大学出版社 2009 年版。

15.[美]劳伦斯·莱斯格:《代码 2.0:网络空间中的法律》(修订版),李旭、沈伟伟译,清华大学出版社 2018 年版。

16.[美]罗纳德·H. 科斯等:《财产权利与制度变迁——产权学派与新制度学派译文集》,刘守英等译,格致出版社、上海三联出版社、上海人民出版社 2014 年版。

17.[美]瑞恩·卡洛、迈克尔·弗鲁姆金、[加]伊恩·克尔:《人工智能与法律的对话》,陈吉栋、董惠敏等译,上海人民出版社 2018 年版。

18.[美]瑞恩·卡洛等编:《人工智能与法律的对话》,上海人民出版社 2018 年版。

19.[美]桑尼尔·索雷斯:《大数据治理》,匡斌译,清华大学出版社 2014 年版。

20.[美]伊森·凯什、[以色列]奥娜·拉比诺维奇·艾尼:《数字正义:当纠纷解决遇见互联网科技》,赵蕾、赵精武、曹建峰译,法律出版社 2019 年版。

21.[美]约翰·弗兰克·韦弗:《机器人是人吗?》,刘海安等译,上海人民出版社 2018 年版。

22.[美]茱莉亚·霍维兹、杰拉米·斯科:《无处安放的互联网隐私》,苗淼译,中国人民大学出版社 2017 年版。

23.[日]星野英一:《私法中的人》,王闯译,中国法制出版社 2004 年版。

24.[日]福田雅树、林秀弥、成原慧:《AI 联结社会:人工智能网络化时代的伦理与法律》,宋爱译,社会科学文献出版社 2020 年版。

25.[希腊]尼克斯·可姆尼诺斯:《智慧城市:智能环境与全方位创新策略》,夏天译,机械工业出版社 2016 年版。

26.[英]克里斯托弗·弥勒德:《云计算法律》,陈媛媛译,法律出版社 2019 年版。

27.[英]迈尔·舍恩伯格、库克耶:《大数据时代》,盛杨燕、周涛译,浙江人民出版社 2013 年版。

28.[英]维克多·麦尔·舍恩伯格:《大数据时代:生活、工作与思维的大变革》,浙江人民出版社 2012 年版。

29.[英]约翰·帕克:《全民监控:大数据时代的安全与隐私困境》,关立深译,金城出版社 2015 年版。

30.《法治政府建设实施纲要(2021—2025 年)》,人民出版社 2021 年版。

31.《欧盟〈一般数据保护条例〉》,瑞栢律师事务所译,法律出版社 2018 年版。

32.《新一代人工智能发展规划》,人民出版社 2017 年版。

33.《中华人民共和国数据安全法》,法律出版社 2021 年版。

34. 包晓丽、熊丙万:《通讯录数据中的社会关系资本——数据要素产权配置的研究范式》,载《中国法律评论》2020 年第 2 期。

35. 陈景辉:《自动驾驶与乘客优先》,载《华东政法大学学报》2020 年第 6 期。

36. 陈世华:《为"颜"所困:变脸的传播政治经济学批判》,载《南京社会科学》2020 年第 8 期。

37. 陈永伟:《平台经济的竞争与治理问题:挑战与思考》,载《产业组织评论》2017 年第 3 期。

38. 程啸:《论大数据时代的个人数据权利》,载《中国社会科学》2018 年第 3 期。

39. 程啸:《民法典编纂视野下的个人信息保护》,载《中国法学》2019 年第 4 期。

40. 程莹:《元规制模式下的数据保护与算法规制——以欧盟〈通用数据保护条例〉为研究样本》,载《法律科学(西北政法大学学报)》2019 年第 4 期。

41. 崔亚东:《人工智能与司法现代化》,上海人民出版社 2019 年版。

42. 丁晓东:《个人信息保护:原理与实践》,法律出版社 2021 年版。

43. 丁晓东:《个人信息权利的反思与重塑——论个人信息保护的适用前提与法益基础》,载《中外法学》2020 年第 2 期。

44. 丁晓东:《个人信息私法保护的困境与出路》,载《法学研究》2018 年第 6 期。

45. 丁晓东:《论企业数据权益的法律保护——基于数据法律性质的分析》,载《法律科学》2020 年第 2 期。

46. 丁晓东:《数据到底属于谁?——从网络爬虫看平台数据权属与数据保护》,载《华东政法大学学报》2019 年第 5 期。

47. 范为:《大数据时代个人信息保护的路径重构》,载《环球法律评论》2016 年第 5 期。

48. 冯洁语:《人工智能技术与责任法的变迁——以自动驾驶技术为考察》,载《比较法研究》2018 年第 2 期。

49. 冯珏:《自动驾驶汽车致损的民事侵权责任》,载《中国法学》2018 年第 6 期。

50. 高富平:《个人信息保护:从个人控制到社会控制》,载《法学研究》2018 年第 3 期。

51. 高富平:《数据流通理论——数据资源权利配置的基础》,载《中外法学》2019 年第 6 期。

52. 高鸿钧、申卫星主编:《信息社会法治读本》,清华大学出版社 2019 年版。

53. 高薇:《互联网时代的公共承运人规制》,载《政法论坛》2016 年第 4 期。

54. 高一飞:《智慧社会中的"数字弱势群体"权利保障》,载《江海学刊》2019 年第 5 期。

55. 郭春镇:《数字人权时代人脸识别技术应用的治理》,载《现代法学》2020 年第 4 期。

56. 郭建平:《电子文件档案化的实质》,载《档案学通讯》2008 年第 2 期。

57. 韩大元:《完善人权司法保障制度》,载《法商研究》2014 年第 3 期。

58.《区块链:新经济蓝图及导读》,韩锋译,新星出版社 2016 年版。

59. 韩旭至:《个人信息的法律界定及类型化研究》,法律出版社 2018 年版。

60. 韩旭至:《数据确权的困境及破解之道》,载《东方法学》2020 年第 1 期。

61. 韩旭至:《刷脸的法律治理:由身份识别到识别分析》,载《东方法学》2021 年第 5 期。

62. 韩旭至:《信息权利范畴的模糊性使用及其后果——基于对信息、数据混用的分析》,载《华东政法大学学报》2020 年第 1 期。

63. 韩旭至:《自动驾驶事故的侵权责任构造——兼论自动驾驶的三层保险结构》,载《上海大学学报(社会科学版)》2019 年第 2 期。

64. 何渊主编:《数据法学》,北京大学出版社 2020 年版。

65. 胡广伟、王新建、尚进:《智能政务》,科学技术文献出版社 2020 年版。

66. 胡凌:《从开放资源到基础服务:平台监管的新视角》,载《学术月刊》2019 年第 2 期。

67. 胡凌:《刷脸:身份制度、个人信息与法律规制》,载《法学家》2021 年第 2 期。

68. 胡凌:《网络法的政治经济起源》,上海财经大学出版社 2016 年版。

69. 纪海龙:《数据的私法定位与保护》,载《法学研究》2018 年第 6 期。

70. 解正山:《算法决策规制——以算法"解释权"为中心》,载《现代法学》2020

年第 1 期。

71. 金耀:《数据治理法律路径的反思与转进》,载《法律科学(西北政法大学学报)》2020 年第 2 期。

72.《区块链革命》,凯尔等译,中信出版社 2016 年版。

73. 李爱君、苏桂梅主编:《国际数据保护规则要览》,法律出版社 2018 年版。

74. 李庆峰:《人脸识别技术的法律规制:价值、主体与抓手》,载《人民论坛》2020 年第 11 期。

75. 李晓辉:《算法商业秘密与算法正义》,载《比较法研究》2021 年第 3 期。

76. 李晓明:《公共视频监控系统与隐私保护的法律规制》,载《华东政法大学学报》2009 年第 1 期。

77. 李效东、赵景芳、李瑞景:《现代国际安全理论》,军事科学出版社 2015 年版。

78. 李延舜:《公共视频监控中的公民隐私权保护研究》,载《法律科学(西北政法大学学报)》2019 第 3 期。

79.《区块链技术驱动金融》,林华、王勇译,中信出版社 2016 年版。

80. 林洹民:《自动决策算法的法律规制:以数据活动顾问为核心的二元监管路径》,载《法律科学(西北政法大学学报)》2019 年第 2 期。

81.《链之以法:区块链值得信任吗?》,林少伟译,上海人民出版社 2019 年版。

82. 刘晗、叶开儒:《平台视角中的社会信用治理及其法律规制》,载《法学论坛》2020 年第 2 期。

83. 刘连泰:《信息技术与主权概念》,载《中外法学》2015 年第 2 期。

84. 刘文静:《平台企业:零工经济中的法律关系与责任分担》,载《探索与争鸣》2020 年第 7 期。

85. 刘艳红:《公共空间运用大规模监控的法理逻辑及限度》,载《法学论坛》2020 年第 2 期。

86. 刘召成:《自动驾驶机动车致害的侵权责任构造》,载《北方法学》2020 年第 4 期。

87. 龙卫球:《再论企业数据保护的财产权化路径》,载《东方法学》2018 年第 3 期。

88. 鲁楠:《科技革命、法哲学与后人类境况》,载《中国法律评论》2018 年第 2 期。

89. 吕炳斌:《论个人信息处理者的算法说明义务》,载《现代法学》2021 年第

4 期。

90. 马颜昕等:《数字政府:变革与法治》,中国人民大学出版社 2021 年版。

91. 马长山:《迈向数字社会的法律》,法律出版社 2021 年版。

92. 马长山:《智慧社会建设中的“众创式”制度变革》,载《中国社会科学》2019 年第 4 期。

93. 马长山:《数字社会的治理逻辑及其法治化展开》,载《法律科学》2020 年第 5 期。

94. 马长山:《智慧社会背景下的“第四代人权”及其保障》,载《中国法学》2019 年第 5 期。

95. 马长山:《司法人工智能的重塑效应及其限度》,载《法学研究》2020 年第 4 期。

96. 马长山:《智能互联网时代的法律变革》,载《法学研究》2018 年第 4 期。

97. 毛维准、刘一燊:《数据民族主义:驱动逻辑与政策影响》,载《国际展望》2020 年第 3 期。

98. 梅宏主编:《数据治理之论》,中国人民大学出版社 2020 年版。

99. 梅夏英:《数据的法律属性及其民法定位》,载《中国社会科学》2016 年第 9 期。

100. 梅夏英:《信息和数据概念区分的法律意义》,载《比较法研究》2020 年第 6 期。

101. 泮伟江:《法律系统的自我反思——功能分化时代的法理学》,商务印书馆 2020 年版。

102. 彭诚信:《现代权利理论研究:基于“意志理论”与“利益理论”的评析》,法律出版社 2017 年版。

103. 彭诚信:《主体性与私权制度研究》,中国人民大学出版社 2005 年版,第 6 页。

104. 钱毅:《从“数字化”到“数据化”》,载《档案学通讯》2018 年第 5 期。

105. 沙勇忠主编:《公共信息资源管理》,中国社会科学出版社 2014 年版。

106. 申卫星:《论数据用益权》,载《中国社会科学》2020 年第 11 期。

107. 沈理、刘翼光、熊志勇:《人脸识别原理及算法——动态人脸识别系统研究》,人民邮电出版社 2014 年版。

108. 沈伟伟:《算法透明的迷思——算法规制理论的批判》,载《环球法律评论》2019 年第 6 期。

109. 师索:《构造与博弈:互联网监控的权力关系解构》,载《行政法学研究》2017 年第 3 期。

110. 司晓、曹建峰:《论人工智能的民事责任:以自动驾驶汽车和智能机器人为切入点》,载《法律科学》2017 年第 5 期。

111. 宋保振:《"数字弱势群体"权利及其法治化保障》,载《法律科学(西北政法大学学报)》2019 年第 6 期。

112. 宋大涵主编:《建设法治政府总蓝图》,中国法制出版社 2016 年版。

113. 宋香蕾:《政务微博档案化模式研究》,载《档案学研究》2017 年第 1 期。

114. 苏宇:《算法规制的谱系》,载《中国法学》2020 年第 3 期。

115. 汤道生等:《产业区块链》,中信出版社 2020 年版。

116. 唐彬彬:《跨境电子数据取证规则的反思与重构》,载《法学家》2020 年第 4 期。

117. 汪庆华:《算法透明的多重维度和算法问责》,载《比较法研究》2020 年第 6 期。

118. 王成:《个人信息民法保护的模式选择》,载《中国社会科学》2019 年第 6 期。

119. 王道发:《电子商务平台经营者安保责任研究》,载《中国法学》2019 年第 6 期。

120. 王俊秀:《数字社会中的隐私重塑——以"人脸识别"为例》,载《探索与争鸣》2020 年第 2 期。

121. 王乐兵:《自动驾驶汽车的缺陷及其产品责任》,载《清华法学》2020 年第 2 期。

122. 王利明:《数据共享与个人信息保护》,载《现代法学》2019 年第 1 期。

123. 王益民:《数字政府》,中共中央党校出版社 2020 年版。

124. 王莹:《算法侵害类型化研究与法律应对——以〈个人信息保护法〉为基点的算法规制扩展构想》,载《法制与社会发展》2021 年第 6 期。

125. 肖梦黎:《平台型企业的权力生成与规制选择研究》,载《河北法学》2020 年第 10 期。

126. 邢会强:《人脸识别的法律规制》,载《比较法研究》2020 年第 5 期。

127. 许可:《数据主权视野中的 CLOUD 法案》,载《中国信息安全》2018 年第 4 期。

128. 杨浩、杨来胜:《政务抖音档案化:价值、主体与路径》,载《档案建设》2020

年第 3 期。

129. 杨立新:《网络媒介平台的性质转变及其提供者的责任承担》,载《法治研究》2016 年第 3 期。

130. 叶名怡:《个人信息的侵权法保护》,载《法学研究》2018 年第 4 期。

131. 殷秋实:《智能汽车的侵权法问题与应对》,载《法律科学》2018 年第 5 期。

132. 於兴中:《数据权的多重面孔》,载《法治周末报》2020 年 8 月 19 日。

133. 余成峰:《法律的"死亡":人工智能时代的法律功能危机》,载《华东政法大学学报》2018 年第 2 期。

134. 余成峰:《信息隐私权的宪法时刻:规范基础与体系重构》,载《中外法学》2021 年第 1 期。

135. 余盛峰:《全球信息化秩序下的法律革命》,载《环球法律评论》2013 年第 5 期。

136. 翟学伟:《人情、面子与权力的再生产》,北京大学出版社 2005 年版。

137. 张成福、李丹婷:《公共利益与公共治理》,载《中国人民大学学报》2012 年第 2 期。

138. 张恩典:《大数据时代的算法解释权:背景、逻辑与构造》,载《法学论坛》2019 年第 4 期。

139. 张建锋:《数字政府 2.0:数据智能助力治理现代化》,中信出版社 2019 年版。

140. 张凌寒:《商业自动化决策的算法解释权研究》,载《法律科学(西北政法大学学报)》2018 年第 3 期。

141. 张凌寒:《数据生产论下的平台数据安全保障义务》,载《法学论坛》2021 年第 2 期。

142. 张民安主编:《信息性隐私权研究——信息性隐私权的产生、发展、适用范围和争议》,中山大学出版社 2014 年版。

143. 张文显:《构建智能社会的法律秩序》,载《东方法学》2020 年第 5 期。

144. 张五常:《企业的契约性质》,载盛洪主编:《现在制度经济学》,北京大学出版社 2003 年版。

145. 张欣:《算法解释权与算法治理路径研究》,载《中外法学》2019 年第 6 期。

146. 张新宝:《从隐私到个人信息:利益再衡量的理论与制度安排》,载《中国法学》2015 年第 3 期。

147. 张衡:《大数据监控社会中的隐私权保护研究》,载《图书与情报》2018 年第 1 期。

148. 赵敏:《公共视频监控的大数据伦理问题——以个人信息安全为中心》,载《中国人民公安大学学报(社会科学版)》2020 年第 1 期。

149. 郑戈:《人工智能与法律的未来》,载《探索与争鸣》2017 年第 10 期。

150. 郑戈:《在鼓励创新与保护人权之间——法律如何回应大数据技术革新的挑战》,载《探索与争鸣》2016 年第 7 期。

151. 郑志峰:《自动驾驶汽车的交通事故侵权责任》,载《法学》2018 年第 4 期。

152. 郑智航:《人工智能算法的伦理危机与法律规制》,载《法律科学》2021 年第 1 期。

153. 周汉华:《个人信息保护的法律定位》,载《法商研究》2020 年第 3 期。

154. 周汉华:《探索激励相容的个人数据治理之道——中国个人信息保护法的立法方向》,载《法学研究》2018 年第 2 期。

155. 周文泓、文传玲:《档案社会化:基于参与式社交媒体信息档案化管理的内涵解析及启示》,载《档案学研究》2020 年第 2 期。

156. 周雪峰、李平主编:《网络平台治理与法律责任》,中国法制出版社 2018 年版。

157. *Amazon's Antitrust Paradox*, 126 Yale L. J. (2016).

158. Andrew Selbst & Solon Barocas, *The Intuitive Appeal of Explainable Machines*, Fordham Law Review, Vol. 87, 2018.

159. Berkeley Dietvorst, Joseph Simmons & Cade Massey, *Algorithm Aversion: People Erroneously Avoid Algorithms After Seeing Them Err*, Journal of Experimental Psychology: General, Vol. 1, 2014.

160. Bryce Goodman & Seth Flaxman, *European Union Regulations on Algorithmic Decision-Making and a Right to Explanation*, AI Magazine, Fall, 2017.

161. Clive Harfield, *Law, Morality and the Authorisation of Covert Police Surveillance*, 20 Australian Journal of Human Rights, 2014.

162. David Beer, *The Social Power of Algorithms*, Information, Communication and Society, Vol. 20, 2016.

163. Effy Vayena & John Tasioulas, *The Dynamics of Big Data and Human Rights: the Case of Scientific Research*, 17 Philosophical Transactions, 2016.

164. Erik Hovenkamp, *Platform Antitrust*, Journal of Corporation Law, 2019.

165. Frank Pasquale, *Toward a Forth Law of Robotics: Preserving Attribution*,

Responsibility, and Explainbility in an Algorithmic Society, Ohio State Law Journal, Vol. 78.

166. Frank Pasquale, *The Black Box Society*: *The Secret Algorithms that Control Money and Information*, Cambridge: Harvard University Press, 2015, p. 39 – 40.

167. Gianclaudio Malgieri and Giovanni Comande, *Why a Right to Legibility of Automated Decision-making Exists in the General Data Protection Regulation?*, International Data Privacy Law, Vol. 7, 2017.

168. Harry Surden, *Computable Contract*, UC Davis Law Review, Vol. 46, 2012.

169. Helen Nissenbaum, *Privacy in Context*: *Technology*, *Policy*, *and the Integrity of Social Life*, Stanford University Press, 2010.

170. Jack Balkin, *The Three Laws of Robotics in the Age of Big Data*, Ohio State Law Journal, Vol. 78.

171. James Manyika, Susan Lund, Jacques Bughin, Jonathan Woetzel, Kalin Stamenov & Dhruv Dhingra, *Digital Globalization*: *The New Era of Global Flows*, McKinsey Global Institute, 2016.

172. Jennifer Rothman, *The Right of Publicity*: *Privacy Reimagined for a Public World*, Cambridge, US: Harvard University Press, 2018.

173. Lawrence Solum, *Legal Personhood for Artificial Intelligences*, 70 North Carolina Law Review (1992).

174. Lilian Edwards & Michael Veale, *Slave to the Algorithm? Why a "Right to an Explanation" is Probably Not the Remedy You Are Looking For*, Duke Law & Technology Review, Vol. 16.

175. M. Land & J. Aronson eds., *New Technologies for Human Rights Law and Practice*, Cambridge University Press, 2018.

176. Margot Kaminski, *The Right to Explanation*, *Explained*, Berkeley Technology Law Journal, Vol. 34.

177. Mario J. Rizzo & Douglas Glen Whitman, *Little Brother is Watching You*: *New Paternalism on the Slippery Slopes*, 51 Arizona Law Review, 2009.

178. Mark Burdon, *Digital Data Collection and Information Privacy Law*, Cambridge University Press, 2020.

179. Mathias Klang & Andrew Murray eds, *Human Rights in the Digital Age*,

The Glass House Press,2005.

180. Orin S. Kerr, *Norms of Computer Trespass*, 116 Colum. L. Rev. 1143 (2016).

181. Reggie O'Shields, *Smart Contracts: Legal Agreements for the Blcokchain*, 21 N. C. Banking Inst. 177, 2017.

182. Ric Simmons, *Smart Surveillance: How to Interpret the Fourth Amendment in the Twenty-First Century*, Cambridge, UK: Cambridge University Press, 2019.

183. Samir Chopra, Laurence White, *A Legal Theory for Autonomous Artificial Agents*, University of Michigan Press, 2011.

184. Sandra Wachter, Brent Mittelstadt & Luciano Floridi, *Why a Right to Explanation of Automated Decision-Making Does Not Exist in the General Data Protection Regulation*, International Data Privacy Law, Vol. 7, 2017, p. 76 – 99.

185. Shoshana Zuboff, *The Age of Surveillance Capitalism: Fight for A Human Future at the New Frontier of Power*, Hachette Book Group, 2019.

186. Shoshana Zuboff, *The Age of Surveillance Capitalism*, New York: Public Affairs, 2019.

187. Shyamkrishna Balganesh, *Common Law Property Metaphors on the Internet: The Real Problem with the Doctrine of Cybertrespass*, 265 Michigan Telecommunications and Technology Law Review 12(2006).

188. Timothy Nielsen, *Cryptocorporations: A Proposal for Legitimizing Decentralized Autonomous Organizations*, 2019 Utah Law Review, Vol. 5, Issue 4.

189. Vincent Miller, *Understanding Digital Culture*, second edition, SAGE Publications Ltd., 2020.

190. Werbach & Cornell, *Contracts Ex Machina*, 67 Duke Law Journal 313 (2017).

191. Woodrow Hartzog, *Privacy's Blueprint: The Battle to Control the Design of New Technologies*, Cambridge, US: Harvard University Press, 2018.